Karl-Heinz Ladeur
Das Rechtssubjekt und sein Bildungsroman

Karl-Heinz Ladeur

Das Rechtssubjekt und sein Bildungsroman

Ein Beitrag zur Kulturgeschichte des Privatrechts im 19. Jahrhundert

VELBRÜCK
WISSENSCHAFT

[erste Auflage 2024]
Meckenheimer Str. 47 · 53919 Weilerswist-Metternich
info@velbrueck.de
www.velbrueck.de
Printed in Germany
ISBN 978-3-95832-362-9

Bibliografische Information der Deutschen Nationalbibliothek
Die Deutsche Nationalbibliothek verzeichnet diese Publikation in der Deutschen Nationalbibliografie; detaillierte bibliografische Daten sind im Internet über http://dnb.d-nb.de abrufbar.

Inhalt

Vorwort 13

Einleitung 15

A. Kritik der Methoden der Rechtsgeschichte des 19. Jahrhunderts

I. Savigny 21
1. Savignys »Volksgeist« 21
2. Der Volksgeist als Produkt des »epigenetischen« Zeitgeists 26
3. Die Ästhetik der Denkformen des 18. Jahrhunderts und das Denken des »Volksgeists« 30
4. Der »Volksgeist« als Platzhalter des Staates 32
5. Savigny und der Historismus 36
6. Die Ausblendung des Wandels der Beziehungen zwischen den Dingen und das Problem der Anerkennung der Privatautonomie 40
7. Staat und Geschichte 45
8. Die historische Rechtsschule und die Anlehnung an die Autorität des Rechts 46
9. Savigny – Geschichte und Sprache 49
10. Volksgeist und Sprache 53
11. Die historische Rechtsschule und die »Sprachgesetze« 61
12. »Volksgeist« in Deutschland – »öffentliche Meinung« in Frankreich 64
13. Savigny und der Bürger in der Gesellschaft 65
14. Die historische Rechtsschule verdrängt die Gewohnheiten in die Vergangenheit 68
15. Deutsche Rechtsgeschichte des 19. Jahrhunderts als »Sonderfall«? 70
16. Grenzen der Selbstreflexion der Rechtsgeschichte als »Fach« 74

17. Die Bedeutung der Geschichte und Savignys antiinstitutionelles Denken 75
18. Savigny und der verkümmerte Geist des römischen Rechts 79
19. Zwischenresümee: Savigny, die Metaphysik der Kontinuität und ihr Feind, das »Paradigma der Diskontinuität« 81

II. Römisches Recht und römische Kultur 83
1. Römisches Recht und römische Bürger 83
2. Der Pragmatismus des römischen Rechts 84
3. Poesie und Poiesis im römischen Recht – und das »wissenschaftliche« Recht im 19. Jahrhundert 86
4. Das »wissenschaftliche« Recht und die zirkuläre Selbstreferentialität der Rechtsbildung 89

III. Die Bedeutung des Historismus als kultureller Kontext der Entstehung des bürgerlichen Rechts im 19. Jahrhundert 91
1. Historismus und Nationalgeschichte 91
2. Von der Universalgeschichte zur Nationalgeschichte 93
3. Das Exempel des Polizeirechts: Das staatliche Wissen als Gegenstand seiner Aktenführung 96
4. Der Historismus und das Recht 99

IV. Privatrecht im 19. Jahrhundert 102
1. Sprache als Medium der Welterzeugung 102
2. Das Rechtssubjekt der Privatrechtsgesellschaft 102
3. Vertragsfreiheit und Subjektivierung des Tauschwerts 109
4. Der Mangel einer »sozialen Epistemologie« des Staates im 19. Jahrhundert 115
5. Das »Vergessen« der Vertragsfreiheit in der rechtswissenschaftlichen Literatur 117
6. Das Verfehlen der epistemischen Seite des Vertragsrechts und seines Wandels in der Gesellschaft der Organisationen 121
7. Subjekt, Eigentum, Vertrag 124

V. Kritik der »Begriffsjurisprudenz« 127
1. Ideologische Kritik der Begriffsjurisprudenz 127
2. »Wie es hätte sein können...« – eine epistemologische Alternative zur Begriffsjurisprudenz? 128
3. Kritik der Starrheit der Begriffe 131
4. Grenzen der Begriffsjurisprudenz – Grenzen des begrifflichen Denkens im Recht? 132
5. Die Kritik der Begriffsjurisprudenz als Erscheinungsform eines Mangels an »Ordnungsdenken« (Walter Eucken) 134
6. Kritik der Begriffsjurisprudenz gegen Ende des 19. Jahrhunderts 136
7. Die Begriffe der Begriffsjurisprudenz 138

VI. Begriffe oder Zwecke? 141
1. Vorbemerkungen zur Methodendiskussion am Ende des 19. Jahrhunderts 141
2. Warum entsteht die »Zweckjurisprudenz«? 141
3. Die Zweckjurisprudenz als Methode des Rechts der »Gesellschaft der Organisationen« 144
4. Von der Begriffsjurisprudenz zur Zweckjurisprudenz 147
5. Zweckjurisprudenz – ohne Begriff und ohne Wissen 149
6. Die Verdrängung des kulturellen Kontexts der Zweckjurisprudenz 150

VII. Die Fixierung auf die »Einheit« zu Lasten der Prozessualität des Rechts 154
1. Verschleierung der »Übergänge« 154
2. Zwei Versionen der Zweckjurisprudenz 155
4. Die Intertextualität der Methodenbegriffe 156
5. Wandel durch »order from noise« und der Mangel einer Kultur der Technik 158
6. Reflektierte und unreflektierte Rekurse auf neue Formen des »Lebens« 160
7. Die paradigmatische Bedeutung des Methodenwandels 163
8. Der Staat als Aufhalter einer Selbstorganisation des gesellschaftlichen Rechts 164
9. Die spätere Ablösung des Staates als Aufhalter durch die Paradoxie der einen antistaatlichen »Bewegung« des Nationalsozialismus 165

VIII. Die andere Version der Zweckjurisprudenz: das Freirecht . . . 167
1. Zweckjurisprudenz und amerikanischer Pragmatismus 167
2. »Freirecht« als Alternative zur Zweckjurisprudenz 172
3. Die praktische Rezeption der Zweckjurisprudenz durch die Gerichte in der Weimarer Republik . . . 173

IX. Modernisierung des Rechts im letzten Drittel des 19. Jahrhunderts 177
1. Kartelle als Exempel des neuen Zweckdenkens 177
2. Der »Zweck im Recht« und das Technikrecht . . . 179
3. Technikrecht als »Recht im Schatten« 180

X. Frankreich 182
1. Der Code Civil – Zivilrecht und Verwaltungsrecht. 182
2. Der französische Staat und die Organisation des technischen Wissens 187
3. Der französische Diskurs der Technik 189
4. Recht und institutionelles Denken in Frankreich 189
5. Die Heterogenität der Entwicklung des Rechts in Frankreich. 191
6. Die wechselseitige deutsch-französische Beobachtung 196

XI. Angloamerikanische Rechtskultur des 19. Jahrhunderts 198
1. Die Entwicklung der Vertragsfreiheit im angloamerikanischen Recht 198
2. Die Dynamisierung der Vertragspraktiken und die Entwicklung von »Law-mindedness« als deren Voraussetzung 200
3. Die amerikanische Rechtsprechung und die Mobilisierung des Common Law als Lernprozess . . 203
Exkurs zur Bedeutung der Unterscheidung von Mehrheits- und Minderheitsvoten im Recht. . . 206
4. Der amerikanische Pragmatismus und die Auseinandersetzung der Rechtsprechung mit den schädlichen Folgen der technischen Entwicklung . . 208
5. Die Beobachtung der »öffentlichen Meinung« durch das Recht 211
6. Die Wende gegen das analytische Potential des politischen Denkens 214

XII. Das Denken der Einheit des Rechts in Frankreich, England/USA und Deutschland im Vergleich 216
1. Die Einheit des Privatrechts im Schatten des Verwaltungsstaates (»service public«) 216
2. Der angloamerikanische Rechtsraum im 19. Jahrhundert – Einheit ohne Referenz auf den Staat 219

XIII. Zwischenresümee: Gesellschaftliches Wissen und die Konstruktion des Rechtswandels 221
1. Das »Gewebe« der Anschlussmöglichkeiten als Bedingung rechtlichen Handelns 221
2. Die verpasste Chance der Entwicklung des Polizeirechts 223

B. Recht und Literatur im 19. Jahrhundert

I. Recht und Literatur in der Wissensgesellschaft 233
1. Was leistet die Analyse der Literatur für das Verständnis des Rechtsentwicklung im 19. Jahrhundert? 233
2. Recht und Literatur – Literatur als Beitrag zur Bildung des Rechtssubjekts 234
3. »Law and literature« nach Rom 237
4. Die Irritationen des Rechts in Zeiten der revolutionären Grenzüberschreitungen 238
5. Normativität als Form der Überhöhung der Selbstbestimmung der staatlichen Rechtsakteure . . . 239
6. »Recht als Kultur« – die unterbliebene Antwort auf die neue gesellschaftliche Dynamik? 240
7. Die Dynamik der Welterzeugung in der Sprache – und die juristischen Versuche ihrer Eindämmung . . . 241
8. Die Grenzen der Dynamisierung des Rechts durch Auslegung – und die »Aushilfe« durch die Literatur 243

II. Das Recht und sein(e) Bildungsroman(e) 245
1. Der Roman als Medium der »Impersonalität« (Bender/Wellbery) 245
2. Die Leistung des Bildungsromans für das Recht 248
3. Die Entfaltung des pragmatischen Weltverhältnisses in der Literatur – Hilary Mantel als Exempel 250

4. Der Bildungsroman als gesellschaftliche Institution . . 252
5. Die Welt als Möglichkeitsraum und der Roman als sein Medium 255
6. Erkennen im Spiegel der anderen 256
7. Der Mangel an gesellschaftlichen Institutionen, die das Recht abstützen 258
8. »Rigide Symbolisierung« als Hindernis der praktischen Bildung des Rechtssubjekts 261
9. Das jüdische »Studium« des Gesetzes als Form von »law as culture« 263

III. Der Bildungsroman und sein Ende in Deutschland 268
1. Die vielfältige Suche nach der »Ganzheit« in der Vitalität der Zwecke und im ästhetischen Erlebnis der Sekte 268
2. Recht als Kultur – nach dem Ende des Bildungsromans? 269
3. Kunst als wahre Freiheit – jenseits des Bildungsromans 271
4. Keine interkulturelle »Kollisionsordnung« für die wechselseitige Beobachtung der fragmentierten Kulturen 274
5. Das Spannungsverhältnis von Technik, Kultur, Recht in Deutschland 276

IV. Literatur und Recht in England und Frankreich 280
1. Literatur und Recht in England 280
2. Recht und Literatur in Frankreich 283

C. Überlegungen zu einer epistemologischen Theorie der Rechtsgeschichte des 19. Jahrhunderts

I. Hegels Begriff 289
1. Die idealistische Philosophie als Teil der Kultur der Gesellschaft. 289
2. Hegel, die gesellschaftliche Erfahrung und die rechtliche Beschwörung der Einheit des Rechts in der rechtswissenschaftlichen Literatur . . 290
3. Hegel und das »gouvernement des esprits« 294
4. Die kollektive epistemische Dimension des Privatrechts, ihre Blockierung durch die historische Rechtsschule und ihre potentielle Öffnung durch das Hegel'sche Begriffsdenken . . . 297

5. Wie kommt das neue Subjekt in die Welt? 299
6. Die Selbstveränderung der Gesellschaft durch Institutionen der »Verallgemeinerung« 302
7. Goethes Morphologie und das Denken des »Übergangs« zwischen Begriffen 304
8. Hegel: Begriff und Wissenserzeugung 307
9. Zur Möglichkeit einer Verknüpfung des Hegel'schen Begriffsdenkens mit Deleuze' und Guattaris Denkform des »agencement« 309

II. Romantik 316
1. Romantik und die Singularisierung des Subjekts 316
2. Musik als Erlebnis des Subjekts 317
3. Romantik – enzyklopädisches Wissen – technische Kultur 319
4. Technisches Wissen und Enzyklopädie 320
5. Romantik und die Enzyklopädie als nicht-hierarchisch gestuftes Wissen 321
6. Politische Theorie der Romantik... als »zweite« Form der historischen Reflexion 322
7. Kunst als wahre Freiheit? Ambivalenzen des bürgerlichen Kunsterlebens 324

III. Resümee 327
1. Recht als Kultur und die begriffliche Durcharbeitung des Wandels 327
2. Zur Leistung des Begriffs 329
3. Logik und Kultur der Regel 330
4. Technik und Kultur – Technik als Kultur 332
5. Zur Notwendigkeit einer »Kollisionsphilosophie« des Rechts 335

Nachwort 338

Literatur 343

Sachverzeichnis 379

Vorwort

Das Schreiben dieses Buch ist für mich ein Abenteuer gewesen – Rechtshistoriker, die nicht viel von ihrer gewohnten Rechtsgeschichte wiedererkennen werden, mögen sagen oder werden behaupten, es sei abenteuerlich! Vor allem wird sie irritieren, wenn sie das Buch überhaupt zur Kenntnis nehmen, dass der Gründungsvater des deutschen Rechts hier seine Größe einbüßt und eher als ein unpersönlicher »Savigny-Knoten« in einem Netzwerk vieler unterschiedlicher historischer, noch dazu zum erheblichen Teil als unbewusst behaupteter Relationen von Texten beschrieben wird, die nicht einmal notwendig explizit einen rechtlichen Bezug haben. Savigny ist nicht (mehr) »Herr im eigenen Haus« (S. Freud) des Rechts. Damit ist die Rechtsgeschichte auch schon nicht mehr sein eigenes Haus, es ist auch nicht das Haus der Juristen, die in dem vermeintlichen Hause Savigny eine so bedeutende Rolle gespielt haben. Es geht um eine Enteignung von Personen, aber auch eine Wiederaneignung, eine Selbstaneignung des Rechts als eines Prozesses, ausgelöst von der Dynamik des gesellschaftlichen Wandels im Deutschland des 19. Jahrhunderts, eines gesellschaftlichen und kulturellen Prozesses, den die Juristen immer wieder linear begradigt haben – oder dies jedenfalls versucht haben. Diese Suche nach der Einheit des Rechts und seiner Erhaltung als Wesen der Rechtsgeschichte wird hier als eine Unheils(rechts)geschichte dargestellt, die die Gewinnung der Möglichkeit des Verständnisses von »Recht als Kultur«, das Verstehen des Rechts als Teil der »rules we live by« (Lorraine Daston), Recht als Lebensform der Gesellschaft, verstellt hat.

»Recht als Kultur« impliziert »law as literature«, und damit sind wir bei dem provozierenden Titel, dem Bildungsroman des *Rechts*subjekts. Dies setzt voraus, dass das Subjekt des Rechts – das übrigens bei Savigny, anders als der Richter als der institutionelle Anwender, sehr verkleinert wird – nicht leer, keine bloße »Adresse« im System sein kann.

Damit werden Literatur *und* Philosophie einschließlich der »Phänomenologie des Geistes«, die selbst als ein Bildungsroman des Geistes gelesen worden ist, Bestandteil der Rechtsgeschichte als Prozess der Bildung von Regeln und der Bildung des Subjekts zum Rechtssubjekt.

Recht als Einheit und das Rechtssubjekt als leer verstehen, heißt im 19. Jahrhundert auch, dass Recht ohne Frauen auskommt.

Es ist nicht ohne Ironie, dass mir vor allem Autor*innen* der Gegenwart sehr wichtige Anstöße zur Erweiterung eines Verständnisses von Recht als Kultur und Recht als Literatur für ein neues Verständnis der Rechtsgeschichte des 19. Jahrhunderts gegeben haben. Es sind so viele, dass sie hier nicht alle genannt werden können. Hervorheben möchte ich allerdings die großartige Altphilologin Michèle Lowrie (Chicago), deren Arbeiten, die sich überwiegend gar nicht mit dem Recht befassen, meinen Blick auf die römische Kultur grundlegend verändert haben. Es muss ein Glück sein, in Chicago römische Literatur zu studieren!

Für freundschaftliche Unterstützung meiner Arbeit danke ich wieder Ino Augsberg (Kiel) und Thomas Vesting (Frankfurt a.M.). Beide haben Teile des Textes während des Arbeitsprozesses gelesen und kommentiert. Ino Augsberg hat am Ende die Mühe auf sich genommen, den ganzen Text zu lesen, und mich noch einmal vor Toresschluss auf Schwächen aufmerksam gemacht, die zu Revisionen und Korrekturen geführt haben. Mansoor Koshan danke ich für Hinweise auf wichtige Literatur. Für das Korrekturlesen danke ich Charlotte Henkel, Jöran Jacob, Nicolai Schuman und Niels Christian van Bürk (Christian-Albrechts-Universität Kiel).

Hamburg/Bremen im Februar 2024 *Karl-Heinz Ladeur*

Einleitung

Vor einigen Jahren hat Caroline Levine[1] ein bemerkenswertes Buch über »forms« vorgelegt, das einen neuen Blick auf die »Formen« als »activities of ordering« öffnet. Sie hat für die hier vertretene Auffassung auch eine neue Perspektive auf die Rechtsgeschichte ermöglicht. Ihre Konzeption der »Form« weist über Niklas Luhmann hinaus. Sie hat die »language of form« mit zwei Attributen erweitert, nämlich einmal mit der Annahme, dass Formen »arrangements of elements« seien, die durch sie geordnet, nach Mustern klassifiziert, gestaltet werden. Die in Bewegung gesetzten Formen bilden dabei Grundfiguren aus, nämlich »hierarchy«, »network«, »whole«, »wire«,[2] »rhythm«. Diese sind davon bestimmt, dass sie vor allem die Ordnung zwischen oder auf der Grundlage von Elementen hervorbringen. Zum anderen geht es um die »Wanderung« *zwischen* Systemen und Strukturen.[3] Dies sind nur scheinbar unbedeutende Ergänzungen etwa gegenüber Luhmanns Formbegriff.[4] Damit sind vor allem interdisziplinäre Fragestellungen eröffnet, die in diesem Buch eine Rolle spielen. Z.B. ist schon oft die Frage nach der Konkordanz von naturwissenschaftlichen und sozial- und geisteswissenschaftlichen Begriffen (z.B. Gesetz)[5] aufgeworfen worden. Die Antworten sind kaum über die Beobachtung von »Einflüssen« hinausgekommen.[6] Der Formbegriff im Sinne von Caroline Levine ist abstrakter gefasst, aber nicht so abstrakt, dass die Beobachtung von »Familienähnlichkeiten« (L. Wittgenstein) kaum die Feststellung gehaltvoller Unterschiede zwischen Systemen erlauben würde. Das neue Interesse der Literaturwissenschaft an der Form bleibt demgegenüber zu nahe an ihrem Gegenstand oder zu nahe an einzelnen Formen (z.B. die »Morphologie« bei Goethe), als dass daraus übergreifende Theorieansätze für andere Wissenschaften gewonnen werden könnten.[7]

Diesen Fragen nach einer allgemeinen Theorie der Form soll hier nicht weiter nachgegangen werden. Stattdessen soll auf der Grundlage der

1 Forms. Whole, Rhythm, Hierarchy, Network, Princeton 2015.

2 Im Anschluss an Überlegungen zu der TV-Serie »The Wire« werden damit Überlagerungen, Verknüpfungen, Abstoßungen zwischen mehreren Formen bezeichnet, *Levine*, ebd., S. 132ff.

3 Vgl. *Levine*, ebd., S. 25.

4 Vgl. nur: *Niklas Luhmann,* Die Gesellschaft der Gesellschaft, Frankfurt a. M. 1998, S. 50f., 60ff., insbes. 61, 198.

5 *Michael Hampe*, Eine kleine Geschichte des Naturgesetzbegriffs, Frankfurt a. M. 2007.

6 Dies gilt allerdings nicht für das zitierte Buch von *Michael Hampe.*

7 Unterschied zwischen Form und Begriff bei *Luhmann*, aaO (Die Gesellschaft der Gesellschaft), S. 61, zu Hegel.

Überlegungen von Caroline Levine am Beispiel der Entwicklung des Privatrechts im 19. Jahrhundert gezeigt werden, wie die Entwicklung nach dem Zusammenbruch des Ancien Régime und dem Ende der Französischen Revolution eine Erfahrung der »Grenzenlosigkeit« hervorgerufen hat: Die Erschütterung der alten Organisationsformen des Wissens und ihrer Stabilität ist von der Notwendigkeit der Neukonstruktion des Wissens in der von Menschen gemachten Gesellschaft herausgefordert worden, Ordnung künftig aus dem »Arrangement von Elementen« zu gewinnen. Die Organisationsformen des Wissens stehen in einem Korrespondenzverhältnis zu den Grundstrukturen der »Wissensbestände« (L. Fleck), mit deren Hilfe eine Gesellschaft sich selbst beschreibt und verändert. Eine hierarchisch geordnete Gesellschaft verfügt auch über »Wissensbestände«, deren Teile und Formen hierarchisch strukturiert sind. Eine dynamische, auf kontinuierliche Selbsttransformation angelegte Gesellschaft nach dem »Ancien Régime« hat ein anderes Wissenssystem, das sehr viel stärker von heterarchischen Relationen bestimmt ist und insbesondere Begriffe aus den traditionellen festen Positionen in stabilen Verweisungszusammenhängen mit anderen Begriffen und – wie man mit Lorraine Daston formulieren könnte – »shared exemplars«[8] des Gebrauchs herauslöst und in Bewegung versetzt. Begriffe werden selbst zu »*intertexts*«,[9] die über vernetzte Komponenten sowohl innerhalb desselben begrifflichen Textfeldes als auch »grenzüberschreitend« im Verhältnis zu anderen Begriffen prozessiert werden.

Dies zeigt sich z.B. in den Naturwissenschaften an den Überlegungen zur »*Epigenesis*« der Entwicklung des Lebendigen,[10] das nicht mehr auf ganzheitliche Grundformen zurückgeführt werden kann, weil das Denken sich grundsätzlich gewandelt hat. Die Leistung der Epigenesis besteht zunächst darin, die Möglichkeit des innerweltlichen Anfangs der Lebensformen zu denken.[11] Auf dieser Grundlage lässt sich die Möglichkeit entfalten, die »Wanderung« von Formen zwischen den Systemen[12] (z.B. von den Natur- zu den Geisteswissenschaften) ohne Rückgriff auf unbestimmt bleibende »Lebenskräfte« zu konstruieren.[13] So lassen sich nicht nur »Familienähnlichkeiten« (L. Wittgenstein), sondern auch produktive Übertragungen und Umformungen beschreiben, die Beobachtungen in den Naturwissenschaften hervorgebracht haben, aber mit

8 *Lorraine Daston*, Rules. A Short History of What We Live By, Princeton 2022, S. 172.

9 *Mary Nyquist*, Tyrannicide, Law and Sacrifice in *Julius Caesar*, English Literary History 89 (2022), 893.

10 Vgl. dazu unter A II 3.

11 *Helmut Müller-Sievers*, Self-Generation. Biology, Philosophy and Literature around 1800, Stanford 1997, S. 6.

12 *Levine*, aaO (Forms), S. 7.

13 Vgl. zu *Dilthey* unter A VII 3.

Erfolg auch in den Geisteswissenschaften nachkonstruiert werden können, ohne dass von bloß metaphorischen Anleihen gesprochen werden könnte. Dieser Gedanke wird hier insbesondere an der Bestimmung des »Volksgeistes« in der Rechtswissenschaft der historischen Rechtsschule (F. C. v. Savigny) oder an der Entwicklung der »Begriffsjurisprudenz« und ihrer Ablösung durch die »Zweckjurisprudenz« sowie an der Bedeutung des »Bildungsromans« für die Entwicklung der Rechtssubjektivität erprobt. Damit sind nur einige der Brüche innerhalb der Rechtswissenschaft und der Rechtspraxis aufgerufen, die die Rechtswissenschaft auf eine charakteristische Weise als »normativ« bestimmt und gegen die Befragung »von außen« abschirmt. Es wird sich zeigen, dass die Annahme einer interdisziplinären »Wanderung« der Form der »Epigenesis« in die Rechtswissenschaft jedenfalls eine neue Facette der Entstehung des modernen Rechts einführen kann.

A. Kritik der Methoden der Rechtsgeschichte des 19. Jahrhunderts

I. Savigny

1. Savignys »Volksgeist«

Vor dem bisher beschriebenen Hintergrund lässt sich auch Savignys Beschwörung des Volksgeists neu lesen: Dass damit ein volkstümliches Rechtsbewusstsein oder gar – noch vordergründiger – die Herrschaft der Juristen als eines »Standes« assoziiert war, ist eher fernliegend,[1] auch wenn es einige Indizien für die letztere Lesart des Volksgeistes gibt. Diese Überlegungen entsprachen nicht der vom Historismus geprägten Denkweise der Epoche.[2] Charakteristisch ist Puchtas Vergleich mit der »Volkspoesie«, die irgendwo ihren Anfang nimmt und dann zum Allgemeingut wird.[3] Das ist schon deshalb verfehlt, weil das Recht nicht in der Vergangenheit anfängt und dann immer wieder, leicht variiert, weitergegeben wird, sondern immer wieder praktisch ver- und angewendet wird und dabei jeweils einen gegenwärtigen »Stand« reproduziert. In einer 1863 erschienenen Kritik der historischen Rechtsschule hat Peter Harum mit Recht darauf aufmerksam gemacht, dass die Einführung des römischen Rechts in Deutschland ein Werk der Juristen war, die aber angesichts der gesellschaftlichen Widerstände kaum als Vertreter des Volkes gehandelt haben könnten.[4]

Die Konstruktion des »Volksgeistes« ist im wahrsten Sinne des Wortes haltlos. Sie wird weder einer Vorstellung des Rechts noch seiner Geschichte im 18. oder 19. Jahrhundert gerecht. Savigny verweist selbst auf eine Erklärung des »Volksgeistes«, die nichts anderes als seine Vorstellung vom *Staat* ist: »Das Recht hat sein Daseyn in dem gemeinsamen Volksgeist (§ 7.8), also in der Gesammtheit des Willens, der insofern der Wille jedes Einzelnen ist.«[5] Dies ist eine für das deutsche Rechtsdenken

1 Dies ist eher eine Retrojektion des (unbegründeten) Selbstvertrauens der Juristen.

2 Vgl. dazu unten A III.

3 *Georg Friedrich Puchta*, Juristische Beobachtungen, in: Das Inland. Ein Tagblatt für das öffentliche Leben in Deutschland, unter vorzüglicher Rücksicht auf Bayern, I, 1829, 82, 186 zit. nach *Hans-Peter Haferkamp*, Die Funktion des ›Volksgeistes‹ in der Historischen Rechtsschule, in: Antje Arnold/Walter Pape (Hrsg.), Romantik und Recht, Berlin/Boston 2018, S. 3.

4 *Peter Harum*, Von der Entstehung des Rechts, Innsbruck 1863, S. 28; auch August Wilhelm Schlegel in einer Rezension des Buches »Gebrüder Grimm, Altdeutsche Wälder« (1815), in: Johannes Janota (Hrsg.), Eine Wissenschaft etabliert sich, Berlin/New York 1980, S. 92.

5 *Friedrich Carl von Savigny*, System des heutigen römischen Rechts, Band 1, Berlin 1840, S. 24.

charakteristische Engführung: Der »*Zwischenraum*« zwischen den Individuen, aber auch deren Verhältnis zum Staat[6] oder der »Zwischenraum« zwischen den Gesellschaften, der Gegenstand einer europäischen Rechtsvergleichung hätte sein können, wird vernachlässigt. Dies hat vor allem Eduard Gans kritisch zu Savigny angemerkt: Die Rechtsgeschichte sei nicht historisch genug, so sein Vorwurf, weil sie sich auf ein Volk beschränke. Gans sah sich selbst in der Tradition von Montesquieus »*esprit des lois*«, der etwas ganz anderes als der »Volksgeist« ist,[7] nämlich ein Bestand von Ideen, der historisch *in der Gesellschaft* entsteht und vergeht. Aus der Notwendigkeit der Abstimmung der Gesetze auf die bestehenden praktizierten »Gewohnheiten« ergibt sich der Geist der »modération«.[8] Demgegenüber ist bei Savigny der Staat die »leibliche Gestalt der geistigen Volksgemeinschaft«[9]. Die »Erzeugung des Staates« ist »eine Art Rechtserzeugung«; dafür setzt der Staat eine »von innen heraus wirkende Kraft« ein.[10] Im Privatrecht führt der Einzelne »sein inneres Leben«. Im öffentlichen Recht ist das »Ganze als Zweck« gegenwärtig, während »der Einzelne als untergeordnet erscheint«[11], ja, auch das Privatrecht hat eigentlich ohne den Staat nur ein »unsichtbares Daseyn, in *übereinstimmenden* Gefühlen, Gedanken und Sitten« (Herv. nicht i.Orig.).

Der Hegel'sche »Geist« ist keine Metapher im Sinne Blumenbergs, die eine »Wahrheit ... à faire« ist. Er kann nicht in Begriffe aufgelöst werden, aber er kann für die Beobachtung der Welt durch Abstraktionen jenseits des Konkreten »ein Feld« für die künftige Erfahrbarkeit vorgeben.[12] Auf diesem sind experimentierende Vorgriffe auf künftige Begriffe möglich, die

6 Vgl. *Olivier Beaud*, Savigny et le droit public, in: Jean-François Kervégan/Heinz Mohnhaupt (Hrsg.), Recht zwischen Natur und Geschichte. Le droit entre nature et histoire, Frankfurt a.M. 1997, S. 169; zu Hegels Begriff des (für ihn marginalen) Begriffs des »Volksgeists« vgl. *Birden Güngoren Bulgan*, Die Beziehung zwischen Bildung und Verfassung bei Hegel, Hegel-Jahrbuch 2014, 214: Der »Volksgeist« ist Gegenstand der Bildung in der Zeit – und nicht unvordenklich.

7 Vgl. *Suzanne Gearhart*, Reading *De l'esprit des lois*, Yale French Studies 59 (1980), 175; vgl. auch *Norbert Waszek*, L'histoire du droit selon Edouard Gans, une critique hegelienne de F. C. von Savigny, in: Kervégan/Mohnhaupt (Hrsg.), ebd., S. 257, 274.

8 *Céline Spector*, Montesquieu, Liberté, droit et histoire, Paris 2010.

9 *Savigny*, aaO (System), S. 22.

10 Sehr kritisch auch *Hermann Kantorowicz*, Was ist uns Savigny?, Recht und Wirtschaft 1911, 47, 54.

11 *Savigny*, aaO (System), S. 23.

12 *Hans Blumenberg*, Paradigmen zu einer Metaphorologie, Frankfurt a.M. 2013, S. 25; so denkt später *Gaston Bachelard*, Die Poetik des Raumes, Frankfurt a.M. 1987, S. 1; dazu *Julia Weber*, Imagination, poetisches Bild und Subjekt. Eine Replik zur Debatte um Bachelards Poetik des Raumes,

auf der Grundlage von Handlungen einen überschießenden Erkenntniseffekt erlauben und so emergente Begrifflichkeit und kreatives Handeln verschleifen. Die Metapher öffnet den Spalt zwischen unbestimmtem Handeln und Begriffsbildung, ohne je mit Begrifflichkeit zusammenzufallen. Dies ermöglicht eine Verweisung auf Kojèves Hegelianismus und die Vorstellung der Idee als ein durch Handeln zu realisierendes und sich dadurch erst selbst »entdeckendes« *Projekt* und nicht die Enthüllung einer vorfindlichen Realität.[13] Der Geist ist ein »allgemeines ... Werk«, das durch distribuierte Kooperation in transsubjektiven Lebensformen sich vollzieht.[14] Der Rekurs auf den »Geist« gibt die Suche nach Einheit auf und öffnet sich für die »Zerstreuung und die Vielfalt« der Möglichkeiten, die experimentell auf die Emergenz von Zusammenhängen und Mustern beobachtet werden. Vor allem Denis Diderot hat in seiner politischen Philosophie die Form nicht als Einheit gedacht: Die Ordnung der Formen kann nur in einem Zusammenhang mit der »kreativen Kraft« der »Ereignisse« gedacht werden, die die etablierten Muster des Denkens erschüttern.[15]

Savignys Lehre ist demgegenüber eine Form der Blockierung der beginnenden Kreativität und Dynamik der bürgerlichen (Rechts-)Gesellschaft. Und sie ist vor allem ein Kontrapunkt, der gegen das »ahistorische« Denken der Französischen Revolution gesetzt wird: Die Revolution ist »hors de l'histoire«.[16] Die bis heute wichtigste Aussage über das Privatrecht ist ein Ausdruck der Selbstbegrenzung des Rechtsdenkens im 19. Jahrhundert: »So erhält es [das Privatrecht] im Staat, durch Aufstellung des Richteramtes, Leben und Wirklichkeit«[17]. Noch Wieacker wird später postulieren, dass die »Geschichte des Privatrechts durch die Einheit der Rechtsprechung, der Rechtswissenschaft und des juristischen Berufs« bestimmt sei.[18]

Sub\urban 2015 Bd. 3, Nr. 2 https://zeitschrift-suburban.de/sys/index.php/suburban/article/view/197/327#content

13 *Alexandre Kojève*, Introduction à la lecture de Hegel, Paris 1980, S. 25, Kojève sieht hier eine Gemeinsamkeit mit *Heideggers* »Sein und Zeit«; diese Kojève-Lektüre wiederum verdankt sich der Arbeit von *Wilma Pilati*, Kojève, Hyppolite et Bourgeois. Trois voies de l'Hegelianisme, Etudes philosophiques 2022, Nr. 140, 89, 92.

14 *Helmut Hühn*, Epídosis eis hauto, Zur Morphologischen Geschichtsbetrachtung bei Johann Gustav Droysen, in: Jonas Maatsch (Hrsg.), Morphologie und Moderne. Goethes »anschauliches Denken« in den Geistes- und Kulturwissenschaften seit 1800, Berlin/Boston 2014, S. 111, 120.

15 *Annie Ibrahim*, Introduction: Diderot. Forme, difforme, informe, in: dies. (Hrsg.), Diderot et la question de la forme, Paris 1999, S. 1, 8, 10.

16 *François Delacroix/Christian Dosse/Patrick Garcia*, Les courants historique en France. 19e et 20e siècle, Paris 2005, S. 12.

17 *Savigny*, aaO (System), S. 23.

18 *Franz Wieacker*, Privatrechtsgeschichte der Neuzeit, 2. Auflage, Göttingen 1967, S. 18.

Auch die *herrschende* Meinung ist eine *Meinung*, auch wenn sie noch so viele »Follower« und noch so viele »likes« akquiriert. Für das Prozessieren von praktischen Operationen mag die Meinung trotz eines »partikularen Kontexts« eine orientierungsbildende Bedeutung haben, doch eine auf das Brauchbare zielende Methodik des Rechts muss versuchen, einen »Zusammenhang in unser Denken und unsere Erfahrung zu bringen«.[19]

Savigny gibt durch seine Überlegungen der gesamten nachfolgenden Rechtsgeschichte eine Richtung, die es ihr ermöglicht, die Frage nach dem, was eigentlich *Rechtsgeschichte* ist,[20] nicht ernsthaft aufzuwerfen. Das Richteramt ist die Wirklichkeit des Privatrechts, die Dogmatik ist das »Handwerkszeug« des Richters – und damit ist auch der Gegenstand der Rechtsgeschichte bestimmt. Vor allem gibt es kein *gesellschaftliches* Recht. Ja, es gibt nicht einmal eine »Gesellschaft der Individuen«, die irgendeine epistemologische Bedeutung für das Recht und die Rechtsgeschichte hat. Den Kontrapunkt zu Savignys Stilllegung der Bewegung des Rechts im Staat als dem Hüter des »Ganzen« bildet Eugen Ehrlich, der die Geschichte des Rechts der »Bewegung des Lebens« einschreibt.[21] Otto v. Gierke vertritt demgegenüber auch eine retrograde Konzeption der Genossenschaft, die keinen Anschluss an die Dynamik der neuen Gesellschaft gesucht hat: Diese Genossenschaften bilden »zusammengesetzte Einheiten«, deren Selbsterzeugung aber nicht gedacht werden kann.

Es ging Savigny vor allem um die Neugründung eines *deutschen Nationalstaates* jenseits der existierenden deutschen Territorialstaaten und ihrer Gesellschaften, deren Lage nicht dem Entwicklungsstand des Staates in England und Frankreich entsprach. Plausibler erscheint es, das Konzept des Volksgeists figural[22] als eine Verweisung auf den kommenden Staat,[23] den Staat »à venir«, zu verstehen, eine neue Gründung, deren Konturen noch nicht sichtbar waren, ja, vielleicht nicht sichtbar werden konnten.[24]

19 So für Whitehead *Maria-Sybilla Lotter*, Whitehead: Kritik der Gefühle, in: Hilge Landweer/Ursula Renz (Hrsg.), Handbuch: Klassische Emotionstheorien. Von Plato bis Wittgenstein, Berlin/New York 2012, S. 569, 575.

20 Hier geht es zunächst um Privatrechtsgeschichte. Vgl. zu dem Problem der Bestimmung des Gegenstands der Geschichte und seiner Abgrenzung *Suzanne Gearhart*, The Open Boundary of History and Fiction: A Critical Approach to the French Enlightenment, Princeton 1984, S. 129.

21 *Roberto Esposito*, Institution und Biopolitik, Zürich 2022, S. 107.

22 Vgl. zum Begriff *John Bender/David E. Wellbery*, Rhetoricality. On the Modernist Return of Rhetoric, in: dies. (Hrsg.), The Ends of Rhetoric. History, Theory, Practice, Stanford 1990, S. 3, 29, 31.

23 Vgl. zur »Figura« *Jan Baetens*, Mimesis as Anti-Figura, Cultural Studies Leuven, 25.10.2017 – https://culturalstudiesleuven.net/2017/10/25/mimesis-as-anti-figura/

24 Die »démocratie à venir« im Sinne Derridas ist der permanante Aufschub der Demokratie; eine gewisse Parallele könnte darin bestehen, dass der neue

Es geht vielmehr um einen Platzhalter, an dessen Stelle später neues Recht als Produkt einer positiven Entscheidung des Gesetzgebers treten würde. Auf diesen Willen bezieht sich auch Savignys Interpretationslehre.[25]

Eugen Ehrlich hat mit Recht kritisiert, dass die Protagonisten der historischen Rechtsschule nie versucht haben zu zeigen, »wie neues Recht in das bereits festgesetzte eindringt«[26]. Es ist alles schon da. In Savignys »Volksgeist« ist der Begriff abgedichtet, er blickt zurück auf eine unbestimmt und gegenstandslos bleibende Vergangenheit, er wird nicht in einzelne Komponenten ausgefaltet, an denen sich Spannungen zur Wirklichkeit anlagern könnten. Der Unbegriff »Volksgeist« blickt zugleich voraus in eine ebenso unbestimmt bleibende Zukunft, während der »Geist« bei Hegel ein »Arbeiter« am Prozess der Universalisierung u.a. des Rechts ist.[27] Daran anschließend wäre Recht in dem hier verstandenen, über die durch das Recht selbst bestimmten Grenzen hinausweisenden Sinn nicht nur durch seine Rezeptivität gegenüber anderen kulturellen Feldern der Wissensgenerierung (z.B. die Literatur) (mit)bestimmt. Recht wäre auch umgekehrt durch seine *begriffliche Normativität* für die Gesellschaft, über die Grenzen des Rechtssystems im engeren Sinne hinaus, als Grundlage einer »structure of believing« zu verstehen.[28] Das bedeutet: eine *praktische* Ordnung des Wahrscheinlichen, die einen Bestand von als plausibel angesehenen Wissens- und Vermutungsregeln, die Bestimmung des Erwartbaren, die Mobilisierung des Ideenpools der Gesellschaft, die Generierung akzeptabler Verhaltensmuster etc., die Ablösung der einen Wirklichkeit durch eine Varietät der Möglichkeiten, die Lesbarkeit des Gewebes der Ideen und der Anschlussmöglichkeiten für eigenes Handeln prozessiert hätte. Die Begriffsarbeit würde so im Sinne H. Blumenbergs immer mehr in Anschlag bringen als das, »was ansteht«, und in einem dynamischen Wechselverhältnis zu den Praxis- und Wissensformen der Gesellschaft stehen. »Die Begriffe sind ja nicht für den einmaligen Gebrauch«,[29] aber sie sind für den Gebrauch und die Erhaltung der Beweglichkeit der Verknüpfung bestimmt.[30]

deutsche Staat vor seiner Verwirklichung auch den Charakter einer unerfüllten, unerfüllbaren Wunschproduktion als Staat der Ideen hatte.

25 *Savigny*, aaO (System), S. 213.

26 *Eugen Ehrlich*, Grundlegung der Soziologie des Rechts (1913), München/Leipzig, Neudruck 2018, S. 8.

27 *Gérard Bensussan*, Miroirs dans la nuit – Lumières de Hegel, Paris 2022, S. 28, 67.

28 *Lawrence Rosen*, Law as Culture. An Invitation, Princeton 2006, S. 70; *Thomas Vesting*, Staatstheorie, München 2018, S. 181.

29 *Ludwig Wittgenstein*, Bemerkungen über die Psychologie und die Philosophie der Psychologie. Letzte Schriften über die Philosophie der Psychologie, Werkausgabe Bd. 7, Frankfurt a.M. 1984, Nr. 672.

30 *Bertrand de Saint-Sernin*, La Cosmologie de Whitehead, Arch. de Phil. 76 (2013), 483, 484.

2. Der Volksgeist als Produkt des »epigenetischen« Zeitgeists

Savignys Rechtstheorie ist nicht vormodern, auch wenn sie sich nicht auf die Beobachtung der neuen Phänomene der (zu seiner Zeit auch noch unentwickelten) Formen der Industrialisierung einlässt. Sie ist auch nicht dem »objektiven Idealismus« zuzuordnen, wie J. Rückert meint.[31] Im Gegenteil! Man könnte sie als eine Variante des subjektiven Idealismus einordnen, die sich auf im Ansatz romantische Figuren eines Vorgriffs der Entwicklung des Verhältnisses ihrer Elemente auf eine Einheit im »Ganzen« stützt.[32] Dieser Vorgriff bringt das Ideal der sich selbst bildenden Rechtssubjekte in Anschlag, die sich die Gedanken des Gesetzgebers[33] anverwandeln müssen, sich ihnen aber nicht blind unterzuordnen haben, weil der Gesetzgeber seinerseits auf die Subjekte als Teile eines Ganzen angewiesen ist. Dies ist eine Überlegung, die auch für die Anrufung des Volksgeists gilt, die dem Zeitgeist der Romantik entspricht und die der Selbst-Bildung der Natur und in Anlehnung daran auch der Kultur eine »Lebenskraft« zuschreibt, die über Kausalverhältnisse hinausweist. Dies ist die Idee des Rechts, die sich selbst bildet, aber dabei auf ihre historisch bestimmten Emanationen und das Nach-Denken der Rechtssubjekte angewiesen ist.

Die Konzeption des »Volksgeistes« bei Savigny verdankt ihre Entstehung und vor allem ihre Verbreitung nicht zuletzt einem neuen Denken der biologischen Lebensformen,[34] insbesondere dem Übergang zur Konzeption der Entfaltung der biologischen Arten als *»Epigenesis«*.[35] Daran schließt auch die Analogisierung der kulturellen und philosophischen Erklärung der Entwicklung in der Gesellschaft an. Für Diderot ist die »Epigenesis« eine Übergangsgestalt für das Verstehen der Ordnungsbildung in der Welt. [36]

Auch Goethes Interesse an den Naturwissenschaften, insbesondere der Morphologie der Pflanzen,[37] hat wichtige philosophische Implikationen

31 *Joachim Rückert*, Idealismus, Jurisprudenz und Politik bei Friedrich Carl von Savigny, Ebelsbach 1984.

32 Vgl. allg. *Denise Gigante*, Life. Organic Form and Romanticism, New Haven 2014, S. 25f.

33 *Savigny*, aaO (System), S. 213.

34 *Gigante*, aaO (Life), S. 25.

35 Vgl. zu Caspar Friedrich Wolffs Theorie der Epigenesis *Shirley A. Roe*, Rationalism and Embryology. Caspar Friedrich Wolff's Theory of Epigenesis, Journal of the History of Biology, 12 (1979), 1.

36 *Annie Ibrahim*, Le matérialisme de Diderot: Formes et forces dans l'ordre des vivants, in: dies. (Hrsg.), aaO (Diderot et la question de la forme), S. 87.

37 Zur Figur des »Ganzen als Prozess« vgl. *Eva Geulen/Claude Haas*, Das Ganze als Prozess. Einleitung, in: dies. (Hrsg.), Formen des Ganzen, Göttingen 2022, S. 267.

für sein Denken – darauf ist zurückzukommen. Die »Morphologie« spielt eine Rolle als Form des Übergangs von der Präformation der Lebensformen zur dynamischen Version der »Epigenesis«. Anders als diese konnte die Morphologie zwar wichtige Einsichten in den Aufbau der Formen des Lebens vermitteln (bei Goethe insbesondere der Blätter der Pflanze), doch fehlte ihr noch eine Abstraktionsfähigkeit, die auf der Höhe der Zeit gewesen wäre und die Dynamik zwischen den Elementen und deren Beitrag zum Bau höherer Stufen der Organisation sowie der Ganzheit der »Gestalt« des Lebens hätte erfassen können.[38] Die Überlegungen zur Bildung und Entfaltung einer Bauform des biologischen Lebens jenseits einer weniger beweglichen älteren Konstruktion der von Anfang an bestehenden »Präformation« aller Tier- und Pflanzenarten[39] einerseits und der Annahme einer stabilen Kombinatorik der Elemente des Lebens zur kausalen »Zusammensetzung« in übergreifenden Formen andererseits wird über neue, auch kulturelle Formen der *Bildung* von Ganzheiten aus elementaren Bauelemente nach-gedacht, die auf eine die Elemente überschießende, eine »Gestalt« hervorbringende »Lebenskraft« zurückgeführt werden. Die Konzeption des »Volksgeistes« wäre kaum ohne die methodologischen Vorarbeiten der Biologie in der Gestalt entstanden, die sie bei Savigny gefunden hat. Der »Volksgeist« ist keine freitragende Konstruktion, er wäre ohne den biologischen Vorläufer der »Epigenesis« nicht vorstellbar gewesen.[40] Die Epigenesis rekurriert aber auf eine »unsichtbare, spirituelle Grundlage für die natürliche Generativität«[41]. In Bezug auf das Recht bietet sich der Rekurs auf eine »Lebenskraft« an, die die Rechtssubjekte nicht übergeht, sondern in ihrer Wirkung selbst von deren vermittelnder Kraft abhängig ist.

Die »Ganzheit« des Rechts ist die prägende Lebenskraft, die sich in der Vielzahl der Anwendungen von Fall zu Fall erhalten muss. Dies ist nur möglich durch die Beschwörung des Willens der Rechtssubjekte zur Einheit, der sich gegen die Flut des Diversen, des Partikularen zur Geltung bringen muss: Die Interpretation des Rechts muss das Einzelne in die epigenetische Form der Erhaltung und Fortbildung von Einheit einfügen. Der und das Einzelne müssen sich produktiv *auf die Ganzheit hin bewegen.* Es geht – bei der »Übertragung« auf das Recht – um die »lebende Form« des Rechts, die sich im Wandel entfaltet und erhält und weder ein kausaler »Mechanismus« sein darf noch die anfängliche »Präformation« der Rechtsformen unterstellen sollte.[42]

38 *Gigante*, aaO (Life), S. 31.

39 *Müller-Sievers*, aaO (Self-Generation), S. 5.

40 *Müller-Sievers*, ebd., S. 4.

41 *Helmut Müller-Sievers*, The Science of Literature. Essays on an Incalculable Difference, Berlin/München/Boston 2015, S. 42.

42 *Gigante,* aaO (Life), S. 26.

Für das Rechtsdenken ist die epigenetische Formbildung als Paradigma deshalb attraktiv, weil damit die Emergenz von Formen des Rechts aus der Verschleifung mit der Praxis der »Anwendungen« und deren »intertextuellen« Effekte oder die Normbildung durch private Organisationen[43] neben dem staatlichen *Einheitsrecht* als unvereinbar mit dessen Form ausgeblendet werden kann und zugleich die politische Intervention in das Recht und gegen das Recht als selbstdestruktiv, weil »von außen« kommend, abgewiesen werden kann. Dies war angesichts der Allgegenwart der Französischen Revolution im philosophischen Denken auch Deutschlands ein wichtiges Bauprinzip des neuen Rechtsdenkens. Charakteristisch für die Französische Revolution war die Emergenz eines Subjekts, dessen Denken und Handeln nicht mehr von einem an der Einheit von Ideen orientierten »gouvernement des esprits«[44] geleitet war, sondern von einer zur Handlung drängenden Unmittelbarkeit der Gefühle, die damit der Mittelbarkeit und der Selbstkoordination der Ideen entgegentritt. Auch dagegen wendet sich Savignys »Volksgeist«. Es geht um die (Wieder-)Herstellung der Mittelbarkeit der Idee, die dem Einzelnen als »Volksgeist« entgegentritt, der sich nicht dem Einzelnen unmittelbar zu erkennen gibt, sondern ihm die Anverwandlung eines von historischen Normen und Institutionen geprägten Modells der Einheitsbildung von Fall zu Fall abverlangt und ihm die Wahrung der Kontinuität in seinem Denken aufgibt.

Hier geht es nicht um die »Übernahme« biologischer Formen in das Recht und andere Formen der Kultur, sondern um das Lesen von »*Spuren*« der Entwicklung der Kultur, die jenseits der bewussten Selbst-Konstruktion der Philosophen und Rechtswissenschaftler sowie ihrer hermeneutischen Nachzeichnung durch die späteren Interpreten in den »Wissensbeständen« (L. Fleck) aufgrund praktischer Herausforderungen des Denkens symptomal gelesen und zu »Paradigmen« der Ordnungsbildung des Denkens geformt werden.[45] Diese Herangehensweise ist bestimmt durch die Suche nach unpersönlichen Diskurspraktiken, die die »Ermöglichungsbedingungen« der Musterbildung des Sagbaren über die Grenzen zwischen Natur- und Geisteswissenschaften hinaus verfolgt.[46]

Der Gedanke der Selbst-Entfaltung der »lebenden Form« unterscheidet sich von der neueren Konzeption der Selbstorganisation dadurch, dass nicht ein experimenteller Prozess gedacht wird, der heterarchisch

43 *Ehrlich*, aaO (Grundlegung), S. 31.

44 *Julien Pasteur*, Les héritiers contrariés. Essai sur le spirituel républicain au XIXe siècle, Paris 2018.

45 *Fleck*, aaO (Entstehung und Entwicklung einer wissenschaftlichen Tatsache).

46 *Hans-Jörg Rheinberger*, Historische Epistemologie. Zur Einführung, Hamburg 2007, S. 107, im Anschluss an *Michel Foucault*, Archäologie des Wissens, Frankfurt a.M. 1986, S. 199.

mit einer Öffnung für Kontingenz operiert, sondern das Ziel der *Einheit* geradezu paradigmatisch gegen die Beobachtung der riskanten Differenzen in der Bewegung des Rechts gewendet und die Möglichkeit der Kreativität des Heterogenen, insbesondere die Pluralisierung der Rechtsformen unterdrückt wird. Die »lebende Gestalt« (F. Schiller) der Form ist darüber hinaus vom Er-leben der Selbsteinheit der Rechtssubjekte abhängig, während der »Mechanismus« der Zusammensetzung von Teilen (auch eines sich selbst organisierenden Rechts) unreflektiert abläuft. Das Recht als Idee ist die Kraft, die als »Volksgeist« dessen Epigenese so entfaltet, dass die Teile auf das Ganze eingestellt sind. Der Rechtstext muss als »source-text«[47] institutionalisiert werden, der seine Beziehungen zu anderen Begriffen, logischen und systematischen Regeln sowie zu Geschichte und seinen »Anwendungen« *selbst kontrolliert* oder nur unmerklichem, kontinuierlichem Wandel unterworfen sieht. Die *Prozesse*, denen das Recht und seine Begriffe seit dem Beginn des 19. Jahrhunderts ausgesetzt sind und dadurch zu schwer kontrollierbaren »intertexts« werden, werden durch die historische Rechtsschule als »rechtsfremd« und unvereinbar mit dem normativen Anspruch des Rechts ignoriert und ausgesperrt. Dazu bedarf es der Rechtssubjekte, die das Recht nicht über den einzelnen Fall hinaus rational konstruieren, sondern sich und ihr Denken für den »Volksgeist« intuitiv durchlässig halten und sich nicht an »existierenden Strukturen« des Wirklichen orientieren, die keine anerkannte Rechtsgestalt zum Ausdruck bringen.[48] Der Anspruch auf Erhaltung der normativen Geschlossenheit des Rechts und seiner Begriffe setzt sich als »Aufhalter« des Prozesses und der Netzwerke seiner Komponenten ein. Es entspräche nicht dem hier verfolgten *prozessbestimmten* Ansatz, die Wirkung von Savignys Volksgeistlehre und seiner Dogmatik primär den eigenen Vorstellungen selbst zuzurechnen. Savignys Denken hat sicher nicht nur eine die Entwicklung des bürgerlichen Rechts blockierende Wirkung entfaltet, er hat sicher unfreiwillig auch durch sein dogmatisches Denken *bon gré, mal gré*, den objektiven Prozess der Herausbildung der bürgerlichen Rechtspraxis, auch in der Gesellschaft und zwischen den Rechtssubjekten, durch die defamiliarisierende Wirkung der Rechtsformen gefördert, auch wenn dies nicht seiner Absicht entsprach. Aber auch hier kommt es nicht primär auf die Absicht an. Das ist auch im Folgenden bei der Darstellung Savignys zu beachten.

Die Form des »Volksgeists« ist durchaus ein Produkt der Moderne, die darauf reagieren muss, dass die Einheit der Welt nicht mehr als historisch, letztlich von Gott, vorgeordnet gedacht werden kann, sondern als innerweltliches Produkt, dann also als philosophisch geordnet gedacht werden

47 Begriff nach *Mary Nyquist*, Tyrannicide, Law and Sacrifice in *Julius Caesar*, English Literary History 89 (2022), 893.

48 Vgl. *Gigante*, aaO (Life), S. 25.

muss. Es bleibt aber dabei, insofern wird eine Kontinuität der Kultur erhalten, dass insbesondere das Recht kein Produkt eines kausalen, realen »Mechanismus« sein kann. Das Recht muss durchaus beweglich gehalten werden. Im Sinne einer Suche nach »Familienähnlichkeiten« (L. Wittgenstein) legt sich dann die Beobachtung des zeitgleichen Wandels der Biologie nahe, die die Idee der »Epigenese« in einem Prozess der Überwindung der älteren »Präformationstheorie« hervorgebracht hat, einer Idee, die das neue Verhältnis von Dynamik und Kontinuität wissenschaftlich-philosophischer Formen, das Verhältnis von Teil und Ganzheit als Ausdruck einer beweglichen Zuordnung innerhalb der Evolution einer Form des Lebens (einer Pflanze, eines Tiers) zu denken beansprucht.

Diese Konstruktion hat für das Recht einen – durchaus passenden – Ausschließungseffekt: Die Konzeption kann sich nämlich nur schwer auf die *Privatautonomie* einstellen, die über die bloße Variation insbesondere der Vertragsformen im Einzelfall hinausweist und eine reflexive, über das bestehende Recht selbst hinausweisende Dynamik freisetzt. Dies wird schon dadurch indiziert, dass das Privatrecht, insbesondere aber das Vertragsrecht weitestgehend dispositives Recht ist, ein Recht also, das durch neue Rechtsformen supplementiert werden kann. So hat sich auch im 19. Jahrhundert eine lebendige Praxis der Bildung und Erprobung neuer Rechtsfiguren herausgebildet, deren kreative Bedeutung weitestgehend ignoriert worden ist. Das war anders etwa bei Eugen Ehrlich, der z.B. neue private Organisationsregeln als neuen Rechtstyp anerkannt hat. Umgekehrt lässt sich sagen, dass die Denkform der Epigenese die Beweglichkeit des Rechts ermöglicht und zugleich in Grenzen gehalten hat, soweit dadurch das Denken der »Ganzheit« des Rechts bedroht wurde.

3. Die Ästhetik der Denkformen des 18. Jahrhunderts und das Denken des »Volksgeists«

Die Überlegungen zur Epigenesis (zunächst und vor allem in der Biologie) sollten im praktischen Gedankenexperiment die Plausibilität der eingangs aufgestellten Thesen zur Proliferation von stummen Formen der Ordnungsbildung in Natur und Kultur für die Rechtstheorie der Rechtsgeschichte erproben. Solche Formenübertragung lässt sich erst recht im Verhältnis prominenter Muster der Ästhetik des 18. Jahrhunderts zu zeitgenössischen Ideen des Rechts vermuten. Im Folgenden soll deshalb Baumgartens einflussreiche Ästhetik als möglicher »Varietätspool« für die Formen des Rechtsbildung im Werk Savignys untersucht werden. Dabei geht es nicht um (quasi-)kausale »Einflüsse«, sondern wiederum um unbewusste »Formenleihe« bei der Konstruktion einer neuen Konzeption des Rechts durch Savigny, also um den Rekurs auf

»Wissensbestände« und die darin enthaltenen Bauformen und Muster für die interne Ausdifferenzierung des Rechts.

Der Entwurf des »Volksgeists« als Ursprung für die Entwicklung einer neuen Rechtskonzeption legt dann eine (auch) symptomale Lektüre der Texte Savignys nahe.

Die Entwicklung des »Volksgeists« würde als ein Symptom des in Deutschland fortbestehenden Sprachverständnisses des 18. Jahrhunderts angesehen, das vor allem von Baumgarten[49] geprägt worden ist: Hinter den Oberflächenphänomenen des praktischen Handelns und Sprechens existiert ein verborgenes *geistiges* Reich der *Intuition*, das aufnahmebereite Seelen durchströmt und die »Vitalität« der Ästhetik und der Kultur ausmacht, aber nicht der intellektuellen Manipulation oder der Kommunikation zwischen gleichberechtigten Subjekten zugänglich ist[50] – und vor allem auch nicht dem Materialitätsstrom der Anwendungen eine Normen schaffende Kraft zuspricht. Die Kommunikationen mithilfe der konventionellen Zeichen sind Gegenstand der sozialen *Institution*.[51] Das vor-semiotische Wissen der Intuition kann im glücklichen Fall die Wiederherstellung der Einheit der Kultur in einer post-semiotischen Erfassung der Welt als einer logischen Struktur bewirken.[52] »Intuition« als eine Fähigkeit zur Entwicklung von Begriffen hat eine implizite Komponente, die auf die Funktion angelegt ist, »Ressourcen in der natürlichen Umwelt manipulierbar zu machen« und sich dabei der Bildung und Rekonfiguration von Relationen zwischen zuvor getroffenen Unterscheidungen/Trennungen zu bedienen.[53] Dies lässt sich auf gesellschaftsbezogene Konzepte nach der hier vertretenen Vorstellung erstrecken (so Wild im Anschluss an Bergson).[54] Darin kann die Begriffsentwicklung der impliziten »Hypothesenbildung« in den praktischen Lebensformen der Gesellschaft folgen und z.B. Rechtsbegriffe fortentwickeln.[55]

49 *Alexander Gottlieb Baumgarten*, Ästhetik, Lateinisch-deutsch, Hamburg 2007; auch Einflüsse von Christian Wolff sind nicht zu vergessen. Die Darstellung lehnt sich an an *David E. Wellberys* Buch »Lessing's Laocoon. Semiotics and Aesthetics in the Age of Reason« (1984), Cambridge 2009. Lessings Auseinandersetzung mit der berühmten Laokoon-Gruppe gilt als ein Wendepunkt in der Entwicklung der Ästhetik im Verhältnis zur Entwicklung einer Kulturtheorie der Zeichen und der Sprache.

50 *Wellbery*, ebd., S. 9.

51 *Wellbery*, ebd., S. 42.

52 *Wellbery*, ebd., S. 42.

53 *Markus Wild*, Intuitionen, intuitiver Verstand und Intuition, DZPh 60 (2012), 1011, 1016; vgl. auch zu Diderots Konzeption des Denkens als »concept opératoire«, *Ibrahim*, aaO (Le matérialisme de Diderot), S. 87ff.

54 *Wild*, ebd., 1016.

55 *Wild*, ebd.

Die beiden ersten Stufen des Denkens der Institution und der Intuition bei Baumgarten entsprechen der Anrufung des Volksgeistes bei Savigny einerseits und der rationalen Arbeit an der Dogmatik andererseits, während die dritte Stufe in der Beschwörung der »Ganzheit« des Rechts zur Geltung gebracht wird, aber in diesem Stadium auch bleibt, da sie immer wieder nur die Verweigerung der Durcharbeitung des Wandels des Rechts im 19. Jahrhundert artikuliert.

Im 19. Jahrhundert setzt in umgekehrter Richtung eine Ablösung des ganzheitlichen Sprachdenkens und dessen Zentrierung um die »Wiedergabe« (Repräsentation) der Welt durch Sprache ein. Die Annahme der Zugänglichkeit der Sprache für den »ganzen Menschen« wird ersetzt durch ein unpersönliches systemisches Konstruieren mithilfe von Zeichen, deren »Arbitrarität« nicht in einem Verhältnis der Repräsentation von Bedeutung der Welt steht (später wird Saussure diesen Gedanken ausbauen[56]). Diese Bewegung wird im 19. Jahrhundert von der Rechtswissenschaft als Gefahr für die »Einheit« des Rechts ignoriert. Das epigenetische Denken der Entfaltung einer sich selbst bildenden Einheit wird gegen das Vordringen von Denkformen des Nicht-Einen, der Differenz, der Zerstreuung und der Kontingenz in Stellung gebracht.

4. Der »Volksgeist« als Platzhalter des Staates

Eine weitere Form der Suche nach den Inhalte übergreifenden Formen der Konstruktion der Textualität wie ihrer symptomalen Lektüre wäre eine *figurale* Lektüre, die Komponenten des Textes nicht (nur) als »Präsenz« bestimmter Inhalte in der Zeit z.B. des Romans beobachtet, sondern sie als Verweisung auf etwas anderes ansieht, als etwas, was jenseits des Texts sich fiktiv oder real ereignen könnte, aber auch schon innerhalb dieses Textes aufgerufen wird. Dann würde der Text so verstanden, als ob er z.B. sein eigenes Ende antizipiert, an das ein anderer Text anknüpfen würde oder könnte. Der Text wäre ein Vorbereiter, der sich selbst aufgibt.

Der Volksgeist hat als Platzhalter seinerseits auch eine abwehrende Funktion: Er gibt für die Zukunft nur vor, dass das Recht zu seiner Integration auf eine immanente, selbstgestiftete Einheit angelegt ist – die vor der Steigerung von Differenz, vor der pragmatischen Öffnung auf die sich pluralisierende Gesellschaft und vor dem Subjekt als Nucleus einer azentrisch sich bildenden differenziellen Ordnung bewahrt werden muss. Der sich dennoch gegen Ende des 19. Jahrhunderts abrupt vollziehende Abschied vom Volksgeist indiziert die Kraft des historischen

56 *Ferdinand de Saussure*, Cours de linguistique générale, (1. Aufl.,) Paris 1916.

Wandels, die sich mit dem neuen Stifter der Einheit des Rechts zur Geltung brachte, dem *Staat*.

H.-P. Haferkamp ist der Auffassung, dass der »Volksgeist« als Garant der Einheit am Ende des 19. Jahrhunderts »nicht mehr benötigt wurde«[57]. »Nun konnte der Staat die Trägerschaft über das nationale Recht übernehmen.« In Savignys Berufs-Schrift ist die Prognose und der Wunsch zu lesen: »Wir werden nicht blos eine schwache Nachahmung römischer Bildung sondern eine ganz eigene neue Bildung haben«[58] und eine »neue Befriedigung« darin finden.[59] Das römische Recht wird dann als Platzhalter des »Reichsgedankens« überflüssig sein.

Die Enttäuschung über das Verschwinden des Volksgeists nach dem Aufstieg des neuen Nationalstaats und der Entstehung des Rechtsstaats ist deshalb ein Missverständnis. Die Zukunft des Volksgeists war von vornherein die des *vanishing mediators*.[60]

Der deutsche Staat unterschied sich in dieser Hinsicht nicht grundsätzlich von dem Gegenstand des Wunsches der französischen Revolutionäre, die den Tugendstaat errichten wollten, ohne sich im Einzelnen mit dem Wandel der Gesellschaft zu einer bürgerlichen Form auseinandergesetzt zu haben[61] oder dies überhaupt nur zu wollen. In Deutschland ist es der Nationalstaat, der als solcher gut ist, den die Bürger wollen, der Staat, der sich selbst will und sich dadurch von der Gesellschaft abwendet und seine eigenen Projekte verfolgt. F. Furet beobachtet in der Französischen Revolution die enorme Zuspitzung einer Subjektivierung,[62] die Beschwörung eines *Willens*, der sich selbst genug ist und sich vor allem durch die antithetische Fixierung auf die anderen und das andere legitimiert. Dies weist über die Entwicklung in Frankreich hinaus. In Deutschland ist es der *Wille* zum Staat, der sich im Willen zum »Ganzen« realisiert. Nur so ist die »Einheitlichkeit« einer aus Individuen bestehenden Ordnung eines »Ganzen« jenseits der traditionellen stationären Ordnung denkbar,[63] einer Ordnung, die sich vor allem durch die antithetische Fixierung auf die »Reichsfeinde«, Sozialdemokraten, die katholische Kirche und Polen Konturen gibt.

Der »Volksgeist« hat für die Strukturierung und Ausdifferenzierung des beginnenden modernen Rechts im Grunde keine Leistung erbracht.

57 *Haferkamp*, aaO (Funktion des ›Volksgeistes‹), S. 14.
58 *Friedrich Carl v. Savigny*, Vom Beruf unsrer Zeit für Gesetzgebung und Rechtswissenschaft, Heidelberg 1814, S. 133f.
59 *Savigny*, ebd., S. 152.
60 *Fredric Jameson*, The Vanishing Mediator: Narrative Structure in Max Weber, New German Critique 1 (1973), 52.
61 *François Furet*, La Révolution française, Paris 2007, S. 144.
62 *Furet*, ebd., S. 187.
63 *Emile Durkheim*, in: Marie Rotkopf/ders., »Deutschland über alles«. Die deutsche Mentalität und der Krieg, Berlin 2023, S. 40.

Er war eben nichts als ein »vanishing mediator«,[64] ein Aufhalter, von dem nichts als die Canones als Werkzeuge der Erhaltung der *Einheit* übriggeblieben ist:[65] Das Recht wird »angewendet«, und es »wendet« seinerseits die sprachlichen Gesetze »an« – und die Rechts*entscheidung* (Immanenz)[66] entscheidet nicht nur über den »Fall«, sondern zugleich und vor allem setzt sie damit das Recht selbst als epistemologisch souverän ein, das (auch) die Tatsachen als »Sachverhalt« von einem stabilen Beobachtungspunkt aus wahrnehmen kann. Nur von dort aus sind die Selbstsetzung des Rechts und »seine« Anwendung durch Entscheidung denkbar. Wieacker erklärt in einer allgemeineren methodischen Erwägung: »Die Rechtsgeschichte ... hat es zu tun mit individuellen Vorgängen und Zuständen der geschichtlichen Welt. Solche Individualität kommt aber nicht den Institutionen, Begriffen und Systemen als solchen zu, sondern den äußeren Akten der Rechtsetzung und Rechtsanwendung und den ihnen zugrunde liegenden *Akten* des menschlichen Bewußtseins und Denkens; allein in der Verschränkung und Wechselwirkung dieser Akte (!) schreitet die Geschichte des Rechts voran.« (Herv. nicht i. Orig.).[67] Deutlicher kann man nicht erklären, dass die Geschichte des Rechts das Denken der Juristen zu *Akten* erhebt, die eine sich selbst erklärende und sich selbst zuschreibende Bedeutung haben. Das Denken hat jenseits des Handelns der Juristen als Gesetzgeber, Rechtsanwender, Rechtswissenschaft keinen historischen Platz, vor allem nicht den einer differenziellen Selbstorganisation des *gesellschaftlichen* Rechts. Dann kann es auch nur deren Ideen und vor allem ihrem Willen zugerechnet werden.

Das aber ist eine verfehlte Konstruktion. Die Vorstellung vom Recht – sei es der Juristen, des Gesetzgebers oder der Richter – ist eine prozesshafte, *unpersönliche* Konstruktion, keine individuelle.[68] Dem entspricht auch die Vorstellung des objektiven Geistes bei Hegel. Dieser ist keine »autonome« Idee, die eine von den gesellschaftlichen Institutionen und Lebensformen unabhängige Existenz hätte. Er ist eine über ebendiese *Institutionen und Praktiken* distribuierte kulturelle Kraft, die den dynamisch gewordenen »*Wissensbeständen*« zuzurechnen ist, die wiederum

64 *Jameson*, aaO (The Vanishing Mediator); vgl. demgegenüber die textimmanente Interpretation bei *Reinhard Zimmermann*, Heutiges Recht, Römisches Recht und heutiges Römisches Recht: Die Geschichte einer Emanzipation durch »Auseinanderdenken«, in: ders. et al. (Hrsg.) Rechtsgeschichte und Privatrechtsdogmatik, Tübingen 2000, S. 11.

65 Vgl. *Jan Schröder*, Recht als Wissenschaft, Band 1: 1500–1933, 3. Aufl., München 2020, S. 221.

66 Vgl. dazu *Marc Rölli*, Macht der Wiederholung: Deleuze – Kant – Nietzsche, Wien 2018, S. 93.

67 *Wieacker*, aaO (Privatrechtsgeschichte), S. 17.

68 Vgl. *Vincent Descombes*, Le complément de sujet. Enquête sur le fait d'agir de soi-même, Paris 2004, S. 386.

durch die Subjekte mobilisiert werden. Er ist ein »immanenter Geist«, der sich erklärt aus den Praktiken und den Wissensbeständen, die er bewegt, und der zugleich ein Pendant in den »intelligenten Netzwerken« hat, die den Geist des Individuums ausmachen. Der Begriff des »Geistes« hat bei Hegel die Stellung einer sich selbst weiterdenkenden Bewegung, eines Werdens, das über sich selbst hinausweist.

Bis zu einem gewissen Grade ist es unvermeidlich, dass das Denken von Voraussetzungen ausgeht, weil nie angefangen werden kann, weil immer schon »etwas da war«.[69] Es kann in einer Gesellschaft nie »alles« gesehen werden, weil die Kultur immer schon auf der Unterstellung von »Wissens*beständen*« beruht, mit denen praktisch operiert werden muss, ohne dass immer Alternativen mitlaufen können. Für die Wiedereinführung des Ausgeschlossenen, des »nicht bestehenden« Wissens, werden Institutionen wie die Wissenschaft bereitgehalten, aber auch die offene Dynamik der Privatautonomie: »Bis heute leidet das Verständnis von politischer Autonomie an einer Zentrierung der Reflexion von institutioneller Normativität im Staat...«.[70] Dies mag durch den »Monismus des Begriffs in Hegels Logik erzwungen werden«[71], allerdings wohl nur, wenn man den Begriff der »Logik« hier in Anführungszeichen setzt und ihn im Jahr 1832 fixiert sieht.

Demgegenüber beruht der Mythos der Einheit des Rechts zunächst auf der Projektion des Sinns in den Text. Dies ist aber nur die Projektion des privilegierten Lesers, des Richters. Der Richter »gibt« dem Text einen Sinn, den weder dieser noch der Richter »hat«.[72] Das ist die Essenz des »Urteilens« im rechtlichen wie im philosophischen Sinn. Es ist die Logik des »Gedächtnisses« der Institution, die die »Oszillation« des Wandels der Praktiken dem Schein der »Wiederholung« unterwirft und der »Ordnung des Gegenwärtigen« anverwandelt.[73] Die Wahrnehmung der äußeren, durch den Text der gesellschaftlichen Praktiken und Wissensbestände gesetzten Bedingungen wird durch die scheinbar mögliche normative »Selbstbestimmung« des Rechts verdrängt. Diese Bedingungen kehren aber in der Gestalt von Ängsten um die Erhaltung dieser Einheit in eigenbestimmten Begriffen und in Erwartungen an den Staat als Verkörperung dieser Einheit gegenüber dem Chaos der Gesellschaft

69 Vgl. dazu unten zu Whitehead, B. I., 2.

70 *Dan Wielsch*, Rechtsphilosophie als Politik? Zur Darstellung des Rechts in den »Grundlinien«, in: Ino Augsberg et al. (Hrsg.), Rechtsphilosophie nach Hegel. 200 Jahre *Grundlinien der Philosophie des Rechts*, Paderborn 2024, S. 61, 81.

71 *Wielsch*, ebd., S. 81.

72 Vgl. zu einer Philosophie der Alltagssprache *Jocelyn Benoist*, La normativité de l'ordinaire, in: Pierre Fasula/Sandra Laugier (Hrsg.), Concepts de l'ordinaire, Paris 2021, S. 35, 66.

73 *Valentine Prouvez*, La mémoire »normative« : synthèse et réécriture du sens de l'expérience, Le Coq-Héron 2021, Nr. 246, 109, 112.

zurück. Statt die Vielfalt der Interpretationspraktiken der vielen Leser des Rechts der Gesellschaft als Reservoir von Alternativen[74] unter dem Gesichtspunkt der Emergenz des Neuen zu beobachten, wird die Gesellschaft zum Antipoden der Einheit, die nicht anders denn als Gefahr des Ungeordneten, des Uneinheitlichen erscheinen kann.

5. Savigny und der Historismus

Man darf nicht vergessen, dass Savignys Denken[75] weniger vom deutschen »objektiven Idealismus« geprägt war[76] – dies bleibt eher eine oberflächliche Referenz – als vom *Historismus*, der die Universalgeschichte (und die Aufklärung) in einer spezifisch nationalen, im Staat kulminierenden Sichtweise aufheben wollte.[77] Deshalb hat m.E. auch die Figur des »vanishing mediator« ihre Berechtigung: Die neue besondere *Nationalgeschichte* Deutschlands hatte kaum angefangen, weil es den deutschen Nationalstaat noch nicht gab. Die Verschleifung von römischem Recht einerseits und deutschem Volksgeist andererseits war – wie gezeigt – Ausdruck einer Wunschprojektion. Der Staat sollte durch den Anschluss an die *Autorität* des römischen Rechts einen Anfang bilden, der zugleich in der neuen Konstellation der Geschichte als *menschengemacht* invisibilisiert bleiben sollte. Der Historismus ist letztlich eine logische Konsequenz des neuen Verständnisses der Geschichte: Die Universalgeschichte hat keine Akteure – außer Gott. Der geschichtliche Prozess der Moderne benötigt Akteure zu seiner Entwicklung und kann sie konsequenterweise nur in den gesellschaftlichen Akteuren finden.

Die Konstruktion der Geschichte (»wie es war«) oder als Lehrstück für die Politiker, als Fortsetzung durch praktisches Entscheiden, hebt sich ab

74 *François Rastier*, Actes et sciences du texte, Paris 2001, S. 35.

75 Zu Hegels Kritik an Savigny *Pirmin Stekeler-Weithofer*, Hegels Grundlinien der Philosophie des Rechts. Ein dialogischer Kommentar, Hamburg 2021, S. 443, 710, 972.

76 *Rückert*, aaO (Idealismus), S. 232; dass Savignys Denken »objektiv idealistisch« sei, ist eine sehr euphemistische Annahme; vgl. auch *ders.*, Die Historische Rechtsschule nach 200 Jahren – Mythos, Legende, Botschaft, JZ 2010, 1 (in diesem Sinne aber auch *Walter Wilhelm*, Zur juristischen Methodenlehre im 19. Jahrhundert, 1. Aufl., Frankfurt a.M. 1958, S. 72f.: Als philosophisch konstruiert lässt sich Savignys Lehre im Grunde nicht verstehen. Das zeigt sich schon an ihrer Verweigerung gegenüber der historischen Rechtsvergleichung, die ihren sehr gegenwärtigen Charakter als ahistorisches Aufhalten des Nachdenkens über den sich auch in Deutschland andeutenden *dynamischen* Wandel der Gesellschaft und der Geschichte erwiesen hätte.

77 Vgl. zu Hegels Savigny-Kritik *Michael W. Müller*, Zeit in Gesetzen erfasst – G. W. F. Hegels Theorie der Kodifikation, Berlin 2022.

von dem Hintergrund der vergangenen, unvordenklichen Kräfte, die früher durch die Weisheit des Monarchen – letztlich durch Gott – aushaltbar gemacht worden waren und in der beginnenden Moderne die Ermächtigung an den Staat zu enthalten schienen, durch »Machen« der Geschichte das Werk Gottes fortsetzen zu dürfen.[78] Anders als die hybride Neugründung des Staates, der Gesellschaft *und* des Menschen als Individuum, die im Chaos der Revolution gescheitert war, sollte der neue deutsche Staat u.a. im *römischen* Recht eine – nicht widerspruchsfreie – Konkretisierung des Volksgeistes finden können, die eine fraglose Autorität (für eine Übergangszeit) stiften würde. O. Behrends meint, mit dem Begriff des »Volksgeists« werde der Versuch unternommen, den Geist des kodifizierten römischen Rechts produktiv zu erfassen und zu perpetuieren.[79] Das ist aber wenig überzeugend. Vielmehr muss man stärker den auch das deutsche Denken prägenden, d.h. vor allem auch die gegenläufigen reaktionären Bewegungen prägenden kulturellen Kontext der Französischen Revolution für das Nach-Denken der Kulturgeschichte berücksichtigen: Augustin Cochin hat mit Recht in einer Veröffentlichung aus dem Jahre 1909[80] betont, dass die Zeit der Revolution von einer starken Subjektivierung der Beobachtung der Welt bestimmt war – sicher war auch dies eine Form der Verarbeitung der neuen Sicht der Geschichte als »vom Menschen gemacht«. Jedes Ereignis ist dann mit einem Willen verknüpft – dem guten oder dem schlechten/bösen Willen.[81] Das gilt aber ähnlich für die reaktionäre Zurückweisung der Revolution. Zu diesem Genre sind auch Savignys Arbeiten[82] zum großen Teil zu zählen: Savigny fragmentiert das Volk der »Einzelnen« und unterwirft diese dem »Volks*geist*«, an dem sie keinen Anteil haben, es sei denn als Unterworfene.

Cochin ist der Auffassung, dass die Gewinnung einer Vorstellung von der Revolution und ihren Ereignissen sich von der Orientierung an den

78 Vgl. auch *Hayden White*, Meta-History. Historical Imagination in Nineteenth Century Europe, Evamston IL 1973, wo die Grenzen des traditionellen Geschichtsverständnisses demonstriert werden; auch heute noch hat die Entscheidung unter Ungewissheitsbedingungen eine besondere Aura: Macht kraft Nichtwissens, vgl. *Karl-Heinz Ladeur*, »Legal Knowledge« in der Wissensgesellschaft, in: Ino Augsberg/Gunnar Folke Schuppert (Hrsg.), Wissen und Recht, Baden-Baden 2022, S. 117.

79 *Okko Behrends*, Savignys Geistigkeit und der Geist der justinianischen Kodifikation, in: Stephan Meder/Christoph-Eric Mecke (Hrsg.), Savigny Global. 1814–2014: »Vom Beruf unsrer Zeit« zum transnationalen Recht des 21. Jahrhunderts, Göttingen S. 25, 41.

80 La crise de l'histoire révolutionnaire: Taine et M. Aulard (1909), Paris (Neudruck) 2007.

81 Vgl. dazu auch *François Furet*, La Révolution française, Paris 2007, S. 187.

82 Vgl. zu Savignys »Revolutions- und Frankophobie« *Rückert*, aaO (Idealismus), S. 170.

Erklärungen freimachen müsse, die von den *Akteuren* selbst gegeben werden. Eine deskriptive Geschichte, die an den Erklärungen der Akteure selbst orientiert ist, bleibt »psychologisch«, an den Selbstwahrnehmungen der Akteure orientiert.[83] Dagegen setzt er die kritische *begriffliche Analyse*, die sich vom Erleben der Ereignisse durch die Beteiligten distanziert und für die Tocqueville das beste Beispiel sei. Dies ist eine Annahme von sehr grundsätzlicher Bedeutung – gerade für die Rechtsgeschichte, die es überwiegend nicht mit realen Ereignissen zu tun hat, ja, sich davon durch die Unterscheidung von Sein und Sollen strikt distanziert. Ihren Gegenstandsbereich bilden vielmehr *Absichten, Ideen, Glaubensvorstellungen, wissenschaftliche Konstruktionen* von Beobachtern der Praktiken des Rechts, also nicht einmal der Rechtsakteure.

Kann man dann z.B. ein Wort wie »Volksgeist«, das wegen seiner vagen Konnotationen nicht als rational konstruierter Begriff angesehen werden kann, überhaupt »beim Wort« nehmen? Muss die Bestimmung seiner Bedeutung dann nicht eher auf die transsubjektive Bestimmung einer geschichtlichen Textur, des Gewebes der Referenzen und Assoziationen rekurrieren, das zur Entstehung des »Zeichens« wie zu seiner Verwendung durch Dritte geführt hat? Ohne eine begriffliche Konstruktion ist das Zeichen »Volksgeist« ein ideologisches »Erlebnis«, keine Kategorie mit der sich ernsthaft arbeiten lässt. Im Grunde ist dic Rechtsgeschichte des 19. Jahrhunderts durchsetzt von solchen Leerformeln, die deshalb nicht sinnlos sind, aber für eine rechtswissenschaftliche Analyse nur eine geringe Bedeutung haben können. Dies setzt auch der Rechtsgeschichte als Geschichte davon, »wie es eigentlich gewesen« ist (L. Ranke), sehr enge Grenzen: Die »Quellen« der Rechtsgeschichte sind weitgehend subjektive Erlebnisse, die als solche, als Symptome, Bedeutung haben, aber nicht als Beschreibung des Rechts als eines intertextuellen *transsubjektiven Prozesses* angesehen werden können.

Die Fixierung auf »Quellen« ist eine der Formen der Verdrängung der komplex gewordenen Welt, die interpretiert werden muss – und dies ist nur auf unterschiedliche Weise möglich. Die Ruhe und Abgrenzung der »Quellen« ist eine Projektion, die sich an die Herangehensweise der Altertumsforscher an ihre Artefakte anlehnt: Die Turbulenzen der widersprüchlichen europäischen Geschichte der Gegenwart treten zurück und lassen scheinbar die Artefakte für sich sprechen. *Sie* sprechen den Betrachter an und scheinen ihm alles mitzuteilen, was gewusst werden kann.[84] Die Artefakte werden nicht organisiert, sondern bilden eine

83 Vgl. allg. *Cochin*, aaO (La crise révolutionnaire); dazu auch *Furet*, aaO (La Révolution française), S. 185.

84 *Crystal B. Lake*, How we Think and Write about Found Objects, Baltimore 2020, S. 23, 34. Dies ist sicher nicht mehr die Herangehensweise heutiger Altertumsforscher, für die es im Gegenteil charakteristisch ist, die Netzwerke

scheinbar plane Oberfläche, hinter der die Materialitätsströme, Denkweisen, Techniken etc., denen sie ihre Existenz verdanken, zurücktreten.

So verhält es sich auch mit den »Quellen« der Rechtsgeschichte: Wichtig ist primär die scheinbare Erhaltung der *Einheit* einer Oberfläche, hinter der die Unsicherheit erzeugende Vielfalt und Widersprüchlichkeit der Prozesse verborgen gehalten werden. Das stärkste Motiv der (Rechts-) Geschichtsschreibung ist die Angst vor dem Durcheinander der Revolution, genauer gesagt: vor den unberechenbaren irrationalen Verhaltensweisen der von alten Bindungen frei gewordenen Individuen.[85] An die Stelle der »Ereignisse« der traditionellen Geschichtsschreibung, und deren »Reihung« und Ordnung durch die allgemeine Geschichtsschreibung tritt in der Rechtsgeschichte das, was die Juristen geordnet haben, und zwar unter dem Gesichtspunkt der Erhaltung der Einheit und Kontinuität des Rechts.[86] Dieser Gedanke wird insbesondere in der *deutschen* Rechtsgeschichte betont: J. Rückerts[87] Unterscheidung zwischen »innerer« (vor allem Dogmatik und Konstruktion) und »äußerer« (Quellen) Geschichte des Rechts führt nicht weiter, am Ende werden jedenfalls »Analyse und Synthese« miteinander verbunden: Letztlich soll der historische Wandel immer darauf befragt werden, »warum und mit welcher Rechtfertigung« er sich vollzieht.[88] Und diese Frage kann wohl am besten die »Literargeschichte« (Savigny) der Rechtshistoriker beantworten. In neueren rechtshistorischen Publikationen findet sich immer wieder die Referenz auf »historisches Wissen« oder »legal knowledge«,[89] Begriffe, die produktiv sein könnten, wenn damit eine das Bewusstsein der »Literargeschichte« übergreifende Frage nach dem transsubjektiven *Prozess* des Aufstiegs und des Niedergangs der historischen »Wissensbestände« (L. Fleck) des Rechts einer Gesellschaft verbunden wäre. Davon ist aber

des Gebrauchs und der Entstehung von Objekten wie von Dokumenten zu rekonstruieren – was vielfach nicht ohne Spekulation möglich ist.

85 *Theodore Zeldins* Darstellung der bewegten Geschichten der Gefühle im Alltag der Menschen in Frankreich im 19. Jahrhundert (Anxiété et hypocrisie. Histoire des passions françaises, Paris 2003), die ähnlich auch in Deutschland hätte beobachtet werden können, gibt ein beunruhigendes Bild von der Alltagskultur *vor* stärkerer Standardisierung durch die Aktivitäten der Volksparteien und der Massenmedien.

86 Vgl. *Pietro Costa*, Histoire, théorie et histoire de théories, in: Carlos Miguel Herrera (Hrsg.), Comment écrit-on l'histoire constitutionnelle ?, Paris 2012, S. 19, 19ff.

87 *Joachim Rückert*, The Invention of National Legal History, in: Heikki Pihlajamäki/Markus D. Dubber et al. (Hrsg.), Oxford Handbook of European Legal History, Oxford 2018, S. 22, 25, 41.

88 *Rückert,* ebd., S. 82.

89 *Rückert*, ebd., S. 41, 82; vgl. auch *Thomas Duve*, Rechtsgeschichte als Geschichte von Normativitätswissen, RG 29 (2021), 29.

nichts zu sehen. So bleibt es bei einer leeren Referenz auf dem Weg der Erhaltung der Einheit des Rechts.

Der Historismus in Deutschland stellt das Recht von vornherein unter den Druck, Wandel und Kontinuität[90] eng zu koppeln und ein prozesshaftes Denken der Variabilität zu vermeiden. Dabei wird auch das Recht als eine »Kette« von »positivités isolées«[91] angesehen, die zunächst auf einer Metaebene der »Willensverhältnisse« im Staat ihren Anfang in einem Zusammenhang finden. Das erhoffte Produkt des Rechts, die »Entscheidung«, die etwas unterscheidet, wird zurückprojiziert auf ihren Anfang, der so gelesen werden muss, dass die Einheit einer »Entscheidung« erwartet werden kann.

Deshalb wird hier eine Alternative in der kritischen Begriffsanalyse gesucht, die an Hegels Begriffsdenken anknüpft. Auch wenn diese Konzeption ebenfalls ihre Schwächen hat, so ist sie doch auf ein *prozesshaftes Durcharbeiten* von Begriffen angelegt, das vor allem den Durchgriff auf die *Praktiken des Rechts* in Lebensformen und ihren Mustern sucht, die sich vom praxislosen Erleben der »Einheit« und des »Ganzen« des Rechts sowie der unbegrifflichen, bloß subjektiv bleibenden Konfrontation von »Einzelnem« und »Gemeinschaft« unterscheidet.

6. Die Ausblendung des Wandels der Beziehungen zwischen den Dingen und das Problem der Anerkennung der Privatautonomie

Auch wenn Savignys Denken nicht als/wie eine Philosophie durchgearbeitet ist, nimmt es doch Figuren aus der zeitgenössischen Philosophie auf. Dies gilt vor allem für das Konzept des »Volksgeists«. Das Konzept ist durch seine antithetische Markierung bestimmt, d.h. es verteidigt eine Kontinuität des römischen Rechts und seiner Formen gegen die Bedeutungsanmaßung der neuen Vielfalt der Materialität der Bewegung der Praxis- und Lebensformen und des neuen Wissens. Diese Kontinuität muss sich epistemologisch in der Subsumtion des Neuen unter die Formen des Hergebrachten durchsetzen. Normativität muss sich ihrerseits epistemologisch darin behaupten, dass sich die normativen Begriffe letztlich »ihre Realität selbst geben«.[92] Was nicht unter den Begriff »passt«, mag tatsächlich doch existent sein, aber es ist begrifflich

90 Dazu allg. *Hayden White*, Figural Realism: Studies in the Mimesis Effect, Baltimore 2020, S. 95f.

91 *Alexandre Escudier*, De Chladenius à Droysen. Théorie et méthodologie de l'histoire de langue allemande, (1750–1860), Annales 58 (2003), 743, 771.

92 *Robert B. Pippin*, Hegels Begriffslogik als Logik der Freiheit, Hegel-Studien 36 (2001), 97, 106; die Formulierung hat dort einen etwas anderen Akzent.

un-wesentlich, soweit es die Grenze der Begriffe überschreitet. Dahinter verbirgt sich ein holistisches Prinzip, dass nämlich die Normativität des Rechts ebenso wie die Normalität des Realen als ein »Ganzes« von einer Grundlage aus erkannt werden muss und kann, letztlich »a holistic web of beliefs«,[93] das zugleich ermöglicht, dass das Erkennen der Faktizität mit seinen normativen Annahmen im Einklang steht: Die Welt lässt sich durch Unterscheidungen von rechtlich relevanten Gegenständen und kausalen Verknüpfungen, die wie rechtliche Beziehungen bestimmt und unterscheidbar sind, erkennen und beschreiben. Das ist für die Rechtswissenschaft der Kern des »Ganzen«. Das »normative Reich des Geistes«[94] weist den Dingen ihre Stellung zu. Dementsprechend definiert das Recht die Formen des Gebrauchs, denen die Dinge und ihre Produktion unterliegen. Darin zeigt sich, dass Normativität und Normalität keineswegs scharf getrennt, sondern vielmehr durchlässig sind, aber nur in einer Richtung: von der Normativität zur Normalität – aber nicht umgekehrt. Die Oberfläche des Gebrauchs herrscht über das Machen – und nicht umgekehrt. Die gesellschaftlichen Praktiken sind aber nicht formlos und lassen sich deshalb nicht bruchlos unter die selbstgesetzten Formen der Einheit des Rechts subsumieren. Die Eigenbewegung der Relationen innerhalb der *Textur* der Praktiken und Lebensformen der Gesellschaft, die unterhalb der Wahrnehmung des Rechts bleibt, können so nicht begrifflich verarbeitet werden, während diese zugleich Muster herausbilden, die für die praktische Orientierung der Individuen von Bedeutung sind, aber sich am Recht vorbei entwickeln oder verändern.

Indiz dafür ist die sich unter der traditionellen Figur des Tauschs vollziehende, kaum sichtbar werdende Transformation des stabilen objektiven *Wertes* der Dinge zum subjektiven Wert, dessen Prozessieren Gegenstand der *Privatautonomie* wird. Der (stabile) objektive Tauschwert der Dinge war eng mit der geteilten Abschätzung des Gebrauchswerts verbunden. Mit dem zunächst unmerklichen Aufstieg des subjektiven Tauschwerts vollzieht sich eine Vergesellschaftung, eine Verallgemeinerung des Privaten. Der Bürger büßt die Herrschaft über sein »inneres Leben« (Savigny) ein und wird, ohne dass sich die sichtbaren Formen des privaten Rechtsverkehrs zwischen den Bürgern verändern, einer dichter werdenden Textur von Relationen zu anderen unterworfen, und zwar sowohl seiner Dinge als auch seiner Person. Die oben erwähnten Beobachtungen neuer *dezentraler* Erscheinungsformen der Subjektivierung durch die Französische Revolution sind im Grunde viel charakteristischer für die moderne Gesellschaft als das *zentrale* »Panopticon« Michel

93 *Kenneth Walden*, Holism about fact and value, Inquiry 65 (2022), 6.

94 *Birgit Sandkaulen*, »Die Seele ist der existierende Begriff«, Hegel-Studien 45 (2010), 35, 36.

Foucaults[95] (nach Jeremy Bentham), das der Disziplinierung von einem zentralen Punkt aus dient. Subjektivierung ist nur sekundär als individuelle Ausdifferenzierung zu verstehen, aber primär ist sie der Ausdruck einer paradoxen *unpersönlichen* Aufwertung der permanenten Selbstbeobachtung und -vergleichung gegenüber traditionellen »Lebensbildern« der Vergangenheit. Diese Bewegung verändert unter der Hand auch die Verhältnisse zwischen den Dingen sowie zwischen dem Eigentum an den Dingen. Das Eigentum steht ständig unter Fremdbeobachtung, die ihm seinen schwankenden Wert zuteilt.

Die rechtliche Unterdrückung des Aufstiegs des *subjektiven Tauschwerts* als der Erscheinungsform der Bewegung der Dinge und ihrer Autonomie schlägt sich in den Schwierigkeiten der Anerkennung der *Privat*autonomie der tauschenden Subjekte nieder, eines hybriden Begriffs, der die Dynamik der Dinge und ihrer Textur mit einer neuen Dynamik des Selbstverhältnisses der Bürger als Subjekte in einem allgemeinen gesellschaftlichen Verhältnis *zu allen anderen Subjekten* verbindet,[96] eines Verhältnisses der privaten Allgemeinheit, die sich von dem allgemeinen Verhältnis der Bürger zur Öffentlichkeit unterscheidet. Die Abwehr der neuen Privatautonomie als Bedrohung der tradierten Ordnung findet ihren symbolischen Ausdruck auch im Rekurs auf den *römischen Bürger* als Träger des römischen Rechts: Dieser ist zugleich der Träger des »eigenen Hauses«, der Form des Privaten, die den ökonomischen Verhältnissen außerhalb des Hauses ihre Bestimmung gibt. Doch unter den sich im 19. Jahrhundert herausbildenden Verhältnissen ist das »eigene Haus« kein Ruhe- und Ausgangspunkt mehr.

In einer dynamischen Zeit des Übergangs, wie zu Beginn des 19. Jahrhunderts, prallen die »Kontingenzen der Lebenswelt«[97] nicht so leicht an den Begriffen ab, die das Selbstbewusstsein organisieren, wie dies in der griechisch-römischen Kultur der Fall war. Der Holismus wird dann ideologisch. Der »Volksgeist« behauptete letztlich die Kontinuität der »Grenzen« des Sagbaren und des Entscheidbaren in einer Welt, die nach der Französischen Revolution gerade dadurch bestimmt war, dass alle Grenzen in Frage gestellt oder unterlaufen wurden und eine irreversible Konstellation der nächsten folgt.[98]

Bis zum Beginn der Moderne galt für die westliche Welt im Grunde Aristoteles' Diktum, dass die Bürger die Dinge *gebrauchen*, aber nicht

95 Surveiller et punir. Naissance de la prison, Paris 1975; in den späteren Schriften zur Geschichte der Sexualität wird dies komplexer gefasst.

96 Vgl. dazu aus sozialistischer Sicht *Peter von Oertzen*, Die soziale Funktion des staatsrechtlichen Positivismus. Eine wissenssoziologische Studie über die Entstehung des formalistischen Positivismus in der deutschen Staatsrechtswissenschaft, Frankfurt a.M. 1974, S. 268 (Rechtssubjekt als Vehikel des Eigentums).

97 *Sandkaulen*, aaO (»Die Seele ist der existierende Begriff«), S. 46.

98 *Delacroix/Dosse/Garcia*, aaO (Les courants), S. 11.

produzieren.[99] Dies ist nicht einfach als die Folge einer Missachtung des Handwerks zu betrachten oder als Ausdruck eines passiven Konsumverhältnisses. Vielmehr wird der Gebrauch mit dem *höheren Wissen* assoziiert, das die Stellung der produzierten Dinge für die Subjekte bestimmt, während die »Technik« als dessen Ausführung gesehen wird. Es geht um das Verhältnis zweier Wissensarten.

Das ändert sich im 19. Jahrhundert. Die Bürger werden von dem unbestimmten Gefühl übermannt, dass das »Machen« der Dinge, dem sie sich nicht mehr entziehen (können), sie in eine Abhängigkeit führen wird, die ihre Autonomie in der früheren Gestalt gefährden wird.

Dies ist aber eine ambivalente Entwicklung, über die – das ist charakteristisch für die Moderne – nicht mehr durch den Sieg einer Tendenz »entschieden« wird, sondern die durch Spaltung in mehrere Tendenzen und Organisationsformen verarbeitet wird. Dies lässt sich deutlicher in England beobachten: Im 18. Jahrhundert entwickelt sich ein produktivistischer Experimentalismus, der das Verhältnis von »Hirn« und »Hand« offener gestaltet, während zugleich der Kult der großen »Erfinder« und »Entdecker« wie Isaac Newton die alte »Souveränität« des Geistes wiederherstellen zu können glaubt.[100] Die Vorstellung des technischen Fortschritts wird in England von einem großen Teil der Bürger akzeptiert – von technisch orientierten bis zu kulturell orientierten Gruppen.[101] Allerdings bleibt das Paradigma des technischen Fortschritts eher von der praktischen Herangehensweise der englischen Ingenieure bestimmt. Diese Entwicklung war für England ambivalent: In der ersten Hälfte des 19. Jahrhunderts hat sie dem Land einen großen Vorsprung

99 So *Aldo Schiavone*, La storia spezzata. Roma antica e Occidente moderno, Turin 2020, S. 126, 158, im Anschluss an Jean-Pierre Vernant, vgl. *ders.*, Mythe et pensée chez les grecs. Etudes de psychologie historique (1965), Paris 2005, S. 194f.; zum Ganzen auch *Charles Kanelopoulos*, Travail et techniques chez les grecs. L'approche de J.-P. Vernant, Techniques et culture No 54/55 (2010), S. 335, der auch auf die Ambiguität des Verhältnisses der Griechen zur Technik aufmerksam macht. Hier kommt es allerdings eher auf die Vereinfachungen an, die Bestandteil der westlichen Kultur geworden sind, die aber ihrerseits ebenfalls nicht ohne Ambivalenz sind, sonst hätte sich eine technische Kultur nicht entwickeln können. Diese ist aber möglicherweise erst dadurch möglich geworden, dass die Ambivalenz nicht mehr durchgängig unter Kontrolle zu halten war und sich ein eigenes Milieu der Ingenieure geschaffen hat, das von dem insbesondere der Bildungsbürger weitgehend getrennt blieb.

100 Vgl. dazu *Joanne Picciotto*, Labors of Innocence in Early Modern England, Cambridge, Mass. 2010, insbes. S. 66, 513.

101 *Kees Gispen*, Der gefesselte Prometheus: Die Ingenieure in Großbritannien und in den Vereinigten Staaten. 1750–1950, Wien/München 2006, S. 128, 131.

vor den konkurrierenden Ländern eingetragen, während danach deren Versuche, insbesondere Deutschlands, mit einer wissenschaftlich basierten Ingenieurausbildung Anschluss zu gewinnen, ebenfalls sehr erfolgreich waren.

Es kann für Deutschland die Hypothese gewagt werden, dass im 19. Jahrhundert dieser produktivistische Experimentalismus die Grundlage des »Mittelstandes« und seiner praktischen Kreativität geworden ist, während die andere Variante der Dominanz des neuen technischen Geistes eher in den großen Unternehmen und von großen Unternehmern verkörpert worden ist. Das Bildungsbürgertum konnte sich aber weder mit der einen Variante der neuen Produktionsverhältnisse noch mit der anderen identifizieren.

In der Philosophie des 19. Jahrhunderts ebenso wie in der Literatur wird dies primär symptomal zum Ausdruck gebracht – mit der wichtigen Ausnahme der Hegel'schen Philosophie: Die Konstruktion des Herr-Knecht-Verhältnisses und die daran anschließende Problematik der Anerkennung bringen dies zur Geltung. Mit Pirmin Stekeler-Weithofer[102] ist davon auszugehen, dass die Offenlegung dieses Verhältnisses und ihrer Konfliktualität von einem Schatten begleitet wird: Dieser Gegensatz ist längst innerhalb des Bewusstseins des bürgerlichen Subjekts angekommen. Der Knecht ist nicht nur in einem dialektischen Verhältnis mit dem Herrn konfrontiert – und verbunden! Dieses Verhältnis hat seine Entsprechung im Verhältnis des bürgerlichen Subjekts zu sich selbst als einem *Arbeitenden* und treibt dadurch in einen inneren Konflikt der Entfremdung, der allenfalls durch die Anerkennung der Kontingenzen der Lebensformen als einem der Autonomie Grenzen setzenden »Rest« abgespannt, aber nicht beseitigt werden kann. Alle gesellschaftlichen Verhältnisse scheinen zu Verhältnissen des Machens geworden zu sein und zerstören die Ordnung der bisherigen paradigmatischen Grenzbegriffe. Dazu gehört auch die Transformation des »Zufalls« in eine Fülle von Kontingenzen, die nun als Folge des Auftretens der Organisationen und ihrer Veränderungsdynamik beschrieben und zugerechnet werden.

Dies schlägt sich auch im Rechtsdenken nieder. Die Beobachtung des Aufstiegs des Machens müsste auch das Recht in ein Recht des »Machens« transformieren. Dagegen stemmen sich die Rechtsformen, die zur Abwehr der Verarbeitung des Wandels in Stellung gebracht werden können – bis zur Verdrängung des Offensichtlichen, d.h. in der Ausblendung der Privatautonomie aus dem Denken des bürgerlichen Rechts zu Beginn des 19. Jahrhunderts. Die *Privat*autonomie wird als Bedrohung der

102 *Pirmin Stekeler-Weithofer*, Philosophie des Selbstbewusstseins. Hegels System als Formanalyse von Wissen und Autonomie, Frankfurt a.M. 2005, S. 412ff.

Privat*autonomie* beobachtet.[103] Die Selbstüberwindung des bürgerlichen Individuums, die im Anschluss an die griechische Tradition zum bürgerlichen Ideal geworden ist, droht zur Überwindung durch die Kontingenzen der Welt der Dinge und ihrer Produktion zu werden. Die Kontingenz, das Unwesentliche, scheint die Herrschaft über die Subjekte anzutreten. Dagegen wendet sich eine vielgestaltige Bewegung des bürgerlichen Denkens – gerade in Deutschland.

Dazu trägt auch Savignys historische Rechtsschule bei. Die bedrohliche Unmittelbarkeit des Wandels und seiner Formen sprengenden Kontingenzen, das Oszillieren der gegensätzlichen Referenzen im Prozess der Ordnungsbildung, provoziert eine gefährliche Sehnsucht nach der Wiederherstellung einer Ordnung, die nie existiert hat. Dies drückt sich, wie schon erwähnt, in der Verdrängung der Phänomene des Machens aus, die bisher eher marginal gewesen sind: Vor allem in der Tendenz, den gesellschaftlichen Charakter des Rechts zu verdrängen und zu unterdrücken, der mehr und mehr in einen Gegensatz zu seiner staatlichen Seite gerät. Dies schlägt sich in der starken Akzentuierung der *Setzung* des Rechts durch einen (staatlichen) Willensakt nieder (der später zum Rechtspositivismus führte), während die gesellschaftliche Seite der impliziten Gewohnheiten[104] und Praktiken, die nie, gerade nicht im römischen Recht der Republik, vom gesetzten als *explizierten* Recht scharf unterschieden worden sind, eingeklammert wird. Doch für die Zukunft war kein harmonisches Verhältnis zwischen den beiden Registern des Rechts mehr zu erwarten.

7. Staat und Geschichte

Bezugspunkt der Geschichte für die historische Schule des Rechts ist implizit der Staat, der zum Fluchtpunkt der Nationalgeschichte wird – bis der Staat auch explizit Bezugspunkt der Geschichts*schreibung* wird. Dies ist nicht ohne Konsequenz, weil die Einheit der Geschichte, ihre »Erzählbarkeit«,[105] nur möglich wird, wenn die Gesellschaft des totalen Verdachts überwunden wird und die Geschichte zum Lehr- und Lernmaterial des Staates wird – dies ist weitgehend ohne Alternative, weil der Staat der Akteur ist, der sich insbesondere mithilfe des Rechts zunächst selbst als Einheit, als Entscheider, von einem festen Beobachtungspunkt gegenüber der Gesellschaft konstituiert. Diese Beobachtung lässt

103 *Schiavone*, aaO (La storia spezzata), S. 192.

104 Zur Bedeutung der »Sitten« für das Verstehen und die Anwendung des Rechts, *Tocqueville*, aaO (Demokratie), S. 119.

105 *Jean-François Lyotard*, La condition postmoderne, Paris 1998, S. 7f. und passim.

sich genauer dadurch konturieren, dass auf L. Flecks Konstruktion der »Wissensbestände« rekurriert wird, die die Möglichkeiten des Denkens und Handelns in historischen Konstellationen prägen und deren Selbstordnung in Deutschland vor allem in Bezug auf den Staat als Einheitsstifter erfolgt.

Die Staatsfixierung der Beobachtung der historischen Wissenssysteme tritt erst im 20. Jahrhundert zurück, wenn der gesellschaftliche Blick frei wird für die Beobachtung der Pluralität der Wissensbestände, ihrer Interpretationen und der darauf gestützten Handlungsstrategien. Die Beobachtung der Gesellschaft wird dann nicht mehr nur von der Selbstreferenz des Staates auf Einheit bestimmt.

Das Problem der Fixierung auf die »Quellen«, aus denen das historische Wissen geschöpft wird, besteht nicht zuletzt darin, dass die Kultur der Gesellschaft, die die Reflexion und Beobachtung der Geschichte ermöglicht, nicht über die Beobachtung »nackter Fakten« erfolgen kann. Es sind vielmehr unbewusste gesellschaftliche Prozesse, die sich in der Sprache niederschlagen und die Sichtbarkeit und Lesbarkeit der Gesellschaft prägen. Als »menschengemacht« wird die Geschichte nur in einem weiteren Sinne verstanden, zunächst jedenfalls bedeutet dies den Abschied von einem religiösen Weltbild. Das heißt aber noch nicht, dass sie das Werk der bewussten Entscheidung der handelnden Individuen sein könnte. Medientechnologien, ökonomische Prozesse, Literatur und ihre praktischen Bedeutungen im 19. Jahrhundert legen die unpersönlichen »Spuren«,[106] die durch deren symptomale Lektüre verstanden werden können, aber keinen Anschluss an die Intentionen der Akteure erlauben. Die Konstruktion der Quellen und ihre Lektüre bringt selbst eine epistemologische Ordnung hervor, die Eindeutigkeit produziert – und nicht vorfindet.

8. Die historische Rechtsschule und die Anlehnung an die Autorität des Rechts

Oben ist die These aufgestellt worden, dass der Volksgeist in Savignys Lehre keine eigene Bedeutung für die Entwicklung und das Selbstverständnis des Rechts gehabt habe – anders als der Geist in der Hegel'schen Philosophie für das Denken der gesellschaftlichen Verhältnisse oder auch nur der Volksgeist bei Hegel. Savignys Volksgeist ist kein »arbeitender« Begriff, er ist, wie erwähnt, nur der figurale Vorgriff auf den Nationalstaat der Zukunft[107] und erweist sich darin als bloßer »vanishing medi-

106 *Hayden White*, The Practical Past, Evanston, IL 2014.

107 Vgl. zur »Figura« auch *James I. Porter*, Disfigurations: Erich Auerbach's Theory of Figura, Critical Inquiry 44 (2017), 80, 85: »figura ... represents and proclaims in advance something else...«.

ator«.[108] Das Rechtsverständnis der historischen Rechtsschule benutzt ebenso wie die Dogmatik des Zivilrechts der ersten Hälfte des 19. Jahrhunderts auch das römische Recht selbst primär als ein aus seinem historischen Kontext und dem Verweisungszusammenhang mit dem Status des römischen Bürgers[109] gelöstes Recht. Die Autorität des römischen Rechts bleibt prekär, da sie als bloßer Platzhalter der neuen kommenden öffentlichen Autorität und nicht als ein lebendiges gesellschaftliches Recht fortbesteht. Der bedrohlichen, nach dem Ende des Ancien Régime in Frankreich grenzenlos gewordenen Welt wird ein festes normatives Symbol der Einheit gegenübergestellt, das als solches kein Produkt dieser gefährlichen Realität sein kann, sondern einer der Unterscheidung von Normativität und Faktizität enthobenen Ganzheit, eben dem »Volksgeist«, zugeschrieben wird und durch keine Wendung und Windung der Realität erschüttert werden kann.[110] Damit wird eine Allmachtphantasie in Anschlag gebracht, die an die Stelle des noch nicht vorhandenen Staates tritt. Die neue »Grenzenlosigkeit«, die in der Französischen Revolution sichtbar geworden ist, ist das Trauma, das mit der scharfen Symbolisierung des Rechts gebannt werden soll und das deutsche Recht während des ganzen 19. Jahrhunderts verfolgt.

Als gemeines Recht hatte das römische Recht in den deutschen Staaten seinen kulturellen Zusammenhang verloren. Der mögliche Rekurs auf die pragmatische Dimension des römischen Rechts der republikanischen Zeit, die für die Bewältigung der neuen gesellschaftlichen Dynamik hätte genutzt werden können, wird aber im Rückzug auf die dogmatisierbare Leistung des römischen Rechts für die Bewältigung der Kontinuität der »Fälle« vernachlässigt. Diese Kontinuität ist das Ideal, dem auch der unvermeidliche Wandel des Rechts unterworfen werden soll, damit die mythische »Einheit« gegen den Wandel durchgehalten werden kann.

Savignys römisches Recht knüpft eher an die spätere lutherische Lesart der Reformation an, die dem römischen Recht die konstitutive

108 Zur Verknüpfung beider Formen (Figura und vanishing mediator) vgl. *Porter*, ebd.

109 Zum Verständnis der Stellung des Bürgers *Hans-Christof Kraus*, Begriff und Verständnis des ›Bürgers‹ bei Savigny, Zeitschrift der Savigny-Stiftung, Romanistische Abt. 110 (1993), 552, 557.

110 Aus psychoanalytischer Sicht zum Verhältnis von bedrohlicher Realität und Allmachtsphantasie *Marion Oliner*, Die Psychoanalyse: Ein Zimmer ohne Aussicht?, Psyche 62 (2008), 1122, 1126; auch *dies./Ulrike Stopfel*, Das Leben ist kein Traum. Die Bedeutung des Realen, Psyche 65 (2011), 385; *Joel Whitebook*, Omnipotence and Radical Evil. On a Possible Rapprochement between Honneth, Arendt, and Psychoanalysis, in: Seyla Benhabib/Nancy Fraser (Hrsg.), Pragmatism, Critique, Judgment, Essays for Richard J. Bernstein, Cambridge, Mass 2004, S. 243.

Grundform des Gehorsams entnimmt, die – wie das Verhältnis des römischen Rechts zu den Bürgern – nicht von blinder Unterwerfung, sondern differenzierter Unterweisung in Fragen des Glaubens bestimmt wird.[111]

Der Volksgeist hat eine figurale Seite der Verweisung[112] auf den künftigen Staat, aber auch eine gesellschaftliche Seite: Im Übergang hat der Volksgeist vor allem die Funktion der Abwehr der rechtlichen Relevanz, die Unterbrechung der Absicherung der Erscheinungsformen der neuen dynamischen Praktiken der Vertragsgestaltung, aber auch die Absicherung der »bleibenden« Rechtsbegriffe, die ihren Ursprung in der unvordenklichen Vergangenheit des Volksgeists haben – vor der historischen Reflexion. »Unvordenklich« ist im wörtlichen Sinne zu verstehen als etwas, was dem Denken vorausgeht und ihm deshalb nicht zugänglich ist. Doch auch die *gegenwärtige* distribuierte Praxis der Akteure ist nicht die Quelle des Rechts: Auch als *implizite* Praxis ist sie zu nahe an dem Denken und Kalkulieren der Akteure, die nicht als die Urheber ihrer Regeln gedacht werden können – die eben »unvordenklich« sein müssen.[113]

Ludwik Fleck hat die Abhängigkeit der Sprache von einer »zwingenden Philosophie der Gemeinschaft«, die Abhängigkeit des Erkennens von gesellschaftlichen Bedingungen betont, einer Abhängigkeit, die in der Bildung von »Denkkollektiven« gipfelt, die ihren eigenen »Denkstil« prägen.[114] Dadurch entstehen »Wissensbestände«, die die Möglichkeit des Denkens der Wirklichkeit eröffnen *und* begrenzen. Was vielfach in der Literatur über Savigny als »Macht der Juristen« apostrophiert wird, entspricht der Herausbildung eines »Denkkollektivs« im Sinne Flecks, dessen Eigenart gerade davon bestimmt ist, dass der »Denkstil« des Rechts den »Mitgliedern des betreffenden Denkkollektivs verborgen bleibt.«[115] Gerade in der Umbruchsituation des beginnenden 19. Jahrhunderts lässt sich die Entstehung dieses »Denkstils« noch beobachten: »Die institutionalisierte« – d.h. eben durch die Herausbildung des geteilten »Denkstils« und seiner Regeln bestimmte – »Gemeinschaft bremst die persönliche Neugier, organisiert ein kollektives Gedächtnis und setzt heroisch Gewissheit, wo Ungewissheit herrscht«.[116] Der durch Savigny gestiftete »Denkstil« hat vor allem die Aufgabe, den »Anfang« des neuen Rechts

111 Vgl. *Gerald Strauss*, Law, Resistance, and the State, Princeton 1986, S. 229ff.

112 Dazu *Bender/Wellbery*, aaO (Rhetoricality), S. 29, 31.

113 Das Recht ist nicht »located in the realms of *social life and culture*« (Herv. nicht i. Orig.), wie *Menachem Mautner* meint, Three Approaches to Law and Culture, Cornell Law Rev. 96 (2011), 839, 845: das Recht ist der »vordenklichen« Gestaltung durch die Gesellschaft gerade entzogen.

114 *Ludwik Fleck*, Entstehung und Entwicklung einer wissenschaftlichen Tatsache. Einführung in die Lehre vom Denkstil und Denkkollektiv (1935), Neuausgabe, Frankfurt a.M. 1980, S. 58f.

115 *Mary Douglas*, Wie Institutionen denken, Frankfurt a.M. 1991, S. 31.

116 *Douglas*, ebd., S. 167.

zu invisibilisieren und die Reflexion seiner Voraussetzungen zu erschweren – dafür gibt es keine Sprache. Savignys Sprache verweist auf eine Einheit, die erst im Kommen ist, die des Staates. Es wird schon fiktiv nach dem Willen des Gesetzgebers in der Interpretationslehre gefragt, wo es noch gar keinen Gesetzgeber gibt. Dies ist die Interpretation im Futur II!

Was bei Hegel ein komplex gedachter Prozess der Arbeit des Subjekts an sich selbst und an dem Erwerb des kollektiven Wissens war, das für die Entwicklung des objektiven Rechts benötigt wurde, wird von Savigny substanzhaft auf die Erhaltung der höherrangigen Freiheit des Volkes als einer »Gemeinschaft der Nation« zurückgenommen[117] und sowohl um seine praktische als auch seine symbolische kulturelle Dimension verkürzt. Die Entwicklung der Dynamik der Rechtsoperationen wird in der Beschwörung der »Gemeinschaft« unterdrückt. Dies gilt auch für die Interpretation der Leistung des römischen Rechts.

9. Savigny – Geschichte und Sprache

Auch die praktischen Operationen der Rechtssubjekte haben eine kollektive, transsubjektive, die einzelnen Beiträge überschießende Wirkung, denn: was die Subjekte tun, ist: »apply concepts, undertaking cognitive commitments as to how things are, and how things shall be«.[118] Darüber werden auch für Dritte Möglichkeiten zum Anschluss an die neuen Denk- und Handlungsmuster geschaffen, die von den staatsorientierten Denkern und Praktikern ignoriert oder als irrelevant betrachtet worden sind.[119]

An die Stelle der Beobachtung unterschiedlicher Felder und Praktiken der Entwicklung von Freiheit durch den Erwerb von praktischem Wissen und den Aufbau von Institutionen[120] der produktiven Reflexion tritt jedoch bei Savigny die pauschale Befassung mit der Geschichte, die der wahren Erkenntnis des *inneren Zustandes* des Volkes dient. Der Rekurs auf die Geschichte bleibt weit hinter einer Reflexion auf Grundsatzfragen der politischen Sprache zurück, wie sie in England oder in Frankreich entstanden ist. Dort wird gesehen, dass das Volk in der Moderne als eine Einheit nicht mehr denkbar ist ohne die Höherlegung des

117 *Savigny*, aaO (Vom Beruf), S. 161.

118 *Eric L. Santner*, Untying Things Together. Philosophy, Literature and a Life in Theory, Chicago 2022, S. 86.

119 *Robert A. Brandom*, Reason in Philosophy. Animating Ideas, Cambridge, Mass. 2013, S. 10.

120 »Hegel geht es um die Verfassung der Institutionen«, *Pirmin-Stekeler-Weithofer*, Eine Kritik juridischer Vernunft: Hegels dialektische Stufung von Idee und Begriff des Rechts, Baden-Baden 2014, S. 7.

Abstraktionsniveaus des Denkens, nicht ohne den Rekurs auf die Vorstellung, dass die Sprache einen transformativen, von den kulturellen Entwicklungen durchzogenen Status hat, der für die Gesellschaft, den Staat und das Recht konstitutiv ist.[121] Deren distribuierter Charakter als *Textur*, die nicht auf einen Ursprung zurückgeführt werden kann, hat einen unpersönlichen Charakter, der nicht mehr auf die Einheit eines Subjekts bezogen werden kann, sondern nur Gegenstand einer von Walter Benjamin evokativ so genannten »Philologie der Geschichte«[122] werden kann. Die Formen der Sprache sind Medium der Bindung, Wissensspeicher und Erinnerung wichtiger Versatzstücke des politischen Denkens von Gemeinwesen. Die Herstellung und Erhaltung eines gemeinsamen, aber in Praktiken und Institutionen ausdifferenzierten Kommunikationsraums als Raum der *Möglichkeiten* verlangt von den Subjekten die Fähigkeit, »to empower their works as tokens of obligation«[123] in distribuierten Praktiken und Lebensformen[124] der Anerkennung. Dazu gehört die Fähigkeit, »to reach out to one another in contract sharing the capacity to tie themselves to others by the *words* they utter« (Herv. i. Orig.).[125] Die Gesellschaft benötigt eine praktische Sprache der Verständigung als »Arbeitssprache« – weit unterhalb des Niveaus der Sprache als Medium der öffentlichen Reflexion über Anforderungen der Moral und der Vernunft im Habermas'schen Sinne.[126] Darüber entsteht ein »commonwealth by institution«[127], das die Sprache erst mit performativer Kraft ausstattet und das ein gesellschaftliches politisches Phänomen ist,[128] keine natürliche oder metaphysische Eigenschaft der Sprache. Dies impliziert die *Arbeit* an der Sprache, an der Institutionalisierung der Regelmäßigkeit, der Regelhaftigkeit sprachlicher Praktiken, die ein regelhaftes Zusammenarbeiten und Lernen ermöglichen. Diese von Ph. Pettit analysierte Konzeption der Sprache geht auf Hobbes zurück, der in Deutschland vor allem mit Carl Schmitt als Theoretiker der Entscheidung und der Unterwerfung der Bürger unter den Staat gesehen wird, während

121 *Philip Pettit*, Made with Words: Hobbes on Language, Mind, and Politics, Princeton 2009, S. 2.

122 *Kevin McLaughlin*, The Philology of Life. Walter Benjamin's Critical Program, New York 2023.

123 *Pettit*, aaO (Made with Words), S. 63.

124 Vgl. dazu *Sandra Laugier*, Où se trouvent les règles?, Archives de Philosophie 64 (2001), 505.

125 *Pettit*, aaO (Made with Words), S. 63.

126 Paradigmatisch *Jürgen Habermas*, Strukturwandel der Öffentlichkeit. Untersuchungen zu einer Kategorie der bürgerlichen Gesellschaft, 1. Aufl., Neuwied 1962.

127 *Pettit*, aaO (Made with Words), S. 118.

128 *Michèle Lowrie*, »Rom immer wieder gegründet«, in: T. Döring et al. (Hrsg.), Übertragene Anfänge, Imperiale Figurationen, Paderborn 2010, S. 23, 24.

seine (beinahe) moderne Sprachkonzeption, die die Selbstorganisation des Gesellschaftlichen diesseits des Staates beobachtet, eher vernachlässigt wird. Die Praktiken der Sprache – nicht die ewigen »Sprachgesetze«, wie sie bei Savigny angerufen werden – sind der Garant der »commonality« einer Gesellschaft, die das Produkt einer Arbeit, eines kollektiven »constitutive enterprise« sind. Die gesellschaftliche Ordnung benötigt »shared environments«, die durch die sprachliche Praxis der Subjekte und die Ablagerung von Sprachmustern in den Lebensformen, im Zwischenraum der Subjekte, hervorgebracht werden.[129] So entsteht ein horizontales Netzwerk von konventionalisierten (nicht aber bewussten) praktischen »gelungenen« Interaktionen und mehr Möglichkeiten generierenden Verknüpfungen zwischen diesen.[130]

V. Kahn weist darauf hin, dass für Hobbes Voraussetzung für die Haltbarkeit des Gesellschaftsvertrages die Zustimmung zu einem *»literary contract«* sei, die in der Einsicht in die transsubjektiv bestimmten Grenzen der Sprache der »commonality« in einer Gesellschaft basiert ist.[131] Dazu gehört auch die Fähigkeit »to ignore their differences...to imagine themselves as equal parties to the contract«[132].

Wörter lassen danach Beziehungsmuster in der Gesellschaft in Erscheinung treten, die erst die Erfassung und Koordination gesellschaftlicher Verhältnisse möglich machen.

In dieser Hinsicht besteht eine große Ähnlichkeit des Hobbes'schen Denkens mit Hegels Philosophie des Geistes und der Wertschätzung der kollektiven Institutionen des Wissens und der kognitiven Praktiken als Wissensspeicher.[133] Der individuelle Wille ist immer schon »enveloppée dans l'ordre des institutions«[134] – aber nicht unmittelbar dem Staat oder einer anderen »Ganzheit« unterworfen.

Hinter solchen Ansätzen zur Arbeit an der Institutionalisierung der Sprache der Gesellschaft bleibt Savignys Denken der Sprache zurück. Die »unauflösliche Gemeinschaft (jedes Zeitalters) mit der ganzen Vergangenheit«, die von der »höhern Natur des Volkes als eines stets werdenden, ... Ganzen«[135] bestimmt wird, ist Gegenstand einer mystischen

129 *Marina Sbisà*, How to Read Austin, Pragmatics 17 (2007), 461, 471.

130 *Sbisà*, ebd., S. 471.

131 *Victoria Kahn*, Wayward Contracts. The Crisis of Political Obligation, 1640–1674, Princeton 2016, S. 1, 20.

132 *Victoria Kahn*, Romance and the Contract of Mimesis, Political Theory 29 (2001), 4, 21.

133 *Robert B. Pippin*, Hegel's Practical Philosophy. Rational Agency as Ethical Life, Cambridge 2008, S. 67.

134 *Jean-François Kervégan*, Le »droit du monde«, sujets, normes et institutions, in: ders. (Hrsg.), Hegel – penseur du droit, Paris 2004, S. 31.

135 *Friedrich Carl von Savigny*, Über den Zweck dieser Zeitschrift, Zeitschrift für geschichtliche Rechtswissenschaft 1 (1815), 1ff.; vgl. dazu *Joachim*

Beschwörung, aber kein Gegenstand theoretischer Durcharbeitung. Sie bezieht sich auf die Erhaltung einer vorausgesetzten *Einheit*, nicht aber Einheit als einen differenzierten Prozess der Reproduktion eines komplexen Gefüges von Beziehungen. Es geht immer um ein »Ganzes«, das dem Einzelnen nicht zugänglich ist und die Beobachtung des Prozesses des Wandels blockiert. Dass immer ein »Gegebenes« anerkannt werden muss,[136] wäre ein vernünftiger Gedanke, aber es darf eben kein differenzierender analytischer *Gedanke* sein, sondern es hat ein Nicht-Gedanke der mystischen Reverenz zu sein, der akzeptiert, dass »nicht jedes Zeitalter für sich und willkührlich seine Welt hervor(bringt)«.[137] Dies muss vorab unterstellt werden – sonst ist die Einheit eines »Ganzen« unmöglich.

Demgegenüber hat Hobbes' Verständnis politischer Autorität ein Gespür für die unumgängliche Bildung einer *Privatrechts*gesellschaft, die auf Prozesse der vertraglichen Kommunikation und Bindung verwiesen ist. Bei Savigny verschwindet diese praktische Bildung von gesellschaftlicher Ordnung durch Verträge im mystischen Einklang der Bürger mit einer »Gemeinschaft der Nation«[138] – von der Hobbes weiß, dass es sie nicht *geben* kann, sondern dass sie produziert werden muss. Ohne die stets mitgedachte Limitierung durch die Gemeinschaftsinteressen erscheint das subjektive Recht als eine Gefahr für die Einheit der Gemeinschaft. Als *Anspruch*, als eine von der Rechtsgemeinschaft »verliehene« (und ggf. wieder aufzuhebende oder zu begrenzende) Durchsetzungsmacht,[139] ist das subjektive Recht gezähmt. Dass subjektiven Rechten Grenzen gesetzt werden müssen, ist evident. Aber die Rechte sind zunächst »Einsätze«, die einen produktiven Prozess in Gang setzen und denen dann in einem zweiten Schritt aufgrund der erfahrenen Konflikte Grenzen gesetzt werden. Die Grenzen können aber nicht unmittelbar dem subjektiven Recht als »wesensgemäß« introjiziert werden.

Die *Versprechen*, die sich die Bürger in Verträgen geben, sind zugleich transsubjektive, den individuellen Willen überschießende Bindeglieder der Gemeinschaft, ein transsubjektives *Gewebe*[140] *der Kommunikation*, das bleibt und immer neue Anschlussmöglichkeiten eröffnet.

Savignys Sprachkonzeption ist von zentraler Bedeutung für die Einschätzung seines Rechtsdenkens. Das wird deutlich, wenn man zum

Rückert, Natürliche Freiheit – Historische Freiheit – Vertragsfreiheit, in: Jean-François Kervégan (Hrsg.), Recht zwischen Natur und Geschichte, Frankfurt a.M. 1997, S. 305, 330.

136 *Savigny*, ebd.

137 *Savigny*, ebd.

138 *Savigny*, aaO (Vom Beruf), S. 161.

139 *Friedrich Endemann*, Lehrbuch des bürgerlichen Rechts, Band 1, 6. Aufl., unveränd. Abdruck der 5. Aufl., Berlin 1899, S. 54.

140 Vgl. dazu *Ino Augsberg*, Das Gespinst des Rechts. Zur Relevanz von Netzwerkmodellen im juristischen Diskurs, Rechtstheorie 38 (2007), 479.

Vergleich das Sprachdenken der französischen Denker oder für England das Denken Hobbes' und Lockes heranzieht.

Nach der Konzeption vor allem französischer Philosophen und politischer Denker wie Sieyès ist die Sprache das Medium der gesellschaftlichen Kommunikation und damit der Raum, in dem nach den Möglichkeiten eines »gouvernement des esprits« gesucht werden muss. Für Locke ist die Sprache »a completely human fabrication«,[141] sie bildet einen gesamthaften Zusammenhang, der deshalb aber nicht als bewusst hervorgebracht begriffen werden kann. Gerade dies macht die Sprache zu einem offenen Raum der Differenz, innerhalb dessen eine Spannung entsteht und sich zwischen der Herausbildung von »fashion and custom« des kollektiven gesellschaftlichen Denkens einerseits und der »independence of mind« des Einzelnen andererseits entfaltet (95). Auch als (später) Liberaler hält Locke es für problematisch, dass die »social interests«, um die sich der Staat kümmern muss (Sicherheit, Vermögen, Freiheit des Einzelnen) (124) nicht eine Kompetenz für die »care of souls« umfasst, also das, was in Frankreich »gouvernement des esprits« genannt wird. Locke ignoriert dieses Problem der Konstruktion des öffentlichen Raums und seiner Grenzen nicht, er geht davon aus, dass dieses Problem nicht nur zur Selbstverwaltung an die »diffuse social authority of civil society« verwiesen werden kann. Stattdessen bedarf es einer gesellschaftlichen Erziehung, die die Menschen in den Stand versetzen kann, mit beweglichen »Wahrscheinlichkeiten« zu operieren,[142] wenn es die stabile Wahrheit der Vergangenheit nicht mehr gibt. Savigny verlangt demgegenüber die Einfühlung in einen geteilten »Volksgeist«, der einen mystischen Charakter hat und keinen Weg zu einem gesellschaftlichen Prozess der wechselseitigen Anerkennung der Bürger in kontraktueller Form erlaubt.

10. Volksgeist und Sprache

Vor diesem Hintergrund stellt sich Savignys Sprachkonzeption in einem neuen Licht dar. Die rechtsgeschichtliche Literatur nimmt Savigny »beim Wort« und paraphrasiert im Grunde nur seine Ideen vom Volksgeist und zur Sprache, ohne sie durch den Vergleich mit dem französischen und englischen Sprachdenken »in Bewegung zu versetzen«. Wenn Savigny vom »Volksgeist« handelt, muss es ihn auch geben. Durch den Vergleich würde vor allem deutlich, dass der Volksgeist wie die Sprache bei Savigny der Gesellschaft entrückt sind. Sie haben mit deren historischer

141 *John Locke*, An Essay Concerning Human Understanding, Oxford 1925; *Rita Koganzon*, Liberal States, Authoritarian Families. Childhood and Education in Early Modern Thought, Oxford 2021, S. 71.

142 *Koganzon*, ebd., S. 63.

Eigenbewegung nichts zu tun. Das Wesen der Gesellschaft sind ihre »Ideen«. Das ist das »Idealistische« an Savigny: *Das Denken ist von der Gesellschaft unabhängig*. Eine Idee, an die geglaubt wird, gestaltet die Gesellschaft, die »Gesellschaft der Ideen«, auf die es Savigny vor allem ankommt, nicht die historisch sich herausbildende »Gesellschaft der Individuen«. Das hat jedenfalls mit Hegels Idealismus nichts zu tun. Savignys Sprachdenken ist – jenseits der Dogmatik – Ausdruck eines Rückzugs aus der Gesellschaft, nicht Teil ihrer Selbstbewegung *in der Zeit*; sie bleibt darin Erscheinungsform einer Selbstblockierung des Denkens im Angesicht der neuen gesellschaftlichen Dynamik. Vor allem die »Berufsschrift«[143] ist dafür ein deutliches Symptom. An die Stelle der Bewältigung der Herausforderung eines neuen Denkens des »Rechts als Kultur« der Gesellschaft tritt der Rückzug in eine »Innenwelt« der Ideen, die mit der Außenwelt der Bewegung der Gesellschaft nichts zu tun hat, ja, dieser feindselig gegenübersteht.

Gerade darin ist ihre Attraktivität für einen großen Teil des Bürgertums begründet. Die Beschleunigung der Geschichte löst in dem Deutschland, für das Savigny steht, die Furcht vor einem »mécanisme de déconnexion« aus,[144] der durch die von Angst geleitete Erwartung der Erlösung durch den Staat der Zukunft gebannt wird, weil dieser auf eine paradoxe Weise die Wieder-Herstellung der nie vorhanden gewesenen Einheit durch »re-connexion« ex futuro zu versprechen scheint.

Anders als Hobbes, wie oben gezeigt, sieht Savigny die Prägung des Rechts durch die ihrerseits dem Wirken der gesellschaftlichen Kräfte enthobene Sprache als vorgegeben an, doch verkürzt er die Wirkung der Konstitution der auf einer basalen Ebene wirkenden »Sprachgesetze«[145] um den dynamischen kulturellen Wandel der Sprache *in der Gesellschaft*, des gesellschaftlichen Zusammenhangs als Textur unterschiedlicher sprachlicher Praktiken.

Schon die Wahl des Terminus der »grammatischen Auslegung« in Savignys Lesart ist bezeichnend: Die Grammatik ist in Savignys Lesart im Gegensatz zur Semantik oder zur Semiotik der stabile Kern der Sprache, der dem kulturellen Wandel enthoben zu sein scheint. Sie ist ein Bestand von Werkzeugen, deren Gebrauch durch einen Entscheider die Einheit der Sprache auch innerhalb des Rechts zur Geltung bringen und erhalten kann. Die Interpretation des Gesetzes ist eine Form der Erkenntnis, die die eigentliche praktische »Anwendungsrelation«[146] zurücktreten lässt.

143 *Savigny*, aaO (Vom Beruf).

144 *François Richard*, L'actuel malaise dans la culture, Paris 2011, S. 223.

145 *Savigny*, aaO (System), S. 206.

146 *Sandra Pravica*, Bachelards tentative Wissenschaftsphilosophie, Wien 2015, S. 172; zur Bedeutung des gemeinsamen Wissens in der »Anwendung« vgl. *Thomas Vesting*, Rechtstheorie, 2. Aufl., München 2015, S. 142, 113.

Das Recht ist eine Sammlung von Gegenständen, über deren Gebrauch die Anwender entscheiden. Doch wird noch zu zeigen sein, dass der Gebrauch des Rechts eher ein unpersönlicher Prozess des *Eigengebrauchs* ist, der sich der Verfügung der Anwender entzieht.

Die einzelnen Figuren der Sprache, die Ergebnisse der vom Gesetzgeber »angewandten Sprachgesetze«, die sich in der Sprache des Rechtsgesetzes niederschlagen, werden mittels des Gesetzes in unser Denken überführt. Dies setzt aber nach Savigny die Öffnung des Bewusstseins für die Fortwirkung des Volksgeistes voraus, ein Bewusstsein, das bei den Juden nicht vorausgesetzt werden könne. Diese antithetische Wendung auf Juden ist charakteristisch für ein auf Einheit fixiertes Denken, das seine Konturen vor allem aus der Ablehnung derjenigen gewinnt, die Differenz über Einheit stellen oder so verstanden werden können. Der ambivalente Antisemitismus bei Savigny findet einen Teil seiner Erklärung in der Fortsetzung der patristischen, vorkritischen Bibelauslegung in seiner Interpretation des Rechts und des Gesetzes. Die in dieser Tradition – anders als in der orthodoxen Tradition –[147] zu beobachtende Betonung auch der »grammatischen« Textelemente von zu interpretierenden Bibelstellen hängt zusammen mit der römisch-hellenistischen Kultur, die eine nicht hintergehbare Voraussetzung für die Auslegung von heiligen Texten geworden ist.[148] Diese »analytische« Komponente der »Wortlautinterpretation« hat sich mit dem Ziel der Gewinnung des Zugangs zur Ganzheit des Verstehens »im Lichte des Glaubens an den auferstandenen Herrn« verbunden.[149] Die »horizontale Linie der Geschichte und des Buchstabens«[150] findet ihre Wahrheit, die »gläubig anzunehmen ist«, erst in der »Gemeinde der Gläubigen«, die in der Gemeinschaft vom Heiligen Geist erfüllt wird.[151]

Man kann dieses methodische Vorgehen als einen Versuch lesen, »la chose intraitable« (J.-F. Lyotard), den Anfang einer Gemeinschaft im Recht, auf das Wirken der unaussprechlichen Kraft des Volksgeistes zurückzuführen und damit als *für die Gesellschaft* »intraitable« zu erhalten. Einheit ist nur im Staat denkbar. Die Einheit, die an die Einheit der christlichen »Gemeinde« erinnert, wird durch den staatlichen Interpreten als Wissen vermittelt, nicht aber wird eigentlich der Prozess der Anwendung als eine Relation gedacht, an der auch der das Recht praktisch

147 *Konstantin Nikolakopoulos*, Gesammelte orthodoxe theologische Schriften, Göttingen 2015, S. 25.

148 *Basil Studer*, Die patristische Exegese, eine Aktualisierung der Heiligen Schrift (zur hermeneutischen Problematik der frühchristlichen Bibelauslegung), Revue d'Etudes Augustiniennes et Patristiques 42 (1996), 71, 75.

149 *Studer*, ebd., 76.

150 *Nikolakopoulos*, aaO (Gesammelte orthodoxe theologische Schriften), S. 25.

151 *Studer*, aaO (Die patristische Exegese), 86.

Anwendende Teil hat. Der Staat ist ebenfalls nicht die Einheit, die sich dem spontanen oder organisierten Zusammenwirken der Individuen verdankt, sondern dem Wort Gottes (oder seines eigenen Wortes als Staat). Das »innere Leben« des Einzelnen kann nur durch den Staat auf eine über diese innere Einheit mit sich selbst hinausweisende Einheit des Ganzen verpflichtet werden. Die Prozesse *zwischen* den Einzelnen können dazu nichts beitragen. Die Einheit kann nicht – wie bei Hobbes – auf die kontraktuellen Voraussetzungen der wechselseitigen Anerkennung der Bürger zurückgehen, weil darin gerade die Differenzen in der Gesellschaft in Bewegung versetzt würden und allenfalls eine »commonality« hervorgebracht wird, die die Spuren der Differenzen nicht hinter der prekär bleibenden Einheit verschwinden lässt. Nur der Staat kann nach Savigny in der Nachfolge des Volksgeistes Einheit sprachlich erreichbar machen und die nie abzuschließende Einheitsbildung im Recht suchen helfen.[152] Damit wird unterstellt, dass die Einheit des Rechts nur eine Einheit des individuellen oder kollektiv im Staat organisierten *Bewusstseins* sein kann und dort einer ideologischen Verankerung bedarf, während der differentielle Prozess der Entfaltung der Praktiken des Rechts unterdrückt wird.

Doch auch die Retrospektive auf die Einheit der Religion als Form, an die das moderne Recht und der Staat anknüpfen könnten, ist ein Mythos. Er beruht auf der Projektion einer Wunschvorstellung der Einheit der Religion in die vergangene Kultur, die jedoch nicht auf der Einheit des Bewusstseins basierte, wie im 19. Jahrhundert vorgestellt – und infolgedessen auch kein Modell für die Konstruktion der Einheit des Rechts in der Gegenwart abgeben kann.

Auch in früheren Epochen war der Glaube von den Spuren des zeitgleichen »Unglaubens« durchzogen, der kein Atheismus im modernen Sinne war:[153] So kann man die permanente Angst vor dem Entzug der Liebe Gottes interpretieren.[154] Glaube und »Unglaube« existierten nebeneinander. Der Versuch der Findung von Anschlüssen an die tradierte Form der Religion beruht auf einer frühmodernen Fiktion, nicht der Rekonstruktion der Religion der Vergangenheit. Auch die einheitsbildende Leistung der Kunst der Vergangenheit ist eine funktionale, die viele Variationen zulässt,[155] aber keine substanzhafte Einheit herausbildet.

152 Vgl. dazu allg. *Jean-François Lyotard*, À l'insu, Le Genre Humain 1988 (Nr. 18), 37.

153 Dies gilt auch schon für die antike Vorstellung der Götter: Öffentlich glaubt man an die Götter, »privat« hat man seine Zweifel, *Paul Veyne*, Les grecs ont-ils cru à leurs mythes?, Paris 2002; *Richard* aaO (L'actuel malaise dans la culture), S. 249.

154 *Richard*, aaO (L'actuel malaise dans la civilisation), S. 241, 242, 249.

155 Vgl. dazu *Georges Duby*, Art et société au Moyen Âge, Paris 1997, S. 7, 106.

Letztlich geht es bei der Unterstellung eines Bestandes von »Sprachgesetzen« auch um das Politische der neuen nachrevolutionären Gesellschaft. Die Politik wird verdrängt, indem das virulent gewordene Problem des »*gouvernement des esprits*« (Julien Pasteur, dazu weiter unten) in einen inneren vorgesellschaftlichen Ursprung verschoben[156] und der gesellschaftlichen Auseinandersetzung enthoben wird. Als Verdrängtes bleibt es aber latent, weil die Sprachgesetze nur die Einzelnen ent-mündigen. Die Sprach*gesetze* stehen für die Sprache, die dem Zusammenwirken der Individuen nichts verdankt, sondern von diesen angeeignet werden muss. Es sind Gesetze, weil ihre Form über der Gesellschaft der Einzelnen steht. Und das in einer Zeit, in der die Subjekte innerhalb der dynamisch werdenden Gesellschaft unter dem Gesetz des Machens leben müssen! Diese Sprachkonzeption ist ein bloßer Aufhalter, der in der Zeit der Bildungsromane abgelöst wird durch die Konzeption des Subjekts, das nicht die »Sprach*gesetze*« verinnerlichen soll, sondern im Bildungsroman sich selbst in *Texten*, also in dem liest, was schon »im Gebrauch« der anderen ist –[157] und nicht mehr gemeinsamer Besitz eines vorfindlichen »Naturganzen« ist.[158] Dies ist nicht weit entfernt von Tocquevilles Annahme, dass die Literatur zu einem »jedermann offenen Arsenal« von Versatzstücken geworden sei, die für den Aufbau der Demokratie benötigt werden.[159] Demgegenüber nimmt im (vor-)revolutionären Frankreich auch die sprachliche Entwicklung Ereignischarakter an. Sie wird Gegenstand der Politik.[160]

Die Hypostasierung der *Setzung* ist nach wie vor das herrschende Denken, das uns vermittelt, dass wir diese Regel auf eine bestimmte Weise »in uns aufnehmen« müssen.[161] Wie V. Descombes[162] überzeugend ausgeführt hat, bringt die geschriebene Regel nur etwas zum Ausdruck und fasst es *explizit* neu, was schon die Subjekte *implizit* als Realität oder als Potential praktisch appräsentieren. Wenn das nicht der Fall wäre, wären die Regeln nicht »verständlich«. Gelernt wird gesellschaftlich nur am

156 Vgl. *Isabelle Thomas-Fogiel*, Fichte: A philosophy of »Saying« (Sagen) as »Doing« (Tun) , Archives de Philosophie 83 (2020), 9.

157 *Thomas-Fogiel*, ebd.; vgl. auch *Thomas Vesting*, Gentleman, Manager, homo digitalis, Weilerswist 2021, S. 127ff.

158 *Savigny*, aaO (System), S. 19.

159 *Alexis de Tocqueville*, Über die Demokratie in Amerika, Stuttgart 2021, S. 21; *White*, aaO (Metahistory), wo angesichts der Grenzen der traditionellen Geschichtswissenschaft auf die Notwendigkeit aufmerksam gemacht wird, z.B. auch Romane in die Untersuchungen einzubeziehen.

160 Vgl. nur *Renée Balibar/Dominique Laporte*, Le français national. Politique et pratiques de la langue national sous la Révolution française, Paris 1975.

161 *Savigny*, aaO (System), S. 19.

162 *Descombes*, aaO (Le complément de sujet), S. 164.

praktischen Beispiel, nicht durch eine davon abgehobene Verinnerlichung von Normen.[163] Sozialer Sinn und ein Repertoire von darauf aufbauenden Handlungsmöglichkeiten können zwischen organisierten und individuellen Subjekten nicht »übertragen« werden.[164] Eine andere Auffassung ignoriert die Abhängigkeit der Verstehens- und Handlungsmöglichkeiten von einer schon vorfindlichen produktiven Umgebung.[165]

Dieser Zusammenhang wird durch Savignys Sprachverständnis unterdrückt, das gegen die gesellschaftliche Differenzierung gerichtet ist und ein staatsfixiertes »gouvernement des esprits« in Anschlag bringt.

Die später entwickelte semiologische Struktur der Interpretation von »Zeichen«,[166] die immer explizit wie implizit als *Intertext* aufeinander verweisen und deshalb nicht von einem festen Beobachtungspunkt aus konstruiert werden können,[167] wird dabei unterdrückt.

Dies ist weit entfernt von Hegels Denken, der den Geist als »Werk« ansieht,[168] das durch die praktische reflektierte Kooperation in unterschiedlichen Lebens- und Praxisformen erzeugt wird. Savignys Opposition gegen den Kodifikationsgedanken[169] ist auch eher als ein kurzfristiger Versuch anzusehen, die Entwicklung aufzuhalten, die bei ihm selbst schon angelegt war. Auch Savignys antisemitische Äußerungen sind Erscheinungsformen einer Anstrengung, dem konturlosen Volksgeist jedenfalls durch die antithetische Fixierung auf »die Juden« als »ihrem innern Wesen nach Fremdlinge« Substanz zu verschaffen.[170] Dies

163 *Descombes*, ebd., S. 463.

164 *Marina Sbisà*, How to Read Austin, Pragmatics 17 (2007), 461, 471.

165 *Claudia Bianchi*, Contextualism, in: Marina Sbisà et al. (Hrsg.), Philosophical Perspectives for Pragmatics, Amsterdam 2011, S. 53, 57.

166 *Charles S. Peirce*, Phänomen und Logik der Zeichen, Frankfurt a.M. 1983, S. 64ff.

167 *Ino Augsberg*, Kassiber. Die Aufgabe der juristischen Hermeneutik, Tübingen 2016, S. 108.

168 Vgl. *Pirmin Stekeler-Weithofer*, Kommentar zur Phänomenologie des Geistes, Band I, Hamburg 2014, S. 168.

169 *Savigny*, aaO (Vom Beruf); dagegen *Anton Friedrich Justus Thibaut*, Über die Nothwendigkeit eines allgemeinen Bürgerlichen Rechts für Deutschland, Heidelberg 1814.

170 Vgl. *Friedrich Carl von Savigny*, Stimmen für und wider neue Gesetzbücher, Zeitschrift für geschichtliche Rechtswissenschaft 3 (1817), 1, 22ff., dort äußert er sich auch kritisch zur »bürgerliche(n) und politische(n) Gleichstellung« der Juden, denen er eine »unglückselige[n] Nationalexistenz« zuschreibt; zu der Feindschaft gegenüber Eduard Gans, die auch antisemitisch begründet war, vgl. den Bericht von *Johann Braun*, »Schwan und Gans«: Zur Geschichte des Zerwürfnisses zwischen Friedrich Carl von Savigny und Eduard Gans, JZ 1979, 769; auch *Norbert Waszek*, Judaisme et histoire du droit comparée chez Edouard Gans, Études Germaniques Internationales 17 (2002), 163; Hegel war, obwohl auch ein

lässt eine Verknüpfung mit Jacob Grimms[171] Vorstellung vom Volksgeist zu: Dieser ist »ein angeborenes erbgut, das seit undenklichen jahren die eltern mit sich getragen und auf uns fortgepflanzt haben«. Dies muss nicht als Vorgriff auf das völkische Rechtsdenken interpretiert werden.[172] Dort ist eher vom »Wunder« des Anfangs die Rede. Das so verstandene Individuum wird aber so wenig gesellschaftlich und historisch gedacht wie der »Volksgeist«.[173] Was das Individuum seit »undenklichen Jahren« als »inneres Leben« (Savigny) in sich birgt, ist das individuelle Pendant zum Volksgeist: Das eine kann so wenig analysiert werden wie das andere. Der Ausschluss der Juden als »Fremdlinge« vor dem »Volksgeist« legt aber noch eine weitere Konnotation nahe: Der »Gegenstand« des Volksgeists ist so wenig unmittelbar aneignungsfähig – *dies* schließt die Juden aus – wie es eine unmittelbare Gotteserfahrung nach der Reformation geben konnte. Die häufigen Bezugnahmen der historischen Rechtsschule auf Gott und die christliche Religion gelten nicht nur einem entleerten Bestand von Traditionen, sondern sie bringen den Fortbestand theologischer Formen zur Geltung, die die Reformation als stabile Alternative zum »gouvernement des esprits« der Französischen Revolution für den auch säkularen Gebrauch erhalten konnten: Das »Innewerden« der »Gemeinschaft der Glaubenden mit Christus« ist nur noch als »dialektisch gebrochene«,

christlich grundierter Denker, aber eben ein *Denker*, übrigens kein Antisemit und pflegte gute Kontakte zu Eduard Gans. Über Savignys Antisemitismus wird in der rechtshistorischen Literatur, wenn überhaupt, sehr zurückhaltend berichtet, vgl. etwa *Friedrich Ebel*, Savigny officialis, Berlin 1987, S. 14; *Paolo Becchi*, Was ist uns Thibaut?, in: Christian Hattenhauer et al. (Hrsg.), Thibaut (1772–180). Bürger und Gelehrter, Tübingen 2017, S. 401, wo dies auf die religiöse Dominanz des Christentums zurückgeführt wird: Dies ist nicht sehr überzeugend, weil z.B. Eduard Gans, dessen Karriere Savigny verhindern wollte, zum Christentum konvertiert war. Wieweit sein Versuch, Gans' Karriere zu blockieren, auf Antisemitismus zurückzuführen ist, ist eine Sache. Eine andere ist der von ihm selbst hergestellte Zusammenhang zwischen seiner Konzeption des »Volksgeistes« und der Ausschließung der Juden als »Fremdlinge«, die an eben diesem »Volksgeist« keinen Anteil haben können.

171 *Jacob Grimm*, Von der Poesie im Recht, in: Kleinere Schriften, Bd. 6, 1882, S. 154.

172 Vgl. kritisch zur ahistorisch pauschalierenden Zusammenfassung älterer philosophischer Konzeptionen unter sehr generalisierenden, falsche Kontinuitäten insinuierenden Begriffe (»Vormoderne«) *Clemens Pornschlegel*, Allegorien des Unendlichen. Hyperchristen II, Wien 2017, S. 137.

173 Vgl. dagegen *Friedrich August von Hayek*, Wahrer und falscher Individualismus, Ordo 1 (1948), 19, der darauf hinweist, dass der »wahre Individualismus »eine Theorie der Gesellschaft« ist; vgl. auch *Vesting*, aaO (Staatstheorie), S. 91.

nicht in der »direkten Gotteserfahrung« möglich,[174] d.h. vor allem in der Verbindung der ständigen, nach innen gerichteten Gewissenserforschung und der von außen geleiteten katechetischen Aneignung christlicher Lehren. Diese reduzierte »unio mystica« mit Christus lässt sich auch säkularisieren als das Einrücken in einen gegebenen Zusammenhang, der aber doch den Aufbau eines differenzierten Subjekts zulässt oder erfordert. Dieser wird bei Savigny sehr eng verstanden, auch wenn damit noch nicht der Gedanke der Exklusion der Juden aus der deutschen Kultur verknüpft ist. Doch muss demgegenüber die, wenn auch viel später, aber doch in Zeiten des sich verstärkenden Antisemitismus zum Ausdruck gebrachte christlich fundierte Mäßigung L. von Rankes gewürdigt werden, der die Juden 1881 als »historische Christen« charakterisiert hat, die durch die gemeinsame Kultur geprägt seien.[175]

Theodor Mommsen hat später den Beitrag der Juden als »ein Element der Dekomposition« tradierter Einheitsvorstellungen positiv gewürdigt und ihn als für die »Herstellung einer deutschen Nationalität« jenseits der »Stämme« für unbedingt produktiv gehalten.[176] Jenseits der Vereinfachung von Savignys Antisemitismus als im Kern völkisch drängt sich aber ein anderer Gedanke auf. Wie im Einzelnen noch zu zeigen sein wird, hat sich ein problematischer Mythos der »Einheit« oder »Ganzheit« entwickelt, der im Kern antiinstitutionell und antigesellschaftlich ist, der Einheit über Differenz stellt. Er war eine ideologische Figur, die gegen Ende des 19. Jahrhunderts immer stärker Züge der Selbstdestruktion annahm. Das »Ganze« konnte keine konkrete *Gestalt* annehmen, es konnte sich nur in einer antithetischen Fixierung auf das Fließende, Prozesshafte der Gesellschaft seinerseits als endgültiger Prozess der Aufhebung des Prozesses in der (Selbst-)Zerstörung zur Geltung bringen, da auch der Staat, auch der Staat des deutschen Kaiserreichs, keine endgültige Form der »Ganzheit« mehr glaubhaft hervorbringen konnte. Dies wird – wie noch zu zeigen sein wird – schon am Ende des 19. Jahrhunderts in der Verknüpfung des Einheitsmythos mit dem Krieg zutage treten. Der kommende Krieg konnte schon nach den Erfahrungen des deutsch-französischen Krieges von 1870/71 kein instrumenteller Krieg der Mittel mehr sein, sondern er war der Endzweck der (Selbst-)Zerstörung.

174 *Karl Dienst*, Mystik im Protestantismus, Journal of Religious Culture Nr. 37 (2000), 1, 4.

175 Tagebuchdiktate *Leopold von Rankes* aus dem Jahre 1881, Hist. Zeitschrift 151 (1935), 332, 333.

176 *Theodor Mommsen*, Auch ein Wort über unser Judenthum, Berlin 1880.

11. Die historische Rechtsschule und die »Sprachgesetze«

Ähnliches gilt für den Rekurs auf »Volkszustände« bei Endemann,[177] die durch die »Interessen aller Volksgenossen« und schließlich das »Wohl der Gesammtheit« geprägt sein sollen.[178] Produktive Spannungen können nicht anerkannt werden, Innovationen der Praxis werden offenbar als bedrohlich empfunden: Es kommt vielmehr darauf an, »uns in gleichen Schritt und Tritt zu bringen«.[179] »Die Erziehung zu denselben, täglich zu übenden Rechtsformen und Rechtsanschauungen soll unseren Volkscharakter... gestalten.« »Freiwillige Unterwürfigkeit ... ist die wirksamste Triebfeder der Rechtsverwirklichung.«[180] Der Unterschied zur »Rechtserziehung« durch den Roman ist eklatant. Es zeigt sich wieder die Angst vor der Produktivität der Differenz, die die Rechtssubjekte im Roman erfahren konnten. Die Übung der Normen des »täglichen bürgerlichen Lebens«, die »auf dem gleichen Boden sich bewegt«, soll ein »einigendes festigendes Bewusstsein« erzeugen,[181] das nicht von der Gesellschaft hervorgebracht werden kann. Der »gleichartige Gebrauch« des Rechts soll erst den übergreifenden »Rechtsgedanken« im Volk zur Geltung bringen.

Auch hier wird wieder ein Unterschied zwischen der Orientierung am »Volksgeist« und den praktisch funktionierenden Wissensbeständen in der römischen Kultur deutlich: Die Römer hatten ein differenziertes System von Rechtsnormen und -institutionen, aber kein diffuses Nationalbewusstsein. Bei Endemann deutet sich der Wandel im Rekurs auf ebendieses »Nationalbewusstsein« als deutsches Projekt an, das die Staatlichkeit des Rechts bestimmt und diese zur Grundlage einer Aneignung gemacht hat, die für die Subjekte in der »täglichen Übung« besteht. Dies ist eine bloße Wunschvorstellung,[182] die den dynamischen Charakter der durch das Gesetz nicht zu bestimmenden praktischen Operationen der Rechtsakteure unterdrückt.

Demgegenüber ist noch einmal daran zu erinnern, dass in der angloamerikanischen Tradition, vor allem aber bei Hobbes, der Staat in einer

177 *Endemann*, aaO (Lehrbuch des bürgerlichen Rechts, Band 1), S. 3, auf S. 427 werden die »Volkskräfte« beschworen.

178 *Endemann*, ebd., S. 5.

179 *Endemann*, ebd., S. 3.

180 *Ernst Landsberg*, Das Recht des Bürgerlichen Gesetzbuches v.18.6.1896, Hälfte 1, Berlin 1904, S. 2.

181 *Endemann*, aaO (Lehrbuch des bürgerlichen Rechts, Band 1), S. 3.

182 Vgl. *Ino Augsberg*, Elemente einer Theorie des expositiven Rechts, Weilerswist 2021, S. 113, zum Verständnis der Interpretation als »Aneignung« eines fremden Gedankeninhalts.

gesellschaftlichen Praxis der Selbstidentifikation der Subjekte seinen Anfang nehmen musste, ohne die die Konstitution eines gemeinschaftlichen Subjekts, das im Monarchen verkörpert war, sinnlos gewesen wäre. Deshalb setzt der Gesellschaftsvertrag geradezu einen »literary contract« über das gemeinsame Lesen und Verstehen der Welt, insbesondere der »passions«, voraus. Es ist für das englische Rechtsdenken charakteristisch, dass selbst ein in Deutschland als Protagonist der »Entscheidung« gelesener Autor wie Hobbes so viel Verständnis für die paradoxen rechtlichen Voraussetzungen der Setzungen des Rechts gehabt hat.[183]

Die historische Rechtsschule beschwört eher ein mythisches Denken des Rechts jenseits der Praxis der Gesellschaft, das auf der »stillwirkenden Kraft«[184] der »gemeinsamen Sprache«, der Literatur und Wissenschaft basiert und dazu beiträgt, dass die »Nation« als Einheit »aus dem Schoße des Volkes«[185] sich herausbilden kann. Die Rolle der Literatur wird auch ins Mythische überhöht. Doch ist mit Northrop Frye genauer davon auszugehen, dass ein engeres und anders zu bestimmendes Verhältnis zwischen Recht und Literatur besteht: »...all respect for the law is a product of social imagination, and social imagination is what literature directly addresses.«[186] Jhering ist etwas einlässlicher:[187] Die »organische Entwicklung« wird auch geprägt durch »alle diejenigen Rechtssätze, welche sich aus der gleichmäßigen autonomischen (sic!) Abschließung der Rechtsgeschäfte im Verkehr nach und nach ablagern, sowie alle diejenigen Abstraktionen, Konsequenzen, Regeln, welche die Wissenschaft aus dem vorhandenen Rechte auf analytischem Wege erschließt und zum Bewußtsein bringt.« Dies ist eine erstaunliche Aussage, die aber sogleich relativiert wird durch das Erfordernis der »Gleichmäßigkeit« der Vertragspraxis als einer Rechtsquelle von sekundärer Bedeutung.

Das »Organische«[188] ist das, was sich unbewusst, vor allem aber »gleichmäßig« bildet,[189] das, was die Rechtssubjekte nicht wissen können – dazu bedarf es des Bewusstseins des Staates. Das »Gewimmel«

183 *Kahn*, aaO (Wayward Contracts), S. 18, 20, 37, 48.
184 *Savigny*, aaO (Beruf), S. 14 .
185 *Heinrich Dernburg*, Lehrbuch der Pandekten, Band 1, 5. Aufl., Berlin, 1896, S. 2.
186 *Northrop Frye*, Literature and the Law, Law Society of Upper Canada Gazette 4 (1970), 70.
187 Der Kampf ums Recht (1872), Ausgabe Frankfurt a.M. 2003, S. 8.
188 Vgl. *Joachim Rückert*, Die Historische Rechtsschule nach 200 Jahren – Mythos, Legende, Botschaft, JZ 2012, S. 1, 5: »inwohnende Einheit« (Savigny) des Rechts.
189 *Johannes Emil Kuntze*, Cursus des römischen Rechts, Band 1: Institutionen und Geschichte des römischen Rechts, Leipzig 1869, S. 6: Das Recht wird nicht »gemacht« oder »ersonnen«, sondern »geboren«.

(L. Wittgenstein), das die neue Dynamik der Rechtsverhältnisse ausmacht, ist der Rechtswissenschaft ein Greuel. Die Veränderung des Rechts kann nur durch den Eingriff des Staates von oben erfolgen.

Hier wird die Stellung des Mythos der Einheit des Rechts deutlich: Sie besteht vor allem in der Verschließung des Rechts vor der Beobachtung des praktischen Prozessierens der Rechtsoperationen, die zwischen den Rechtssubjekten entstehen: Sie sind eine Quelle der Un-Einheit! Quellen der Einheit sind das Gewohnheitsrecht (aber nur das vergangene, nicht das Gewohnheitsrecht im »Gewimmel«), das römische Recht (vorübergehend), Gerichtspraxis und die zirkular konstituierte Rechtswissenschaft von der Einheit des Rechts. In der neuen dynamischer werdenden Gesellschaft müssen die Subjekte jedoch praktisch in beweglichen Lebens- und Sprachformen instituiert werden, die zwischen ihnen prozessiert werden. Ohne diese »Instituierung«[190] ist die Gewinnung von agency unter den Bedingungen der neuen »sozialen Mechanik« nicht denkbar.[191]

Was außer dem basalen Bestand der Rechtsform einer stationären gesellschaftlichen Rechtspraxis in Savignys Denken bleibt, ist nichts als ein Mystizismus, der ohne den historischen Bezugsrahmen der römischen Rechtskultur die Bedeutung des römischen Rechts auf eine Sammlung leerer skelettierter Begriffe zurückführt, die auf die neuen praktischen Konstellationen der emergenten modernen gesellschaftlichen Ordnung nicht eingestellt sind und keine Entwicklungsperspektive, keine Arbeit am Begriff erkennen lassen.[192] Savignys Begriffe sind als dogmatisch konstruiert zu verstehen, sie erlauben die Sammlung der Konstellationen unter Zusammenfassungen einzelner Kriterien, sie sind aber nicht auf das Durcharbeiten von Prozessen des gesellschaftlichen Wandels eingestellt.

Diese Beschränkung hängt vor allem mit der Position des Volksgeists als »epistemologischem Hindernis« (G. Bachelard) zusammen: Der Rekurs auf den Volksgeist als Quelle der Normativität hat vor allem eine blockierende Wirkung, die negative Abgrenzung von der lebendigen Prozessualität des emergenten, durch seine eigene Praxis der Produktion und Reflexion der Normen bestimmten modernen Rechts.

190 *Descombes*, aaO (Le complément de sujet), S. 478 und passim; *Didier Debaise*, Qu'est-ce qu'une pensée relationnelle?, Multitude 2004 Nr. 18, 15.

191 *Eric Marty*, Le sexe des modernes, Paris 2021, S. 59, 119.

192 *David J. Gerber*, Idea Systems in Law: Nineteenth Century German Experience, Law and History Review 10 (1992), 153, 161.

12. »Volksgeist« in Deutschland – »öffentliche Meinung« in Frankreich

Die vielgepriesene »Wissenschaftlichkeit« des *neuen* römischen Rechts ist nicht so unschuldig, wie sie in der Rechtsgeschichte dargestellt wird,[193] es geht letztlich um die Etablierung einer Art von *Staatswissenschaft*, die das Wissen des Rechts monopolisiert und dabei vor allem die gestaltende Kraft der Gesellschaft ausblendet.

Für die Gegenwart des 19. Jahrhunderts gilt die Herrschaft des »Systems« oder des »Geistes« des *deutschen* römischen Rechts, das – wie erwähnt – von allen sein Wesen bestimmenden Wechselbeziehungen mit den »exempla« der *Gegenwart*, der sich herausbildenden neuen Praktiken der Vertragsgestaltung, der Expansion der technischen Entwicklung der Produktion, der neuen Produkte, der Mobilisierung der (Rechts-) Subjekte, der Verhaltensmuster etc., getrennt gedacht wird. *Gewohnheiten* waren gestern, heute gilt das »System« des römischen Rechts!

Eine Parallele zu der französischen Konstellation lässt sich insofern beobachten, als in Deutschland die Praxis des neuen Rechts der Vertragsgestaltung, der Bildung von Gesellschaften, von Betriebsordnungen, privaten Konfliktschlichtungen, eine ebenfalls »stillwirkende« Gestaltungskraft herausbildete, die sich um die »Wissenschaftlichkeit« des Rechts nicht kümmerte. Der größte Teil der Konflikte um die neuen Produktionsformen ist nicht vor Gerichten verhandelt worden und hat seine eigenen neuen »exempla«, »shared exemplars« (L. Daston), hervorgebracht.

Wie wichtig der historischen Rechtsschule die »Wissenschaftlichkeit« des Rechts tatsächlich war, hat sich in der kampflosen Unterwerfung unter das neue Recht des letzten Drittels des 19. Jahrhunderts gezeigt. Es ist im historischen Vergleich bemerkenswert, dass mit einer Charakterisierung, die der des Volksgeistes nach Savigny entspricht, in Frankreich Philosophen wie Condorcet eine andere Macht beschworen haben, die »aus einer gewissen Entfernung ruhig, unsichtbar und letztlich unwiderstehlich«[194] ihre Wirkung tut: die *Vernunft*, die die »moralische Welt auf eine Weise in Bewegung setzen sollte, die der der Gravitation im Bereich der Physik analog ist.« Die »Nation«, um die es auch Condorcet zu tun ist, ist das, »was man letztes Jahr die Öffentlichkeit nannte«.[195] Der Gegensatz zu

193 *Hans-Peter Haferkamp*, Die historische Rechtsschule, Frankfurt a.M. 2017, S. 284.

194 *Robert Darnton*, Poesie und Polizei: Öffentliche Meinung und Kommunikationsnetzwerke im Paris des 18. Jahrhunderts, Frankfurt a.M. 2002, S. 134; *Jean-Antoine-Nicolas Caritat de Condorcet*, Esquisse d'un tableau historique des progrès de l'esprit humain, Paris 1933, S. 117, zit. nach *Darnton*, ebd., S. 134.

195 *Chrétien-Guillaume de Lamoignon Malherbes*, Mémoires sur la librairie et sur la liberté de la presse (1809), Genf 1969, S. 370 – zit. nach *Darnton*, ebd., S. 134.

Savigny ist unverkennbar: Die »stillwirkenden Kräfte« des »Volksgeists« bewegen nicht die »Fremdlinge«, wie die Juden (so Savigny). Der »Volksgeist« ist durch die weit zurückliegende Vergangenheit bestimmt. Demgegenüber ist bei Condorcet die »öffentliche Meinung« dadurch geprägt, dass »die sie bestimmenden Motive auf alle Geister (esprits) gleichzeitig wirken, selbst über weite Entfernungen hinweg«.[196] Dies ist eine politische Lesart der englischen (Hobbes'schen) Konstruktion des Gewebes der privaten Verträge und Kommunikationen, ohne die das politische Gemeinwesen keine Grundlage hat. Die Geschichte ist in der Lesart Condorcets »nichts anderes als das Ausschöpfen von Ideen«[197], die in der Gesellschaft erzeugt werden. Danach wirkt die »Triebkraft der Geschichte ... durch die stille Lektüre und Überlegung beim Studieren«.[198] Auch auf diesem Hintergrund der französischen und englischen Sichtweisen der Gesellschaft zeigt sich deutlich: Der Volksgeist ist die Projektion einer Einheit, die sich nicht einem Prozess verdankt, sondern einer *Zugehörigkeit*. Die Einheit ist gegründet in der *Selbsterzeugung der Sprache* durch den Volksgeist in einer sich der Verfügbarkeit der Gesellschaft entziehenden Vergangenheit.

Doch dies ist nicht die wahre Einheit, sondern nur ihr Versprechen für die Zukunft. Nicht ganz zu Unrecht spricht Treitschke von einer »Gelehrten-Verirrung, die vergehen wird wie der Schnee vom vergangenen Jahr«.[199]

13. Savigny und der Bürger in der Gesellschaft

Das Zivilrecht hat anscheinend das Recht zum Gegenstand, das für die Rechtsverhältnisse einzelner Menschen bestimmend wird, dem aber keine kollektive, die einzelnen Rechtsoperationen überschießende Dimension eigen ist, während die politische Herrschaft den Gesamtzusammenhang zu ordnen und zu sichern habe.[200] Auch die christliche Religion trägt zur Bindung der Bürger an eine »Gesammtheit« bei.

196 *Condorcet*, aaO (Esquisse d'un tableau), 117, zit. nach *Darnton*, ebd., S. 135.

197 *Darnton*, ebd., S. 135.

198 *Darnton*, ebd., S. 136.

199 *Heinrich von Treitschke*, Politik. Vorlesungen gehalten an der Universität zu Berlin, Band I, 2. Aufl., Leipzig 1899, S. 63.

200 Vgl. auch *Okko Behrends*, Geschichte, Politik und Jurisprudenz in F. C. v. Savignys System des heutigen römischen Rechts, in: Symposium aus Anlass des 75. Geburtstags von Franz Wieacker, hg. v. dems. u. a., Ebelsbach 1985, S. 257; vgl. auch *Ludwig Enneccerus*, Friedrich Carl v. Savigny und die Richtung der neueren Rechtswissenschaft, Marburg 1879, S. 36: den Volksbegriff macht das »gesammte eng verbundene Leben« aus. Bei *Kant* wird viel stärker der Bürger als Einzelner akzentuiert: Er ist »sein eigener

Schon bei Savigny zeigen sich Anzeichen des Versuchs einer Kompensation des Mangels einer liberalen Referenz auf »Recht als Kultur«, einer selbst- und fremdorganisierten, gesellschaftliche Orientierung ermöglichenden *Regelhaftigkeit*, der lockeren Verinnerlichung »of what we live by« (L. Daston), »organizing categories in order that the world make sense«[201] – und zwar für diejenigen, so wäre zu ergänzen, die sie – bon gré, mal gré – *machen*.

So wäre die liberale Vorstellung eines in der Gemeinschaft lebenden und praktizierten Rechts bestimmt. An die Stelle des »lebenden« Rechts tritt bei Savigny der Aufruf, die Rechtsgedanken des *Gesetzgebers* zu verinnerlichen.[202] Bei Savigny ist die Auslegung, das Verstehen des Gesetzes, immer nur im Rekurs auf den Gesetzeswillen des Staates möglich. Dies könnte man im Anschluss an Debaise als Erscheinungsform des »privilège de l'individu constitué« bezeichnen,[203] d.h. des durch Verinnerlichung der expliziten öffentlichen Normen idealisierten Subjekts. Davon ließe sich das vor allem durch Lebenspraxis, Institutionen *instituierte* Subjekt unterscheiden.[204]

Das Individuum als Einzelner gedacht – ohne eine gesellschaftliche Ordnung – ist dann dem Staat unterworfen oder in eine als homogen gedachte Gesellschaft integriert. Es ist Savigny sicher kaum entgangen, dass angesichts der Abstraktheit der Gesetze dies nur ein schwaches Motiv für die Bildung und Bindung der Bürger sein konnte. Savigny setzt einen anderen Akzent: Der einzelne Bürger wird auch durch das Privatrecht – nicht nur durch das öffentliche Recht als Staatsbürger – zur Entwicklung eines »*inneren* Lebens«, zur Ausbildung einer »bestimmten Gestalt« aufgerufen. Die paradoxe Eigendynamik des Privaten als Raum der Beziehungen zwischen den Individuen, der Gesellschaft der Individuen, wird damit ausgeblendet. Das im modernen liberalen Sinn verstandene Subjekt ist ein *emergentes* Subjekt, das keineswegs eine Leerstelle, einen bloßen Zurechnungspunkt, darstellt. Seine Entwicklung wird durch einen unpersönlichen »set of practices« bestimmt, aus denen sich die »habits of mind« entwickeln[205], die das Subjekt handlungsfähig machen. »Das Subjekt bliebe leer und unbestimmt ohne Auseinandersetzung mit widerständigen, objektiven Handlungstypen, wie sie Institutionen verlangen«.[206]

Herr«, der »ein Eigentum« hat, Über den Gemeinspruch: »Das mag in der Theorie richtig sein, taugt aber nicht für die Praxis«, in: Werke, Akademie-Ausgabe, Band VIII, Berlin 1968, S. 295.

201 *Rosen*, aaO (Law as Culture), S. 170; *Vesting*, aaO (Staattheorie), S. 181.

202 *Savigny*, aaO (System) S. 213.

203 *Debaise*, aaO (Qu'est-ce qu'une pensée relationnelle ?), S. 15.

204 Vgl. zu dieser Unterscheidung *Descombes*, aaO (Le complément de sujet), S. 164.

205 So *Julie E. Cohen*, What Privacy Is For, Harvard Law Review 126 (2013), 1904f., 1912.

206 *Wielsch*, aaO (Rechtsphilosophie als Politik?), S. 69.

»Damit gewinnt das Recht entscheidende Funktion für die Konstituierung des Subjekts«[207], wie umgekehrt das Recht auf die »Fülle« der historischen Möglichkeiten des Subjekts angewiesen ist. Darin sieht D. Wielsch den Grund eines »relationalen Rechtsmodells«.[208] Damit lässt sich mit Hegel ein »moderater Institutionalismus« denken,[209] wobei die von Wielsch aufgeworfene Frage nach der Bewegung der Institutionen durch die Individuen[210] mit dem Hinweis auf das hier betonte »Zwischen« zu beantworten wäre, das neue Möglichkeiten durch Lebensformen erzeugt.

Das Subjekt wird nur deshalb als »leer« unterstellt, weil es so gegenüber dem Chaos der Revolution stillgestellt und andererseits das Fortwirken der Rechtskultur des Ancien Régime begrenzt werden kann.

Zugleich ist darin eine ergänzende Wendung gegen die objektive »Fremdheit« eines Rechts angelegt, das dazu tendiert, das »innere Leben« zu vernachlässigen und ein Gefühl der Entfremdung bei denjenigen erzeugt, die sich auf das »äußere Leben« im Recht nicht einstellen können. Durch die Polarisierung des »inneren Lebens« gegen die Prozesse der Selbstveränderung der Gesellschaft und die darin angelegte »Defamiliarisierung« der vertrauten sozialen Normen wird die Grundlage für das später sich verbreitende Unbehagen in der liberalen Rechtskultur indiziert: Es wird unübersehbar, dass die neuen sozialen Normen nicht mehr auf die kontinuierliche Erhaltung von Einheit angelegt sind. In ihnen fühlen sich die »Fremdlinge« (Savigny), die Juden als »Element der Dekomposition« (Th. Mommsen), heimisch, während das »unvordenkliche« Gefühl des Deutschen für Einheit und Ganzheit den Wandel als Entfremdung erleben lässt. Savigny denkt über die Juden nicht im späteren Sinne des »Völkischen«, sondern die Juden sind »ohne Staat«[211], – sie akzeptieren die »Zentrumslosigkeit« der bürgerlichen Ordnung[212]: Das ist es, was den Unterschied ausmacht.

Bei L. Enneccerus, der ein Nationalliberaler war, finden sich liberale Ansätze zum Verständnis der transsubjektiven Dimension des neuen bürgerlichen Rechts, das gerade die Durchlässigkeit des »inneren Lebens« für neue Ideen und die Mittelbarkeit der Verknüpfung zwischen den Lebensverhältnissen in das Zentrum der Aufmerksamkeit rückt: In der »Mittheilung dieser materiellen und geistigen Güter in Handel und

207 *Wielsch*, ebd., S. 68.

208 *Wielsch*, ebd., S. 69.

209 *Wielsch*, ebd., S. 71.

210 *Wielsch*, ebd.

211 *Bruno Karsenti*, La place de Dieu. Religion et politique chez les modernes, Paris 2023, S. 471.

212 *Werner Plumpe*, Das kalte Herz. Kapitalismus: Die Geschichte einer andauernden Revolution, 2. Aufl., Berlin 2021, S. 34.

Verkehr« sei »das universale Element des Rechts« zu sehen.[213] Für ihn ist wichtig, dass die »allgemeine Theilnahme des Volkes an der allgemeinen Cultur steigt, bis es schließlich als das Hauptelement erscheint«, das die Formen des Rechts bestimmt. Dies ist ein bemerkenswertes Zeugnis eines liberalen Rechtsdenkens, das eher wie in England dem kommerziellen Verkehr eine für das Recht produktive Rolle zuschreibt. Ohne Kultur kein Recht!

14. Die historische Rechtsschule verdrängt die Gewohnheiten in die Vergangenheit

Die Beweglichkeit der Gewohnheit und des Gewohnheitsrechts wird in der historischen Rechtsschule zu einem überzeitlichen Mythos überhöht, der keinen Kontakt mit dem »Gewimmel« (Wittgenstein) der Praktiken in der Gegenwart ermöglicht. Es hätte durchaus eine Alternative zur »Wissenschaftlichkeit« des Rechts gegeben, nämlich: statt der Rigidität der Wissenschaft des modernen römischen Rechts, die sich von der »Gewohnheit« abwendet, eine Zuwendung zu einem neuen *distribuierten* »Gewohnheitsrecht« der fragmentierten Lebensformen, das aus den Mustern der Kooperation zwischen den Akteuren generiert wird. Eduard Gans hat kritisiert, dass Savigny und die historische Rechtsschule die Entwicklung des Rechts nicht in die »Totalität der Geschichte« reflektierend einordnen,[214] sondern als »Literargeschichte« (Savigny) oder »Gelehrtengeschichte« (be)schreibt, d.h. als Geschichte der *Lehrmeinungen*, nicht aber als Teil einer, das Savigny allein interessierende »heutige« römische Recht Deutschlands transzendierenden *europäischen* Geschichte der realen Rechtsentwicklung.[215]

F. Wieacker vertritt die Auffassung, dass mit der historischen Rechtsschule »eine selbstherrlich gewordene Rechtswissenschaft die Grundlegung des Rechts selbst in Anspruch« nahm.[216] Die Zuschreibung von Selbstherrlichkeit ist eine Illusion! Es zeigt sich hier eher eine »Selbst-

213 *Enneccerus*, aaO (Friedrich Carl v. Savigny), S. 40; vgl. auch *Helmut Coing*, Savigny und die deutsche Privatrechtswissenschaft, Ius Commune 10 (1979), 10.

214 Vgl. dazu jetzt – 200 Jahre später – *Kjell Å. Modéer*, Abandonäing the Nationalist Framework – Comparative Legal History, in: aaO (Pihlajamäki/Dubber et al. (Hrsg.), Oxford Handbook of European Legal History), S. 100, der mit Recht beklagt, dass die nationalgeschichtliche Sicht auf das römische Recht, den Blick auf dessen Reichtum verstellt hat.

215 Vgl. *Eduard Gans*, Über römisches Obligationenrecht, Heidelberg 1819, S. 4.

216 *Wieacker*, aaO (Privatrechtsgeschichte), S. 24.

ängstlichkeit«, die ihre eng gefassten Begriffe zur Verdrängung des Prozesscharakters des geschichtlichen Wandels einsetzt. Man muss Savignys *deutschen* »Volksgeist«, ein Produkt der intellektuellen Regression nach Montesquieus *europäischem* »esprit des lois«, vor dem Hintergrund der Dynamik lesen, die sich seit dem Beginn des 19. Jahrhunderts auch in Deutschland zeigt. Auch schon bei Michel de Montaigne findet sich ein neues, ganz anderes Denken. Die Gewohnheiten (»coutumes«) sind für ihn nicht mehr wie nach dem früheren thomistischen Denken Ausdruck des zu tradierenden »Wesens« des Menschen – und damit eine Eingebung Gottes –, sondern Ausdruck und Folge eines situativen »experimentellen Zirkels«[217] zwischen dem Handelnden und einem Beobachter oder Adressaten einer expliziten oder impliziten Mit-teilung. Es geht nicht um eine objektive Wahrheit, sondern darum, die »Dinge zu öffnen«, und darum, dass die Menschen sich ihrerseits für die »Dinge« und die Beziehungen zwischen diesen öffnen. Die Menschen bringen selbst die Gemeinschaft, in der sie leben, und damit letztlich sich selbst als »assemblage« von Beziehungen hervor.[218] Sie sind geprägt von der »diversité des usages« und damit den »Versuchen« (»essais«), die die Menschen miteinander unternehmen. Das ist nicht Savignys Denken! Savigny ist ein *Katechon*, ein Aufhalter, der die Bewegung in der Rechtsgesellschaft auf die »Anwendung« der Dogmatik begrenzen will.

Die Juristen sind nicht »selbstherrlich«, sondern sie sollen eine paradoxe Rolle übernehmen: Das Recht durch ein vorgängiges Denkverbot verwalten. Das Denken oder gar das Handeln nach dem eigenen Denken steht den Individuen nur in ihrem engen privaten Handlungsbereich zu, weil sie keinen Zugang zum »Ganzen« haben. Kollektive emergente Effekte, die weder vom Einzelnen noch vom Staat kontrolliert werden können, sind der historischen Rechtsschule ein Gräuel. Die Juristen sind die Sprecher des »Ganzen«, dessen Gestaltung die Sache (vor allem) des kommenden Staates sein wird. Montesquieu dagegen, den Hegel stets geschätzt hat,[219] hat die rechtliche und gesellschaftliche Entwicklung im Zusammenhang unterschiedlicher historischer Bedingungen,

217 *Emiliano Ferrari*, Les *essais* du jugement. Remarques sur l'expérience intellectuelle chez Montaigne, in: Isabelle Fellner/Christina Schaefer (Hrsg.), Facetten der experientia. Zum Rekurs auf Erfahrung und Erfahrungswissen in der Romania, Wiesbaden 2022, S. 39, 40, 45.

218 *Ferrari*, ebd., S. 47.

219 Hegel war der Auffassung, dass Montesquieu auf eine widersprüchliche Weise trotz aller Beobachtung der Differenz als Beweger der Gesellschaft und des Recht noch an ewigen Ideen festgehalten habe, vgl. *Guy Planty-Bonjour*, L'esprit général d'une nation selon Montesquieu et le »Volksgeist« hégélien, in: Jacques d'Hondt (Hrsg.), Hegel et le siècle des Lumières, Paris 1974, S. 7, 10; *Myriam Bienenstock*, Politique du jeune Hegel. Iéna 1801-1806, Paris 1992, S. 123 Fn. 2.

gesellschaftlicher, technischer wie kultureller, interpretiert. Savigny hat das *Werden*, das zur gleichen Zeit in der Philosophie Gegenstand der Selbsterfüllung des Subjekts in der Arbeit des Begriffs geworden ist,[220] aufhalten wollen. Diesen Versuch hat die Begriffsjurisprudenz bis zum Scheitern an dem Aufkommen der Zweckjurisprudenz fortgesetzt.

15. Deutsche Rechtsgeschichte des 19. Jahrhunderts als »Sonderfall«?

Das Denken der »deutschen Entwicklung« als »Sonderfall« innerhalb der »europäischen Zusammenhänge«[221] bleibt später auch noch bei F. Wieacker ein leeres Versprechen, das sich allenfalls auf die Dogmatik beziehen kann. Savignys Konzeption des »Volksgeistes« trägt die Züge der Verdrängung eines gesellschaftlichen Wandels, der sich längst auch in Deutschland zur Geltung gebracht hatte. Daraus ist m.E. auch der aggressive Ton zu erklären, den Savigny gegenüber Eduard Gans anschlägt, der Jude als »Fremdling« gegenüber dem deutschen Recht fordert eine europäische Rechtsgeschichte, die die Einheit des deutschen Volksgeists herausgefordert hätte. Savigny interessiert nicht das lebendige »alte römische Recht«[222] der Republik, sondern nur das Recht der späten Republik und die späteren Kodifikationen der Kaiserzeit, die im Grunde retrospektiv aus der Perspektive der deutschen Begriffsjurisprudenz gelesen werden.

Savigny setzt das in einer Epoche der Krise der alten republikanischen römischen Eliten und ihrer differenzierten Rechtspraktiken von Juristen wie Quintus Mucius Scaevola unzulänglich und missverständlich reformulierte römische Recht als Projektionsfläche für die eigenen Vorstellungen eines *deutschen* römischen Rechts.[223] Das stärker systemati-

220 *Philippe Lacoue-Labarthe/Jean-Luc Nancy*, The Literary Absolute: The Theory of Literature in German Romanticism, Albany, NY 1978, S. 15.

221 *Wieacker*, aaO (Privatrechtsgeschichte), S. 18f.

222 So die scharfe, aber treffende Kritik *Hermann Kantorowicz'*, Was ist uns Savigny?, Recht und Wirtschaft 1911, S. 47, 53.

223 Vgl. *Kaius Tuori*, The Myth of Quintus Mucius Scaevola: Founding Father of Legal Science?, Tijdschrift voor Rechtsgeschiedenis 72 (2004), 243, 257; allg. und zur Bedeutung des systematisierten Rechts als Projektionsfläche für deutsche Hoffnungen *ders.*, Ancient Roman Lawyers and Modern Legal History, Frankfurt a. M. 2007, S. 12; krit. auch *Bruno Schmidlin*, Römische Rechtsregeln.. Versuch einer Typologie, Köln/Wien 1970; skeptisch *Franz Wieacker*, Über das Verhältnis der römischen Fachjurisprudenz zur griechisch-hellenistischen Theorie, Rivista Internazionale di diritto romano e antico 20 (1969), 464; anders aber *Knut Wolfgang Nörr*, Spruchregeln

sierte »neue« römische Recht des Endes des zweiten Jahrhunderts v. Ch. wird auch von Okko Behrends[224] viel zu sehr als grundlegend durch einen abstrakten wissenschaftlichen Referenzrahmen verändertes Recht verstanden. Diese Sicht entsprach historisch eher den Wunschvorstellungen der neuen Eliten der zum Zentrum eines Imperiums gewordenen Stadt Rom, die in einem abstrakteren, weniger an praktischen Fällen orientierten Recht ein Symbol der Hegemonie des sich herausbildenden »ordo equester«, des Ritterstandes, sahen.[225] Das neue Rechtsverständnis blieb aber tatsächlich von der Krise der Republik geprägt, die sich auch darin widerspiegelte, dass die Abstraktion primär in einer Methode der Herstellung von Einheit zur Geltung gebracht wurde, während das Recht tatsächlich kaum diesen Systematisierungsansprüchen entsprechen konnte. Eben diese Leere einer methodisch bestimmten Einheit des Rechts, die mit Fragmenten der griechischen Philosophie (Logik) überspielt wurde, änderte an der Praxis des Rechts offenbar nur wenig; ihr Pragmatismus geriet jedoch unter einen wenig produktiven Druck, der die Tugenden der älteren Rechtskonzeption geschwächt hat. Erst im 19. Jahrhundert ist diese Entwicklung zu einer Wissenschaft des Rechts von Savigny »vollendet« worden.

Die Rezeption des Rechtswandels der späten Republik vernachlässigt, was N. Luhmann mit dem scharfen Blick des Soziologen als die Bindung des römischen Rechts an die Leistung der »Aufarbeitung von gesellschaftlichen Erfahrungsbereichen« durch den Prozess der Entwicklung von »vorsichtigen, am Fall und an der Tradition hängenden

und Generalisierung, Zeitschrift der Savigny-Stiftung für Rechtsgeschichte, Romanistische Abteilung 89 (1972), 18 (Rezension Schmidlin); die Bedeutung der Übernahme der griechischen Logik eher überschätzend: *Karlheinz Hülser*, Römische Jurisprudenz und stoische Logik: Drei Beispiele stoischer Urtelskraft, Stuttgart 2021; instruktiv die vergleichende Rezension von *Franz Horak*, Okko Behrends: Die Wissenschaftslehre im Zivilrecht des Q. Mucius Scaevola Pontifex. Aldo Schiavone, Nascita della giurisprudenza. Cultura aristocratica e pensiero giuridico nella Roma tardo-repubblicana, Zeitschrift der Savigny-Stiftung für Rechtsgeschichte, Romanistische Abteilung 95 (1978), 402.

224 *Okko Behrends*, Die Wissenschaftslehre im Zivilrecht des Q. Mucius Scaevola Pontifex, Nachrichten der Akademie der Wissenschaften in Göttingen, Philologisch-Historische Klasse VII, Göttingen 1976; *ders.*, Les »veteres« et la nouvelle jurisprudence à la fin de la République, in: Revue historique de droit français et étranger 55 (1977), 7.

225 Zu den sozialhistorischen Zusammenhängen instruktiv *Aldo Schiavone,* Nascita della giurisprudenza. Cultura aristocratica e pensiero giuridico nella Roma tardo-repubblicana, Bari 1976; zur Entstehung des ordo equester im Einzelnen *Caillan Davenport*, A History of the Roman Equestrian Order, Cambridge 2019.

Abstraktionen« bezeichnet hat. Darin wird immer praktisch der Gedanke daran mitgeführt, »was als Wissen vorausgesetzt wird« (werden kann und soll).[226] Daran hat sich in der Zeit der Republik nicht viel geändert.

Dies ist das beste Beispiel für die Zugehörigkeit der (Rechts-)Geschichte zu dem *gegenwärtigen* »Erfahrungsganzen«[227] und den davon bestimmten Erwartungen. Deshalb hat Savigny letztlich durchaus Recht, wenn er im römischen Recht, *seinem* römischen Recht, die Spuren des deutschen Volksgeists erkennt, die er vorher hineingelesen hat, und durch seine Lektüre ein »glattes, lücken- und widerspruchsloses System« entdeckt,[228] wo vorher ein anderes lebendiges Rechtsdenken war. Ingo Stöckmann macht mit Recht darauf aufmerksam, dass die »organologischen … Traditionen« in Deutschland »den Blick für die Konstitutionsbedingungen der Systemelemente von vornherein verstellt und das ›Ganze‹ zu einem analytisch unbehelligten Holismus hypostasiert« haben.[229]

Nur solange der Staat noch »im Kommen« war, also in einer Schwächeperiode Deutschlands, war ein gegenständlich begrenztes »wissenschaftliches Recht« denkbar.[230] Dies ist Symptom einer Stagnation, in der »Recht als Kultur« (noch) keine gestaltende Rolle spielen konnte.[231] »Wissenschaftliches Recht« mit seiner angestrebten Genauigkeit der Interpretation trägt alle Züge einer Verdrängung des Änderungsdrucks, der sich in den intertextuellen Verknüpfungen zwischen Rechtsbegriffen und ihren Kontexten niederschlägt.

Dies ist eine eher ideologisch fungierende Formel. Das wird sichtbar, wenn man zum Vergleich eine vor dem Bürgerkrieg existierende Tradition, »Recht als Wissenschaft« im amerikanischen Rechtssystem zu etablieren,[232] heranzieht: Diese Lehre ist schnell verschwunden, weil sie zu offensichtlich die Bewegung der Rechtsverhältnisse in der Gesellschaft

226 *Luhmann*, aaO (Die Gesellschaft der Gesellschaft), S. 906, insbes. Fn. 64, unter Hinweis auf *Schiavone*, aaO (Nascita della giurisprudenza), S. 92, 94ff.

227 *Hans Blumenberg*, Die ontologische Distanz. Eine Untersuchung zur Krisis der philosophischen Grundlagen der Neuzeit, Berlin 2022, S. 143.

228 *Kantorowicz*, aaO (Was ist uns Savigny?), S. 53.

229 *Ingo Stöckmann*, »Überhaupt stammt der Strukturalismus ja aus Deutschland«. Zur theoriegeschichtlichen Bedeutung der formalen Ästhetik, Scientia Poetica 19 (2013), 88, 109.

230 Vgl. dazu auch *Carl Friedrich Wilhelm v. Gerber*, System des deutschen Privatrechts, 17. Auflage, Jena 1895, S. 36.

231 Die erneute Verknüpfung des Rechts mit der gesellschaftlichen Vernunft, *Benjamin Lahusen*, Alles Recht geht vom Volksgeist aus, Berlin 2019, S. 55, droht in der Wiederholung der Forderung nach Interdisziplinarität zu enden.

232 *Morton J. Horwitz*, The Transformation of American Law 1780–1860, Cambridge, MA, 1977, S. 257; *Perry Miller*, The Life Of Mind of America: From the Revolution to the Civil War, Boston 1965, S. 156ff.

verfehlt hat. Sie konnte vor allem keine plausible Antwort auf die Frage geben, ob das »wissenschaftliche Recht« induktiv oder deduktiv gefunden werden sollte.[233]

Die deutsche Rechtsgeschichte meidet hier den vergleichenden Ansatz, soweit es nicht um die »micrologische« (E. Gans) Herangehensweise an einzelne Rechtsinstitute geht.[234] Nur wenn und soweit man »Recht als Kultur« vernachlässigt, kann man auch die Vorstellung haben, dass man ausgehend von den deutschen Verhältnissen die »europäischen Zusammenhänge« im Blick halten kann.[235] Demgegenüber hat in den USA wie in England »law as a common political and social language« eine wichtige Rolle gespielt[236] – eine Rolle, die das »wissenschaftliche Recht« gerade blockiert hat.

Savignys römisches Recht ist im Grunde ein enthistorisiertes Recht. Die historisch entrückte Stellung des Volksgeistes läuft auf die Hypostasierung eines fixen »Ganzen« hinaus, das kein Gegenstand der wissenschaftlichen und philosophischen Reflexion ist und als solches alle Teile durchdringt. Die Juristen sind nicht diejenigen, die das Recht generieren – das ist nur ihr eigenes Selbstbild –, sondern diejenigen, die durch die Fixierung auf die Geschichte der »Lehrmeinungen« die wirkliche Geschichte ausblenden. Demgegenüber haben Gans[237] und Feuerbach im Geiste Montesquieus die Suche nach einer *arbeitenden* »Ganzheit« propagiert, die als Gegenstand einer vergleichenden Rechtswissenschaft einen wirklich »universalen« Charakter gewinnen sollte. Das »Ganze« Savignys ist dagegen der der Reflexion enthobene substanzhafte Volksgeist, dessen Kehrseite die »micrologische« (E. Gans) Arbeit an der gegenwärtigen Dogmatik sein sollte. Der Volksgeist dient der Abschirmung des Rechts von seiner realen Geschichte und von einem Verständnis des »Rechts als Kultur«.

233 *Miller*, ebd., S. 159.

234 Der Wert solcher Untersuchungen soll nicht bestritten werden – aber dabei kann ein Vergleich nicht stehen bleiben.

235 *Wieacker*, aaO (Privatrechtsgeschichte), S. 19.

236 *Christopher Brooks*, Litigation, Participation, and Agency in Seventeenth and Eighteenth Century England, Woodbridge 2005, S. 179 (unter Hinweis auf *John Brewer/John Styles*, Introduction, in: dies. (Hrsg.), An Ungovernable People? The English and Their Law in the Seventeenth and Eighteenth Century, London 1980, S. 11; vgl. auch *Penelope Geng*, Communal Justice in Shakespeare's England. Drama, Law, and Emotion, Toronto 2021.

237 Dies gilt auch für Hegel, vgl. *Georg Wilhelm Friedrich Hegel*, Grundlinien der Philosophie des Rechts (1821), Hamburg 2017, § 211, zur Diskussion über die Legitimation einer Kodifikation; dazu auch *Wolfgang Schild*, Savigny und Hegel. Systematische Überlegungen zur Begründung einer Rechtswissenschaft zwischen Jurisprudenz und Philosophie, Anales de la Cátedra Francisco Suárez, Nr. 18–19 (1978–79), 271; vgl. auch *Aldo Schiavone*, Alle origine del diritto borghese: Hegel contro Savigny, Bari 1984.

16. Grenzen der Selbstreflexion der Rechtsgeschichte als »Fach«

Jenseits der Geschichte der Dogmatik der Rechtsbegriffe wird die vergleichende Geschichte der Methoden und Erklärung der Evolution der Rechtsgeschichte gemieden, weil sonst die Unterschiede etwa zwischen Deutschland und Frankreich einerseits und England andererseits eklatant hervorträten. Dann würde keine kontinuierliche »*Linie*« der historischen Entwicklung mehr erkennbar, sondern eine Fiktion, die zu einer sehr selektiven Lektüre eines Feldes von *Spuren* geführt hat.[238] Die Spuren unterscheiden sich von *den* Ereignissen,[239] die die Historiker handelnden Personen zurechnen und als »Stoff« der Geschichtsschreibung betrachten, dadurch, dass sie zwischen Dingen geschehen oder von unbekannten oder schwer zu lesenden Konstellationen »hinterlassen« werden und deshalb nur als »Ermöglichungsbedingungen«[240] angesehen und durch ergänzende fiktionale Elemente, durch »nachträgliche Konstruktion«[241], lesbar werden können – deshalb der auf Foucault zurückgehende Vergleich dieser nichthermeneutischen Herangehensweise mit der »Archäologie«, die von den Intentionen der Akteure, denen sie auf der Spur ist, wenig weiß.[242] Dadurch hinterlässt der Leser selbst seine Spuren in der Geschichte.[243] Gerade die Beispiele für die Lektüre der Vergangenheit des Rechts durch gegenwärtige Rechtshistoriker unterschiedlicher Gegenwarten (die Retrospektive unterschiedlicher Epochen auf Savigny, die Begriffsjurisprudenz im 19. Jahrhundert wie in der Gegenwart, die Retrospektive der NS-Historiker auf das Recht des 19. Jahrhunderts, die Retrospektive der 50er und der 70er Jahre des 20. Jahrhunderts auf die NS-Historiker etc.) belegen, dass Rechtsgeschichte »nicht allein als vergangene Gegenwart, sondern zumindest ebenso sehr als gegenwärtige, das heißt zu vergegenwärtigende und damit immer wieder *neue* Vergangenheit« begriffen und erzählt werden kann.[244] Geschichte wird damit immer wieder *durchgearbeitet*

238 *White*, aaO (The Practical Past).

239 Das Ereignis ist auch ganz anders zu lesen als ein unpersönlicher, verstörender Effekt einer Konstellation zwischen Dingen – nicht primär Personen.

240 Dazu auch im Anschluss an Foucault *Hans-Jörg Rheinberger*, Historische Epistemologie. Zur Einführung, Hamburg 2007, S. 105, 108.

241 *Rheinberger*, ebd., S. 116; *Pravica*, aaO (Bachelards tentative Wissenschaftsphilosophie), S. 130.

242 *Rheinberger*, ebd., S. 107.

243 Vgl. zur Ärchäologie des Denkens *Michel Foucault*, L'archéologie du savoir (1969), Paris 2008.

244 *Ino Augsberg/Michael Müller*, Verfassungshistoriographie zwischen Geschichtswissenschaft, Philosophie und Rechtsdogmatik. Zur Einführung, in: dies. (Hrsg.), Theorie der Verfassungsgeschichte. Geschichtswissenschaft – Philosophie – Rechtsdogmatik, Tübingen 2023, S. 3.

– im Freud'schen Sinne[245] der Überwindung des bloßen Erinnerns in der Auseinandersetzung mit (hier auch begrifflichen) Widerständen. Am Ende ist nur eine »highly selective version of the past«, eine »Fiktion«, möglich,[246] die keinen fundamentalen Unterschied zur Literatur aufweist. Jedenfalls gilt dies für eine Version der Geschichte wie die Rechtsgeschichte, die explizit in unterschiedlichen Varianten die Abhängigkeit ihrer Perspektive von gegenwärtigen Problemen zu erkennen gibt.[247]

»Wissenschaftlichkeit« ist auch eine Verarbeitung der Ängste vor der Revolution als dem Gespenst der Auflösung der Normativität: Sie bannt die Bewegung des Rechts. Dass moderne »jurisprudence« eine deutsche Erfindung sei,[248] ist eine sehr ambivalente Annahme: Das deutsche Rechtsdenken hat sich sehr viel früher als das englische auf den Staat fixiert und damit viele Probleme der Entwicklung des Rechts der Wahrnehmung entzogen. Die theoretische und methodische »Unsicherheit« des englischen, aber auch des französischen Rechts ergab sich aus der stärkeren Öffnung für das Neue des sich entwickelnden liberalen Rechts, während die deutsche historische Schule schon »alles wusste«: das Heil liegt im künftigen Staat!

17. Die Bedeutung der Geschichte und Savignys antiinstitutionelles Denken

Die Bedeutung der Geschichte ist darin begründet, dass nur durch deren Reflexion gegenüber den nihilistisch erscheinenden Tendenzen der Aufklärung eine Art von Einheit in der eben durch Reflexion zu begrenzenden Bewegung gewonnen und erhalten werden kann.

Savigny[249] simplifiziert das Hegel'sche Denken vom Staat her, von einem Staat, der die Vorstellung von der Gesellschaft als Selbstbewegung

245 *Sigmund Freud*, Erinnern, Wiederholen und Durcharbeiten (1914), GW X, Frankfurt a.M. 1946, S. 126.

246 *White*, aaO (The Practical Past).

247 Vgl. dazu *Michael Oakeshott*, On History and Other Essays, Oxford 1983, insbes. S. 44; *ders.*, Rationalism in Politics and other Essays, Indianapolis 1991, S. 162, der auch eine von der gegenwärtigen Retrospektive weitgehend unabhängige Sicht der Vergangenheit, also darauf, wie die Menschen in der Vergangenheit sie erlebt haben, für möglich hält. Darauf braucht hier nicht eingegangen zu werden; vgl. *Jonas Ahlskog*, Michael Oakeshott and Hayden White on the Practical and Historical Past, Rethinking History. The Journal of Theory and Practice 20 (2016), 275, 378.

248 *Matthias Reimann*, Nineteenth Century German Legal Science, Boston College Law Rev. 31 (1990), 837.

249 Zur Kritik *Hegels* an Savigny vgl. RPh § 211; vgl. auch die Darstellung von *Siegfried Brie*, Der Volksgeist bei Hegel und in der Historischen Rechtsschule, Berlin/Leipzig 1909, insbes. das Resümee S. 33–35.

des Gedankens in eine lineare Geschichte verwandelt. Der Begriff erlaubt es, eine Allgemeinheit zu denken, die sich »von der Vielfalt und Partikularität ihres situationsrelativen Erscheinens« abhebt.[250] Der Begriff als Form der Durcharbeitung der gesellschaftlichen Wissensformen, sein Verhältnis zur Realität,[251] wird bei Savigny um sein prozesshaft offenes Moment gebracht.[252]

Savigny und der unreflektierte Historismus des Rechts[253] haben anders als das Hegel'sche Denken[254] die historische Dynamik der Entfaltung des Rechts und die Herausforderung durch die Beschleunigung der Selbsttransformation der Gesellschaft nicht in einer begrifflichen, theoretischen Reflexion verarbeiten, ja, nicht einmal zur Kenntnis nehmen können. Die Selbstaufklärung des Prozesses der Rechtsbildung wird bei Savigny, wie erwähnt, durch die figurale Verweisung[255] auf den kommenden »Volksgeist«, den Staat, ersetzt, von dem dann die Arbeit am Recht erwartet und erhofft wird. Die figurale Interpretation von Texten sollte auch Juristen nicht fremd sein. Texte haben nicht nur historische Referenzen, sie haben in der christlichen Tradition auch die sprachliche Kraft zur Verweisung auf etwas, was »im Kommen« ist: so etwa in Paulus' Wort über den »Buchstaben, der tödtet«, das alte Gesetz (2 Korinther 3:6), das aufgehoben wird und nur noch als Verweisung auf den lebendigen Geist Christi Bedeutung hält.[256]

Doch der »Volksgeist« bleibt ein »vanishing mediator«[257]. Am Ende hinterlässt Savigny – und auch dies nur für eine Übergangsperiode – ein

250 *Klaus Held*, Husserls These von der Europäisierung der Menschheit, in: Christoph Jamme/Otto Pöggeler, Phänomenologie im Widerstreit, Frankfurt a.M. 1989, S. 13ff.

251 *Georg Wilhelm Friedrich Hegel*, Die Wissenschaft der Logik, GW 12, Hamburg 1981, S. 246.

252 *Savigny*, aaO (System), S. 66: das Begreifen der »Rechtsinstitute« setzt immer schon deren »organischen Zusammenhang« voraus – es geht nicht um »arbeitende Begriffe«.

253 Savigny sucht in der Geschichte eine Einheit des Rechts als »diritto romano-borghese« die schon vorfindlich, »metahistorisch«, ist und sich auf die Auseinander-setzung mit den widerstreitenden historischen Kräften einlässt, *Schiavone*, aaO (Alle origini del diritto borghese), S. 43, am Ende bleibt nichts als eine leere Pandektistik, die nur die eine Funktion hatte, die Fortführung des Mythos der Einheit alsbald dem *einen* Staat zu überantworten.

254 Zu *Hegels* Kritik an Savigny RPh § 211; *Schiavone*, ebd.

255 Zur figuralen Darstellung *Erich Auerbach*, »Figura«, in: Hanna Engelmeier/Friedrich Balke (Hrsg.), Mimesis und Figura, mit einer Neuausgabe des »Figura« -Aufsatzes von Erich Auerbach, Paderborn 2016, S. 121.

256 Vgl. dazu, aber auch insgesamt kritisch zu Auerbach, *James I. Porter*, Disfigurations: Erich Auerbach's Theory of *Figura,* Critical Inquiry 44 (2017), 80, 92.

257 *Jameson*, aaO (The Vanishing Mediator).

wenig befriedigendes Pandektensystem,[258] das sich durch seine Begriffsbildung gegen die Wahrnehmung des Wandels der Gesellschaft und die Wahrnehmung ihrer Spuren auch innerhalb des Rechtssystems selbst abdichtet.[259] Das Recht selbst bleibt auch später einem unbegrifflichen Denken verhaftet, das der vorherrschenden politischen und gesellschaftlichen Entwicklung blind folgt, soweit sie eine Vorstellung von »Einheit« hervorbringt, nicht aber modellbildend begleitet oder gar vorausgeht. Auch gegen diese Einsicht schattet sich das Rechtsdenken dadurch ab, dass es selbstreferentiell für sich in Anspruch nimmt, seinen eigenen Gegenstand durch (unanfechtbare) Entscheidungen autonom bestimmen zu können und dabei nicht Kräften ausgesetzt zu sein, die es nicht selbst kontrolliert.

Dies schlägt sich auch in Savignys Interpretationslehre nieder: Die Interpretation ist nicht auf »unklare« Stellen beschränkt, sie rekonstruiert den gesamten »gesunden Zustand« einer Norm, indem sie das »klare Bewußtseyn des Ganzen stets gegenwärtig« hält, um von dem individuellen Fall lernen zu können.«[260] Es geht vorrangig um die Erhaltung des Bewusstseins von der Einheit und Ganzheit des Rechtsbewusstseins, die an den Fall heranzutragen sind.[261]

Es ist eine der problematischen Eigenschaften des Rechtsdenkens, dass es immer fest davon überzeugt ist, »alles im Griff« zu haben, weil es entscheiden kann, was *Recht* ist. Das geht weit hinaus über die Abweisung von Kritik nach »rechtsexternen Kategorien«.[262] Es ist zu beachten, dass das deutsche Recht im 19. Jahrhundert nur auf der Ebene der Dogmatik, dort aber in eindrucksvoller Form, einen wissenschaftlichen Anspruch erheben kann. Demgegenüber bleibt die Reflexion über seine

258 Vgl. dazu den Sammelband von *Hans-Peter Haferkamp/Tilman Repgen* (Hrsg.), Wie pandektistisch war die Pandektistik? Symposium aus Anlass des 80. Geburtstags von Klaus Luig am 11.9.2015, Tübingen 2018.

259 Auch die Konzeption der Interpretation des Rechts bleibt unkritisch. Zwar versucht Savigny, sich an *Friedrich Daniel Ernst Schleiermacher* zu orientieren: Vorlesungen zur Hermeneutik und Kritik, Kritische Gesamtausgabe Vorlesungen (1805–1833) Bd. 4, Berlin/Boston 2012; vgl. zur Neuausgabe *Manuel Bauer*, Die Revision dessen, was wir glaubten verstanden zu haben, https://literaturkritik.de/id/18583#_ftn5, doch übergeht er dabei den Unterschied zwischen dem *eigenen* Denken des Autors eines literarischen Werkes, in das der Interpret sich »hineinversetzen« soll, und der »Anwendungshermeneutik« des Rechtstexts.

260 *Friedrich Carl v. Savigny*, Politik und Neuere Legislationen. Materialien zum Geist des der der Gesetzgebung, S. 116, zit. nach *Stephan Meder*, Mißverstehen und Verstehen. Savignys Grundlegung der juristischen Hermeneutik, Tübingen 2004, S. 70, dort auch genauere Erläuterungen.

261 *Savigny*, aaO (System), S. XIX.

262 *Augsberg/Müller*, aaO (Verfassungshistoriographie), S. 3.

Grundlagen und die Formen seines Wandels theoretisch unterentwickelt oder irrational – wie bei Savigny. Man muss nur einen Vergleich ziehen zwischen der grundstürzenden Entwicklung der »25 Jahre der Philosophie«[263] in Deutschland und dem von der Angst vor der Gesellschaft und der Zukunft geprägten Denken Savignys.[264] Die Kraft der Dogmatik[265] versucht den Blick auf die Kraftlosigkeit ihrer Grundlagen zu verstellen. Die scharfe Kritik an der Blockierung der kreativen Leistung des impersonalen Prozesses der Rechtsbildung und deren Beobachtung der Dynamik des gesellschaftlichen Wandels soll allerings nicht die ihrerseits respektable Leistung der Hervorbringung einer neuen Dogmatik der *Stasis* des Rechts im Verhältnis zur Rückständigkeit des mittelalterlichen deutschen römischen Rechts dem Vergessen anheimgeben. Die Abstraktion der Dogmatik, die paradoxerweise als Produkt des Volksgeistes ausgegeben werden konnte, tatsächlich aber »mit einem Schlag«, mit Savignys Denken eben, den Bruch mit dem mittelalterlichen Recht vollzog, kann als eine Voraussetzung für die neue Form der Abstraktionsleistung des situationsorientierten Rechts der Praxis gegenüber den stationären Formen des älteren Handels angesehen werden, die Savigny nicht bewusst geworden ist – dies wäre dann eine List der Vernunft gewesen, die dem Geiste Savignys eine überschießende Sprengkraft verliehen hätte. Insofern muss der Versuchung widerstanden werden, den problematischen, gegen die Anerkennung der Autonomie der Materialität der Gesellschaft gerichteten idealistischen Annahmen eine einsinnige Richtung zu zuschreiben und einen eindeutigen Verstrickungszusammenhang zu behaupten.[266]

Die Hoffnung, dass Rechtswissenschaft und Rechtspraxis eine modellbildende Rolle für die Institutionen des gesellschaftlichen Wandels spielen würden, musste zwangsläufig enttäuscht werden, weil für ein Denken, das die Entwicklungen beobachtet, die sich dem staatsfixierten

263 So der Titel einer ihrerseits beeindruckenden Würdigung durch *Eckart Förster*, 3. Aufl., Frankfurt a.M. 2018 – sie betrifft die Jahre 1781 und 1806.

264 Die Annahme, dass ausgerechnet aus dem »Geist« Savignys ein neue europäische Rechtswissenschaft entstehen soll, ist eher ein Zeichen der Geschichtsvergessenheit; vgl. *Reinhard Zimmermann*, L'héritage de Savigny: Histoire du droit, droit comparé et émergence d'une d'une science juridique européenne, Revue internationale de droit économique XXVII (2013), 95; auch schon *ders.*, Savigny's Legacy: Legal History Comparative Law, and the Emergence of a European Legal Science, LGR 112 (1996), 576.

265 Zur Leistung der Dogmatik für das Recht vgl. *Vesting*, aaO (Rechtstheorie), S. 142; *Ino Augsberg*, Lob der Dogmatik, in: rescriptum (studentische Rechtszeitschrift, LMU) 2014/1 – http://www.rescriptum.org/Aufsätze/2014_1_063_Augsberg.pdf.

266 Zur Kritik undifferenzierter Abwertungen der Romantik *Clemens Pornschlegel*, Allegorien des Unendlichen. Hyperchristen II, Wien 2017, S. 138f.

Recht entziehen und Erwartungen an ein »*Recht als Kultur*« richten, die begrifflichen und theoretischen Voraussetzungen gefehlt haben.[267]

Bei Hegel ist der »Geist« ein praktischer, ein arbeitender Prozess.[268] Demgegenüber bleibt der Volksgeist bei Savigny in jeder Hinsicht konturlos. Er bleibt, wie erwähnt, eine Leerstelle, die zur Abwehr des modernen Denkens genutzt werden kann, letztlich aber eben figural auf den künftigen Nationalstaat verweist, während das prozesshafte, »arbeitende« Moment des Hegel'schen »(Volks-)Geists« verfehlt wird. Nach R. Pippin muss man Institutionen, insbesondere die praktischen Regelbestände und die Muster ihrer Anwendung, als Räume der (Selbst-)Bildung des Geistes verstehen.[269] Rechtswissenschaft und Rechtspraxis sind kaum bereit und in der Lage, den »Methodenwandel«, der sich immer wieder in der Rechtsgeschichte vollzieht, und dessen »Binnenlogik« auch nur genauer zu beschreiben, geschweige denn theoretisch zu reflektieren.

18. Savigny und der verkümmerte Geist des römischen Rechts

Letztlich ist Savignys Denken, vor allem die dunkel bleibende Referenz auf den Volksgeist,[270] als »antiinstitutionell« zu bewerten; ihr fehlt ein ernsthaftes Interesse am institutionellen römischen Rechtsdenken. Zurück bleibt nur die Dogmatik des römischen Rechts! Vor allem die Leistung des römischen Rechts im Prozess seiner Herauslösung aus sakralen Ursprüngen, Ritualen und infolgedessen die Entwicklung eines pragmatischen Rechtsdenkens werden vernachlässigt. Der pragmatische Geist des römischen Rechts[271] hätte auch für das 19. Jahrhundert die Weiterentwicklung eines Sinns für den Wandel der Bedeutung des *Vertrages* fördern können. Der Geist des römischen Rechts, seine Offenheit für neues Denken und Experimentieren, seine produktive Seite,[272] sein Beitrag zur römischen Kultur bleiben unterbewertet. Man könnte den Eindruck gewinnen, dass das so in Erstarrung versetzte römische Recht als Gestalt des »Reichsgedankens« gegen die Dynamik des als nationales französisches Projekt abqualifizierten Kodifikationsprojekts des Code Civil in Stellung gebracht würde.

267 *Schiavone*, aaO (Alle origini del diritto borghese).
268 Vgl. *Stekeler-Weithofer*, aaO (Kommentar PhG), S. 168.
269 *Robert B. Pippin*, Hegel, Freedom, the Will. The Philosophy of Right, §§ 1–33, in: Ludwig Siep (Hrsg.), G. W. F. Hegel: Grundlinien der Philosophie des Rechts, 4. Aufl., Berlin u.a. 2016, S. 23, 41.
270 Vgl. auch Hegels Kritik an Savigny, RPh § 211.
271 Dazu *Aldo Schiavone*, Ius. L'invenzione del diritto in occidente, Turin 2017.
272 Vgl. vor allem *Yan Thomas*, Les opérations du droit, Paris 2011.

Das römische Recht bleibt demgegenüber so lange geradezu ein Denkmal, vor dem z.B. der Code Civil keinen Bestand habe,[273] bis dessen Überwindung in einem deutschen nationalen Recht vollendet worden ist. Die deutschen Aversionen gegen den Code Civil sind auch in der Figur Napoleons als Beschleuniger der Zeit und als Verbreiter des Code Civil über die Grenzen Frankreichs hinaus begründet.[274]

Fritz Schulz meint, die römischen Juristen hätten sich um eine »schöne, echt römische Sprache, ernst, schlicht, korrekt und kurz« bemüht.[275] Das ist nicht im Sinne einer Beschwörung der Unantastbarkeit des römischen Rechts zu verstehen.[276] Die Rhetorizität, die literarische Wirkung des Textes, ist selbst Bestandteil seiner *performativ* sich vollziehenden Normativität. Diese wird abgestützt durch den Rekurs des Rechtsverständnisses auf die »Natur der Lebensverhältnisse«.[277] Die Wiederkehr der »Fälle« evoziert mit der vorangegangenen Rechtsentscheidung immer auch den Appell zur Fortsetzung der römischen *Lebensformen*, und nicht primär die Unterwerfung unter einen »Befehl«.

Es ist erstaunlich, dass Savigny mit der starken Akzentuierung des eng verstandenen Texts des Rechts seine eigenen Arbeiten zum römischen Recht entwertet. Die römische »Bildung« steht nur noch als Platzhalter für eine Einheit des Rechts, die vom Staat her gedacht werden kann. Von der Eigenrationalität des (römischen) Rechts, insbesondere des Zivilrechts, ist keine Rede mehr. Der Gedanke der Einheit wird dagegen sozusagen im Futur II aus einer neuen deutschen Staatsgesinnung gewonnen.

Dieser Gedanke der Einheit des Rechts bestimmt auch die Auslegungsmethoden. Hier wäre noch einmal an die zitierte Aufforderung zur Verinnerlichung des neuen Rechts zu erinnern. Der Bürger bringt seine eigene Einheit hervor durch die »Anerkennung« des künftigen nationalen Rechts, insbesondere das spätere BGB: In der deutschen Literatur findet man nach dem Inkrafttreten des BGB die Aufforderung, sich mit »dem« BGB als Gesamtwerk zu identifizieren. Dies bleibt ein ganz abstrakter Gegenstand, an dem sich keine Subjektivität und keine Handlungsperspektive entwickeln und ausdifferenzieren lässt. Dieser Appell ist Teil

273 Vgl. zur Interpretation des Code Civil durch die deutsche Rechtswissenschaft *Stefan Geyer*, Code Civil – Allgemeiner Teil? Zur pandektenwissenschaftlichen Umdeutung des Code Civil in Deutschland, forum historiae iuris – 30.6. 2005: https://forhistiur.net/2005-06-geyer/?l=de.

274 *François Hartog*, Croire en l'histoire, Paris 2013, S. 156.

275 *Fritz Schulz*, Geschichte der römischen Rechtswissenschaft, Weimar 1961, S. 115.

276 Auch *Max Kaser* betont den pragmatischen Geist des römischen Rechts: Forschungen zum römischen Recht. Rechtsquellen und angewandte Juristenmethode, Wien u.a. 1986, S. 127.

277 *Fritz Schulz*, Prinzipien des römischen Rechts: Vorlesungen, Berlin 2003, S. 24f.

eines nationalen Projekts der Unterwerfung unter den Staat als Gesetzgeber, aus der sich aber kein anschlussfähiger Gedanke für die produktive Weiterentwicklung des Zivilrechts in Deutschland ergibt. Dem liegt eine gegenstandslose Erwartung zugrunde, die nichts mit den vielfältigen Rechtsoperationen der Subjekte und Organisationen zu tun hat.

19. Zwischenresümee: Savigny, die Metaphysik der Kontinuität und ihr Feind, das »Paradigma der Diskontinuität«

Die Figur des Volksgeists ist eine metaphysische[278] Retrojektion – man könnte auch sagen: eine »mystische« Figur.[279] Als solche sucht sie sich und findet ihre eigene Wirklichkeit. Die Figur korrespondiert mit dem (angeblich) »wahren« römischen Recht, dem reifen Recht der klassischen Zeit, aber nicht dem noch unterentwickelten[280] (zu viele heterogene Momente mit sich führendem) Recht der vorklassischen republikanischen Zeit, aber auch nicht dem der nachklassischen Zeit, die insbesondere durch den Codex Justinianus geprägt wird. Wodurch zeichnet sich die klassische Zeit aus? Sie hat durch die quasi-wissenschaftliche Bearbeitung der großen Juristen[281] wie Gaius eine »organische« Form des Rechts erreicht,[282] die sich der deutsche Volksgeist zu eigen machen kann. Sie ist nicht Gegenstand einer Entscheidung,[283] die für die Vergangenheit den großen römischen Juristen zuzurechnen wäre: Diese bilden eher das unbewusst handelnde Werkzeug einer sich selbst gebenden Tradition, die sich hinter dem Rücken der Juristen weiterbildet, die auch vergessen werden kann, was aber ihre (Fort-)Existenz nicht in Frage stellt: Sie bleibt unverändert.[284] Diese »organische« Form lässt die vielen Kontroversen zwischen den Juristen dieser Zeit[285] und erst recht die Praktiken, exempla und Gewohnheiten der Rechtsakteure als »unwesentlich« erscheinen. Als das »Wesen« dieser Hochzeit des römischen Rechts zeichnen sich die Arbeiten, Methoden und Ergebnisse aus, die sich retrospektiv und unabhängig von den Vorstellungen oder dem

278 *Pier Giuseppe Monateri*, Early Roman Law and the West: A Reversal of Grounds, in: Heikki Pihlajamäki/Markus D. Dubber et al. (Hrsg.), Oxford Handbook of European Legal History, Oxford 2018, S. 162, 183, 170.
279 *Peter Stein*, Roman Law in European History, Cambridge 1999, S. 118.
280 *Stein*, ebd., S. 117.
281 *Stein*, ebd., S. 118.
282 *Monateri*, aaO (Early Roman Law and the West), S. 181.
283 *Monateri*, ebd., S. 181.
284 *Monateri*, ebd., S. 183.
285 *Stein*, aaO (Roman Law in European History), S. 117.

Willen der beteiligten Juristen[286] als auf ein gemeinsames, einheitliches »*Werk*«[287] gerichtet bestimmen lassen, das Werk der Einheit und Kontinuität – das auch im tatsächlichen historischen Niedergang der späteren Epochen[288] fortbesteht, weil es als »body of conceptions and ideas«[289] von der »unwesentlichen« Wirklichkeit unabhängig ist. Die Unterscheidung von »Wesentlichem« und »Unwesentlichem« beruht nicht auf der Wahl des Rechtshistorikers, sondern ist eine Frage der Erkenntnis der Wahrheit der Metaphysik, der Eigenständigkeit der ideellen Welt, die ihre Einheit und Kontinuität vor den Turbulenzen der Gesellschaft[290] schützen muss (von der Revolution ganz zu schweigen). Der Codex Justinianus gehört schon einer Epoche des Niedergangs an, weil er die Metaphysik des »Ganzen« hinter der expliziten Form des Codex zurücktreten lässt. Doch die Metaphysik selbst bleibt immer bestehen, sie ist nicht von der Anerkennung durch das Wirkliche abhängig. Insbesondere die historische Rechtsschule hat diese Wahrheit und Kontinuität der Metaphysik zum Wohle der sie Anschauenden wieder zugänglich gemacht. Die von einer anderen Konzeption diskutierte Option für das »Paradigma der Diskontinuität«[291] der Geschichte des römischen Rechts besteht als Alternative in Wahrheit nicht und muss deshalb auch nicht diskutiert werden. Das »Paradigma der Diskontinuität« will die Entwicklung des (römischen) Rechts im gesellschaftlichen, eben »zerstreuten« historischen Kontext der »cultural landscapes« und »institutional settings« beobachten[292] – dadurch verfehlt es nach der *einen* Auffassung die Eigenständigkeit der metaphysischen Grundlagen des Gedankens der Kontinuität und Einheit des (römischen) Rechts. Für die Entscheidung zwischen beiden Paradigmen gibt es kein »level playing field«: Das eine »Paradigma« orientiert sich am »Wesentlichen«, das andere am »Unwesentlichen«.

286 *Monateri*, aaO (Early Roman Law and the West), S. 181.

287 *Stein*, aaO (Roman Law in European History), S. 117.

288 *Stein*, ebd., S. 117.

289 *Monateri*, aaO (Early Roman Law and the West), S. 181.

290 Zur Bedeutung der Brüche in der Geschichte (des Rechts) *Monateri*, aaO (Early Roman Law and the West), S. 183f.; für das »Paradigma der Kontinuität« in der Gegenwart sei nur auf *Reinhard Zimmermann*, Roman Law, Contemporary Law, European Law: The Civilian Tradition Today, Oxford 2004, S. 6f., hingewiesen; dort auch sein Plädoyer für eine europäische Wiederanknüpfung an Savigny, ebd., S. XIX; vgl. auch die Rezension von Zimmermanns Buch: The Law of Obligations. Roman Foundations of the Civilian Tradition, Cape Town 1990/Oxford 1996, *Peter Stein*, Am. J. of Legal History 38 (1994), 94.

291 *Monateri*, aaO (Early Roman Law and the West), S. 182; *Patrick Boucheron*, Ce que peut l'histoire, Paris 2020, S. 10.

292 *Monateri*, ebd., S. 183.

II. Römisches Recht und römische Kultur

1. Römisches Recht und römische Bürger

Für das römische Recht ist die Gründung »der Stadt« von zentraler Bedeutung. Sie lebt im römischen Bürger, im civis romanus, fort und stiftet den Zusammenhang des nur lose koordinierten römischen Rechts, der vorausgesetzt und in der Zeit variiert werden kann. Eine die Gründung immer wieder in Anschlag bringende Institution ist der Senat und seine Beratungsfunktion – also eine Autorität, die nur sehr begrenzt über Gewalt verfügen kann.[1] Autorität beruht auf Anerkennung.

Eine wichtige Variante des Rechts in Krisenzeiten gestattete die Anrufung von »exempla«,[2] der Verkörperung der Gründung und Wieder-Gründung Roms in einzelnen hervorragenden Männern, deren Reden und Handeln als/wie Recht akkreditiert werden konnte.[3] Die Konstruktion der Souveränität in einem modernen Sinne, wie sie G. Agamben vertritt,[4] lag dem römischen Recht fern. Dies lässt sich auch gegen die von diesem Autor und Carl Schmitt – mit unterschiedlichen Intentionen – verfolgte Stilisierung der »Entscheidung« als höchste Form der Souveränität wenden:[5] »Die Norm schafft nicht die Ordnung«.[6]

1 *Michèle Lowrie*, Writing, Performance, and Authority in Augustan Rome, Oxford 2009, S. 284.

2 Dazu allg. die Beiträge in: *Michèle Lowrie/Susanne Lüdemann* (Hrsg.), Exemplarity and Singularity. Thinking Through Particulars in Philosophy, Literature, and Law, Abingdon 2015.

3 Vgl. *Michèle Lowrie*, Cicero on Caesar or Exemplum and Inability in the *Brutus*, in: Alexander Ahrweiler/Melanie Möller (Hrsg.), Vom Selbstverständnis in Antike und Neuzeit. Notions of the Self in Antiquity and Beyond, Berlin 2008, S. 131, 152.

4 *Giorgio Agamben*, Homo sacer. Die souveräne Macht und das nackte Leben, Frankfurt a.M. 2002; vgl. die sehr differenzierte Kritik bei *Michèle Lowrie*, Sovereignty Before the Law: Agamben and the Roman Republic, Law and Humanities 1 (2007), 31, 39.

5 Carl Schmitts Entscheidung über den Ausnahmezustand ist im Grunde eine Form der Aufkündigung der Einheit des Nationalstaats und des Übergangs zu einer politischen Form der antiinstitutionellen Bewegung in Permanenz, die die Staatsangehörigkeit verdoppelt um die »Volkszugehörigkeit« und die erstere in einem zweiten Schritt ganz beseitigt – in mehr als einem Sinne. Darauf steuert in der Postmoderne eine rechte Variante der Identitätspolitik zu, wie sie in den USA unter Trump sichtbar geworden ist. Ohne ein bestimmtes »Bekenntnis« ist man kein Amerikaner. Trump ist der erste Präsident der USA gewesen, der im Grunde nicht beansprucht hat, der Präsident aller Amerikaner zu sein.

6 *Carl Schmitt*, Über die drei Arten des rechtswissenschaftlichen Denkens, 4. Aufl., Berlin 2023 S. 11.

Wann die »exempla« der Vergangenheit aufgegriffen und gegen das bestehende Recht in Stellung gebracht werden konnten, war nicht klar geregelt, auch nicht, wer dazu legitimiert war. Es musste jedenfalls selbst eine Person oder eine Institution von Autorität sein. Jedenfalls sind es nicht Entscheidungen, die Autorität in Rom stiften. Festzuhalten ist vor allem, dass es in Rom, jedenfalls zur Zeit der Republik, keine strikte Trennung zwischen Recht und Gewohnheit gab.

Auch in der griechischen Kultur gab es die Vorstellung eines unpersönlichen »Volksgeists« bei Pindar (»nomos«), der aber das Recht kontinuierlich mit den »lebendigen Verhältnissen« verknüpft und diesen Zusammenhang erhält.[7]

2. Der Pragmatismus des römischen Rechts

In der hier vertretenen anderen Sicht des Rechts wird letzten Endes ein sehr klassischer römischer Gedanke wieder aufgegriffen, nämlich die Anerkennung der nicht hintergehbaren Verschleifung von Gewohnheiten, »exempla« des Bewährten, Praktiken und Muster des Verhaltens, mit der Normativität des Rechts, auf die sich das römische Recht *pragmatisch* einstellt. Hier zeigt sich auch die Rationalität der römischrechtlichen *actio*, die vom *praetor* »gegeben« wird, als Muster der Verschleifung von Verfahren, öffentlichem und individuellem Recht und der Anerkennung der Erwartungen der Bürger. Sie ist paradigmatisch für den »Geist« des römischen Rechts, nicht die »Wissenschaftlichkeit« der Ausbildung der Dogmatik der einzelnen Rechtsinstitute.[8] Das öffentliche Verfahren hat aber niemals Einheit, die Form eines Ganzen, angestrebt. Das römische Recht der republikanischen Zeit war fallorientiert. Seine Begriffe hat es entwickelt und gebraucht als Abstraktionen, die dem menschlichen Verstehen der kollektiven Erfahrung folgen und sich darin auch wandeln.[9]

Die *actio* erlaubt einen Einschnitt »dans le continu amorphe du réel en une série limitée de positions de droit«.[10] Das materielle Recht ist kein

7 *Mark Payne*, On Being Vatic: Pindar, Pragmatism, and Historicism, Am. J. of Philology 127 (2006), 159, 165.

8 Vgl. *Harold Berman*, Recht und Revolution. Die Bildung der westlichen Rechtstradition, Frankfurt a.M. 1991, S. 245: Regeln des römischen Rechts seien »an bestimmte Arten von Situationen gebunden.«

9 *Larry Siedentop*, Inventing the Individual. The Origins of Western Liberalism, London 2014, S. 241f., 251; *Philippe Nemo*, Qu'est-ce que l'Occident?, Paris 2004, S. 24f.

10 *Alain Boureau*, La religion de l'Etat. La construction de la République étatique dans le discours théologique de l'Occident médiéval (1250–1350), Paris 2006, S. 253.

Normbestand, der durch den Staat als Entscheidungsträger den Bürgern gegenüber gesetzt wird. Die »Realität« der Transaktionen hat ihre eigene Rationalität. Erst in der Verschleifung von »materiellem Recht« und Entscheidung im Verfahren wird eine spezifische staatliche Form in Anschlag gebracht, die in der Republik in einem korrespondierenden Verhältnis zur Reproduktion des römischen Bürgerstatus stand. Deshalb kann man sagen, dass die Römer zwar nicht das Rechtssubjekt im modernen Sinne, aber doch die Individualisierung der Rechtsverhältnisse »erfunden« haben.[11] Die begriffliche Ausdifferenzierung des römischen Rechts verbleibt immer in einem Verhältnis der Durcharbeitung der beobachteten Lebenswelt. Die *mos maiorum* reicht zwar weit in die Vergangenheit zurück, aber sie hat – anders als der deutsche Volksgeist – immer eine aktive, auf die Verarbeitung von Problemen der Lebenswelt bezogene pragmatische Seite.[12] Dass das Recht in Bewegung ist und schon deshalb nicht von den Praktiken der Lebenswelt scharf getrennt bleiben kann, ist für das römische Recht selbstverständlich.[13] Nach Cicero, der sich auf Ennius beruft, ist die Grundlage der Ordnung die Gewohnheit.[14] Auch für die Gesetze gilt in der Zeit der Republik, dass sie immer im Einklang mit den Gewohnheiten stehen müssen.[15]

Das Recht der Republik kennt sogar den legalen »Tyrannenmord«, dessen Legalität aber auch an die Einhaltung ritualisierter Formen gebunden ist, damit er von einem egoistischen Mord unterschieden werden kann. Shakespeare zeigt in »Julius Caesar«, wie sehr dieses prozedurale Recht, dessen Läuterungserfordernis selbst geradezu poetische Formen annehmen kann, im Fall von Caesars Mord verfehlt worden ist und die privaten Motive ans Licht getreten sind.[16]

11 *Nemo*, aaO (Qu'est-ce que l'Occident?, S. 31.

12 *Caroline Humfress*, Law and Custom Under Rome, in: Alice Rio (Hrsg.), Custom in the Middle Ages, London 2012, S. 23, 37; *Siedentop*, aaO (Inventing the Individual), S. 251.

13 *Benjamin Lahusen*, Alles Recht geht vom Volksgeist aus. Friedrich Carl von Savigny und die moderne Rechtswissenschaft, Berlin 2019, S. 77f., merkt zu Recht an, dass Savigny sich für das »wirkliche« römische Recht kaum interessiert hat.

14 Zitiert nach *Michèle Lowrie/Barbara Vinken*, Civil War and the Collapse of the Social Bond, Cambridge 2022, S. 197, 151. Augustus, der dies nicht akzeptieren wollte, hat dies in einer charakteristischen Weise umgewendet in die Gewohnheit der/als Anerkennung Ciceros.

15 *Michèle Ducos*, Les Romains et la loi. Recherches sur les rapports de la philosophie grecque et de la tradition romaine à la fin de la république, Paris 1984 S. 434, die Verf.in weist darauf hin, dass dies auch schon für die griechische Tradition galt, ebd., S. 433.

16 So überzeugend *Nyquist*, aaO (Tyrannicide); auch dies zeigt, wie problematisch die Retrojektion einer modernen Konzeption der Souveränität in die römische Vergangenheit ist.

3. Poesie und Poiesis im römischen Recht – und das »wissenschaftliche« Recht im 19. Jahrhundert

In der deutschen rechtshistorischen Literatur der Gegenwart zeigt sich eine charakteristische Verschiebung in der Wahrnehmung der Entwicklung der Stellung des römischen Rechts im Deutschland des 19. Jahrhunderts: H.-P. Haferkamp meint, im Angesicht der gesellschaftlichen Differenzierung sei die römische Herangehensweise – die schon vorher in der Bearbeitung des römischen Rechts wenig Bedeutung erlangt hat – nicht mehr möglich gewesen. An deren Stelle sei die *wissenschaftliche* Erkenntnis des Rechts getreten.[17] Damit vollzieht sich aber ein Bruch mit dem pragmatischen Arbeitsmodell der römischen Juristen, die sich immer auch als Akteure, als *cives romani*, als aktiv involviert in die normative Praxis des Rechts angesehen haben, und auch deshalb hat es weder eine scharfe Trennung zwischen Gewohnheit und Gewohnheitsrecht noch zwischen Recht und Gewohnheit gegeben. Der Übergang war immer fließend[18] – Gewohnheiten haben nicht nur in einem Verhältnis der *Erkenntnis* zur Praxis der Bürger gestanden, die dadurch bloße Faktizität geworden wäre. Erst spät hat sich eine Tendenz zur Einordnung der Gewohnheiten als Mittel zur Lückenfüllung im Hinblick auf das Recht im engeren Sinne entwickelt.[19]

Das römische Recht hat jedenfalls in der Zeit der Republik nie eine scharfe Trennung zwischen Faktizität und Normativität vorgenommen. Die Privaten selbst waren partiell als praktische Rechtsproduzenten anerkannt.[20] Die Praxis der Praetoren hat sich ebenso wie die späte mittelalterliche Praxis in ihrem tentativen Vorgehen stets an »quaestiones ex facto emergentes« orientiert und mit variablen Referenzen auf unterschiedliche »cercles d'allégations« operiert.[21] Das römische Recht hat die

17 *Hans-Peter Haferkamp*, Die historische Rechtsschule, Frankfurt a.M. 2017, S. 205.

18 *Humfress*, aaO (Law and Custom), S. 42.

19 *Max Kaser*, Mos maiorum und Gewohnheitsrecht, Zeitschrift der Savigny-Stiftung für Rechtsgeschichte – Romanistische Abteilung 59 (1939), 52, 82; es ist nicht ohne Interesse zu beobachten, dass in der deutschen romanistischen Literatur, wie sich exemplarisch bei Kaser zeigt, eine Neigung besteht, Recht und Gewohnheit im römischen normativen Denken schärfer zu unterscheiden, während in der anglo-amerikanischen Literatur stärker die Offenheit der Grenze des »realm of the customary« betont wird, *Humfress*, ebd., 47; vgl. dazu auch grundsätzlich *Donald R. Kelley*, Human Measure: Social Thought in the Western Legal Tradition, Cambridge Mass. 2014, S. 16, wo die gesellschaftliche Praxis des »establishing rules« auf der Grundlage gesellschaftlicher *Erfahrung* als wichtiger Teil der Normativität gesehen wird.

20 *Yan Thomas*, Les opérations du droit, Paris 2011, S. 105.

21 *Yan Thomas*, L'extrême et l'ordinaire. Remarques sur le cas médiéval de la communauté disparue, in: Jean-Claude Passeron/Jacques Revel (Hrsg.),

Texte stets in Kontexte gestellt. Es hat vom »Fall« her gedacht, und der Fall hat immer wieder die situative Logik des Konflikts mehrerer Regeln unterschiedlicher Natur ins Spiel gebracht.[22] Wie Yan Thomas[23] schreibt, waren die »metonymischen« Assoziationen und Verknüpfungen zwischen den begrifflichen »Knoten« eher »poetischer« als »logischer Natur«. Damit hat sich das Recht zugleich das Recht in die allgemeine Kultur integriert und den Wandel sowie die Kreativität der Kultur akzentuiert. Das situative Moment des Rechts impliziert die Verschleifung von Subjekt und Text, der immer weiter geschrieben und nicht nur wiederholt wird, und seiner Kontexte, die immer wieder zu wechselseitigen Überwirkungen anderer Textgattungen führen, die nur sehr begrenzt beherrschbar sind, durch Versuche der Beherrschung aber häufig nur invisibilisiert werden.[24] Allerdings kann und muss zur Erhaltung der Funktionalität der Rechtsformen eine Praxis der Konventionalisierung des Gebrauchs der Überwirkungen in der Form von Fiktionen (»als ob«) prozessiert werden.

Das römische Recht ist damit paradigmatisch geworden für ein Verständnis von »Recht als Kultur«. Vor allem Michèle Lowrie hat überzeugend darauf aufmerksam gemacht, dass das Recht in der römischen Kultur nicht scharf von poetischem Denken und poetischen Denkfiguren unterschieden war.[25] Das Recht verlangt eine pragmatische Sicht der Lebensverhältnisse: Gerade nach seiner Herauslösung aus starren traditionellen religiösen Formen kann es nicht allein stehen, es entwickelt eine mit der Interpretation der Kultur verschleifte *poietische* Sicht des Ausprobierens zwischen den beweglichen Versatzstücken eines azentrisch gewordenen Rechts, das keine stabile Selbstreferentialität besaß, sondern mit unterschiedlichen Referenzen die Öffnung der Rechtsfiguren für das Neue ermöglichte und zugleich den Wandel in Grenzen hielt. Das Recht benötigt beispielhaften »Stoff«, um verstanden zu werden. Diesen boten literarische »exemplary stories«.[26] Die Bedeutung des Texts des Rechts

Penser par cas. Raisonner à partir de particularités, Paris 2005, S. 45; instruktiv auch *François Ost*, Penser par cas: La littérature comme laboratoire expérimental de la démarche juridique, Revue interdisciplinaire d'études juridiques 2014 (73), 99.

22 *Pierre Livet*, Les diverses formes de raisonnement, in: Passeron/Revel, aaO (Penser par cas), S. 255.

23 *Thomas*, aaO (L'extrême et l'ordinaire), S. 45.

24 Vgl. *Marina Sbisà*, How to Read Austin, Pragmatics 17 (2007), 461, 471; *Benoît Journé/Natalie Raulet-Croset*, Le concept de situation: Contribution à l'analyse de l'activité managériale en contextes d'ambiguïté et d'incertitude, M@n@gement 11 (2008), 27.

25 *Michèle Lowrie*, Roman Law and Latin Literature, in: Paul J. du Plessis et al. (Hrsg.), Oxford Handbook of Roman Law and Society, Oxford 2016, S. 70.

26 *Michèle Lowrie*, The Force of Law, in: Ioannis Ziogas/Erica Bexley (Hrsg.), Roman Law and Latin Literature, London u.a. 2022, S. 20.

und seine Abkopplung von religiösen Traditionen und Bindungen führt die »Differenz von Buchstabe und Sinn« ein,[27] ermöglicht aber zugleich die freiere Bezugnahme auf unterschiedliche weitere Regeln und Beispiele, die als rechtlich relevant anerkannt werden mussten, ohne aber ihrerseits scharf von nichtrechtlichen Kontexten abgegrenzt zu sein.[28]

Das *poietische* Verständnis des Rechts hat ein *poetisches* Moment mitgeführt, da das Recht keinen Selbststand in Anspruch nehmen konnte und auf die »Annahme« durch die römischen Bürger angewiesen war. Das römische Recht war überdies immer auch mit der »mos maiorum« in einem lebendigen Verhältnis verbunden. Die scharfe Trennung von »Gewohnheit« und Recht, oder gar »wissenschaftlichem Recht« wäre dem römischen Recht ganz fremd gewesen.[29] Die praktischen »exempla« der Vergangenheit, eine Art von Präzedenzfällen (auch) jenseits des Rechts, waren dennoch vom Recht – vor allem vom politischen Recht – nicht durch eine Mauer getrennt.[30] Die exempla der Vergangenheit waren vor allem im politischen Recht der Republik eine stets präsente Legitimationsquelle neben dem geschriebenen Recht oder in einem Randbereich der Verschränkung von Faktizität und Normativität. Eine Hierarchie zwischen den unterschiedlichen Rechtsquellen existierte nicht. Michèle Lowrie vertritt überzeugend die Ansicht, dass »mos maiorum a system of performative exemplarity« war,[31] also von der poetisch-literarischen Kraft ihrer Anrufung als »exemplarisch« in einem Krisenfall nicht zu trennen war. Die »Verfassung« war sogar eher ein »consensus about values« als ein Regelsystem. Und die Literatur war das primäre Mittel, das diesen Konsens in eine Praxis verwandeln konnte.[32] Auch im Übrigen galt: Geschriebene Regeln »never entirely supplanted oral practices«.[33] Sie haben Gewohnheiten nicht ersetzt. Dies gilt auch für die Frage nach dem Grund des Vertrages: Die Römer brauchten sich diese Frage nicht ausdrücklich zu stellen,[34] weil die Vertragspraxis sich aus der Gewohnheit des Vertragsschlusses selbst erklärte.

Es ist bemerkenswert und bezeichnend für die deutsche Debatte im 19. Jahrhundert, dass auch ein Autor wie Johannes Emil Kuntze, der

27 *Marie Theres Fögen*, Römische Rechtsgeschichten, 2. Auflage, Göttingen 2003, S. 88.

28 Enger *Fögen*, ebd.

29 Allg. *Lowrie*, aaO (Writing, Performance, and Authority) S. 295, 328.

30 *Lowrie*, ebd., S. 354; *dies.*, aaO (Sovereignty Before the Law), S. 31, 39; dort auch eine sehr genaue Kritik an Agambens Interpretation der Figur des »homo sacer«.

31 *Lowrie*, aaO (Roman Law and Latin Literature), S. 71.

32 *Lowrie*, ebd., S. 76.

33 *Lowrie*, ebd., S. 73.

34 Zum Vertragsrecht in Rom *Alan Watson*, The Evolution of Law Baltimore 1985, S. 3; Watson weist mit Recht darauf hin, dass auch ökonomische

die Orientierung des römischen Rechts am »Leben« stark betont, dennoch darauf insistiert, dass das Leben nicht die »materielle Quelle« des Rechts sei.[35]

4. Das »wissenschaftliche« Recht und die zirkuläre Selbstreferentialität der Rechtsbildung

Erst durch den Übergang zum wissenschaftlichen Recht, der sich so nicht in England vollzogen hat, ist der Bürger zum Produzenten bloßer Faktizität geworden, während die normative Produktivität des Rechts ganz auf Wissenschaft und Staat als Gerichtsträger übergegangen ist. Der Bürger ist als Rechtsakteur, als Produzent von Gewohnheiten und Normen aus der Perspektive des Rechts verschwunden. Das bedeutet einen fundamentalen Bruch in der Rechtsentwicklung – und auch mit dem Geist des römischen Rechts: »Wissenschaftlichkeit« in dem von Haferkamp gemeinten Sinn ist dem römischen Recht der Republik und seiner pragmatischen experimentellen Herangehensweise an gesellschaftliche Probleme fremd – doch auch im 19. Jahrhundert dem Recht Englands und Frankreichs.

Hier zeigt sich die Einordnung der Rechtsgeschichte als wissenschaftliches »Fach« in den praktischen Kontinuitätszusammenhang des Rechts: Was sich durchgesetzt hat, ist auch richtig, eben weil es die Kontinuität von Rechtswissenschaft und Rechtspraxis sichert.

Auch für das spätere Recht gilt, dass es in der Rechtspraxis mehr darauf ankommt, »in the weave of ordinary life« Sinn zu produzieren, und nicht auf wissenschaftliche Konstruktionen.[36]

Die »Wissenschaftlichkeit« des deutschen Zivilrechts hat auch eher die Funktion, die Angst vor der beginnenden Dynamik der gesellschaftlichen Selbsttransformation der Normativität zu binden und die Erinnerung an die Französische Revolution zu verdrängen. Diese Erinnerung wurde auch durch die häufigen Systemwechsel in Frankreich wachgehalten. Haferkamps Interpretation des Aufstiegs der »Wissenschaft« des römischen Rechts ist selbst nur die Reproduktion der Eigenwahrnehmung der an der Entwicklung des Rechts Beteiligten. Eine Alternative dazu gibt es nicht. Dass diese Selbstinterpretation ideologisch gewesen sein könnte, wird von vornherein nicht für möglich gehalten. Die Entwicklung des Rechts und der Rechtswissenschaft im 19. Jahrhundert ist die

Gründe keine einfache Erklärung für die Evolution des Vertrages als Form bieten. Tradition ist der paradoxe Beweger der Evolution des Rechts.

35 Der Wendepunkt der Rechtswissenschaft: Ein Beitrag zur Orientierung über den gegenwärtigen Stand- und Zielpunkt derselben, Leipzig 1856, S. 28.

36 *John M. Heaton*, Wittgenstein and Psychoanalysis, Cambridge 2000, S. 40.

ungebrochene Entfaltung einer Eigenrationalität, die ihre Erscheinungsformen ändert, aber nach ihrer eigenen Wahrnehmung immer »vernünftig« bleibt. Auch wenn später diese »Wissenschaftlichkeit« des Rechts nicht mehr in einem vergleichbaren Maße beobachtet werden kann, ist dies ein vernünftiger Wandel – der sich durch den Erfolg, d.h. seine praktische Durchsetzung, selbst Vernunft attestiert.

Selbst wenn sich der Anspruch der Kontinuität der Vernunft ex post – immer nur ex post! – wie nach dem Nationalsozialismus nicht aufrechterhalten lässt, findet sich immer noch ein Weg, für die Vernunft des Rechts ein »Exil« zu suchen: das Naturrecht, das ohne institutionellen Halt fortexistiert, auch wenn es vergessen worden ist.

III. Die Bedeutung des Historismus als kultureller Kontext der Entstehung des bürgerlichen Rechts im 19. Jahrhundert

1. Historismus und Nationalgeschichte

Die Vorstellung von der Geschichte hat sich seit dem Ende des 18. Jahrhunderts grundlegend verändert. Das Bild eines zeitlichen Kreislaufs der Entwicklung der von Gott gestifteten Welt ist einem grundsätzlichen Veränderungsdruck ausgesetzt und wird abgelöst von einer Sichtweise, die trotz der theologischen Überformung, die bestehen bleibt, die Geschichte als *von Menschen* gemacht unterstellt. Für die politische Seite der Geschichte, die im Vordergrund der Beobachtung steht, bedeutet dies vor allem, dass die großen Gestalten der Vergangenheit, Monarchen, Diplomaten, große Philosophen, die im klassischen römischen Sinne als »Exemplare«[1] des Erlebens der Geschichte durch große, von Gott gesandte Personen angesehen werden, durch die Vorstellung einer unpersönlichen, wenn auch von Menschen ausgehenden Verkettung von Ereignissen abgelöst worden ist. Die Französische Revolution wird als abschreckendes Beispiel eines Bruchs mit deren Kontinuität gedacht. Die beunruhigenden singulären Erlebnisse, die auf eine offene und ungewisse Zukunft verweisen, werden in einen ruhigen Fluss der Ereignisse verwandelt, der durch den Historiker erkannt und geordnet werden kann. Die vor allem durch die Arbeiten von L. Ranke geprägte Fixierung auf »Quellen«, die die Aussagen des Historikers darüber, »wie es eigentlich gewesen« ist,[2] stützen, wird von dem neuen »Aufschreibesystem« (F. Kittler), dem Medium des Berichts, geprägt, dessen Gebrauch letztlich auch hier figural auf den Staat verweist, der die Hintergrundstruktur organisiert und ordnet. Die Unterstellung der Möglichkeit der Beschreibung, »wie es eigentlich gewesen« ist, beruht auf einer Illusion. Schon die Unterstellung des Übergangs von der Weltgeschichte zur Nationalgeschichte ist vom Aufstieg des modernen Staates bestimmt.

1 *Yan Thomas*, L'extrême et l'ordinaire. Remarques sur le cas médiéval de la communauté disparue, in: Jean-Claude Passeron/Jacques Revel (Hrsg.), Penser par cas. Raisonner à partir de particularités, Paris 2005, S. 45.

2 *Leopold Ranke*, Geschichte der romanischen und germanischen Völker von 1494 bis 1535, Vorwort zu Teil 1, 1824; *Konrad Repgen*, Über Rankes Diktum bloss sagen, »wie es eigentlich gewesen« und Thukydides 2.48.3, Historisches Jahrbuch 102 (1982), 439, hat gezeigt, dass Ranke eigentlich nur Thukydides zitieren wollte!

Eine unmittelbare Anschauung mit bloßem Auge ist nicht möglich;[3] die Kräfte, die die geschichtlich bestimmten »Felder des Wissens« eröffnen, finden ihren Ausdruck nicht zuletzt in der Verbreitung bestimmter praktischer Berichtssysteme. Wie sollte auch die Rechtsgeschichte ohne Berichtssysteme zugänglich sein?

Auch das »Faktum« (Tatsache) selbst ist ein Produkt der Geschichte der Institutionen, vor allem des Gerichtssystems, das für seine Zwecke seit dem 17. Jahrhundert die Trennung von Fakten und Normen benötigt und benutzt hat.[4] Die scheinbar klare Unterscheidung beruht auf der Entscheidungs*praxis* rechtlicher Institutionen und der von ihnen bestimmten epistemischen Ordnung. »Tatsachen« werden durch eine Praxis »hergestellt«.[5] Es ist der »vermittelnde Blick«, der den Text und die Tatsachen macht.[6] Der Text wird damit zum Produkt der Projektion und nicht Gegenstand der Arbeit am Begriff. Die Grenze zwischen Tatsachen und rechtlicher Wertung ist fließend. Dem Recht geht es immer auch darum: »profiler le fait par le droit«![7] Die praktischen Erfahrungen tragen selbst eine Unterscheidung zwischen Tatsache und Norm in die reflexive Selbst-Beobachtung der Erfahrung durch das Erleben der Handlungsverläufe ein.[8]

Dass das Recht nach innen von seiner Autonomie ausgehen muss,[9] bedeutet aber noch nicht, dass dies auch in die Beobachtung von außen übernommen werden muss: In dieser Hinsicht kann es die vom Recht nicht zuletzt im Anschluss an Savigny behauptete »autonomie absolue de la *pensée* juridique«[10] nicht geben.

3 Vgl. dazu auch *Crystal B. Lake*, How we Think and Write about Found Objects, Baltimore 2020.

4 *Barbara J. Shapiro*, A Culture of Fact. England 1550–1720, Ithaca 2003; vgl. auch *Lorraine Daston*, Classical Probability in the Enlightenment, Princeton 1988, S. 17, 19.

5 *Valentine Prouvez*, La mémoire »normative«: synthèse et réécriture du sens de l'expérience, Le Coq-Héron 2021, Nr. 246, 109, 110. Das bedeutet nicht, dass Tatsachen willkürlich behauptet werden (können). Sie sind das Produkt einer verregelten Praxis der Institution, die ihrerseits – in einem Rechtsstaat nicht willkürlich verfährt.

6 *Yves Citton*, Lire, interpréter, actualiser. Pourquoi les études littéraires?, Paris 2017, S. 122.

7 *Claude Imbert*, Le cadastre des savoirs. Figures de la connaissance et prises de réel, in: Jean-Claude Passeron/ Jacques Revel (Hrsg.), Penser par cas. Raisonner à partir de particularités, Paris 2005, S. 255.

8 *Imbert*, aaO (Le cadastre des savoirs).

9 *Niklas Luhmann*, Das Recht der Gesellschaft, Frankfurt a.M. 1993, S. 62ff.

10 *Pierre Bourdieu*, La force du droit. Eléments pour une sociologie du champs juridique, Actes de la recherche en sciences sociales No. 64 (1986), 3 (Herv. n. i. Orig); ähnlich auch die Rechtshistoriker *Frédéric Audren/Jean-Louis*

2. Von der Universalgeschichte zur Nationalgeschichte

Jede Nation hat nach dem Historismus ihren eigenen Geist innerhalb der Weltgeschichte. Die Brüche und Widersprüche innerhalb der im 19. Jahrhundert in Bewegung geratenen, und nicht mehr durch eindeutige theologische Referenzen geordneten Wissensfelder werden durch die Fixierung auf die Einheit eines kommenden Staates als des realen Trägers des Geistes, letztlich des Volksgeistes, begradigt und ihrer intellektuellen und kulturellen Produktivität beraubt. Die Ambivalenz der »man made history« der Moderne geht über in die Konzeption einer »réalité se faisant«,[11] die sich in einer Kette von Ereignissen ausdrückt, die letztlich dem Staat zuzurechnen sind und aus denen er lernen kann – und wegen seiner Handlungsfähigkeit nur er, während das Volk als der eigentliche Träger des Volksgeistes nicht aktionsfähig ist. Diese Sichtweise ist nicht rein ideologisch, sie entspricht praktisch der Fähigkeit des Staates, der azentrischen Entwicklung des Wissens der Gesellschaft, in einem selbst aber experimentell verlaufenden Prozess, Entscheidungssinn abzugewinnen. Auch dessen komplexe Formen der Abstimmung einer *begrenzten* Freisetzung technischer Entwicklungen auf die Wahrung öffentlicher Sicherheit sind ein Prozess, dessen Bedeutung in der abschätzigen Qualifizierung der Verwaltung des liberalen Staates als der eines »Nachtwächterstaates« nicht gerecht werden. Es ist allerdings zu konstatieren, dass Ranke – anders als der später an seine Stelle tretende Treitschke – den Gedanken an eine Universalgeschichte nicht ganz hinter der Nationalgeschichte zurücktreten lässt: Die erstere ist aber wegen ihrer Komplexität nach Ranke – in Übereinstimmung mit Luther – nur der Vorsehung Gottes zugänglich. Das bedeutet zugleich, dass die Nationalgeschichte den Gedanken an ein übergreifendes universalistisches Geschichtsbild nicht aufgeben darf, also nicht einem reinen partikularen Machtdenken folgen darf, wie dies später bei Treitschke der Fall ist. Bei Ranke wäre dies mit der spirituellen Kraft des Staates nicht vereinbar.[12] Bei Ranke zeigt sich auch die von Heinrich Heine[13] anerkannte jedenfalls potentiell wirkende Mäßigung des christlichen Denkens in der Kultur: Ranke hat keinen verengten Begriff des Nationalstaats wie Treitschke. Für ihn sind z.B. die Juden »historische

Halpérin, Science juridique entre politique et sciences sociales: XIXe–XXe siècle, Rev. d'histoire des sciences humaines, No. 4 (2019), 3.

11 *Didier Debaise,* Qu'est-ce qu'une pensée relationnelle?, Multitude 2004 Nr. 18, 15.

12 Vgl. *Jeffrey Andrew Barash*, Politiques de l'histoire. L'historicisme comme promesse et comme mythe, Paris 2004, S. 117ff.; darin ist Treitschkes Antisemitismus begründet.

13 Zur Geschichte der Religion und Philosophie in Deutschland (1834/35), Stuttgart 1997; zuerst in französischer Sprache in »Revue des deux mondes« erschienen.

Christen«, die die Ideen des Mittelalters und der christlichen Moderne kulturell aufgenommen haben und deshalb nicht als der deutschen Kultur fremd gegenüberstehende Außenseiter gelten können.[14]

Die *episteme* der neuen Gesellschaft wird vom Historismus aber nur sehr begrenzt beobachtet. Vor allem wird im Blick auf die Gesellschaft und den Wandel der »*Wissensordnung*« und der unpersönlichen Emergenz neuer Formen gesellschaftlicher Praktiken und Regeln nicht genau beschrieben und reflektiert, »wie es eigentlich gewesen« ist. Das unbestimmte und passivische »es« verweist auf einen zentralen Beobachtungspunkt, den *Staat* als Urheber und Zurechnungspunkt der unterscheidbaren Ereignisse, deren Unterscheidung eine Referenz benötigt. Der Historiker versteht sich selbst als Teil eines Ganzen der Geschichte.[15] Der hermeneutische Zirkel des Historikers besteht darin, im Spiel der Möglichkeiten die Realität der Fest-stellung zu erzeugen, »wie es eigentlich gewesen« ist, statt sich in einen Bruch mit ihr ziehen zu lassen.[16]

Die Begriffe sind schon so vorgeordnet, dass sie für die Fähigkeit des Subjekts *plädieren*, sich im Angesicht des Neuen konsequent richtig zu *verhalten* (»se comporter«), für dessen Verstehen es an Regeln fehlt.[17] Die Bestimmung des Sinns der Geschichte überschreitet die Grenzen der Möglichkeiten des privaten Subjekts, während die objektiven Möglichkeiten des impersonal werdenden Sinnes selbst sich in den epistemischen Feldern in einem Prozess der permanenten Veränderung befinden.

Ein *anderes* historisches Verstehen unterstellt nicht, dass die Geschichte eine einfache Geschichte erzählt, die als Text gelesen werden muss, es geht vielmehr um das Lesen von »Spuren«,[18] die hier im Vorgriff auf die Emergenz eines künftigen Staatssubjekts unterschiedlich verstanden werden können – aber nur dann, wenn sie als Genealogie[19] des kommenden Staates gelesen werden, der in einer Art Futur II die Sinnstiftung in der Vergangenheit ermöglicht. Das Lesen der »Quellen« ist der Vorgriff auf die staatliche Aktenführung,[20] die ebenfalls keinen Anspruch

14 *Leopold von Ranke*, Tagebuchdiktate Leopold von Rankes aus dem Jahre 1881, Hist. Zeitschrift 151 (1935), 332, 333.

15 *Rudolf Bernet*, Conscience et existence. Perspectives phénoménologique, Paris 2004, S. 215.

16 *Bernet*, ebd., S. 215.

17 *Bernet*, ebd., S. 215.

18 Vgl. nur *Sybille Krämer*, Was also ist eine Spur? Und worin besteht ihre epistemologische Rolle? Eine Bestandsaufnahme, in: dies./Werner Kogge/Gernot Grube (Hrsg.), Spur. Spurenlesen als Orientierungstechnik und Wissenskunst, Frankfurt a.M. 2007, S. 11, 16: »Spuren repräsentieren nicht, sondern präsentieren«.

19 *Hayden White*, The Practical Past, Evanston, IL 2014

20 *Cornelia Vismann*, Akten: Medientechnik und Recht, Frankfurt a.M. 2000.

auf Vollständigkeit erhebt, sondern nur das enthält und auch nur das enthalten darf, was *entscheidungs*relevant ist. Dies ist das neue »Berichtssystem« (F. Kittler), das die Wirklichkeit der »Quellen« konstituiert. Der Staat ist es, der das Wissen handlungsmächtig macht, und die Quellen werden so gelesen, dass sie für die Gegenwart die Ordnung der Akten ermöglichen: »Die Dinge reden«, während der Historiker »sein eigenes Selbst gleichsam auszulöschen« hat (L. Ranke)[21] und Akten für den Staat hervorbringt. Die Geschichtsschreibung selbst orientiert sich an dem Willen zur Kohärenz, die durch Ordnung der Quellen ermöglicht wird.[22] Die Quellen erlauben es, den »Sachverhalt« zu erstellen, der entscheidungsrelevant ist. Referenzrahmen ist der Staat des vernünftigen Entscheidens[23] und damit die Frage, welcher »Sachverhalt« dafür benötigt wird.

Die Französische Revolution konstituiert auch hier eine davon nicht weit entfernte neue Sicht auf die Vergangenheit: Die Akten, das »dépôt central«, stehen dem Staat zur freien Verfügung – was für das Ancien Régime wichtig war, kann vernichtet werden.[24]

Hier setzt auch die Trennung von Geschichte und Literatur ein, die es so im Ancien Régime nicht gegeben hat. Die Vorstellungskraft, die im 19. Jahrhundert noch Wissenschaft und Literatur verbinden konnte, wird gegen Ende des Jahrhunderts aus der Wissenschaft vertrieben, weil sie unvereinbar wird mit dem Zwang zur Eingrenzung der (Rechts-) Wissenschaft.[25]

Die Literatur lebt von der Kraft der Bilder, der »attention for particulars«[26], die der Staat aus der Beobachtung des Rechts heraushalten will. Die Geschichte wird vom Staat her gedacht, von einem Staat, der die Gesellschaft als gefährlichen Materialitätsstrom der privaten Willensbildung beobachtet, der keine eigene Logik hervorbringt. Staat und Individuum sind später primär Träger eines »Willens«, der als Subjekt verkörpert wird,[27] aber das Denken der Verhältnisse *zwischen* den Subjekten

21 Dazu auch *Lake,* aaO (How we Think and Write about Found Objects).

22 *White*, aaO (The Practical Past).

23 *White*, ebd.

24 *François Delacroix/Christian Dosse/Patrick Garcia*, Les courants historique en France. 19e et 20e siècle, Paris 2005, S. 12f.

25 *Josef Ludin*, La parole déjouée du langage à la langue, Carnet psy Nr. 145 (2015), 23.

26 *Toril Moi*, Revolution of the Ordinary, Chicago 2017, S. 221; auch *D. Z. Phillips*, Introduction, in: ders./Peter Winch (Hrsg.), Wittgenstein. Attention to Particulars, London 1989, S. 1ff.

27 Vgl. nur *Otto von Gierke*, Grundbegriffe des Staatsrechts und die neuesten Staatsrechtstheorien, ZgesStW 30 (1874), 153, 160; *Carl Friedrich Wilhelm v. Gerber*, Grundzüge des deutschen Staatsrechts, 3. Aufl., Leipzig 1880, S. 19, 218ff.

ignoriert.[28] Dies ist Sache des Staates, der das »Private« aus der Perspektive der »Maßnahme«, der Schrankenziehung (im Hinblick auf die scheinbar ungebundene Vertragsfreiheit) von Fall zu Fall, opportunistisch verfolgt[29] und die (auch) literarisch tradierten gesellschaftlichen Rechtsnormen vom Recht abspaltet.[30] Auch darin zeigen sich aber noch die Spuren des Prozessierens von Transaktionen »en jeu« – eines Spiels, in dem auch die Regeln aufs Spiel gesetzt werden.[31]

3. Das Exempel des Polizeirechts: Das staatliche Wissen als Gegenstand seiner Aktenführung

Die Beschwörung des »Volksgeists« ist eine der Erscheinungsformen des neuen Historismus, dem es nicht gelingt, jenseits des westlichen Universalismus eine neue Ordnung aufzubauen. Er tritt zuallererst als eine Bewegung des Aufhaltens der Moderne in Erscheinung.[32] Das diffuse »Eigene« gewinnt seine Konturen primär aus der antithetischen Fixierung auf das Andere und dessen Vernichtung – dies hat sich ideologisch schon im 19. Jahrhundert angedeutet.[33] Der Rekurs auf den Volksgeist hat vor allem die Entwicklung eines liberalen Verständnisses der Gesellschaft und ihrer offenen Textur verhindert. Ein neues liberales Rechtsverständnis hätte den Verweisungszusammenhang zwischen dem Begriff des Rechts und der distribuierten Rechtsverhältnisse *zwischen* den Individuen in eine bewegliche experimentelle Ordnung versetzen müssen.

28 Kritisch dazu *Léon Duguit*, L'Etat, le droit objectif et la loi positive, Paris 1901, S. 4f.

29 Dies gilt vor allem für die Begrenzung der Privatautonomie; vgl. die grundsätzliche Kritik an der Praxis des allmählichen Übergangs zur Entscheidung von Fall zu Fall (statt einer an Grundsätzen orientierten Praxis) als ein Modus der Ordnung durch »direkten Befehl« *Friedrich August von Hayek*, Wahrer und falscher Individualismus, Ordo 1 (1948), , 19.

30 *Kieran Dolin*, Fiction and the Law. Legal Discourse in Victorian and Modernist Literature, Cambridge 1999, S. 14; *John Brewer/John Styles*, Introduction, in: dies. (Hrsg.), An Ungovernable People? The English and Their Law in the Seventeenth and Eighteenth Century, London 1980, S. 11.

31 Vgl. allg. *Joëlle Zask*, Situation ou contexte ? Une lecture de Dewey, Revue Internationale de Philosophie 245 (2008), 313.

32 Auch zu Carl Schmitt *Günter Meuter*, Der Katechon. Zu Carl Schmitts fundamentalistischer Kritik der Zeit, Berlin 1994: Der »Katechon« stellt sich gegen den »Niedergang« der westlichen Kultur.

33 Inzwischen hat sich dies als ein permanenter Konflikt innerhalb der westlichen Ordnungen eingenistet: Die Ordnung des Neuen bleibt stets in einer vagen utopischen Form, während konkret und fassbar für politische Bewegungen der unbedingte Wille zur Vernichtung der westlichen Kultur wird.

Wie gegenüber der Vertragsfreiheit, die in erster Linie unter dem Gesichtspunkt ihres Potentials als *Missbrauch* durch »Eigennutz« zu Lasten des gemeinen Nutzens (der seinerseits freie »Maßnahmen« erfordert) und nicht als Form der Freisetzung gesellschaftlicher Kreativität beobachtet wird, wird auch die öffentliche Beobachtung der Technik paradigmatisch einer Engführung mit der »Gefahr« für die öffentliche Sicherheit ausgesetzt, die ebenfalls die souveräne »Maßnahme« des Staates, den Einsatz des Verwaltungsakts kraft Ermessens, erfordert. Das Recht wird auch hier aus der Perspektive der Verwaltung und des souveränen Entscheiders beobachtet. Der Vielzahl der gefährlichen »Fälle« des Maschinengebrauchs steht das Entscheidungswissen des Staates gegenüber. Im Angesicht der Unordnung der Gefahren ist es das Verstehen der Einheit der Sicherheit der Rechtsgüter, die den Staat ermächtigt, aufgrund seines Wissens Grenzen zu setzen, die ebenfalls »von Fall zu Fall« prozessiert werden. Und von »Fall zu Fall« bedeutet: Durch *Akten*, die die buchstäblich entscheidende Wissensform des Staates werden. Sie sind die »Quellen« der Gegenwart, die alles enthalten, was wichtig ist, weil sie entscheidungsorientiert geführt werden – während das Wissen der Gesellschaft, soweit es nicht in die Form der *Staats*wissenschaft überführt wird, keine »entscheidende« Bedeutung findet. Dies ist eine Frühform dessen, was James C. Scott später »seeing like a state« genannt hat: Die beanspruchte Überlegenheit des an der Erhaltung der Einheit und Ganzheit der Nation orientierten Wissens und die Selbstzuschreibung eines davon bestimmten stabilen Beobachtungspunkts außerhalb des »Gewimmels« der Fälle demonstriert die epistemologische Verknüpfung von Normativität und Faktizität. Wer für Einheit rechtlich zuständig ist, sieht auch faktisch besser das, was für deren Erhaltung erforderlich ist. Die *Philosophie* des 19. Jahrhunderts akzeptiert demgegenüber keinen »assembleur ultime« der Elemente des Wissens, mit dem operiert werden kann. Es geht um die unterschiedlichen Konzeptionen eines »projet d'assemblage« ohne geschlossene Einheit und ohne sichere Basis; es bleibt nur die epistemologische Norm des ständigen Bemühens um die Erkenntnis des Verhältnisses zwischen Erkennendem und Erkanntem sowie deren Verknüpfung in vortheoretischen/unbegrifflichen Situationen, die jeweils eine Variante aus dem Netzwerk der Möglichkeiten in Anschlag bringen und neue Fragen aufwerfen.[34]

Im Grunde ist den sich tatsächlich durchsetzenden Rechtsvorstellungen im 19. Jahrhundert zum Trotz praktisch ein potentiell kreatives experimentelles Rechtsdenken auf der Grundlage einer Kooperation des staatlichen Rechts mit dem Erfahrungswissen der Technik exemplarisch am Polizeirecht abzulesen: Die faszinierende gesellschaftliche Leistung der Herausbildung der Grundlagen des Polizeirechts, die sich

34 *Michel Bitbol*, De l'intérieur du monde. Pour une philosophie et une science des relations, Paris 2010, S. 214, 682.

in der *Realität* vollzieht,[35] wird aber ganz verengt auf die Perspektive der staatlichen Polizei, die die Welt aus der Perspektive des souveränen Entscheidens in der Form der »*Maßnahme*« sieht. Für eine begriffliche Durcharbeitung des Polizeirechts als Technikrecht hat es nicht gereicht. Das Polizeirecht des 19. Jahrhunderts hat sich wie die Praxis des Privatrechts mehr und mehr auf den neuen Wissenstyp der Wahrscheinlichkeit und des damit verbundenen *Risikos* einzustellen, das jenseits des schicksalhaften Zufalls auf Entscheiden zugerechnet werden[36] und mit dem operiert werden kann.

Das Polizeirecht betreibt eine unbewusst bleibende Strategie, auf die L. Rosens[37] Bezeichnung »Skelettierung der Fakten« passen würde. Der Zusammenhang der gesellschaftlichen Prozesse der Erfahrungsbildung wird verengt in ihrer Bedeutung für den *Entscheider*: hier als Polizei. Das kollektive gesellschaftliche *epistemische* Moment der Bildung einer neuen gesellschaftlichen Erfahrung, die die Kehrseite der zu bekämpfenden Gefahr bildet, wird ausgeblendet oder im Prozessieren »von Fall zu Fall« nur auf eine praktische, aber begriffslose Weise bewältigt. Die Entwicklung neuer Handlungsmuster, gesellschaftlicher Regeln, kollektiver Normen wird zum Verschwinden gebracht, weil der *Staat* diese nicht *explizit* für seine Entscheidungen braucht. *Diese* Normativität des als normal Gesetzten bleibt im Schatten der *Maßnahme*. Das Moment der Selbstaufklärung der Gesellschaft im Medium des neuen Rechts der Technik (des Polizeirechts) durch neue Begriffe, die Verarbeitung und Systematisierung von insbesondere technischem Wissen wird ignoriert.[38] Implizit entwickelt sich durchaus eine moderne Rechtspraxis der Wirtschaft und der Behörden, die sich darauf einstellen, aber es fehlt an einem epistemo*logischen* Modell des Privatrechts, des öffentlichen Rechts der Technik und einer privat-öffentlichen »Kollisionsordnung«, die eine Stelle für das (private) »Recht als Kultur« und das öffentliche Verstehen der technischen Entwicklung durch Recht vorgesehen hätte.

Die figurale Relation auch des Historismus als Methode der Geschichtsschreibung, einer Epoche, die nicht mehr an den Kult der »exempla« der Vergangenheit orientiert war, war doch auf die Gewinnung eines stabilen Seins durch Verweisung an eine neue Einheit des Willens und der Kultur der Zukunft angelegt. Diese figurale Wendung war bestimmt von der Reduktion des kognitiven Horizonts auf das Wissen, das dem kommenden

35 *Karl-Heinz Ladeur*, Risiko und Recht: Von der Rezeption der Erfahrung zum Prozeß der Modellierung, in: Gotthard Bechmann (Hrsg.), Risiko und Gesellschaft: Grundlagen und Ergebnisse interdisziplinärer Forschung, 2. Aufl., Opladen 1995, S. 209.

36 *Niklas Luhmann*, Soziologie des Risikos (1991), Berlin 2003.

37 *Lawrence Rosen*, Law as Culture. An Invitation, Princeton 2006, S. 69; *Thomas Vesting*, Staatstheorie, München 2018, S. 181.

38 *Ladeur*, aaO (Risiko und Recht).

Staat und *seiner* Konstruktion der Gesellschaft korrespondierte, insbesondere dem Staat als Entscheider. Gerade die Entscheidung, der Verwaltungsakt, hat in der dynamisch werdenden Gesellschaft dennoch eine larvierte *epistemische* Leistung erbracht, die die Erkennbarkeit der Gesellschaft und ihrer Regeln aus der Zentralperspektive des Staates instituiert hat. Dies lässt sich eben am Polizeirecht ablesen,[39] das eine große Bedeutung auch für die Erkennbarkeit der Technik in der Gesellschaft gewonnen hat – auch wenn diese Bedeutung begrifflich eher in der Latenz verborgen geblieben ist.

4. Der Historismus und das Recht

Der Historismus ist eine ambivalente Erscheinung: Einerseits hat er die von tradierten zyklischen Zeitvorstellungen dominierte Geschichtswissenschaft dynamisiert,[40] andererseits hat er in seiner Version der Hermeneutik eine ähnliche Entwicklung wie in der Literaturwissenschaft hervorgebracht. Er hat ein Modell der Einheitsbildung in der Form der Übernahme eines Vorbilds der Vergangenheitsbeschreibung und -interpretation entwickelt, das mit der Option für das hermeneutische Verstehen die Öffnung der Perspektive auf die Zukunft verbindet und dazu tendiert, die Selbstorientierung den Bedingungen und Erfordernissen der Zeit (und der politischen, nationalen Macht) zu unterwerfen. J. Bouveresse hat mit Recht darauf aufmerksam gemacht, dass die zentrale epistemologische Annahme des Historismus darin besteht, zu wissen, »wo wir sind« und »wie wir dorthin gekommen sind«.[41] Wir sind da, wo der Staat steht. Die Orientierung an der Ordnungsbildung durch »Einheit« ist auch für die Rechtsgeschichte von prägender Bedeutung geworden.

39 Allg. *Paolo Napoli*, Naissance de la police moderne, Paris 2003.

40 *Christian-Georg Schuppe*, Der andere Droysen. Neue Aspekte seiner Theorie der Geschichte, Stuttgart 1998, S. 35; bis zum 19. Jahrhundert war Geschichte entsprechend dem traditionellen zyklischen Geschichtsdenken eher »a repository of examples«, erst danach wird sie zu einem linearen Prozess, *Katharina Kinzel*, Method and Meaning: Ranke and Droysen on the Historian‹s Disciplinary Ethos, History and Theory 59 (2020), 22, dort auch zu dem verfehlten Vorwurf, Hegel interessiere sich nicht für Empirie und der umgekehrten Kritik, die empirische Geschichtswissenschaft vernachlässige die großen Zusammenhänge; vgl. auch zu einem französischen Ansatz des Studiums der Geschichte, das uns den Weg öffnen soll zur »wahrhaften Kenntnis unseres gegenwärtigen Zustands«, *Pelegrino Rossi*, De l'étude du droit dans ses rapport avec la civilisation et la science actuelle, Annales de législation et de jurisprudence 1 (1820), 1, 25.

41 »Le philosophe et le réel«. Entretiens avec Jean-Jacques Rosat, Paris 1998, S. 211.

Bis in die jüngste Vergangenheit wird in der Darstellung der Privatrechtsgeschichte der Neuzeit durch F. Wieacker davon ausgegangen, dass »Einheit« ein zentrales Erfordernis der Orientierung an der Logik der bestehenden, d.h. nicht der prozesshaft hervorgebrachten Institutionen ist.

Die Entwicklung des Historismus im letzten Drittel des 19. Jahrhunderts hat die Schwierigkeiten belegt, auf die eine Bewegung trifft, die im Angesicht der Dominanz des westlichen, auf der Tradition des aufklärerischen Denkens basierenden politischen Denkens einen »eigenen«, von einer besonderen historischen Kultur bestimmten Weg einschlagen will. Dies ist möglich, aber schwierig, da Wirtschaft und Gesellschaft von einem starken universalistischen Entwicklungstrend zur formalen Rationalität geprägt sind. Dann besteht die Gefahr, dass das eigene »neue Denken« eher zu einer dünnen ideologischen Oberflächenstruktur der Kultur wird. Diese Bewegung wird dadurch problematisch, dass die Schwäche der Alternative nur durch eine scharf pointierte antiwestliche Ideologie kompensiert werden kann. Deren Folge besteht dann in einer Lähmung der politischen und rechtlichen Praxisformen der Kultur, insbesondere der Fähigkeit des politischen und rechtlichen Systems zur Selbstbeobachtung, die von der antiwestlichen Ideologie geschwächt wird. Diese Gefahr hat sich im Deutschland des späten 19. Jahrhunderts realisiert: Das antiwestliche Moment des Historismus ist immer stärker geworden und hat durch diese Ersatzbildung die Frage nach dem »Eigenen« der deutschen (Rechts-)Kultur nicht mehr überzeugend beantworten können.[42]

Auch L. Droysen versucht innerhalb des neuen Modells der Geschichte, des Historismus, an die historische Legitimation der römischen Institutionen anzuknüpfen, deren Entwicklung durch die Französische Revolution unterbrochen worden zu sein schien. Zugleich wendet er sich gegen die Universalgeschichte. Droysen vertrat einen problematischen, wenn auch liberal basierten Rationalismus der Geschichte, der den Gebildeten die Aufgabe der Erkenntnis der Gegenwart zuschrieb, während die Staatsmänner die praktischen Historiker sein sollten (und konnten).[43]

42 Die ist offenbar eine generelle Tendenz auch in neueren Versuchen, ein paradigmatisches universalistisches System durch eigenständige historistische Alternativen zu überwinden: Dies zeigt sich heute z.B. in China, das erhebliche Schwierigkeiten damit hat, ein eigenständiges chinesisches Modell der politischen Kultur zu entwickeln. Auch in China besteht die Gefahr, dass das »Eigene« letztlich nur noch in der hohen Kriegsbereitschaft gesehen wird, die in einer antithetischen Weise auf die mangelnde Wehrbereitschaft des Westens fixiert ist; letztlich gilt dies auch für den Sozialismus, der nur in seiner antiwestlichen Ideologie »Verständlichkeit« und Kraft gewinnen kann und im politischen Wettkampf besser nichts über die Alternative des Lebens im Sozialismus mitteilt.

43 *Jacques Revel/Alexandre Escudier*, »Être homme d'Etat, c'est être historien dans l'ordre politique«. Action politique et historicité chez J.- G. Droysen,

Die Epistemologie der Geschichte soll sich in einer Wissenschaft des Geistes und der Kultur bewegen.[44] Der Übergang zur Nationalgeschichte ist bei Droysen wie beim Historismus insgesamt in der Vorstellung begründet, dass es eine zielgerichtete Entwicklung der Geschichte geben muss, die eben nach dem Ende des religiös gestifteten Weltbildes der Vergangenheit nur auf der Ebene des Nationalstaats denkbar ist. Von diesem Modell des Lernens aus der Geschichte hat sich die Gegenwart entfernt, die sich nicht mehr an der Vergangenheit »Modell nehmen« will.[45] Doch der Historiker Droysen nimmt den »Standpunkt seines Volkes« ein, den zu erreichen »mein Vaterland ... mir gewährt hat«. Und nach Ranke ist zu akzeptieren: »Deutschland lebt in uns ... wir können uns nicht emanzipieren«.[46]

in: Christoph Bouton/Bruce Bégout (Hrsg.), Penser l'histoire. De Karl Marx aux sources des catastrophes, Paris 2011, S. 53, 56.

44 *Alexandre Escudier*, Des sciences de l'Etat à la synthèse culturelle (1760–1922), Histoire universelle, Philosophie de l'histoire et philosophie politique en Allemagne, in: ders./Laurent Martin (Hrsg.), Histoires universelles et philosophies de l'histoire, Paris 2015, S. 79, 86.

45 *François Hartog*, Régimes d'Historicité. Présence et expérience du temps, Paris 2012, S. 122.

46 Zit. nach *Alexander Demandt*, Ranke unter den Weltweisen, Vortrag Humboldt Universität am 14.12.1995 – https://edoc.hu-berlin.de/bitstream/handle/18452/2262/Demandt.pdf?sequence=4.

IV. Privatrecht im 19. Jahrhundert

1. Sprache als Medium der Welterzeugung

Bis zum 18. Jahrhundert war der Vertrag eine wenig dynamische Form der Bewegung innerhalb der bestehenden gesellschaftlichen Verhältnisse.[1] Im 19. Jahrhundert generiert er das Potential zur Erneuerung von Verpflichtungen und Rechtsformen jenseits der bekannten Vertragskonstellationen. Die Willenserklärung wandelt sich zu einem über sich selbst hinausweisenden kreativen »speech act«.[2]

Ansätze zu diesem Wandel der Einbettung des Vertrages in die gesellschaftliche Sprache[3] finden sich, wie gezeigt, schon in Hobbes' Sprachtheorie, die eine kollektive Dimension der Sprache zur Geltung gebracht hat. Durch diesen Überschuss entsteht auch das *Recht als Kultur* als Reservoir an Möglichkeiten für die Zukunft. Im 19. Jahrhundert ist dies die Antwort auf die unter Ungewissheitsbedingungen entstehende »crisis of a knowable community«.[4] Der Überschuss der Handlung, auch des Vertrages, über die bisherigen Grenzen des Denkbaren hinaus ermöglicht mehr unpersönliche Vertragsbeziehungen unter Abwesenden und eröffnet damit eine Perspektive auf eine abstrakte Ordnung, die zu einem Produkt des privaten Verhaltens und seiner Muster wird. In Deutschland bleibt dieses Denken einer kreativen mobilisierten Privatsphäre beschränkt auf die Unterstellung der »Kunst als der wahren Sprache«[5], während die Sprache der Alltagsverhältnisse im Übrigen als unbeweglich und festgestellt angesehen wurde. Goethe[6] hat in seinen morphologischen Überlegungen den Deutschen eine Neigung zur Fixierung auf die »Gestalt« des Gewordenen vorgehalten.

2. Das Rechtssubjekt der Privatrechtsgesellschaft

Das Subjekt der liberalen Gesellschaft ist kein leeres eigenschaftsloses Individuum. Dies ist die Sichtweise des Staates, für den das Subjekt nur

1 *Irene Tucker*, A Probable State: The Novel, the Contract, and the Jews, 2. Aufl., Chicago 2000, S. 130, 169.
2 *Tucker*, ebd.
3 *Gérard Bensussan*, Dans la forme du monde: Sur Franz Rosenzweig, Paris 2009, S. 173.
4 *Raymond Williams*, The English Novel From Rickers to Lawrence, London 1970, S. 16.
5 *Bensussan*, aaO (Dans la forme du monde), S. 170.
6 *Johann Wolfgang v. Goethe*, Sämtliche Werke, Band 24: Schriften zur Morphologie, Berlin 1987, S. 392.

eine »Adresse« (N. Luhmann) für die »Zustellung« von Rechten und Pflichten ist, deren Gegenstand durch den Staat bestimmt wird. Insgesamt geht das Subjekt mehr Bindungen ein, weil es die Auswahl hat. Doch ein Zwang besteht insofern, als das Subjekt, das keine Bindungen eingeht, seinen Lebensraum extrem reduziert. Die Vielzahl der Möglichkeiten schlägt sich darin nieder, dass die Subjekte die Zahl und Bedeutung ihrer Bindungen erheblich steigern. Dies findet seinen Ausdruck darin, dass immer neue Organisationen, professionelle und kulturelle Vereinigungen jeder Größe entstehen. Nach einer Schätzung haben gegen Ende des 18. Jahrhunderts sich in London allabendlich etwa 20.000 Personen zu unterschiedlichsten Zwecken »getroffen«.[7]

Wenn die Stellung des Rechtsubjekts durch sein Handlungsfeld in der *Gesellschaft* bestimmt wird, wird auch seine Infrastruktur grundlegend verändert. Dann wird es zum Knoten in sich überlagernden Netzwerken von Relationen, die ihm nicht äußerlich bleiben können. Das bindungslose »souveräne« Individuum ist souverän nur im Hinblick auf die alten fixen Bindungen des Ancien Régime. Die Konstruktion des »souveränen Individuums« ist nichts als ein Mythos des *Staates*: Dies ist eine Variante des »seeing like a State« (J. S. Scott). Der Staat konstruiert den Anspruch des Individuums auf »Souveränität« nach seinem Bilde, um diesen die Schranken zu verweisen zu können: »Souverän« ist er, soweit er über »sein inneres Leben« (Savigny) verfügt. Sobald es um seine Beziehungen zu anderen geht, gilt die Souveränität des Staates!

Selbstverständlich unterliegt das Individuum Bindungen, selbstverständlich verinnerlicht es Bindungen, aber das, was Victoria Kahn für frühere Epochen der englischen Geschichte »the emergence of a new contracting subject« genannt hat – gegen »a thin concept of the individual in modern liberal political philosophy«[8] – ist zwar, wie man formulieren könnte, im wörtlichen Sinne »defamiliarisiert«[9], ohne stabile,

7 *Adam B. Seligman*, Role Complexity, Risk, and the Emergence of Trust, Boston University Law Rev. 81 (2001), 619, 630.

8 *Victoria Kahn*, Wayward Contracts. The Crisis of Political Obligation, 1640-1674, Princeton 2016, S. 279f., 282.

9 *Svetlana Boym*, Another Freedom. The Alternative History of an Idea, Chicago 2012; auch *Carl Friedrich Wilhelm v. Gerber*, System des deutschen Privatrechts, 17. Auflage, Jena 1895, S. XXV, sieht den »Fortschritt des Rechts ... in der Zerstörung jenes natürlichen Zusammenhanges und in unausgesetzter Trennung ... «. Doch wird diese Form der Defamiliarisierung nicht weitergeführt, sondern auf einer höheren Ebene im Rekurs auf ganz abstrakte Willensverhältnisse neu stabilisiert – und damit sollen alle Möglichkeiten abgedeckt sein. Dies ist im Grund eine unproduktive Abstraktion, der es nicht um die Eröffnung neuer Möglichkeiten jenseits eines Kanons des Berechenbaren und Erwartbaren geht. Was nicht darunter »passt«, wird ignoriert. Vgl. dazu allg. *Alfred North Whitehead*, Abenteuer der Ideen, 2.

feste moralische oder traditionelle Bindungen, aber es geht neue Bindungen ein, und diese *neuen* Bindungen sind distribuierte Bindungen, die über ein Netzwerk aus Erfahrungen und Praktiken »extern« prozessiert werden, weil sie nur noch eine »metastabile«, von ständiger Unruhe bestimmte, aber nicht ins Chaos kippende Ordnung zulassen. Das neue Subjekt ist selbst ein emergenter Effekt seines »Machens«, der aber wegen der distribuierten Effekte dieses Machens nicht vom einzelnen Subjekt beherrscht werden kann. Geschichte muss als »Text« gelesen werden, der nicht durch *Absichten* des Machens bestimmt wird, sondern durch deren unpersönliche Muster. Dies fordert im Anschluss an Walter Benjamin die Idee einer »Philologie der Geschichte«.[10] Deren Grundlage ist zu suchen in sprachlichen Bildern, die durch das unpersönliche Prozessieren und Verdichten von Relationen zwischen sprachlichen Figuren entstehen und die Sinneffekte erzeugen.

Die vormoderne »Romance« als literarische Form hat in England auch eine politisch-gesellschaftliche Dimension: »Reading of romance« kann die Leidenschaften, »errant passion«, so hervorrufen, dass die Grundlagen des Gesellschaftsvertrags, die politische Verpflichtung, gefährdet werden.[11] Dies erfordert einen »literarischen Kontrakt« des Lesens und des Lesers. Hobbes hat die politische Dimension des Romans erkannt und sich gegen die »Extravaganz« der leidenschaftlichen »romance« gewandt.[12] Es bedarf eines »sprachlichen Vertrages« über die Selbstbeherrschung. Victoria Kahn ist der Auffassung, dass dies nicht nur ein Kontrakt im metaphorischen Sinne sei, sondern eine Art Vorvertrag vor dem Gesellschaftsvertrag. Auch dies ist eine Reflexion auf die Voraussetzungen der gesellschaftlichen rechtlichen Bindungen, die nicht einfach außerrechtlich bleiben können, sondern reflexiv bearbeitet werden müssen. Das Rechtssubjekt als Bürger bleibt in der Kontinuität des römischen Rechts: Es lässt sich nicht auf sein politisches Verhältnis zum Staat reduzieren.

Hobbes erweist sich beinahe als Vorläufer von Adam Smith, wenn er zwar nicht den Aufbau des »man within« als Voraussetzung des gesellschaftlichen »commonwealth« akzentuiert, aber doch die Notwendigkeit betont, dass die Bürger »shall read and know what are the passions of all other men«.[13] Zwischen der Leistung der Literatur und der

Aufl., Berlin 2017, S. 476: statische Begriffe »schließen ganze Bereiche von Möglichkeiten aus unserem Blickfeld aus«. Begriffe prägen »Denkgewohnheiten« und invisibilisieren das, was nicht mit »begriffen« ist.

10 *Kevin McLaughlin*, The Philology of Life. Walter Benjamin's Critical Program, New York 2023.

11 *Victoria Kahn*, Romance and the Contract of Mimesis, Political Theory 29 (2001), 4, 6.

12 *Kahn*, ebd., 6f.

13 *Kahn*, ebd., 21.

Philosophie des Begriffs besteht ein Korrespondenzverhältnis. Die wichtigste Leistung der Literatur[14] besteht in der Irritierung des Vorstellungsvermögens durch die Distanz von der einfachen Referenz auf die Oberfläche des Realen, der geteilten Erfahrung. Demgegenüber ist daran zu erinnern, dass in der anglo-amerikanischen Tradition vor allem aber bei Hobbes der Staat als Autorität durch einen expliziten »powerful, if sometimes fictional, speech act«[15] gegründet wird, dem auf der anderen Seite eine neue »poetics of the subject and the state«[16] entspricht. Diese Ordnungsvorstellung verweist nicht auf die still wirkenden Kräfte des Volkes,[17] sondern auf die Kraft einer neuen *gesellschaftlich* bestimmten Sprache, ihren distribuierten Praktiken, die das Denken transformieren. Hobbes als »inventor of the invention of language« betont die Bedeutung der sprachlichen Vorstellungen in der Gründung und Erhaltung einer Gruppe.[18] Das Volk wird durch den Souverän und dessen An-Sprache erst ein politischer Körper.[19] Dies ist keine Mystifizierung staatlicher Gewalt, sondern eine politische Theorie der Gründung und Erhaltung des Volkes als – durch den Souverän – handelnden Körpers.

Wie P. Ricoeur evokativ formuliert hat, besteht diese Leistung in einer paradoxen »Zerstörung der Welt«[20] und der prospektiven Eröffnung einer neuen Vorstellungskraft jenseits der mimetischen Abbildung der alten »Wirkungskräfte«, die deren Einheit und Ganzheit getragen haben.[21] Die Lebensformen sind die notwendige Grundlage der Selbstorientierung, aber die Moderne verlangt einen zusätzlichen Modus der Virtualisierung dieser Lebensformen, der die »Zerstörung« der Eigenwelt des Privaten, wie sie Savigny dem »Einzelnen« zuschreibt, durch Textualität und Fiktion in eine komplexere Wiederaneignung von mehr Möglichkeiten jenseits des Realen, ja, in eine andere Sprache des »Virtuellen« überführt.[22]

Die bleibende Wahrheit der transzendentalen Philosophie besteht darin, dass es, auch und gerade in Bezug auf die Normativität der

14 Vgl. unten zum Bildungsroman A XV.

15 *Kahn*, aaO (Wayward Contracts), S. 1.

16 *Kahn*, ebd., S. 1, auch 394f.

17 *Friedrich Carl v. Savigny*, Vom Beruf unsrer Zeit für Gesetzgebung und Rechtswissenschaft, Heidelberg 1814, S. 13.

18 *Philip Pettit*, Made with Words: Hobbes on Language, Mind, and Politics, Princeton 2009, S. 2.

19 *Pettit*, ebd., S. 123.

20 *Paul Ricoeur*, Du texte à l'action, Paris 1986, S. 114 ; vgl. dazu auch *Myriam Revault d'Allonnes*, La faiblesse du vrai. Ce que la post-vérité fait à notre monde commun, 2. Aufl., Paris 2021, S. 112.

21 *Paul Ricoeur*, Du texte à l'action, Paris 1986, S. 114 ; vgl. dazu auch *Revault d'Allonnes*, aaO (La faiblesse du vrai), S. 111f.

22 *Mikhaïl Bakhtine*, Esthétique et théorie du roman, Paris 1987, S. 173.

gesellschaftlichen Regeln, keine Unmittelbarkeit der Aneignung der Welt geben kann. Das Verhalten der Subjekte wird immer von einem Anderen begleitet, das mehr Möglichkeiten aufruft.[23] Das Selbstverhältnis des Individuums ist in einer liberalen Gesellschaft immer vorläufig.[24] Diese Unruhe muss von den Subjekten verinnerlicht werden, dadurch wird ein unpersönliches »Anderes« introjiziert, das auf die Beobachtung der variabel werdenden *gesellschaftlichen* Praktiken und Lebensformen angewiesen ist. Unsere normativen Regeln sind immer schon Teil der »ongoing ways of life, attachments, institutions, and dependencies«[25]. Das Subjektverhältnis ist nicht nur politisch und verfassungsrechtlich konstituiert. Es ist zunächst begründet in einer Art gesellschaftlichem »Vorvertrag« der privaten Beziehungen. Für die Vergangenheit wie die Gegenwart lässt sich zeigen, dass es ohne diesen gesellschaftlichen »Vorvertrag« auch keine politische Demokratie geben kann. Das politische Bürgerverhältnis basiert auf einer gesellschaftlichen unausgesprochenen *episteme*, ohne die »kein Staat zu machen ist«.

Freiheit ist ein relationaler Begriff: Freiheit wird immer durch das »strukturiert, was als ihr Anderes erscheint«. Individualität setzt Institutionen voraus und »Netzwerke der Zugehörigkeit«, in denen sie erst hervorgebracht werden kann.[26] Der »Platz der Subjektivität« ist nicht im »Selbst«, sondern in einem Gewebe von »Beziehungen« zu lokalisieren.[27] Die Hobbes'sche Theorie der Sprache – mit Victoria Kahn gelesen – bringt die kollektive Dimension des Privaten zum Vorschein, die erklärt, dass und warum weder die politische Öffentlichkeit noch die Paradoxie der *kollektiven* Privatheit vom Einzelnen ausgehen kann. Im Privatrecht führt nicht der Einzelne »sein inneres Leben«, wie Savigny angenommen hat[28] – letztlich um den Einzelnen in seinem »inneren Leben«

23 Dass dies gerade nicht mehr in der liberalen Kultur reflektiert wird, sondern die Unmittelbarkeit der »Identitäten« kultiviert wird, ist eine der Erscheinungsformen der aktuellen Krise des Westens: »la nécessaire éthique de l'altérité affadie en idéologie du soin«, *François Richard*, L'actuel malaise dans la culture, Paris 2011, S. 86; allg. auch *Vincent Descombes*, Le complément de sujet. Enquête sur le fait d'agir de soi-même, Paris 2004, S. 8.

24 *Robert B. Pippin*, Nietzsche. Psychology, and First Philosophy, Chicago 2010, S. 83.

25 *Robert B. Pippin*, Hegel's Practical Philosophy. Rational Agency as Ethical Life, Cambridge 2008, S. 67.

26 *Jean-François Kervégan*, Le »droit du monde«, sujets, normes et institutions, in: ders. (Hrsg.), Hegel – penseur du droit, Paris 2004, S. 35.

27 *Liliane Weissberg/Andreas Kilcher*, Einleitung, in dies. (Hrsg.), Nachträglich, grundlegend: Der Kommentar als Denkform der jüdischen Moderne von Hermann Cohen bis Jacques Derrida, Göttingen 2018, S. 7, 21.

28 *Friedrich Carl von Savigny*, System des heutigen römischen Rechts, Band 1, Berlin 1840, S. 23.

einzusperren und im wahrsten Sinne des Wortes »ruhig zu stellen«. Doch dies war unmöglich. Das hat Hobbes viel früher anders gesehen und die Bedeutung der produktiven, Relationen zwischen den Bürgern ermöglichenden »Einbildungskraft« für den sozialen Zusammenhang akzentuiert.[29]

Auch und gerade das Privatrecht wird durchzogen von einer Welle der »Defamiliarisierung«, die dazu führt, dass das Subjekt »nicht Herr im eigenen Haus« (S. Freud) ist – wie es auch schon die Römer nicht waren. Und wie Freud hinzugefügt hat: »... es gibt dieses eigene Haus gar nicht«. Dieser Gedanke lässt sich fortführen in der Überlegung, dass das Private nur sehr viel weniger explizit organisiert und institutionalisiert als das Öffentliche, aber nicht weniger nach eigenen Regeln prozessiert wird. Das Private unterscheidet sich schon in Rom von den alten familialen Strukturen, die eine eigene tradierte Ordnungskraft hatten, während schon in Rom die Person mehr und mehr durch eine defamiliarisierte unpersönliche, auf Wandel angelegte Ordnung geprägt war..

Dies eröffnet auch den Zugang zum Verständnis des individuellen Subjekts in der deutschen rechtswissenschaftlichen und rechtsphilosophischen Literatur: Die Eigenständigkeit der *Beziehung zwischen den Individuen* wird in der rechtswissenschaftlichen Literatur vernachlässigt: Es gibt das Individuum, dessen Freiheit wichtig genommen wird, und dann gibt es den Staat, der *das Ganze* organisiert, aber der transsubjektive »*Zwischenraum*« zwischen den Individuen einerseits und den Individuen und dem Staat andererseits wird vernachlässigt – mit fatalen Folgen für die Beobachtung der Evolution des Rechts. Daraus entsteht im 19. Jahrhundert ein Antiinstitutionalismus, insbesondere ein Antipluralismus, der das Recht bis heute bestimmt. Durkheim hat dies am Beispiel H. von Treitschke analysiert, für den evident ist, dass aus den »mannigfaltigen Beziehungen ... zwischen den verschiedenen Individuen oder Gruppen ... kein natürlich organisiertes System« entstehen kann.[30] Für Treitschke gründet die spirituelle Berufung des Staates auf seiner Macht. Die Leitidee des Universalismus, die bei Ranke noch vorhanden ist, ist aufgegeben worden. Die Referenz auf die »Einheit« des Staates ist in ein antiliberales Extrem getrieben: Es geht nicht mehr nur um die normative Anrufung der Bürger, sich mit Recht und Staat zu identifizieren, sondern um die Formulierung von »Einheit« als politisches und ideologisches Projekt des Staates: Dessen spirituelle Kraft ist von der Herausbildung

29 *Odile Tourneux*, L'institution imaginaire de la société chez Thomas Hobbes, Arch. de Phil. 86 (2023), 153ff.

30 *Heinrich von Treitschke*, Politik. Vorlesungen gehalten an der Universität zu Berlin, Band I, 2. Aufl., Leipzig 1899, S. 54; *Emile Durkheim*, in: Marie Rotkopf/ders., »Deutschland über alles«. Die deutsche Mentalität und der Krieg, Berlin 2023, S. 40.

einer homogenen Mehrheit der Bürger abhängig, kulturelle, ethnische, religiöse Minderheiten werden dann außerhalb des Staates lokalisiert.[31]

Das ist der Fluchtpunkt des konservativen Rechtsdenkens in Deutschland... Einen gewissen Realitätsbezug hat diese Staatsfixierung darin finden können, dass tatsächlich die vielen und bedeutenden »zivilgesellschaftlichen« Vereine und Organisationen in Deutschland ihrerseits eher gegen die Entfaltung der Eigenrationalität des Gesellschaftlichen gerichtet waren: Die aktive »Zivilgesellschaft« und ihre Organisationen waren quantitativ durchaus bedeutungsvoll, aber ihre Stellung blieb ambivalent: Es entwickelten sich eher politisch polarisierende, fragmentarische gesellschaftliche Organisationen, die nicht dazu beitrugen, Vertrauen in ein gemeinschaftliches Verständnis der Privatrechtsgesellschaft oder einer Öffentlichkeit zwischen Staat und Gesellschaft aufzubauen.[32] Auch dies zeigt, dass es zu kurz greift, dem Bürgertum nachzusagen, es habe auf die politische Macht verzichtet, um die gesellschaftliche Freiheit zu nutzen. Die *Gesellschaft* war nicht auf die Demokratie eingestellt. Die gesellschaftliche Öffentlichkeit muss aber selbst den Charakter einer differenzierten pluralistischen offenen Form der Auseinandersetzung annehmen, um als Grundlage eines modernen Staates fungieren zu können.[33] Ohne eine offene, lebendige Privatrechtsgesellschaft gibt es keine Demokratie und auch keine produktive Rechtsentwicklung! Nirgends.[34] Eine funktionierende Privatrechtsgesellschaft bringt eine weit über die Grenzen der Wirtschaftsbeziehungen hinaus wirkende lebendige

31 *Jeffrey Andrew Barash*, Politiques de l'histoire. L'historicisme comme promesse et comme mythe, Paris 2004, S. 117ff.

32 Vgl. *Sheri Berman*, Civil Society and the Collapse of the Weimar Republic, World Politics 49 (1997), 401, 410.

33 Vgl. im Anschluss an Tocqueville *Robert D. Kaplan*, The Coming Anarchy. Shattering the Dreams of the Post Cold War, New York 2000, S. 66.

34 Es erscheint mir sinnvoll, in einer Nebenbemerkung vergleichend auf die brasilianische Rechtsentwicklung hinzuweisen, die exemplarisch für die postkoloniale Rechtsgeschichte sein könnte: In der postkolonialen Konstellation kommt es (häufig) nicht zu einer produktiven Kooperation und Koordination zwischen informalen gesellschaftlichen Normen und dem insoweit ins Leere gesetzten staatlichen Recht. Stattdessen entwickeln sich individuelle oder gruppenbezogene »Arrangements«, die korruptive Züge tragen, weil sie nicht die produktive Kraft der Erzeugung einer transsubjektiven Überwirkung auf einen sich selbst stabilisierenden Prozess des produktiven Wissens unter Bedingungen von Ungewissheit besitzen. In Brasilen werden diese Arrangements »Jeito« genannt – ein Wort, das ebenso wie sein Gegenstand schwer zu fassen ist; vgl. dazu *Keith S. Rosenn*, Brazil's Legal Culture. The Jeito Revisited, Florida International Law Journal1 (1984), 1; *Arno Wehling*, An Old Empire Gives Birth to a New One. Social Practices and Transformations of the Luso-Brazilian Legal Order, Rg 26 (2018), 302.

Infrastruktur aus Regeln und Konventionen hervor, die auch für die Demokratie und vor allem ihre Sicherung in einer Krise von Bedeutung ist.[35]

Goethe hat die Polarisierung der Meinungen während der Französischen Revolution als destruktiv für den sozialen Zusammenhalt betrachtet. Auch er betont die produktive Entwicklung zu einer sozialen »Kultivierung« (»cultivation«) während des 18. Jahrhunderts in Frankreich. Er war im Hinblick auf Deutschland sehr kritisch im Hinblick auf die Möglichkeit einer Polarisierung der Meinungen, *wenn* es für die Meinungsbildung keine Institutionalisierung gibt.[36]

3. Vertragsfreiheit und Subjektivierung des Tauschwerts

Seit dem Beginn des 19. Jahrhundert zeichnet sich die Entwicklung einer neuen Dynamik der gesellschaftlichen Entwicklung ab. Das traditionelle Denken in Kreisläufen wird abgelöst durch eine neue Beweglichkeit in den gesellschaftlichen Beziehungen, die eine offene Zukunft in Anschlag bringt, deren Ungewissheit nicht mehr nur auf »Zufall« beruht. Diese Veränderung lässt sich auch im Vertragsrecht beobachten. Der Bestand an vertragsrechtlichen Normen verändert sich nicht wesentlich, doch der Kontext des Vertrages wird einem Prozess des Wandels ausgesetzt, der auch diesen selbst als *gesellschaftliche Institution* bald grundlegend verändert.

Das führt, wie schon das Aufkommen des Historismus indiziert, zu einem anderen Zeitverständnis. Nicht nur die Vergangenheit, sondern die Zukunftserwartung der Vertragspartner und der in der Wirtschaft in der Zeit durch Erfindungen[37] und ihre technische Verwirklichung zu schaffende Mehrwert werden für das Verständnis des Vertrages entscheidend. Dadurch entsteht die Dynamik, die über den einzelnen Vertrag hinaus einen neuen Prozess der Selbstveränderung der Gesellschaft, des Rechtssubjekts und des Rechts in Gang setzt. Das Subjekt ist mit sich selbst so uneins[38] wie die politische Gesellschaft.

Das Recht schafft neue Räume und Felder des Vorstellbaren (»believable«), die sich dem sich selbst verstärkenden technischen Wandel öffnen und organisierte Arbeitsbeziehungen entwickeln.

Über informelle Regeln wie die Fabrikordnungen, die die Entwicklung neuer wissensbasierter und Wissen erzeugender Handlungsbereiche

35 *Martin Wolf*, The Crisis of Democratic Capitalism, New York 2023, S. 178f.

36 Vgl. *Kirk Wetters*, The Opinion System. Impasses of the Public Sphere from Hobbes to Habermas, New York 2008, S. 125.

37 *Gilbert Simondon*, Imagination et invention: 1965–1966, Paris 2014.

38 *Ino Augsberg*, Kassiber. Die Aufgabe der juristischen Hermeneutik, Tübingen 2016, S. 91.

schaffen, setzen eine neue Reflexivität der Vertragsbedingungen (durch die Beobachtung des Kontextes der Verträge) oder Kooperationen auf der Grundlage von Erfindungen und kollektiv geordneten Kartellen u.ä. ins Werk. Der Vertrag und die Vertragsfreiheit werden nicht vom Bild des Austauschs von Äquivalenten,[39] sondern von produktiven Asymmetrien bestimmt, die zu einer Dynamik des gesellschaftlichen Wandels führen und dabei das stationäre Denken in traditionellen Denkvorstellungen überspielen.

Es ist aber gerade nicht, wie erwähnt, das Denken in Begriffen als solches, das an seine Grenzen stößt, sondern eher das Denken in Begriffen der *Begriffsjurisprudenz*, das den Wandel der Rechtskultur und die Entstehung des Neuen nicht mehr denken kann, weil es auf der Begrenzung der Versionen des Möglichen aufbaut. Dies ist im Grunde eine paradigmatische Denkform der Rechtswissenschaft schlechthin: In der Begriffsbildung der Naturwissenschaften herrschte vor dem revolutionierenden Übergang in die nach-newtonsche Wissenschaft ein naiver Begriffsrealismus. »Die Begriffe sind die wahren Repräsentationen der Strukturen der Natur«[40]: Abstraktion und konkrete Erscheinung stehen in einem engen Entsprechungsverhältnis. Daran schließt das sich für autonom haltende normative Denken der Rechtswissenschaft an: Die (rechts-)wissenschaftlichen Begriffe sind die wahren Repräsentationen der Strukturen des *Rechts*, das seine eigene normative Welt aus »Rechtsakten« geschaffen hat, deren Verhältnisse rechtsbegrifflich wiedergegeben werden. Veränderungen gibt es nur als Ergebnis des »stillen Wandels«, den der Volksgeist hervorbringt, der sich selbst aber dem begrifflich antizipierenden Denken entzieht. Das Vibrieren der Ereignisse, die in einer Zeit des dynamischen Wandels das stabile Begriffsdenken herausfordern könnten, wird ignoriert. Es wäre eine Anmaßung, dies als Anstoß *von außen* für rechtlich relevant halten zu wollen. Die Wahrung und Verwaltung der Kontinuität – und nur darum geht es – ist die Sache des »Volksgeists«. Hier ließe sich eine Verbindung herstellen zu der Leere des einzelnen privaten Subjekts bei Savigny[41]: Das Zusammenwirken der Begriffe bildet »Schemata« aus, die sich »auf allgemeine Muster der Wahrnehmung, der Äußerung und Handlung (beziehen), die auf akzeptierte Ordnungen zurückgehen« und »nachahmende Wirkung« erzielen sollten.[42] Die

39 Dort setzt auch *Heinrich Mitteis* noch 1947 den Akzent, Vom Lebenswert der Rechtsgeschichte, Weimar 1947, S. 86f.: Insbesondere am Maßstab von »Treu und Glauben« sei eine Vertragskontrolle erforderlich.

40 *Werner Kogge*, Schrift und das Rätsel des Lebendigen. Die Entstehung des Begriffssystems in der Molekularbiologie zwischen 1880 und 1950, Preprint MPI Wissenschaftsgeschichte Nr. 409 (2010), 5.

41 *Savigny*, aaO (System des heutigen römischen Rechts, Band 1), S. 24.

42 *Horst Bredekamp*, Der Bildakt, Berlin 2015, S. 112; dieses Buch könnte der Anlass sein, allgemeiner und genauer auf die Fruchtbarkeit von Bredekamps

Begriffe formen Anschauungen, Bilder der Stilllegung des Handelns in unbewegten Schemata, z. B. als Käufer, als Verkäufer, als Urheber einer unerlaubten Handlung etc., welche die die Grenzen der starren Handlungsversionen überschreitende neue Beweglichkeit der gesellschaftlichen Relationen kanalisieren sollten. Der hier für richtig gehaltene Rekurs auf die Metapher der »Schrift« des Rechts versteht sich – auch in Anlehnung an deren Aufstieg in den Naturwissenschaften[43] – vor dem Hintergrund der Suche nach einer neuen Form der Abstraktion als Ausdruck eines neuen Denkens in der Gestalt einer Kombinatorik und von Relationen jenseits stabiler »wahrer Repräsentationen« der Komponenten eines Systems.

Die Metapher ist eine ambivalente Figur: Sie kann durch eine starke ideologische Fixierung deren immanente Beweglichkeit blockieren, aber auch umgekehrt die Möglichkeit einer beweglichen Rekonfiguration von sozialem Sinn durch die Öffnung einer Überschreitung zum Anderen erlauben. Dies hängt von einem »kulturellen Code« (U. Eco) ab.[44]

Hier zeigt sich eine Affinität zur Suche nach der »reinen Form« der Romantik, deren Ausläufer bis in die Begriffsjurisprudenz reichen: Das Reine ist das methodisch Selbstbestimmte.[45] Auch dies ist ein Indiz dafür, dass die Begriffsjurisprudenz nicht so unreflektiert war, wie von ihren späteren Kritikern behauptet worden ist. Dies zeigt nur, dass das Recht seinen Wandel nicht denken kann: Das Alte kann nur noch als Abweichung vom neuen Denken verstanden werden. Die Begriffsjurisprudenz hat demgegenüber in »strenger Mittelbarkeit« (Begriff nach Hölderlin)[46] – anders als die Kunst – Fiktionen erzeugt, die die sich überlagernden Ursachen und Motive des Handelns hinter sich lassen und Relationierungsmuster befestigen, die sich bewährt haben, aber die Eigenrationalität der produktiven Selbstorganisationseffekte zwischen den abgeblendeten Ursachen und Motiven unterdrücken.

Der Austauschvertrag bestand vor der neuen technisch induzierten Dynamik des 19. Jahrhunderts tatsächlich nur im Austausch

Theorie des Bildakts für die Rechtstheorie einzugehen. Das ist aber hier nicht möglich; das gleich gilt für das kantische Verständnis des Schematismus als eines allgemeinen Verfahrens der »Einbildungskraft«, die einen Begriff zum Bild kommen lassen kann, aber dieses nicht mit dem Begriff in eins setzen darf; https://www.spektrum.de/lexikon/philosophie/schematismus/1822. Daran schließt im Grund Hegels Begriffsdenken an.

43 *Kogge*, aaO (Schrift und das Rätsel des Lebendigen), S. 6.

44 *Jean-Claude Monod*, La mise en question du paradigme aristotélien – et ses limites, Arch. de Phil. 79 (2007), 535.

45 Allg. *McLaughlin*, aaO (The Philology of Life).

46 Vgl. näher *Mark Payne*, On Being Vatic: Pindar, Pragmatism, and Historicism, Am. J. of Philology 127 (2006), 159, 165; das Zitat ist aus Hölderlins Übersetzung von Pindars »nomos« (Hölderlin: »Das Höchste«).

»korrespektiver Willenserklärungen«. Die neuen Vertragsbeziehungen über unterschiedliche, asymmetrische Beiträge zu kollektiven Prozessen der Erfindung und Produktion neuer Güter, die vor ihrer Erfindung[47] und ihrer technischen Realisation nicht denkbar waren,[48] haben die Logik des Privaten und den privaten Vertrag fundamental verändert. Die privaten Beziehungen werden immer mehr von kollektiven überschießenden Effekten auf Dritte und ganze Gesellschaftsbereiche überlagert, z.B. durch die Produktion komplexer technischer Güter, die ständig von den Herstellern wie von Dritten weiterentwickelt werden und durch ihre »Wissensbestandteile« mehr Möglichkeiten erzeugen.[49] Daran geht die Kritik der Orientierung des bürgerlichen Rechts am Tauschwert (und nicht am Gebrauchswert) der Produkte vorbei. Dabei wird stets gedacht, dass das, was von öffentlicher Bedeutung ist (der Mehrwert), eigentlich auch in die »öffentliche Hand« gehört. Hier geht es aber um eine hybride *privat-öffentliche* Dimension des wirtschaftlichen Handelns, einen »Zwischenraum« der Möglichkeiten, dessen Komponenten nicht nach der einen oder der anderen Seite aufgelöst werden können.

Die öffentliche Komponente wird in der auf Lernen angelegten Beobachtung der Gefahren und Risiken (insbesondere im Polizeirecht, aber auch im Vertragsrecht) aufgenommen, die die Dynamik der privaten Beziehungen und die darüber induzierte geteilte, für Dritte zugängliche, insbesondere technische Erfahrung nicht unterdrücken will, aber sich auf Interventionen durch »*Maßnahmen*« beschränkt, denen keine »soziale Epistemologie« des staatlichen Handelns zugrunde liegt. Eine solche, für den Staat nur durch Kooperation mit der Privatrechtsgesellschaft zugängliche »Wissensordnung« wäre erforderlich gewesen, wenn nicht nur »Gefahren« als Abweichung von der unbegriffenen Normalität vermieden werden sollten, sondern prospektiv vor allem Lernfähigkeit durch

47 Die »Erfindung« als Ausdruck der »Fertigkeit des Menschen« vollzieht einen Bruch mit der Vorstellung des Verhältnisses zur Natur als das der »Nachahmung«, *Hans Blumenberg*, Geistesgeschichte der Technik, Frankfurt a.M. 2009, S. 239.

48 Die Emergenz von »Erfindungen«, noch dazu in großer Zahl während eines begrenzten Zeitraums im 19. Jahrhundert, bleibt in der Technikgeschichte wie *Benoît Godin*, Innovation, Diffusion, and Linear Models of Innovation: The Contribution of Anthropology – A Conceptual Framework, Journal of Innovation Economics 2014, 11, 18, und *Alfred L. Kroeber*, Anthropology, New York 1923, S. 239, schreiben, geradezu ein »mysteriöser« Vorgang, der auch schon von *Franz Boas*, Limitations of the Comparative Method of Anthropology, New York 1896, S. 270, registriert, aber auf die Arbeit des menschlichen Verstandes (»mind«) zurückgeführt, aber damit kaum zufriedenstellend erklärt wird.

49 Vgl. *Joel Mokyr*, The Lever of Riches. Technological Creativity and Economic Progress, Oxford 1992, S. 112, 171.

Reflexivität der privaten Beziehungen selbst und deren öffentliche Beobachtung durch den Staat generiert worden wäre.

Unter modernen Wirtschaftsbedingungen kann die Vertragskonstruktion nur auf einer *subjektiven Werttheorie* aufruhen, die grundsätzlich den Willen der Vertragspartner zu Lasten einer objektiv angelegten Werttheorie des Austauschs privilegiert.[50] Dabei ist der im Ergebnis selbst unbestimmte Wille eine Projektion in die Zukunft. Gerade das vielfach kritisierte Absehen vom Gebrauchswert der Gegenstände des Tausches ist es, das die »*Gesellschaftlichkeit*« des Tausches durch Abstraktion ausmacht. Dadurch entsteht die Möglichkeit des Neuen aus dem kreativen Prozess des Einsatzes der auf Transformation angelegten Sach- und Arbeitswerte durch einen der Beteiligten, während dieser Prozess der Produktion, der *Emergenz des Neuen*, selbst unbestimmt im Privaten bleibt.[51] Die Aneignung des Mehrwerts ist kein Betrug, sondern ein Effekt des Wandels der »Wissensbestände«, die den Referenzrahmen für vertragsrechtliche Kalküle bilden. Es geht nicht mehr um das Handeln nach Erwartungen auf der Grundlage einer stabilen Normalität einerseits und den Zufall, der alle Sicherheit zerstören kann, andererseits, sondern um das Rechnen mit dem *wahrscheinlichen Wissen*, das die Normalität nur als Grenzfall betrachten kann.

Das Private ist selbst insofern auf eine Weise transsubjektiv instituiert, als es den Prozess der Produktion nicht einem substanzhaft verstandenen privaten *Raum*, sondern als notwendig Unbestimmtes an ein transsubjektives heterarchisches *Gewebe* von Beziehungen verweist, das als solches nicht öffentlich reflektiert werden kann – außer im Hinblick darauf, ob es eine »Gefahr« (in den USA: »bad consequences« des privaten Handelns) bedeutet, ein Begriff, der in einer ähnlichen Weise auf der Grundlage von gesellschaftlichen distribuierten Erfahrungen, die selbst Faktizität und Normativität miteinander verknüpfen, von Fall zu Fall konkretisiert werden muss und kann. Der Vertrag wird damit zu einer kollektiven Institution, die auf ein wahrscheinliches Wissen verweist, das aber nicht mehr einer stabilen Logik des privaten Interesses folgt. Dies

50 Dieser Wandel der Werttheorie war, wie *Georg Simmel* treffend formuliert hat, für viele Zeitgenossen, vor allem aber für die Juristen des 19. Jahrhunderts, Symptom der »zeitgeschichtlichen Auflösung alles Substantiellen Absoluten, Ewigen in den Fluß der Dinge, in der historischen Wandelbarkeit«, in: Anfang einer unvollendeten Selbstdarstellung, in: Buch des Dankes an Georg Simmel zu seinem 100. Geburtstag am 1. März 1958, Briefe, Erinnerungen, Bibliographie, hg. v. K. Gassen/M. Landmann, Berlin 1993, S. 9.

51 Dies ist immer wieder Gegenstand der Kritik gewesen, die aber die Emergenz des Neuen als transsubjektiver Prozess des Tauschs subjektiver Werte vernachlässigt, vgl. etwa *Renate Wahsner*, Der Vorzug des Zerreißens, Gesellschaft für dialektische Philosophie 2014 – https://www.dialektische-philosophie.org/aufhebung-2014-4-1/.

ist selbst, wie erwähnt, ein komplexer Prozess, dem der polemisch gewendete Begriff »Nachtwächterstaat« nicht gerecht werden kann: Der Nachtwächter weiß, worauf es ankommt, demgegenüber muss die Polizei ebenso wie die privaten Akteure im Vertragsrecht die Gefahren ebenso *experimentell* durch Erfahrung herausfinden, wie die technologische Entwicklung die produktiven Möglichkeiten erfinden muss. Die Emergenz der distribuierten, also kollektiven Erfahrung generiert immer mehr Anschlussmöglichkeiten als gerade verfügbar sind, diese bleiben aber zunächst in der Latenz der Praxis, die sie vororganisiert hat.[52]

Das amerikanische Rechtsverständnis war zunächst von einem induktiven Vorgehen bestimmt, das sich an der »genealogischen« Beobachtung der Evolution der Rechtspraktiken, nicht nur der Rechtsprechung, entwickelt hat.[53] Diese Erfahrung wird später im amerikanischen Pragmatismus[54] radikalisiert in einem grundsätzlichen Pluralismus des Denkens der Realität, während in Deutschland die Verweisung auf das Neue, das Andere jenseits der Verfügbarkeit des praktischen Wissens, in der »Maßnahme« stillgelegt wird, die die Erfahrung als administratives Wissen in Anspruch nimmt. Das schließt aber nicht tatsächlich die Entwicklung moderner gesellschaftlicher Wissensbestände aus, z.B. durch den VDI, dessen Gründung zunächst durch den Staat angeregt worden war.[55] Als praktisches Wissen konnte sie eine gegenüber dem Staat weniger offensive Form annehmen, die die Selbstdarstellungsansprüche des Staates achten konnte. Die Reflexion des Wandels ist aber institutionell abgespalten vom Kern des Zivilrechts, das sich – abgestützt durch den inkrementellen Charakter des Wandels – scheinbar auf seinen eigenen »Bestand« stützen kann.

E.-W. Böckenfördes Aussage über Savigny, dem er eine paradoxe Förderung des ungeschichtlichen Denkens im Gewande der historischen Rechtsschule zuschreibt, ist zuzustimmen. [56] Jedoch vernachlässigt er deren historische Erwartung der Selbstaufhebung des Begriffsdenkens im kommenden Reich. Zugleich sieht er die Bewegung der Geschichte

52 *Stéphane Madelrieux*, Philosophie des expériences radicales, Paris 2022, S. 31.

53 *David M. Rabban*, American Legal Thought in Transatlantic Context, 1870–1914, Clio Themis Heft 9 (2015) – https://journals.openedition.org/cliothemis/1586.

54 *William James,* Pragmatism, A New Name for Some Old Ways of Thinking (1907), Cambridge, Mass. 1975, dazu auch *Stéphane Madelrieux*, Lire James, relire Bergson, in: Lire Bergson, Paris 2013, S. 101ff.

55 Allg. *Madelrieux*, aaO (Philosophie des expériences radicales), S. 365.

56 *Ernst-Wolfgang Böckenförde*, Die historische Rechtsschule und das Problem der Geschichtlichkeit des Rechts, in: Staat, Gesellschaft Freiheit. Studien zu Rechtsphilosophie, Staatstheorie und Verfassungsgeschichte, Frankfurt a.M. 1991, S. 9, 18.

so gut wie ausschließlich konzentriert auf die »Vermittlung zwischen Politik und Ethik«[57], davon werden die »abgefriedeten Bereiche des Privatrechts« unterschieden, die nicht von einer historisch zu nennenden Bewegung ergriffen werden. So wird jedenfalls eine relevante Selbstorganisation von Regeln im Privatrecht ignoriert.

4. Der Mangel einer »sozialen Epistemologie« des Staates im 19. Jahrhundert

Genau für die zuletzt zitierte Position ist der gefährliche Mangel eines angemessenen Verständnisses einer individualistischen Rechtsordnung von Bedeutung. Was Julius Binder nach der Machtergreifung des Nationalsozialismus Philipp Heck und seiner Interessenjurisprudenz vorgehalten hat, ist im Grunde eine Konstante des deutschen Rechtsdenkens seit Savigny: »Die Kinder des liberalen Geistes des 19. Jahrhunderts ... können den Begriff des Rechts nicht erfassen«.[58] Ihr Denken ist fixiert auf das »aus allen sozialen und sachlichen Gegebenheiten ..., d.h. aus allen Lebenszusammenhängen herausgelöste Individuum«. Dies ist, wie gezeigt, ein fundamentaler Irrtum. Dem entspricht paradoxerweise die Vorstellung des »Anfangs« des Subjekts, seiner Selbstermächtigung[59] in seinem Verhältnis zu den »Ideen«, insbesondere der Eigenständigkeit der »Rechtsidee«, die sogleich ihren Repräsentanten in der Autorität finden, der eigentlichen »Gründung« »des Subjekts« – der offene Prozess der Ein- und Fortschreibung des Subjekts in die Textualität des *Prozesses* der Gesellschaft und ihrer »Wissensbestände« (L. Fleck) wird dadurch verdrängt. Im Anschluss an Quentin Skinner[60] ist gegen den zentralen Rekurs des rechtshistorischen Denkens auf die »Rechtsidee« einzuwenden, dass dies eine Form der Ideengeschichte ist, die stets die Immanenz eines »ideal type of a great doctrine« in geschichtlichen Verläufen anruft.[61] Der Vergleich mit der herkömmlichen Wissenschaft der Rechtsgeschichte

57 *Böckenförde*, ebd., S. 26.

58 *Julius Binder*, Bemerkungen zum Methodenstreit in der Privatrechtswissenschaft, ZgesHR 100 (1934), 4; dagegen *Philipp Heck*, Rechtsphilosophie und Interessenjurisprudenz, AcP 143 (1937), 129.

59 Vgl. *Rony Klein*, L'individu occidental face à l'inscription juive dans la famille, Pardès 2020 (Nr. 66), 151.

60 Meaning and Understanding in the History of Ideas, History and Theory 8 (1969), 10.

61 Kritisch dazu *Lorna Hutson*, Not the King's Two Bodies: Reading the »Body Politic« in Shakespeare's Henry IV, Parts 1 and 2, in: Victoria Kahn/dies. (Hrsg.), Rhetoric and Law in Early Modern Europe, New Haven 2001, S. 166, 168.

legt es nahe, auch für das Verstehen des Rechts stärker die *episteme* der Gesellschaft, die Dynamik ihrer »Wissensbestände«, die »Begriffsnetze«[62] und weniger die Juristen als historisches Subjekt, als öffentlichen Stand – so Rückert[63] in Bezug auf Wieackers[64] Theorie der Rechtsgeschichte – in den Blick zu nehmen.[65] Die Konsequenz der Hypostasierung der Rechtsidee ist die vorausgesetzte »sittliche Überlegenheit« der Gemeinschaft (K. Larenz). So wenig das liberale Denken die Vertragsfreiheit »schrankenlos« denkt, so wenig entspricht das dabei mitgeführte Zerrbild des Individuums einem liberalen Denken. Das Moment, das den entscheidenden Unterschied ausmacht, ist ein liberales Denken, das die *kollektive Ordnung* nicht negiert, sondern sie im Gegenteil anders konstruiert, sie nämlich zunächst im gesellschaftlichen »Zwischenraum« zwischen den Subjekten beobachtet. Der »rugged individualism«[66] der liberalen Gesellschaft steht in einem Entsprechungsverhältnis zur Hypostasierung der Vertragsfreiheit als »Schrankenlosigkeit« des Rechts: Die ist eine staatliche *Konstruktion*, die die Notwendigkeit der Kontrolle der Gesellschaft durch den Staat legitimieren soll und dabei die normengenerierende Seite der gesellschaftlichen Selbstorganisation negiert und unterdrückt.[67]

Das deutsche Zivilrecht des 19. Jahrhunderts verdrängt die Entstehung einer neuen *episteme* der kollektiven, aber distribuierten Erfahrung. Es ist das konservative Rechtsdenken des 19. Jahrhunderts, das das Individuum auf einen eng begrenzten Raum der »Selbstbestimmung« festlegt, in dem es nur seine eigenen Angelegenheiten bearbeitet, während das überschießende kollektive Moment des Privaten prinzipiell dem Staat zugeordnet und nur nach Ermessen des Staates dem Privaten zur Wahrnehmung im öffentlichen Interesse überlassen wird. Demgegenüber ist das Interesse des Liberalismus auf die Entwicklung und Erhaltung

62 *Reinhart Koselleck*, Stichwort: Begriffsgeschichte, in: Begriffsgeschichten. Studien zur Semantik und Pragmatik der politischen und sozialen Sprache, Frankfurt a.M. 2010, S. 99, 101.

63 *Joachim Rückert*, Geschichte des Privatrechts als Apologie des Juristen – Franz Wieacker zum Gedächtnis, Quaderni Fiorentini per la Storia del Pensiero Giuridico 24 (1995), 531, 541.

64 Vgl. dazu *Franz Wieacker*, Privatrechtsgeschichte der Neuzeit, 2. Auflage, Göttingen 1967, S. 10.

65 Vgl. kritisch auch *Koselleck*: »Grundbegriffe (dürfen) nicht auf überzeitliche Ideen festgelegt werden … «, aaO (Begriffsgeschichte), S. 100.

66 *Peter Turchin*, Historical Dynamics. Why States Rise and Fail, Princeton 2003, S. 45; dazu auch *Hilary Putnam*, Bowling Alone. The Collapse and Survival of American Community, New York 2000.

67 Extremer Individualismus, der Bindungen nur in der Familie kennt, ist charakteristisch für mafiose Gesellschaften wie etwa die süditalienische, *Turchin*, ebd., S. 44.

der gesellschaftlichen privat-öffentlichen »Wissensbestände« gerichtet, die das Vertragsrecht in Bewegung versetzen. Diese Konstruktion widerspricht der Fixierung der Rechtswissenschaft auf »das Ganze«, dem der Liberalismus tatsächlich nicht das »abstrakte Individuum« als solches konfrontiert, sondern den emergenten *Prozess*,[68] der sich *zwischen* den Individuen entwickelt und dem eine eigene Rationalität der Selbstorganisation entspricht – die übrigens den Staat nicht in Frage stellt, sondern ein kooperatives Verhältnis von Selbstorganisation, die einer Praxis immanent bleibt, und nach einer konstituierten öffentlichen Organisation sucht, die ihrerseits eine Eigenrationalität hervorbringt. Beide stehen in einem heterarchischen Verhältnis zueinander, das vor allem vom »Studium« dieses prozesshaften Verhältnisses beherrscht werden muss. Das Ideal der Selbsterzeugung des Subjekts aus eigenen *Entscheidungen* einerseits und als Adressat des großen *Entscheiders*, des Staates, andererseits kann der Dynamik des Wandels des Wissens und der Techniken nicht gerecht werden.[69] Der Liberalismus ist eine Ordnung des »*Zwischenraums*«, eines Zwischenraums, den es bei Savigny nicht gibt: Im Privatrecht führt nach Savigny, wie erwähnt, der Einzelne »sein inneres Leben«.[70] Das »Ganze« wird vom Staat und seinem Recht verwaltet.

Durch das 19. Jahrhundert hindurch erhält sich in der Rechtswissenschaft eine Kontinuität: das beständige Beschwören des »Ganzen« und der »Einheit«, die durch den Prozess des gesellschaftlichen Wandels als bedroht erlebt werden. Diese Suche ist selbstdestruktiv, wie gerade die Geschichte des Rechts in Deutschland zeigt. Es gibt keine historische Zwangsläufigkeit der Entwicklung zum NS-Recht, aber alles, was das NS-Recht ausgemacht hat, war schon vorher vorhanden – vor allem die selbstzerstörerische Angst vor der Selbstorganisation der Gesellschaft.

5. Das »Vergessen« der Vertragsfreiheit in der rechtswissenschaftlichen Literatur

Das deutlichste Beispiel für das Versagen des Rechts vor den Herausforderungen der Mobilisierung des Rechtsdenkens und der Fortentwicklung der zentralen Rechtsbegriffe, die zu einer kulturellen Leistung des Rechts für die Bewältigung des gesellschaftlichen Wandels hätten beitragen können, bildet die Behandlung des grundlegenden Begriffs der »*Vertragsfreiheit*« in der Literatur des 19. Jahrhunderts oder besser gesagt:

68 *Thomas Vesting*, Gentleman, Manager, homo digitalis, Weilerswist 2021, S. 86.

69 *Christian Baechler*, La trahison des élites allemandes. 1770–1945, Paris 2021, S. 33.

70 *Savigny*, aaO (System), S. 23.

seine Nichtbehandlung.[71] Die rechtswissenschaftliche Literatur zu den allgemeinen Fragen des Zivilrechts ist stark an der Zentralität des Willens des *Einzelnen* orientiert, sie ist aber zurückgeschreckt vor den begrifflichen und theoretischen Risiken der Verbreitung der *korrespektiven* Willenserklärungen, die im Vertrag zusammentreffen. Die darin implizierte Beteiligung der Einzelnen, ihr Beitrag zu einer das subjektive Handeln überschießenden *transsubjektiven* Koordinationswirkung enthielt das Potential – gerade in einer gesellschaftlichen Umbruchsituation – der Hervorbringung neuer normativer Effekte, die in ein Spannungsverhältnis zum staatlich gesetzten Recht hätten geraten können. Dies verlangte auch vom Einzelnen ein neues prozesshaftes Denken,[72] das von der Rechtswissenschaft und der Rechtspraxis kaum nennenswerte Anstöße erhalten hat. Die Selbstentwicklung des neuen bürgerlichen Subjekts konnte vom »Rechts als Kultur«, der Konstitution eines neuen Denkens der Möglichkeiten, nichts erwarten, diese kulturelle Leistung hat als Ersatz eine andere gesellschaftliche Institution erbracht – der *Bildungsroman.*

Sibylle Hofer[73] hat in ihrer Habilitationsschrift überzeugend den Nachweis erbracht, dass erstaunlicherweise die Vertragsfreiheit kein theoretisch reflektierter Begriff der zivilrechtlichen Literatur war. Weiter hat sie gezeigt, dass die Vertragsfreiheit im Grunde erst systematisch beobachtet worden ist zu einer Zeit, als immer stärker eben die überschießende normative Bedeutung der Vertragskonstruktion und ihre gesellschaftliche Implikationen sichtbar wurden[74] – die von den Zivilrechtlern vor allem perhorresziert worden sind. Die in der früheren Literatur entstandene Leerstelle wird retrospektiv durch einen Popanz ausgefüllt, dessen

71 *Sibylle Hofer*, Freiheit ohne Grenzen? Privatrechtstheoretische Diskussion im 19. Jahrhundert, Tübingen 2020, S. 4.

72 *Pirmin-Stekeler-Weithofer*, Eine Kritik juridischer Vernunft: Hegels dialektische Stufung von Idee und Begriff des Rechts, Baden-Baden 2014, S. 14; als solche produziert die Idee nicht die Welt, aber sie bringt Wissen über die Welt hervor und dadurch ermöglicht sie es der Gesellschaft, durch Reflexion und Handeln, sich von sich selbst zu unterscheiden; *Guy Marmasse*, Force et fragilité des normes. Les principes de la philosophie de droit de Hegel, Paris 2019, S. 60.

73 *Hofer*, aaO (Freiheit ohne Grenzen?).

74 Schon deshalb lässt sich nicht annehmen, dass die Rechtswissenschaft (vor der Wende zur Zweckorientierung) der »Wahrheit« verpflichtet war, wie *Doris Schweitzer*, Juridische Soziologien. Recht und Gesellschaft von 1814 bis in die 1920er Jahre, Baden-Baden 2021, S. 168, annimmt. Auch vor der Wende zur »Zweckjurisprudenz«, die die Autorin als »radikale Vergesellschaftung des Rechts« (S. 177) bezeichnet, war das Recht in Deutschland das »Recht der Gesellschaft«, aber ein Recht, das von den Widersprüchen und Unzulänglichkeiten einer Gesellschaft im Übergang bestimmt war.

Stellung in der Kontroverse derjenigen der angeblichen Rigidität der Begriffsjurisprudenz entspricht. Das Denken des 19. Jahrhunderts sei danach von der Unterstellung der *Schrankenlosigkeit* des zivilrechtlichen Vertrages bestimmt gewesen, während es im neueren Recht des 20. Jahrhunderts nunmehr darum gehen müsse, deren *Auswüchse* rechtlich zu begrenzen – durch den Staat. Von dieser Schrankenlosigkeit findet sich aber wie erwähnt in der *rechtswissenschaftlichen Literatur* des 19. Jahrhunderts keine Spur.[75]

Die Aufgabe der Begrenzung der Vertragsfreiheit habe in erster Linie der Gesetzgeber durch neue, der Vertragsfreiheit Grenzen setzende Gesetze zu erfüllen, die die Vernachlässigung der *Ethik und der Moral* im 19. Jahrhundert zu kompensieren hätten.[76] Dem Mangel der ethischen Grundlage des Rechts kann offenbar nach den in Deutschland verbreiteten Vorstellungen nur durch eine staatlich fundierte Ethik abgeholfen werden, während das vertragstheoretische Denken in England auf die Verknüpfung von Vertrag und »civic virtue« gesetzt hat.[77] »Contracts establish a working framework for voluntary agreement«. Das Wichtigste aber ist: »Contracts ... transmit *group experience*«.[78] Die Bedeutung dieser kognitiven Dimension des Vertrages nimmt auf dem Hintergrund des Aufstiegs eines neuen Referenzrahmens für gesellschaftliches

75 Vgl. *Hans-Peter Haferkamp*, Die Bedeutung der Willensfreiheit für die Historische Rechtsschule, in: Ernst-Joachim Lampe/Michael Pauen/Gerhard Roth (Hrsg.), Willensfreiheit und rechtliche Ordnung, Frankfurt a.M. 2008, S. 196, 198; auch schon *Joachim Rückert*, Zur Legitimation der Vertragsfreiheit im 19. Jahrhundert, in: Diethelm Klippel (Hrsg.), Naturrecht im 19. Jahrhundert. Kontinuität Inhalt – Funktion – Wirkung, Goldbach 1997, S. 135, 145ff.; *ders.*, Natürliche Freiheit, historische Freiheit, Vertragsfreiheit, in: Jean-François Kervégan/Heinz Mohnhaupt (Hrsg.), Recht zwischen Natur und Geschichte, Frankfurt a.M. 1997, S. 305.

76 Heute sind dies vor allem die Grundrechte, die die etatistische Verfügung über die Privatautonomie durch »Abwägungen« verhüllen; charakteristisch für die heutige Ausblendung der gesellschaftlichen Selbstorganisation als institutionelle Dimension der Privatautonomie *Jan Schapp*, Grundrechte als Wertordnung, AcP 192 (1992), 355, 357, 361: Die wichtigste Frage ist noch immer die nach den Grenzen der Freiheit – inzwischen ist der Staat selbst zum (stellvertretenden) Grundrechtsträger geworden: Er teilt die Grundrechte aus! Die Freiheit ist umso größer, je weniger Relevanz sie für die Gesellschaft hat. Deshalb wird auch die Bedeutung der Meinungsfreiheit in der neueren Rechtsprechung überhöht, weil sie als Recht des »unmittelbarsten Ausdrucks der Persönlichkeit« (BVerfG st. Rspr.) verstanden wird.

77 *Mark E. Button*, Contract, Culture, and Civilization. Transformative Liberalism from Locke to Rawls, University Park 2008, S. 132, 142; *Nathan Tarcov*, Locke's Education for Liberty, Chicago 1984, S. 129.

78 *Lawrence Rosen*, Law as Culture. An Invitation, Princeton 2006, S. 15 (Herv. nicht i. Orig.); vgl. auch *Vesting*, aaO (Staatstheorie), S. 181.

Handeln zu, der sich in dem »vocabulary of probability« ausdrückt.[79] Der Vertrag wird immer stärker von Zukunftserwartungen bestimmt. Die Vertragspraxis muss beobachtet werden, damit daraus für die Konzeption neuer Verträge gelernt werden kann.

Das Recht muss zu einem System des Wissen übergreifenden neuen »common sense« beitragen. »Man made history« bedeutet auch Zunahme der Möglichkeiten und die Notwendigkeit, andere zu beobachten. Recht als Stabilisierung von »Erwartungssicherheit« ist ein sehr enges Konzept zur Bestimmung der Funktion des Rechts.[80] Entscheidend ist die Möglichkeit des Lernens, der Schaffung neuer Möglichkeiten. Deshalb ist es zutreffend, wenn Christoph Möllers[81] formuliert, dass Normen soziale Praktiken seien, »in denen sich eine Gemeinschaft von der eigenen Realität distanziert.« Dies gilt jedenfalls für Gesellschaften, die jenseits der Tradition leben (müssen).

Eben darauf ist das kontinentale, vor allem das deutsche Zivilrecht wegen der Leerstelle, die die wissenschaftliche Literatur im 19. Jahrhundert hinterlassen hat, begrifflich und theoretisch nicht vorbereitet. Eine *Rechts*theorie der Vertragsfreiheit ist im 19. Jahrhundert im Grunde nicht entwickelt worden. Das Problem der Gesetzgebung wird vor allem darin gesehen, dass die Einhegung des Rechts durch Ethik und Moral aufgegeben worden sei – d.h. ohne eine ausreichend komplexe Theorie des Vertrages und der Vertragsfreiheit wird eine Lösung der Probleme vom Staat erwartet, und zwar, da der Staat über keine soziale Epistemologie verfügt, von situativen *Maßnahmen.*

Dies ist aber nur eine Verschiebung des Problems: Rechtswissenschaft und Rechtspraxis haben es im 19. Jahrhundert versäumt, wie das Beispiel der Nichtbefassung mit einer Theorie der Vertragsfreiheit belegt, die Grundlagen des Zivilrechts so auszuarbeiten, dass das *Recht* einen kulturellen Rahmen für die Selbstbeobachtung des gesellschaftlichen Wandels, insbesondere die Notwendigkeit der Einstellung des Rechts auf eine stärkere Pluralisierung der gesellschaftlichen Lebensformen, hätte bereitstellen können. Das gleiche gilt für den Wandel der gesellschaftlichen »Wissensbestände«, nach denen die Gesellschaft ihr Selbstbild und ihre Handlungsmöglichkeiten gestaltet. Diese waren mehr und mehr von einem Übergang zur Dominanz des *wahrscheinlichen* Wissens bestimmt. Dafür gab es keine Stelle in der Rechtswissenschaft, das normale Wissen hat nur eine begrenzte Rolle im Vertragsrecht oder im Recht der unerlaubten Handlungen gefunden, nämlich als Bestand von Regeln, der für die einzelnen im überschaubaren »Verkehr« hervorgebracht wird. Die

79 *Rosen*, ebd., S. 90.

80 *Niklas Luhmann*, Das Recht der Gesellschaft, Frankfurt a.M. 1993, S. 128ff., 152f.

81 *Christoph Möllers*, Die Möglichkeit der Normen, Berlin 2018, S. 15.

darüber hinausweisende Unsicherheit des Wissens wird zur Bewältigung an den Staat durch »Maßnahmen« verwiesen.

Mit der Entwicklung einer Stelle im gesellschaftlichen Denken für »law as culture« wäre eine kulturelle Orientierungsleistung damit für die Bürger verbunden gewesen, die in ein produktives Wechselverhältnis zu den anderen Formen der Kultur, insbesondere Literatur, Philosophie, Ökonomie, hätte treten können.

Rechtswissenschaft und Rechtspraxis haben die Praxis der insbesondere vertraglichen Beziehungen in der Gesellschaft und deren Wandel weitestgehend ignoriert und unterstellt, dass die dabei erfolgende *Anwendung* des Rechts ohnehin keine Rückwirkung auf das »eigentliche«, das staatliche Recht haben könnte. So sind zum Beispiel neue Formen der Normierung und Standardisierung[82] im Bereich der Technik und die darauf basierende Strukturierung des Wissensprozesses praktisch und theoretisch aus der Beobachtung ausgespart worden. Dies schien jedenfalls das Zivilrecht nichts anzugehen. Dieses Urteil wird nicht dadurch widerlegt, dass einzelne technikbezogene Gesetze wie das Patentgesetz durchaus einen modernen Charakter gehabt haben,[83] für Rechtswissenschaft und Rechtsprechung selbst sind sie aber nie als Herausforderung für die *Begriffsbildung* des Rechts betrachtet worden.

6. Das Verfehlen der epistemischen Seite des Vertragsrechts und seines Wandels in der Gesellschaft der Organisationen

Es entwickelt sich ein Entsprechungsverhältnis zwischen der starken Dynamik der Selbstveränderung der Gesellschaft und dem Aufstieg einer lebendigen Praxis der Verträge sowie der Gestaltung neuer Vertragsformen, während die Dogmatik sich in eine sich als wissenschaftlich verstehende Begriffsjurisprudenz zurückzieht. Auf der anderen Seite bleibt die kulturelle Seite der Entwicklung der Vertragsfreiheit und das, was zum Polizeirecht angemerkt worden ist, die Mobilisierung des *gesellschaftlichen Wissens*, die neuen Erfahrungen mit technischen Entwicklungen nunmehr als Herausforderung des Rechts ohne Antwort[84] – oder diese Entwicklung wird perhorresziert wie bei Treitschke: »Die Gesellschaft ist ein Durcheinander

82 *Miloš Vec*, Recht und Normierung in der industriellen Revolution. Neue Strukturen der Normsetzung in Völkerrecht, staatlicher Gesetzgebung und gesellschaftlicher Selbstnormierung, Frankfurt a.M. 2006.

83 *Rainer Schröder*, Lessons from the Past: Legal Transformation in Germany of the 19th Century, JITE 156 (2000), 180, 186ff.

84 *Hofer*, aaO (Freiheit ohne Grenzen?), S. 38.

aller möglichen Interessen, die sich bekämpfen...«.[85] Für ihn ist vor diesem Hintergrund klar: »Die Juden sind unser Unglück.« Warum? ... weil die Juden – anders als »die Deutschen« – dieses »Durcheinander« für sich nutzen könnten: Von ihnen wird nicht erwartet, dass sie nach der »Einheit« der Gesellschaft als Nation streben. Dies entspricht auch der Denkweise der Rechtswissenschaft, die keinen begrifflich reflektierten Zugang zu der neuen Entwicklung findet. Und doch hat auch der neu zu gewinnende Wohlstand, ganz anders als dies in den Konstruktionen des »Kapitalismus als Religion« (von der Ideologie her) gedacht wird, potentiell ein religiöses Moment, wenn der Genuss des Reichtums an die Stelle der permanenten Angst vor dem Verlust der Liebe Gottes (und vor der Armut) tritt[86].

Die Vertragsfreiheit wird erst dann zum Gegenstand rechtlicher Reflexion, wenn es um ihre staatliche Begrenzung geht, nicht aber deren produktive Leistung für die Entfaltung der Selbstorganisation der Gesellschaft und der »*Wissensverhältnisse*«.

Auch in Deutschland entwickelt sich wie in England mit dem Aufstieg der neuen dynamischen Wirtschaft die Figur des Unternehmers als Wissensagent[87] einerseits und des Ingenieurs als Protagonist des technischen Wissens[88] und der Modellbildung[89] auf der anderen Seite. Aber anders als in England bleibt die Beobachtung der notwendigen Vergesellschaftung des Rechts, die Möglichkeit der Selbstregulierung, die Beobachtung des Wissens als *transsubjektive Erfahrung* und deren Nutzung durch Dritte wie im Polizeirecht, unausgesprochen und rechtlich unterbelichtet. Stattdessen rückt wiederum wie im Polizeirecht die bloße Faktizität der Macht auch in der Gesellschaft und mit Verspätung die Dynamisierung der Wirtschaft ins Zentrum der Aufmerksamkeit – sie wird dort aber sogleich unter ein quasi-öffentliches Regime des Zweckes und der Macht subsumiert. Der Grenzen ziehende Staat ist auch hier – wie im Polizeirecht – der Staat der *Maßnahme,* die sich nicht der Abstützung durch eine soziale Epistemologie des Privaten versichern muss.

Die neuen Wissenspraktiken treten ebenso wie die unternehmens- und betriebsinternen Prozesse der Organisation in den Hintergrund – sie haben praktisch ebenso wie das Forum Internum des individuellen Rechtssubjekts keine rechtliche Relevanz. Dies ermöglicht es wiederum, den Staat als den obersten Entscheider über Zwecke in Stellung zu bringen. Diese Sicht des Unternehmens ist mit der Sicht des Staates kompatibel und für das Recht »verständlich«.

85 *Treitschke*, aaO (Politik), S. 54.
86 *Richard*, aaO (L'actuel malaise dans la civilisation), S. 249.
87 *Vesting*, aaO (Gentleman, Manager, homo digitalis), S. 64ff., 71.
88 *Karsten Uhl,* Technology in Modern German History. 1800 to the Present, London 2022.
89 *Anne-Françoise Schmid,* L'âge de l'épistémologie, Paris 2019, S. 133.

Das neue Bild des organisierten Unternehmens, das neues Wissen erzeugt und mehr Handlungsmöglichkeiten bereithalten kann, ist demgegenüber die *Maschine*, deren Funktionieren letztlich der Staat kompetent beobachten und gewährleisten kann, während dies für die Individuen den Zwang zur Unterwerfung unter die Regeln der Maschinerie mit sich bringt. Das Denken einer neuen *technischen Kultur*[90] der *organisierten Rechtssubjekte* wird ebenso wenig als Herausforderung des Rechts angesehen wie früher die Entwicklung der neuen mobilen Gesellschaft, die die erste Phase der neuen Dynamik geprägt hat, die noch um die Entwicklung der *individuellen Rechtssubjekte* zentriert war.

Das Denken des »Ganzen« lehnt sich im letzten Drittel des 19. Jahrhunderts an den eher pessimistisch gewordenen Zeitgeist sowie die Kritik der Fragmentierung der Welt an und sucht nach einer Form der Transzendierung dieser Tendenzen in einer neu zu stiftenden Einheit, die nur auf einem höheren Abstraktionsniveau vorstellbar erscheint.

In der Rechtswissenschaft hat das ganzheitliche Denken eher eine selbstreferentielle Funktion, die auf die Einheit der Institutionen des Rechts bezogen bleibt. Voraussetzung dafür ist die partielle Öffnung des Rechts für die mit der Form des »Zwecks« verbundene Variabilität des Rechts, während zugleich die vorausgesetzte holistische Sinnstiftung durch den Staat als Hüter des obersten Zweckes die Möglichkeit der Vorstellung der Einheit und Ganzheit des Rechts erhält. Dies könnte auch als eine paradoxe Form angesehen werden, die Modernität unter dem Dach einer unmodernen Ideologie ermöglicht.

Dieses Weltbild entspricht dem widersprüchlichen nichtbürgerlichen Charakter des Staates in Deutschland, der sich opportunistisch auf neue Wirtschaftsformen einlässt, aber ihr keine reflektierte Rechtsstruktur, kein »Recht als Kultur« geben und vor allem das gesellschaftliche allgemeine Moment dieser Entwicklung des rechtlichen technischen und kulturellen Wissens nicht reflektieren kann. Vor diesem Hintergrund ist in Deutschland die Bewältigung einer kulturell notwendigen Reflexionsleistung im Hinblick auf den Wandel eher in die Literatur verschoben worden. Die Literatur hatte auch in England ihren Beitrag zur Entwicklung des schließlich auch zum wirtschaftlichen Akteur werdenden Gentleman[91] geleistet, aber auch in Deutschland lässt sich diese Leistung der Literatur für die Entwicklung des Rechts am Beispiel des Bildungsromans

90 *Alexandra Heimes*, Revisionen des Ganzen, Ernst Cassirer, Gilbert Simondon, in: Eva Axer/Eva Geulen/dies. (Hrsg.), Aus dem Leben der Form. Studien zum Nachleben von Goethes Morphologie in der Theoriebildung des 20. Jahrhunderts, Göttingen 2021, S. 107, 138.

91 *Vesting,* aaO (Gentleman, Manager, homo digitalis), S. 64ff, 94; aber auch das Theater spielt seit dem 16. Jahrhundert eine wichtige Rolle bei der Entwicklung und Beobachtung der neuen »culture of liquidity« und ihrer

beobachten. Die im Folgenden zu entwickelnde These lautet: der *Bildungsroman* hat in Deutschland die Rolle des »vanishing mediator«[92] für die Ausbildung der Figur des neuen flexiblen Rechtssubjekts gehabt. Das, was L. Rosen[93] als die Leistung des »Rechts als Kultur« bezeichnet hat, den Prozess der Irritation des »creating categories of the knowable«, eine Leistung für die Kultur »at large«, bleibt in Deutschland eher auf die Literatur beschränkt. Davon profitiert auch das Recht. Gerade einer Rechtskultur, die im 19. Jahrhundert so stark vom römischen Recht beeinflusst worden ist, sollte der Gedanke nicht fremd sein, dass Literatur – in der römischen Kultur die Poesie – etwas besitzt, was über die Grenzen der Kunst hinausgeht: »the power to create reality through representation«.[94]

Mit der neuen Dynamik ist zugleich die Auflösung der engen Verknüpfung zwischen Subjektivität und Sacheigentum verbunden. Darüber vollzieht sich auch die Aneignung der Geschichte als Gegenwart, als Selbstaneignung des Subjekts in der Auseinandersetzung mit dem Geist, der Geschichte geworden ist.

7. Subjekt, Eigentum, Vertrag

In der Bewegung der Selbstaneignung des Subjekts verbirgt sich auch der Übergang von der bürgerlichen »Erbauung« an der Befassung mit den Gütern der Vergangenheit, die sich in einem Canon von kulturellen Werken niedergeschlagen haben, zur Bildung, die das Wissen zum Handlungswissen für die Welt gemacht hat.[95]

Während Hegel das Werden der Idee der *Freiheit*[96] an die Durcharbeitung des Wissens in den kollektiven gesellschaftlichen Institutionen und Lebenspraktiken gebunden sah,[97] ist mit dem Aufstieg der

Performativität des »contract discourse« auf der Bühne, *Kieran Dolin*, A Critical Introduction to Law and Literature, Cambridge 2011, S. 88f.

92 *Fredric Jameson*, The Vanishing Mediator: Narrative Structure in Max Weber, New German Critique 1 (1973), 52.

93 *Rosen*, aaO (Law as Culture), S. 70; *Vesting*, aaO (Staatstheorie), S. 181.

94 *Michèle Lowrie*, Performance, in: Alessandro Barchiesi/Walter Scheidel (Hrsg.), Oxford Handbook of Roman Studies, Oxford 2010, S. 281, 284, 290; *dies.*, Roman Law and Latin Literature, in: Oxford Handbook of Roman Law and Literature, hg. v. C. Ando, Oxford 2016, S. 72.

95 *Isabelle Thomas-Fogiel*, Critique de la représentation. Etude sur Fichte, Paris 2000, S. 53, 67.

96 Vgl. *Aldo Schiavone*, Alle origine del diritto borghese: Hegel contro Savigny, Bari 1984.

97 *Robert B. Pippin*, Modernism as a Philosophical Problem. On the Dissatisfactions of European High Culture, 2. Aufl., Malden 1999, S. 38.

Bildung die Mobilisierung der Sprache und der Anschauung gegenüber den klassischen rhetorischen Formen des Wissens der Vergangenheit verknüpft. Man kann von einem neuen Paradigma der Sprache ausgehen, die diese sehr viel stärker mit dem Handeln verbunden sieht,[98] einem Handeln, das dem Denken und Sprechen immer neue Möglichkeiten zuführt. Das Verständnis der Sprache wird realistischer, weil sie in enger Verbindung mit bestehenden Praktiken und institutionalisierten Wissensbeständen so begriffen wird, dass sie das prozessiert, was schon im Gebrauch[99] ist – und das ist im 19. Jahrhundert jedenfalls in Bewegung versetzt worden. Sinn entsteht durch Handlungen, dies lässt sich auch mit dem neuen Staats- und Rechtsdenken verbinden. Das *Subjekt* in der Lebenswelt muss sich als Entscheider verstehen, der immer wieder einen neuen Versuch machen muss. Das Eigentum wird seinerseits »befreit« von den stationären Fesseln der Tradition und zum Knoten im Netz der Handlungsmöglichkeiten. Dementsprechend führt das neue Verständnis des Eigentums, das nicht mehr durch die Bindung an den konkreten Status des Eigentümers bestimmt wird, zu einem Prozess der Aneignung durch das Subjekt, in dem das Sacheigentum Formen des geistigen Eigentums annimmt, das in der Hand des Subjekts als Eigentümers dessen Wirklichkeit in eine Fülle von Möglichkeiten transformiert. Das Eigentum wird ebenso beweglich wie das Subjekt. Ph. Theison[100] hat auf eine in diesem Zusammenhang bedeutende Passage in Goethes »Wahlverwandtschaften« hingewiesen, in der es darum geht, dass die meisterhafte Zeichnung des Gartens durch den Hauptmann, eines der Protagonisten des Romans, der nicht der Eigentümer ist, dem wahren Eigentümer erst das Bewusstsein des Eigentums[101] und darüber hinaus auch des Anteils vermittelt, das der Zeichner daran hat. Die Zeichnung verfremdet das Eigentum aus der konkreten Sachlage und macht es zu einem Bündel von Möglichkeiten. Die Welt mit ihren überschüssigen Möglichkeiten erschließt

98 *Isabelle Thomas-Fogiel*, Fichte: A philosophy of »Saying« (Sagen) as »Doing« (Tun), Archives de Philosophie 83 (2020), 9; *dies.*, aaO (Critique de la représentation).

99 *Bertrand de Saint-Sernin*, La Cosmologie de Whitehead, Arch. de Phil., 76 (2013), 483, 484.

100 *Philipp Theison*, Vom »gleichen Recht des Höhern und Niedern«.Goethes »Wahlverwandtschaften« als Roman des Urhebers, in: Andreas Kilcher/Matthias Mahlmann/Daniel Müller-Nielaba (Hrsg.), Recht und Literatur. »Fechtschulen und phantastische Gärten«, Zürich 2013, S. 127.

101 Für eine am »geistigen Eigentum« (und nicht am Sacheigentum) orientierte Konstruktion des Eigentums vgl. *Karl-Heinz Ladeur/Thomas Vesting*, Geistiges Eigentum im Netzwerk – Anforderungen und Entwicklungslinien, in: Martin Eifert/Wolfgang Hoffmann-Riem (Hrsg.), Innovationsrecht: Geistiges Eigentum und Innovation, Baden-Baden 2008, S. 123.

sich nur einem »schrägen Blick«, durch den »das Eigene sich nachhaltig verfremdet«[102] und Aneignung nicht ohne Verfremdung möglich erscheint.

Hier lässt sich das neue Vertragsdenken anschließen. Der Vertrag ist auf der Grundlage der Vertragsfreiheit[103] nicht mehr die Verbindung zweier individueller Versprechen, die einen stationären Wert unberührt lassen und auf den Austausch von Eigentumsobjekten zielen. Die Verbindung enthält das Potential der Generierung neuer Verpflichtungen, die sich einem *gemeinsamen* kreativen Sprechakt verdanken.[104] Darin liegt auch der potentielle Beitrag des Rechts zu einer allgemeinen Kultur begründet. Dann wird das Recht zu einem »Organ«, das das »gemeinsame Leben« formiert und informiert.[105] Es entsteht so nicht nur eine rechtliche Verpflichtung, die als solche wenig Wert hat, sondern auch eine tatsächliche Bindung durch das als selbstbindend angesehene Versprechen der Bindung.[106]

102 *Bernhard Waldenfels*, Topographie des Fremden. Studien zur Phänomenologie des Fremden 1, Frankfurt a.M. 1997, S. 65.

103 *Hofer*, aaO (Freiheit ohne Grenzen?), S. 103.

104 *Irene Tucker*, A Probable State: The Novel, the Contract, and the Jews, 2. Aufl., Chicago 2000, S. 169.

105 *Matthew Bell/Daniele Vecchiato*, Legal Cultures in the Age of Goethe. An Introduction, Law and Literature 34 (2022), 165.

106 *Seligman*, aaO (Role Complexity), 623.

V. Kritik der »Begriffsjurisprudenz«

1. Ideologische Kritik der Begriffsjurisprudenz

Insbesondere H.-P. Haferkamp[1] hat gezeigt, wie sehr die »Überwindung« der Begriffsjurisprudenz in der rechtswissenschaftlichen Literatur und in der Rechtspraxis der zweiten Hälfte des 19. Jahrhunderts von ideologischen Übersteigerungen beherrscht war, die nicht nur deren angebliche Rigorosität ins Extreme getrieben haben, sondern vor allem die Entwicklungsmöglichkeiten der Begriffsjurisprudenz selbst überspielt haben. Nicht anders steht es mit der Überwindung der angeblich schrankenlosen Vertragsfreiheit des 19. Jahrhunderts[2] durch eine sich die gesteigerte Fähigkeit zur Selbstreflexion attestierende neue »ausgewogene«, öffentliche und private Belange in Einklang bringende Lehre in der gleichen Epoche. Haferkamps Gedankengänge sollen hier nicht im Einzelnen referiert werden. Stattdessen soll demonstriert werden, dass und wie gerade eine von Hegel'schem Begriffsdenken beeinflusste Begriffsjurisprudenz hätte weiterentwickelt werden können und welches Reflexionspotential für die Rechtswissenschaft dadurch hätte erschlossen werden können. Dies ist eine durchaus legitime, nicht nur spekulative Fragestellung innerhalb einer rechtsgeschichtlichen Überlegung: Die herrschende Lehre innerhalb der Rechtsgeschichte ist einem Mythos der Einheit und Kontinuität des rechtsgeschichtlichen Denkens verpflichtet. Darauf wird noch einzugehen sein. Die hier vorgelegte Arbeit unternimmt es, nach den geschichtlichen Diskontinuitäten zu suchen, d.h. nach wirklichen oder potentiellen Bifurkationen in der Geschichte, an denen unterschiedliche Verläufe denkbar gewesen wären. Dies ist mindestens ebenso legitim wie die herrschende Sichtweise: Es wird noch zu zeigen sein, dass die Rechtsgeschichte als Fach mehrfach mit Übergängen konfrontiert ist, z.B. dem Übergang von der Begriffsjurisprudenz zur Zweckjurisprudenz oder zum Aufstieg des römischen Rechts im Denken der Juristen im ersten Drittel des 19. Jahrhunderts und seinem Niedergang als Referenzrahmen des Rechtsdenkens im letzten Drittel des 20. Jahrhunderts, ohne dass dies zu vertieften Überlegungen über den Grund des Wandels geführt hätte.

1 Vgl. auch zur Unterentwicklung der Vertragstheorie *Hans-Peter Haferkamp*, Die Bedeutung der Willensfreiheit für die Historische Rechtsschule, in: Ernst-Joachim Lampe/Michael Pauen/Gerhard Roth (Hrsg.), Willensfreiheit und rechtliche Ordnung, Frankfurt a.M. 2008, S. 196, 199.

2 *Sibylle Hofer*, Freiheit ohne Grenzen? Privatrechtstheoretische Diskussion im 19. Jahrhundert, Tübingen 2020, S. 4ff., 21.

Hier geht es deshalb darum, im Anschluss an Patrick Boucheron nach dem Recht der »futurs non advenus« zu fragen, nach ihren »potentialités inabouties«.[3]

2. »Wie es hätte sein können…« – eine epistemologische Alternative zur Begriffsjurisprudenz?

Die deutsche Kultur war nicht weniger revolutionär als die französische, allerdings auf eine andere Weise. Das Hegel'sche Denken hat ebenso wie die romantische Philosophie einen grundstürzenden *realen* Wandel der Kultur hervorgebracht, der neue Formen des Denkens und *Handelns* in der Gesellschaft ermöglicht hat. Hier wird deshalb nicht nur auf die potentielle Gestaltungskraft des Hegel'schen Begriffs eingegangen, sondern auch nachgefragt, welches Potential die romantischen philosophischen Überlegungen zu einem »enzyklopädischen« nicht-hierarchischen Wissen für die Beobachtung eines sich fragmentierenden gesellschaftlichen Rechts (neben dem staatlichen Recht) hätten haben können. Die hier vorgetragenen Überlegungen haben versucht, die These zu belegen, dass das deutsche Privatrecht im 19. Jahrhundert nur in der Dogmatik beachtliche Leistungen hervorgebracht hat – das ist nicht wenig –, jedoch in der Entwicklung der für ein Rechtssystem im Wandel wichtigen theoretischen und methodischen Formen und Figuren weit unter dem intellektuellen Niveau der zeitgenössischen Philosophie geblieben ist und das Denken über die Grundlagen des Rechts eher gestört, wenn nicht zerstört hat. Die Angst vor dem gesellschaftlichen Wandel hat jede theoretische Reflexion blockiert.

Das Recht hat keine *soziale Epistemologie* entwickelt, die auch für den späteren Staat, aber ebenso für die Bürger der neuen dynamischen Gesellschaft wichtig gewesen wäre. Deshalb wird hier die These entfaltet, dass die unbedingt erforderliche soziale Epistemologie des Rechts im 19. Jahrhundert partiell durch die Literatur ersetzt worden ist, soweit die gesellschaftliche Seite des modernen Rechts der handelnden Rechtssubjekte betroffen war (dazu weiter unten). Die Praxis der Rechtssubjekte hat ihre eigenen impliziten Formen der realen sozialen Epistemologie im Experiment der Selbständerung entwickelt. Dies war unumgänglich, weil die neue Gesellschaft der industriellen Revolution die »ever widening epistemic bases«[4] generiert hat, auf die die Rechtssubjekte sich einlassen mussten – und dies auch tatsächlich getan haben. Daneben hätte es jedoch für das Funktionieren der öffentlichen Institutionen, insbesondere des Staates und der Gesellschaft jenseits des Möglichkeitsraums des

3 *Patrick Boucheron*, Ce que peut l'histoire, Paris 2020, S. 44.

4 *Joel Mokyr*, The Gifts of Athena. Historical Origins of the Knowledge Economy, Princeton/Oxford 2002, S. 273.

privaten wirtschaftlichen Handelns einer reflexiven sozialen Epistemologie des Rechts bedurft – im Sinne der hier vertretenen Konzeption von »law as culture«, zu deren Entwicklung die deutsche Rechtswissenschaft nicht in der Lage war. Dies legt die Frage nach der Möglichkeit einer theoretischen Ersatzleistung durch das Hegel'sche Begriffsdenken *und* durch die dazu in einem Kontrast stehende *epistemologische* Seite der romantischen Philosophie nahe. Die Herausbildung der sozialen Epistemologie des Rechts kann ohnehin nicht nur die Sache einer Eigen-Philosophie des Rechts sein, weil damit zugleich Fragen nach der Vielfalt der nichtrechtlichen Kontexte der Textualität des Rechts verbunden sind.

Auch die Romantik hat eine für das Recht relevante Form der sozialen Epistemologie hervorgebracht, eine Fortführung des enzyklopädischen Denkens. Eine Anknüpfung daran hätte für das Recht eine interessante Möglichkeit der Horizonterweiterung bedeuten können. Das enzyklopädische Denken, die heterarchisch gedachte Selbsterzeugung des Wissens und deren Ordnung hätten nicht nur einen theoretischen Rahmen für eine neue *Konzeption* des gesellschaftlichen Rechts bilden, sondern auch ein Reservoir für *praktische* Formen und Figuren für das Experimentieren mit der Anerkennung neuer gesellschaftlicher Regeln bereithalten können (vgl. unten), während auf der anderen Seite das staatliche Recht sich neue Formen der begrifflichen Durcharbeitung von Erfahrungen im Hegel'schen Sinne hätte zu eigen machen können, um auf dieser Grundlage in ein kooperatives Verhältnis zu gesellschaftlichen Rechts- und Selbstgestaltungsformen einzutreten.

Die Romantik entwickelt eine widersprüchliche, aber dennoch produktive Konfrontation der Ausfaltung der Identitäten und gleichzeitig eine Bewegung der Entdifferenzierung,[5] die in ein produktives Verständnis der Multiplizität des Subjekts hätte transformiert werden können. In der Romantik selbst war der Gegensatz schon als figural gedacht, d.h. als künftige Verweisung auf etwas anderes. Wenn man, wie hier, die Entwicklung der deutschen philosophischen Bewegungen der Romantik und des Idealismus als wesentliche *Formen* des Wandels der *episteme*, der praktischen »Wissensbestände«, begreift, in denen eine Gesellschaft sich selbst beschreibt und mit denen sie praktisch *operiert*, wäre eine produktive Entwicklung des »Rechts als *Kultur*« denkbar geworden, die die wissensbezogenen Komponenten beider Bewegungen in einem »Kollisionsmodell« produktiver Widersprüche aufeinander bezogen hätte. Dies wäre eine Kultur des Begriffs (im Hegel'schen Sinne) *und* eine Kultur der Heterogenität,[6] des Experimentierens mit dem Neuen gewesen. Für eine Gesellschaft, die sich in einem Umbruch

5 *Jean Bessière*, Questionner le roman. Quelques voies au-delà des théories du roman, Paris 2012, S. 33ff.

6 Zur Kritik undifferenzierter Abwertungen der Romantik *Clemens Pornschlegel*, Allegorien des Unendlichen. Hyperchristen II, Wien 2017, S. 138f.

befindet, die mit sich selbst uneins ist, wäre auch das Nebeneinander zweier kollidierender epistemischer Philosophien produktiv gewesen, soweit beide Philosophien sich mit unterschiedlichen Formen des Wissens befassen.

Deshalb wird zugleich danach gefragt, welches Potential die Hegel'sche Begriffsphilosophie[7] für ein begriffliches Rechtsdenken hätte haben können, das sich nicht in der Leere der Begriffsjurisprudenz selbst blockiert hätte.

Die Begriffsjurisprudenz ist ein simplifizierter Ausdruck der idealistischen Weltsicht, die die soziale Welt nicht als produktiv sieht, sondern als Erkenntnisobjekt behandelt, das durch die Ideen geprägt und von den Ideen wieder angeeignet wird. Auch noch für Wieacker ist die Rechtsgeschichte »die Geschichte der Durchsetzung von Ideen in der Wirklichkeit von Staat und Gesellschaft gewesen«.[8] Wie setzen sich die Ideen aber in der Wirklichkeit durch? Hier lässt sich der Unterschied zwischen einem ideologischen Denken und dem Hegels demonstrieren: Für Hegel ist die »Durchsetzung« der Idee ein Arbeitsprozess, der einer kollektiven Anstrengung der Bildung von *Institutionen* und der Entwicklung von *Wissenspraktiken* entspricht, die die schlechte Wirklichkeit durcharbeiten müssen. Institutionen sind von einer offenen Kombinatorik von Formen mit unterschiedlichen Zeithorizonten bestimmt:[9] von Dauer und Wandel innerhalb der und zwischen den Praktiken. R. Brandom interpretiert Hegels Verständnis des Rechts und der Normen nicht wesentlich anders – nämlich als Prozess und als gesellschaftliches Phänomen, das nicht auf eine staatliche »Entscheidung« reduziert werden kann: »Norms ... necessarily float on a supporting sea of norms implicit in practice.«[10]

Die Romantik des enzyklopädischen Denkens und das Hegel'sche Begriffsdenken überschneiden sich auf eine praktisch produktive Weise durch unterschiedliche Akzentuierungen der beiden Seiten der Prozesse der Wissensgenerierung. Der moderne Staat verhält sich im 19. Jahrhundert nicht nur opportunistisch im Hinblick auf die Pflege des Wissens, das in der Gesellschaft generiert wird und für den Staat nutzbar gemacht werden kann, er *ist* vielmehr eine »Wissensinstitution«, die weiß, dass sie konstitutiv auf die Erfüllung bestimmter »epistemischer Bedingungen« angelegt ist [11]: Ohne Wissen ist der Staat nichts!

7 Vgl. allg. *Myriam Bienenstock*, Politique du jeune Hegel. Iéna 1801–1806, Paris 1992.

8 *Franz Wieacker*, Privatrechtsgeschichte der Neuzeit, 2. Auflage, Göttingen 1967, S. 21.

9 *Caroline Levine*, Forms. Whole, Rhythm, Hierarchy, Network, Princeton 2015, S. 55, 58, 61.

10 A Hegelian Model of Legal Concept Determination, 2013, S. 30; https://sites.pitt.edu/~rg/Texts/A_Hegelian_Model_of_Legal_Concept_Determ.pdf, 22.

11 *Zdravko Kobe*, Politik des Wissens bei Hegel, in: Ino Augsberg et al. (Hrsg.), Rechtsphilosophie nach Hegel. 200 Jahre Grundlinien der Philosophie des Rechts, Paderborn 2024, S. 83, 89.

Der Hegel'sche Begriff nimmt eine Unterscheidung vor, um sie dann innerhalb der Wissenspraktiken zu erproben und um diese dadurch in Bewegung zu setzen. Der Begriff ist in seiner ersten analytischen Dimension »multiperspektivisch« und entfaltet die unterschiedlichen differentiellen Momente des Beobachtens. Sodann ist er zweitens in seiner »synthetischen« Leistung »retikular«, »interaktiv« und wird zu einem »Knoten aus Beziehungen«. [12] Die Begriffe der Begriffsjurisprudenz nehmen demgegenüber Einschnitte in die Faktizität vor, um damit »Sachverhalte« zu erzeugen, die das, was nicht »passend« ist, für irrelevant erklären.

3. Kritik der Starrheit der Begriffe

Für das Rechtsdenken besonders wichtig ist die Einsicht, dass die gesetzten Normen letztlich eine begriffliche Struktur haben. Dies ist die rationale Seite der Begriffsjurisprudenz. Die Normen stehen in einem Spannungsverhältnis zu den Gegenständen, da die Begriffe nur in einer abstrakten Fassung auftreten. Daraus ergibt sich ein nicht hintergehbarer Hiatus, der immer wieder die auf den Begriff gebrachten Sichtweisen erschüttert. Dies und die unmerkliche Veränderung der Normen durch deren »Anwendung«, die selbst eine Praxis ist,[13] die sich in der Subsumtion nicht erschöpft, setzen den Begriff in Bewegung – dies widerstreitet insbesondere dem Verständnis der Begriffsjurisprudenz. Dies ist der impersonale Prozess der Rechtsbildung. Die »Gegenstände« der Normen sind im Grunde selbst Beziehungen, die wiederum in einem Verhältnis zu anderen Beziehungen stehen und darüber Strukturen als »Formen« bilden. In dieser Hinsicht kann man von einer Praxis der »Kokonstitution von Strukturen« zwischen Begriffen einerseits und »Gegenständen« der Begriffe andererseits sprechen.[14] Das Verhältnis des Rechts zu seinen »Gegenständen« bildet eher eine »assembly of forms«, die nicht in ein einfaches Verhältnis der »Subsumtion« gebracht werden können.[15] Wenn es keinen Spalt gäbe zwischen Regeln und potentiellen Anwendungskonstellationen, wären die Möglichkeiten vollständig definiert, und wir lebten in einer vollständigen Welt.[16]

12 *Franco Chiereghin*, Rileggere la Scienza della logica di Hegel, Rom 2011, S. 36f.

13 *Ludwig Wittgenstein*, Philosophische Untersuchungen, Frankfurt a.M. 2003, §§ 143ff.

14 *Georg W. Bertram*, Die Sprache und das Ganze. Entwurf einer nicht reduktionistischen Sprachphilosophie,Weilerswist 2006, S. 25.

15 *Levine*, aaO (Forms), S. 18.

16 *Bernhard Waldenfels*, The Ruled and the Unruly – Functions and Limits of Institutional Regulations, in: Reiner Schürmann, The Public Realm. Essays in Discursive Types of Political Philosophy, Albany 1989, S. 183.

Klaus Heinrich hat auf die verborgenen, aber realen »*Mächtigkeiten*« hingewiesen,[17] die seit der griechischen Philosophie in die allgemeinen Begriffe eingetragen sind, denen das Einzelne, das Besondere, nicht nur metaphorisch »subsumiert« wird. Diese »Mächtigkeiten« sind Ausdruck einer jenseits der Semantik der Begriffe anzusiedelnden performativen *Kraft*.

4. Grenzen der Begriffsjurisprudenz – Grenzen des begrifflichen Denkens im Recht?

Die sehr vordergründige Kritik an der Begriffsjurisprudenz zeigt, dass die Protagonisten der neuen Zweckjurisprudenz mit Hegels Begriffsdenken nur oberflächlich vertraut waren. Sie wollten mit der Begriffsjurisprudenz in letzter Instanz das *Begriffsdenken* insgesamt aufgeben und dazu ein Urteil sprechen, das schon von einer neuen Methode vorgespurt war, aber die von der Begriffsjurisprudenz gebrauchten Formen nicht theoretisch durcharbeiten. Jhering[18] etwa behauptet, dass Hegels Begriffsphilosophie nicht offen für empirische Beobachtungen des Wandels in der Gesellschaft gewesen sei. Dies ist sicher nicht zutreffend, wie zu zeigen sein wird. Die Verwerfung der Hegel'schen Begriffsphilosophie kann sich auch nicht auf das Hegel'sche Staatsdenken stützen, insbesondere nicht ihre angebliche Vernachlässigung der Eigenständigkeit der Gesellschaft. Hegel ist ein viel zu kluger Denker, als dass er etwas wie eine »Staatsvergottung« hätte propagieren wollen.[19] Der Staat bildet eine Referenz für die Einheit als Aufhebung, nicht die Beseitigung der Differenz der gesellschaftlichen Bewegung des Wissens und der Selbstordnung der gesellschaftlichen Institutionen. Das wäre auch kaum die Sorge der neuen Zweckjurisprudenz gewesen, der es vielmehr um die Befreiung von der Ordnungsleistung des Begriffs und der Notwendigkeit einer vom Begriff bestimmten Durcharbeitung des Wissens überhaupt ging. Die Zwecke sind hierarchisch geordnet. Die Abstützung des Opportunismus des Staates ist der Kern der neuen Zweckjurisprudenz, die zugleich viel Raum für die unstrukturierte Machtausübung durch große Unternehmen lässt. Über die Zentrierung des Rechts um die Macht entsteht eine Kompatibilität öffentlicher und privater Zwecke.

17 *Klaus Heinrich*, Versuch über die Schwierigkeit nein zu sagen, 5. Aufl., Freiburg/Wien 2020, S. 27.

18 *Rudolf v. Jhering*, Der Zweck im Recht 1, Leipzig 1872, S. VIII.

19 *Sebastian Ostritsch*, Hegel. Der Weltphilosoph, 2. Aufl., Berlin 2020, S. 210: Hegel lobt nicht den existierenden preußischen Staat seiner Zeit, sondern den Staat, wie er sein sollte. Dies kommt bei *Uwe Volkmann*, Rechtsphilosophie, München 2018, Rdnr. 207ff. gut zum Ausdruck.

Die Macht der *Zwecke* wird im Privatrecht nach dem Vorbild der staatlichen Macht anerkannt. Die Verknüpfung dieser Macht mit der Rationalität einer Privatrechtsordnung gelingt aber nicht – und wird auch nicht als Herausforderung gesehen.

Die Grenzen der Begriffsjurisprudenz werden nicht durch eine dem Wandel der Gesellschaft nicht mehr gerecht werdende rigide Begrifflichkeit der Unterscheidungen[20] bestimmt, sondern von der *dahinter* stehenden Angst, die Begriffe nicht mehr auf den Wandel des Rechts und der Gesellschaft einstellen zu können. Diese Angst bleibt als Konstante auch unter dem neuen Paradigma bestehen, sie ändert nur ihre Erscheinungsform: Das begriffliche Denken wird ganz verworfen und die Rationalität der »rules ... we live by« (Lorraine Daston) aufgegeben und durch ein zweckorientiertes »Recht der Maßnahme« im Zivilrecht ersetzt.

Das begriffliche Denken des Rechts ist nach wie vor als hohes Gut zu betrachten, weil damit die Möglichkeit verbunden ist, Felder der Entwicklung von Erfahrungen, die Evolution von Institutionen und Wissensbeständen der Gesellschaft zu beobachten, den Wandel zu denken, Bifurkationen zu erkennen und zu strukturieren. Die privatrechtliche Regel ist daran orientiert, der kollektiven epistemischen Dimension des selbstorganisierten »Zwischenraums« zwischen den Subjekten eine Form zu geben, die die Anschlussmöglichkeiten, die zwischen den Rechtsoperationen der Einzelnen als Überschuss des Möglichen generiert werden, als kollektiv verfügbaren »pool of variety« erschließen und produktive »Wissensbestände« zugänglich halten.

Die Gesellschaft benötigt »(Privat-)Recht als Kultur«, damit sie Konturen gewinnen kann und durch Regelhaftigkeit »knowable« und für die Zukunft »believable« wird. Dazu gehört das implizite Prozessieren der Möglichkeiten ebenso wie die explizite begriffliche Analyse. Es kann dadurch z.B. eine problematische Entwicklung der Selbstblockierung, des Einrastens in eine unproduktiven Entwicklungstrajektorie, aber auch Neues entdeckt werden. Die Begriffsbildung hat tendenziell einen experimentell-poietischen Charakter und kann ein produktives Spannungsverhältnis zu der ebenfalls poietischen Rechtspraxis, ihrer Erzeugung neuer Muster aus dem Entscheiden über Situationen, gewinnen. Im Angesicht

20 Auch *Hans-Peter Haferkamp/Tilman Repgen,* Wie pandektistisch war die Pandektistik? Einleitung, in: dies. (Hrsg.), Symposium aus Anlass des 80. Geburtstags von Klaus Luig am 11.9.2015, Tübingen 2018, S. 1; und *Helmut Coing*, German »Pandektistik« and its Relationship to Ius Commune, AJCL 37 (1989), 9, haben mit Recht darauf aufmerksam gemacht, dass die Pandektistik nicht rigide auf Begriffe und einzelne Regeln fixiert war, sondern primär an der Ordnungsleistung übergreifender Institutionen orientiert war; vgl. auch *Thomas Duve*, Rechtsgeschichte als Geschichte von Normativitätswissen, RG 29 (2021), 29, 46: »Pandektistik als Versuch der ›Schließung‹«.

der neuen Dynamik der modernen Gesellschaft wäre ein offenes begriffliches Denken, das auf die Beobachtung der Praktiken der Rechtsakteure und die möglichen gerichtlichen Interventionen in die praktischen Um- und Neugruppierungen der Fälle der Rechtspraxis eingestellt wäre, von großer kultureller Bedeutung gewesen. Welche Bedeutung das begriffliche Denken für das Prozessieren des Rechts im 20. Jahrhundert haben konnte, ist eine andere Frage.

In der institutionalistischen Sicht von Ökonomen dienen Institutionen der Abspannung der Ungewissheit der Märkte. Doch diese Institutionen, zu denen auch Rechtsnormen gehören, können produktiv oder hemmend sein.[21] Zu diesen Institutionen gehören nicht nur die Normen des Zivilrechts selbst einschließlich deren Entwicklung zu »law as culture«. Im Hinblick auf die Reflexion und die Abstützung von Praktiken des Wandels waren sie in Deutschland allerdings eher hemmend.

5. Die Kritik der Begriffsjurisprudenz als Erscheinungsform eines Mangels an »Ordnungsdenken« (Walter Eucken)

Die Begriffsjurisprudenz ist tatsächlich aber eine Form der Entfernung des Rechts und des Bewusstseins von den Widersprüchen und der Dynamik der Selbstveränderung in der Gesellschaft. Die Varianten der Entwicklungsmöglichkeiten des Rechts sind damit festgeschrieben – in Begriffen, die mit dem Denken des deutschen Idealismus, insbesondere Hegels, nichts mehr zu tun haben. Bei Hegel ist der Begriff gedacht als eine Denkform, die sich durch die Wissenspraktiken der Gesellschaft hindurcharbeiten muss und ständigen Veränderungen unterliegt. Der Staat als Idee mit beweglichem Fluchtpunkt ist kein Ziel und Endpunkt des Denkens, der dem Denken feste Grenzen für seine Entwicklung setzt. Der Begriff verweist immer zugleich auf den Prozess seines Wandels. Insofern erfolgt das moderne Denken aus einer »Position der Posteriorität«, es ist ein Denken der »Ursprünglichkeit des Sekundären«.[22] Der Kommentar (auch der Kommentar des Gesetzes) bringt die Vielfalt dessen zum Ausdruck, was immer schon darin vorhanden war.[23] Der Begriff evoziert immer mehr als das, »was ansteht« (H. Blumenberg).

21 *Douglass C. North*, Institutionen, institutioneller Wandel und Wirtschaftsleistung, Tübingen 1992.

22 *Andreas Kilcher*, Die Ursprünglichkeit des Sekundären: Gershom Scholems (kabbalistische) Theorie des Kommentars, in: ders./Liliane Weissberg (Hrsg.), Nachträglich, grundlegend: Der Kommentar als Denkform der jüdischen Moderne von Hermann Cohen bis Jacques Derrida, Göttingen 2018, S. 64, 70.

23 *Philippe Mengue*, Deleuze ou le système du multiple, Paris 1994, S. 12.

Das in der Begriffsjurisprudenz zur Geltung gebrachte Rechtsdenken gibt aber einem Verständnis der Einheit des Rechts Raum, das für das Verstehen des grundsätzlichen Wandels der Gesellschaft keine Durcharbeitung des gesellschaftlichen Wissens und seiner Praxis benötigt.[24]

Dies schlägt sich besonders darin nieder, wie die Rechtswissenschaft den tatsächlich unvermeidlich werdenden Wandel der Methoden bewältigt, nämlich in sehr einfachen Verdammungsurteilen über das, was vorher noch herrschende Meinung gewesen ist. Dies gilt zum Beispiel für die verfehlte Kritik an der Begriffsjurisprudenz, die jedes begriffliche Denken verwirft. Sie bestätigt die auf immer fortbestehende Einheit des Rechts darin, dass es nach der Begriffsjurisprudenz die *Zweckorientierung* in einer losen Praxis des *Meinens* in Anschlag bringen kann, die aber die Begriffsanalyse ebenso wie die empirische Untersuchung der Gesellschaft insbesondere der Kultur hinter sich lässt. Der Begriffsjurisprudenz, so behauptet Jhering, sei es nur um »abstrakte Begriffsentwicklung« ohne Rücksicht auf die Folgen der »gewonnenen Sätze für das Leben« gegangen.[25] Das ist sicher nicht richtig. Die Begriffsjurisprudenz hat durchaus Vorstellungen vom »*Leben*«, aber von einem Leben, das den Wandel, die praktische Dynamik des Experiments der neuen Wirtschaft, nicht oder nur sehr begrenzt impliziert. *Das* Leben, das die Zweckjurisprudenz aufnehmen wollte, war seinerseits, wie noch zu zeigen sein wird, ganz einseitig auf die Abbildung der Unmittelbarkeit der Zwecke und deren Macht reduziert, aber nicht eingestellt auf eine *begriffliche Reflexion* der Selbstordnung der Gesellschaft, ihrer Normen und Verhaltensmuster, ihrer Praktiken, eben des »Zwischenraums« zwischen den Zwecken.

Zum Selbstvertrauen der »beobachtenden Vernunft« finden sich dagegen luzide Überlegungen bei Hegel: Die »beobachtende Vernunft« verkennt, dass sie nicht einfach dem »gegenständlichen Sein« gegenübertreten kann, sondern dass das Denken, auch das Beobachten, immer eine dem »werdenden Wissen« entsprechende Bewegung zur Geltung bringt.[26] Deshalb ist die »Struktur, welche sie in der Wirklichkeit entdeckt, im Grunde ihre eigene«. Sie erkennt nicht die Spuren »ihre(r) eigene(n) Aktivität« wieder, während sie sich »als rein aufnehmend begreift«.[27] Jherings Kritik der Begriffsjurisprudenz ist dafür ein Beispiel:

24 Dieses Denken herrscht im Zivilrecht bis in die Zeit nach dem Zweiten Weltkrieg fort; es erkennt nichts wirklich Neues (an).

25 *Rudolf v. Jhering*, Scherz und Ernst in der Jurisprudenz, eine Weihnachtsgabe für das juristische Pubikum, Leipzig 1884, S. 363; auf S. 365 Fn. 1 findet sich eine entsprechende Polemik gegen Puchta.

26 *Georg Friedrich Wilhelm Hegel*, Phänomenologie des Geistes, Werke 3, Frankfurt a.M. 1986, S. 549.

27 *Michael Quante*, »Die Vernunft ... unvernünftig aufgefaßt«. Hegels Kritik der beobachtenden Vernunft, in: Johannes Kreuzer (Hrsg.), Hegels

Sie bleibt ganz oberflächlich, letztlich reduziert sie sich auf ein einfaches Gefühl des Abscheus gegenüber leeren Begriffen.[28]

Jhering versteht nicht, dass der Rechtsbegriff über die »Macht des Syllogismus«[29] verfügt *hat*, dass dessen Zeit aber abgelaufen ist. Er fragt nicht, warum sich die Begriffsjurisprudenz entwickelt haben könnte und warum sie nun auf Ablehnung stößt.

Was W. Eucken[30] in einem Artikel im Jahre 1948 für die Zeit nach dem Zweiten Weltkrieg dem Rechtssystem attestiert hat, nämlich einen Mangel an »Ordnungsdenken«, gilt auch schon für frühere Epochen des Rechts. Das Rechtssystem sieht sich durch die Orientierung an der »*Rechtsidee*« ausreichend gesichert. Die »Rechtsidee« ist ein Unbegriff, der Konturen nur durch die pathologisch anmutende Fixierung auf die äußere Realität gewinnt. Tatsächlich ist dies gleichbedeutend mit der Selbstabschließung von der begrifflichen Analyse des Rechts ebenso wie seiner kulturellen Umwelt. Was mit der Begriffsjurisprudenz zu Ende geht, ist ein Verlust des fundamentalen »Vertrauen(s) auf die Macht der Deduktion als der Ableitung alles Einzelnen aus Ursprüngen, Prinzipien, Axiomen«. Die »Macht des Allgemeinen (der Ursprünge) durch das Besondere … hindurch« wird erschüttert.[31] Dieser grundsätzliche Wandel setzt den »*Mächtigkeiten*« (Klaus Heinrich) der Regeln und ihren ordnungsbildenden Leistungen ein Ende. Die Regelhaftigkeit besteht nur noch partiell fort, aber ihre formbildende Kraft ist verloren. Und was die Begriffsjurisprudenz im letzten Drittel des 19. Jahrhunderts ablöst, ist nichts als die opportunistische Orientierung an der *Macht der Zwecke* und den Zwecken der Macht. Das Recht hat sich – wieder einmal – selbst korrigiert!

6. Kritik der Begriffsjurisprudenz gegen Ende des 19. Jahrhunderts

Die sich gegen Ende des 19. Jahrhunderts verschärfenden Angriffe auf die Begriffsjurisprudenz, insbesondere auf deren Leere und Rigidität, schießen weit über das Ziel hinaus, weil sie rechtswissenschaftliches begriffliches Denken insgesamt infrage stellen und damit zugleich die

Aktualität. Über die Wirklichkeit der Vernunft in postmetaphysischen Zeiten. HegelForum Studien, München 2010, S. 35.

28 Vgl. *Jhering*, aaO (Scherz und Ernst in der Jurisprudenz), S. 363.

29 *Johann Gottlieb Fichte*, Sämtliche Werke, III. Band, Zweite Abteilung, Berlin 1845, S. 45, 50; vgl. zur »Mächtigkeit« von Begriffen in der Deduktion auch *Heinrich*, aaO (Versuch über die Schwierigkeit nein zu sagen), S. 27.

30 Das ordnungspolitische Problem, ordo 1 (1948), 56, 81.

31 *Heinrich*, aaO (Versuch über die Schwierigkeit nein zu sagen), S. 28.

Pfadabhängigkeit der Kulturen ignorieren. Es soll hier nicht noch einmal auf die Kritik eingegangen werden, die insbesondere Haferkamp[32] an der Verkennung des Begriffsdenkens der Begriffsjurisprudenz durch ihre zeitgenössischen Kritiker geübt hat. Diese Kritik zeigt jedoch selbst die Spuren der Pfadabhängigkeit von »Wissensbeständen« und den darin eingetragenen Paradigmen.[33] Insbesondere das sich später herausbildende neue Paradigma der Zweckjurisprudenz, auf das noch näher eingegangen werden soll, bestimmt die neue Normalität der Grenzen des Denkbaren, die sich konkret auch in der verfehlten kritischen Rekonstruktion der Begriffsjurisprudenz niederschlägt. Historisch betrachtet sind vor allem die bekannten Protagonisten der Begriffsjurisprudenz, Windscheid und Puchta,[34] keineswegs philosophisch so uninformiert gewesen, wie dies von ihren Kritikern später behauptet worden ist – teilweise sogar in einer höhnischen Form, die die Ernsthaftigkeit des begrifflichen Denkens insgesamt verfehlt. Besonders deutlich ist die Stellung R. v. Jherings[35] in dieser Hinsicht, der mit seiner Kritik zugleich seine eigene Abwendung von der Begriffsjurisprudenz vollzieht. Seine Kritik wirft vor allem ein bezeichnendes Licht auf seine eigene Vorstellung vom Begriff, auch wenn er sich davon später verabschiedet: Die Begriffe sind danach geschlossene Ganzheiten; gegen die Produktivität des Realen sind sie vollkommen abgedichtet. Beide Protagonisten, Windscheid und Puchta, waren jedoch durchaus um die Entwicklung des Zukunftspotentials des begrifflichen Denkens bemüht. Die Begriffe sind nach ihrer Vorstellung gerade keine »Bildganzheiten« (A. Koschorke), sondern variable, für die Gewinnung des Neuen einsetzbare und immer wieder zusammensetzbare – und selbst aus Komponenten bestehende – Konstruktionselemente.[36] Die Begriffsjuristen waren keineswegs so borniert, wie sie von den späteren Kritikern dargestellt worden sind.[37]

32 *Hans-Peter Haferkamp*, Die Funktion des ›Volksgeistes‹ in der Historischen Rechtsschule, in: Antje Arnold/Walter Pape (Hrsg.), Romantik und Recht, Berlin/Boston 2018, S. 3.

33 *Ludwik Fleck*, Entstehung und Entwicklung einer wissenschaftlichen Tatsache. Einführung in die Lehre vom Denkstil und Denkkollektiv (1935), Frankfurt a.M. 1980.

34 Vgl. allg. *Hans-Peter Haferkamp*, Georg Friedrich Puchta und die Begriffsjurisprudenz, Frankfurt a.M. 2004; *ders.*, Recht als System bei G. F. Puchta, Forum Historiae Iuris v. 19.11.2003; auch *ders.*, aaO (Willensfreiheit), S. 199.

35 *Rudolf v. Jhering*, Geist des römischen Rechts auf den verschiedenen Stufen seiner Entwicklung, Teil 1, Leipzig 1852, S. 47, » ... die Begriffe sind productiv, sie paaren sich und zeugen neue.«

36 Vgl. z.*B. Bernhard Windscheid*, Lehrbuch des Pandektenrechts, Bd. 1, 6. Aufl., Frankfurt a.M. 1887, S. 49, zur Bedeutung der praktischen Vertrautheit der Juristen mit den wichtigsten Fragen des Rechts.

37 Vgl. dazu *Haferkamp*, aaO (Georg Friedrich Puchta).

7. Die Begriffe der Begriffsjurisprudenz

Die Begriffe der Begriffsjurisprudenz sind, wie gezeigt, keineswegs so verhärtet und gegenüber der Praxis verselbständigt worden, wie die Kritiker behauptet haben – dies wäre den Intentionen der Protagonisten zuwidergelaufen, vor allem ihrer Orientierung an den Aufgaben der Rechtsprechung.[38] Dass die »Wissensbestände« der (Rechts-)Kultur, die die Grenzen des Denkbaren bestimmen, sich grundlegend verändert hatten, kommt in den Polemiken gegen die Begriffsjurisprudenz nicht zum Ausdruck. Die Begriffsjurisprudenz hatte versucht, die »hegemonische«, eigen-mächtige Sprache des »Logos der Referenz« auf die durch das Recht identifizierbaren »Sachverhalte« zu erhalten.[39] Das neue Denken erkennt das alte als fehlerhaft – gemessen an selbst historisch bestimmten und begrenzten Maßstäben des neuen, seinerseits von historischen Möglichkeiten und neuen Grenzen bestimmten Denkens!

Puchta leitet aus dem römischen Recht der späten Republik, im Anschluss an Q. Mucius Scaevola, für das Recht die Vorstellung einer Einheit des gesamten Wissens ab, die auch im Recht durch »Systematisierung« erfolgen kann (und tatsächlich erfolgt).[40]

Das entscheidende Begriffsmerkmal der Begriffsjurisprudenz ist – wie erwähnt – nicht die Rigidität der Begriffe. Insbesondere der besonders stark angegriffene Windscheid war ein reflektierter Wissenschaftler, der sehr wohl verstanden hat, dass die Anwendung der Rechtsbegriffe »elastisch« erfolgen müsse.[41] Der frühere Jhering hat dieses Problem und die Grenze der Begriffsjurisprudenz genauer erfasst und betont, dass das »Gebiet des Möglichen ... mit der Summe der *anerkannten* Rechtsbegriffe«[42] (Herv. i. Orig.) übereinstimme. Hier wird einmal eine Akzentverschiebung zu den »anerkannten« Rechtsbegriffen vorgenommen. Dies

38 *Ulrich Falk*, Ein Gelehrter wie Windscheid. Erkundungen auf den Feldern der sog. Begriffsjurisprudenz, Frankfurt a.M. 1989.

39 Begriffe nach *Reiner Schürmann*, der diese selbst allerdings nicht auf das Recht bezieht, *ders.*, »Que dois-je faire« à la fin de la métaphysique?, Philosophie 2021 (Nr. 148), 8, 18.

40 *Georg Friedrich Puchta*, Cursus der Institutionen, 8. Aufl., Leipzig 1875, S. 18, 22, 174; dazu *Kaius Tuori*, The Myth of Quintus Mucius Scaevola: Founding Father of Legal Science?, Tijdschrift voor Rechtsgeschiedenis 72 (2004), 243, 258.

41 *Bernhard Windscheid*, Lehrbuch des Pandektenrechts, Band 1, 5. Auflage, Frankfurt a.M. 1882, S. 2: betont die Elastizität der römischen Rechtsbegriffe; vgl. auch *Ulrich Falk*, Der Gipfel der Pandektistik. Windscheid, Jhering und die Begriffsjurisprudenz, in: Joachim Lege (Hrsg.), Greifswald – Spiegel der deutschen Rechtswissenschaft 1815–1945, Tübingen 2009, S. 129.

42 *Rudolf von Jhering*, Geist des röm. Rechts auf den verschiedenen Stufen seiner Entwicklung, Teil 3, Bd. 1, Leipzig 1865, S. 142.

impliziert, dass der Begriff und das »Mögliche« auf *Anerkennung* zu beziehen sind. Dies heißt weiter, dass beide systematisch mit der *kollektiven Erfahrung* verschleift sind, aber einem Verständnis der Erfahrung, das als normativ begrenzter Bestand der Möglichkeiten die die Orientierungsleistung der Begriffe gefährdende »Unruhe« in der Praxis der »Anwendungen« des Rechts ausblendet. Das Mögliche kann immer wieder neue Varianten hervorbringen. Letztlich entwickelt das Denken der Begriffsjurisprudenz aber kein »conceptual grid« des abstrakten Denkens, das geeignet wäre, den Vergleich, die Differenzierung, die Entfaltung, Variation aller Phänomene zu erlauben.[43] Es ermöglicht die Produktion von »legal knowledge«, begrenzt sie zugleich aber auch.

Für Hegel geht es dagegen um die Wirklichkeit des Begriffs, der als Prozess der Durcharbeitung von Erfahrungen unter dem Gesichtspunkt der Universalisierbarkeit des Denkens zu verstehen ist. Im Begriff ereignet sich ein *realer* Prozess der »Selbsterziehung« der Subjekte.[44] Dieser Prozess ist ein kollektives *performatives* Phänomen, das auf gesellschaftliche Praktiken des Wissens und Institutionen angewiesen ist.[45] Die performative Wirkung ist der nur unter den Bedingungen der Dynamik der Zeit möglichen Öffnung der *episteme* der Gesellschaft und der damit einhergehenden Veränderung der Subjekte zuzuschreiben.

Demgegenüber unterstellt die Begriffsjurisprudenz eine stabile »*Durchschnittlichkeit*« des Möglichen, die in den Begriffen »anerkannt« wird, aber auch nur in Grenzen variiert werden kann. Der Begriff in der Begriffsjurisprudenz muss »*zuvor definiert sein*«[46] – vor seiner Verwendung –, das heißt aber auch, dass die Verwendung nicht auf den Begriff zurückwirken darf, es sei denn in einer Flexibilisierung, die seine »Mächtigkeit« (Klaus Heinrich) nicht in Frage stellt. Darin folgt die Begriffsjurisprudenz einer Tendenz des Denkens des 19. Jahrhunderts, die die »priority of product over process«[47] betont und eine ebenso leere Form der Subjektivität als Form der Herstellung eines Durchschnitts durchsetzt.[48]

Darin unterschied sich die Hegel'sche Philosophie von dem aufsteigenden Positivismus des Gegebenen (des Produkts). Zwar geht der Begriff

43 *Mary Poovey*, Making a Social Body. British Cultural Formation 1830-1864, Chicago 1995, S. 3, 8.

44 *Robert B. Pippin*, Hegel's Practical Philosophy. Rational Agency as Ethical Life, Cambridge 2008, S. 114.

45 Allg. *Robert B. Pippin*, Die Aktualität des deutschen Idealismus, Berlin 2016, S. 21.

46 *ten Hompel*, Von der Philosophie zur Rechtsmethodik: Gnaeus Flavius und freie Rechts-Findung, Arch. für Rechts- und Wirtschaftsphilosophie 1 (1907/8), 218.

47 *Barbara J. Shapiro*, A Culture of Fact. England 1550-1720, Ithaca 2003, S. 138.

48 *Poovey*, aaO (Making a Social Body), S. 31, 111.

immer über das hinaus, »was ... unmittelbar ansteht«[49], aber bei Hegel geht es mehr noch um den kulturellen, transsubjektiven Prozess der *Entdeckung* des Begriffs in seiner Vermittlung mit der Potentialität des Möglichen. Die Entdeckung des ganz Neuen ist nicht unabhängig von den gesellschaftlichen Wissensbeständen denkbar, die in den Lebensformen der Gesellschaft gespeichert sind. Der Wandel der *episteme* hat selbst den Charakter einer Revolution der gesellschaftlichen Verhältnisse. Sie erzeugt nicht nur neues Wissen, sondern sie depotenziert die »Mächtigkeit« der alten Begriffe und ihrer Verwendungen. Ohne das Reservoir an Möglichkeiten, kognitiv wie rechtlich-konstruktiv, das in den Lebensformen gespeichert ist, ist keine gesellschaftliche Veränderung denkbar.[50] Was die rechtliche »Machtergreifung« durch Selbstermächtigung der Revolutionäre wert war, hat sich am Beispiel der Versuche zur Setzung von Privatrecht gezeigt: nichts. Dazu bedarf es einer in Lebensformen *instituierten* praktischen Erfahrung, die vor allen »Diskursen der Moderne« ent- und bestehen muss. Die Selbstdestruktion der Revolution im Terror ist sonst zwangsläufig...

49 *Hans Blumenberg*, Theorie der Unbegrifflichkeit, Frankfurt a.M. 2007, S. 12.

50 Vgl. *Louis Quéré*, La structure normative de la confiance, Réseaux 2001/4, Nr. 108, 125, 50.

VI. Begriffe oder Zwecke?

1. Vorbemerkungen zur Methodendiskussion am Ende des 19. Jahrhunderts

R. Pippin[1] hat mit Recht die Auffassung vertreten, dass wir für die Konstruktion einer Realität ein »›Netz‹ von Konzepten und evaluativen Kriterien brauchen« und nicht nur eine »Welt der Zwecke«, wie dies die Kritiker der Begriffsjurisprudenz behaupten. Die Unterstellung der Möglichkeit eines »Appells an die Welt«, eines Aufrufs der Wirklichkeit zur Ansicht durch einen nicht durch Begriffe verstellten Blick, ist nichts als eine Illusion. Der Blick auf die Wirklichkeit ist immer von den verfügbaren »Wissensbeständen« und der dadurch historisch bestimmten »Aufmerksamkeit« abhängig.

Dieser Zusammenhang wird von Gerber aufgelöst in der Annahme, die Selbständigkeit des Rechts sei gegründet in der »Anerkennung der freien Willensbestimmung in Bezug auf die Dinge«.[2] Das kollektive Moment der Operationen *zwischen* den »individuellen Energien« und der davon ausgehenden produktiven Unruhe wird auf diese Weise verdrängt. Das Chaos zwischen den Subjekten wird dann nur begrenzt durch den sich selbst als gemeinsam und kollektiv ausweisenden staatlichen Willen als Pendant zum Willen des Einzelnen. Das deutsche Rechtsdenken ist von einer Angst vor der Kontingenz des Neuen bestimmt, sie überfordert die alten Begriffe und wird im letzten Drittel des 19. Jahrhunderts durch eine neue Begriffslosigkeit beantwortet.

2. Warum entsteht die »Zweckjurisprudenz«?

Die Begriffsjurisprudenz setzt die von Savigny begründete Tendenz der »Literargeschichte«, der Gelehrtengeschichte, fort: D.h. Rechtsgeschichte ist die Geschichte des Denkens der Rechtsprofessoren und ihrer Bücher, nicht die Geschichte der Praktiken des Rechts, der *Textur*,[3] ihrer Über-, Neben- und Zwischenwirkungen. Darin finden sich ebenfalls die Spuren des Historismus, der in den »handlungsleitenden Ideen der

1 *Robert B. Pippin*, Die Aktualität des deutschen Idealismus, Berlin 2016, S. 392.

2 *Carl Friedrich Wilhelm v. Gerber*, System des deutschen Privatrechts, 17. Auflage, Jena 1895, S. 4.

3 *Jocelyn Benoist*, La normativité de l'ordinaire, in: Pierre Fasula/Sandra Laugier (Hrsg.), Concepts de l'ordinaire, Paris 2021, S. 58f.

jeweiligen Akteure die entscheidende Triebkraft« des historischen Wandels sieht.[4] Dies ist eine willkürliche Intervention in die komplexe Textur des Rechts und seine Praktiken, die dadurch aber nicht dauerhaft gesteuert werden kann. Die Entstehung der Zweckjurisprudenz ist nichts weniger als der Zusammenbruch der bisherigen Art, Rechtsgeschichte zu schreiben. Der Richter soll nach den von der Zweckjurisprudenz bestimmten Vorstellungen nicht mehr in Begriffen denken und entscheiden.[5] Gegen diese Orientierung an Zwecken ist zunächst wenig zu erinnern,[6] doch der Zweck wird ebenso wenig wie zuvor die Begriffe als Teil eines Prozesses gedacht.

Im letzten Drittel des 19. Jahrhunderts kommen Zweifel daran auf, ob das Recht das Spektrum der Möglichkeiten noch so, wie die Begriffsjurisprudenz dies annimmt,[7] begrenzen könne. Für das Neue ist das Rechtssystem ebenso wenig wie die Rechtspraxis begrifflich vorbereitet. Deshalb wird das Recht später in Gestalt der Zweckjurisprudenz von der Flut der Materialströme der Faktizität heimgesucht, und ihre Reaktion kann in nichts anderem bestehen als einer Unterwerfung unter den *Vitalismus* der Zeit,[8] während es zugleich seinen Anspruch auf unbestrittene Selbstdefinition dazu nutzt, diese Überrumpelung als seine eigene »freie« Entscheidung auszugeben. Es ist dann ein bloßer »Zufall«, dass die Rechtsprechung genau diesem Vitalismus entspricht. »*Der Kampf ums Recht ist die Poesie des Charakters*« (Herv. i. Orig.).[9] Die »Kraft des Rechts ruht im Gefühl«. Für das an Einheit orientierte Rechtsdenken ist es leichter, dem Unternehmen, vor allem dem Großunternehmen,

4 Vgl. *Christian-Georg Schuppe*, Der andere Droysen. Neue Aspekte seiner Theorie der Geschichte, Stuttgart 1998, S. 12.

5 *Christian Lück*, Die Deutschen und das Recht. Zur politischen Idee der Germanistik 1806–1848, Paderborn 2022, S. 61.

6 Vgl. zum Begriff der Form bei Goethe *Eva Geulen*, Serialization in Goethe's Morphology, Compar(a)ison. International Journal of Comparative Literature 2 (2008), 53. Man müsste die Morphologie aber wohl stärker in den Entwicklungskontext stellen, der von dem Übergang zu der neuen Lehre der »Epigenesis« bestimmt wird, dem abstrakteren Modell, das die Aggregation von Elementen zu Lebensformen beschreibt.

7 Vgl. *Hans-Peter Haferkamp*, Stichwort: Begriffsjurisprudenz, in: Enzyklopädie der Neuzeit online, 2005 – Stichwort : Begriffsjurisprudenz.

8 So auch *Doris Schweitzer*, Juridische Soziologien. Recht und Gesellschaft von 1814 bis in die 1920er Jahre, Baden-Baden 2021, S. 204; vgl. in naturwissenschaftlicher Retrospektive, aus der die Medizingeschichte übergreifenden Lehre des »Neovitalismus«, der das »Wesen des Lebens im Zweckmäßigen«, einer Suche nach »ordnenden Kräften unbekannter Art« begründet sieht, *Gunther Mann*, Stichwort »Neovitalismus«, Medizinhistorisches Journal 18 (1983), 376.

9 *Rudolf v. Jhering*, Der Zweck im Recht 1, Leipzig 1872, S. 23.

einen »objektiven Zweck« zuzuschreiben, der den »Anforderungen der ... Produktion als eines objektiven Prozesses« entspricht,[10] aber die differentielle Ordnung der Unternehmens*organisation* und der »Arbeitsverfassung« ignoriert.

Entscheidend ist aber – und daraus ergibt sich ein Spannungsverhältnis zu der Beobachtung der Zwecke –, dass »dasselbe Recht, das scheinbar den Menschen ausschließlich in die niedere Region des Egoismus und der Berechnung verweist, ihn andererseits wieder auf eine ideale Höhe (erhebt), wo er alles Klügeln und Berechnen, das er dort gelernt hat, vergißt, um rein und ganz für eine Idee einzutreten.«[11] Der Rekurs auf den Egoismus[12] als Movens der Gesellschaft, das sich auf das handelnde Individuum übertrage,[13] ist kein Schritt zur Anerkennung einer spezifisch gesellschaftlichen Logik des Rechts, sondern im Gegenteil die Grundlage dafür, dass dann der Staat – ebenso wie über das »Interesse« – über den gesellschaftlichen Zusammenhang zwischen den Rechtssubjekten befinden kann,[14] wenngleich der gesellschaftliche Zwang in Gestalt der Anerkennung durch den Einzelnen für diesen auch eine individuelle sittliche Komponente erhält.[15]

Doch der Prozess der Selbstorganisation des Rechts in den Praktiken muss auch im Privatrecht überhöht werden zu einem »gemeinschaftlichen Kampf der ganzen Nation«[16]. Die Wahrnehmung des »konkreten Rechts«, der »Ermächtigung« des Staates, »für das Gesetz in die Schranken zu treten und dem Unrecht zu wehren«, »... verteidigt innerhalb des engen Raumes desselben *das* Recht«[17]. Die »feste Ordnung des Verkehrslebens« muss aufrechterhalten werden[18]: »[J]eder ist ein geborner Kämpfer ums Recht im Interesse der Gesellschaft«[19]. Ob man dies als ein Symptom für den Fortbestand eines »vorindustriellen« Ideals ansehen kann, erscheint zweifelhaft, jedenfalls ist dies ein Zeichen dafür, dass das Recht in der Wahrnehmung der Zweckjurisprudenz das Moment der ständigen Erneuerung des Rechts zu unterdrücken sucht, d.h.

10 *Georg Simmel*, Philosophie des Geldes, in: Philosophische Kultur, Neuausgabe, Leipzig 2018, S. 253, 423, 563.
11 *Rudolf v. Jhering*, Der Kampf um's Recht (1874), Neudruck nach der 18. Aufl., 1913, hrsg. von Felix Ermacora, Berlin 1992, S. 99.
12 *Jhering*, aaO (Zweck I), S. 462.
13 *Jhering*, ebd., S. 95.
14 *Jhering*, aaO (Zweck I), S. 531; dazu *Stefan Vesco*, Die Erfindung der ökonomischen Rechtswissenschaft. Eine kritische Konstruktion von Jhering zu Posner, Weilerswist 2021, S. 84.
15 *Jhering*, ebd., S. 235.
16 *Jhering*, ebd., S. 26.
17 *Jhering*, ebd., S. 26f.
18 *Jhering*, ebd., S. 27.
19 *Jhering*, ebd., S. 28.

den Wandel der nur noch als metastabil denkbaren Ordnung verdrängt, einer Ordnung, die nur als prozesshafte, ständig von kleinen Änderungen durchzogene Ordnung aus der permanenten Abweichung wie der Rückkehr nach dem »Exzess« des individuellen oder organisierten Akteurs[20] in einen neuen labilen Zustand bestimmt wird. Was (nicht nur) bei Jhering zutage tritt, ist der »Kampf« um Einheit gegen den unbeherrschbaren Prozess. Nach dem Ende der Begriffsjurisprudenz geht es um die Jurisprudenz des Kampfes um die Existenz! Die Prozessualität des Rechts ist die Gefahr, die abgewehrt werden muss. Der Rhetorik des Kampfes stemmt sich gegen ein unbegriffenes, unbegreifliches Chaos. Sie mobilisiert eine Kraft ohne Begriff, ohne Regel, und bringt die »Maßnahme«, die Zwecke setzt und Zwecke bewertet, als die entscheidende Ressource des Staates ins Spiel.

3. Die Zweckjurisprudenz als Methode des Rechts der »Gesellschaft der Organisationen«

In der gegenüber den früheren Konzepten in den ersten Bänden des »Geistes des römischen Rechts« veränderten Position Jherings zeigt sich der Wandel der Gesellschaft zur »Gesellschaft der Organisationen«, der eine Krise auch im Rechtsdenken ausgelöst hat.

Am Ende des Jahrhunderts war das Rechtsdenken nicht von einer begrifflichen Durcharbeitung »nach innen« und auch nicht von der Bereitschaft zur Anerkennung von gesellschaftlich selbstorganisiertem Recht bestimmt, sondern von der Auflösung der Eigenrationalität des Rechts schlechthin bedroht. Der fallorientierten Zweckjurisprudenz fehlt ebenso wie ihrem Vorläufer, der Begriffsjurisprudenz, das konzeptionelle Potential für die Selbstbeobachtung des Rechts unter Bedingungen des Wandels.

Gerade die Zweckjurisprudenz des letzten Drittels des 19. Jahrhunderts hätte trotz ihrer Tendenz zum Abbau der Formen des Rechts über die Stabilisierung von Entscheidungen hinaus auch zu einer Reflexion wichtiger Bewegungsformen des gesellschaftlichen Wissens beitragen können und müssen. Dazu ist es aber nie gekommen, zumal die wichtigsten rechtlichen Operationen in der aufsteigenden Gesellschaft der Organisationen[21] gar nicht zum Gegenstand der Weiterentwicklung des Rechts durch Richter geworden sind, weil die Konflikte zwischen

20 Dazu allgemein (nicht zum Recht) *Pippin*, aaO (Aktualität), S. 392.

21 Die Bedeutung der Organisationen für die normative Grundlage der modernen Gesellschaft hat schon *Eugen Ehrlich* deutlich betont, Die Gesellschaft, der Staat und ihre Ordnung, ZfRSoz 1992, 3, 5 (eine Arbeit aus seinem Nachlass); vgl. auch *Schweitzer*, aaO (Juridische Soziologien), S. 187.

Unternehmen primär nicht vor Gericht ausgetragen wurden. Die Organisationen haben es vorgezogen, dafür eigene Formen der Schlichtung zu finden. Gerade die gesellschaftliche transsubjektive Leistung des Rechts müsste darin bestehen, auch eine Form der Reflexion neuer gesamthafter Phänomene des Rechtswandels in der Gesellschaft zu entwickeln, um damit die Herausbildung einer »Kultur des Rechts« zu ermöglichen, die als ein Teil der gesellschaftlichen Wissensordnung der Gesellschaft von großer Bedeutung hätte sein können.

So hätten z.B. zum Beispiel Vertrag und Vertragsfreiheit[22] – statt der Beschwörung des »Ganzen als Zweck« durch Savigny[23] – in ihrer gesellschaftlichen Stellung und Leistung für das Denken der liberalen Gesellschaft und des Rechts eine wichtige Rolle spielen können. Die Vertragsfreiheit war »kein festes Thema innerhalb der Literatur des 19. Jahrhunderts«.[24] Die Privatautonomie ist letztlich als eine Form der Steigerung der Differenzierung der Lebensverhältnisse perhorresziert worden, die die Form der Integration durch geübte Tradition unterläuft und ein Widerlager verlangt, nämlich die Übertragung der *Aufgabe* der Wiedereinführung des »Ganzen« als *Amt* – dieses ist einem selbst für diese Zwecke ausdifferenzierten »*Stand*« zu übertragen, den Juristen.[25] Dies

22 *Peter Landau*, Hegels Begründung des Vertragsrechts, ARSP 59 (1973), 117, 119; *Sibylle Hofer*, Freiheit ohne Grenzen? Privatrechtstheoretische Diskussion im 19. Jahrhundert, Tübingen 2020.

23 Vgl. *Joachim Rückert*, Zur Legitimation der Vertragsfreiheit im 19. Jahrhundert, in: Diethelm Klippel (Hrsg.), Naturrecht im 19. Jahrhundert, Goldbach 1997, S. 135, 165; *ders.*, Natürliche Freiheit, historische Freiheit, Vertragsfreiheit. Legitimationswege im 19. Jahrhundert, in: Kervégan/Mohnhaupt (Hrsg.), aaO, S. 335ff.

24 *Rückert*, aaO (Zur Legitimation der Vertragsfreiheit), S. 146; die Erklärung ergibt sich partiell aus der Orientierung der Rechtswissenschaft an dem völlig entleerten Konzept des Privatrechts bei Savigny, vgl. oben A I 1.

25 *Friedrich Carl v. Savigny*, Vom Beruf unsrer Zeit für Gesetzgebung und Rechtswissenschaft, Heidelberg 1814, S. 12; vgl. auch *Werner Gephart*, Recht als Kultur, Frankfurt a.M. 2006, S. 34; zur Übernahme dieser Sichtweise tendiert auch *Benjamin Lahusen*, Alles Recht geht vom Volksgeist aus. Friedrich Carl von Savigny und die moderne Rechtswissenschaft, Berlin 2019, der m.E. die Macht der »Juristenaristokratie« überschätzt. Zeitgenössische Autoren sind auch erheblich zurückhaltender: *Gerber*, aaO (System des deutschen Privatrechts), S. 36, der der Wissenschaft nur eine die »aufgehaltene Rechtsbildung« unterstützende Funktion zuschreibt. Die Macht der Juristen ist eine geliehene, sie ist eher Ausdruck einer Unterwürfigkeit gegenüber dem Staat. Savigny hat die Einsicht in den gesellschaftlichen Charakter des Rechts und in die Bedeutung der *Eigen*rationalität des Privatrechts unterdrückt. Der Rekurs auf Interdisziplinarität als Kompensation geht daran vorbei und sucht das Heil des Rechts in der *soziologischen* Aufklärung statt in der gesellschaftlichen Selbstbeobachtung der Rechtspraktiken. Vgl. auch

ist eher Ausdruck eines Scheiterns an der neuen Komplexität der Gesellschaft denn ein Machtgewinn »der« Juristen. Stattdessen ist das rechtliche Wissen in einer Weise dogmatisch zersplittert worden, die die Reflexion begrifflich verallgemeinerbarer gesellschaftlicher Entwicklungen praktisch ausgeschlossen oder nur in marginaler Form zugelassen hat, aber praktisch der Differenzierung blind und unreflektiert, aber immer mit einem Blick auf den Staat, ihre Bewegungsmöglichkeiten überlassen hat – zugleich aber statt »Recht als Kultur« eine problematische Kulturkritik, ein »Unbehagen in der Kultur« (S. Freud), gefördert hat, das sich schließlich ganz gegen das begriffliche Denken gewendet hat. Auch unter den Bedingungen der Herausbildung der Zweckjurisprudenz fehlt es dem Staat wie dem Recht an einer *sozialen Epistemologie*, einer regelbasierten Modellbildung für das Funktionieren des Privatrechts. Deshalb entwickelt sich die Auseinandersetzung mit der Privatautonomie zu einer, ebenso wie im öffentlichen Recht (Polizeirecht), regelblinden Selbstermächtigung des Rechts und des Staates zum »Eingriff« in die Vertragsverhältnisse in der leeren Form der zweckbestimmten *Maßnahme*. Doch die »private Autonomie« darf rechtlich nicht auf das »Ausfüllen« eines durch staatliche »Regeln abgesteckten Spielraumes reduziert werden«.[26]

Das deutsche Rechtsdenken des 19. Jahrhunderts ist bestimmt von der Vermeidung der Durcharbeitung von Begriffen, eben dessen, was Caroline Levine sehr genau pointiert hat: »My focus on the movement and assembly of forms prompts me to rely on a kind of event I call the ›collision‹ – a strange encounter between two and more forms that sometimes reroutes intention and ideology«.[27] Genau dieses Denken der Kollision von

Dieter Grimms Buch über: Verfassung und Privatrecht im 19. Jahrhundert, Tübingen 2017, der ein zentrales Problem der deutschen Verfassungsentwicklung in der »Trennung von bürgerlicher und politischer Freiheit« sieht (10); ebenso *Peter von Oertzen*, Die soziale Funktion des staatsrechtlichen Positivismus. Eine wissenssoziologische Studie über die Entstehung des formalistischen Positivismus in der deutschen Staatsrechtswissenschaft, Frankfurt a.M. 1974. Auch mit dieser These wird die *gesellschaftliche* Autonomie des Privatrechts unterschätzt. Es ist symptomatisch, dass in Frankreich aus der substanzlosen Parole von der »Einheit und Gleichheit auch im Code Civil« (4) am Ende die Subsumtion des Privatrechts unter das *Verwaltungs*recht geworden ist. Das Verhältnis von politischer und wirtschaftlicher Freiheit ist nicht so einfach zu bestimmen. Das zeigt das französische Beispiel. *Die* wirtschaftliche Freiheit gibt es nicht!

26 *Dan Wielsch*, Rechtsphilosophie als Politik? Zur Darstellung des Rechts in den »Grundlinien«, in: Ino Augsberg et al. (Hrsg.), Rechtsphilosophie nach Hegel. 200 Jahre *Grundlinien der Philosophie des Rechts*, Paderborn 2024, S. 61, 81.

27 *Caroline Levine*, Forms. Whole, Rhythm, Hierarchy, Network, Princeton 2015, S. 18.

Formen, die die Suche nach einer neuen »Kollisionsordnung«[28] – in Analogie zum internationalen Privatrecht – verlangt hätte, meidet die deutsche Rechtswissenschaft des 19. Jahrhunderts: Freiheit muss stets nach vorgegebenen *expliziten* Regeln koordiniert werden – von einem Zentrum aus.[29] Deren Unmöglichkeit löst aggressive Einheitsideologien[30] oder Niedergangsstimmungen aus. Das Denken in »Kollisionen« von Formen und Regeln, die selbst nur in einer ihrer Praxis *implizit* bleibenden experimentellen Ordnung prozessiert und nicht normativ gesetzt sein können, ist ihr fremd.

Folgen dieses unreflektierten Übergangs von der rigiden Begriffsjurisprudenz zur zersplitterten Zweckorientierung ohne eigenes rechtliches Reflexionspotential lassen sich am Beispiel der Kartellbildung demonstrieren (dazu unten). Ähnliches gilt für die Herausbildung gesellschaftlicher Standards, in denen sich die Kooperation von staatlichen und gesellschaftlichen Normen institutionalisiert hat.[31]

4. Von der Begriffsjurisprudenz zur Zweckjurisprudenz

Der Übergang zur Zweckjurisprudenz war im Grunde Ausdruck des Verzichts auf die Weiterentwicklung einer begrifflich reflektierten Begriffsjurisprudenz, der aber von der selbst nur verzerrt registrierten Begriffsjurisprudenz zum völligen Verzicht auf begriffliche Strukturierung der Beobachtung des Rechts geführt hat. Ihr lag keine Theorie des Wandels des Rechts oder der Bedeutung von Rechtsbegriffen zugrunde. Stattdessen ist die begrifflich unbearbeitete Faktizität der »Kräfte« unmittelbar in Rechtswerte übersetzt worden, während deren Emergenz selbst und ihre Voraussetzungen unbeobachtet geblieben sind. Dadurch hat die Rechtswissenschaft ebenso wie die Rechtspraxis auf die Zwänge der technischen Gesellschaft reagiert und deren Fortentwicklung ermöglicht, aber gerade das Verstehen des Prozesses des rechtlichen Wandels und die Reflexion seiner Formen erschwert. Auch dies ist ein (problematischer) Beitrag zu einem Verständnis von »Recht als Kultur«. Der wenig reflektierte Übergang von der Begriffs- zur Zweckjurisprudenz – und das

28 *Andreas Fischer-Lescano*, Kritik der praktischen Konkordanz, KJ 2008, 166.

29 Kritisch dazu auch *Rückert*, aaO (Zur Legitimation der Vertragsfreiheit), S. 141.

30 In dieser Hinsicht ist *Raymond Geuss*, Who Needs a World View?, Cambridge, Mass. 2020, zuzustimmen; auch *ders.*, Nicht wie ein Liberaler denken, Berlin 2023.

31 Vgl. dazu *Lorraine Daston*, Rules. A Short History of What We Live By, Princeton 2022, S. 272.

vorübergehende Nebeneinander der beiden »Denkstile« – zeigt, dass die Rechtswissenschaft die Voraussetzungen ihres eigenen »Denkkollektivs« nicht beobachten kann, sondern nur abrupt das alte Denken als falsch (nach dem Maßstab des neuen) verwerfen kann. Dies zeigt die Fruchtbarkeit des Fleck'schen kognitiven Ansatzes, der den Wandel der »Wissensbestände« eher auf unpersönliche Prozesse zurückführt, die dem Denken des Einzelnen, der an der Ausarbeitung der neuen Begriffe beteiligt ist, nur sehr beschränkt zugänglich sind. Es geht vielmehr, wie Mary Douglas formuliert, um ein transsubjektives »Streben nach einem neuen Brennpunkt für Genauigkeit«, das von der »Vision einer neuen Art von Gemeinschaft« bestimmt wird.[32] Dies ist, wie betont, die selbst sehr begrenzte Anerkennung der Logik der »Gesellschaft der Organisationen«. Der Wandel von einer Methode der Rechtsfindung zu einer anderen ist ein deutliches Indiz dafür, dass Recht und Nichtrecht außerhalb von expliziten Entscheidungsprozessen nicht scharf unterschieden werden können. Jedenfalls vorübergehend lockern sich in Zeiten des Übergangs die Verknüpfungen zwischen den Entscheidungen und den (jeweils) anerkannten Regeln der Rechtsanwendung in »sich ereignenden Grenzpassagen«[33]. Das bedeutet vor allem, dass es sich um transsubjektive Prozesse handelt, für die es keine Metaregel gibt.

Mangelnde Bereitschaft und Fähigkeit zur Selbstreflexion des Rechts im Angesicht des Wandels hat sich deutlich in einer im Grunde auch heute noch fortbestehenden Ignoranz gegenüber den Theorien eines gesellschaftlichen »lebenden Rechts« (E. Ehrlich) niedergeschlagen, die das Monopol der staatlichen Rechtserzeugung infrage gestellt haben. Diese, insbesondere Ehrlichs,[34] Überlegungen zur Rechtserzeugung durch die *Gesellschaft* haben eine normative Konzeption des bestehenden Rechts entworfen, keine bloße soziologische Theorie als Supplement der Theorie der Normativität des Rechts. Zumindest die Beobachtung der Herausbildung neuer, aus der Kooperation des Staates und gesellschaftlicher Organisationen hervorgehender gesellschaftlicher Normen und Standardisierungen hätte eine wichtige Inspiration für die Öffnung des Rechts für die Beobachtung der Selbstorganisation von Normen in der Gesellschaft sein können. Das Dogma der *Staatlichkeit des Rechts* hat diese Ausdifferenzierung der Rechtsvorstellungen und den Übergang zu einer pluralistischen Theorie der Rechtserzeugung blockiert. Insoweit kann man die unreflektierte Überhöhung des Mythos der Einheit von Recht und Staat als ein »epistemologisches Hindernis« (G. Bachelard) bezeichnen.

32 *Mary Douglas*, Wie Institutionen denken, Frankfurt a.M. 1991, S. 167f.

33 So die treffende Formulierung von *Ino Augsberg*, Über die Grenzen des Rechts, JZ 2017, 109.

34 *Ehrlich*, aaO (Die Gesellschaft, der Staat und ihre Ordnung), S. 5.

Später wird Jhering formulieren: »Der Staat ist der, der alle Zwecke der Gesellschaft verschlingt«.[35] Er schreibt weiter: »Das Recht drängt zum Staat«, um dann hinzuzufügen: dies gelte auch für die Geschichte.

Das Recht selbst wird nach der Abkehr von der Begriffsjurisprudenz auf den bloßen Zwang reduziert. Diese ganz einseitige Fixierung auf den Zwangs- und Befehlscharakter des Rechts im Recht des ausgehenden 19. Jahrhunderts ist die Folge eines »Ordnungsschwundes«[36] innerhalb des Rechts selbst und der alleinigen Zurichtung des Staates als Quelle der Normativität. Die Rationalität der gesellschaftlichen Regel,[37] das Lernen aus der Arbeit in der Realisierung von Handlungsmöglichkeiten der Gesellschaft, die Beobachtung der Selbstordnung der Gesellschaft[38] und die Rationalität der sich bildenden Handlungsmuster in der Gesellschaft kontrastieren mit der Verschließung der Normativität in den Formen des Staates. Die Zweckorientierung, die die gesellschaftlichen Regeln und Regelmäßigkeiten vernachlässigt, sucht die Einheit der konkreten Zwecke, mit denen sich das Recht auseinandersetzt, im »Ganzen« der obersten, d.h. staatlichen Zwecke.[39]

Soweit dies in der rechts- und politikwissenschaftlichen Diskussion als Mangel einer Orientierung an Werten beschrieben wird,[40] erscheint dies selbst nur einer Retrospektive geschuldet, die von einem neuen Paradigma des späteren Staates aus entworfen wird. Aber auch diese Sicht verfehlt den spezifisch gesellschaftlichen Charakter des Rechts, wie er z.B. in den Schriften Eugen Ehrlichs[41] in Anschlag gebracht wird. In der damit indizierten Notwendigkeit der Kooperation von staatlichem und gesellschaftlichem Recht wird im Grunde das prozesshafte Moment des Hegel'schen begrifflichen Denkens auf eine neue Weise fortgesetzt. Das

35 *Jhering*, aaO (Der Zweck im Recht, 1. Aufl.), S. 304.

36 Begriff bei *Hans Blumenberg*, Schriften zur Technik, Berlin 2015, S. 139.

37 Vgl. allg. *Daston*, aaO (Rules).

38 Vgl. *Eugen Ehrlich*, Grundlegung der Soziologie des Rechts (1913), München/Leipzig, Neudruck 2018, S. 33ff., dort weist Ehrlich darauf hin, dass viel wichtiger als die »Entscheidungsnormen«, die von Richtern angewendet werden, diejenigen Regeln oder die Seiten der Regeln sind, die in der Gesellschaft von den Akteuren »gelebt« werden.

39 Vgl. allg. zur Zweckorientierung in der Wissenschaft und im Denken des 19. Jahrhunderts *Vladimir Jankélévitch*, Henri Bergson, Paris 2015, S. 258.

40 *v. Oertzen*, aaO (Die soziale Funktion), S. 344: Dort stellt der Verf. das »materiell erfüllte Gesetz« und die »sittlich-politische Ordnung« die »immanente Gesetzlichkeit« innerhalb des »juristischen Systems« gegenüber. Dem entspricht die »Ausscheidung aller inhaltlich bestimmten Motive und Zwecke aus dem Rechtsbegriff«.

41 *Ehrlich*, aaO (Grundlegung).

Recht als Werk, als Arbeit an der Herausbildung und Erprobung von Mustern und Regeln des Handelns, nicht allein des staatlichen *Entscheidens*, wird in einem Netzwerk von Praktiken des *Wissens* der Gesellschaft situiert und reflektiert.

In der Sicht der Zweckjurisprudenz Jherings reduziert sich die Eigenlogik der gesellschaftlichen Regeln auf die durch das Recht eingeschränkte Wahrnehmung der Bedürfnisse des *Verkehrs*, die aus der rechtlichen Sicht zur Kenntnis genommen werden, allerdings nur als ein faktisches Problem,[42] dessen normative Bewertung und Strukturierung allein dem Staat, insbesondere der Rechtsprechung, zusteht. Die Gesellschaft hat keinerlei normatives Potential, das der Staat zu beachten und zunächst zu beobachten hätte.

6. Die Verdrängung des kulturellen Kontexts der Zweckjurisprudenz

Die Fixierung der Selbstbeobachtung des Rechts auf ihre selbsterzeugte Einheit erlaubt es der Rechtswissenschaft und der Rechtsphilosophie auch zu ignorieren, dass die neue Zweckjurisprudenz in einem engen Korrespondenzverhältnis zu einem neuen Paradigma der Selbstgestaltung als Kult der *Vitalität* stand. Ernst Fuchs, ein späterer Protagonist der Freirechtslehre, hat Jherings Version der Zweckjurisprudenz als »reinen Utilitarismus« bezeichnet.[43] Das ist nur zum Teil überzeugend: Hinter dem Zweck steht immer die ideologische Überhöhung durch den Staat als »Gesamtzweck«.

Diese Wendung war methodisch begleitet von der problematischen Tendenz, die begriffliche Durcharbeitung ganz aufzugeben und den »freien Blick« auf die Fakten zu akzentuieren. Der Richter kann jetzt alle wesentlichen Gesichtspunkte ohne den Filter der Begriffe »frei« aufgreifen – frei im Hinblick auf Fakten und normative Referenzen. Das Recht ist sich »seiner Sache«, seiner neuen Sache, gewiss. Dies ist eine seiner wichtigsten Eigenschaften: Die Selbstbestätigung der »Richtigkeit« seiner Selbstbeobachtung: Jeder Wandel bestätigt das Recht erneut in seiner Sicherheit, jetzt noch besser zu sehen und zu urteilen. Doch dies ist selbst den Darstellungsbedingungen des hermeneutischen Zirkels der Rechtsinterpretation geschuldet, insbesondere der Vernachlässigung

42 *Jhering*, aaO (Der Zweck im Recht), S. 27.

43 *Ernst Fuchs*, Jhering und die Freirechtsbewegung. (Glossen zu Jherings 100. Geburtstag), Arch. f. Rechts- und Wirtschaftsphilosophie 12 (1918), 10, 17; in seinem »Nachwort«, ebd., 23, 24, bezeichnet *Joseph Kohler* die Savigny-Schule, soweit sie sich zum »modernen Recht« äußere, als »Verirrung«.

der Bedeutung der durch die gegebenen »Wissens*bestände*« instituierten »structures filtrantes« des Erkennens und Urteilens.[44]

Savigny und das ihm folgende deutsche Rechtsdenken setzen das Recht als durch den »Volksgeist« (vor-)gegeben voraus. Anwendung und Interpretation sind dann ein Nach-Denken, das dem Recht nichts hinzufügt, sondern durch das Arrangement von methodisch angeleiteter Auflösung (Interpretation des Wortlauts) und der stufenweise erfolgenden Rekombination von Textbestandteilen (systematische, historische Interpretation) einen Sinn hervorbringen, der vorher schon im Recht enthalten war und nur sichtbar gemacht werden muss. Die politische Philosophie Diderots geht über diese Beschränkung hinaus und sieht das Denken als kreativ an, als Neues generierend, dessen Grundlage dann auch nicht dem Recht immer schon inhärent gewesen sein könnte. Die Bildung von Begriffen folgt aus dem Prozess der Abfolge von »actes cognitifs«.[45] Vor allem Denis Diderot hat in seiner politischen Philosophie die Form nicht als Einheit gedacht: Die Ordnung der Formen kann nur in einem Zusammenhang mit der »kreativen Kraft« der »Ereignisse« gedacht werden, die die etablierten Muster des Denkens erschüttern.[46]

Methodenwandel vollzieht sich immer als »Selbstberichtigung«.[47] Der Wandel der Selbstinterpretation des Rechts in concreto impliziert die Ignoranz der Auflösung der durch die Konfiguration von Handlungsfeldern begrenzten geteilten Erfahrung[48] und des damit verbundenen Übergangs zu neuen, dem schnellen Wandel unterliegenden Netzwerken des Wissens,[49] die sich in und zwischen den organisierten Großsubjekten bilden. Die abnehmende Bedeutung der gemeinsamen Erfahrung, ihrer Kontinuität, ihrer Bildung am »Fall« und in der »Situation« sowie der stabilen Abstimmung von Recht und Tatsache, löst eine Krise des Rechts im letzten Drittel des 19. Jahrhunderts aus. Hier wäre es notwendig

44 *Jean-Michel Salanskis*, Herméneutique et philosophie du sens, in: ders. u.a. (Hrsg.), Herméneutique: Textes, sciences, Paris 1997, S. 409, 413.

45 *Mitia Rioux-Beaulne,* Diderot et la dynamique productive de l'esprit, Arch. de Phil. 71 (2008), 53, 54; auch *Annie Ibrahim*, Le matérialisme de Diderot: Formes et forces dans l'ordre des vivants, in : dies. (Hrsg.), Diderot et la question de la forme, Paris 1999, S. 87, 87ff.

46 *Annie Ibrahim*, Introduction: Diderot. Forme, difforme, informe, in: dies. (Hrsg.), aaO (Diderot et la question de la forme), S. 1, 8, 10.

47 Vgl. *Salanskis*, aaO (Herméneutique et philosophie du sens).

48 *Karl-Heinz Ladeur*, Risiko und Recht: Von der Rezeption der Erfahrung zum Prozeß der Modellierung, in: Gotthard Bechmann (Hrsg.), Risiko und Gesellschaft: Grundlagen und Ergebnisse interdisziplinärer Forschung, 2. Aufl., Opladen 1995, S. 209.

49 Allg. *Claude Imbert*, Le cadastre des savoirs. Figures de la connaissance et prises de réel, in: : Jean-Claude Passeron/ Jacques Revel (Hrsg.), Penser par cas. Raisonner à partir de particularités, Paris 2005, S. 255.

gewesen, neue Paradigmen[50] der Beobachtung des Wandels der Komplexität des Realen zu entwickeln. Darauf war das Recht nicht vorbereitet. Die neue Offenheit für die Beobachtung der Wirklichkeit läuft methodisch auf die Akkreditierung des seiner selbst gewissen *Meinens*[51] der Richter und den Verzicht auf begrifflich kontrolliertes Denken hinaus.

Der grundlegende Wandel der Erfahrung, die »erfinderisch« wird und nicht mehr dem langsamen Fluss der Zeit folgt, verlangt als ihr Pendant dem Recht eine neue *regulative* Komponente ab, die sich auf *Maßnahmen* zur Erhaltung der Ordnung nicht mehr reduzieren lässt.[52] Für das deutsche Recht scheint diese Perspektive mit der Vorstellung einer durch den Staat zu gewährleistenden *Einheit* des Wissens schwer vereinbar zu sein. Die Autonomie der gesellschaftlichen Erfahrung durfte die Zentralität der Einheit des Staates, die Einheit des Wissens und seine Zugänglichkeit von einem stabilen Beobachtungspunkt aus nicht in Frage stellen durfte. Rudolf Wiethölter[53] hat 1977 mit Recht die These formuliert, methodisch-theoretisch sei seit Savigny »kein Wandel vom Rang eines *Paradigmenwechsels* zu verzeichnen. ... Einheit von Rechtswissenschaft, Rechtsdogmatik, Rechtssystem« seien die entscheidenden Referenzen geblieben. Die Rechtsprechung wäre noch hinzuzufügen. Seitdem sind mehr als 50 Jahre vergangen, aber Wiethölter bleibt!

Auch der Mythos der Einheit des Staates erweist sich immer wieder als ein »epistemologisches Hindernis«, das der Entwicklung eines »Rechts als Kultur« im Wege stand. Die neue Beweglichkeit der gesellschaftlichen Erfahrung wurde wiederum aus dem Einheitsdenken ebenso wie früher die Vertragsfreiheit abgespalten und wurde explizit eher als Ausdruck der bloßen Erfolgsorientierung nach außen als »englisch« projiziert, während der Staat nicht daran vorbeikam, sein Modell der Einheit an die Realität anzupassen und sich als oberster Zweckverwalter gegenüber der Gesellschaft in Stellung zu halten.

Demgegenüber ist es nicht verwunderlich, dass die amerikanische Kultur ein pragmatisches Denken entwickelt hat (W. James), das das praktische gesellschaftliche kreative Experiment mit der Rationalität der Ideen zu vereinbaren sucht.[54] Pragmatisch heißt die Zurückhaltung bei der

50 *Thomas S. Kuhn*, Die Struktur wissenschaftlicher Revolutionen, Frankfurt a.M. 1996.

51 *Gilles Deleuze*, Différence et répétition, Paris 1968, S. 291.

52 Dies hat später *John Dewey*, Reconstruction in Philosophy, 1920, S. 77ff., 103ff., auf eine paradigmatische Weise für das amerikanische Denken akzentuiert.

53 Begriffs- oder Interessenjurisprudenz – falsche Fronten im IPR und im Wirtschaftsverfassungsrecht, in: FS Gerhard Kegel, Frankfurt a.M. 1977, S. 213, 236.

54 *Stephane Madelrieux*, Sur le pragmatisme de William James/Henri Bergson, Paris 2011.

Auferlegung von »principles of public order on contracting parties«[55] – eine Zurückhaltung, die vor allem aus der Erfahrung gespeist wird, dass es zwar den Vertrag überschießende Ziele und Werte gibt, die Beachtung verdienen, dass aber die Intervention des Staates jenseits allgemeiner Regeln vielfach die Probleme nur verschlimmert. Damit wird beachtet, was Ernest J. Weinrib so formuliert hat: »The purpose of private law is to be private law.«[56]

Die hier entwickelte Kritik schließt selbstverständlich nicht aus, dass Rechtsprechung und Literatur im Einzelnen durchaus wichtige Beiträge zur Modernisierung etwa des Handelsrechts oder anderer Materien geleistet haben.[57] Das ändert aber nichts an der Beobachtung, dass hinter dem Übergang von der Begriffsjurisprudenz zur Zweckjurisprudenz die Kontinuität der Idee der »Einheit« fortwirkt, die von der Unterdrückung der Suche nach einer sozialen Epistemologie des Rechts und die Unfähigkeit zur Herausbildung einer »Kultur des Rechts« beherrscht wird.

55 *Adam B. Seligman*, Individualism as Principle: Its Emergence, Institutionalization, and Contradictions, Indiana Law Journal 72 (1996–97), 503, 509.

56 *Ernest J. Weinrib*, The Idea of Private Law, Oxford 1995, S. 6.

57 Vgl. *Regina Ogorek*, Privatautonomie und Justizkontrolle. Zur Rechtsprechung des Reichsoberhandelsgerichts, in: Aufklärung über Justiz, Frankfurt a.M. 2008, 253, 260; *Joachim Rückert*, Handelsrechtsbildung du Modernisierung des Handelsrechts durch Wissenschaft zwischen ca. 1800 und 1900, in: Modernisierung des Handelsrechts im 19. Jahrhundert, hrsg. v. Karl Otto Scherner, Heidelberg 1993, S. 19.

VII. Die Fixierung auf die »Einheit« zu Lasten der Prozessualität des Rechts

1. Verschleierung der »Übergänge«

Die Fixierung auf die Einheit des Rechts erlaubt oder fordert ideologische Gebrauchsformen für die Rechtfertigung des Übergangs von alten Formen der Selbstdarstellung des Rechts zu neuen: Die verfälschende, ja, verzerrende Darstellung der Begriffsjurisprudenz[1] hat, vor diesem Hintergrund gesehen, vor allem die Funktion, den Übergang zur Zweckjurisprudenz als Gebot der Vernunft des Rechts und seiner Selbsterkenntnis erscheinen zu lassen, nicht aber deren historische und kulturelle Bedingungen genauer durchzuarbeiten. Der abrupte, unreflektierte Übergang von einem »Denkstil« (L. Fleck) zu einem anderen, neuen, bestätigt auch die Fruchtbarkeit der »Unterscheidung« von »Denkkollektiven« (L. Fleck), die ihren Zusammenhalt gegen die Spuren des Wandels eine Zeitlang aufrechterhalten können, dann aber plötzlich ihre Konsistenz verlieren und in einen neuen Aggregatzustand wechseln, der schnell wieder gegen Zweifel abgeschirmt wird.

Die neue Zweck- oder Interessenjurisprudenz, die sich im letzten Drittel des 19. Jahrhunderts entwickelt, verwirft die Begriffsjurisprudenz auf eine selbst wiederum unreflektierte Weise. Es ist das mit der Begriffsjurisprudenz zu assoziierende Denken in einer vorfindlichen, begrenzten *Variationsbreite von Möglichkeiten* und Handlungsformen, das der Dynamik des Wandels nicht entspricht. Die Gestaltungskraft der Formen des Rechts gegenüber den Prozessen der Technik und der privaten Machtbildung lassen nach der neuen Sicht der Rechtswissenschaft nur noch eine Referenz auf Zwecke und eben nicht mehr einen festen Bestand an rechtlich definierten Möglichkeiten insbesondere des statischen Austauschs zu, der die distribuierte Ordnung zwischen den Verträgen zur Beschaffung stabiler Gebrauchswerte des »persönlichen Bedarfs« nicht ändert. Die Begriffe der Begriffsjurisprudenz sind deshalb eher Ausdruck einer Verdrängung, nämlich des weitgehenden Verzichts, für das Verständnis der neuen Entwicklung angemessene begriffliche Formen und Figuren bereitzustellen. Die Begriffsjurisprudenz hat sich aber durch die Begrenzung des Denkbaren letztlich auch selbst daran gehindert, ihre Grenzen theoretisch zu reflektieren oder gar zu überwinden. Umgekehrt findet die verfehlte Konstruktion der Begrifflichkeit der Begriffsjurisprudenz, die zu einem »epistemologischen Hindernis« (G. Bachelard) geworden ist, ihr Entsprechungsverhältnis in der Kritik

1 Vgl. dazu auch *Hans-Peter Haferkamp/Tilman Repgen,* Wie pandektistisch war die Pandektistik? Einleitung, in: dies. (Hrsg.), Symposium aus Anlass des 80. Geburtstags von Klaus Luig am 11.9.2015, Tübingen 2018, S. 1, 5.

der Zweckjurisprudenz an Hegels angeblicher Arroganz gegenüber empirischen Phänomenen.[2] Die Schwächen der Begriffsjurisprudenz werden insofern fortgesetzt, als die Überwindung ihrer Grenzen durch reflektiertere Begriffe offenbar für unmöglich gehalten wird.

2. Zwei Versionen der Zweckjurisprudenz

Hinter der Zweckjurisprudenz oder dem Freirecht verbergen sich im Grunde zwei ganz verschiedene Denkrichtungen. Die eine, für die der Name Eugen Ehrlich[3] steht, zielt auf den Bruch mit dem staatlichen Monopol der Rechtserzeugung und auf das Denken der Möglichkeit eines gesellschaftlichen Rechts, das durch gesellschaftliche Akteure, insbesondere Organisationen, hervorgebracht wird. Sie sieht die Gesellschaft selbst als Quelle der *Selbstorganisation des Rechts* an.[4] Rechtsbildende Prozesse beobachtet sie vor allem in neuen Phänomenen, in denen sich paradigmatisch die Herausbildung neuer Rechtssubjekte in Gestalt von Organisationen und deren Möglichkeit zur Generierung langer und verzweigter Operationsketten und Netzwerke niederschlägt. Recht bildet sich danach in und zwischen wirtschaftlichen Organisationen durch Verträge, Satzungen, Standards, Normen etc.[5]

Dies wäre eine kontrafaktische Retrospektive auf einen Umbruch in der Gesellschaft und im Staats- und Rechtsverständnis, das in die Kontinuität der spezifisch deutschen kulturellen Entwicklung und die dadurch bestimmte Pfadabhängigkeit »gepasst« hätte und die verhängnisvolle Wendung zu einem begriffsfeindlichen Vitalismus[6] und seinem Kult der

2 Das Interesse der konservativen Neo-Hegelianer für den Nationalsozialismus als »historisches Detail« sollte man nicht Hegel anlasten: Dulckeit erwähnt in seinem Buch von 1950 über die »Philosophie der Rechtsgeschichte« mit keinem Wort den Nationalsozialismus!

3 *Eugen Ehrlich*, Grundlegung der Soziologie des Rechts (1913), München/Leipzig, Neudruck 2018.

4 *Ehrlich*, ebd., S. 12, 33.

5 *Ehrlich*, ebd., S. 33ff.; vgl. auch *Miloš Vec*, Recht und Normierung in der industriellen Revolution. Neue Strukturen der Normsetzung in Völkerrecht, staatlicher Gesetzgebung und gesellschaftlicher Selbstnormierung, Frankfurt a.M. 2006.

6 Wilhelm Dilthey ist der Philosoph, der (auch) für das Recht den Einzelnen als Träger einer »Wertwelt«, , jenseits der Ideenwelt in einen »Zweckzusammenhang« gerückt hat, der auf »das Ganze« angelegt ist und im historischen Bewusstsein seine Anerkennung finden kann, dazu *Nikolaus Kreissl*, Das Rechtsphänomen bei Wilhelm Dilthey, Basel/Stuttgart 1970, S. 43; auch *Jean Grondin*, La solution de Dilthey au problème du relativisme historique, Revue Internationale de Philosophie 2003, Nr. 226, 467; Rudolf Adam Makkreel, The Productive Force of History and Diltheys Formation of the Historical World, ebd., 495. Diese Philosophie ist auch dem historischen Kontext der »Zweckjurisprudenz«

»Kraft« der Zwecke – die an die Stelle der »still wirkenden Kräfte« des Volksgeists der Vergangenheit treten – vermieden hätte. Doch die »Zwecke« blieben ebenso unreflektiert wie zuvor der »Volksgeist« als der unbewegte Beweger des Rechts, der sich der Beobachtung des Wandels widersetzt. Savignys »Volksgeist« war ein erfolgreicher »Aufhalter« des Wissens, der die Konsequenzen des Übergangs zu einer neuen, von Menschen »gemachten« Gesellschaft und der damit einhergehenden Notwendigkeit der dauerhaften Institutionalisierung eines *reflexiven* Potentials (nicht nur) des Rechts blockiert hat.

Das »wissenschaftliche Recht« war der Sache nach eine Form der Verdrängung des Denkens des permanenten Wandels. Es überhöht die dogmatische Leistung der Begriffe für die Erhaltung der Kontinuität einer Rechtsprechung, die zum Walter der Unmerklichkeit des Wandels erhoben wird. Die Rechtsprechung ist weit mehr als die Institution der Praxis der Bearbeitung der »Rechtsfälle«. Sie wird zum zentralen Fluchtpunkt des Rechtsdenkens, weil von ihr die Leistung der Invisibilisierung des Wandels der *Formen* des Denkens erwartet wird. Dies gilt insbesondere für die Ausblendung der gesellschaftlichen Produktion des Rechts, wie sie das Freirecht verstanden hat. Das Freirecht ist wesentlich auch ein Recht ohne Rechtsprechung, ein Recht der Selbstorganisation, der Selbstbeobachtung und des Experimentierens der Praxis.

Das »wissenschaftliche Recht« ist von dem Wunsch nach Vollständigkeit beherrscht und nimmt dafür eine Verengung des Spektrums der Möglichkeiten und das Aufhalten der Beobachtung des Wandels in Kauf, weil so die Illusion der Vollständigkeit besser erhalten werden kann. Nach Ansicht des Psychoanalytikers Josef Ludin[7] ist die Wunschprojektion des Vollständigkeitswahns ambivalent, weil sie eine Verengung des Denkens zur Folge hat.

4. Die Intertextualität der Methodenbegriffe

Wissenschaftliche Konzepte entstehen immer in einer historischen Konjunktur.[8] Die ausgeprägte Orientierung der Rechtswissenschaft und der

zuzuordnen, die die traditionelle abstrakte Konzeption der Normativität hinter sich lässt und ein Denken der Verschleifung von Recht und »Leben« ausdrückt, aber dessen Pluralität wiederum in einen »Zweckzusammenhang« überführt und den »Aufbau« von Einheit in einer neuen Form anstrebt.

7 Sehnsucht. Nostalgie, Libres Cahiers pour la Psychanalyse 2005, 113, im Anschluss an Freuds Theorien über den Narzissmus.

8 *Pierre-Olivier Méthot*, The Genealogy of Concepts and Experimental Practices. Rethinking Georges Canguilhem's Historical Epistemology, in: MPI für Wissenschaftsgeschichte Preprint 434 (2003), 117.

Rechtsgeschichte an der »Einheit« ihrer eigenen Stellung (das »fantasme de l'Un«, Claude Lefort) haben die historisch-kritische Reflexion des Wandels verhindert und der Absetzung von dem »überwundenen« Denken eher einen unseriösen Charakter gegeben, statt eine epistemologische Analyse der Verschiebungen innerhalb einer historischen Konfiguration und zwischen den ihren Kontext bildenden Begriffen zu suchen – das, was hier die »Intertextualität« der Rechtsbegriffe genannt wird, die Öffnung der Rechtsbegriffe für Überwirkungen anderer kultureller Formen, die sich in Zeiten des dynamischen Wandels intensiviert. Der Rekurs auf »Einheit« ist nichts anderes als Ausdruck des Anspruchs, dass allein das Recht über seine Begriffe verfügen kann. Dies steht im Widerspruch zu einem neuen Denken der Wissenschaftsgeschichte, das Begriffe als komplex und dem Wandel unterworfen ansieht, und zwar einem Wandel, der nicht von den einzelnen Autoren, die die Begriffe benutzen, beherrscht werden kann.[9] Das begriffliche Denken wird insbesondere von einem steten Strom des analogischen Denkens begleitet,[10] das nicht von der explizit entwickelten Begriffsanalyse kontrolliert werden kann. Das starrsinnige Insistieren auf der normativen Selbstkontrolle – statt eines selbst relativierenden Abstands von der eigenen Praxis – hat dazu geführt, dass das Recht in Deutschland blind durch die Geschichte gestolpert ist, weil es nicht sehen wollte, was es nicht selbst beherrschen konnte.

Die andere, die staatsorientierte Richtung der Zweckjurisprudenz versteht die neue Richtung als Wendung zum »Zweck« als »weltbeherrschendem Prinzip« (Jhering), das im Einklang mit der Geschichte stehe. Die »rechtliche Selbstbehauptung der Person«[11], die den Spalt des Zweifels im bürgerlichen Rechtsdenkens schließt, lässt die Offenheit, das Provisorische des Experimentierens mit dem Neuen, beiseite und propagiert den »Willen« als Triebkraft der Individuen, der Organisationen wie des Staates, die Selbstbehauptung im Kampf, dem auch die Kooperation dienen kann. Die »Triebkraft des Zwecks«[12] bringt das Recht hervor und setzt es zur Sicherung der Durchsetzung (ggf. Rangordnung) der Zwecke ein. Die alte Hermeneutik der Begriffe und die neue Hermeneutik der Zwecke stimmen darin überein, dass die Einheit und Kontinuität des Rechts gewahrt werden müssen. Das an Zwecken orientierte Rechtsdenken hält daran fest, dass es kein Recht jenseits des Staates gibt. Die faktischen Zwecke mögen sich ändern, aber das Recht – insbesondere der Richter

9 *Henning Schmidgen*, The Life of Concepts. Georges Canguilhem and the History of Science, History and Philosophy of life Sciences 36 (2014), 232.

10 Vgl. allg. zur Bedeutung des analogischen Denkens *Douglas Hofstadter/Emmanuel Sander*, Die Analogie. Das Herz des Denkens, 4. Aufl., Stuttgart 2021.

11 *Rudolf v. Jhering*, Der Zweck im Recht 1, Leipzig 1872, S. 79.

12 *Jhering*, ebd., S. 79.

– wird immer schon da gewesen sein. Seine Zeit ist das Futur II! Dagegen stünde ein induktives Rechtsdenken, das »unterhalb der Einheit« als Prozess existiert, die von einer Pluralität von Elementen angetrieben wird.[13] Das Recht hätte sich auch aus der relational gedachten Technik Formen und Figuren »leihen« können.

Das Recht wird so zum Medium der Beobachtung und (begrenzten) Bewertung der Zwecke aus der Beobachterperspektive des Staates als oberstem Zwecksetzer – vor allem wird es zum Instrument des Zwangs. Diese Überlegungen gehen auf Darwin und »das Leben« als Gegenstand des Kampfes um das Überleben des Stärksten zurück.

5. Wandel durch »order from noise« und der Mangel einer Kultur der Technik

Wieweit sozialbiologistische Ideen in das Rechtsdenken Einfluss haben sollten, ist eine Sache. Eine andere ist es, die weitere Evolution der Biologie zu beobachten, die sehr viel differenzierter denkt und Leben als »Evolution von Information« und Organisation als Gewinnung und Erzeugung von »order from noise« betrachtet.[14] Dies erscheint viel eher anschlussfähig für (auch) rechtliches Denken, das seine Aufgabe in der Gewährleistung, abstrakt gefasst, eines *angemessenen Niveaus der Diversität und Komplexität der Wissenserzeugung*, des »privat-öffentlichen Zwischenraums« der Erfindungen neuer Produkte und »Produktlinien« in der Gesellschaft durch Institutionen, zu suchen hätte.[15] Die »Technizität« führt zu einer »Wandlung im Verstehen der Welt«.[16]

Auch dies ist nicht so weit von Hegels Denken des Begriffs als Selbstentfaltung des Geistes entfernt. Von der Seite der Technik her nähert sich Simondon[17] einer *Kultur* der Technik, die nicht unähnlich der Literatur das Denken der *Erfindungen* ins Zentrum rückt – und nicht

13 Zu einer technikbezogenen Lesart *Gilbert Simondon*, Du mode d'existence des objets techniques, Paris 1958, S. 176.

14 *Irun Cohen*, Updating Darwin: Information and Entropy Drive Evolution of Life, PMC/PubMedGov 2016, https://pubmed.ncbi.nlm.nih.gov/28105315/.

15 Vgl. dazu (über Locke) *Rita Koganzon*, Liberal States, Authoritarian Families. Childhood and Education in Early Modern Thought, Oxford 2021, S. 127; auch *Karl Mannheim*, Soziologie der Intellektuellen. Schriften zur Kultursoziologie, Berlin 2022, S. 123.

16 *Hans Blumenberg*, Schriften zur Technik, Berlin 2015, S. 139.

17 Vgl. *Olivier del Fabbro*, Philosophieren mit Objekten. Gilbert Simondons prozessuale Individuationsontologie, Frankfurt a.M./New York 2021; Die Erfindung instituiert eine Umwelt (»milieu«), »une mise en situation«, in der das technologische Objekt funktionieren kann.

nur das sich scheinbar selbst reproduzierende »Räderwerk« der Technik, das sich die Subjekte subsumiert. Die Technik ist nicht so weit von der Kultur entfernt, wie es im Allgemeinen scheint. Auch die Entwicklung der Technik, die sich jenseits des handwerklichen Bastelns neue abstraktere Formen einer begrifflichen Reflexion geschaffen hat, verläuft nicht unabhängig von der Begriffsbildung in der nicht-technischen Kultur.[18] Die Höherentwicklung der Technik führt zu einer allgemeineren Begriffs- und Reflexionsform, die auch zu einer anderen Organisationsform und zu einer stärkeren Öffnung auf die Kultur hätte führen können. Die Beschleunigung der technischen Entwicklung[19] *und* der Rückzug der literarischen Kultur sowie die Unterentwicklung von »Recht als Kultur« haben der Technikentwicklung auch nicht die Reflexionsformen geliefert, die für eine stärkere Durchlässigkeit zwischen Technik und Kultur notwendig gewesen wären. Wieland hat in Deutschland einen Zusammenhang zwischen der Aufklärung und der Entwicklung der Wissenschaften gesehen, die dem Menschen die Verfügung über die Kräfte der Natur vermitteln.[20]

Die Technikentwicklung fand durchaus Unterstützung in einem großen Teil der konservativen Eliten, allerdings wurde die Technik in Übereinstimmung mit dem neuen Vitalismus eher nach dem Modell des Krieges als »Kraft« angesehen,[21] die für die Erlangung nationaler Größe einsetzbar erschien. Deshalb war der Vitalismus ambivalent, er zeigt deutlich die Züge auch des zeitgenössischen *Nihilismus*.[22] Die Kehrseite war ein Kult der Technik, der die scheinbare Staatsaffinität der neuen technisch basierten wirtschaftlichen Organisationsformen akzentuierte, aber die durchaus mögliche Entwicklung einer gesellschaftlichen Kultur des technischen Denkens blockierte.[23]

Die Entwicklung einer »enzyklopädischen« Kultur des Wissens hätte eine stärkere Durchlässigkeit der kulturellen und der technischen Begriffe bewirken können. Dies entsprach der französischen Konzeption der »Enzyklopädie«, die darauf angelegt war, möglichst das gesamte Wissen der Zeit zu verarbeiten – auch und gerade das handwerkliche.[24] Diderot

18 *Vincent Bontems*, Encyclopédisme et crise de la culture, Rev. Phil. de la France et de l'Etranger 131 (2006), 311.

19 Dazu *Bontems*, ebd.

20 *Jan Philipp Reemtsma*, Christoph Martin Wieland. Die Erfindung der modernen deutschen Literatur, München 2023, S. 356.

21 Vgl. nur *Emile Durkheim*, in: Marie Rotkopf/ders., »Deutschland über alles«. Die deutsche Mentalität und der Krieg, Berlin 2023, , S. 22f..

22 Vgl. dazu *Robert C. Colin*, La violence nihiliste, Topique 2007 (Nr. 99), 139, 139ff.

23 *Gilbert Simondon*, Imagination et invention: 1965–1966, Paris 2014.

24 *Robert Friedel*, A Culture of Improvement. Technology and the Western Millennium, Cambridge, Mass. 2007, S. 235ff., insbes. 237.

wollte die ganze Breite des Wissens, einschließlich des Handwerks, in der »Encyclopédie« dargestellt wissen.[25]

6. Reflektierte und unreflektierte Rekurse auf neue Formen des »Lebens«

Das Gegenkonzept zur Information und ihrer Offenheit für Neues und Vielfalt wäre die Entropie, der Zusammenbruch des Lebens und der Kreativität durch immer mehr vom Gleichen und die Blockierung der Selbstreflexion der Prozesse der Zweckbildung. Genau dies ließe sich an der Zweckjurisprudenz belegen: Sie entwickelt kein *Ordnungsdenken* jenseits des opportunistischen Verständnisses des »Kampfes« als Motor des Lebens. Es ist kein Zufall, dass die wichtigste programmatische Schrift Jherings nach dem Umschwung »Der Kampf ums Recht« heißt.[26] Auch hier zeigt sich, dass das Insistieren des Rechts auf einer Selbstinterpretation immer auf die bloße lineare Fortsetzung des Entscheidens und des Rekurses auf die gleichen Kriterien der Selbstentscheidung fixiert bleibt. Die offensichtlichen »asymmetrischen« Einflüsse des Stroms des Zeitgeistes, die nicht seinem Denken folgen, werden dennoch in seinen eigenen Unterscheidungsbereich als quasi-objektive Vorstellungen vom »Leben« wiedereingeführt, aber nicht als Ausdruck eines Wandels reflektiert, der nicht vom Recht bestimmt wird.

Von der Vorstellung des »Rechts als Kultur« (L. Rosen), des Rechts als Medium der Reflexion der kollektiven Strukturierung der Wissens- und Wahrscheinlichkeitsordnung, der Beobachtung der Normbildung, der Spannung zwischen inkompatiblen Verhaltensmustern, des Wandels der Erwartungsbildung in der Gesellschaft, der Beobachtung dessen, was »knowable« oder »believeable« ist, bleibt in der Zweckjurisprudenz nichts übrig. Dies ist die Konsequenz des Mangels eines liberalen Verständnisses von »Recht als Kultur«.[27] Sonst hätte die Kollision zwischen dem früheren liberalen Recht und der neuen »zweckbestimmten« Konzeption begriffen werden können. Es bleibt die kriterienlose, selbst

25 *Friedel*, ebd., S. 238f.; dazu gehörte auch das stumme Wissen der Praxis (»tacit knowledge«).

26 *Jhering*, aaO (Kampf).

27 Auch *Gnaeus Flavius* (d.i. *Hermann Kantorowicz*), Der Kampf um die Rechtswissenschaft (1906), in: *Hermann Kantorowicz*, Rechtswissenschaft und Soziologie. Ausgewählte Schriften zur Wissenschaftslehre, Heidelberg 1962, S. 13, betont schon die Bedeutung der »Kultur des Rechts« für die Rechtsentwicklung, vgl. zu Kantorowicz *Amadou K. Sow*, Eine Praxistheorie für das Recht: Überlegungen am Beispiel des Freirechts, Rechtsphilosophie 2019, 142.

von der situativ zu bestimmenden privaten Macht abhängige opportunistische Beobachtung der Durchsetzungsfähigkeit der Macht der Zwecke – und deren ggf. erforderliche Kompatibilisierung durch staatliche Entscheidung, die *Maßnahme*.

Jhering selbst hat die Bedeutung der »rechtlichen Wende« gesehen, die er so interpretiert hat, dass das Recht »kein logischer«, sondern ein »Kraftbegriff« ist.[28] Anders als im pragmatischen römischen Recht ist damit der Anspruch aufgegeben, der Beobachtung des Rechts und seiner Bewegung in neue Konstellationen eine Form zu verleihen, die der Eigenrationalität des Rechts, der Entfaltung von Regelhaftigkeit, die Stellung eines Gestalt bildenden Widerlagers gegen die Kraft der Zwecke gegeben hätte. Das Recht gibt seine Form auf. Das Gesetz ist die »Tat der Staatsgewalt«.[29]

Der neue Vitalismus schlägt sich in der Konzeption des subjektiven Rechts nieder: Es vermittelt dem Rechtsgefühl die »Freiheit der Tat«.[30] »Das Leben des Rechts ist praktische Verwirklichung«.[31] Hier erfolgt eine interessante Begriffsverschiebung: Das Subjekt wird selbst zum Träger der »gegebenen Individualität«,[32] d.h. es entwickelt sich eine neue Form der von der Macht der Faktizität bestimmten Subjektivität, die ohne Kriterien und ohne rechtliche Form bleibt. Die »praktische Triebkraft des Zweckbegriffs«[33], nicht die logische eines Ordnungbegriffs[34], drängt zur Verwirklichung der Zwecke in einer »vom Recht eingeräumten Stellung«. Und dies ist die Essenz des »Ganzen« des Rechts. Die Rechtssubjektivität als dezentraler Agent der pluralen Möglichkeiten in der Gesellschaft wird verkürzt auf die »Verwirklichung des einzelnen Daseins für die Zwecke der Gesamtheit«.[35] Darauf beruht »unsere ganze Cultur«.[36] Auch nach Jhering muss das dynamischer gewordene Recht – anders als zur Zeit der Begriffsjurisprudenz – eine *performative* Seite in Gestalt einer Bestimmung über die »Innenseite« des Rechts, die Stellung des Subjekts, entwickeln, die auch im Privatrecht nicht nur eine Sache der eigenen Angelegenheiten ist. »Jeder Einzelne, der in die Lage kommt, sein Recht behaupten zu müssen, nimmt an der nationalen Arbeit (!) seinen Antheil, trägt sein Scherflein (!) bei zur Verwirklichung der Rechtsidee«.[37] Wie bei Savigny ist damit aber keine gestaltende Rolle für

28 *Jhering*, aaO (Kampf), S. 9.
29 Jhering, ebd., S. 8.
30 *Jhering*, ebd., S. 36.
31 *Jhering*, ebd., S. 25.
32 *Jhering*, aaO (Der Zweck im Recht), S. 12.
33 *Jhering*, ebd., S. 103.
34 *Jhering*, ebd., S. 128.
35 *Jhering*, ebd., S. 108
36 *Jhering*, aaO (Zweck), S. 108.
37 *Jhering*, aaO (Kampf), S. 62.

die Rechtsbildung verbunden. Doch anders als bei Savigny ist die quietistische Referenz auf das »innere Leben«[38] des Rechtssubjekts einerseits und das Gebot der »Übernahme« der Gedanken des Gesetzgebers andererseits[39] abgelöst worden durch eine aktivistische Referenz, nicht auf die Selbstentfaltung und Selbstorganisation der *Regeln* des privaten Zwischenraums, sondern auf den »Einsatz« des Einzelnen für »sein« Recht, dem zugleich eine eher politisch zu interpretierende Einordnung in eine homogene *Mehrheit* i.S. Treitschkes entspricht.[40] Anders als bei L. von Ranke[41] – aber in Ansätzen auch bei Savigny – wird die Gesellschaft bei Jhering schon nicht mehr als gesamthafte »Ganzheit« der Individuen verstanden, sondern im Grunde als politisch formierte Mehrheit der »Kampfbereiten«, die von der Minderheit der sich selbst ausschließenden Feinde der Nation unterschieden wird. Auch dies ist ein Symptom des Übergangs von der »Gesellschaft der Individuen« zur »Gesellschaft der Organisationen« (und Gruppen), die eine weitere Ausdifferenzierung des Verständnisses von »Recht als Kultur« im Hinblick auf die neuen Regeln der gesellschaftlichen Selbstordnung verlangt hätte. In einer larvierten Form hat die Zweckjurisprudenz, genauer gesagt: ihre staats- und justizorientierte Version, einen Schritt zur Anerkennung der Eigenlogik der Gesellschaft getan: Der Zweck des Rechts kann ebenso wie der »Kampf ums Recht«, weil es nur auf die Kraft der Zwecksetzung und -verfolgung ankommt, von Organisationen und Gruppen geführt werden, während umgekehrt auch das »innere Leben« des individuellen Rechtssubjekts nicht mehr nur der Sorge des Einzelnen anheimgegeben ist. Wer sich darauf zurückzieht, nimmt nicht am Kampf teil! Die Organisation als Referenz des Zweckdenkens ist ihrerseits nicht in Hinsicht auf die Entfaltung der Logik des Privaten gedacht worden, sondern als Form der Einführung quasi-staatlicher Akteure in die Gesellschaft, die ihre Zwecke explizit setzen und darunter den für die Organisation arbeitenden »organisational man«, der nach »Weisung« arbeitet[42], subsumieren. Die Organisation als Quelle neuen gesellschaftlichen Wissens wird nur opportunistisch in der Sicht des Staates reproduziert – »seeing like a state«.[43]

38 *Friedrich Carl von Savigny*, System des heutigen römischen Rechts, Band 1, Berlin 1840, S. 23.

39 *Savigny*, ebd., S. 213.

40 *Heinrich von Treitschke*, Politik. Vorlesungen gehalten an der Universität zu Berlin, Band I, 2. Aufl., Leipzig 1899, , S. 54; *Durkheim*, aaO (»Deutschland über alles«), S. 40.

41 Tagebuchdiktate Leopold von Rankes aus dem Jahre 1881, Hist. Zeitschrift 151 (1935), 332, 333.

42 *Thomas Vesting*, Staatstheorie, München 2018, S. 134.

43 Im 20. Jahrhundert wird aus der Kritik der »schrankenlosen Vertragsfreiheit« die Institutionalisierung der staatlichen Form der Reform des »inneren

7. Die paradigmatische Bedeutung des Methodenwandels

Seit den achtziger Jahren des 19. Jahrhunderts hat sich unter dem Eindruck der wachsenden wirtschaftlichen Probleme und der Spannungen zwischen Unternehmen und Gewerkschaften eine Tendenz zur Verstaatlichung gesellschaftlicher Konfliktlösungen herausgebildet, die weit über den Rahmen des früheren Rechtsdenkens hinausgeht. N. Elias weist auf die Bedeutung der »militärischen Vorbilder für die bürgerliche Gestaltung des Arbeitsverhältnisses« in Deutschland hin, die es so in anderen europäischen Ländern nicht gegeben habe.[44]

Das militärische Ethos der Einheit hat möglicherweise dazu beigetragen, dass es im Arbeitsrecht nicht zu einer eigenständigen privatrechtlichen Selbstorganisation von Regeln für die Ordnung der Arbeitsverhältnissen gekommen ist.

Auch die Umstellung auf den Zweck als Referenz der Theoriebildung in der Rechtswissenschaft führt letztlich zur Verstärkung dieser Verstaatlichungstendenz in Rechtswissenschaft und -praxis. Die Abstimmung der Zwecke lässt sich leichter für eine staatliche, insbesondere gerichtliche Kontrolle öffnen als die Referenz auf das distribuierte Experimentieren mit neuen Möglichkeiten und die Möglichkeit der Emergenz gesellschaftlicher Verhaltens- und Beziehungsmuster bietet.

Eine stärkere Reflexion des Verhältnisses des Rechts zur »culture at large«[45] hätte auch in Deutschland zu einem anderen Rechtsverständnis führen können, das sich für die Beobachtung des Wandels der gesellschaftlichen Wissensordnung den Rekurs auf die Beobachtung der Möglichkeit der Öffnung des Rechts für ein eher »enzyklopädisches« Denken (in dem oben angesprochenen Sinne) offengehalten hätte. Mit der Öffnung des Rechtsverständnisses für ein heterarchisches, »enzyklopädisches« Denken

Lebens« des Individuums, die die »Ganzheit« des Individuums unmittelbar in »Obhut« nimmt: Insbesondere die Reform der Schule ist ein Zweck, der sich nicht durch Erfolge legitimieren muss (und kann), sondern aus den Misserfolgen immer nur die Notwendigkeit neuer Reformen ableitet, die neue »Denkkollektive« (L. Fleck) hervorbringen, die in erfolgreichem Scheitern eine Lebensform perpetuieren. So entstehen Wissensbestände, die für die Gesellschaft völlig intransparent sind; vgl. zu den wenig beeindruckenden Ergebnissen der »Schulreformen«, die selbst da, wo sie erfolgreich zu sein scheinen, keine plausible Erklärung für Erfolge liefern können, *Alexandra Marx/ Kai Maaz*, Wie lassen sich Bildungsungleichheiten effektiv verringern? Ein Forschungsüberblick zu Schulentwicklung in herausfordernden Lagen, Die Deutsche Schule 115 (2023), 189ff.; vgl. allg., insbes. S. 173, 224.

44 *Norbert Elias*, Studien über die Deutschen. Machtkämpfe und Habitusentwicklung im 19. und 20. Jahrhundert, Frankfurt a.M. 1992, S. 273.

45 *Lawrence Rosen*, Law as Culture. An Invitation, Princeton 2006, S. 70; auch *Vesting*, aaO (Staatstheorie), S. 181.

hätte eine »Nebentheorie« für das Recht und vor allem für die Rechtsfortbildung gewonnen werden können, die mehr rechtliche Möglichkeiten zur Bewältigung der Vielfalt der tatsächlichen Möglichkeiten hätte denken und konstruieren können. Die Öffnung des Rechtsverständnisses für eine stärkere Pluralisierung, insbesondere auch durch den Einbau von Formen der gesellschaftlichen Schlichtung von Rechtsbeziehungen zwischen Arbeitgebern und Arbeitnehmern, hätte auch zur Begrenzung der Ängste des Bildungsbürgertums vor dem Aufstieg der Sozialdemokratie und der Gewerkschaften beitragen können (die sich mit der Angst vor der Technik verbunden hat). Voraussetzung dafür wäre gewesen, die Staatlichkeit des Rechts zu relativieren, die den Wandel der gesellschaftlichen Wissensbestände auf eine andere Weise ernst genommen hätte als Jherings Respekt vor der Empirie, der letztlich der Anpassung an die herrschende politische Sichtweise auf die Lebenswelten geschuldet war.

Eine andere Lesart der neuen gesellschaftlichen Dynamik hätte sich darauf eingelassen, dass die Tatsachen neue tatsächliche soziale Normen und Handlungsmuster hervorbringen konnten, mit deren Anschlussfähigkeit an das Recht sich ein Tatsachen nicht in dem oben erwähnten Sinne der »skelettierten« Empirie[46] verkürzendes Rechtsverständnis hätte auseinandersetzen können.

8. Der Staat als Aufhalter einer Selbstorganisation des gesellschaftlichen Rechts

Das Recht ist nach der neuen Auffassung eher die »Kraft« eines »Gefühls«,[47] des »Rechtsgefühls«. Die Kontinuität zum Denken Savignys bleibt gewahrt. Insbesondere der »*Zwischenraum*« zwischen den Individuen der Gesellschaft und die sich dort entwickelnde Ausdifferenzierung des objektiven Rechts als eines gesellschaftlichen Rechts wird ebenso wenig wahrgenommen wie die Differenzierung der »Binnenstruktur« der individuellen Subjekte (oder auch der Organisationen), die für das Handeln in der auf den Wandel eingestellten Gesellschaft des »Machens« von grundlegender Bedeutung ist. Das Rechtshandeln der Einzelnen als »Tat« hat eine Bedeutung für das Recht nur als »Antheil an einer nationalen Arbeit«[48], d.h. sie »wiederholt« das objektive Recht als »sein Recht«. Die Suche nach der Einheit und Vollständigkeit des Rechts bestimmt auch den »Wiederholungszwang«[49] der »Anwendung«, die das

46 *Rosen*, ebd.; *Vesting*, ebd.
47 *Jhering*, aaO (Kampf), S. 100.
48 *Jhering*, aaO (Kampf), S. 9.
49 Dazu wiederum im Anschluss an Freud, *Josef Ludin*, Sehnsucht. Nostalgie, Libres Cahiers pour la Psychanalyse 2005, 113.

Recht nicht ändern darf. Der auch von Jhering nicht geleugnete Effekt der Tat auf den Wandel des Rechts ist nichts, was der gesellschaftlichen Praxis zuzurechnen ist. Dieser bleibt ein der Öffentlichkeit der Subjekte verborgener unmerklicher Wandel des praktischen »Verkehrs«, der Zweckverfolgung, den nur die Rechtsprechung als rechtlich relevant (an-)erkennen kann. Das Zweckdenken bricht nicht nur mit der Begriffsjurisprudenz, es blockiert zugleich wie Savigny die Entwicklung der begrifflichen Reflexion der neuen Eigenrationalität des auf Wandel eingestellten Rechts. Festzuhalten bleibt aber, dass Jhering dem Einzelnen *performativ* ein Moment der Selbstbeobachtung des Eigenen zuschreibt, dessen Referenz immer der Staat und dessen Recht ist, nicht die Ausdifferenzierung in den Prozessen der Selbstorganisation der Gesellschaft. Der herrschende Blick auf das Recht bleibt seiner antigesellschaftlichen Linie treu, die von der Referenz auf ein »Ganzes« bestimmt wird, das von dem Einzelnen nur als Teil dieses Ganzen, und damit nur sehr begrenzt zu erfassen ist. Der Einzelne muss sich mit dem »Ganzen« verbinden, ein Vorgang, der dann zur Verwirklichung der »Rechtsidee« als »Kraft« führt. Die »Rechtsidee« steht in einer Kontinuität zu Savignys Volksgeist darin, dass sie sich dem Einzelnen nie ganz erschließen wird und der Einzelne zur Gewinnung eines »Antheils« am »nationalen Rechtsgefühl«[50] streben muss.

Die Zweckjurisprudenz hat die der Begriffsjurisprudenz zugrunde liegende Unterstellung eines durch die Rechtsbegriffe begrenzten Variationspools der Handlungs*formen* aufgegeben und an dessen Stelle die freie Beweglichkeit materieller Zwecke gesetzt. Dafür werden aber im Grunde gar keine rechtlichen Strukturen genannt, sondern nach dem »Rechtsgefühl« eine opportunistische Entscheidungspraxis von Fall zu Fall ermöglicht.

9. Die spätere Ablösung des Staates als Aufhalter durch die Paradoxie der einen antistaatlichen »Bewegung« des Nationalsozialismus

Der Kampf um das Recht tritt nach dem Sieg des Nationalsozialismus zurück, die Zwecke werden jetzt überhöht. Jetzt zählt die neue »sich aus dem Zusammenwirken der Lebensideale ergebende Rangordnung«.[51] Jetzt ist es möglich, »im Leben eine echte, vollkommen unversehrte Quelle« des Rechts und seiner Erkenntnis zu finden und nicht in »einem

50 *Jhering*, aaO (Kampf), S. 411.

51 *Philipp Heck*, Rechtsphilosophie und Interessenjurisprudenz, AcP 143 (1937), 129, 169.

Systeme von Allgemeinbegriffen«.[52] Vertreter der »Interessenjurisprudenz« bekennen sich als »Arier«. Heck weist darauf hin, dass er auch schon vor dem Sieg des Nationalsozialismus »Alldeutscher« war. Er könne auch »den Ariernachweis erbringen«.[53] Er betont den Unterschied zur Freirechtslehre, die »jüdisch« sei. Das ist wegen der Bedeutung der abduktiven Form des Schließens auf Rechtsurteil im talmudischen Denken[54] nicht ganz falsch, auch wenn es dort rein denunziatorische gemeint ist. Eine Kontinuität besteht nach Heck insofern, als der »Richter das ganze Recht an(zu)wenden« habe. An dem »völkischen Ideal« können Juden keinen Anteil haben. Es hält sich dennoch der Vorbehalt, dass die Interessenjurisprudenz im Kern selbst »jüdisch« sei. Dabei wird die der Interessenjurisprudenz eigene Dynamik unterschätzt. Interessenjurisprudenz vor dem Nationalsozialismus war zwangsläufig etwas anderes als nach der Machtergreifung des Nationalsozialismus. Heck zeigt, dass die Interessenjurisprudenz sich auf die neu geordnete »Interessenlage« einstellt. Die Selbsterniedrigung der Juristen, ihr lächerlich gewordener, weil realisierter Kult des Ganzen, kann jedenfalls nicht einfach als eine dem Zeitgeist geschuldeter Abirrung abgetan werden.

Es wäre sicher ahistorisch zu behaupten, dass alles so kommen musste oder umgekehrt, dass Heck die Interessenjurisprudenz nur opportunistisch einer Camouflage unterzogen habe. Die neue Lesart ist *eine* sehr naheliegende Fortsetzung des »Geistes« der alten!

52 *Heck*, ebd., 150.
53 *Heck*, ebd., 151.
54 *Ronen Reichman*, Abduktives Denken und talmudische Argumentation. Eine rechtstheoretische Annäherung an eine zentrale Interpretationsfigur im babylonischen Talmud, Tübingen 2006, S. 19ff., 77ff.

VIII. Die andere Version der Zweckjurisprudenz: das Freirecht

1. Zweckjurisprudenz und amerikanischer Pragmatismus

Vor dem Hintergrund des dynamischen Wandels der Wirtschaftsgesellschaft im letzten Drittel des 19. Jahrhunderts lässt sich das Problem der Entwicklung der Zweckjurisprudenz und die Frage, warum sie überhaupt entstanden ist, in ein Entsprechungsverhältnis zum Schweigen der juristischen Literatur zur Vertragsfreiheit[1] in der früheren Epoche der Rechts- und der Wirtschaftsentwicklung setzen (vgl. oben). Der entscheidende Impuls geht von dem zunächst ignorierten oder dem öffentlichen Recht zugeordneten Aufstieg der großen Gesellschaften, insbesondere der Aktiengesellschaft, aus: Das Movens ist vor dem Hintergrund des Aufstiegs der großen Unternehmen der Abschied vom Konzessionssystem, das etwa in den vierziger Jahren des 19. Jahrhunderts in Preußen eine eher liberale Haltung praktischer Konzessionierung von Aktiengesellschaften erkennen ließ. In den Fällen, in denen die Konzession abgelehnt worden ist, wird aber erkennbar, dass der preußische Staat die Konstruktion der Aktiengesellschaft im Allgemeinen und ihren Zwecken im konkreten Fall am Maßstab des *staatlichen* Interesses in Abhängigkeit von der Notwendigkeit der Stärkung gemeinschaftlicher Kräfte vorgenommen hat. Der Staat hält an der zur Fiktion gewordenen Annahme fest, dass die Aktiengesellschaft als organisierte *juristische* Person letztlich von einem quasi-öffentlichen Zweck bestimmt werde.[2] Diese Fiktion wird formal mit dem Abschied vom Konzessionssystem später aufgegeben, aber die Aktiengesellschaft, die juristische Person im Allgemeinen, blieb ebenso wie früher die *Vertragsfreiheit* außerhalb der Reflexion ihres Ortes innerhalb einer neuen Kultur des Rechts. Es entsteht eine Leerstelle im Rechtssystem, es blieb »the silence of the soulless corporation«.[3] »Corporate agency« löste

1 *Sibylle Hofer*, Freiheit ohne Grenzen? Privatrechtstheoretische Diskussion im 19. Jahrhundert, Tübingen 2020; vgl. zur Entwicklung der Form der Vertragsfreiheit im 19. Jahrhundert auch *Joachim Rückert*, Zur Legitimation der Vertragsfreiheit im 19. Jahrhundert, in: Diethelm Klippel (Hrsg.), Naturrecht im 19. Jahrhundert. Kontinuität Inhalt – Funktion – Wirkung, Goldbach 1997, S. 135, 165.

2 Vgl. *Alfred Reckendrees*, Zur Funktion der Aktiengesellschaften in der frühen Industrialisierung, Jahrbuch für Wirtschaftsgeschichte 53 (2012), 137.

3 *Stefanie Müller*, The Silence of the Soulless Corporation: Corporate Agency in James Fenimore Cooper's *The Bravo*, Corporate Agency, Law and Literature 2022 (34), 23.

sich von individueller Verantwortung und wurde zu einem eigenständigen Phänomen.

Es wurde im deutschen Recht schwierig, der kollektiven institutionellen Dimension der Willensbildung in Korporationen eine eigene Form zu geben, die einen Beitrag zu einer Kulturtheorie des Rechts in der Gesellschaft hätte leisten können.[4] Die frühe Entwicklung von Aktiengesellschaften im 19. Jahrhundert ist eher auf einen Import des französischen Code de Commerce in der preußisch gewordenen Rheinprovinz zurückzuführen.[5] Im Übrigen waren die deutschen Unternehmen rechtlich und organisatorisch auf Risikobereitschaft angewiesen. Die Abstützung neuer gewerblicher Aktivitäten durch Recht war im frühen 19. Jahrhundert nicht nennenswert. Der Anstoß zur Rechtsentwicklung ist auch hier außerhalb des geschriebenen Rechts in der Rechtspraxis der Akteure zu sehen.

Bezugspunkt des Rechts für die Zweckjurisprudenz ist die faktische Kraft des Zweckes. Zur Aufhellung der Problematik mag ein vergleichender Blick beitragen: Zur gleichen Zeit, in der in Deutschland die Zweckjurisprudenz entsteht, entwickelt sich in den USA eine rechtliche Variante des Pragmatismus.[6] Auch der Pragmatismus verfolgt eine zweckorientierte Interpretation des Rechts, aber diese Lehre geht immer davon aus, dass das Common Law an der Bewegung der Selbstdefinition des »business« orientiert war, d.h. dass ihm eine gesellschaftliche Konzeption des Rechts zugrunde lag, die über die Anwendung des Rechts im einzelnen Fall hinaus ein gesamthaftes Modell der Selbstordnung des Rechts im Rahmen der Grundsätze des Common Law verfolgt hat. Dazu gehörte auch schon früh eine Tendenz, lokale »popular practices« des Rechts zurückzudrängen.[7] In den USA stießen auch die Versuche, an das englische Common Law anzuknüpfen, zunächst auf erhebliche Widerstände.[8] Das Verständnis

4 *Peter von Oertzen*, Die soziale Funktion des staatsrechtlichen Positivismus. Eine wissenssoziologische Studie über die Entstehung des formalistischen Positivismus in der deutschen Staatsrechtswissenschaft, Frankfurt a.M. 1974, S. 268, die Reduktion der juristischen Person (des Privatrechts) auf das »reale Substrat des Kapitals«, ist unterkomplex.

5 *Reckendrees*, aaO (Zur Funktion der Aktiengesellschaften).

6 Vgl. allg. *Richard A. Posner*, Law, Pragmatism, and Democracy, Cambridge, Mass. 2005.

7 *Penelope Geng*, Communal Justice in Shakespeare's England. Drama, Law, and Emotion, Toronto 2021; dies wurde später von den Common Law Richtern fortgesetzt; *Kieran Dolin*, Fiction and the Law. Legal Discourse in Victorian and Modernist Literature, Cambridge 1999, S. 14; *John Brewer/John Styles*, Introduction, in: dies. (Hrsg.), An Ungovernable People? The English and Their Law in the Seventeenth and Eighteenth Century, London 1980, S. 11.

8 *Perry Miller*, The Life Of Mind of America: From the Revolution to the Civil War, Boston 1965, S. 102.

der Individualrechte war eng verknüpft mit den »social norms and practices of the community they inhabited.«[9]

Im Prozess der Fortbildung des ungeschriebenen, also des Common Law, spielen die Rechtsanwälte eine wichtige Rolle.[10] Sie übernehmen die durch das kontradiktorische Vorgehen Plausibilität gewinnende aktive Inszenierung des jeweils praktisch und historisch *Denkbaren*, dessen Tragweite durch den Fallbezug bestimmt wird. Dadurch können »Fallentscheidungen« auch für den Richter im Entscheidungsprozess Konturen gewinnen,[11] eben weil sie sich in den Vorrat der Möglichkeiten einfügen. Die Entscheidungen werden damit anschlussfähig an die »principles from life«,[12] die schon durch die vergangene Praxis und ihre »Wissensbestände« stabilisiert worden sind. Behauptete »Notwendigkeiten des Falles« (»necessities«) allein können das Ausbrechen aus dem so gestifteten Zusammenhang des Varietätspools nicht rechtfertigen. O. W. Holmes[13] sieht hier zwar einen Zusammenhang mit Überlegungen zu einer jeweils gegenwärtigen »public policy«, die jedoch nicht offen artikuliert werden (können), sondern als »result of instinctive preferences and inarticulate convictions« erscheinen. Dies ist eine Anerkennung der durch die Kultur geschriebenen Grenzen des Sagbaren und Denkbaren, die auch die Grenzen der historischen »Wissensbestände« und des darin eingetragenen Vorrats an Formen und Figuren des Rechtsdenkens sind. Das setting der praktischen rechtlichen Experimente, um die es sich der Sache nach handelt, ist nicht frei wählbar, sondern durch die Variationsbreite der verfügbaren Möglichkeiten gesetzt. Das hat Whitehead[14] philosophisch in der Annahme paraphrasiert, dass die *begriffliche* Urteilskraft durch die Grenzen des historisch Denkbaren bestimmt sei. Viel grundsätzlicher ist dies in Hegels Begriffsdenken in der Herstellung des Zusammenhangs mit den historischen Lebens- und Praxisformen begründet worden. Das Recht war auch und gerade in den USA im 19. Jahrhundert nicht frei bestimmbar durch Rechtsanwälte. Katharina Pistor sieht im Gegensatz zu dieser Überlegung Grund zu der Annahme, dass hier ein »Code des Kapitals« durch Anwälte formuliert worden sei, der den Anfang einer Macht- und Kapitalergreifung im Interesse der

9 *Victoria C. Hattam*, Labor Visions and State Power. The Origin of Business Unionism in the United States, Princeton 1993, S. 48.

10 *Simeon E. Baldwin*, The American Judiciary (1905), Charleston S. C. 2015, VI. Kap.; auch in Deutschland finden sich unter den Freirechtlern Rechtsanwälte wie Ernst Fuchs, deren Ansatz alleridings eher ein sozialkritischer und kein wirtschaftsorientierter war.

11 *Baldwin*, ebd.

12 *Oliver Wendell Holmes*, The Common Law (1881), New York 1991.

13 *Holmes*, aaO (The Common Law), S. 35f.

14 *Alfred North Whitehead*, Abenteuer der Ideen, 2. Aufl., Berlin 2017, S. 476; auch Isabelle Stengers, Penser avec Whitehead, Paris 2002, S. 169.

Steigerung des Reichtums ihrer Klienten gebildet habe.[15] Das ist ahistorisch gedacht, weil die Beobachtung der Emergenz eines »Codes« allenfalls viel später denkbar wurde, als der praktische Vorrat der Anschlussmöglichkeiten im 20. Jahrhundert größer wurde – insbesondere durch die Praxis des während des New Deals strategisch operierenden Staates. Diese Entwicklung ist erst aufgrund der veränderten Wirtschaftspolitik *unterschiedlich* lesbar geworden – auch durch die »Progressives« in den USA, die die Möglichkeiten der Orientierung der Wirtschaftspolitik an den Interessen der Arbeitnehmer erst konzeptionell durchgearbeitet und dafür wiederum einen *Varietätspool* judizieller, administrativer und legislativer Formen eröffnet haben. Die Formel vom »Code des Kapitals« legt demgegenüber umgekehrt die Suche nach einer Alternative auf den Weg der antithetischen Fixierung fest: Die »Dekodierung« des Kapitals durch Demokratisierung, während vielversprechender die von Renner/Kindt vorgeschlagene, eher experimentell vorgehende Kombination unterschiedlicher, wiederum an praktischen Problemen orientierter prozeduraler Formen[16] der »Recodierung« des Kapitals wäre.

Auch wenn die Dynamik der Gesellschaft von einem institutionellen Rahmen verfasst wird, der die Dynamik der Businessinteressen in Bewegung hält, so wird in den USA davon mittelbar, nicht unmittelbar, eine Art öffentliches Wohl erwartet. Dem Recht kommt dieser Bewegung gegenüber die Rolle zu, »bad consequences« zu vermeiden.[17] Auch dieser Begriff ist – ähnlich wie der Gefahrenbegriff im öffentlichen Recht – ein durch Erfahrungen bestimmter »Grenzbegriff«, der daran orientiert ist, dass nicht durch Interventionen wiederum noch schlechtere Konsequenzen infolge der Willkür im Einzelfall und der dadurch verursachten Unsicherheit von Entscheidern zu erwarten wären. Der Begriff bringt die Produktivität des (Er-)Lebens[18] zur Geltung und enthält die Bedingungen der Möglichkeit von deren Überschreitung ebenso wie deren nachträgliche Reflexion.[19]

Die Frage ist immer, ob und wieweit der Prozess der Wirtschaft durch Abwehr von »bad consequences« verbessert wird, das Einrasten in einer unproduktiven Trajektorie verhindert wird und mehr Möglichkeiten

15 *Katharina Pistor*, Der Code des Kapitals. Wie das Recht Reichtum und Ungleichheit schafft, Berlin 2020.

16 *Moritz Renner/Torsten Kindt*, Wirtschaftsrecht und Politische Ökonomie JZ 2023, 315

17 *Richard A. Posner*, in: Interview: »I Don't Really Care What People Think«, Above the Law, 14.9.2017 – https://abovethelaw.com/2017/09/judge-posner-uncensored-i-dont-really-care-what-people-think/.

18 *Gilles Deleuze/Félix Guattari*, Qu' est-ce que la philosophie?, Paris 2019, S. 143

19 *David E. Wellbery*, Zur Methodologie des kritischen Verstandes. Anmerkung zu Eckart Försters Goethelektüre, in: Johannes Haag/Markus Wild

einem insgesamt als produktiv angesehenen System zugeführt werden. Das bedeutet vor allem, dass die »bad consequences« relativ gut sichtbar und beschreibbar sein müssen und nicht nur vage und entfernt sein dürfen. Die Konzeption des Begriffs ist ähnlich wie der liberale Gefahrenbegriff in Deutschland, der auch an der *Wahrscheinlichkeit* des Eintritts von Schäden orientiert ist[20], nicht aber an den abstrakten Möglichkeiten eines Verlusts. Jedenfalls liegt dem die Vorstellung eines Prozesses zugrunde, der seine eigenen Regeln erzeugt, wenngleich nicht immer »bad consequences« dabei vermieden werden. Dieser Pragmatismus wird von der Erwartung bestimmt, dass nicht alles ex ante unter dem Gesichtspunkt eines fixen Begriffs des öffentlichen Interesses vorherbestimmt werden kann.

Dies ist im Grunde auch die Rationalität des römischen Rechts, dessen hervorstechendes Merkmal sein Pragmatismus war, der in der deutschen Rechtsgeschichte im »*System*« des römischen Rechts stillgelegt worden ist.[21] Das pragmatische Denken ist *experimentell*, an Erfahrung orientiert und zielt auf die Kooperation von staatlichem Recht mit gesellschaftlichen selbstorganisierten Normen und Praktiken der Lebensformen. Der Pragmatismus stellt sich vor allem aber auf *Kontingenz* ein, die *gesellschaftliche* Erfahrung einer Ungewissheit, die in das Recht eingeführt und *mit der* das Recht in seinen zentralen Materien des Zivilrechts als Wahrscheinlichkeit operieren muss.[22] Demgegenüber wird nach dem vorherrschenden deutschen Verständnis der »Zufall« zwar in Spezialgesetzen verarbeitet (Gewerbeordnung, Versicherungsrecht), aus den paradigmatischen Rechtsmaterien bleibt er aber als mehr oder weniger bedrohlich erscheinender »Rest« ausgeschlossen – um dort als feindliches Hintergrundrauschen mitgeschleppt zu werden. Handlungen, Maßnahmen, werden in dieser Hinsicht vom Staat als Träger der Souveränität erwartet, nicht aber wird das Zivilrecht als ein Recht neu konstruiert, das es mehr und mehr mit den Aggregaten der Zufälle, den Wahrscheinlichkeiten, zu tun bekommt.

(Hrsg.), Übergänge – diskursiv oder intuitiv? Essays zu Eckart Försters »Die 25 Jahre der Philosophie«, Frankfurt a.M. 2013, S. 259, 265.

20 *Karl-Heinz Ladeur*, Risiko und Recht: Von der Rezeption der Erfahrung zum Prozeß der Modellierung, in: Gotthard Bechmann (Hrsg.), Risiko und Gesellschaft: Grundlagen und Ergebnisse interdisziplinärer Forschung, 2. Aufl., Opladen 1995, S. 209.

21 Vgl. *Aldo Schiavone*, Ius. L'invenzione del diritto in occidente, Turin 2017.

22 *Terry Pinkard,* stellt im Titel seines Aufsatzes eine provozierende Frage: »Le pragmatisme fut-il le successeur de l'idéalisme ?«, Philosophie 2008 (Nr. 99), 21.

2. »Freirecht« als Alternative zur Zweckjurisprudenz

Flexibilität von Fall zu Fall hat die Zweckjurisprudenz als Aufgabe der *Rechtsprechung* im letzten Drittel des 19. Jahrhundert angesehen, nicht als Herausforderung für das Recht selbst, als Öffnung zur Anerkennung eines *gesellschaftlichen* Rechts – eine Ausnahme bildeten nur wenige Wissenschaftler wie Eugen Ehrlich.[23] Hermann Kantorowicz hat 1934 in einem Aufsatz im Yale Law Journal[24] eine Beschreibung des »Freirechts« gegeben, eine Bezeichnung, die er in der Rückschau selbst als unglücklich angesehen hat: Anders als der amerikanische Legal Realism verstehe sich die »Freirechtslehre« zunächst als normativ (und nicht soziologisch). Im Übrigen geht es Kantorowicz eher um eine Form der Kooperation zwischen impliziten Regeln und explizitem Recht. Interessant ist der Hinweis, dass es vor allem um die Öffnung des Rechts für einen Zustand des »*Übergangs*« gehe, in dem das Recht sich auch für anderes »Material« öffnen müsse als das förmliche Gesetz. Dazu zählt er z.B. Geschäftsgewohnheiten – neue Praktiken, die darauf angelegt sind, die Ungewissheit, die mit dem Wandel als Normalität der Gesellschaft einhergeht, *rechtlich* zu binden. In einer früher entstandenen Schrift[25] hat er mit gewissen Einschränkungen das »freie Recht«, das nicht staatlichen Ursprungs ist, zugleich – wie das staatliche Recht – als in einem »Willen« begründet angesehen. Der Wille steht hier für das kreative Moment des Rechts. Es ist das Recht, das sich experimentell in offenen Formen auf die Ungewissheit einstellt, die etwas anderes bedeutet als die Abhängigkeit von Zufällen.

Die Zweckjurisprudenz ist im Grunde das zivilrechtliche Pendant zur Praxis des Polizeirechts: Es setzt ein zweckorientiertes, nicht regelbasiertes privates *Maßnahmerecht* zur Bewältigung der neuen Ungewissheit ein, die durch die Vervielfältigung der Möglichkeiten entsteht. Es ist ein Recht der privaten »Souveränität« im Kampf gegen die Unsicherheit: Im Zweifel kann der (private) Stärkere wie der Staat mehr Unsicherheit binden. Die Möglichkeit der Pluralisierung der Normen als adäquate Antwort auf die neue Dynamik des Wissens wird nicht erwogen.

23 *Eugen Ehrlich*, Grundlegung der Soziologie des Rechts (1913), München/Leipzig, Neudruck 2018; Ehrlich hat aber ebenso für freie richterliche Rechtschöpfung plädiert.

24 *Hermann Kantorowicz*, Some Rationalism About Realism, Yale LJ 43 (1934), 1240, 1241.

25 *Gnaeus Flavius* (d.i. Hermann Kantorowicz), Der Kampf um die Rechtswissenschaft (1906), in: *Hermann Kantorowicz*, Rechtswissenschaft und Soziologie. Ausgewählte Schriften zur Wissenschaftslehre, Heidelberg 1962, 13, S. 12.

Bei aller Kritik an dem Verzicht der deutschen bürgerlichen Eliten auf den Griff nach der politischen Macht darf nach der hier vertretenen Auffassung nicht übersehen werden, dass das gravierendere Problem, das auch für die politische Demokratie von entscheidender Bedeutung war, in der mangelhaften Einstellung des *Privatrechts* auf die Unsicherheit der neuen *Gesellschaft* und ihrer *episteme* gewesen ist. Das Privatrecht hat keinen etwa mit dem angelsächsischen Rechtsraum vergleichbaren Beitrag zum Verstehen der Regeln der privaten Ordnung geleistet. »(Privat-)Recht als Kultur« hat sich in Deutschland nur als Phrase einer weltlosen »Rechtsidee« gebildet. Die einzelnen Fragmente des Bürgertums haben keine reflexive Form der Einheit hervorbringen können, die die Voraussetzung für eine politische kollektive Handlungsfähigkeit gewesen wäre.[26]

3. Die praktische Rezeption der Zweckjurisprudenz durch die Gerichte in der Weimarer Republik

Es ist sehr vielsagend, dass sich nach dem ersten Weltkrieg ein Richter des Reichsgerichts, Senatspräsident Richard Mansfeld,[27] der selbst Jude war, in einem Brief an Ernst Fuchs (aber eben nicht Eugen Ehrlich) anerkennend über die tatsächliche Bedeutung der Sichtweise der Freirechtsbewegung für die Rechtsprechung geäußert hat[28] – aber auch damit ist die Faktizität nicht als Quelle von Normativität begriffen worden, sondern als ein Reservoir an Argumenten und Gesichtspunkten, deren rechtliche Relevanz durch die Gerichte »gesetzt« worden ist. Auch Okko Behrends sieht die Ambivalenz der »Zweckjurisprudenz«: Er vertritt die Auffassung, die Zweckorientierung des Rechtsverständnisses des späten Jhering habe sich auf z.T. problematische

26 Die Bedeutung einer produktiven gegliederten Öffentlichkeit für die Demokratie hat wiederum schon *Tocqueville* betont, aaO (Über die Demokratie in Amerika, Stuttgart 2021), S. 66; die Bedeutung der Mittelschichten und ihrer »bürgerlichen Traditionen« für die Demokratie in den gegenwärtigen globalen Konflikten betont *Robert D. Kaplan*, The Coming Anarchy. Shattering the Dreams of the Post Cold War, New York 2000.

27 *Albert S. Foulkes*, On the German Free Law School (Freirechtsschule), ARSP 55 (1969), 367 (der Autor war Ernst Fuchs' Sohn, der seinen Namen auf eine beziehungsreiche Weise nur in der Schriftform anglisiert hat. Er weist mit Recht darauf hin, dass Ernst Fuchs tatsächlich großen Einfluss auf die Rechtsentwicklung gehabt hat, aber selten erwähnt wird. Das hängt sicher auch mit der (produktiven) Mehrdeutigkeit des »Freirechts« zusammen.

28 *Foulkes*, ebd.

Weise für Anschlüsse an das »Freirecht« geöffnet[29] (ähnlich Landau[30] zum Aufstieg des »Interesses« zu Lasten des Willens). Bei Jhering wird der Zweck für eine deutliche Abstufung von privaten und staatlichen Interessen genutzt – das letztere fällt schließlich mit dem »Interesse der Gesamtheit« zusammen.

Die Ersetzung der Zentralität der Referenz des Zivilrechts auf den Willen des Subjekts, der aber um seine transsubjektive Komponente verkürzt worden ist, durch die Referenz auf den Zweck ist durchaus bedeutungsvoll, weil sich mit dieser Verschiebung eine Tendenz zur Entleerung der Vorstellung der Rationalität des Zivilrechts und des Übergangs zur Anerkennung einer bloßen Kraft der Durchsetzung des Stärkeren verbindet, die vom Staat kontrolliert werden muss. Dabei kann der Staat als Träger der Souveränität und als derjenige, der über den höchsten Zweck verfügt, mehr und mehr einen Vorrang übernehmen. Der (spätere) Jhering akzentuiert deutlich die Verschiebung, die sich in seinem Denken vollzogen hat. Die Bedeutung der neuen Wendung zur Zweckjurisprudenz lässt sich im Vergleich mit der amerikanischen Entwicklung zur Priorität von »big business« besser verstehen. In Bezug auf den Kult des »großen Unternehmens« und der entstehenden Öffnung des Denkens für einen weitreichenden technologischen Wandel bestehen große Ähnlichkeiten zwischen Deutschland und den USA.[31] Ein entscheidender Unterschied besteht jedoch darin, dass dem deutschen ökonomischen und rechtlichen Denken die vorgängige Reflexion durch eine liberale Rechtskultur fehlte. Dies ist der Grund dafür, dass in Deutschland – anders als in den USA – ein Sensorium für die aus dem neuen »Vitalismus« des großen Unternehmens entstehenden gesellschaftlichen Risiken für die Freiheit als Freiheit von Individuen nur unter dem Gesichtspunkt der Legitimation des Staates zur Intervention in gesellschaftliche Prozesse entstehen konnte. Daraus resultiert die Tendenz zur ungebrochenen Subsumtion der neuen »Gesellschaft der Organisationen« unter den vom fortdauernden Mythos der Einheit bestimmten Staat, der die Bewegungskräfte der Gesellschaft vernachlässigt und von seinem fixen Beobachtungspunkt aus nur eines ermöglicht: »seeing like a state« (J. C. Scott). Dass der Gesellschaft nur noch ein »mehrfältiges Wissen« (M. Heidegger, allerdings in einem anderen Sinne) von ihren Handlungsmöglichkeiten zur Verfügung steht, kann nicht gedacht werden.

29 *Okko Behrends*,in: (Hrsg.) Rudolf von Jhering, Über die Entstehung des Rechtsgefühl, Neapel 1986, S. 179ff.

30 Vgl. *Peter Landau*, Hegels Begründung des Vertragsrechts, ARSP 59 (1973), 117, 119.

31 *Olivier Zunz*, Le siècle Américain. Essai sur l'essor d'une grande puissance, Paris 2000.

Die gesellschaftliche Seite des neuen Wirtschaftsdenkens als »Zweckdenken« besteht dann in der sich zunehmend einem völkischen Denken zuwendenden erneuerten Vorstellung einer Einheit des Volkes als ein Körper, der unter Anleitung des Staates als Führer sich für die vorgegebenen nationalen Zwecke einsetzt. »Führung« ist an einem »obersten Zweck« orientiert, der auch nur von oben verstanden und realisiert werden kann. In Deutschland ist »contractual knowledge«[32] im Wesentlichen auf die Praktiken des vertraglichen Handelns reduziert worden, aber die Einbettung des Vertrages in eine geteilte kulturelle Vorstellung von einer liberalen Marktgesellschaft und ihren Regeln blieb unterentwickelt.

Demgegenüber ist das neue Spannungsverhältnis zwischen Freiheits- und Gleichheitspathos der liberalen Gesellschaft sowie der Dominanz von »big business« und »big science/technology« in der amerikanischen Wirtschafts- und Rechtskultur verstanden worden.[33] Das neue Wirtschaftsmodell verlangt nach einer Form der sozialen Demokratisierung durch Vervielfältigung der Möglichkeiten des Aufstiegs in die sich erweiternde neue Schicht der Angestellten und die Beteiligung weiter Kreise am neuen Wohlstand. Die neue Dynamik der amerikanischen Gesellschaft ist in dieser Hinsicht in Ländern wie Deutschland misstrauisch und ablehnend beobachtet worden – vor allem im Hinblick auf den damit einhergehenden angeblichen »kulturellen Verfall«, der mit dem Aufstieg einer neuen Massenkultur assoziiert worden ist. Dies ist auch ein Beleg für die These von der Bedeutung des »Rechts als Kultur«: In den USA wird der neue kulturelle Konflikt in den und mit den Begriffen eines liberalen Rechts von unterschiedlichen Positionen aus »durchgearbeitet«, das sich in Deutschland nicht als ein sozialer epistemologischer Rahmen für die Beschreibung der Gesellschaft etabliert hatte.

Das *gesellschaftliche Recht* benötigt die systematische Reflexion, insbesondere soweit es Auswirkungen über den Kreis der unmittelbar an der rechtsbildenden Praxis Beteiligten hinaus hat, es benötigt Anregungen durch das staatliche Recht, Systembildungen, Grenzen, Irritationen zur Wiedereinführung ausgeschlossener Perspektiven. Es beansprucht nicht, wie nach dem traditionellen Rechtsverständnis der Staat, das Monopol der Rechtserzeugung und die Möglichkeit der Verfügung über einen hegemonisch befestigten Beobachtungspunkt. Das Bindeglied zwischen diesen beiden in einem asymmetrischen Verhältnis von impliziter und expliziter Praxis stehenden gesellschaftlichen und staatlichen Rechtsbereichen bildet das kreative Rechtssubjekt, insbesondere die Organisation als kollektives Rechtssubjekt. Da das bürgerliche Recht in Deutschland seine

32 *Grégoire Mallard/Jérôme Sgard*, Contractual Knowledge: A Hundred Years of Legal Experimentation in Global Markets, Cambridge 2016, S. 5f.

33 *Zunz*, aaO (Le siècle américain).

Kreativität,[34] seine gesellschaftliche Basierung, nicht wie in England in der Figur des *Gentleman* in Anschlag gebracht hat,[35] einer Figur, in der die Anerkennung der Abhängigkeit des Rechts von den gesellschaftlichen Praktiken nicht nur in einem soziologischen Sinne widergespiegelt und anerkannt wird, bleibt es in Deutschland sozusagen unbeobachtet in der Immanenz der Praxis, die in der Rechtsprechung kaum je explizit ihren Niederschlag gefunden hat.

34 *Thomas P. Hughes*, L'histoire come systèmes en évolution, Annales 53 (1998), 839.
35 *Thomas Vesting*, Gentleman, Manager, homo digitalis, Weilerswist 2021, S. 64ff., 94.

IX. Modernisierung des Rechts im letzten Drittel des 19. Jahrhunderts

1. Kartelle als Exempel des neuen Zweckdenkens

Unterschiede zwischen der deutschen und der anglo-amerikanischen Rechtsentwicklung im letzten Drittel des 19. Jahrhunderts lassen sich auch an der Stellung der Rechtsprechung zur Entwicklung der Kartelle beobachten. In Deutschland[1] (»the classical land of cartels«[2]) wird die Reflexivität der Kartellbildung, die den Vertrag auf eine paradoxe Weise zur Steuerung künftiger Verträge einsetzt, als Ausdruck der Durchsetzungskraft der starken Zwecke gesehen und behandelt. In den USA[3] findet man ebenso wie in England dagegen eine differenzierte, auch die Logik des Vertrages und die gesellschaftliche Ordnung ihrer Regelhaftigkeit berücksichtigende Sichtweise der neuen Form der Vermachtung der Wirtschaft.[4]

Die Stellung der Rechtspraxis zur Bedeutung der Kartelle in Deutschland ist ein Beispiel für die reine Machtorientierung des Rechts. Auch ein angesehener Ökonom wie Gustav Schmoller sah die Kartellbildung

1 RG v. 4.2.1897, RGZ 38, 15 – Sächsisches Holzstoffkartell; dazu *Franz Böhm*, Das Reichsgericht und die Kartelle, ORDO 1 (1948), 197; vorher Bay ObLG v. 7.4.1888, SeuffA 44 (1889), Nr. 13, S. 16; kritisch *Knut Wolfgang Nörr*, Die Leiden des Privatrechts, Tübingen 1994, S. 29; vgl. auch *Jan von Hein*, Die Rezeption US-amerikanischen Gesellschaftsrechts, Tübingen 2007, S. 115.

2 *Louis Domeratzky*, Cartels and the Business Crisis, Foreign Affairs 1931, Okt., 33, 37; der Autor zeigt »Verständnis« für die deutsche Einstellung zu Kartellen.

3 Vgl. zur Entwicklung in den USA *Morton J. Horwitz*, The Transformation of American Law 1780–1860, Cambridge, MA, 1977, S. 87ff.; *ders.*, Santa Clara Revisited: The Development of Corporate Theory, West Virginia Law Review 88 (1986), 173, insbes. 196, 199.

4 Allerdings hat sich diese erst gegen Ende des 19. Jahrhunderts herausgebildet; bis dahin haben Rechtsprechung und Literatur die Entwicklung zu verschiedenen Unternehmensverbindungen vielfach als Ausdruck der auch juristischen Personen zustehenden Handlungsfreiheit oder als Konsequenz einer ökonomischen Entwicklung betrachtet, der sich das Recht anpassen müsse. Der wirtschaftliche Kontext wird aber offener dargestellt als in Deutschland und kann deshalb später auch durch eine Neuinterpretation der Regeln der Marktwirtschaft zu rechtlichen Differenzierungen führen. In Deutschland schlägt sich die Verbindung zwischen Staat und großen Unternehmen in einem Respekt vor deren quasi-staatlicher Entscheidungskraft nieder.

als Mittel zur Bekämpfung der »Übelstände der freien Konkurrenz« und als Mittel zur Durchsetzung einer »einheitlicheren Leitung der volkswirtschaftlichen Prozesse von erhöhter Warte« an.[5] Das durch (Kartell-)Verträge die Freiheit des Vertrags*systems* und der Gestaltung der Wirtschaft beschränkt werden soll, ist kein Grundsatzproblem des Rechts. Vertrag ist Vertrag. Deshalb wird die *Kraft* der Kartelle gerade in Deutschland anders als in den USA und in England durch rechtliche Grenzen kaum beschränkt. Wer die Kraft hat, hat auch das Recht und setzt den Zwang ein, den der Staat bereithält. Die Regulierung durch die großen Unternehmen tritt an die Stelle der staatlichen Regulierung und ist damit austauschbar. Das Recht ist – so formuliert Jhering treffend – primär ein »Gerippe«.[6] Das Wort ist bezeichnend: Die strukturbildende Kraft der begrifflichen Formen des Rechts, deren Systematisierung die Begriffsjurisprudenz für sich in Anspruch genommen hatte, wird beinahe ganz aufgegeben: Dies wird als Öffnung des Rechts auf die Anschauung der Tatsachen des Lebens ausgegeben, der die normative Durcharbeitung und die begrifflichen Ressourcen des Rechts fehlen. Der Blick auf die Empirie, die Hegel angeblich verachtet habe[7], lässt die Frage nach den Ressourcen der Reflexion, für die Begriffe nicht zur Verfügung stehen, obsolet werden. Die *unvermittelte* Anschauung der Empirie und die Referenz auf die Durchsetzungskraft der Zwecke treten an die Stelle des begrifflich konstruierten *Ordnungsdenkens* und der Einordnung der Entwicklung des Rechts in die Kulturgeschichte. An die Stelle der Begriffsjurisprudenz tritt nicht »Recht als Kultur« der Gesellschaft, sondern »Recht als Unkultur« des Staates. Sicher ist aber, dass gerade die wirtschaftliche Konzentration nicht zuletzt ein Werk der staatlichen Unterstützung gewesen ist, die die Konkurrenz der nationalen Wirtschaftsräume einerseits und die Unterentwicklung der gesellschaftlichen Seite der Selbstorganisation der technischen Produktentwicklung in Deutschland zum Anlass einer massiven Förderung, insbesondere des Wissenstransfers durch die Gründung technischer Hochschulen, genommen hat. Diese staatliche »Parteinahme« hat jedenfalls einen Beitrag dazu geleistet, dass »law as culture« in Deutschland unterentwickelt blieb und möglicherweise gerade dadurch die schnelle Entwicklung der Massenproduktion unterstützt hat. Die Voraussetzungen für eine stärker gesellschaftlich distribuierte Organisation (»flexible Spezialisierung« statt konzentrierter

5 Das Verhältnis der Kartelle zum Staate, Schriften des Vereins für Socialpolitik, Band 116 (1906), S. 237, 270.

6 *Rudolf v. Jhering*, Der Zweck im Recht 1, Leipzig 1872, S. 120.

7 *Jhering*, ebd., Vorrede, S. VIII; Hegel kritisiert die Vorstellung der Möglichkeit eines unverstellten Begriffs auf Tatsachen; der Hegel'sche Begriff ist immer im Kontakt mit der »réalité se faisant«, *Georg Wilhelm Friedrich Hegel*, Die Wissenschaft der Logik 2, GW 12, Hamburg 1981, S. 246.

Massenproduktion) und deren kulturelle Abstützung waren jedenfalls in Deutschland vorhanden.[8]

Das begriffliche Denken des Rechts stößt seit dem Ende des 19. Jahrhunderts sicher an eine Grenze, die aber nicht durch die Kapitulation vor den »Zwecken« überwunden werden kann. Hayek hat mit Recht davor gewarnt, dass die Gewöhnung an das Entscheiden »von Fall zu Fall« am Ende in ein System führt, in dem das regelhafte Entscheiden durch »direkten Befehl« abgelöst wird[9] – eben die *Maßnahme.* Die Tradition des Begriffs als »Arbeit« kann auch in neuen Formen der *Prozeduralisierung* aufgehoben und fortgesetzt werden. Doch diese Fortsetzung verlangt, dass zunächst das *prozesshafte* Moment des Begriffs an sein Ende geführt und nicht einfach aufgegeben wird.

2. Der »Zweck im Recht« und das Technikrecht

Paradoxerweise könnte gerade die immer weiter fortschreitende Reduktion der kulturellen Selbstreflexion des Rechts umgekehrt einen wichtigen praktischen Beitrag zum Aufstieg des in Deutschland hoch entwickelten Technikrechts geleistet haben, das ohne Rückkopplung an Dogmatik, Theorie und Philosophie des (Zivil-)Rechts entstanden ist und eine bemerkenswerte Ausdifferenzierung der Formen und Ziele gezeigt hat.[10] Die Dynamik der Technikentwicklung, deren Förderung und Gestaltung zum öffentlichen Zweck erhoben worden ist, hat sich einer Vielfalt privater, halbstaatlicher und administrativer Figuren und Regeln bedient, die ihrerseits die Entstehung einer Vielzahl unterschiedlicher Organisationen vorausgesetzt haben. Der sich neu entfaltende wissenschaftliche Sachverstand (die schöpferische »Empirie«) der Ingenieure und Techniker hat ungeachtet der zunächst bestehenden ideologischen Dominanz des nicht technisch interessierten Bildungsbürgertums einen großen Beitrag zur Abstützung der Dynamik der Technik geleistet (u.a. durch die Entwicklung von Standards), während der Staat die Entwicklung des technischen Wissens nicht zuletzt durch den Aufbau eines Systems von technischen Hochschulen gefördert hat. Es ist bemerkenswert, dass innerhalb des Bereichs des Technikrechts neue Formen der Normbildung

8 Vgl. dazu alllg. *Charles F. Sabel/Jonathan Zeitlin*, Historical Alternatives to Mass Production. Politics, Markets, and Technology in 19th Century Industrialization, Past and Present 108 (1985), 133, 138.

9 *Friedrich August von Hayek*, Wahrer und falscher Individualismus, Ordo 1 (1948), 19.

10 *Miloš Vec*, Recht und Normierung in der industriellen Revolution. Neue Strukturen der Normsetzung in Völkerrecht, staatlicher Gesetzgebung und gesellschaftlicher Selbstnormierung, Frankfurt a.M. 2006.

und Standardisierung entwickelt wurden, die jedoch von den paradigmatischen Formen des Zivilrechts getrennt gedacht worden sind. Dort konnte es keine plurale Normbildung geben. Damit ist das Potential des neuen Rechts reflexiv nicht ausgeschöpft worden, sondern Gegenstand einer weiteren Fragmentierung durch »Auskopplung« geworden. Es entstand ein Nebeneinander unterschiedlicher Rechtsmaterien, die nichts miteinander zu tun hatten. Das neue Recht, das praktisch den Umgang mit unsicherem Wissen jenseits der Erfahrung ermöglicht hat, wurde seinerseits als Bedrohung der Stabilität des »sicheren Rechts« betrachtet.

Die Mobilisierung des technischen Wissens hat sich weit über die systematische Förderung des Grundlagenwissens hinaus auch in der Dynamisierung des ursprünglich handwerklichen Wissens niedergeschlagen (Apotheken und Werkstätten als Produzenten neuen technischen und pharmazeutischen Wissens).[11] Private Standards (ohne anerkannte Rechtsbindungskraft) und das beginnende Recht der Technik (insbesondere in Gestalt des PatG) und der privat-öffentlichen Kooperation haben sich abseits der klassischen Formen des privaten und öffentlichen Rechts entfalten können.[12]

Dies ist nicht ohne Bedeutung für die Vorstellungen von »Recht als Kultur«, die davon bestimmt sind, dass das Recht einen über die situative »Konfliktlösung« hinausweisenden Beitrag zum Selbstverständnis seiner Eigenrationalität, seiner über allgemeine Begriffe vermittelten Selbstbeobachtung, aber darüber auch einen Beitrag zur »culture at large« und damit zum Bewusstsein der Bürger leisten muss. Diesen Beitrag hat das Recht im deutschen Kaiserreich nicht erbringen können. Die Möglichkeit eines gesellschaftlichen Rechts ist nur von Außenseitern wie Ernst Fuchs, Hermann Kantorowicz und Eugen Ehrlich gedacht worden. In dieser Hinsicht zieht sich durch das »Freirecht« eine unsichtbare Grenze: Die eine Richtung gewinnt aus dem »Freirecht« die Legitimation einer Kompetenzverschiebung innerhalb des Staates (vom Gesetzgeber zum Richter), während nur die Genannten und einige wenige andere (auch) die Möglichkeit eines nicht-staatlichen Rechts ernsthaft in Betracht gezogen haben.

3. Technikrecht als »Recht im Schatten«

Man könnte annehmen, dass dem explizit kaum reflektierten Technikrecht eine sozialdarwinistische Konzeption zugrunde lag, die Erwartungen an die Rationalität des Rechts auf ein Minimum reduziert hat. Die

11 Vgl. *Thomas P. Hughes*, L'histoire come systèmes en évolution, Annales 53 (1998), 839, 844.

12 *Vec*, aaO (Recht und Normierung).

Ausblendung des Technikrechts aus der Selbstbeobachtung des Rechts in der Dogmatik und in der Rechtstheorie steht in einem Entsprechungsverhältnis zum Widerspruch zwischen der faktischen Dynamik der Technikentwicklung und dem Aufstieg des Ideals des »deutschen Ingenieurs« einerseits und dem sich ausbreitenden Technikskeptizismus in den ohnehin um ihren Status fürchtenden bildungsbürgerlichen Schichten andererseits. Die Versuche des Aufhaltens der Gegenwart durch die Betonung der Notwendigkeit des historischen Anschlusses an die Vergangenheit hat möglicherweise den Schock des Anspruchs auf Präsenz, den die Technik erhoben hat,[13] noch verstärkt.

Für unseren Zusammenhang erscheint es wichtig, dass die kulturelle Fundierung des Staatsdenkens sowie des Rechts in Deutschland nach der Reichsgründung in Anknüpfung an idealistische Philosophien und Denkfiguren eine orientierungsbildende Funktion hätte übernehmen können. Eine der Konsequenzen der beschriebenen tatsächlichen Entwicklung besteht darin, dass das Bildungsbürgertum auf die Übernahme einer eigenen Rolle in der Rechtskultur und im Staat weitgehend verzichtet hat und seine eigene Kultur sehr stark einen eskapistischen Charakter bis hin zu Formen des Kulturpessimismus angenommen hat. Recht als Teil des kulturellen Gedächtnisses hat darin keinen Platz mehr. Dieser Effekt ist viel bedeutsamer als der behauptete Verzicht des Bürgertums auf die politische Freiheit gegen die Anerkennung der wirtschaftlichen Freiheit.

13 *Annamaria Rufino*, Diritto e storia. J. J. Bachofen e la cultura giuridica romantica, 2. Aufl., Napoli 2002, S. 21f.

X. Frankreich

1. Der Code Civil – Zivilrecht und Verwaltungsrecht

In Deutschland ist der französische Code Civil vielfach als ein Projekt der Aufklärung angesehen worden.[1] Dies hängt damit zusammen, dass der Code Civil sehr stark seine Bedeutung als *staatlich* gesetztes Recht betont – dies schlägt sich darin nieder, dass er keinen Allgemeinen Teil im deutschen Sinne enthält,[2] dagegen aber eine – wie St. Geyer schreibt – »systemschließende Regelung« zur Begrenzung der Interpretationsfreiheit des Richters in Art. 4 a.F. aufgenommen worden ist.[3] Viele konservative Richter hatten eher die Tendenz, möglichst viel vom alten Wein in die neuen Schläuche des Gesetzes hinüberzuretten. Die Widersprüche wurden durch einen Kult der Form überspielt, der wenig Raum für die Entfaltung von »Recht als Kultur« ließ.

Man muss im Übrigen berücksichtigen, dass schon die Referenz des Privatrechts auf das Individuum und die Einführung der Vertragsfreiheit als Rechtsprinzip weder mit der Intention der Revolutionäre noch mit der der Adeligen und der großen Gruppe der wohlhabenden und konservativen »Notabeln« übereinstimmte. Die Revolution war nach ihrem Scheitern zum Mythos geworden, der die französische Kultur beinahe das ganze 19. Jahrhundert hindurch in einen Zustand der Unruhe und des Konflikts versetzt hat.[4] Erst die Sozialisten der zweiten Hälfte des 19. Jahrhunderts haben die Revolution mehr oder weniger uneingeschränkt

1 So auch noch *Franz Wieacker*, Industriegesellschaft und Privatrechtsordung, Frankfurt a.M. 1974, S. 9, 10.

2 Dazu *Stefan Geyer*, Code Civil – Allgemeiner Teil? Zur pandektenwissenschaftlichen Umdeutung des Code Civil in Deutschland, forum historiae iuris – 30.6. 2005: https://forhistiur.net/2005-06-geyer/?l=de., Rn. 19ff.

3 *Geyer*, ebd., Rn. 79; dass die Angemessenheit der Bezeichnung zweifelhaft erscheinen mag, kann dahingestellt bleiben: Letztlich verfolgte der Gesetzgeber damit ein rechtspolitisches Ziel: Er wollte verhindern, dass die Richter den Willen des Gesetzgebers, wie er sich in den *einzelnen* Normen niederschlug, zum Anlass nehmen könnten, ältere Rechtsvorstellungen zum Zwecke der »Lückenfüllung« heranzuziehen. Dann erscheint die Vorschrift auch nicht so widersprüchlich, wie sie dem deutschen systematischen Denken erschienen sein mag; vgl. auch *Christiane Wendehorst*, Methodennormen in kontinentaleuropäischen Kodifikationen, RabelsZ 75 (2011), 730, 731.

4 Tatsächlich hat die Privatrechtsgesetzgebung der Revolution nicht viele Spuren hinterlassen, *Jean-Louis Halpérin*, Le droit privé de la Révolution. Héritage législatif et héritage idéologique, Annales historiques de la Révolution française 2002, Nr. 328.

positiv bewertet und dadurch dem französischen Bürgertum einen Schrecken versetzt, ähnlich wie in Deutschland die Sozialdemokratie mit ihrem revolutionären Denken. In beiden Ländern ist auch dadurch die Herausbildung einer liberalen Ordnung erschwert worden. In Frankreich herrschte während des gesamten 19. Jahrhunderts ein Zustand der Labilität der Institutionen, während in Deutschland nach der Reichsgründung durch die wechselseitige Blockierung von Liberalen und Sozialdemokraten ein gefährlich dysfunktionales politisches System erhalten worden ist, das längst den Anschluss an die gesellschaftlichen Veränderungen verloren hatte.

Die Betonung der Bedeutung der Positivität des Gesetzes, insbesondere des Code Civil, auch für das Verständnis des Rechts und seine Interpretation,[5] hat nur eine schwache kulturelle Basierung. Die »Mythologie des Gesetzes«[6] ist bis in die Mitte des 19. Jahrhunderts eher Ausdruck einer Revolution von oben,[7] die längst schon ihren Abschwung in die Desillusionierung der Kultur erlebt hatte. Die alte juridische Kultur der Notabeln und Inhaber lokaler Ämter war keineswegs durch eine neue Kultur des Rechts verdrängt worden.[8] Der Glanz der Revolution war eher einem Abglanz gewichen (vgl. zu dieser Überlegung näher oben). Erst gegen Ende des 19. Jahrhunderts entwickelte sich eine eigenständige produktive Kultur des Rechts. Bis dahin blieb das Rechtsverständnis stark von formalem Denken bestimmt, das seinen Bezugspunkt im Staat als Ordnungsstifter, aber nicht in einer gesellschaftlichen Konzeption des Rechts suchte. Allerdings gab es in Frankreich immer eine starke Präsenz der Verbindung des Rechts mit den sozialen Kräften und die Bereitschaft, die Gewohnheiten, die als die Grundlage des Rechts angesehen wurden, einem historisch *praktizierenden* »Volksgeist« zuzuschreiben und nicht einem fernen Geist der Vergangenheit.[9] Der mehrfache Regimewechsel Frankreichs hat dazu geführt, dass das Recht im 19. Jahrhundert theoretisch wenig Konsistenz und Reflexionsfähigkeit entwickelt hat. Dies hatte aber einen positiven Effekt darin, dass der Staat nicht kontinuierlich und stabil – anders als in Deutschland – eine Ideologie der »Einheit« herausbilden konnte, aber auch die Dogmatik andererseits nicht den »wissenschaftlichen« Anspruch erheben konnte,

5 *Frédéric Audren/Jean-Louis Halpérin*, La culture juridique française – Entre mythes et réalités. XIXeme et XXeme siècles, Paris 2013, S. 16ff.

6 *Pierre Legendre*, L'amour du censeur, – Essai sur l'ordre dogmatique, Paris 1974, S. 193: »mythologie de la loi«.

7 *Audren/Halpérin*, ebd., S. 16.

8 *Audren/Halpérin*, ebd.

9 Vgl. zu Henri Klimrath *Frédéric Audren*, Ecrire l'histoire du droit français: Science du politique, histoire et idéographie chez Henri Klimrath (1807–1837), in: Jacques Poumerade (Hrsg.), Histoire de l'histoire du droit, XIXe siecle, S. 113 – https://books.openedition.org/putc/11072?lang=de.

der das deutsche Recht auszeichnete. In Frankreich hat sich deshalb eine Art Pluralität des Staatsdenkens in der Zeit herausgebildet und den Positivismus relativiert.

Wenn wir den Blick wieder zurückwerfen auf den Code Civil, so bleibt nachzutragen, dass die in Art. 1134 a.F. geregelte Vertragsfreiheit eine Formulierung gefunden hat, die den Vertrag zwar als/wie eine »convention« bezeichnet, aber damit gerade die unter dem Gesichtspunkt der Freiheit ambivalente Subsumtion unter die *öffentlichen Normen* verbunden hat.[10] Dies kommt auch in der Formulierung des Gesetzesvorrangs in Art. 6 zum Ausdruck.

Die in Frankreich sehr starken lokalen Honoratioren, die in Deutschland wegen der Dominanz der alten konservativen Eliten in der Verwaltung kein vergleichbares Gewicht erreichen konnten, waren vor allem an der Erhaltung eines kleinbürgerlichen Familienmodells und der Wahrung ihres Wohlstands interessiert. Die Expansion der Interessen der Industrie und insbesondere die Durchsetzung der wirtschaftlichen Freiheit der Großunternehmen ist immer – vor allem auf der lokalen Ebene – auf den Widerstand der auch in der Verwaltung starken lokalen Honoratioren gestoßen.[11] Die Instabilität der französischen Rechtskultur war davon bestimmt, dass auf der lokalen Ebene »fern von Paris« das vom Ancien Régime und der hergebrachten Ordnung geprägte Rechtsdenken noch stark verankert war.[12] Dazu trug die Tatsache bei, dass viele Vorschriften aus dem Ancien Régime fortbestanden, und, wie erwähnt, der mehrfache Regimewechsel im 19. Jahrhundert. Auch die Richter versuchten in den Perioden der Restauration vielfach, die Verbindung des Rechts mit dem Denken und den Normen des Ancien Régime aufrechtzuerhalten.[13] Schon das Selbstverständnis Napoleons hatte eine starke Referenz auf das Denken des Ancien Régimes,[14] die durch den »Kult des Staates« verdeckt wurde. Interessanterweise war es unter dem Ancien Régime sehr viel leichter möglich, im Interesse der Gesundheit der Nachbarn auch den Bau wichtiger Produktionsstätten zu verhindern. Dies war dem

10 Dies vernachlässigt *Uwe Wesel*, Die Geschichte des Rechts in Europa. Von den Griechen bis zum Vertrag von Lissabon, München 2010, S. 477, der diese Norm für eine Grundsatzentscheidung über die Vertragsfreiheit hält. Zweifelnd auch *Alfons Bürge*, Das französische Privatrecht im 19. Jahrhundert zwischen Tradition und Pandektenwissenschaft, Liberalismus und Etatismus, 2. Aufl., Frankfurt a.M. 1995, S. 64.

11 *Zeldin*, aaO (Anxiété et hypocrisie), S. 48; erst im letzten Drittel des 19. Jahrhunderts wird die Industrie zum »maître du jeu«, *Alain Faure*, L'industriel et le politique. Qui a peur de l'industrie à Paris au XIXe siècle?, Revue d'histoire moderne et contemporaine 2018 (Nr. 65), 29.

12 Vgl. *Audren/Halpérin*, aaO (La culture juridique française), S. 11ff.

13 *Audren/Halpérin*, ebd., S. 36.

14 *Audren/Halpérin*, ebd., S. 28.

Interesse der lokalen »Notabeln« geschuldet. Es handelte sich zu dieser Zeit aber eher um Werkstätten des traditionellen Handwerks, die mit erheblichen Belästigungen verbunden waren (z.B. diverse Formen der Verarbeitung und Verwertung von Tieren und tierischen Abfällen etc.). Im 19. Jahrhundert setzte sich aber mehr und mehr ein von den wirtschaftlichen Interessen des Staates an der industriellen Entwicklung bestimmtes Rechtsverständnis durch.

Ein Dekret von 1810 über den Schutz der »installations classées« (umweltbelastende Anlagen)[15] schloss Klagen gegen die Genehmigung solcher Anlagen vor dem Verwaltungsgericht aus und verwies stattdessen Entschädigungsklagen auf den Zivilrechtsweg.[16] Es setzte sich die neue Formel von der »utilité publique« der Industrieanlagen durch. Charakteristisch ist wieder die starke Betonung der staatlichen Entscheidung,[17] die die beginnende Auseinandersetzung um die Schädlichkeit von Immissionen begrenzte,[18] aber zugleich auf den Unwillen lokaler Honoratioren stieß.

Die Entfaltung der Vertragsfreiheit als Wirtschaftsfreiheit ist in Frankreich immer auf Widerstand gestoßen, der wahrscheinlich größer war als in Deutschland. Das öffentliche Recht, insbesondere das Polizei- und Immissionsschutzrecht bedeutete in Frankreich eine erhebliche Beschränkung für die Entfaltung der Technik. Von uneingeschränkter Vertragsfreiheit kann also in Frankreich keine Rede sein – insbesondere, wenn man die Schranken des öffentlichen Rechts mit in Rechnung stellt. Die französische Verwaltung war noch lange nach dem Inkrafttreten des Code Civil eher von den Ordnungsvorstellungen des Ancien Régime als von denen einer liberalen rechtsstaatlichen Ordnung geprägt. Zugleich sah sie sich mit der Frage nach dem »gouvernement des esprits« konfrontiert,[19]

15 *Jean-Baptiste Fressoz*, Payer pour polluer. L'industrie chimique et la compensation des dommages environnementaux, 1800-1850, Histoire et mesure XXVIII (2013), 145; allg. *Geneviève Massard-Guilbaud,* Histoire de la pollution industrielle, 1789–1914, Paris 2010.

16 *Thomas Le Roux/Charlotte de Sédouy*, La fabrique de l'impunité industrielle, Revue itinérante d'enquête et de critique sociale, 2020 (Nr. 13), 66.

17 Vgl. *Katia Weidenfeld*, Histoire du droit administratif, Paris 2010, S. 45, zum Opportunismus der Verwaltung.

18 Diese Entwicklung wird begleitet von einer »Naturalisierung« und »Normalisierung« der Umweltbelastung, die aber – anders als in England und in den USA – eher von oben durchgesetzt und weniger von einem gesellschaftlichen Konsens getragen wird, vgl. *François Jarrige/Thomas Le Roux*, La contamination du monde. Une histoire des pollutions à l'âge industrielle, Paris 2017, insbes. S. 103ff.; *Jean Garrigues/Philippe Lacombrade*, La France au XIXe siècle. 1814–1914, 4. Aufl., Paris 2019, S. 56.

19 *Julien Pasteur*, Les héritiers contrariés. Essai sur le spirituel républicain au XIXe siècle, Paris 2018.

einer Frage nach dem (unsicheren) gesellschaftlichen Selbstverständnis, die während des ganzen 19. Jahrhunderts eine Tiefenströmung der französischen Kultur beherrscht hat.[20] Auch dies zeigt die Relevanz der Überlegungen zum »Recht als Kultur«, die zum Verstehen der Regeln der Gesellschaft als »rules we live by« (L. Daston) beitragen kann.

Auch die Diskussion über den Code Civil war von einer irritierenden Unsicherheit geprägt, die ein Symptom dafür war, dass Frankreichs Rechtsentwicklung, auf eine andere Weise, aber doch auch wie in Deutschland, vom Mangel einer reflexiven Vorstellung des »Rechts als Kultur« beherrscht war. In Frankreich hat die Präsenz der Revolution im kulturell gespaltenen Gedächtnis der Gesellschaft letztlich auf eine ähnliche Weise die Entfaltung von »Recht als Kultur« blockiert, weil der Gedanke an die Revolution das Aussprechen oder gar Erproben vieler Möglichkeiten verhinderte. Der Staat und seine Funktion der Gewährleistung des »service public« war die instabile einigende Klammer zwischen divergierenden Rechtsverständnissen. Auch in Frankreich kommt es daher kaum zur Herausbildung von Ansätzen eines produktiven »gouvernement des esprits« in der Form von »Recht als Kultur«. Es entwickelt sich aber auch keine nationale Rechtskultur, sondern eher eine Art »Kult des Gesetzes«[21], der dem Mythos des Staates entspricht. Erst gegen Ende des 19. Jahrhunderts entfalten sich Ansätze einer neuen »culture de contrat«.[22] Man kann in Frankreich aber von einer »*Kultur des Staates*« sprechen, die in der Idee des »Service Public«, der Leistungen des Staates, und des Staates als eines rationalen technischen Apparates ihren Ausdruck gefunden hat.

Léon Duguit hat spät, zu Beginn des 20. Jahrhunderts, versucht, die Konzeption des »service public« entsprechend seinem Modell des »droit social« von ihrem autoritären Zug zu befreien und sie zur Grundlage eines *rechts*staatlichen Modells mit starker Akzentuierung individueller Rechte gegenüber dem Staat zu machen.[23] Duguit hat – insofern gibt es eine (begrenzte) Parallele zu Eugen Ehrlich, der aber viel stärker die Autonomie der gesellschaftlichen Akteure betont hat – den Willen als Quelle des Rechts stark relativiert zugunsten einer Regelhaftigkeit des Sozialen,

20 Vgl. *Pierre Leroux*, Discours aux philosophes. De la situation actuelle de l'esprit humain (1831), Fassung von 1841: https://obtic.huma-num.fr/obvic//critique/compdoc.jsp?id=leroux_discours-aux-philosophes_001&refid=renan_vie-de-jesus_005.

21 *Audren/Halpérin*, aaO (La culture juridique), S. 95.

22 *Audren/Halpérin*, ebd., S. 100.

23 *Léon Duguit*, L'Etat, le droit objectif et la loi positive, Paris 1901; *ders.*, Le droit social, le droit individuel et la transformation de l'Etat, Paris 1908; dazu *Jean-Michel Blanquer/Marc Milet*, L'invention de l'Etat. Léon Duguit, Maurice Hauriou et la naissance du droit public moderne, Paris 2015; vgl. auch *Theodore Zeldin*, France 1848–1945. Politics and Anger, Oxford 1979, S. 306.

die in den Beziehungen zwischen den Individuen ihren Grund hat.[24] Das Recht als »produit social« steht über dem Staat und den Individuen, es ist eine faktische Regel, »la loi de la vie sociale«[25]. Dieses neue Denken ist wissenschaftlich einflussreich geworden, die Entwicklung des Staates und seiner Praxis hat es jedoch jedenfalls zunächst nur wenig beeinflusst.

2. Der französische Staat und die Organisation des technischen Wissens

Die Staatsorientierung des französischen Zivilrechts, die auf eine andere Weise als in Deutschland der Entfaltung einer Eigenrationalität des Privatrechts im Wege stand, hat sich auch in der Wissenschaftspolitik ausgewirkt. Vor allem die großen staatlichen Infrastrukturprojekte Straßenbau, Kanäle, Energie, Bergbau haben in Frankreich eine ganz eigenartige Struktur der akademischen, insbesondere technischen Bildung hervorgebracht, die sich in den Grandes Ecoles (Ecole des Ponts et Chaussees, des Mines, Polytechnique etc.) niedergeschlagen hat. Die letztere war (und ist noch heute) dem Militär bzw. dem Verteidigungsministerium unterstellt. Diese Grandes Ecoles hatten in der Vergangenheit und haben auch noch in der Gegenwart einen sehr viel besseren Ruf als die Universitäten. Die Bezeichnung als »Schulen« (Ecoles) im Gegensatz zu den Universitäten ist bewusst gewählt worden und lässt die Orientierung am Staat deutlicher erkennen. Das technische Wissen des 19. Jahrhunderts ist vor allem dort, anders als in Deutschland, in einer Perspektive auf die Rolle des Staates in der Wirtschaft einschließlich der staatlichen Eigenwirtschaft ausgerichtet worden. Durch die Bildung unterschiedlicher teils privater, teils öffentlicher »Corps«, die in die Funktionen der Staatsapparate eingebaut waren,[26] für das Wissen, vor allem aber durch den Aufbau der »Grandes Ecoles«, hat der französische Staat viel früher und viel intensiver ein öffentliches Interesse an einem Bestand von »cognitive commons« zur Geltung gebracht als der Staat in Deutschland dies durch die Gründung der Universitäten getan hat.

Zugleich waren die Grandes Ecoles die Träger des Gedankens der »Enzyklopädie«[27], der weit über die Sammlung von Wissen hinaus auch als ein praktisches Projekt, eine »enterprise of learning, writing and

24 *Duguit*, aaO (L'Etat, le droit objectif et la loi positive), S. 11.

25 *Duguit*, ebd., S. 15. Ehrlich betont demgegenüber stärker die Bedeutung der handelnden Rechtsakteure und nicht eine faktische Gesetzmäßigkeit; allerdings gibt es bei *Duguit*, ebd., S. 19, auch eine gewisse Anerkennung der rechtserzeugenden Leistung der individuell Handelnden.

26 *Pierre Rosanvallon*, L'Etat en France: De 1789 à nos jours, Paris 1993, S. 115ff.

27 *Gilbert Simondon*, Du mode d'existence des objets techniques, Paris 1958, S. 97.

teaching« war,[28] die der Entstehung einer Spaltung zwischen Philosophie und Literatur einerseits und Technik andererseits, wie sie später in Deutschland zu beobachten war, entgegenwirkte. Frankreich hat dadurch – anders als Deutschland, wo der Staat sich eher opportunistisch vor allem im Interesse der Rüstung zu den neuen Techniken verhalten hat – eine *technische Kultur* hervorgebracht, die den Zusammenhang von technischem Wissen und Philosophie betont hat. Darin lag eine große Stärke der Grandes Ecoles, die dieser Bezeichnung auch gerecht wurden, zugleich aber auch ein Nachteil, da etwa in Deutschland die Entwicklung der technischen Universitäten sehr viel stärker von Forschungsinteressen und damit auch der privaten Wirtschaft – weniger vom Staat – bestimmt war. Die deutschen technischen Universitäten haben sich sehr viel eher als die französischen Grandes Ecoles als akademische Einrichtungen verstanden, die dem Vorbild der traditionellen Universitäten verpflichtet waren. Dies hat aber möglicherweise eine Ambivalenz in der öffentlichen Beschreibung der Technik in Deutschland ausgelöst: Die Technik verband sich mit der Figur des *deutschen* Ingenieurs, der für die Stärke des deutschen Staates und seines Militärs stand, war aber nicht in eine Konzeption der *gesellschaftlichen* Kultur der Technik eingebettet. Nach dem steilen Aufstieg der deutschen Industrie in der zweiten Hälfte des 19. Jahrhunderts nahm die Bedeutung dieses Kampfes um Anerkennung der Ingenieure ab. Das neue Paradigma des Ingenieurs war von deren Identifikation mit der großen Industrie und damit von den Wissensbeständen der aufsteigenden »Gesellschaft der Organisationen« geprägt.[29]

Allerdings darf man nicht übersehen, dass insbesondere die Ecole Polytechnique eine größere akademische Eigenständigkeit entwickelt hat und aus ihr auch große, weit über die Grenzen Frankreichs hinaus anerkannte Wissenschaftler hervorgegangen sind. Trotz der Orientierung am Staat haben die Grandes Ecoles auch einen eigenen Zugang zum gesellschaftlichen Wissen und seiner »Verfassung« gefunden. Die Ambivalenz der Stellung der Ingenieure an den Grandes Ecoles zwischen Militär, ziviler Infrastruktur (»Ponts et chaussées«) und privater Industrie hat den Ingenieuren eine gewisse kulturelle Eigenständigkeit ermöglicht.[30]

Die Dominanz der Ecole Polytechnique in der Technikentwicklung ist auch darauf zurückzuführen, dass erst um die Mitte des 19. Jahrhunderts eine starke Entwicklung des technischen spezialisierten Wissens sichtbar wurde, die zunächst noch von der mehr oder weniger handwerklichen

28 *Robert Friedel*, A Culture of Improvement. Technology and the Western Millennium, Cambridge, Mass. 2007, S. 242.

29 *Wolfgang König*, Corps und Ecoles. Die Ingenieure im französischen Spätabsolutismus und in der Revolution. 1750–1800, in: Walter Kaiser/ders. (Hrsg.), Geschichte des Ingenieurs. Ein Beruf in sechs Jahrtausenden, München 2006, S. 179, 189.

30 *König*, ebd., S. 189.

Produktion technischer »Dinge« angestoßen wurde,[31] während u.a. die Ecole Polytechnique einen wichtigen Beitrag zur Systematisierung und Standardisierung des technischen Wissens leistete[32] und dessen Nutzung für die großen Infrastrukturprojekte des Staates ermöglichte.

3. Der französische Diskurs der Technik

Das widersprüchliche Verhältnis von Kollektivität und Individualität bildet in Frankreich einen eigenständigen technologischen Diskurs heraus.[33] Die traditionsbestimmte Abhängigkeit des individuellen Lebens von der Gesellschaft der kollektiven Organisation (Ancien Régime) wird zum Teil abgelöst durch sozial-technologische Reflexionsformen, die das Individuum nunmehr als prädestiniert für die Technik als Lebensform verstehen. Die Verknüpfung von Technik und Handeln kann nur noch durch Maschinen abgestützt werden, die das Selbstverständnis des Subjekts verändern.

Die Angewiesenheit des Menschen auf die Technik wird zur Grundlage eines soziotechnischen Denkens, das die Maschine zum Supplement des Menschen macht und dem Staat einen neuen kulturellen Raum eröffnet. Das technische Subjekt ist selbst abhängig von einer »Umwelt« aus Materialien, Projekten, Experimenten, Handlungsmustern und einer Kombinatorik technologischer Komponenten, die Bestandteile einer eigenen Kultur der Erprobung des Neuen werden. Staat, Individuum und Technizität bilden eine neue Grundform der technischen Kultur, in deren Zentrum der Staat bleibt. Simondon spricht später von der Abhängigkeit der »Individuation«, des Werdens, von den »Praktiken«[34] und den Wissensbeständen der Gesellschaft, die in ein Netz von Lebensformen eingetragen sind. Die Ansätze dieses Denkens einer Technokultur sind bereits im 19. Jahrhundert entstanden.

4. Recht und institutionelles Denken in Frankreich

Wegen der starken Dominanz des Staates in der Wirtschaft[35] hat sich auch lange kein eigenständiges Kartellrecht entwickelt, das von einer

31 *Jacques Guillerme/Jan Sebestik*, Les commencements de la technologie, Thalès 1966, wieder veröffentlicht in: Documents pour l'histoire des techniques, 2007 (14), S. 49ff.

32 *Guillerme/Sebestik*, ebd.

33 Das beste Beispiel dafür sind die Arbeiten von *Gilbert Simondon*, insbesondere: Imagination et invention: 1965–1966, Paris 2014.

34 *Jean-Hugues Barthélémy*, Simondon, Paris 2014, S. 153ff.

35 *Bürge*, aaO (Das französische Privatrecht), S. 90; *Jean-Marc Sauvé*, Le Conseil d'Etat et le développement économique de la France au XIXe siècle,

Reflexivität der Marktordnung bestimmt gewesen wäre. Darin weist die Entwicklung des Privatrechts in Frankreich sowohl gegenüber dem angloamerikanischen Modell als auch gegenüber der deutschen Orientierung des Kartellrechts einen großen Unterschied auf. Es ist schon angemerkt worden, dass sich in Deutschland das Kartellrecht trotz der gesellschaftlichen Unterschiede insofern ähnlich entwickelt hat, als auch eine reflektierte Orientierung an einem Modell der privatrechtlichen Selbstordnung nicht zustande gekommen ist, stattdessen aber eine Orientierung an der Anerkennung der *Kraft* und Durchsetzungsfähigkeit der starken Unternehmen.

Anders als in England und in den USA[36] kann das Privatrecht seine Ordnungsleistung als Recht der Gesellschaft in Frankreich ähnlich wie in Deutschland nicht entfalten. Das Privatrecht steht unter der »tutelle du droit public«.[37] Umgekehrt hat auch das Privatrecht die Aufgabe, den Staat zu erhalten. Diese politische Dimension des Zivilrechts, seine Überformung durch staatliche Ziele, wird in Frankreich wegen der politischen Konflikte des 19. Jahrhunderts viel deutlicher, ist aber auch in Deutschland präsent. Insofern ist in beiden Ländern die Privatautonomie limitiert. In Frankreich ist seit dem Ende der Herrschaft Napoleons von einer »organisierten Freiheit« (Francis Démier) die Rede.

Nicht zuletzt deshalb hat sich in Frankreich schon früh ein *institutionelles* Denken[38] entwickelt, vor allem seit dem Ende des 19. Jahrhunderts,

Vortrag am 27.5.2011 https://www.conseil-etat.fr/publications-colloques/discours-et-interventions/le-conseil-d-etat-et-le-developpement-economique-de-la-france-au-xixe-siecle.

36 Während sich in den USA eine, wenn auch nicht immer konsequente, so doch von einem Marktmodell bestimmte »Anti-Trust«-Rechtsprechung entwickelte, setzte sich in England eine eher flexible »rule of reason« durch – möglicherweise, weil sich in den USA im 19. Jahrhundert schon der Managerkapitalismus durchgesetzt hatte, *Tony Freyer*, Legal Restraints on Economic Good. Antitrust in Great Britain and America. 1880–1920, in: Naomi R. Lamoreux/Daniel M. G. Raff (Hrsg.), Coordination and Information: Historical Perspectives on the Organization of Enterprise, Chicago 1995, S. 183; die Bedeutung des amerikanischen Ingenieurs ist später durch die Orientierung am Paradigma des »Managers« gesteigert worden, *Kees Gispen*, Der gefesselte Prometheus: Die Ingenieure in Großbritannien und in den Vereinigten Staaten. 1750 1950, Wien/München 2006, S. 172.

37 Portalis spricht von der »tutelle des lois politiques«, vgl. *François Niort*, Droit, idéologie et politique dans le Code Civil, Revue interdisciplinaire d'études juridiques 29 (1992), 85.

38 *Julia Schmitz*, La théorie de l'institution du Doyen Maurice Hauriou, Paris 2013; auch das Vorwort von *Jean-Arnaud Mazères* und dessen Anmerkungen zum »Vitalismus« der Institution bei Hauriou, ebd., S. 5, 15; *Roberto Esposito*, Institution und Biopolitik, Zürich 2022, S. 107, 112 ; vgl. auch schon *Karl-Heinz Ladeur*, Rechtssubjekt und Rechtsstruktur. Versuch über die Funktionsweise der Rechtssubjektivität, Gießen 1978, S. 159ff. Das

das jenseits des Rechts als Befehl die eigene Rationalität des Rechts nur in der Verschleifung mit dem Wissen und den Praktiken gesellschaftlicher Lebensformen, vor allem aber praktisch bewährten Institutionen des *öffentlichen* Rechts für denkbar hält.[39] Im eigentlichen Raum des Privatrechts ist davon wenig zu finden. Auch die Literatur zur Rechtsgeschichte des frühen 19. Jahrhunderts war eher stationär in ihrer Denkweise; von der Revolution hat sie sich nur wenig inspirieren lassen. Vorherrschend blieb die »Erbauungsliteratur« ohne historische Reflexionsfähigkeit.

5. Die Heterogenität der Entwicklung des Rechts in Frankreich

Die französische Rechtsentwicklung des 19. Jahrhunderts war widersprüchlicher und gegensätzlicher als die deutsche. Es ist aber interessant, dass in Deutschland der revolutionäre Charakter des Code Civil viel deutlicher als in Frankreich selbst gesehen worden ist.[40] Dies war eher Ausdruck einer Projektion als Produkt der Beobachtung. Die Protagonisten des Schutzes der Gewohnheiten – in der *Gegenwart*, nicht mit Blick in die Vergangenheit des Volksgeistes – verfolgten damit eher die auf eine stationäre Ordnung angelegten Wünsche der lokalen »notables«. Demgegenüber war das öffentliche Recht die Grundlage der Förderung der Technokultur.

Demgegenüber glaubt Savigny, der Code Civil beruhe auf dem Glauben an die Selbstordnung der Vernunft, d.h. ohne den Beistand der Einheit stiftenden Kraft des Staates. Diese Annahme erscheint in mehrfacher Hinsicht verfehlt, sie entspricht kaum den Vorstellungen der Schöpfer des Gesetzbuchs, zum Beispiel Jean-Etienne-Marie Portalis,[41] der die starke Verknüpfung zwischen gesellschaftlicher und staatlicher Einheit betont hat. Was Savigny fremd ist, ist die Vorstellung, dass das zersplitterte Recht des Ancien Régime durch den Code Civil vereinheitlicht worden ist und dies nicht zuletzt im Interesse des Staates lag.[42]

Öffentliche des Staates und der Verwaltung, »la chose publique«, ist jedenfalls nicht allein Sache des Staates, sondern der Gesellschaft, *Maurice Hauriou*, Précis de droit administratif, 4. Aufl. Paris 1900, S. 6.

39 Vgl. zum Polizeirecht *Karl-Heinz Ladeur*, Risiko und Recht: Von der Rezeption der Erfahrung zum Prozeß der Modellierung, in: Gotthard Bechmann (Hrsg.), Risiko und Gesellschaft: Grundlagen und Ergebnisse interdisziplinärer Forschung, 2. Aufl., Opladen 1995, S. 209.

40 Vgl. dazu auch *Marcel de Fréville*, Le Code Civil jugé par Savigny, Paris 1878.

41 *Marceau Long/Jean-Claude Monier*, Portalis. L'esprit de justice, Paris 2017, S. 37, 49.

42 *Long/Monier*, aaO (Portalis), S. 45.

In Frankreich hat sich tatsächlich eher eine Kritik der Konzeption des Vernunftrechts entwickelt, die in Konkurrenz zu einem Modell der Evolution des Rechts, einer organisch im Einklang mit den Gewohnheiten sich entwickelnden Rechtsordnung, gestanden hat.[43] Damit ist eine weniger scharfe begriffliche Durcharbeitung des Rechts verknüpft, die sich vor allem für Anpassungen an die Bedürfnisse des Kleinbürgertums und der Honoratioren wenden lässt.

Die starke Expansion des Verwaltungsrechts[44] hat sich auch im Verständnis des Privatrechts selbst niedergeschlagen, das weitgehend aus der Perspektive des übergreifenden staatlich bestimmten Gemeinwohlinteresses verstanden wird. Einer der Väter des Code Civil, der bereits erwähnte Portalis,[45] hat die These formuliert, dass individuelle Freiheit Ausgleich erfordere; von der Freiheit müsse maßvoller Gebrauch gemacht werden. Die Überwindung der Vertragsfreiheit durch übergreifende öffentliche Interessen bildet auch die Voraussetzung für die Vorgabe von Sorgfaltspflichten durch den Staat. All' dies sind Formeln, die eher Symptome einer Derealisierung waren, die einen staatlichen Willen zur Ordnung beschworen und darin, wie Pasteur schreibt,[46] eben durch die Beschwörung der staatlichen Entscheidung darauf zielten, der Idee »d'expérience réelle« der Gesellschaft, der Vorstellung, dass die Gesellschaft eine neue *episteme* hervorbringt, die auf dem Experimentieren, dem Entdecken des Neuen durch Handeln der Individuen beruht, die Legitimation zu entziehen. Die Gesellschaft selbst erschien »insaissable«.[47] Erst am Ende des 19. Jahrhunderts entwickelte sich eine Art rechtsstaatliches und rechtssystematisches Denken, dem aber – wie in Deutschland – die reflexive Komponente eines Verständnisses von »Recht als Kultur« fremd blieb. In Deutschland hat das Privatrecht als »Staatsprivatrecht« eine weit über das eigentliche Privatrecht hinausreichende prägende Wirkung für das (unpolitische) Rechtsdenken entfaltet – weit mehr als das öffentliche Recht. Die geringere theoretische Ausarbeitung des französischen Privatrechts wird umgekehrt, so könnte man sagen, durch das weit über das eigentliche Verwaltungsrecht hinausweisende administrative Denken des Conseil d'Etat kompensiert. Dieser ist das Zentrum des praktischen Rechtsdenkens in Frankreich: Er hat vor allem durch seine hybride, Beratung und Entscheidung verbindende Tätigkeit ein öffentliches Wissen »au coeur de l'Etat« hervorgebracht, das

43 *Bürge*, aaO (Das französisches Privatrecht), S. 177.
44 *Bürge*, ebd., S. 89, 92, 302, 524.
45 *Long/Monier*, aaO (Portalis), S. 51f.; *Bürge*, aaO (Das französische Privatrecht), S. 67.
46 *Pasteur*, aaO (Les héritiers contrariés), S. 14.
47 Vgl. auch *Julien Pasteur*, Michelet pédagogue. La citoyenneté ou la république des esprits, in: ders./Carole Widmaier (Hrsg.), L'éducation de la citoyenneté, Paris 2018, S. 103. https://books.openedition.org/pufc/11828?lang=de.

auch das gesellschaftliche und das wissenschaftliche Denken stark beeinflusst hat.[48]

In der Staatsfixierung gleichen sich die Prozesse der Entwicklung des Rechts in Deutschland und Frankreich. Doch während der Blick auf den Staat in Frankreich von der Idee des eher praktisch verstandenen »service public« geprägt war, blieb der Staat in Deutschland ein Mythos, der einen problematischen Sog der Verschmelzungsphantasien ausgelöst hat, in den auch das Recht geraten ist. Dies erklärt auch die starke Fixierung des Rechts auf Einheit und Ganzheit, die letztlich das Recht, auch das Privatrecht, in den Dienst der Erhaltung der »Kraft« des Staates, seiner Souveränität, gestellt hat. Demgegenüber hat der Staat in Frankreich den Charakter einer Institution gehabt, deren praktische Rationalität sich der Entwicklung der modernen Technik und der darauf basierenden staatlichen Leistungen verdankt. Das Recht hat demgegenüber bis heute eher einer sekundären Charakter gehabt, während in Deutschland das Recht seine Autonomie eingebüßt, aber eine wichtigere Rolle im Prozess des Aufbaus des »*Staates* als Kultur« übernommen hat. Das gilt sowohl für das öffentliche Recht mit dem Paradigma des Polizeirechts als auch das an *Zwecken* orientierte Privatrecht, die beide an der Logik der staatlichen *Maßnahme* orientiert waren. Davon unterscheidet sich das englische und amerikanische (Privat-)Recht der »negligence«: Auch das Recht der »negligence« war am Fall und der darauf basierten allgemeinen Regel orientiert, es war aber nicht leicht auf eine am organisierten Unternehmen entwickelte und seine komplexeren Wissensbasis gestützte Funktionalisierung für sich wandelnde gesellschaftliche Risikovorsorge umzustellen.[49] Dies lässt sich nicht einfach auf politische Parteinahme für die »Reichen« durch Richter im besonderen und Juristen (Rechtsanwälte, Professoren) zurückführen. Es zeigt sich vielmehr eine Grenze des Denkbaren, die durch das Paradigma der Vorstrukturierung der Lesarten des Common Law und damit durch die Lebensformen der Gegenwart gesetzt waren. Für das Neue sind nur in sehr begrenztem Maße Praxis- und Denkformen verfügbar. Die Rechtsnormen und ihre Begriffe nehmen Unterscheidungen innerhalb praktischer Verweisungszusammenhänge von Referenzen zwischen Fällen, praktischen Denkformen, Entscheidungs- und Vertragspraktiken vor, die die »Substanz« für den Begriff als Prozess bilden.

48 *Yves Poirmeur/Alain Bernard*, Présentation, in: dies. (Hrsg.), La doctrine juridique, Paris 1993, S. 6; *Charles Bosvieux-Onyekwelu*, Croire en l'Etat. Une genèse de l'idée de service publique, Vulaines sur Seine 2020; ders., Le droit, science et pratique: Etat des lieux de l'épistemologie juridique en France, Zilsel 2018 (Nr. 4), 231.

49 *Herbert Hovenkamp*, The Opening of American Law. Neoclassical Legal Thought. 1870–1970, Oxford 2014, S. 144.

In der Staatsfixierung gleichen sich die Prozesse der Entwicklung des Rechts in Deutschland und Frankreich. Doch während der Blick auf den Staat in Frankreich von der Idee des eher praktisch verstandenen »service public« geprägt war, blieb der Staat in Deutschland ein Mythos, der einen problematischen Sog der Verschmelzungsphantasien ausgelöst hat, in den auch das Recht geraten ist. Dies erklärt auch die starke Fixierung des Rechts auf Einheit und Ganzheit, die letztlich das Recht, auch das Privatrecht, in den Dienst der Erhaltung der »Kraft« des Staates, seiner Souveränität, gestellt hat. Demgegenüber hat der Staat in Frankreich den Charakter einer Institution gehabt, deren praktische Rationalität sich der Entwicklung der modernen Technik und der darauf basierenden staatlichen Leistungen verdankt. Das Recht hat demgegenüber bis heute eher einen sekundären Charakter, während in Deutschland das Recht seine Autonomie eingebüßt, aber eine wichtigere Rolle im Prozess des Aufbaus des »*Staates* als Kultur« übernommen hat. Das gilt sowohl für das öffentliche Recht mit dem Paradigma des Polizeirechts als auch das an *Zwecken* orientierte Privatrecht, die beide an der Logik der staatlichen *Maßnahme* orientiert waren.

Die Tendenz zu einer »socialisation du droit«,[50] die die autonome Kraft des Privatrechts durch immanente Regeln einschränkt, hat sich in Frankreich erst allmählich entwickeln können, vor allem unter dem Einfluss der Ökonomen[51] - und natürlich der Wirtschaft. Hier besteht wiederum eine Ähnlichkeit mit der deutschen Entwicklung. Der Code Civil wird auch von seinen Vätern keineswegs als eine Form der Aufhebung der bestehenden sozialen Normen verstanden. Paradigmatisch ist Portalis' These: »Les codes des peuples se font avec le temps; mais à proprement parler, on ne les fait pas«.[52] Portalis geht es aber – anders als Savigny – nicht um einen Mythos der Gründung des Rechts in der Vergangenheit, in der die Gewohnheit mit dem Volksgeist zusammenfiel, sondern um den Fortbestand der *gegenwärtigen* Sitten, Gewohnheiten und Erwartungen der Gesellschaft der französischen Kleinbürger (»notables«). Die Bedeutung des Code Civil wird zugleich auch und gerade in der Zurückdrängung der Zersplitterung des Rechts gesehen, die ihrerseits paradoxerweise die Bedeutung der lokalen »moeurs« gestärkt hat.[53] In die Lücken des neuen

50 *J. Charmont*, La socialisation du droit (Leçon d'introduction d'un cours de droit civil), Revue de métaphysique et de morale 11 (1903), 380; *Bürge*, aaO (Das französische Privatrecht), S. 91.

51 *Hofer*, aaO, S. 76f., 82ff.

52 *Jean-Etienne-Marie Portalis*, Discours préliminaire sur le Code Civil, 1er pluviôse an IX (20. Januar 1801), https://ledroitcriminel.fr/la_science_criminelle/penalistes/la_loi_penale/generalites/portalis_discours_code_civil.htm.

53 Auch *Henri Klimrath*, Etudes sur les coutumes, Paris 1837, betont den Zusammenhang von Einheit und Vielfalt, der auch den Geist des Code Civil geprägt habe.

abstrakten Rechts konnten die Gewohnheiten *und* in Übereinstimmung mit ihnen das staatliche Verwaltungsrecht zum Schutz der lokalen Interessen eindringen (z.B. zur Abwehr industrieller Immissionen).

Portalis hat immer den Zusammenhang zwischen den realen »*moeurs*« und dem Geist des Code Civil betont[54] und damit zum Ausdruck bringen wollen, dass diese Kodifikation viel stärker, als das in Deutschland wahrgenommen worden ist, einer offenen Konzeption des Rechts verpflichtet war,[55] während in Deutschland die Bedeutung der abstrakten Form des Code Civil überschätzt worden ist. Portalis hat sich allgemein gegen den »esprit de système« gewandt.[56] Die »*moeurs*« waren konkret und eine Form, während der Volksgeist der historischen Rechtsschule ein Mythos war, der den Rekurs auf die »Gewohnheit« und das Gewohnheitsrecht an die Vergangenheit verwiesen hat. In der Konstruktion der historischen Rechtsschule verschwindet die Gewohnheit hinter dem Recht.

Die neue, nicht hintergehbare außerrechtliche Quelle der Autorität wird in der Moderne in Bewegung versetzt: Es ist die stumme Legitimität der *praktizierten Lebensformen*, die auf eine paradoxe Weise immer wieder reproduziert werden müssen, aber durch die dogmatische Engführung der Reflexion über das Gesetz immer wieder aus dem expliziten Recht des Textes ausgeschlossen werden. Für die Lebensformen lässt das Denken, das den Code Civil geprägt hat, paradoxerweise mehr Raum als das deutsche Rechtsdenken. So ist möglicherweise auch zu erklären, dass das französische Recht sich für Experimente mit einer Konfliktschlichtung durch gesellschaftliche Kräfte außerhalb des Staates geöffnet hat: Dergestalt kommt es zur Herausbildung einer, wenn auch nicht zentralen gesellschaftlichen Rechtskultur der professionellen Kräfte, der Conseils des Prudhommes, der Handelsgerichte,[57] juristischen Spezialisierungen zur Bewältigung der neuen Herausforderungen der Technik.[58]

Der auch bei Wieacker[59] stark überschätzte revolutionäre, der Vernunft verpflichtete Geist des Code Civil war aber über die genannten Beispiele hinaus offener für Rückkoppelungen an die gesellschaftlichen

54 *Long/Monier*, aaO (Portalis), S. 25, 37.

55 *Jean-Louis Thireau*, Fondements romains et fondements coutumiers du code Civil, Droits 2005 (nr. 42), 3.

56 *Long/Monier*, ebd., S. 90.

57 Die Begründung des GVG für die Einrichtung der »Kammer für Handelssachen« anstelle der Handelsgerichte setzt den Akzent bei dem möglichen Beitrag der Handelsrichter zur Aufklärung der Regeln des kaufmännischen »Verkehrs«, die aber von normativen Regeln getrennt gesehen wurden, Mat. zum GVG, Berlin 1879, 1. Abth., S. 108, 111.

58 *Audren/Halpérin*, aaO (La culture juridique), S. 91.

59 *Franz Wieacker*, Privatrechtsgeschichte der Neuzeit, 2. Auflage, Göttingen 1967, S. 339f.

Kräfte als das deutsche zeitgenössische Zivilrechtsdenken. Dennoch ist diese Öffnung weitgehend eine Öffnung ins Ungewisse: Michelet[60] hat diesem verbreiteten Gefühl mit der Annahme Ausdruck verliehen, dass die Zeit sich zu schnell gewandelt habe. Die »Vernichtung des Geistes«[61], die »Pulverisierung der Gesellschaft«[62], sind Formeln, die die Sorge zum Ausdruck brachten, dass man es mit einer Gesellschaft von Individuen ohne »Zwischenräume« gegenüber dem Staat zu tun habe. Der Staat gilt aber noch als Hüter einer übergreifenden Ordnung, die auf dem öffentlichen Recht und seinen Institutionen basiert, während in Deutschland der Staat auch als Staat des Zivilrechts eher als »Maßnahmestaat« angerufen wird, der sich dem Kampf der namenlosen destruktiven Kräfte zu widmen hat.

6. Die wechselseitige deutsch-französische Beobachtung

Savigny hat sich zwar intensiv mit dem Code Civil beschäftigt, ist aber dessen Ambivalenzen kaum gerecht geworden.[63] Er hat in eher bornierter Form die Abweichungen der Regelungen des Code Civil vom römischen Recht und seiner Dogmatik kritisiert, aber dabei die Probleme der Kodifikation in Frankreich verfehlt. Ein wichtiger Einwand zielt darauf, dass in Frankreich das stets hochzuhaltende »Quellenstudium« abgelöst worden sei von der Konsultation eines einzigen französischen Lehrbuchs.[64] Aus der deutschen Kritik spricht jedenfalls kein Interesse an einem modernen dynamischen Recht, von »Recht als Kultur« ganz zu schweigen.

Allerdings ist in einer grundsätzlichen vergleichenden und historischen Perspektive bemerkenswert, wie stark in der ersten Hälfte des 19. Jahrhunderts der Gedankenaustausch zwischen deutschen und französischen Juristen war[65] und wie sehr dabei die historische Rechtsschule in Frankreich beobachtet und teilweise bewundert worden ist. Dieser bemerkenswerte Austausch bricht infolge des deutsch-französischen Krieges 1870/71 beinahe vollständig ab. Auf französischer Seite entsteht

60 Zitiert nach *Pasteur*, aaO (Les héritiers contrariés), S. 10.

61 *Pasteur*, ebd., S. 10.

62 *Leroux*, aaO (Discours aux philosophes).

63 Vgl. dazu die Darstellung von *de Fréville*, aaO (Le Code Civil jugé par Savigny).

64 *Friedrich Carl v. Savigny*, Vom Beruf unsrer Zeit für Gesetzgebung und Rechtswissenschaft, Heidelberg 1814, S. 65.

65 Bemerkenswert ist auch schon der intensive Austausch während der Revolutionszeit zwischen Wilhelm von Humboldt und Sieyès, vgl. *Jacques Guilhaumou,* Sieyès et la métaphysique allemande, Annales historiques de la révolution française 1999 (Nr. 317), 513.

nun ein Bild der deutschen Rechtsentwicklung, die vom Zusammenstoß der Barbarei mit der französischen Zivilisation des Rechts geprägt zu sein scheint.[66] Diese Auseinanderentwicklung ist, auch wenn es vorher viele Missverständnisse auf beiden Seiten gab, eine kulturelle Katastrophe, die schließlich in der »Erbfeindschaft« zwischen Deutschland und Frankreich endete.

In Deutschland ist nicht zuletzt der Krieg, dem selbst seine kulturelle Bedeutung exemplarisch attestiert worden ist,[67] Auslöser eines »Soges« der »Verschärfung« geworden, einer kulturpessimistischen Stimmung, eines Strebens nach Selbstzerstörung im paradoxen Erleben der höchsten Form der Einheit des Volkes. Für Deutschland wie für Frankreich kann nach den bisher angestellten Überlegungen in vergleichender Perspektive festgestellt werden, dass die Rechtspraxis des Staates wie die rechtswissenschaftliche Literatur wenig zu einem Prozess der »Selbstvergewisserung der Moderne« beigetragen haben.[68] Dies hat allerdings in Frankreich weniger problematische Folgen gehabt als in Deutschland.

66 Diese Entwicklung kumuliert während des ersten Weltkriegs vgl. die Dokumentation »Des facultés sur le front du droit«, Les facultés de droit durant la Grande Guerre, 11.7.2018 – https://expo-grande-guerre-biu-cujas.univ-paris1.fr/la-guerre-du-droit-la-neutralite-des-juristes-en-question/.

67 Vgl. *Adam Müller*, Elemente der Staatskunst 1, Berlin 1809, S. 41: »die innere Natur des Staates« tritt »...unter Kriegen, am deutlichsten an's Licht«; auch S. 287f.; *Christian Lück*, Die Deutschen und das Recht. Zur politischen Idee der Germanistik 1806–1848, Paderborn 2022, S. 291.

68 Vgl. *Marietta Auer*, Der privatrechtliche Diskurs der Moderne, Tübingen 2014.

XI. Angloamerikanische Rechtskultur des 19. Jahrhunderts

1. Die Entwicklung der Vertragsfreiheit im angloamerikanischen Recht

Den Kontrast zur deutschen Staatsfixierung in Rechtsgeschichte und -philosophie des 19. Jahrhunderts bietet die Entwicklung des anglo-amerikanischen Rechts. Im England des achtzehnten Jahrhunderts gab es zunächst keine reflektierte Theorie des Vertrages.[1] Ähnlich wie in Deutschland wurde der privatrechtliche Vertrag als Zusammentreffen zweier Willenserklärungen angesehen, deren Bedeutung im Wesentlichen in der Erklärung des Willens der Einzelnen über den Tausch ihres Eigentums bestand (eine Sache gegen einen Gegenwert in Geld). Kennzeichnend für den Vorgang war das Zusammentreffen zweier Versprechen,[2] und ihr Ziel bestand in einem Äquivalententausch.[3] Die Gleichheit des Wertes war ein kennzeichnendes Moment des wechselseitigen Versprechens. Die Nichterfüllung des Versprechens war ein Vertrauensbruch, der zum Schadensersatz verpflichtete; auf Erfüllung des Vertrages konnte grundsätzlich aber nicht geklagt werden.[4] Der Vertrag war eine Form der Eigentumsausübung.[5] Die Entwicklung der Vertragstheorie im 19. Jahrhundert ist vielfach als eine Innovation des Common Law angesehen worden, die für dessen Offenheit als charakteristisch angesehen wird.[6] Man könnte dies in der hier entwickelten Perspektive auch als eine Erscheinungsform von »Recht als Kultur« betrachten, der Reflexion der

1 *Philip A. Hamburger*, The Development of the Nineteenth Century Consensus Theory of Contract, Law and History 7 (1989), 241.

2 Zur Willenstheorie *Morton J. Horwitz*, The Transformation of American Law 1780–1860, Cambridge, MA, 1977, S. 181; zur späteren Entwicklung im frühen 20. Jahrhundert vgl. *Ellen Frenkel Paul*, Freedom of Contract and the »political Economy« of Lochner v. New York, Journal of Law and History 1 (2005), 515; vgl. auch *E. Corwin*, The Extension of Judicial Review in New York. 1795–1905, Michigan Law Rev. 15 (1917), 281, 294, der analysiert, wie auch der Supreme Court des Staates New York lange vor der Lochner-Entscheidung des US Supreme Court mithilfe der »due process«-Doktrin den Schutz der Vertragsfreiheit gegenüber dem Gesetzgeber des Staates New York erweitert hat.

3 *Hamburger*, aaO (The Development), S. 263.

4 *Thomas Lundmark*, Common law-Vereinbarungen – Wortreiche Verträge, RIW 2001, 187.

5 *Horwitz*, aaO (Transformation), S. 162.

6 *Hamburger*, aaO (The Development), S. 242.

praktischen Entwicklung von Vertragspraktiken, die dann zu einem grundsätzlichen, nicht nur dogmatischen Wandel einer *Institution* des Privatrechts führt.[7] Diese Form des institutionellen Denkens über Formen des Privatrechts[8] ist der Begriffsjurisprudenz schwergefallen, weil sie das Recht als einen abgeschlossenen Code von Handlungstypen angesehen hat.

Die Entwicklung zu einem neuen Vertragsdenkens hat sich auch in England und den USA nicht ohne Widersprüche vollzogen, Widersprüche, die der realen Entwicklung selbst inhärent waren. So hat sich, nachdem zunächst die Rechtsprechung in den USA das Common Law »mobilisiert« hatte (»substance over form«), in der zweiten Hälfte eine gegenläufige Entwicklung vollzogen, die »form over substance« gestellt hat und damit die Formen des Common Law und der Verfassung gegen einen interventionistischen, Zwecke der Umverteilung verfolgenden Gesetzgeber einzelner Staaten (New York) in Stellung gebracht hat – das Recht betonte deutlicher die Unterscheidung von Politik und Recht.[9] Diese Rechtsprechung ist sicher nicht über Kritik erhaben. Doch hat sie – auf eine Weise, die selbst den historisch sich wandelnden gesellschaftlichen Konstellationen entsprach – »law as culture« insofern gesehen und weiterentwickelt, als sie sich bemüht hat, zur Reflexion des wirtschaftlichen Wandels beizutragen, die ihrerseits wiederum eine Resonanz in der professionellen wie der allgemeinen Öffentlichkeit gefunden hat. Ein grundlegender Wandel innerhalb des Verständnisses des Common Law kann seit der Wende zum 19. Jahrhundert beobachtet werden. Dies gilt auch für die USA.[10] Dues zeigt, wie sehr das Common Law gesellschaftliches Recht war und ist. Die Rechtsprechung hat sich bemüht, auf eine rechtlich spezifische Weise von Fall zu Fall fortschreitend, den Wandel der Gesellschaft durch die Entwicklung einer neuen Praxis im Interesse der Förderung »kollektiver Güter«[11] zu verstehen und zu beeinflussen. Erst im letzten Drittel des 19. Jahrhunderts hat sich in den USA im Arbeitsrecht, das einen besonders starken Bezug zu den kollektiven Dimensionen des Rechts hatte, die Orientierung an individuellen Rechten und am Wettbewerb verstärkt.[12] »The bond between law and society was not easily drawn«[13]. Dies ist eine Variante des Begreifens von

7 *Horwitz*, aaO (Transformation), S. 30.

8 *Hamburger*, aaO (The Development), S. 260, 263.

9 *Horwitz*, aaO (Transformation), S. 259.

10 *Martin Schmidt*, Institutional Persistence in England's Common Law System, Diss. Univ. of Maryland 2016, S. 12 – https://drum.lib.umd.edu/bitstream/handle/1903/18163/Schmidt_umd_0117E_16890.pdf?sequence=1.

11 *Victoria C. Hattam*, Labor Visions and State Power. The Origin of Business Unionism in the United States, Princeton 1993, S. 49f.

12 *Hattam*, ebd., S. 69.

13 *Hattam*, ebd., S. 74.

»law as culture«.[14] Doch darin spiegelte sich die Herausforderung des dynamischen Wandels zur Marktgesellschaft und die Unsicherheit über die Anpassung der bestehenden Institutionen an neue Konflikte wider – und ließ sie damit »am Fall« sichtbar werden. Es ging nicht mehr um die Erhaltung tradierter Regeln der »Gemeinschaft«, sondern um ein komplexeres Verhältnis zwischen Rechten der Arbeiter und der Arbeitgeber einerseits und andererseits dem Design von Regeln für den Wettbewerb,[15] der eine Weiterentwicklung des Rechts verlangte, ohne dass es noch eine scheinbar verlässliche Referenz auf gemeinsame öffentliche Güter (Wachstum) geben konnte. Die Rechte und Pflichten selbst werden partiell nicht mehr als Rechte des Individuums angesehen, sondern mindestens auch als geprägt durch die sozialen Normen, die durch Zugehörigkeiten zu *Gruppen* bestimmt werden.[16]

»Law as culture« bedeutet nicht eine höhere Rationalität der gesellschaftlichen Diskurse, sondern die Möglichkeit der praktischen Bewegung des Rechts in Resonanz mit den gesellschaftlichen Verhältnissen und deren Sichtbarkeit. So wird gesellschaftliches Lernen ermöglicht. Dann lässt sich Recht auch umgekehrt als literarisches »Genre« verstehen, das Wissen produziert und prozessiert, vor allem über die wachsende Zahl rechtlicher Relationen zwischen Wirtschaftssubjekten: Das rechtliche Denken setzt auch jenseits des Rechts im engeren Sinne vor allem Netzwerke von Verknüpfungsmöglichkeiten in Gang.[17] Diese bedürfen einer Institutionalisierung auch als kulturelle Normen für ein äußeres Verhalten gegenüber Unbekannten, die an die Stelle der Normen der internen Selbstbeherrschung treten.[18]

2. Die Dynamisierung der Vertragspraktiken und die Entwicklung von »Law-mindedness« als deren Voraussetzung

Eine Wende zur Moderne bedeutete der berühmte Fall Slade v. Morley, der zwischen 1595 und 1602 mehrere Gerichte beschäftigt hat und schließlich von der Court of Exchequer Chamber, King's Bench, entschieden wurde. Hintergrund war ein etwas altertümliches Verfahren, das dazu zwang, im Fall einer – nach heutigem Verständnis – Forderung

14 Vgl. *Thomas Vesting*, Staatstheorie, München 2018, S. 181.

15 *Hattam*, aaO (Labor Visions), S. 71f.

16 *Hattam*, ebd., S. 48.

17 *Anat Rosenberg*, The History of Genres: Reaching for Reality in Law and Literature, Law and Social Inquiry 19 (2014), 1057, 1058.

18 *Irene Tucker*, A Probable State: The Novel, the Contract, and the Jews, 2. Aufl., Chicago 2000, S. 2.

der Rückzahlung eines Kaufpreises bei Nichtleistung neben dem Vertrag ein Versprechen zu konstruieren, dessen Verletzung als eine Art unerlaubte Handlung gedeutet werden konnte. Nach langem Streit kamen die Richter schließlich zu der Überzeugung, dass die Anspruchsgrundlage in einer moderneren Form zu konstruieren sei: Während die früheren Auffassungen des Vertrages zu Erörterungen über den inneren Willen der Parteien führen mussten, entwickelte das Gericht eine beinahe moderne Auffassung vom Vertrag als Verknüpfung zweier »performativer« Erklärungen[19] gegenüber einem anderen, die stärker als eine soziale *Interaktion* anzusehen war. Aufgrund dieses kollektiven Moments konnte die Bedeutung der »Willenserklärungen« stärker als durch »Recht, Gewohnheit und Praktiken« bestimmt eingeordnet werden. Im Zentrum der Überlegungen der Richter steht die Annahme, dass die Vertragserklärungen einen »merely worldly character« hätten. Dabei geht die Seite der internen Intentionen nicht ganz verloren, sondern sie wird reflexiv zum Gegenstand der Selbstprüfung der Vertragspartner, die für deren Erklärung nach außen die Verantwortung zu übernehmen haben.[20] Der Tausch als Zweck des Vertrages wird als ein gesellschaftliches Phänomen wahrgenommen, das angesichts der wechselseitigen Abhängigkeit der Bürger der Befriedigung der Bedürfnisse der Subjekte dienen sollte.[21] In der neueren angloamerikanischen Literatur wird auch die stärkere Reflexivität der Erklärungen in ihrem Verhältnis von Innen und Außen, insbesondere die Pflicht zur Selbstbeobachtung und Selbstkontrolle der eigenen Intentionen, in einen Zusammenhang mit der Betonung der Bedeutung literarischer Texte zur »Konstitution der Subjektivität« und ihrer Handlungsfähigkeit (»agency«) gestellt. Die Betonung der Reflexivität führt auch dazu, dass die Vertragsverhandlungen eine neue Struktur erhalten: Die Bindung wird an ein *bestimmtes* Verhalten geknüpft, das einen Einschnitt bedeutet, der früher nicht genau konturiert war. Hier entwickelt sich eine komplizierte Dogmatik zur Frage der »consideration«, d.h. der Frage, wie die innere Deliberation zu einer Äußerung des Willens zur Bindung steht;[22] erforderlich ist eine Art von Leistung, die erbracht wird.[23] Diese Untersuchung hat sich aber von der psychologischen Untersuchung der traditionalen Rechtspraxis entfernt und den Akzent zur Unterstellung einer Zweckrationalität des Denkens des Subjekts verschoben. Das Subjekt kontrolliert sich selbst. Die dafür erforderlichen

19 *David Harris Sacks*, The Promise and the Contract in Early Modern England: Slade's Case in Perspective, in: Victoria Kahn/Lorna Hutson (Hrsg.), Rhetoric and Law in Early Modern Europe, New Haven 2001, S. 28, 45.

20 *Luke Wilson*, Ben Jonson and the Law of Contract, in: Kahn/Hutson, ebd., S. 143, 152.

21 *Sacks*, aaO (The Promise and the Contract), S. 43.

22 *Sacks*, ebd., S. 29.

23 *Oliver Wendell Holmes*, The Common Law (1881), New York 1991, S. 271.

Ressourcen gewinnt es (auch) aus den literarischen Texten, die die Übertragung von Experimenten, neuen Formen, neuen Praktiken *auch* auf die Operationen des Rechts und die Fortentwicklung von Urteilskraft erlauben.[24] Die kulturelle Bedingtheit des (Privat-)Rechts wird deutlich in der Beobachtung des Prozesses der Entwicklung von Vertragspraktiken am Ende des 16. Jahrhunderts in England: Die Geldbeziehungen bleiben noch sehr begrenzt, während stattdessen der »Kredit« im doppelten Sine des Wortes, nämlich als Vertrauenswürdigkeit und deren Gebrauch durch Inanspruchnahme von »Kredit«, eine große Rolle spielt. Erst nachdem sich die Marktverhältnisse gegen Ende des 16. Jahrhunderts gefestigt haben, wird die »Reputation« als »cultural currency« entwertet. Sie hat die gerichtliche Durchsetzung von Forderungen partiell kompensiert.

Doch später kommt es – so Muldrew – zu einer »explosion of debt litigation« in der Folge der Vervielfältigung der Vertragspraktiken. Dadurch hat sich erst ein Verständnis der Gleichheit und Wechselseitigkeit von Vertragsbeziehungen als einer gesellschaftlichen und rechtlichen Institution herausgebildet. Die Fähigkeit und Bereitschaft zum Vertragsschluss unter Fremden ist kulturell und ökonomisch voraussetzungsvoll. C. Brooks formuliert dies in einer für die englische Beobachtung des Rechts charakteristischen Weise so: »Law-mindedness came imperceptibly to colour social relationships and ideals«.[25] Die sozialen *Praktiken* der Subjekte sind entscheidend für die Bedeutung des Rechts.[26] Durch die Verallgemeinerung der Vertragspraktiken verändert sich der Vertrag als rechtliche Institution: Der Rückgang der Bedeutung der materiellen »Vertragsgerechtigkeit« ist Ausdruck der neuen Universalisierung, innerhalb deren das Rechtssubjekt und seine Intuition selbst zum Vermittler innerhalb eines Gewebes von Vertragspraktiken wird. Das Rechtssubjekt wird zum Knotenpunkt sozialer Relationen und wird nicht mehr primär als Herr seines eigenen Willens angesehen.

Erst im 19. Jahrhundert, aber lange bevor sich die Konzeption der Vertragsfreiheit in Deutschland entwickeln konnte, setzte sich in den USA wie in England allgemein die »consensus theory«[27] über den Vertrag durch, die dem Willen der Beteiligten ein anderes Gewicht gab dadurch, dass nicht mehr der objektive Charakter des Tausches von

24 *Lorna Hutson*, Not the King's Two Bodies: Reading the »Body Politic« in Shakespeare's Henry IV, Parts 1 and 2, in: Kahn/dies., aaO (Rhetoric and Law), S. 169.

25 *Christopher Brooks*, A Law Abiding and Litigious Society, in: John Morrill (Hrsg.), The Oxford Illustrated History of Tudor and Stuart Britain, Oxford 1996, S. 139, 143.

26 Vgl. *Lorna Hutson*, Introduction, in: dies. (Hrsg.) Oxford Handbook of English Law and Literature. 1500–1700, Oxford 2017, S. 1, 5.

27 *Hamburger*, aaO (Development).

äquivalenten Werten im Zentrum stand, sondern die subjektive Bindung *zwischen* den Vertragspartnern. Der Übergang von der objektiven zur subjektiven Wertkonzeption hat eine weitreichende Bedeutung gehabt.[28] »Equity« als Kontrollmaßstab neben dem Common Law war zunächst ein Mittel der Flexibilisierung der Rechtsprechung, die wie im römischen Recht durch »actiones« durch »writs«[29] begrenzt war, die die Klagemöglichkeiten auf bestimmte Gegenstände beschränkt hatten. Ihre Grundlage war die Prärogative des Königs. Interessanterweise konnte über die auch institutionell separierte Equity-Rechtsprechung[30] (durch die Chancery) allmählich eine Praxis der Verpflichtung zur Vertragserfüllung entstehen.[31] Die Subjektivierung des Tauschwerts hat eine paradoxe Seite: Sie ist nur scheinbar eine Form der Individualisierung: Tatsächlich ist sie gleichbedeutend mit der Anerkennung der Dynamik der Vertragspraxis und der Bewegung zur »Defamiliarisierung« der Rechtsbeziehungen.

3. Die amerikanische Rechtsprechung und die Mobilisierung des Common Law als Lernprozess

Die Entwicklung zur Anerkennung der Verpflichtung zur Vertragserfüllung (und nicht nur ggf. zum Schadensersatz) hat sowohl in England als auch in den USA nicht nur zur Anerkennung der Vertragsfreiheit als Abschlussfreiheit geführt,[32] sondern auch zur Erstreckung dieser Freiheit auf die autonome Gestaltung der wechselseitigen Verpflichtungen. Der Wille zur vertraglichen Bindung (»intention«) wird stärker gegenüber der früheren Ambivalenz von Innen und Außen verselbstständigt und zur bindenden Erklärung. Diese Freiheit hat bald eine immer größere Bedeutung erhalten. Generell lässt sich aber die These aufstellen, dass schon seit etwa 1820 die amerikanische Rechtsprechung im Vertragsrecht von der Vorstellung beherrscht war, dass der Vertrag der Verwirklichung des Willens der individuellen Parteien dienen sollte, während zugleich die Richter über die Auslegung des Vertragsrechts im Einzelfall hinaus ihre Aufgabe in der Unterstützung des technischen Fortschritts

28 Für die USA *Horwitz*, aaO (Transformation), S. 160ff.

29 Vgl. historisch *Geoffrey C. Hazard*, The Early Evolution of the Common Law Writs. A Sketch, American Journal of Legal History 6 (1962), 114C

30 *Horwitz*, The Historical Foundations of Modern Contract Law, Harvard Law Rev. 87 (1974), 917.

31 Allg. *P. S. Atiyah*, Rise and Fall of Freedom of Contract, Oxford 1979, insbes. S. 231ff.

32 Vgl. zur Vertragsfreiheit in UK und US *Samuel Williston*, Freedom of Contract, Cornell Law Quarterly 6 (1921), 365, 371.

sahen[33] und damit ein weiterer Vergesellschaftungseffekt erzeugt wurde. Die Rechtsentwicklung durch die Gerichte in den USA tendierte zur Mobilisierung des früher eher statisch verstandenen Common Law im Interesse des wirtschaftlichen und technischen Fortschritts: »substance over form«.[34] Die eher nur begrenzt beweglichen Formen des Common Law wurden zweckgerichtet mobilisiert für die Zwecke der aufstrebenden Industrien. In den USA wurden Vorbehalte zur Abweichung vom positiven Zivilrecht durch Vertrag teils explizit in neue Gesetze eingefügt, teils aus den bestehenden Gesetzen abgeleitet.[35] Insgesamt ist die Rechtsprechung in den USA von dem Bemühen um die Entwicklung einer rechtlichen »culture of enterprise« geprägt.[36] Demgegenüber entwickelt sich in Deutschland eine unausgesprochene Referenz auf die Notwendigkeit einer öffentlich-politischen *Rechtfertigung* der Zwecke des Privatrechts.[37]

Ohne dass auf Einzelheiten der Vertragskonzeption des angloamerikanischen Rechts näher eingegangen werden kann, lässt sich jedenfalls festhalten, dass im Unterschied zu Deutschland sich zu Beginn des 19. Jahrhunderts immer mehr die Praxis der Anerkennung des Vertrages (»will theory«)[38] und der *Vertragsfreiheit* einerseits und des privaten Eigentums andererseits als Formen einer gesellschaftlichen Regelbildung durch private Organisationen durchsetzte, die auf eine unklare Weise mit traditionellen Privilegien von Korporationen verbunden wurden. Diese Praxis erlaubte Preisfestsetzungen, z.B. für die Nutzung privat errichteter Brücken, oder schützte das Recht zur Errichtung und zum Betrieb von Wassermühlen, die dem Fortschritt dienten.[39] Dafür sucht die Rechtsprechung neue privat-öffentliche Kooperationsregeln. In den USA führt dies auch zur Entwicklung und Anerkennung lokaler Regeln unterschiedlicher Provenienz, die über das Common Law mit dem staatlichen Recht kompatibilisiert werden.[40] Auch das Polizeirecht wird für

33 *Horwitz*, aaO (Transformation), S. 30.

34 *Horwitz*, ebd., S. 30.

35 *Lawrence M. Friedman*, Law in America. A Short History, New York 2002, S. 53.

36 *Friedman*, ebd., S. 53f.

37 Vgl. *Ernest J. Weinrib*, The Idea of Private Law, Oxford 1995, S. 2ff.; vgl. exemplarisch *Florian Rödl*, Gerechtigkeit unter freien Gleichen: Eine normative Rekonstruktion von Freiheit, Eigentum und Vertrag, Baden-Baden 2015; kritisch *Lorenz Kähler*, Pluralismus und Monismus in der normativen Rekonstruktion des Privatrechts, in: Michael Grünberger/Nils Jansen (Hrsg.), Privatrechtstheorie heute, Tübingen 2017, S. 118.; zur Logik des Privaten am Beispiel des Eigentums weiterführend *Henry E. Smith*, Property as the Law of Things, Harvard Law Review 125 (2012), 1691.

38 *Horwitz*, aaO (Transformation), S. 181ff.

39 *Horwitz*, ebd., S. 49f.

40 *Hattam*, aaO (Labor Visions), S. 67.

die Anerkennung lokaler Regeln eingesetzt. Anders als in Deutschland wird das Polizeirecht partiell zu einem »gesellschaftlichen Recht«, weil damit lokalen Regeln Anerkennung verschafft werden konnte. Ansätze dazu haben sich in Deutschland im 19. Jahrhundert bei der Entwicklung des Gegenstandes der »öffentlichen« Ordnung gezeigt, in die neben den staatlichen Gütern der »öffentlichen Sicherheit« auch lokale Regeln integriert werden konnten.[41] In den USA spielen auch eher lokale Konflikte um die Grenzen der Luftverschmutzung durch neue Techniken eine Rolle, während in Frankreich erhebliche Spannungen zwischen öffentlicher Verwaltung und Industrie über diese Frage entstanden sind.[42]

In Deutschland tritt die Vertragsfreiheit erst als Rechtsprinzip hervor, nachdem der Staat sich als Hüter des öffentlichen Wohls dagegen in Stellung gebracht hat. In den USA fand demgegenüber der Vorrang der kommerziellen Freiheit vor einem materiell verstandenen öffentlichen Interesse diesseits der »police power« in der berühmten Lochner-Entscheidung des US Supreme Court seinen Niederschlag.[43] Der Staat hatte danach nicht das Recht, Gesundheitsinteressen der Arbeitnehmer, soweit es nicht um Gefahren im polizeirechtlichen Sinne ging, zum Anlass für Beschränkungen der Vertragsfreiheit (im Hinblick auf die tägliche Arbeitszeit) zu nehmen. Die berühmte »dissenting opinion« des Richters Oliver Wendell Holmes[44] ist ein wichtiges Beispiel der ausdrücklich erklärten Anerkennung der politischen Abhängigkeit des Verständnisses der Vertragsfreiheit, die der Supreme Court später in seiner Post-Lochner-Rechtsprechung auch ausgesprochen hat.[45] Die abweichende Meinung beginnt mit einem für das amerikanische Verfassungsverständnis charakteristischen Erklärung: »This case is decided upon an economic theory which a large part of the country does not entertain. If it were a question whether I agreed with that theory, I should desire to study it further and long before making up my mind. But I do not conceive that to be my duty, because I strongly believe that my agreement or disagreement has nothing to do with the right of a majority to embody their opinions in law.«[46]

Die Lochner-Entscheidung sowie die oben erwähnten ähnlichen, früher ergangenen Entscheidungen des Supreme Court des Staates New York haben auch die Funktion der Erhaltung des Common Law als

41 *T. R. Powell*, Administrative Exercise of the Police Power, 24 Harvard Law Review 24 (1911), 268.

42 *Alfons Bürge*, Das französische Privatrecht im 19. Jahrhundert zwischen Tradition und Pandektenwissenschaft, Liberalismus und Etatismus, 2. Aufl., Frankfurt a.M. 1995, S. 391.

43 Lochner v. New York, 198 U. S. 45 (1905).

44 *Oliver Wendell Holmes*, Lochner v. New York, dissenting opinion: https://ballotpedia.org/Lochner_v._New_York.

45 West Coast Hotel v. Parrish, 300 U. S. 379 (1937).

46 *Holmes*, aaO (dissenting opinion).

einer eigenständigen, gesellschaftlich basierten allgemeinen Rechtsordnung und ihres Schutzes vor dem punktuellen, nicht allgemeinen staatlichen Eingriff in seine Logik: Die Verfassung dient dem Schutz dieser Eigenrationalität, nicht der Abwägung zwischen der Logik des Privaten und staatlichen Interventionen – und sei es auch im Namen der Gerechtigkeit! Lawrence M. Friedman weist mit Recht darauf hin, dass die auf den Schutz der Gesundheit bezogenen Vorschriften der Stadt New York seit 1860 bereits sehr umfangreich waren.[47]

Die spätere Anti-Lochner-Praxis und Justice Holmes' Fanfare des Übergangs, für die gute Gründe sprechen, gehört wiederum zu den oben im Anschluss an Ino Augsberg apostrophierten »sich ereignenden Grenzpassagen«, innerhalb derer sich das Koordinatensystem der Entscheidungen ändert, ohne dass dies anders als im Rekurs auf transsubjektive Prozesse des Wandels des »Rechts als Kultur« erklären ließe: Die Gesellschaft ist ohne den Wandel nicht mehr »knowable«, ihre Entscheidungsregeln sind nicht mehr »believable«. Oliver Wendell Holmes hat mit Recht darauf hingewiesen, dass es nicht darauf ankommt, ob er selbst den Wandel im Einzelnen versteht oder überzeugend findet: Die Gesellschaft ändert ihre »Wissensbestände« – and that's it!

Holmes war ein Intellektueller, aber primär war er ein Richter des amerikanischen Supreme Court und ein Praktiker des amerikanischen pragmatischen Rechtsverständnisses, dessen Bedeutung er immer wieder in markanten Formulierungen zum Ausdruck gebracht hat. Insbesondere hat er gesehen, dass die Autorität des Rechts nicht der Gesellschaft enthoben sein kann, sondern dass sie die Institutionalisierung der Normen einer Kultur zur Grundlage hat. Das Recht wird nicht nur »gesetzt«, es bleibt »prozessabhängig« und dadurch gebunden an die probabilistische *episteme* des demokratischen Staates. Der Vertrag ist eine wichtige Form der Bewegung zwischen der Potentialität des in den praktischen Wissensbeständen gespeicherten »pool of variety«, dem Spektrum des Möglichen, und dem diesen überschießenden Experiment des Individuums. Doch der transsubjektive Zusammenhang der Vertragspraktiken kann eine Intervention des Staates rechtfertigen, und die Richter haben eine neue Logik des staatlichen Handelns zu akzeptieren.

Exkurs zur Bedeutung der Unterscheidung von Mehrheits- und Minderheitsvoten im Recht

Holmes' berühmte dissenting opinion ist nicht nur in der Sache spektakulär gewesen, es hat auch auf der Metaebene der gesellschaftlichen »Gelingensbedingungen« (John Austin) von bedeutsamen Urteilen einen

47 AaO (Law in America), S. 39f.

grundsätzlichen Wandel eingeleitet, der mit der Überzeugungskraft der »Gründe« wenig zu tun hat: Die Formen des common law müssen nach Holmes ggf. hinter die *Kraft* der »Wirtschaftspolitik« zurücktreten und die Relativierung der Gestaltungswirkung des Vertrages hinnehmen. Jetzt kommen andere Gesichtspunkte ins Spiel, die zu einem Rechtswandel führen, der mehr Möglichkeiten zulässt.

Während in Deutschland die Meinung verbreitet ist, ein Urteil des Bundesverfassungsgerichts müsse jedenfalls potenziell die Zustimmung aller finden können, gibt es in den USA in dieser Hinsicht unterschiedliche Tendenzen, in denen zwei Sichtweisen der Leistung der Verfassungsgerichtsbarkeit zum Ausdruck kommen: Die eine *institutionell* orientierte Lesart unterscheidet sich nicht grundsätzlich von der deutschen Sicht.[48] Daneben gibt es aber eine andere Sichtweise, die auf eine Praxis der Offenlegung mehrerer *partikularer, nicht kompatibler* Gründe für einen Konflikt zielt[49], der durch das Urteil strukturiert und konturiert werden soll, aber nicht die Konflikthaftigkeit in der Darstellung und in der Begründung zum Verschwinden zu bringen sucht. Diese Lesart ist von der Vorstellung bestimmt, dass es eher darauf ankommt, dass eine Art praktikables Arrangement mit der *gesellschaftlichen* Heterogenität, mit der Nicht-Hintergehbarkeit von Konfliktualität gesucht werden sollte. Das ist nicht so dysfunktional, wie es in deutschen Augen zunächst erscheinen mag. Die Unterscheidung der Mehrheits- und Minderheitsvoten bringt eine *gesellschaftliche Dynamik* innerhalb des Rechts zur Geltung! Was gestern noch eine bloße Minderheits*meinung* war, kann morgen »Rechtskraft« erlangen – wie Holmes' Minderheitsvotum demonstriert. Auch dies ist ein Indiz dafür,

48 Vgl. dazu nur *Sabine Müller-Mall*, Verfassende Urteile. Eine Rechtstheorie, Berlin 2023, insbes. S.201ff.; vgl. aber zu dem auch von Kant in der Kritik der Urteilskraft nicht auflösbaren dilemmatischen Charakter des subjektiven »Geschmacksurteils«, das auch das Modell der juristischen Entscheidung mit Anspruch auf Allgemeingültigkeit prägt; vgl. dazu *François Ost*, Penser par cas: La littérature comme laboratoire expérimental de la démarche juridique, Revue interdisciplinaire d'études juridiques 73 (2014), 99 der auf die Unumgänglichkeit des Rekurses auf überzeugende tradierte »Vorbilder« hinweist; auch *Ino Augsberg*, Die Normalität der Normativität, JZ 2020, 425; *ders.*, Methodisch verfahren, JZ 2024, 157.

49 *Howard L. Ball/Phillip Cooper*, Fighting Judges, Hugo Black/William O. Douglas and Supreme Court Conflict, American Journal of Legal History 38 (1994), 1ff.: Black and Douglas waren zwei besonders streitlustige Richter. Auch der spätere Richter Antonin Scalia war ein Freund offener Worte in seinen »opinions«: Er hat z. B. darin einzelne seiner Kollegen als besonders dumm bezeichnet und eines der Urteile, das die Rechtsstellung von Homosexuellen verbessert hat, als »Putsch« gegen Ohios Parlament qualifiziert, dessen restriktive Gesetz für verfassungswidrig erklärt worden war.

dass das Recht in den USA anders als in Deutschland und Frankreich sehr viel stärker lebendiges Recht der Gesellschaft und nicht souveräne Entscheidung des Staates ist. Dann verändert sich auch der Begründungsdiskurs.

4. Der amerikanische Pragmatismus und die Auseinandersetzung der Rechtsprechung mit den schädlichen Folgen der technischen Entwicklung

Dies ist die Grundlage für die Projektion einer Gesellschaft in der Form der transsubjektiven Emergenz des Neuen. Der Effekt der Selbsterzeugung der Gesellschaft »bottom up« kann nicht deduktiv durch »Anwendung« des Rechts hervorgebracht werden. Diese eher gesellschaftliche Basierung des Rechts schlägt sich auch in der Reaktion des Rechts in den USA wie in England auf die Emissionen der neuen Industrien des 19. Jahrhunderts nieder. Dies lässt sich daran beobachten, dass ältere, vor allem starke Gerüche erzeugende Betriebe (Schlachtereien) relativ leicht zu bekämpfen waren, während neue Industrien eher durch ein gesellschaftliches Verständnis der neuen Normalität und der wirtschaftlichen Erfordernisse geschützt waren. Das common law passte seine Begriffe an die Normalisierung der Wirklichkeit an: Schadensersatzleistungen waren – wenn sie überhaupt anerkannt wurden – eher von symbolischem Wert. Es ist ein neues gesellschaftliches Wissen von der Normalität der ökonomischen Entwicklung und ihrer negativen Folgen, das die rechtliche Bewertung der Technikfolgen bestimmt.[50] Im Zivilrecht bedeutet dies, dass bis in die Mitte des 19. Jahrhunderts selbst geringe »negligence« des Klägers jeden Anspruch an ein Unternehmen auf Schadenersatz ausschloss und nur irreparable »ernste« Schäden einen Anspruch begründen konnten: »Doctrine reflects culture.«[51] Die amerikanische Kultur hat sich viel stärker als die deutsche auf die Geschichte als einen Evolutionsprozess eingestellt, an dem unterschiedliche, auch konträre Bewegungen

50 *Christine Meisner Rosen*, ›Knowing‹ Industrial Pollution: Nuisance and the Power of Tradition in a Time of Rapid Economic Change. 1840-1864, Environmental History 8 (2003), 556; vgl. auch *Stephen Mosley*, Environmental History of Air Pollution and Protection, in: Mauro Agnoletti/Simone Neri Serneri (Hrsg.), Basic Environmental History, Cham u. a. 2014, S. 143.

51 *Lawrence M. Friedman*, Civil Wrongs: Personal Injury Law in the Late 19th Century, American Bar Foundation Research Law Journal 12 (1987), 351, 373, dort auch zur Entwicklung der Dogmatik der »negligence«. Die dafür gebräuchliche Formel für den Standard der Bestimmung des Begriffs ist auch symptomatisch: Sie orientiert sich am »prudent and reasonable man«, 356; allg. *ders.*, aaO (Law in America), S. 43ff.

beteiligt waren.[52] Savignys Denken entsprach demgegenüber ein quietistisches Geschichtsmodell.

Auch die wechselnden, vor allem immer neuen Gegenstände der Verträge wirken auf die Entwicklung des Vertragsrechts und seiner Interpretation ein. Die Erschütterung der Normalität hat Folgen für die Normativität. Ein bemerkenswertes Beispiel bietet ein interessanter Fall aus dem Recht der Kunst und ihren Normen, der allerdings aus dem ersten Drittel des 20. Jahrhunderts stammt: In diesem Fall ging es darum, ob eine abstrakte, eben nichts »Konkretes« darstellende Skulptur des schon damals bekannten Künstlers Brancusi als Kunstgegenstand einzuordnen war.[53] Dies war rechtlich von Bedeutung für einen grenzüberschreitenden Verkaufsvorgang, weil davon die Einordnung in den Zolltarif abhing. Kam es auf die »allgemeine« Auffassung an, die einen abstrakten hölzernen Gegenstand, der nichts »darstellte«, nicht als Kunst eingeordnet hätte? Kam es auf einen objektiven Begriff der Kunst an? Das Gericht entschied schließlich, dass es allein auf den Vertrag ankam, also darauf, dass die Vertragsparteien die Skulptur als Kunst bestimmt hatten. Hier wird auch die kulturelle Bedeutung des Rechts in einer besonderen Variante erkennbar: Das Recht gibt der Kunst eine rechtliche Bewegungsform durch den Vertrag, die der Institution Kunst Autonomie verschaffen konnte.

In allgemeiner Form wird die Abhängigkeit des Rechts von sozialen Regeln, von Intentionen der Subjekte etc. auch von dem englischen Juristen Dicey[54] anerkannt, der den notwendigen und expliziten Einfluss der »öffentlichen Meinung« auf die Interpretation des Rechts breiten Raum gegeben hat. In einer kulturtheoretischen Variante wird dies von Victoria Kahn auf die prägnante Formel gebracht, die moderne Vertragstheorie habe Züge einer »radikalen Poetik des Subjekts und des Staates«.[55] Die freien Formen der Vertragsgestaltung »solicit the passions and transform the will«[56]. Dies ist edenfalls nach dem traditionellen deutschen Verständnis der Rechtssubjektivität nicht rechtlich relevant, weil

52 *David M. Rabban*, American Responses to German Legal Scholarship: From the Civil War to World War I, Comparative Legal History 1 (2013), 13, 16.

53 *Mary Kate Cleary*, »But is it Art?«. Constantin Brancusi v. the United States, Inside/Out v. 24.7.2014, https://www.moma.org/explore/inside_out/2014/07/24/but-is-it-art-constantin-brancusi-vs-the-united-states/; dazu auch weiterführend *Caroline Levine*, Forms. Whole, Rhythm, Hierarchy, Network, Princeton 2015, S. 60.

54 *Albert Venn Dicey*, Lectures on the Relation Between Law and Public Opinion during the 19th Century, Ausgabe: o. O. 1918, 173; *Mark D. Walters*, A. V. Dicey and the Common Law Constitutional Tradition, Cambridge 2021, S. 226ff.

55 *Victoria Kahn*, Wayward Contracts. The Crisis of Political Obligation, 1640–1674, Princeton 2016, S. 1.

56 *Kahn*, ebd., S. 25.

das Subjekt als leer oder ohne Zweck[57] zu gelten hatte. Auch dadurch hat sich das deutsche Recht den Blick auf die Kreativität des Rechtssubjekts in Prozessen der Normerzeugung verstellt.[58] Durch die Rechtssubjekte und deren Unterstützung durch die »business community« entsteht »a new body of law«, insbesondere durch die häufige Gründung von »joint stock companies«. Dies wurde ebenfalls von den Gerichten unterstützt, die eigene Ordnungsvorstellungen von der Notwendigkeit der Weiterentwicklung des Rechts hatten.[59] Es erscheint problematisch, dies als Verlust der »öffentlichen Dimension«[60] des Vertrages zu betrachten. Hier entwickelt sich vielmehr eine heterarchische, spezifisch gesellschaftliche Eigenrationalität des Vertragsrechts, das Teil der Entwicklung des »Rechts als Kultur« wird. Die Entwicklung geht von der Anpassung des Vertrages in den Formen der »Equity« über zur Anerkennung der Willenstheorie.[61]

Mit der Herausbildung der »Gesellschaft der Organisationen« stieß das Common Law an seine Grenzen – gerade wegen seiner evolutorischen gesellschaftlichen Verschleifung mit dem distribuierten Erfahrungswissen der »Gesellschaft der Individuen«. Damit war es vor allem über »rules of reason« verknüpft, die auf das neue paradigmatische Verständnis der Herausforderung durch technikbasierte große Unternehmen nicht leicht einzustellen waren.[62] Rechtsprechung und Wissenschaft waren – in dieser Hinsicht der deutschen Rechtslage nicht unähnlich – auf die Technologie als »substance« des Unternehmens fixiert, während die übergreifende Wissensbasierung als Prozess dahinter zurücktrat.[63] Die evolutionäre Leistung des Common Law hatte sich »am Fall« (weiter-) entwickelt, aber einen grundsätzlichen Bruch mit seinem Referenzrahmen konnte es nicht denken.[64]

57 *Edmund Bernatzik*, Kritische Studien über den Begriff der juristischen Personen, AöR 5 (1890), 169, 178.

58 Interessanterweise gibt es bei Foucault auch ein – im Gegensatz zur starken Fixierung auf die Macht stehendes – Gespür für den Liberalismus als Träger einer produktiven Dynamik des Wissens, vgl. *Fatou Ba Sene*, Le Libéralisme comme technologie de gouvernementalité, Revue interdisciplinaire d'études juridiques 79 (2017), 117; ähnlich auch *Mitchell Dean/Daniel Zamora,* The Last Man Takes LSD. Foucault and the End of Revolution, London/New York 2021.

59 *Hattam*, aaO (Labor Visions), S. 67.

60 *Hattam*, ebd., S. 71.

61 *Horwitz*, aaO (The Historical Foundations), 932; zu Lochner *Frenkel Paul*, aaO (Freedom of Contract).

62 Vgl. z. B. zum Verhältnis von Sherman Act und Common *Law Richard N. Langlois*, The Corporation and the Twentieth Century. The History of American Business Enterprise, Princeton 2023, S. 76.

63 Vgl. *Langlois*, ebd., S. 237.

64 *Herbert Hovenkamp*, The Opening of American Law. Neoclassical Legal Thought. 1870–1970, Oxford 2014 , S. 6.

5. Die Beobachtung der »öffentlichen Meinung« durch das Recht

Auf eine pragmatische Weise ist die Selbstbeobachtung des Rechts im englischen und amerikanischen Recht immer wieder über die Irritation der Rechtspraxis durch die »öffentlichen Meinung«, d.h. die Gesellschaft, ermöglicht worden.[65] O. W. Holmes' Auffassung von der Natur des Rechts wird allmählich für das amerikanische Recht des ausgehenden 19. Jahrhunderts repräsentativ: »The life of law has not been logic; it has been experience.«[66] Und »Erfahrung« ist für Holmes ein kollektives Phänomen. Nicht nur die *episteme* der Gesellschaft, das Wissen, das in einer Gesellschaft produziert wird, basiert auf Erfahrung. Das gleiche gilt für das Recht selbst: Die Entscheidungen des Common Law Richters setzen zwar am einzelnen Fall an, aber die Entscheidungen gehen gerade nicht »intuitiv« von der Beobachtung der Umstände des Einzelfalls aus. Das »anwendbare Recht« selbst versteht sich als *prozessabhängig* und folgt einer distribuierten Logik, nämlich dem Netzwerk der »ähnlichen Fälle«.[67] Das hängt damit zusammen, dass so das Recht gerade für Anschlüsse an den Wandel des gesellschaftlichen Wissens offenbleibt, das sich in »social standards« niederschlägt.[68] Das Recht selbst entwickelt sich *heterarchisch*. »A defining feature of the common-law mind is an appreciation that language is a fluid cultural artifact, and that acts of language are not reducible to a clear and simple proposition, which is objective in the sense of being outside of context.«[69] Und dies gilt auch für die Sprache des Rechts.

Hier zeigt sich ein entscheidender Unterschied zu dem an Savigny orientierten mystischen Sprachverständnis. Kurz und bündig: Wir leben in einer Welt im Wandel, und *das heißt*, einer Welt, in der Sein und Sollen nicht (mehr) strikt getrennt sind. Infolge des begrenzten richterlichen Blicks auf die »Fälle« der Gesellschaft wird in der deutschen Rechtswissenschaft die emergente kollektive Erfahrung als gesellschaftlich nutzbares Wissen um das Moment der zwischen den Fällen »vibrierenden«

65 *Holmes*, aaO (Dissenting Opinion), https://ballotpedia.org/Lochner_v._New_York.

66 *Holmes*, aaO (The Common Law), S. 1; allg. auch *Benjamin Cardozo*, The Nature of the Judicial Process (1921), Neudruck: Mineola, N. Y. 2014.

67 Vgl. auch *Ino Augsberg*, Das Gespinst des Rechts. Zur Relevanz von Netzwerkmodellen im juristischen Diskurs, Rechtstheorie 38 (2007), 479.

68 *Oliver Wendell Holmes*, in: Louis Menand, The Metaphysical Club. A Story of Ideas in America, New York 2002, S. 339.

69 *Richard Dawson*, Connecting the Common-Law Mind and Sovereignty Talk, with Shakespeare's Richard II as an Analogical Source, Canterbury Law Rev. 15 (2009), 237, 261.

Prozessualität der »tacit language of life« verkürzt.[70] Das Dogma von der Trennung von Sein und Sollen ist nichts als der unzulängliche Ausdruck eines *Wunsches*, »to reach for the Sovereign, for an unchanging entity«[71]. Dagegen steht: »The significance of custom as a non-deliberative source of stability in law.«[72] Das Common Law ist eng mit den praktischen Gewohnheiten verbunden: Es *ist* ein »way of conducting life that is in place, it is proved to be...: working«.[73]

Auch Dicey hat die Souveränität des Parlaments relativiert: Hinter der Form der Souveränität stehe ihre Substanz, und diese Substanz sei das »ordinary law«.[74] Die im Anschluss an Savigny verbreitete Leugnung des normativen Gehalts der Gewohnheit ist selbst nichts als eine schlechte (An-) Gewohnheit; sie entspricht einer Logik des Aufhaltens. Sie leugnet »the sovereignty of custom«.[75] In England und in den USA ist am ehesten ein Verständnis von »law as culture« verbreitet. Und im Vergleich zwischen Deutschland und England wird deutlich erkennbar, dass das Recht seinen »Anfang« in der Gesellschaft findet. Englisches Recht ist für die Juristen des 19. Jahrhunderts »a set of cultural and linguistic practices that are the expression of the community they affect«.[76] Es ist *gesellschaftliches Recht*.

Es wird trotz des auch in England entstehenden Interesses an einem wissenschaftlich basierten Recht erwartet, dass über die Zeit sich ein Netz von praktischen Verknüpfungen zwischen Fällen entwickeln wird, das auch in Grundsätzen zusammengefasst werden kann, aber eben nicht von einem hierarchisch-deduktiven, sondern einem induktiven

70 *Neal DeRoo*, The Political Logic of Experience. Expression in Phenomenology, New York 2022, S. 174; es ist erstaunlich, dass *Stefan Vogenauer*, An Empire of Light? Learning and Lawmaking in the History of German Law, Cambridge Law Journal 64 (2005), 481, 499, auch heute noch daran festhält, dass es die Juristen waren, die in der ersten Hälfte des 19. Jahrhunderts eine Lösung für jedes denkbare Rechtsproblem finden konnten. Dass dabei vorausgesetzt werden musste, dass die Gesellschaft kein Recht erzeugen kann, bleibt ungesagt.

71 *Dawson*, (Connecting the Common-Law Mind), S. 261.

72 *Brian Simpson*, The Common Law and Legal Theory, in: Oxford Essays on Jurisprudence, Oxford 1973, S. 94, 96.

73 *Michael P. Zuckert*, Launching Liberalism. On Lockean Political Philosophy, Lawrence, KS 2002, 259; vgl. auch *Tamar Herzog*, A Short History of European Law. The last Two and a Half Centuries, Cambridge, Mass. 2018, S. 231: das Common Law ist entstanden und entwickelt sich weiter aus der gesellschaftlichen Erfahrung, aus den »societal interactions«, es ist so in der Freiheit der Einzelnen begründet.

74 Vgl. *Walters*, aaO (A. V. Dicey and the Common Law Constitutional Tradition), S. 226ff.

75 *Dawson,* aaO (Connecting the Common-Law Mind), S. 262.

76 *Simon Petch*, Legal, in: A Companion to Victorian Literature and Culture, hrsg. v. Herbert F. Tucker, Oxford/Malden 1999, S. 155.

Verständnis des Rechts bestimmt wird.[77] Das ist in Zeiten des gesellschaftlichen Umbruchs, in denen neue Möglichkeiten des rechtlichen und wirtschaftlichen Handelns sich herausbilden, nicht unbedingt eine günstige Konstellation für die Rechtsentwicklung.

Man muss davon ausgehen, dass sich eine wechselvolle Konjunktur der Beziehungen zwischen Recht und Wirtschaft vom Ende des 18. bis zum Ende des 19. Jahrhunderts entwickelt hat. Insbesondere zwischen etwa 1720 und der Mitte des 18. Jahrhunderts war das Recht in England nicht sehr offen für insbesondere gesellschaftsrechtliche Innovationen.[78] Die Unternehmer waren in dieser Zeit eher auf ein Ausprobieren und auf »risk taking« eingestellt. Das zeigt noch einmal die Bedeutung der praktischen Akteure des Rechts, die in dieser Zeit wenig Abstützung für neue Aktivitäten im Recht fanden. Das änderte sich erst ab der Mitte des 19. Jahrhunderts mit einer Reihe von technikbezogenen Gesetzen (Patent Law, Insolvency Law etc.).

Nach dem englischen Juristen Dicey sollen die Gerichte »influenced by the beliefs ...of their time«[79] denken und »guided by public opinion« entscheiden. Auch Locke meint: »Opinion is the real final power in all commonwealths«.[80] Das lässt den Unterschied zu Deutschland deutlich hervortreten. In England wie in den USA hat es zu Beginn des 19. Jahrhunderts vielfältige, teils auch gewalttätige Bewegungen gegen »law as a profession« gegeben.[81] Auf dem Lande und in den Grenzgebieten der USA bestand sogar eine tiefgehende Feindseligkeit gegenüber einem professionalisierten Rechtsbetrieb, der als Anmaßung gegenüber der »natürlichen Intelligenz« angesehen wurde. Richter galten deshalb eher als »agents of constraints« gegenüber der lokalen natürlichen Ordnung.[82]

77 Vgl. dazu *Holmes,* aaO (The Metaphysical Club) S. 338f.; *ders.*, in: The Collected Works of Justice Holmes, Chicago 1995, Band 1, S. 212.

78 Vgl. dazu *Ron Harris*, Industrializing English Law. 1720–1844, Cambridge 2000.

79 *Dicey*, aaO (Lectures on the Relation Between Law and Public Opinion), S. 173; vgl. für die USA auch schon *Alexis de Tocqueville*, Über die Demokratie in Amerika, Stuttgart 2021, S. 118, danach müssen die Bundesrichter den »Geist der Zeit« erkennen.

80 *Rita Koganzon*, Liberal States, Authoritarian Families. Childhood and Education in Early Modern Thought, Oxford 2021, S. 83.

81 *Perry Miller,* The Life Of Mind of America: From the Revolution to the Civil War, Boston 1965, S. 102; vgl. auch *John Brewer/John Styles*, Introduction, in: dies. (Hrsg.), An Ungovernable People? The English and Their Law in the Seventeenth and Eighteenth Century, London 1980, S. 17: Dort wird am Beispiel kleinbürgerlicher Bewegungen zur Durchsetzung des Rechts demonstriert, dass das englische Rechtsverständnis schon früh die Vorstellung von Recht als Gegenstand von Verhandlungen hervorgebracht hat.

82 *Miller*, ebd., S. 102.

Der Volksgeist schwebt in Deutschland *über den Zeiten* und wird letztlich nur von den staatlichen Entscheidern verstanden. Der Volksgeist ist eine Ersatzbildung, die durch ihre substanzhafte Überhöhung keine Referenz auf Phänomene der Erfahrung erlaubt, vor allem aber die Vorstellung blockiert, dass der Mensch seine Geschichte und seine Subjektivität selbst erzeugt. In der einen wie der anderen Variante besteht der Effekt innerhalb des Rechts in einer Blockierung oder Begrenzung der Denkmöglichkeit gesellschaftlich hervorgebrachten Rechts.

Gesellschaftlich war die Entwicklung des deutschen Polizeirechts und seiner ausdifferenzierten Dogmatik der Gefahrenabwehr von außerordentlicher Bedeutung: Es ermöglichte die Strukturierung und Generalisierung der technischen Wissensbestände, die zunächst von den noch relativ kleinen Produktionsbetrieben im praktischen Experiment erzeugt worden waren und als solche noch wenig verallgemeinerungsfähige Orientierung ermöglichten. Dies war für die Risikobegrenzung unternehmerischen Handelns sehr wichtig.[83] Die deutsche Technikentwicklung war zunächst weitgehend eine praktische Leistung der Handwerksbetriebe,[84] an der die technikrelevanten Wissenschaften keinen nennenswerten Anteil hatten.[85] Insofern waren sie ebenso unproduktiv wie die Rechtswissenschaft, die sich für das Reale des Rechts nicht interessierte. Entsprechend »handwerklich« war auch die Entwicklung der Grenzen der Technik, an der die Polizei einen großen Anteil hatte. Erst später hat privates Expertenwissen eine größere Rolle in Gestalt der privat-öffentlichen »Technischen Überwachungsvereine« gespielt.[86] Vor allem die Überwachung der Dampfkessel hat dabei eine große Rolle gespielt. Doch Technik als Gegenstand rechtswissenschaftlicher Reflexion oder gar als Teil einer »technischen Kultur« war inexistent.[87]

6. Die Wende gegen das analytische Potential des politischen Denkens

Eine Auflösung des analytischen Potentials des politischen Denkens in Deutschland zeigt sich in der Philosophie bei Fichte, dessen auch für das Recht potentiell produktiver Beitrag zur Bestimmung der Bedeutung der *Handlung* für die idealistische Philosophie durch seine explizit

83 *Anthony Giddens*, The Consequences of Modernity, Stanford 1990, S. 88ff.
84 *Ursula Klein*, Technoscience in History. Cambridge, Mass. 2020, S. 4.
85 *Hans Blumenberg*, Schriften zur Technik, Berlin 2015, S. 234f.
86 Vgl. dazu instruktiv *Rainer Wolf*, Der Stand der Technik, Wiesbaden 1986.
87 *Ina vom Feld*, Kontrollierte Staatsentlastung im Technikrecht. Dampfkesselgesetzgebung und -überwachung in Preußen. 1831–1914, Frankfurt a.M. 2007.

politischen Beiträge von einem undifferenzierten Plädoyer für »das Ganze«, insbesondere die Vaterlandsliebe, in Frage gestellt werden. Für die Vaterlandsliebe sind die Gesetze und Verfassungen keine geeigneten Haltepunkte.

In der Literatur lässt sich bei Kleist[88] in seinem Werk »Die Hermannsschlacht« ein ähnliches Denken beobachten, das an die Stelle regelhafter Modelle individuellen Verhaltens, die in der amerikanischen Literatur prominent werden, die undifferenzierte Beschwörung einer deutschen Freiheit treten lässt hat.[89] C. Lück[90] macht auf einen bemerkenswerten Eintrag in der dritten Auflage des »Brockhausschen Konversationslexikons« aufmerksam: Dort wird die Einführung des römischen Rechts in Deutschland als eine Folge des römischen Überfalls auf Deutschland unter Varus' Führung interpretiert.[91] In der literarischen Verarbeitung durch Kleist wird der Angriff mit aktuellen Analogien zu Napoleons Kriegen assoziiert. In der philosophischen Lesart Fichtes wie in der literarischen Verarbeitung durch Kleist kommt, wie Lück zu Recht anmerkt, ein »antiinstitutionelles« Denken zum Vorschein, das sich gegen die »Defamiliarisierung« als Folge des modernen Rechts wendet.[92]

Kleists in der »Hermannsschlacht«[93] zu beobachtende Wendung gegen das deutsche »Professorenrecht« und umgekehrt der Rekurs auf das Naturrecht sind Ausdruck eines anti-institutionellen Denkens, einer neuen Wendung gegen das »Recht als Kultur« und für die Wiedergewinnung eines spezifisch deutschen Rechtsdenkens, dessen Eigenart im Kampf gegen Rom und die Institutionen des römischen Rechts verloren gegangen sei. Die Suche nach einem neuen Denken jenseits der Institutionen des römischen Rechts verlagert sich von der Innenseite der Gesellschaft[94] in den Außenbereich der Verteidigung der Freiheit gegen das römische beziehungsweise französische institutionelle Denken.

88 *Jessica M. Maaßen*, »What is New?« Reading Kleist's *Michael Kohlhaas* (1810) as a Reflection of the Procedural Nature of Law, Law and Literature 34 (2022), 239; *J. Hillis Miller*, Laying Down the Law in Literature: The Example of Kleist, Abingdon 1993; *Jeffrey L. High et al.*, Literary and Philosophical Paradigms, Martlesham 2022.

89 *Christian Lück*, Die Deutschen und das Recht. Zur politischen Idee der Germanistik 1806–1848, Paderborn 2022, S. 223.

90 *Lück*, ebd., S. 223.

91 *Lück*, ebd., S. 226f.

92 *Lück*, ebd., S. 223.

93 *Theodore Ziolkowski*, Kleists Werk im Lichte der zeitgenössischen Rechtskontroverse, Kleist-Jahrbuch 1987, S. 28, 30; *Lück*, ebd., S. 223.

94 Vgl. auch *Helga Gallas*, Das Textbegehren des Michael Kohlhaas. Die Sprache des Unbewussten und der Sinn der Literatur, 2. Aufl., Reinbek 1981.

XII. Das Denken der Einheit des Rechts in Frankreich, England/USA und Deutschland im Vergleich

1. Die Einheit des Privatrechts im Schatten des Verwaltungsstaates (»service public«)

Das Problem der »Einheit« des Rechts stellte sich auch in Frankreich, allerdings in einer ganz anderen historischen Form als in Deutschland. Vor der Revolution hatte der König eine Initiative lanciert, die darauf zielte, das stark zersplitterte[1], im Wesentlichen aus Gewohnheiten und dem römischen »Gemeinrecht« bestehende Zivilrecht zu vereinheitlichen. Die Einheit war ein »rêve royal français«.[2] Bis zum Ende des 16. Jahrhunderts ist immerhin ein erheblicher Teil der Gewohnheiten gesammelt und z.T. reformuliert worden und durch die Sanktion des Königs formell dokumentiert worden.[3] Der Monarchie fehlte aber eine tragfähige Konzeption für die Gesetzgebung. Das Projekt der Vereinheitlichung des Zivilrechts für ganz Frankreich scheiterte trotz der »fièvre de l'unité«.[4] Es hat sich aber auch während der Revolution weder eine klare Konzeption des Zivilrechts noch gar der geplante Code Civil realisieren lassen. Schon die größere Transparenz der divergierenden Regeln unter der Monarchie waren aber ein Erfolg.[5] Damit war auch der Versuch verbunden worden, das ius commune zurückzudrängen. Die unentschiedene Situation bestand aber auch während der Revolution fort. Die Kräftekonstellation hatte sich nicht wesentlich verändert: An die Stelle des Königs traten progressive Abgeordnete, die die Einheit des Rechts als Mittel auch gegen die als Hort der Privilegien angesehenen Gewohnheiten einsetzen wollten. Später radikalisierten sich die Ziele in der Absicht, die durch die Gewohnheiten geprägten Menschen im Sinne der Revolution umzuformen.[6] Auf der anderen Seite standen die Verteidiger der

1 *Jean-Marie Carbasse*, Histoire du droit, Paris 2021, S. 97ff.

2 *Patrick Arabeyre/Olivier Poncet*, Conclusions. L'unité, une règle?, in: dies. (Hrsg.), La règle de l'unité ? Le juge et le droit dans la France moderne (XVe – XVIIIe siècle), Paris 2019, S. 225

3 *Arabeyre/Poncet*, ebd., S. 229.

4 *Arabeyre/Poncet*, ebd.

5 *Arabeyre/Poncet*, aaO, S. 226.

6 *Jean-Louis Halpérin*, L'impossible Code Civil, Paris 1992, S. 16, 104; *Jean-Clément Martin*, Nouvelle histoire de la Révolution française, Paris 2012, S. 189.

Konventionen, zu denen nicht nur die reaktionären Kräfte, sondern auch neue »kommunitaristische« Gruppen gehörten. Hinter den Bestrebungen zur Vereinheitlichung stand ein diffuser Wille, ein Symbol der Einheit der »Nation« zu setzen, das dem Volk einen gemeinsamen geteilten »Sinn« gegeben hätte.[7] Die Diskussionen der revolutionären Versammlungen über diese Frage waren von scharfen Kontroversen geprägt. Die Debatten entwickelten insbesondere einen harten Ton gegen[8] die Juristen und die Richter, die als hemmende Kräfte angesehen wurden. Vor dem Hintergrund der skizzierten Konfliktlinien sollte auch plausibel werden, dass der unter Napoleon im Jahre 1804 zustande gekommene Code Civil keineswegs ein von einem einheitlichen Willen geprägtes Projekt war, sondern alle Züge eines Kompromisses trug, der vor allem in der Interpretation von Rücksichten auf die an den Gewohnheiten der Vergangenheit interessierten Gruppen bestimmt war.[9]

Auch Napoleon verfolgte das Interesse an der Vereinheitlichung des Rechts weiter. Damit kollidierte nicht das Interesse der Juristen an der Durchsetzung der Vertragsfreiheit. Für Napoleon verlagerte sich das Machtinteresse auf den Aufbau eines starken Staates auf der Grundlage einer effizienten Verwaltungsorganisation und der Dominanz des öffentlichen Rechts. Das Zivilrecht und seine Einheit erschien demgegenüber sekundär und konnte einer unpolitischen Interpretation durch die »Ecole de l'exégèse« überlassen werden, die ähnlich wie in Deutschland die Begriffsjurisprudenz an der Systematisierung und Dogmatisierung des Rechts interessiert war.[10]

Der Vergleich der Bedeutung des Einheitssymbols für die Geschichte des Rechts in Deutschland und in Frankreich lässt deutlicher die Unterschiede erkennen. Während die Einheit in Frankreich eher politisch verstanden worden ist und demgegenüber die Einheit des Zivilrechts nur als sekundär angesehen wurde, hat das Privatrecht in Deutschland eine sehr viel stärkere ideologische Aufladung erhalten. Dies hängt sicher auch damit zusammen, dass der deutsche Staat und sein Verwaltungsrecht im 19. Jahrhundert ihrerseits nicht durch ein übergreifendes Projekt wie den Service Public in Frankreich integriert war.[11] Das Verwaltungsrecht

7 *Martin*, ebd., S. 189.

8 *Halpérin*, aaO (L'impossible Code Civil), S. 177.

9 *Halpérin*, ebd., S. 230, 265.

10 Vgl. *Nader Hakim*, De l'esprit de la méthode des civilistes de la seconde moitié du XIXe siècle. L'exemplariété de Claude Bufnoir, Droits 2008, Nr. 47, 45. auch den Überblick in »encyclopedia universalis« – Ecole de l'exégèse – https://www.universalis.fr/encyclopedie/ecole-de-l-exegese/#:~:text=EXÉGÈSE%20ÉCOLE%20DE%20L%27&text=Les%20commentateurs%20français%20du%20Code,%27école%20de%20l%27Exégèse.

11 Vgl. dazu, insbesondere zur Entwicklung im letzten Drittel des 19. Jahrhunderts, *Charles Bosvieux-Onyekwelu*, Croire en l'Etat. Une genèse de l'idée

hat praktisch durchaus eine bemerkenswerte Leistung für die Modernisierung des Rechtssystem erbracht, dies blieb aber kulturgeschichtlich eher verborgen hinter den Symbolen der Souveränität des Staates (Verwaltungsakt, »Maßnahme«, Polizeirecht). Demgegenüber hat der »Verwaltungsstaat« in Frankreich nicht zuletzt durch die beschriebene Verknüpfung des *Ermessens* mit der technischen Rationalität der großen Infrastrukturprojekte der revolutionären Bewegung zur Herstellung einer einigen *Nation* eine eigene Logik gegeben.

Eine Vorstellung der »Verschmelzung« (»fusion«) des Volkes durch Institutionen bestimmt auch das historische Denken Jules Michelets,[12] jedoch hat diese Vorstellung viel deutlicher eine gesellschaftliche Referenz auf die »große Masse«, die die Spaltung des französischen Volkes regional, kulturell und sozial praktisch in einem historischen Prozess überwunden hat.[13] Dieser erschöpft sich nicht einem Gefühl der Verbundenheit, sondern findet seinen Ausdruck eher im »Werkcharakter« des Staates als »service public«.[14]

Auch der französische Nationalismus hat sich vor allem an der Hypostasierung der politischen Macht und der Institutionen orientiert.[15] Zugleich hat sich trotz aller z.T. sehr heftigen ideologischen Kontroversen im 19. Jahrhundert praktisch eine Toleranz und eine Achtung vor der Freiheit des Einzelnen erhalten können.[16] Der in Frankreich im 19. Jahrhundert sehr starke Antisemitismus hat wahrscheinlich vor allem darin eine Begrenzung gefunden, dass er primär eine Erscheinungsform des katholischen Klerikalismus war, der seine eigene gefährdete Stellung gegenüber dem Staat durch einen Antimodernismus abstützen wollte,[17] der der Unsicherheit der neuen wirtschaftlichen Verhältnisse zu entsprechen schien und – in dieser Hinsicht ähnlich wie in Deutschland – eine Bestätigung dafür in dem manifesten Erfolg vieler jüdischer Unternehmer gesucht und gefunden hat: die moderne Wirtschaft als jüdische Wirtschaftsform! Das machte die Juden, die sich in Frankreich zu Protagonisten des Liberalismus entwickelt hatten, verdächtig bei Monarchisten und Reaktionären. Der Klerikalismus traf aber in Frankreich

de service public, Paris 2020; vgl. aus heutiger Sicht zur Krise des Service Public die Beiträge in: Jean-Marie Chevalier et al. (Hrsg.), L'idée de service public est-elle encore soutenable ?, Paris 2000.

12 Cours au Collège de France (1838–1851), Band II, Paris 1995, S. 151, hier zit. nach *Aurélien Aramini*, La philosophie de la nation chez Jules Michelet, Arch. de Phil. 80 (2017), 75.

13 *Aramini*, ebd.

14 *Bosvieux-Onyekwelu*, aaO (Le droit, science et pratique), 231.

15 Vgl. *Theodore Zeldin*, Anxiété et hypocrisie. Histoire des passions françaises, Band 5, Paris 2003, S. 584.

16 *Zeldin*, ebd., S. 48, 584.

17 *Zeldin*, ebd., S. 392.

auf einen starken Antiklerikalismus als seinen Antipoden, der im letzten Drittel des 19. Jahrhunderts allerdings ebenfalls Affinitäten zum Antisemitismus zeigte.[18] Die Reichweite des Antisemitismus ist auch dadurch begrenzt worden, dass es eine starke liberale Mitte in Frankreich gab, die sich den Antisemitismus in der Mehrheit nicht zu eigen machte. Dies wurde sicher durch den Eindruck der Rückständigkeit des klerikalen Antisemitismus erleichtert.

2. Der angloamerikanische Rechtsraum im 19. Jahrhundert – Einheit ohne Referenz auf den Staat

Dass die Einheit, die jedes Rechtssystem als Symbol benötigt,[19] für den angloamerikanischen Rechtsraum eine andere Bedeutung hat, die sich von dessen Rolle in Deutschland und Frankreich unterscheidet, ist nach den bisher angestellten Überlegungen naheliegend. Die Einheit des Common Law muss eine andere schon deshalb sein, weil das Common Law keinen Gesetzgeber kennt. Deshalb ist es zunächst ein Recht, für das »Process over Substance« als Metaregel gilt. D.h. das Common Law hat zwar eine Referenz auf Einheit, die sich aber auf der Basis von »Prinzipien« in Prozessen »endloser Spezifikation« entfaltet.[20] Die Prinzipien des Individual- und Eigentumsschutz organisieren Prozesse der Verknüpfung von Fällen, die eine unterschiedliche Position im »Gewebe« der Gerichtsentscheidungen einnehmen. Dieses Gewebe wird nicht nur durch die Rechtsprechung reproduziert, sondern dessen Generativität lebt auch vom Kontakt zu den praktischen Rechtsoperationen außerhalb der Gerichtspraxis, also den gesellschaftlichen Prozessen der Rechtsbildung.[21] Sie entfalten ihre praktische Bedeutung im Prozess der möglichen Verweisungen auf die Vergangenheit oder die Zukunft. Einheit ist ein evolutionäres Prinzip, das heterarchisch proliferiert wird und sich über immer neue Relationierungen bildet. Das Common Law gründet nicht auf gemeinsamen Zielen, von denen aus die einzelnen Rechtsoperationen abgeleitet regelhaft zu denken wären, sondern es wird von unten konstruiert und instituiert durch das Prozessieren von »individual fights« insbesondere über die Verwertung von Eigentum.[22] Dieses Prozessieren stößt

18 *Zeldin*, ebd., S. 390.

19 *Niklas Luhmann,* Das Recht der Gesellschaft, Frankfurt a.M. 1993, S. 20f., 22, 176f., 279f.

20 *Alan Brudner*, The Unity of the Common Law. Studies in Hegelian Jurisprudence, Berkeley u. a. 1995, S. 98, https://publishing.cdlib.org/ucpressebooks/view?docId=ft896nb5j9&brand=ucpress.

21 *Brudner*, ebd., S. 90, 21.

22 *Brudner*, ebd., S. 2.

an Grenzen, die heute anders gesehen und bewertet werden als früher.[23] Doch ist hier auch wieder zu berücksichtigen, dass eine Gesellschaft sich nur Probleme stellen kann und wird, die sie lösen kann. Vor allem können nicht zu viele Probleme auf einmal gelöst werden. Das offene Rechtsverständnis des Common Law folgt einer experimentellen Logik, die auch ihre Abhängigkeit von »public policy« beobachtet[24], während vor allem das deutsche Privatrecht sein Reflexionspotential blockiert hat.

Das deutsche Privatrecht des 19. Jahrhunderts ist von einer ungewöhnlichen *staatsfixierten* Ideologisierung geprägt, die das bürgerliche Recht als ein Recht zur Unterdrückung der Beobachtung und Verarbeitung der Selbstorganisationsprozesse in der Gesellschaft betrachtet. Wie das revolutionäre Recht mit den Gewohnheiten auch deren Subjekte durch eine neue Form des Denkens, die »Ideologie« eines neuen Republikanismus[25], verändern wollte (und damit gescheitert ist), wollte die deutsche Privatrechtswissenschaft die Dynamik der Veränderung der neuen emergenten Gewohnheiten in der Gesellschaft über die Verstaatlichung des Privatrechts durch die Richter verhindern. Die Französische Revolution hatte mit dem Thermidor eine liberale Wendung genommen, die in ihren Ideen realistischer geworden war, aber dennoch mit ihren Erziehungsvorstellungen, einschließlich der Einrichtung eines »cours législation« die institutionell zu einer neuen »Ecole Normale« führten, an den Konflikten der Zeit vorbeiging. Die neue, beinahe liberale Ideologie war von dem Glauben beherrscht, dass alles »connaissable« und infolgedessen »transformable« sei. Dadurch sollten neue praktische Gewohnheiten (moeurs) geschaffen werden. Demgegenüber war das an Savigny orientierte Denken bestrebt, solche neuen Praktiken durch das Recht zu unterdrücken.

23 *Brudner*, ebd., S. 92.

24 *Sheldon M. Novick*, Introduction in: Oliver Wendell Holmes, The Common Law (1881), New York 1991, S. IX.

25 *Laurence Kaufmann,* Aux sources de la sociologie. Science et politique de la »société« au XVIIe siècle, L'année sociologique 67 (2017), 333; *Daniel H. Colman,* De la Révolution à la Raison. Les sciences morales et politiques dans la Révolution thermidorienne, in: Laurence Kaufmann/Jacques Guihaumou (Hrsg.), L'invention de la société. Nominalisme et science politique au XVIIIe siècle, Paris 2003, S. 165.

XIII. Zwischenresümee: Gesellschaftliches Wissen und die Konstruktion des Rechtswandels

1. Das »Gewebe« der Anschlussmöglichkeiten als Bedingung rechtlichen Handelns

Für den amerikanischen Pragmatismus sind die *zwischen* den Individuen und Organisationen gemachten Erfahrungen zentral nicht nur für die Beobachtung der faktischen Regelhaftigkeit der Gesellschaft, sondern auch für die davon nicht scharf getrennte Bildung und Anerkennung normativer Regeln. Darüber entsteht erst ein »Gewebe« von Anschlussmöglichkeiten für neue Spielzüge. Nicht scharf getrennt von den beobachtbaren Spielzügen ist dementsprechend auch das innere »Gewebe« der bisherigen Spielzüge der Spieler, der Subjekte. Dann drängt sich der Gedanke auf, dass es ein weiteres »Gewebe« zwischen den Subjekten und den sich historisch ausprägenden und wandelnden *Lebensformen* als dessen Substrat gibt. Deshalb wird auch den gesellschaftlichen Vorstellungen (»beliefs«), die den Handlungen vorausliegen, große Bedeutung beigemessen. Einer der Gründerväter des Pragmatismus, William James, hat diese praktische Seite (auch) der Rechtskultur der gesellschaftlichen Operationen in ähnlicher Weise betont: »Our beliefs are really rules for action«.[1] All' dies ist für die deutsche Rechtswissenschaft des 19. Jahrhunderts ohne Bedeutung, die Prozesse des Werdens der Rechtsbeziehungen ebenso wie des Werdens der Rechtssubjekte haben keine rechtliche Aufmerksamkeit gefunden. Auch diese Annahme ist für die Beobachtung und Bestimmung der Möglichkeiten des staatlichen Handelns unter Ungewissheit von erheblicher Relevanz: Dem vereinfachten Weltbild des Staates und des Rechts entspricht auf der normativen Seite eine sehr weitgehende epistemologische Selbstermächtigung zur Bestimmung dessen, was faktisch und normativ richtig ist. Je mehr Möglichkeiten die Gesellschaft erzeugt, desto weiter reicht die Souveränität der »Maßnahme«, deren Logik sich bis in die normativen Unterstellungen der Rechtswissenschaft hinein verlängert.

Der Pragmatismus, der die transsubjektive Seite der subjektiven Freiheit in den Blick nimmt, ist vor allem an der Erhaltung der Produktivität dieses »Gewebes von Bezügen« (Simondon), der »relationalen

1 *William James*, https://brocku.ca/MeadProject/James/James_1907/James_1907_02.html; dies geht zurück auf *Charles S. Peirce*, Collected Papers of Charles Sanders Peirce 1931–58, Cambridge/Mass, S. 371: »Our beliefs ... guide our actions.«

Prozesse«[2] interessiert. Die Freiheit des Einzelnen wird im transsubjektiven Kontext der kollektiven Effekte der individuellen Handlungen interpretiert. Die Paradoxie der individuellen Freiheit besteht darin, dass das eigentliche gesellschaftliche Ziel, das mit der Institutionalisierung der Freiheit verfolgt wird, die Schaffung von mehr Möglichkeiten, mehr Wissen, mehr Kooperation für *Dritte*, nicht aber primär die Vermehrung der Möglichkeiten für die eigentlich Handelnden ist. Das Letztere ist nur der »Einsatz«, mit dem die gesellschaftlichen Prozesse in Gang gesetzt werden. Im Kern geht es um eine Lesart des Privatrechts als »Gesellschaftsverfassung«, die Ordnung der transsubjektiven Konstellation des »Zwischen*raums*« von Beziehungen, der mehr ist als die Summe der intersubjektiven punktuellen Beziehungen, die rechtlich keine Spuren hinterlassen: Dort vollzieht sich vielmehr die *Erzeugung* von mehr Möglichkeiten, ohne die das Privatrecht nichts ist.[3] Das Privatrecht dient nicht primär, so paradox es klingen mag, den Interessen Einzelner, sondern der »Durcharbeitung« und Entwicklung der Wissensbestände, Praktiken, der Experimentalität transsubjektiver Netzwerke *zwischen* den Handelnden. Auch im Anschluss an Hegel ließe sich formulieren, dass die Subjekte sich nur über ein ihre Interessen überschießendes, sich verallgemeinerndes, d.h. für die Beteiligung anderer offenes *Wissensnetzwerk* entfalten können. Dies ist der Kern der bürgerlichen Gesellschaft. Dass dies anders gesehen und beschrieben werden kann, liegt daran, dass der Modus des »seeing like a state« (James C. Scott) so verbreitet ist.

Vermutlich ist dies der Grund dafür, dass in Deutschland das Privatrecht als eine Art »*Staats*privatrecht« mit einem problematischen Anspruch auf Gewährleistung einer *gesellschaftlichen Einheit* überlastet worden ist, der sich gegen die Autonomie der privaten Logik und gegen die Anerkennung einer eigenen Rationalität der distribuierten gesellschaftliche Selbstorganisation gewendet hat. Savignys Wertschätzung der Juristen hat möglicherweise nicht zuletzt in einer antithetischen Fixierung auf die scharfe Kritik an den Richtern und Juristen in den revolutionären Versammlungen ihren Grund gehabt. Wenn die Juristen das Bollwerk gegen die Veränderung der Gesellschaft durch staatliche Gesetze waren, mussten sie umgekehrt auch zur Abwehr der gesellschaftlichen Einflüsse auf das staatliche Recht geeignet sein.

Die Einheits- und Staatsfixierung des deutschen Privatrechts hat die politische, über die Wirtschaft hinausweisen Bedeutung der

2 *Alexandra Heimes*, Revisionen des Ganzen, Ernst Cassirer, Gilbert Simondon, in: Eva Axer/Eva Geulen/dies. (Hrsg.), Aus dem Leben der Form. Studien zum Nachleben von Goethes Morphologie in der Theoriebildung des 20. Jahrhunderts, Göttingen 2021, S. 107, 138; *Chabot,* aaO (the Philosophy of Gilbert Simondon): Das Subjekt wird prozessual gedeutet.

3 *Gunther Teubner*, Auf Umwegen. Zum Privatrecht als Gesellschaftsverfassung, ZeuP 2022, 648.

Selbstorganisation der gesellschaftlichen Regeln des Handelns und der Bildung von Vertrauen, der Erzeugung von Wissen nicht nur vernachlässigt, sondern unterdrückt und dadurch auch die Entstehung der gesellschaftlichen Voraussetzungen der Demokratie[4] blockiert.

2. Die verpasste Chance der Entwicklung des Polizeirechts

Das Polizeirecht hat eine exemplarische Entwicklung der Verarbeitung des neuen Erfahrungswissens im Hinblick auf die Risiken der Technik entfalten können, doch ist der Zusammenhang mit dem Recht nicht in Begriffen denkbar geworden, sondern stattdessen in einer Vielzahl von Einzelfällen aufgelöst worden. Das Polizeirecht ist – anders als in den USA,[5] wo es explizit als ein *gesellschaftlich* responsives Recht der öffentlichen, d.h. gesellschaftlichen Selbstordnung angesehen worden ist – in Deutschland als Ausdruck der staatlichen Souveränität, der *Maßnahme*, gesehen worden, während der sich praktisch vollziehende Lernprozess und d.h. die Durcharbeitung des neuen Verständnisses der öffentlichen Sicherheit und Ordnung aus dem Erfahrungsraum der neuen technischen Zivilisation und deren begrifflicher Reflexion ausgeschlossen worden ist. Dass das »Ermessen« der Verwaltung auf das »Er-messen« des technischen Wandels und seiner Risiken (Immissionsschutz), der Identifikation von linearen Kausalverläufen, der Unterscheidung von Normalität und Abweichung, von Zufall und Zurechenbarkeit auf die Subjekte zurückgeführt worden ist, ist dennoch eine bedeutende Leistung gewesen, deren kulturelle Dimension, das »*Recht als Kultur*«, aber hinter dem Denken

4 Zu diesem Zusammenhang *Martin Wolf*, The Crisis of Democratic Capitalism, New York 2023, S. 175; *Douglass C. North*, Institutionen, institutioneller Wandel und Wirtschaftsleistung, Tübingen 1992; *Roberto Esposito*, Institution und Biopolitik, Zürich 2022, S. 76.

5 Vgl. z.B. die Hochschätzung des lokalen Polizeirechts wegen seiner Generalklauseln, deren Offenheit ihre Ergänzung durch lokale Praktiken und Gewohnheiten nahezulegen schien; *T. R. Powell,* Administrative Exercise of the Police Power, 24 Harvard Law Review 24 (1911), 268. Dies zeigt für die USA, wie sehr das Polizeirecht von zwei Richtungen geprägt wird, einmal von der Seite der hoheitlichen Maßnahme, zum anderen aber von der Rezeption der gesellschaftlichen Normen, die vor allem der »öffentlichen Ordnung« Konturen verleihen. In Deutschland ist in einer etatistischen Perspektive der Rekurs der Polizei auf den Schutz der »öffentlichen Ordnung« (im Unterschied zur »öffentlichen Sicherheit«) als rechts*staatliches* Problem der Unbestimmtheit angesehen worden, während in den USA die Möglichkeit der Rezeption lokaler gesellschaftlicher Normen als Freiheitsgewinn verstanden worden ist.

in »Maßnahmen« des Staates zum Verschwinden gebracht worden ist. Dass der Verwaltungsakt überhaupt nur dadurch konstruiert werden konnte, dass wichtige Unterscheidungen und Trennungen in den »Materialitätsströmen« vorgenommen wurden, die das Verstehen der Erfahrungen und die Entstehung von gesellschaftlichen Feldern von Möglichkeiten jenseits einer kompakten Wirklichkeit denkbar gemacht haben, ist durch die Fixierung auf die eine Seite der Entscheidung, die *Dar*stellung einer Anordnung nach außen, und die Vernachlässigung des prozesshaften Moments der *Her*stellung von Wissens- und Erfahrungsfeldern vernachlässigt worden. Der Verwaltungsakt hat im öffentlichen Recht, vor allem im Polizeirecht, – ähnlich wie der konkrete Vertrag im Privatrecht – einen Prozess des *Experimentierens* mit dem neuen technischen Wissen ermöglicht, eine Leistung, die durch die unangemessene Fixierung auf die »obrigkeitsstaatlichen« Anfänge überspielt[6] und in der Rechtswissenschaft weitgehend übergangen wird.

Das Verständnis von »Recht als Kultur« betrifft auch das, was Durkheim mit der bekannten Formulierung »tout n'est pas contractuel dans le contrat«[7] andeuten wollte: Die Möglichkeit der Entwicklung einer vertraglichen Praxis setzt ein ganzes »Habitat«[8] von Lebensformen und Praktiken voraus, über das »contractual knowledge«[9] im Kontext der Konstruktion eines praktischen Modells der Gesellschaft prozessiert wird. Dies ist letztlich wie viele produktive Entwicklungen des Rechts des 19. Jahrhunderts durch ein enges Verständnis des Rechts als staatlicher (An-)Ordnung und die Reduktion der gesellschaftlichen Strukturierung der Felder des Möglichen auf bloße »Faktizität« vernachlässigt worden.

Darin schlägt sich ein antiinstitutionelles Denken nieder, das das Recht gegen die Regeln der Gesellschaft und die Beobachtung der Lebensformen abgeschottet hat. Doch der neue Fluchtpunkt auch des Rechtsdenkens in der Gesellschaft ist im 19. Jahrhundert »the active creator«[10] geworden, dessen Wirken die Stabilität der privaten Lebensverhältnisse

6 Vgl. dazu *Reimund Schmidt-de Caluwe*, Der Verwaltungsakt in der Lehre Otto Mayers, Tübingen 1999, S. VII, 4; anders *Hartmut Bauer*, Verwaltungsrechtslehre im Umbruch?, Die Verwaltung 25 (1992), 301, 309; ähnlich schon *Otto Bachof*, Die Dogmatik des Verwaltungsrechts vor den Gegenwartsaufgaben der Verwaltung, VVDStRL 30 (1972), 193, 206.

7 *Emile Durkheim*, La division du travail social, Paris 1960, S. 289.

8 *Joanna Picciotto*, Truth Telling, Mass Media, and the Poet's Office, English Literary History 87 (2020), 375, 380.

9 *Grégoire Mallard/Jérôme Sgard*, Contractual Knowledge: A Hundred Years of Legal Experimentation in Global Markets, Cambridge 2016, S. 5f.

10 *E. K. Hunt*, The Importance of Thorstein Veblen for Contemporary Marxism, in: John Cunningham Wood (Hrsg.), Thorstein Veblen: Critical Assessments, Band 1, Abingdon 1993, S. 220, 222.

erschüttert und neue flexiblere Lebensformen generiert, während in Deutschland die in Bewegung versetzte Logik des Privaten noch an ihrem Ausgangspunkt, dem »inneren Leben« des Einzelnen, festgehalten hat. R. Williams hat das Problem als »the crisis of a knowable community«[11] bezeichnet, den Zusammenbruch des stabilen Orientierungsrahmens der Gesellschaft für die Selbstorientierung der Subjekte in einer dynamisch gewordenen Welt. Diese Verschleifung von Subjekt als »creative actor«, als »Erzeuger« der mobil gewordenen Verknüpfungen mit anderen Subjekten, und der Anstoß zur Bildung konventionalisierter Formen dieser Verknüpfungen[12] ist auch die Sache des *Rechts*subjekts gewesen.[13]

Institutionen unterbrechen die unmittelbare Selbstbestätigung des Denkens durch das Reale.[14] Das Rechtssubjekt ist aber in der Rechtswissenschaft des 19. Jahrhundert auf einen eigenschaftslosen Zurechnungspunkt eingeschrumpft worden – oder genauer gesagt: auf die eine wichtige Eigenschaft der »Folgebereitschaft« gegenüber staatlichen Rechtsanordnungen reduziert worden.

In Deutschland war das am Polizeirecht orientierte Selbstverständnis des Staates in Preußen auch vor dem Kreuzberg-Urteil[15] tatsächlich viel stärker schon von der flexiblen Anpassung des Gefahrenbegriffs[16] an den Wandel der gesellschaftlichen Erfahrung mit Techniken bestimmt. Das Kreuzberg-Urteil wird vor allem als Beginn der *Beschränkung* der Aufgaben der Polizei auf die Gefahrenabwehr (im Gegensatz zur Verbesserung der öffentlichen Wohlfahrt nach staatlichem Ermessen) interpretiert. Es hat aber eine weit darüberhinausgehende Relevanz für die dadurch erst möglich gewordene Spezifizierung des Gefahrenbegriffs gehabt und dadurch Lernen ermöglicht.

Vor allem dem Polizeirecht liegt kein Verhältnis der Gleichgültigkeit gegenüber der Technik zugrunde. Die Dogmatik der polizeilichen Gefahrenabwehr war von einer ausdifferenzierten Beobachtung und Unterscheidung von Gefahr und Zufall[17] bestimmt, die an einem rationalen

11 The English Novel from Dickens to Lawrence, London 1970, S. 16.
12 *Marina Sbisà*, How to Read Austin, Pragmatics 17 (2007), 461, 468.
13 *Victoria Kahn*, Wayward Contracts. The Crisis of Political Obligation, 1640–1674, Princeton 2016, S. 41.
14 *Bruno Karsenti*, La place de Dieu. Religion et politique chez les modernes, Paris 2023, S. 385.
15 Preußisches OVG, Urteil v. 14.6.1882, prOVG 9, 353.
16 *Karl-Heinz Ladeur*, Risiko und Recht: Von der Rezeption der Erfahrung zum Prozeß der Modellierung, in: Gotthard Bechmann (Hrsg.), Risiko und Gesellschaft: Grundlagen und Ergebnisse interdisziplinärer Forschung, 2. Aufl., Opladen 1995, S. 209.
17 *Stephan Meder*, Schuld, Zufall, Risiko. Untersuchungen struktureller Probleme staatlicher Zurechnung, Frankfurt a.M. 1993.

Verhältnis des Staates zur Gesellschaft orientiert war. Der Verwaltungsakt hat selbst – verborgen unter seiner Funktion der »Maßnahme« – eine interessante *epistemologische* Rolle gespielt. Er hat – nicht anders als der Vertrag im Zivilrecht – die Funktion gehabt, ein praktisches Netzwerk von *Experimenten* über die Gesellschaft zu ziehen, das, am Fall und an praktischen Lebensformen orientiert, distribuierte *Wissensbestände* generiert hat, die auf der Beobachtung der praktischen Erfahrungen der Gesellschaft basierten. Die Maßnahme hat neben ihrer expliziten Rolle der Anordnung eine implizite Funktion in der Eröffnung eines paradigmatisch wirkenden experimentellen Feldes der Anschlussmöglichkeiten, die (noch) nicht explizit artikuliert werden können, aber weitere Experimente von Fall zu Fall erlauben. Damit hat die staatliche Polizei auch für die Privaten eine wichtige Leistung erbracht. Man könnte sagen, dass die Polizei in Deutschland – folgenreich auch für das Privatrecht – die Normalität erfindet, die »normalen Leute«[18], deren Bezugsrahmen sich ständig ändert.

Zwar ist das Wissen selbst zum größeren Teil von den privaten Akteuren aus ihrer Praxis generiert worden, aber im 19. Jahrhundert war die wirtschaftliche Entwicklung von kleinen und mittleren Unternehmen geprägt, die zu einer systematischen Beobachtung von Risiken nicht in der Lage gewesen wären. Diese praktische Systematisierungsleistung hat das staatliche Polizeirecht übernommen.

Als kulturelle und epistemologische Leistung des Rechts ist dies aber nicht reflektiert, sondern unter die Logik der »Maßnahme« subsumiert worden. Ähnliches gilt für die seit 1885 erfolgende Gründung der Berufsgenossenschaften, die insbesondere der praktischen Suche nach und der Bearbeitung von Risiken der (vor allem) technischen Produktion für Arbeitnehmer gewidmet waren.[19] Die Durchsetzung von internen Regeln der Arbeits- und Betriebssicherheit sind unter dem Gesichtspunkt des Einsatzes der neuen Formen des Rechts der Selbstorganisation von sozialen Regeln mit dem Unfallversicherungsgesetz v. 6.7.1884 in den Blick genommen worden. Daran hat das spätere Recht der Berufsgenossenschaften anknüpfen können. Unter dem Gesichtspunkt der Funktion des »Rechts als Kultur« ist bemerkenswert, dass auch diese Neuerung im »Hauptstrom« des öffentlichen wie des Privatrechts ebenso wie allgemein das Recht der privaten Standards praktisch und theoretisch weitgehend unbeachtet geblieben ist. Für die Fortbildung des

18 Dazu allgemein, ohne Bezug auf Deutschland *Ian Hacking*, The Taming of Chance, Cambridge 1990, S. 1, 5.

19 Zur Geschichte der Berufsgenossenschaften: *Mathias Schmoeckel*, Rechts- und Ideengeschichte der Regulierung im 19. Jahrhundert, in: Peter Collin et al. (Hrsg.), Regulierte Selbstregulierung im frühen Interventions- und Sozialstaat, Frankfurt a.M. 2012, S. 89; *Wolfgang Ayaß*, Regulierte Selbstregulierung in den Berufsgenossenschaften der gesetzlichen Unfallversicherung, S. 123f., ebd.

Verwaltungsrechts war dies ebenso wie die Fabrikengesetze für die Entwicklung des Rechts der Arbeitsbeziehungen offenbar ohne Wirkung.

Auch hier ist eine sogar durch Kooperation in öffentlich-rechtlicher Form bedeutende Leistung des Staates – hier durch Organisation der Selbstverwaltung eines mobilen gesellschaftlichen Wissens – erbracht worden, die als *Recht der technischen Nebenfolgen* ebenso wie das explizit auf die Förderung der Entwicklung von Techniken in der Wirtschaft gerichtete *Technikrecht* die Wissensbestände der Gesellschaft strukturiert hat, ohne dass dies aber in einer für das Verständnis von »Recht als Kultur« bedeutsamen Weise theoretisch oder begrifflich reflektiert worden wäre. *Der* Verwaltungsakt als »*Maßnahme*« der Souveränität bestimmt das Rechtsdenken, aber nicht das Denken über das Zusammenwirken des Netzwerks der *multiplen* Verwaltungsakte einerseits und die privat-öffentliche Kooperation in Prozessen der *Wissensgenerierung* durch Erfahrung. Bei Ch. Menke findet sich eine viel zu scharfe Unterscheidung zwischen »Recht« und »Nichtrecht«.[20] Das Recht als die Bestimmtheit durch ein subjektives Recht des Eigenhabens ist nicht so deutlich vom der kreativen Unbestimmtheit des Nichtrechts getrennt. Durch den Prozess dieser Selbstorganisation tritt das Nicht-Recht immer wieder durch transsubjektive Überwirkungen des Handelns zwischen Subjekten in das Recht zurück.[21]

Dieser Entwicklung entspricht im Zivilrecht des letzten Drittels des 19. Jahrhunderts die neue Zweckjurisprudenz, die auf der Anerkennung der normativen Kraft der Zwecke, letztlich der Stärke der Unternehmen basiert, die von der Rechtsprechung weitgehend als rechtsbildend in ihrer Praxis gesehen worden ist – auch hier wieder, ohne dass für diese Aufgabe ein neues, auf Lernen eingestelltes *begriffliches* Denken entwickelt worden wäre, das genauer die neue Konstellation des *Zwischenraums* zwischen den Handelnden als produktiv (oder schädlich) für das Recht zu beobachten gehabt hätte. Nicht das private Handeln tout court produziert Recht, sondern das Wissensnetzwerk! Vermachtetes privates Handeln kann selbstverständlich auch Wissen unterdrücken oder weniger Möglichkeiten zulassen. Ein Beispiel für die Möglichkeiten eines pluralen Rechts neben dem aus dem römischen Recht entwickelten klassischen Zivilrecht hätten zum Beispiel die Rechtsnormen mehrerer deutscher Staaten über *Fabrikengerichte* werden können.[22] Diese hätten

20 *Christoph Menke,* Kritik der Rechte, Berlin 2015; zu einer anderen Lesart dieses Verhältnisses *Karl-Heinz Ladeur*, »Rechte gegen Rechte«. Kann diese Konfrontation dem Prozessieren des Rechts gerecht werden?, in: Ino Augsberg et al. (Hrsg.), Recht auf Nicht-Recht. Rechtliche Reaktionen auf die Juridifizierung der Gesellschaft, Weilerswist 2020, S. 211.

21 *Ladeur*, ebd.

22 *Peter Schöttler*, Die rheinischen Fabrikengerichte im Vormärz und in der Revolution von 1848/9, ZNR 7 (1985), 160.

Institutionen des Aushandelns und der Erprobung neuer differenzierter Regeln für die Kooperation von Arbeitnehmern und Arbeitgebern in Produktionsbetrieben sein können (später kam es dann zu einer rein öffentlich-rechtlichen Lösung für den Arbeitsschutz in Gestalt der Bildung von Berufsgenossenschaften). Diese sind insbesondere in Preußen nach dem französischen Beispiel durchgesetzt und eingerichtet worden, praktische Relevanz haben sie aber nur für eher weniger bedeutende Konflikte in kleinen Betrieben zwischen Handwerksgesellen und Handwerksmeistern entfalten können. Auch die praktische Entwicklung der Konfliktschlichtung auf Betriebsebene folgte dem französischen Beispiel des Conseil de Prud'hommes, das ebenfalls keine große Bedeutung gewinnen konnte. Für die später in großen Unternehmen immer mehr durch die Gewerbeordnung[23] aufgegriffenen Arbeits- und Wirtschaftskonflikte hat sich die Rechtswissenschaft ebenso wie die Rechtspraxis kaum interessiert. Dies war eine Bedrohung für die »Einheit« des Rechts, wie sie in der rechtswissenschaftlichen Literatur und der Rechtspraxis verstanden worden ist. Systematische Einheit war ein Wert an sich!

Dieses Desinteresse steht in einem Gegensatz zu den früher erwähnten Überlegungen aufgeklärter Ökonomen, die sich vor allem im »Verein für Socialpolitik« engagiert haben und die Sprengkraft der sich in den Unternehmen entwickelnden Konflikte einerseits sowie andererseits die Möglichkeit ihrer produktiven Bewältigung durch neue Institutionen besser eingeschätzt haben als die deutsche Rechtspraxis, die vor allem die Eigenständigkeit des größeren Unternehmens als Raum der Erzeugung des Neuen[24] vernachlässigt hat.

Eklatant ist, wie schon ausgeführt, das Vergessen der *Privatautonomie* in den Lehrbüchern des Zivilrechts, die als Einfallstor der Unordnung in das geordnete »wissenschaftliche« Recht weitgehend ignoriert worden ist. Wie es anders hätte sein können, zeigt die tentative Entwicklung der Vertragsfreiheit in der angloamerikanischen Rechtsprechung (vgl. oben), die nichts von einer »Selbstvergewisserung« der Moderne erkennen lässt, dafür aber den experimentellen Geist der zivilrechtlichen Praxis verstanden hat, den das deutsche Privatrecht durch die Unterwerfung unter den Mythos der »Einheit« und »Ganzheit« des Rechts unterdrückt hat. Jedenfalls die Wissenschaft des deutschen Privatrechts bediente sich der Perspektivenverengung und des Kampfes gegen die gesellschaftliche Unruhe des Wandels, die als Bedrohung der »Einheit« des Rechts wahrgenommen wurde. Den Kontrapunkt zu Savignys Stilllegung der Bewegung des Rechts im Staat als dem Hüter des »Ganzen«

23 Vgl. dazu *Robert von Landmann*, Die Gewerbeordnung für das Deutsche Reich, 1. Aufl., Nördlingen 1884.

24 Vgl. *Blanche Segrestin/Armand Hatchuel*, Réformer l'entreprise, Paris 2012, S. 46, 67, 87.

bildet Eugen Ehrlich, der die Geschichte des Rechts der »Bewegung des Lebens« einschreibt.[25]

In Frankreich hat sich schon früh ein *institutionelles* Denken[26] entwickelt, vor allem seit dem Ende des 19. Jahrhunderts, das jenseits des Rechts als Befehl die eigene Rationalität des Rechts nur in der Verschleifung mit dem Wissen und den Praktiken gesellschaftlicher Lebensformen, vor allem aber praktisch bewährten Institutionen des *öffentlichen* Rechts für denkbar hält.[27] Das institutionelle Denken zielt jedenfalls in neuerer Zeit vor allem auf ein Moment des »Unpersönlichen«, das als Eigenwert der Effekte von Relationen zwischen Subjekten entsteht und sich als ein »mit den anderen geteiltes Gewebe der Reziprozität«[28] jenseits des subjektiven Handelns stabilisiert. Dies ist im Vergleich insofern interessant, als damit eine andere Staatskonstruktion zur Geltung gebracht wurde als in Deutschland, die um den Geist des »*service public*« zentriert war. Das Recht hat bis heute in Frankreich nicht die Bedeutung, die es in Deutschland und dem angloamerikanischen Rechtskreis hat. Jedoch hat der Staat in dem beschriebenen Sinne als Träger des service public einen weit über die eigentlichen Erscheinungsformen hinausweisenden Charakter.[29] Man könnte sagen: »state as culture«!

Im Folgenden soll gezeigt werden, dass und warum ein *gesellschaftlich* bestimmtes Verständnis des Rechts die Gesellschaft als selbstorganisierten Zwischenraum des Wissens betrachtet. Die Literatur hebt die Selbstidentität der Realität auf und überführt sie in einen Möglichkeitsraum, dessen Experimentalität auch für das Recht fruchtbar werden konnte.

25 *Roberto Esposito*, Institution und Biopolitik, Zürich 2022, S. 107.

26 *Julia Schmitz*, La théorie de l'institution du Doyen Maurice Hauriou, Paris 2013; auch das Vorwort von *Jean-Arnaud Mazères* und dessen Anmerkungen zum »Vitalismus« der Institution bei Hauriou, ebd., S. 5, 15; *Esposito*, aaO (Institution und Biopolitik), S. 107, 112; vgl. auch schon *Karl-Heinz Ladeur*, Rechtssubjekt und Rechtsstruktur. Versuch über die Funktionsweise der Rechtssubjektivität, Gießen 1978, S. 159ff.

27 Vgl. zum Polizeirecht *Ladeur*, aaO (Risiko und Recht), S. 209.

28 *Esposito*, aaO (Institution und Biopolitik), S. 43.

29 *Pierre Rosanvallon*, L'Etat en France: De 1789 à nos jours, Paris 1993, S. 115ff.

B. Recht und Literatur im 19. Jahrhundert

I. Recht und Literatur in der Wissensgesellschaft

1. Was leistet die Analyse der Literatur für das Verständnis des Rechtsentwicklung im 19. Jahrhundert?

Seit Jahren entwickelt sich eine produktive interdisziplinäre Forschungsrichtung zum Verhältnis von Literatur und Recht.[1] Mit einer gewissen Vereinfachung lässt sich formulieren, dass es einmal um die Beobachtung des Rechts durch die Literatur und die Beobachtung von deren Beobachtung durch die Rechtswissenschaft geht.[2] Hier wird nach einer anderen Spezifizierung dieses Verhältnisses von Recht und Literatur gefragt, nämlich es wird die Frage nach der Schaffung von Voraussetzungen des Rechts *durch die Literatur* aufgeworfen, also die Frage, ob und wie weit erst eine bestimmte Literaturgattung des 19. Jahrhunderts, insbesondere der *Bildungsroman*, nicht nur in einem Verhältnis wechselseitiger Einflussnahme zum Recht gestanden hat, sondern genauer, wie weit der beschriebene Wandel und die Dynamisierung des Rechts selbst im 19. Jahrhunderts auch der *Literatur* zu verdanken ist oder zugespitzt, ob die Dynamisierung des Rechts überhaupt ohne die Entwicklung der Literatur denkbar gewesen wäre.[3] Der Roman unterstellt und verwirklicht die gesellschaftliche Natur der Sprache als eine Sphäre jenseits der in der historischen Rechtsschule beschworenen möglichen Anfangsgründe.

Die Prägung des Subjekts durch die Bildung und die davon bestimmte Mobilisierung seiner Fähigkeiten verändert auch sein Verhältnis zum Eigentum. Man könnte sagen, dass der Bildungsroman in Deutschland unbewusst und ohne zentrale Zurichtung – wie sie das Erziehungsprogramm der Erneuerung des bürgerlichen Denkens in der thermidorianischen Revolution in Frankreich formuliert hatte – eine Kulturrevolution der bürgerlichen Subjektivität ausgelöst hat, die für die *Gesellschaft*, nicht aber für die Politik und den Staat sehr folgenreich geworden ist. Demgegenüber wird das Erziehungsprogramm der Revolution in

1 Vgl. nur *Susanne Lüdemann/Thomas Vesting* (Hrsg.), Was heißt Deutung? Verhandlungen zwischen Recht, Philologie und Psychoanalyse, München 2017.

2 Zu Goethe *Matthew Bell/Daniele Vecchiato*, Legal Cultures in the Age of Goethe. An Introduction, Law and Literature 34 (2022), 165.

3 Vgl. zu England *Lorna Hutson,* Introduction, in: dies. (Hrsg.) Oxford Handbook of English Law and Literature. 1500–1700, Oxford 2017, S. 1, S. 1.

Frankreich praktisch von Napoleon realisiert – allerdings auf eine eigene Weise, die die Referenz auf die Gesellschaft und die Selbstaufklärung der Bürger durch die auf den Staat ablöst.[4]

Das Problem stellt sich für die herkömmliche Wissenschaft von der Rechtsgeschichte deshalb nicht, weil sie von der »fausse évidence des continuités«[5] ausgeht, die sich in den auf das Recht selbst bezogenen Texten zu manifestieren scheint: Recht ist das, was das Recht sagt, was es ist! Doch ist das Rechtssystem in einer Umbruchsituation einfach unvollständig, wenn es z.B. nicht die Existenz von Rechtssubjekten voraussetzen kann, die das neue Recht denken und praktizieren können. Hier muss noch berücksichtigt werden, dass der Wandel sich zunächst weitgehend außerhalb der traditionellen Grenzen der Texte des Rechts vollzogen hat. Dies gilt z.B. für »aleatorische Verträge«, die mit Wahrscheinlichkeitserwartungen und Risiken operiert haben.[6] Die Praxis der »Anwendung« des Rechts in den Lebens- und Wirtschaftsformen erhält aus dem »offiziellen« staatlichen Recht keine Anregungen zur Konkretisierung, umgekehrt wirken nach herrschender Auffassung »Anwendungen« des Rechts nicht auf das Recht selbst zurück und werden deshalb auch nicht durch die Gerichte beobachtet oder als Anregungen zum Wandel beobachtet.

2. Recht und Literatur – Literatur als Beitrag zur Bildung des Rechtssubjekts

Die Literatur verläuft in einer Umbruchphase nicht einfach neben dem Recht – mit einigen wechselseitigen »Einflüssen«. Deren Entwicklung legt auch nicht nur »Zeugnis« ab von der Reaktion der Subjekte auf das Recht. Vielmehr wird sie als Praxis der Schrift Teil der Textur der Zeit, ohne die das Recht praktisch nicht arbeiten und schreiben könnte. Die Literatur rezipiert z.B. Entwicklungen in der Zeit durch Bilder, in denen Relationen verdichtet werden, die (noch) nicht begrifflich artikuliert werden, aber, einer »Philologie des Lebens« (McLaughlin/Benjamin) folgend, im eigenen Leben nachgebildet werden können. In einer Umbruchphase geht es längst nicht mehr um die Prüfung, ob eine bestimmte Praxis z.B. der Vertragsgestaltung mit dem Gesetz vereinbar ist. Es geht vielmehr um die Ermöglichung und Entwicklung neuer Praktiken, die so bisher

4 Vgl. *Daniel H. Colman*, De la Révolution à la Raison. Les sciences morales et politiques dans la Révolution thermidorienne, in: Laurence Kaufmann/Jacques Guihaumou (Hrsg.), L'invention de la société. Nominalisme et science politique au XVIIIe siècle, Paris 2003, S. 165,165ff.

5 *Patrick Boucheron*, Ce que peut l'histoire, Paris 2020.

6 *Lorraine Daston*, Classical Probability in the Enlightenment, Princeton 1988, S. 19.

nicht gedacht und erprobt worden sind. Vor allem aber geht es um eine neue praktische Reflexivität der Rechtssubjekte und der Lebensformen, die auf neue Modi des Experimentierens und nicht mehr nur auf die Aneignung der etablierten Handlungsformen eingestellt werden müssen.[7] In einer Umbruchphase ist das Recht, vor allem das gesellschaftliche Recht der Praktiken – anders als das staatszentrierte Recht durch die juristischen »Denkkollektive« und deren »Denkstil«[8] –, weitaus weniger gegen Irritation durch neue *Formen* »von außen« abgeschottet als in Zeiten, in denen sich die Formen des Rechts konsolidieren. In Übergangszeiten proliferieren Formen über die Grenzen gesellschaftlicher Systeme hinweg.[9] Man könnte sagen: Die permanente Unruhe zwischen den Systemen, die durch den Strom der Analogiebildungen und ihrer Erprobungen entsteht, wird intensiviert, und der Austausch der Formen erzeugt mehr Variation. In der sich herausbildenden Wissensgesellschaft des 19. Jahrhunderts geht es um die Bildung »neuer Rechtssubjekte«, die den Bruch mit der Kontinuität der Lebensformen im Experiment wagen[10], die den in Bewegung geratenen unpersönlichen Zwischenraum zwischen den Handlungen der Subjekte lesen und sich darauf einstellen. Genau dies ist aber die Welt des Bildungsromans, in dem das Neue erprobt wird, das, was in der Rechtswissenschaft und in der Rechtsprechung nicht gedacht wird. Die Fragestellung bedarf noch einer weiteren Erläuterung:

In den bisherigen Überlegungen ist die These entfaltet worden, dass die erste Hälfte des 19. Jahrhunderts von einer Dynamisierung und beschleunigten Änderung der Kultur bestimmt war. Die Kultur selbst hat einen geschichtlichen Wandel erfahren, der sie in eine neue Zwischenlage zwischen Privatsphäre und Öffentlichkeit gebracht hat. Die Kultur wird zum Möglichkeitsraum jenseits der früheren Modelle des Kreislaufs der Geschichte und jenseits der bisherigen Grenze zwischen Öffentlichem und Privatem. Es wird gegenüber den bisher stationären Lebensformen ein Überschuss der Möglichkeiten produziert[11], der sich in der Veränderung des Geschichtsverständnisses ausdrückt. Der Bruch der Kontinuität wird auch für die Geschichtswissenschaft zur »ressource de l'intelligibilité du passé«.[12]

7 Grundlegend für die postmoderne private Rechtsbildung in und durch »Diskurswelten« *Gunther Teubner*, Vertragswelten – Das Recht in der Fragmentierung von Private Governance Regimes, RJ 1998, 234, 240.

8 Vgl. dazu die Anmerkungen zu Ludwik Fleck, A. I. 8.

9 Vgl. dazu die Überlegungen zu Caroline Levine oben: Einleitung.

10 Zum Verhältnis von Recht und Literatur in der angloamerikanischen Kultur *Hutson*, aaO (Introduction), S. 1.

11 Dazu auch *Niklas Luhmann*, Die Realität der Massenmedien, 2. Aufl., Opladen 1996, S. 103ff.

12 *Patrick Boucheron*, Ce que la littérature comprend de l'histoire, in: Sciences Humaines 2010, Nr. 218, 17.

Die Geschichte wird als von Menschen gemacht angesehen. Nietzsche hat später den Gedanken radikalisiert, dass das Subjekt zum ersten Mal in der Weltgeschichte sich in eine Situation eingewiesen sieht, in der es nicht weiß, »what is worth wanting or aspiring to«[13]. Das Subjekt ist oder hat keine Substanz mehr, es besteht nur im und als *Prozess* der »Selbst-Durcharbeitung« der historischen Möglichkeiten. Diese Relativierung hat auch grundlegende Konsequenzen für das Recht, das seinerseits »grundlos« geworden ist.[14] Das Subjekt bildet sich durch praktische Bindungen an die Werte und Erwartungen der anderen in gesellschaftlichen Operationen.[15] Dies ist die *Textualität*, in die die Subjekte eingeschrieben sind und in der sie sich fortschreiben.[16] Dies schlägt sich im Bereich des Rechts zunächst in der Entwicklung der Begriffsjurisprudenz und dann in dem Übergang von dieser zur Zweckjurisprudenz nieder, die explizit den Wandel des Rechts als auf Dauer gestellt sieht. Doch bleibt dieses neue Denken begrenzt auf die Reflexion des staatlichen Rechts. Die gesellschaftlichen Praktiken der Subjekte, insbesondere die Vertragspraxis, werden in die Selbstbeobachtung des Rechts nicht einbezogen. Das Recht entwickelt keine systemische Lernfähigkeit.

Jenseits der Praktiken des Rechts im engeren Sinne entfaltet sich angesichts unserer »relative ignorance of fact« und »our relative indeterminacy of aim«[17] die Notwendigkeit, neue »categories of the believable«[18] oder »of the knowable«[19] für die Beobachtung der Emergenz neuer Handlungsmuster, neuer Erwartungen in der Gesellschaft bereitzuhalten und neue Unterscheidungen zu ermöglichen. Das Experiment wird kontrolliert durch die wechselseitige Beobachtung und den Bezug auf das Prozessieren der Erfahrung. Davon will das staatliche Recht nichts wissen: Es wird nicht affiziert von den gesellschaftlichen Praktiken.

13 *Robert B. Pippin*, Nietzsche. Psychology, and First Philosophy, Chicago 2010, S. 119.

14 Dieser »Relativismus« ist später von vielen »Neohegelianern« als Willensschwäche gedeutet worden – um die es sich oberflächlich gesehen auch tatsächlich handelt. Die Kompensation wird in der zirkulären »Willenssteigerung« durch Unterwerfung unter einen »Führerwillen« gesucht; die Folgen sprechen für sich.

15 *Claude Romano*, L'identité humaine en dialogue, Paris 2022, S. 347.

16 *Pierre Legendre*, Lecons IV, Suite 2, Filiation, Paris 1970, S. 187: »Nous sommes les enfants du texte«.

17 *H. L. A. Hart*, The Concept of Law, 3. Aufl., Oxford 2012, S. 134, 128.

18 *Lawrence Rosen*, Law as Culture. An Invitation, Princeton 2006, S. 70.

19 *Rosen*, aaO (Law as Culture), S. 69f.; *Thomas Vesting*, Staatstheorie, München 2018, S. 181.

3. »Law and literature« nach Rom

Das Subjekt des römischen Rechts, der pater familias, der römische Bürger, war als Referenzfigur der Vertragspraxis und des Vertragsdenkens überholt: Für das Funktionieren des Rechts bedarf es der »Anrufung eines neuen Vorbildes«, des »namenlosen Ichs«[20], dessen Denken für die neuen Möglichkeiten durchlässig wird und mehr »attention for particulars«[21] aufbringen muss. Ebendeshalb ist der Bildungsroman eine ebenfalls das Experiment ermöglichende Form, die für das Recht eine produktive Unruhe ermöglicht. Es geht hier (noch) nicht um Rechtsphilosophie, sondern eben um die »Kultur des Rechts«, um die Leistungen des Rechts, die es jenseits der Produktion von Dogmatik und der Interpretation der Rechtsregeln für die »Lesbarkeit« der Gesellschaft erbringt.[22] Nach dem hier entwickelten Rechtsverständnis geht es um die Einwirkung des (Bildungs-)Romans auf das sehr viel stärker kontextuell offene *»gesellschaftliche Recht«* der Lebensformen und Praktiken, den Fluss der Rechtsoperationen, insbesondere der Verträge zwischen den Rechtssubjekten, also das Recht des »Zwischenraums« zwischen den Subjekten, nicht das hierarchisch geordnete Recht des Staates, das seinen eigenen »Denkstil« gegen die Gesellschaft abzuschotten sucht.

Das hier für das 19. Jahrhundert angenommene Korrespondenzverhältnis zwischen »Law and Literature« hatte es auch schon in Rom gegeben. In der Rechtswissenschaft mit ihrem verengten Interesse an Dogmatik und nicht an Recht als Kultur ist dies jedoch vernachlässigt worden. In der lateinischen Literatur, im Selbstverständnis der Poeten, war jedenfalls ein starkes Bewusstsein vorhanden für die Dichtung »as having the power to create reality through representation«[23], in einem Assoziationsraum des Möglichen, ohne den Recht sich nicht entwickeln kann, der aber von ihm selbst nicht geschaffen wird. Die länger anhaltenden Wirkungen der Poesie auf die Kultur wurden sogar als wichtiger angesehen als »the transient sphere of the forum«[24]. Der Dichter bringt etwas hervor, das keine Grundlage außerhalb seiner selbst hat.[25]

20 *Friedrich A. Kittler*, »Autorschaft und Liebe«, in: Austreibung des Geistes aus den Geisteswissenschaften, Programme des Poststrukturalismus, Paderborn 1980, S. 142, 149.

21 *Toril Moi*, Revolution of the Ordinary, Chicago 2017, S. 221.

22 *Ino Augsberg*, Die Lesbarkeit des Rechts. Texttheoretische Lektionen für eine postmoderne Methodologie des Rechts, Weilerswist 2009 (2. Aufl. 2020) zu einer vom Prozessieren heterarchischer Anschlussmöglichkeiten bestimmten Logik des Rechts.

23 *Michèle Lowrie*, Performance, in: Alessandro Barchiesi/Walter Scheidel (Hrsg.), Oxford Handbook of Roman Studies, Oxford 2010, S. 281.

24 *Lowrie*, ebd., S. 290.

25 *Mark Payne*, On Being Vatic: Pindar, Pragmatism, and Historicism, Am. J. of Philology 127 (2006), 159, 165.

4. Die Irritationen des Rechts in Zeiten der revolutionären Grenzüberschreitungen

Wegen der durch die Französische Revolution ausgelösten Unruhe entsteht im Deutschland des 19. Jahrhunderts und in allen westeuropäischen Ländern eine Bewegung der »Ansteckung«, der Distribution der namenlosen Irritation in vielen Segmenten der Kultur, des Denkens, aber auch der Technik, der Musik und insbesondere der Literatur. Der gesellschaftliche Varietätspool der kognitiven und operativen Möglichkeiten erweitert sich schnell.

Dies zeigt, dass die Vorstellung, die Entwicklung des Rechts sei von einer »Idee«, und damit von der Kontinuität einer »Einheit« bestimmt, ein »epistemologisches Hindernis« (G. Bachelard) ist, das den Zugang zu der Widersprüchlichkeit des multiplen *Prozesses* der Herausbildung des Rechts im 19. Jahrhundert nur verstellt. Die *Textur* der Praxis, der Normalität des Rechts, entfernt sich weiter von den staatlichen Normen und gewinnt eine neue problemadäquate Komplexität,[26] indem sie sich stärker durch den *Bildungsroman* und seine Formen für neue Entwicklungen irritieren lässt, nicht aber durch das geschriebene Recht. Dies ist die hier zu entwickelnde These. In Zeiten des gesellschaftlichen Umbruchs sind solche Grenzüberschreitungen und »Formanleihen« zwischen den Systemen den unterschiedlichen Geschwindigkeiten des Wandels geschuldet. Die Selbstirritation des Rechts öffnet sich stärker als zu anderen Zeiten für die Fremdirritation durch Formen und Figuren anderer Systeme, hier der Literatur.

Dies gilt auch für die Stellung des Subjekts selbst. Die Rechtswissenschaft vor allem hat versucht, das Rechtssubjekt als Folge der expliziten Trennung des Rechts von Ethik und Moral insgesamt still zu stellen und es in einen bloßen Zurechnungspunkt einzuschrumpfen. Savigny hatte noch, wie gezeigt, eine Vorstellung von der Bedeutung des *römischen Bürgers* für die Entwicklung des Rechts. Die Bewegung innerhalb des »offiziellen« Rechts, die Bewegung innerhalb der explizit staatlichen/richterlichen Rechts*praxis*, ist sowohl im Privatrecht als auch im öffentlichen Recht durch Dogmatik stillgelegt worden. Das Recht im Deutschland des 19. Jahrhunderts hypostasiert den Selbst-stand des Textes und der darin eingetragenen Gedanken des Gesetzgebers, die durch Interpretation anzueignen sind. Darin ist eine »Versteinerung« des Rechtssubjekts eingetragen, die die Kehrseite des Willens zur Vollständigkeit ist und die die Kreativität des Subjekts blockiert.[27] Dies ist aber eine rein

26 Vgl. dazu *Jocelyn Benoist*, La normativité de l'ordinaire, in: Pierre Fasula/Sandra Laugier (Hrsg.), Concepts de l'ordinaire, Paris 2021, S. 56.

27 *Josef Ludin*, Sehnsucht. Nostalgie, Libres Cahiers pour la Psychanalyse 2005, 113.

ideologische Trennung: Die Sorge um die Folgen der Unruhe in der Gesellschaft führt zur Übersteigerung des Textes des Gesetzes als Verkörperung und Feststellung der Einheit und der Kontinuität der Welt im Recht – dadurch wird die komplexe *Textualität* des Rechts, das Gewebe seiner Referenzen, sein »tissu discursif«[28], der »tissu de renvois« innerhalb einer Fülle von expliziten und vor allem impliziten Assoziationen unterdrückt.

Die Bedeutung des »renvoi« auf die Kontexte auch der *nicht-rechtlichen* Praktiken wird in Zeiten des Umbruchs gesteigert. Der Umbruch der Gesellschaft vollzieht sich, wie erwähnt, in den außerrechtlichen Praktiken und Lebensformen viel schneller. Dies ermöglicht den Praktiken des Rechts, die weniger stark durch etablierte »Denkstile« kontrolliert werden als die institutionalisierte Recht-sprechung des (scheinbar) *einen* Texts des Gesetze, implizit in praktischen Rechtshandlungen Grenzüberschreitungen in der Form von Experimenten vorzunehmen. Die Handlungen der Rechtsakteure fügen diesem Text nach h.M. nichts hinzu; für die etablierte Rechtswissenschaft gilt vielmehr im Gegenteil: Es muss befürchtet werden, dass die neuen Praktiken die Reinheit des Rechtsgedankens verfehlen, verfälschen, verkennen. Das Wissen des Staates und des Rechts steht auf dem Spiel! Dies muss durch die »richtige« Interpretation verhindert werden. Das ist die Aufgabe der Richter. Dem liegt eine verfehlte Vorstellung der Begriffe des Rechts zugrunde. Das ändert aber an der Eigenbewegung der Rechtspraxis der *gesellschaftlichen* Rechtsakteure nichts.

5. Normativität als Form der Überhöhung der Selbstbestimmung der staatlichen Rechtsakteure

Die Distanzierung der Normativität von der Faktizität der normalen Lebenswelten fällt in Deutschland viel schärfer aus als in anderen europäischen Ländern und den USA. Dies geht sicher auch auf die Beschwörung des Rechts *als* Wissenschaft zurück. Die Wissenschaft nimmt die Stelle des Staates ein und ignoriert weitgehend die Episteme der Gesellschaft. Die gestörte Balance mit den auch normativen Kräften von außen, der Selbstorganisation von Regeln, führt zur »Machtergreifung« des Rechts im Inneren, zur fixierten Einschließung des Rechts in eine Hierarchie der Selbst-setzung und Selbst-überhebung über alle anderen Normen. Damit verbunden ist, wie gezeigt, der Anspruch, auch die Normativität mit einer Epistemologie zu verknüpfen, die über das »Ganze« des Rechts

28 *Pietro Costa*, Histoire, théorie et histoire de théories, in: Carlos Miguel Herrera (Hrsg.), Comment écrit-on l'histoire constitutionnelle ?, Paris 2012, S. 19.

einschließlich seiner Normalität als rechtlich geordnete »Sachverhalte« verfügt. Mit der Zweckjurisprudenz kehren sich die Verhältnisse um. Erst die von den sozialen Regeln emanzipierte Faktizität des Zweckdenkens erlaubt auch dessen Ablösung von der Normativität der staatlichen Rechtsregeln. Die neue Form der Normativität ist die der »Maßnahme«, der Setzung des Rechts von Fall zu Fall: Auch das Gerichtsurteil wird zur »Maßnahme« – dies wird verständlicherweise vom Rechtsapparat als Befreiung von der Regel und vom »leblosen« Begriff wahrgenommen. Das Recht bleibt sich aber treu: Es setzt sich fort...

6. »Recht als Kultur« – die unterbliebene Antwort auf die neue gesellschaftliche Dynamik?

Das, was den Gegenstand des »Rechts als Kultur« ausmacht, ist eine *neue Herangehensweise* an die Welt, die kaum noch einer auch flexibel gewordenen Einheitsvorstellung als Idee zu folgen scheint. Die Welt scheint zu zerfallen in einzelne individuelle Dinge und Ereignisse. Dies erfordert eine neue Weltsicht, die auch die einer weiter gefassten regelbasierten Logik des Rechts sein könnte.

Dies ruft Assoziationen zum jüdischen Denken hervor. Den Kern der jüdischen Torahstudien bildet das *permanente Studium*, die permanente Frage nach der Geschichte, den Regeln und Handlungsmöglichkeiten einer Gemeinschaft, die im Lichte des Entwurfs auf einen transzendentalen Ordnungszusammenhang hin aufgeworfen und wieder verworfen wird.[29] Davon begleitet wird die Suche nach praktikablen Ordnungen des gesetzestreuen »haltbaren« Lebens unter gegebenen, aber dem Wandel unterliegenden Umständen. Dabei wird keine feste, durch eine stabile Interpretation fixierte Idee des göttlichen Gesetzes vorausgesetzt, sondern ein Prozess der *Gebung* des Gesetzes in Gestalt des Verschleifens der gefundenen Lebensformen und deren Durcharbeitung in ihren wechselnden Erscheinungsformen in Hin-sicht auf das Gesetz, das sich seinerseits erneuert.[30]

Die Praxis des Rechts erfordert eine Selbsterkenntnis und Selbstbeobachtung der Subjekte, ohne die das Recht in praxi nicht leben kann – die es

29 *Karl-Heinz Ladeur*, Moses Mendelssohn und die Schrift des Gesetzes, in: Ursula Goldenbaum/Stephan Meder/Matthias Armgardt (Hrsg.), Moses Mendelssohns Rechtsphilosophie im Kontext, Hannover 2021, S. 235; auch *ders.*, Dante and the Possibilities of the Law. The Epistemic Crisis of the Late Medieval, Vortrag im Rahmen des Workshops Dante's Political Modernities, Berlin ICI, 6.7.2019, Ms.

30 Vgl. *Karl-Heinz Ladeur*, What Does »Textuality of Law« Mean under Conditions of Postmodernism? What and How Can Secular Western Law »Learn from Jewish Legal Thinking?, Trumah 26 (2023), 95.

aber umgekehrt den Subjekten nicht vermitteln kann und will. Vor diesem Hintergrund versteht sich auch die Rolle der Literatur, die der gesellschaftlichen Erfahrung eine »lebendige ästhetische Dimension« verleiht[31], ohne die weder eine philosophische Reflexion der Normen noch eine wissenschaftliche Konstruktion des Rechts existieren kann. Die Literatur hat die Möglichkeit, den Begriffen und den Normen »*Lebendigkeit*« zu verleihen[32] und ein praktisches (Selbst-)Verständnis der Subjekte ins Werk zu setzen. Dies ist nicht nur ein Ornament, das die Literatur dem Recht hinzufügt, sondern ist für seine Praxis im 19. Jahrhundert essentiell. Dies ließe sich zuspitzen: ohne den Bildungsroman keine lebendige differentielle Rechtspraxis!

Erst am Ende des 19. Jahrhunderts tritt die ästhetische *generative* Dimension der Veränderung wieder in das Recht zurück – aber nur um ein neues Problem zu erzeugen: die Vertreibung des begrifflichen Denkens aus der Rechtspraxis, die die Konsequenz der Verwerfung der Begriffsjurisprudenz ist.[33] D.h. das Recht hat jetzt seine eigene Praxeologie jenseits des Begriffs institutionalisiert, aber die Kontrolle der Rationalität des Begriffs aufgegeben. Man kann vereinfacht formulieren, dass das Recht am Ende des 19. Jahrhunderts seine Selbstreflexion und seine die Gesellschaft über sich selbst aufklärende Funktion in einer Variante des Sozialdarwinismus gesucht hat. Zugleich ist dabei das Recht als gesellschaftliche Form der kulturellen Reflexion der Relationen zwischen den Subjekten weiter entleert worden (außer für die Alltagspraxis des dogmatischen Denkens): Es ist zum »Gerippe« geworden (Jhering).

7. Die Dynamik der Welterzeugung in der Sprache – und die juristischen Versuche ihrer Eindämmung

In der Sprache vollzieht sich unter den Bedingungen der Dynamisierung der Gesellschaft ein Prozess der »Entfaltung der Implikationen«[34], der

31 *Pippin*, aaO, (Nietzsche), S. 54f.

32 *Pippin*, ebd., S. 43f.

33 Dies bezieht sich auf die Methoden und die grundlegenden allgemeinen Begriffe, die paradigmatisch für den jeweiligen »Denkstil« des Rechts sind. Es wird nicht geleugnet, dass gerade das deutsche Recht unterhalb der allgemeinen Ebene der begrifflichen Reflexion des Wandels des Gesetzes eine eindrucksvolle Dogmatik der einzelnen Rechtsinstitute entwickelt hat. Dies gilt aber eben nicht für die »Eigenphilosophie« des Rechts, mit deren Hilfe das Recht die unvermeidlichen Prozesse des Wandels seiner Grundbegriffe und deren Referenzen beobachtet.

34 *David E. Wellbery*, Übertragen: Metapher und Metonymie, in: Heinrich Bosse/Ursula Renner (Hrsg.), Literaturwissenschaft. Einführung in ein Sprachspiel, Freiburg 1999, S. 139.

das Verhältnis von Formen und Figuren der Sprache in Bewegung versetzt und immer neue Verknüpfungen und Umbesetzungen erlaubt. Der Fluss der Durcharbeitung der Ideen in den kulturellen Praxisformen und die Bewegung des Wissens treten über die Ufer und produzieren von Fall zu Fall immer mehr Möglichkeiten, die im kulturellen Gedächtnis nur in Grenzen gespeichert werden können. Viele Möglichkeiten von Verknüpfungen und Unterbrechungen, von Relationen, bleiben an das Netzwerk ihres Zusammenhangs gebunden – in einem Zustand der *Latenz*, der »Nachbarschaft«[35], der aber bei entsprechender Irritation durch einen neuen Impuls einen Prozess der Emergenz neuer Entwicklungen in Gang setzen kann.[36]

Iris Tucker[37] hat dies auf eine adäquate Form gebracht, wenn sie das kreative Subjekt bestimmt sieht von der *Vor-Stellung*, selbst keine Kreation zu sein. Und dies ist nur möglich, wenn das überschießende Neue, das experimentelle Handeln, das Selbstverständnis der gesellschaftlichen wie der staatlichen Akteure bestimmt. Dies ist eine kulturelle Voraussetzung des Rechts: »Knowing had been a way of expressing one's freedom.«[38] Das Subjekt ist nicht mehr die Bezugsform der eine Einheit bildenden Idee, sondern Teil einer distribuierten Praxis, die in lokale und distribuierte Bedingungen eingebettet ist. Recht ist nicht ohne einen Bestand von »current and local conventions of behaviour« denkbar.[39]

Sprachliche Formen können dann nicht mehr allgemeinen Begriffe »subsumiert« werden, wenn solche sozialen Konventionen verschwinden oder erschüttert werden – die Subsumtion setzt die bildliche Vor-Stellung von Dingen voraus, die sozusagen mit einem »Namensschild« versehen sind. Demgegenüber muss mit einem neueren Verständnis der »ordinary language« im Anschluss an Ludwig Wittgenstein davon ausgegangen werden, dass die Sprache selbst Teil der Realität ist und es deshalb nur »Nachbarschaftsverhältnisse« zwischen der Sprache und den Situationen gibt, die den Fluss der Realität ausmachen.[40] Die Sprache büßt ihre durch den einen Schöpfer gegebene hierarchische Ordnung ein. Dies wird von F. Kittler radikal zugespitzt: Die Sprache wird zu einem

35 *Sandra Laugier*, Eloge de l'ordinaire: Interview mit Philip Pettit, Paris 2021, S. 106, 108.

36 Zur Möglichkeit des Lernens des Rechts aus dem literarischen Denken in Relationen vgl. *François Ost*, Penser par cas: La littérature comme laboratoire expérimental de la démarche juridique, Revue interdisciplinaire d'études juridiques 2014 (73), 99.

37 *Irene Tucker*, A Probable State: The Novel, the Contract, and the Jews, 2. Aufl., Chicago 2000, S. 118.

38 *Tucker*, ebd., S. 26.

39 *Tucker*, ebd., S. 2.

40 Vgl. *Laugier*, aaO (Eloge de l'ordinaire), S. 108.

Medium der »namenlosen Schöpfung«, dem ein »namenloses und einzigartiges Ich« gegenübersteht.[41]

Hier lässt sich das neue Vertragsdenken anschließen. Der Vertrag ist auf der Grundlage der Vertragsfreiheit[42] nicht mehr die Verbindung zweier individueller Versprechen, die eine stabile Referenz auf den »Wert« unberührt lassen und auf den Austausch von Eigentumsobjekten zielen. Die Verbindung enthält das Potential der Generierung neuer Verpflichtungen, die sich einem *gemeinsamen* kreativen Sprechakt verdanken[43], der auch die stabile Referenz auf den objektiven Tauschwert und seine Erhaltung verändern kann. Der »Wert« des Vertragsgegenstandes wird subjektiviert. Darin liegt auch der potentielle Beitrag des Rechts zu einer über das Recht hinausweisenden allgemeinen beweglichen Kultur des »Neuen« begründet.[44] Dann wird das »Recht als Kultur« zu einem »Organ«, das das »gemeinsame Leben« formiert und informiert.[45]

8. Die Grenzen der Dynamisierung des Rechts durch Auslegung – und die »Aushilfe« durch die Literatur

Die Einübung des Rechtssubjekts in die neuen Formen und Figuren der Bewegung der Welt und der Kultur jenseits der stabilen Grenzen des Eigentums und der Eigenrationalität der Rechtsformen muss »vor der Praxis« an die *Literatur* ausgelagert werden. Die Literatur eröffnet dem Recht damit in der Form einer Ersatzbildung die Ausdifferenzierung einer neuen Form der Rechtssubjektivität, die auf die Bewegungsgesetze des 19. Jahrhunderts eingestellt ist. Die Bildung des Subjekts als Handlungsknoten in einem beweglichen Gewebe von Möglichkeiten entwickelt sich im *Bildungsroman* (im wahrsten Sinne des Wortes und im übertragenen Sinne), dem David Wellbery mit Recht eine für die gesamte Kultur bedeutsame Leistung der Produktion »*subjektiver Identität*« in

41 *Gerhard Kaiser/Friedrich Kittler*, Einleitung: Dichtung als Sozialisationsspiel, in: dies. (Hrsg.) Dichtung als Sozialisationsspiel. Studien zu Goethe und Gottfried Keller, Göttingen 1978, S. 7, 9.

42 *Sibylle Hofer*, Freiheit ohne Grenzen? Privatrechtstheoretische Diskussion im 19. Jahrhundert, Tübingen 2020, S. 103; vgl. auch *Hans-Peter Haferkamp*, Die Bedeutung der Willensfreiheit für die Historische Rechtsschule, in: Ernst-Joachim Lampe/Michael Pauen/Gerhard Roth (Hrsg.), Willensfreiheit und rechtliche Ordnung, Frankfurt a.M. 2008, S. 196, 197ff.

43 *Tucker*, (A Probable State), S. 7, 8.

44 *Raymond Williams*, The English Novel from Dickens to Lawrence, London 1970, S. 16.

45 *Bell/Vecchiato*, aaO (Legal Cultures in the Age of Goethe), S. 165.

einer »transindividuellen« Perspektive zuschreibt.[46] Der Bildungsroman reagiert auf den Wandel der Gesellschaft (und des Rechts) und wirkt zugleich zurück auf die praktischen Formen der Lebensführung unter den neuen Bedingungen[47] – seine Wirkungen bleiben also nicht auf die ästhetische Bildung beschränkt. In diese gesamthafte kulturelle Bedeutung des Bildungsromans ist zugleich die Möglichkeit der Überdeterminierung der rechtlichen und wirtschaftlichen Praxisformen durch die neue Kombinatorik der Kultur eingeschrieben.

Der Roman ist deshalb nicht nur die Begleiterscheinung (auch) eines Wandels des Rechts, er ist zugleich das Medium der *Realisierung,* der praktischen Einübung in die Eigenrationalität des (Rechts-)Subjekts. Die offene plurale Dimension des Bildungsromans macht sie zum privilegierten Medium der auch *praktischen Selbstordnung* der Subjekte, auch für das Recht und die Technik, ohne dass dies einem Zweck der Buchautoren entspräche. Es gibt keine Kompartmentalisierung der Subjektivierung in einer Zeit des Umbruchs. Der Möglichkeitssinn, der im Roman vermittelt und geschärft wird, kennt keine Grenzen.

46 *David E. Wellbery*, The Specular Moment. Goethe's Early Lyric and the Beginnings of Romanticism, Stanford 1996, S. 88, 92.

47 *Marielle Macé,* La lecture, la vie, Paris 2011, S. 9.

II. Das Recht und sein(e) Bildungsroman(e)

1. Der Roman als Medium der »Impersonalität« (Bender/Wellbery)

Bender/Wellbery[1] sehen im Roman und im Buch als seinem Träger ein Medium der »Impersonalität«[2]; der Leser wird, indem er sich bildet, zum Teil eines Publikums, das sich mit einer Vielfalt neuer Möglichkeiten konfrontiert sieht – nicht nur, aber auch im neu entstehenden Raum des Öffentlichen. Es entwickelt sich eine neue »Rhetorizität«[3] (»Rhetoricality«), »a play of transformation«[4] jenseits der klassischen, mit festen gesellschaftlichen Stellungen verbundenen Formen der öffentlichen Rede, die sich mit dem »grundlosen, sich unendlich verzweigenden Charakter des Denkens in der modernen Welt« verbunden hat. Das Subjekt kann wählen, aber nur zwischen den Formen, die die Sprache ihm zuweist.[5] Die Literatur verändert auch den Leser.

Viele *politische* Diskurse rufen das Subjekt als Bürger des Staates an, ohne dafür eine besondere Rhetorik zu benötigen.[6] Anders ist es mit der differentiellen Rhetorik der ständigen Positionswechsel in der gesellschaftlichen, aber formal privaten Praxis und der neuen öffentlichen Kultur jenseits der traditionellen Formen der Repräsentation und der Institutionen der Monarchie. Diese gesellschaftliche Dynamik des Wandels wird für eine lange Zeit in den beschriebenen Formen aus dem *Recht* herausgehalten. Die Position des Rechtssubjekts bleibt leer. Zwar basieren die vertraglichen Rechtsbeziehungen zwischen den Subjekten auf deren Willen, aber dieser Wille scheint innerhalb der Vertragspraktiken nur kurz auf, um dann sogleich wieder in der Bedeutungslosigkeit zu

1 *John Bender/David E. Wellbery*, Rhetoricality. On the Modernist Return of Rhetoric, in: dies. (Hrsg.), The Ends of Rhetoric. History, Theory, Practice, Stanford 1990, S. 3.

2 *Bender/Welllbery*, ebd., S. 20; vgl. auch *Thomas Vesting*, Gentleman, Manager, homo digitalis, Weilerswist 2021.

3 *Bender/Wellbery*, ebd., S. 3; vgl. dazu auch *Melanie Möller*, Rhetorik zur Einführung, Hamburg 2022, S. 103: Es geht hier aber um mehr als das dauerhafte, kontinuierlich zu beobachtende Phänomen der »Unhintergehbarkeit von rhetorischer Sprache und Subjekt« und die »Existenz der Rhetorik als menschlicher Daseinsform«, sondern um einen geradezu revolutionären Prozess der historisch bestimmten Instituierung einer neuen Form des Subjekts, die *eingeübt* werden muss und eingeübt wird.

4 *Bender/Wellbery*, ebd., S. 27.

5 *Wellbery*, aaO (The Specular Moment), S. 268.

6 *Bender/Wellbery*, aaO (Rhetoricality).

verschwinden – dies ist die herrschende Sicht, die die »Fülle« des Rechts im Gesetz einschließt. Doch ohne eine transsubjektive Ausstattung mit Mustern, Formularen, »shared exemplars« (Lorraine Daston), Anschlüssen für Weiterentwicklungen von Vertragsschlüssen ist ein praktisch handelndes Rechtssubjekt nicht vorstellbar.

Der Denkansatz von Bender/Wellbery ist produktiv und wird auch hier aufgenommen. Allerdings enthält er eine Perspektivenverengung: Er ist auf die Öffentlichkeit der Deliberation gemeinsamer »Themen« gerichtet. Die »Impersonalität« der nicht von explizit vorgegebenen Themen bestimmten privat-gesellschaftlichen, vor allem die den Lebens- und Praxisformen implizit bleibenden Prozesse der Wissensgenerierung einschließlich praktischer »Fertigkeiten« werden dadurch vernachlässigt.

In der auf die Entwicklung und das Prozessieren von Wissen eingestellten modernen Gesellschaft steht die Generierung der angemessenen Qualifikation der Rechtssubjekte, die Fähigkeit zur Entwicklung neuer »Willensmöglichkeiten«, in einem Entsprechungsverhältnis insbesondere zur Transformation des Eigentums an den Dingen, das durch die Zunahme der »geistigen« Komponente (einschließlich der später hinzugetretenen technischen) eine neue Beweglichkeit gewonnen hat. Dies bleibt dem Eigentum nicht äußerlich. Das Eigentum wird zum Knoten von Relationierungsmöglichkeiten, es wird prozessiert und gewinnt an subjektivem Wert, was es an objektivem Wert infolge der Einbindung in Markt- und Produktionsprozesse einbüßt. Die »Leere« des Rechtssubjekts kann keine bloße Chiffre bleiben, die die Stellung des Subjekts als Adressat von Rechtsakten bestimmt, während der kulturelle Wandel sich auf die »culture at large« konzentriert. Diese »Leere« ist nichts anderes als die von Bender/Wellbery apostrophierte »Impersonalität«, die ihrerseits an die Stelle der Einschreibung der Subjekte in eine feste geordnete Welt des religiös gestifteten Wissens tritt, und zwar auch des praktischen Wissens des Handwerks, des Verwaltens, des Vertragsschlusses. »Impersonalität« ist ein Begriff, der für einen Effekt des fundamentalen Wandels, nämlich die Defamiliarisierung der »Wissensverhältnisse« steht. Der neuen Beweglichkeit des Denkens entspricht, nicht weniger bedeutungsvoll, die Beweglichkeit der privat-gesellschaftlichen Praktiken: Das Handwerk wird ebenso wie das Verwalten und die Rechtspraktiken von einer revolutionären Mobilisierung neuer Möglichkeiten erfasst.

Die Wissensinfrastruktur des Subjekts, seine Bildung in mehr als einem Sinne, ist eine notwendige Komponente der praktisch fungierenden Rechtsubjektivität.[7] Diese Infrastruktur kann nicht in den explizit

7 Vgl. *Philipp Theison*, Vom »gleichen Recht des Höhern und Niedern«. Goethes »Wahlverwandtschaften« als Roman des Urhebers, in: Andreas Kilcher/Matthias Mahlmann/Daniel Müller-Nielaba (Hrsg.), Recht und Literatur. »Fechtschulen und phantastische Gärten«, Zürich 2013, S. 127; *Karl-Heinz*

formulierten Rechtsnormen vorgegeben werden, sie ist aber dennoch eine notwendige Eigenschaft auch des Rechtssubjekts. Sie wird durch die rechtlichen Lebensformen und Praktiken bestimmt, bedarf aber ebenso wie die Deliberationsöffentlichkeit der Reflexion, die das Lernen nicht mehr nur dem praktischen »Üben« überlassen kann. Es bedarf neuer abstrakterer Regeln und Regelmäßigkeiten, die die Weiterentwicklung der Praktiken erlaubt. Dazu leistet die Literatur ihren Beitrag – insbesondere der Bildungsroman, der auch eine »private« Seite hat.

In den Alltagspraktiken des Rechts über die Entwicklung von Techniken, aber auch der notwendigen Abstimmung, etwa auf Rechte der von Immissionen bedrohten Nachbarn, schlagen sich Spuren des Wandels nieder, die in der Vielfalt der Operationen der Rechtsakteure zur Geltung kommen, aber für das staatliche, auf Einheit fixierte Recht ohne Bedeutung bleiben. Es ist oben beschrieben worden, wie im Immissionsschutz der klassische, stationäre zivilrechtliche Standard der »Ortsüblichkeit«[8] durch die Orientierung an einer flexiblen »Gefahrengrenze« im Polizeirecht ergänzt wird. Es ist nicht mehr (nur) das lokal »Übliche« (und damit die Verteilung nach »besseren« und »schlechteren« Wohnvierteln), das die Belastungen zumisst, sondern ein staatlicher Standard der Verteilung nach einer erfahrungsbasierten »Gefahrengrenze«. »Gefahr« ist ein Begriff mit einer komplexen Infrastruktur.[9] Das revolutionär Neue der Konzeption des »Kreuzbergurteils« besteht in dem damit verbundenen Wandel der *sozialen Epistemologie*. Es ist nicht mehr das Machtwissen des Staates, sondern das neue gesellschaftliche Wissen, an dem sich die staatliche Gefahrenabwehr orientiert: Es ist das distribuierte, über das Zusammentreffen einer Vielzahl von gesellschaftlichen Operationen generierte Wissen, das neue Standards des *Wahrscheinlichen* herausbildet, die der Praxis implizit bleiben, aber so gut wie immer auf das in Zukunft Mögliche verweisen. Die Polizei kooperiert mit den privaten Beteiligten an einem unpersönlichen Prozess der Herausbildung eines Wissens, der distribuierten *Erfahrung*, die im Zwischenraum zwischen den Akteuren und den Dingen entsteht, aber nicht mehr die Unterscheidung eines Beobachtungspunktes zulässt, von dem aus das Subjekt ein von ihm getrenntes Objekt, die Wirklichkeit, erkennt.

Die Nutzung des gefährlichen Druckbehälters von heute erlaubt das *gesellschaftliche* Erlernen seines gefahrlosen Betriebs von morgen. Auch dies ist eine Variante der neuen »Impersonalität« des Privaten, der

Ladeur/Thomas Vesting, Geistiges Eigentum im Netzwerk – Anforderungen und Entwicklungslinien, in: Martin Eifert/Wolfgang Hoffmann-Riem (Hrsg.), Innovationsrecht: Geistiges Eigentum und Innovation, Baden-Baden 2008, S. 123.

8 Vgl. noch heute § 906 Abs. 2 S. 1 BGB.

9 Vgl. oben zum sog. Kreuzberg-Urteil.

Delokalisierung des »Üblichen«, die sich aber nur in einer reduzierten praktischen, von Fall zu Fall verfahrenden, nicht aber grundsätzlich reflektierten Form durchgesetzt hat. Der Staat stellt sich auf das neue gesellschaftliche Wissen ein, aber er verarbeitet es nicht explizit in seinen eigenen Praktiken, und er sucht nicht den systematischen Anschluss an das neue Denken und Handeln der privaten Akteure.

2. Die Leistung des Bildungsromans für das Recht

Für die Erleichterung der praktischen Ausübung der Vertragsfreiheit und der Vertragspraktiken haben die Bildung und der Bildungsroman eine paradoxe Ersatzform angenommen: Statt über die Entwicklung der Ausübung der Vertragsfreiheit und der Logik der Verknüpfung der Verträge zu einem evolutiven Netzwerk des distribuierten Wissens und der Handlungsmöglichkeiten zu gelangen, sind dem Recht auf Umwegen unsichtbar mehr operative Möglichkeiten rechtlichen Handelns zugeführt worden, die sich der Bildung der Individuen im Allgemeinen und der Lektüre des Bildungsromans im Besonderen verdanken. »Die Geschichte des historischen Subjekts ist untrennbar von dem historischen Wissen, das produziert wird...«.[10]

Demgegenüber bleibt eine explizit institutionalisierte Form des »Rechts als Kultur«, der Kultur des Rechts als Reflexionsraum der Möglichkeiten, unterentwickelt. Dies kommt vor allem in dem sehr reduzierten Verständnis des Individuums in der Gesellschaft zum Ausdruck: Vom Mythos des »abstrakten Individuums« führt kein Weg zu einem Verständnis des Rechtssubjekts als Subjekt innerhalb eines Prozesses der Selbsttransformation der Gesellschaft. Deshalb entsteht keine *Konzeption des Rechtssubjekts* – und als Ersatz bedarf es deshalb des *Romans*! Gerade weil der Roman nicht mehr auf die Fortsetzung der tradierten »Repräsentation einer kollektiv verbindlichen Form« festgelegt ist[11], erlaubt er das Sicheinlassen der Bürger auf die »Präsentation« der fragmentierten Welt des Machens, das Erleben einer »Intensität«[12], die auch den Aufbruch in neue Möglichkeitsräume jenseits der Literatur zulässt, eine neue »Horizontalität allen menschlichen Handelns«[13], die zugleich ein »intertextuelles« Flottieren von Überwirkungen in andere Textsorten

10 *Lucinda Orr*, Intimate Images – Subjectivity and History – Staël, Michelet et Tocqueville, in: Frank Ankersmit/Hans Kellner (Hrsg.), A New Philosophy of History, Chicago 1995, S. 89, 90.

11 *Aleida Assmann*, Funktion als Differenz, Poetica 21 (1989), 239, 250.

12 *Assmann*, ebd. 258.

13 *Assmann*, ebd., 258; *Andreas B. Kilcher*, Mathesis und Poiesis. Die Enzyklopädik der Literatur 1600 – 2000, Paderborn 2003, S. 105, bezeichnet

ermöglicht. Insofern kann man mit Brandom von einem »sprawling Bildungsroman« sprechen.[14]

Der Roman bereitet das Subjekt auch als *Rechts*subjekt auf das Operieren in Rechts-verhältnissen vor, die für die herrschende Rechtswissenschaft nicht *gezählt* haben, weil sie nicht auf »das Ganze« des geschriebenen, des offiziellen Rechts zielen. Die Literaten setzen sich – anders als die Juristen – »dialogisch im Gespräch mit dem Kenntnisstand ihrer Zeit«[15], mit den *konkreten* Anderen auseinander, die in den Lebensformen in der Gesellschaft mit deren Wandel konfrontiert sind. Darin sind sie den einzelnen rechtlichen Operationen der Bürger näher als die Juristen, die auf das »Ganze«, den Staat, fixiert sind – und das »Ganze« ist das um seinen gesellschaftlichen Kontext verkürzte staatlich gewordene Recht.

Der Erzählungsraum der Vergangenheit verändert sich und wird durch neue figurale Formen des Romans mobilisiert, die von Verweisungen auf andere Figuren innerhalb desselben Romans oder in anderen Romanen neue Formen des Erlebens von Einheit in der Diskontinuität herstellen. Das Prozessieren der Figuren impliziert und realisiert neue Formen der wechselseitigen Anerkennung, die in der Wiedererkennung neuer Figuren und ihrer Variationen basiert ist und einen neuen Zusammenhang denken lässt: Dieser lässt sich über den Prozess der reflektierten Bildung des Einzelnen in der Kultur erleben und dadurch zugleich in einer ambivalenten Bewegung halten, die durch die Notwendigkeit ständigen Wissenserwerbs, die Furcht vor dem Steckenbleiben in der »Halbbildung«[16] und die Erprobung des Neuen bestimmt wird.

Es ist der *Bildungsroman,* der die neue bewegliche Subjektivität entfaltet. Der Bildungsroman ist *die* Form, die das Recht selbst nicht

deshalb Goethes »Wahlverwandtschaften« als einen »enzyklopädischen Roman«.

14 *Robert A. Brandom,* A Spirit of Trust. A Reading of Hegel's Phenomenology, Cambridge, Mass. 2019, S. 1; einen Teil der heutigen Romanliteratur könnte man demgegenüber als die Literatur des Einzelnen (»singular«) bezeichnen, der eine »künstlerische Intensität« des Erlebens einer »Ethics of otherness« in einer komplexen Welt entfaltet, die keine Einheit mehr in Aussicht hat, vgl. *Dorothy J. Hale,* The Novel and the New Ethics, Stanford 2020, das Recht ist darauf nicht mehr angewiesen; auch *Pierre Fasula/Sandra Laugier,* Présentation, in: dies. (Hrsg.), Concepts de l'ordinaire, Paris 2021, S. 5, 19: Der Roman lehrt uns die »Improvisation« als adäquate Weise des Herangehens an das Alltagsleben.

15 *Volkmar Hansen,* Die Kritik der Modernität bei Thomas Mann, Thomas Mann-Jahrbuch 1991, S. 145, 147.

16 *Theodor W. Adorno,* Theorie der Halbbildung, in: A. Busch (Hrsg.), Soziologie und moderne Gesellschaft, Verhandlungen des 24. Deutschen Soziologentages vom 20. bis 24. Mai 1959, Berlin/Stuttgart 1959, S. 169.

hervorbringen kann. Sie wird zunächst nur implizit in den Lebensformen instituiert. Sie kann nur von außen und nur als nicht-rechtliche Form der Herstellung von Möglichkeitsbedingungen in Erscheinung treten. Nur dort können die neuen Normen, die in der Zeit ein »Feld möglicher Erfahrungen« eröffnen, als »domaine de subjectivité« konstituiert werden, die die Subjekte auf das Durchspielen einzelner Gruppen von Möglichkeiten vorbereiten.[17] Damit verweist der Bildungsroman, oder besser: verweisen die vielen Bildungsromane, die nur im Plural denkbar sind, zugleich auf ihre »operative Natur«,[18] die dadurch bestimmt ist, dass künftig *mehr Möglichkeiten* (statt einer stabilen Wirklichkeit) bereitliegen, die dementsprechend auch nur durch praktisches operatives Handeln aufgegriffen werden (müssen), und nicht nur übernommen werden können.

Der Bildungsroman bringt die operative Seite der Fiktion auch für die *rechtliche* Fiktion zur Geltung und bahnt der Selbstorganisation der vielen Rechte, die ebenso wenig wie die »Operationen« des Bildungsromans ins Chaos führen, einen praktischen Weg, den das »offizielle« Recht in Deutschland ignorieren, aber gerade deshalb nicht blockieren kann. An die Stelle der einen Gewohnheit der Vergangenheit tritt die selbstorganisierte Multiplizität des Prozessierens der Operationen und praktischen Normbildungen der sich wechselseitig auch im Spiegel des offiziellen Rechts beobachtenden Rechtssubjekte.

3. Die Entfaltung des pragmatischen Weltverhältnisses in der Literatur – Hilary Mantel als Exempel

David Kennys Lektüre von Hilary Mantels Buch[19] über Thomas Cromwell, den großen mReformer des englischen Staates im 16. Jahrhundert, zeigt, dass und wie sehr die Literatur auf Recht (als Kultur) ebenso wie das Recht auf die Literatur als Form der Erprobung des Neuen verweist, die an »Experimenten«[20], nicht an Dingen interessiert ist. Dies ist ein

17 *Pierre Macherey*, De Canguilhem à Foucault: La force des normes, Paris 2009, S. 78; *Andreas Kablitz*, Die Kunst des Möglichen, Baden-Baden, 2012, S. 203.

18 *Andreas Kablitz*, »Es ist nichts im Buche«, FAZ v. 5.4.2023, Nr. 81, Seite N 3.

19 *David Kenny*, The Human Pared Away: Hilary Mantel's Thomas Cromwell as an Archetype of Legal Pragmatism, Law and Literature 34 (2022), 109; vgl. auch *Claudia Nitschke*, Metaphorical Contracts and Games: Goethe's *Götz von Berlichingen* and Schiller's *Fiesco*, Law and Literature 34 (2022), 171.

20 *Kenny*, ebd.

Beispiel für das Funktionieren des »Rechts als Kultur«, wie es in der Literatur exemplarisch erprobt wird. Praktisch wird dies entfaltet in Hilary Mantels Werk in der Form von Thomas Cromwells strukturierter Reflexion über die eigenen Handlungen, die Erprobung ihrer Voraussetzungen, Bedingungen und Folgen – und zwar im Rekurs auf eine Erfahrung, die ein kollektives Produkt der Möglichkeiten ist. Die literarische Figur sucht nach Anschlüssen und lädt den Leser ein, ihr in der Selbstbeobachtung zu folgen. Dies ist charakteristisch für die Herausbildung der (späteren) Form der Experimentalität des Rechtssubjekts.

Die Leere des Rechtssubjekts, die die Rechtswissenschaft des 19 Jahrhunderts unterstellt hat,[21] verweist demgegenüber figural auf den Volksgeist, der in Zukunft letztlich durch den Staat supplementiert werden wird und für die »Fülle« des Subjekts zuständig ist. Und auf die Zukunft wird auch die Bildung eines Ersatzes für den Civis Romanus verwiesen: den deutschen *Staats*bürger. Für den *Gesellschafts*bürger ist kein Raum gelassen. Die Dynamisierung des Privatrechts durch die Veränderung der gesellschaftlichen Verhältnisse wird mit Misstrauen beobachtet.

Die Dynamik der Entfaltung der modernen (Rechts-)Subjektivität, die mit der französischen (politischen) Revolution und der englischen (industriellen) Revolution entsteht, setzt einen »vorindividuellen« (»préindividuel«) Möglichkeitsraum voraus,[22] innerhalb dessen sich eine dominante Kraft bildet, die die Spannung hervorruft, die zur Emergenz der neuen Rechtssubjektivität führt. Dieses neue Rechtssubjekt entwickelt in einem Prozess des Wandels des stabileren, an Gewohnheiten gebundenen älteren Subjekts eine *Metastabilität* (die auch intern mehr Möglichkeiten des praktischen Wissens und Handelns kompatibel halten kann). In Deutschland tritt dies während der »25 Jahre der Philosophie«[23] in einer spezifisch deutschen Revolution zutage, die eine außergewöhnliche Kreativität erzeugt hat, die ohne die anderen Revolutionen nicht möglich gewesen wäre. Dies ist im Vergleich mit den anderen großen Wirtschaftsnationen, wenn man insbesondere an die instabilen gesellschaftlichen Verhältnisse in Frankreich in den 100 Jahren nach der Revolution denkt, keineswegs als eine geringe (auch politische) Leistung abzuwerten.

Savigny ist im Grunde ein reaktionärer Rechtsdenker, dessen Denken darauf zielt, die Entwicklung eines Kipppunkts zu verhindern, der die Institutionalisierung des neuen Subjekts erlaubt hätte, die in Deutschland nicht anders als in Frankreich und England möglich

21 *Edmund Bernatzik*, Kritische Studien über den Begriff der juristischen Personen, AöR 5 (1890), 169, 176ff.

22 *Frédérique Ildefonse,* Le multiple dans l'âme. L'intériorité comme problème, Paris 2022, S. 34, 635.

23 So der treffende Titel eines Buches von *Eckart Förster*, Frankfurt a.M. 2018.

erschien. Savigny will die Form der Normativität erhalten, die von dem neuen Prinzip des »*Vorrangs der Differenz vor Einheit*«[24] in Frage gestellt würde.

Die sich ankündigende scheinbar ungezügelte Beweglichkeit des Subjekts der beginnenden Moderne ist eine Gefahr für die Einheit des Weltbildes des Rechts. D. Wellbery[25] macht darauf aufmerksam, dass Goethe in einer historischen Charakterisierung des *Begriffs* für die deutsche Kultur den Willen zur Abstraktion von dem »Beweglichen«[26] diagnostiziert. Goethe konstatiert, dass der Deutsche in »*Gestalten*« denke, die etwas Zusammenhängendes abschließend feststellten und dieses damit in seinem Charakter fixierten.[27] Damit wird die Prozesshaftigkeit des Seins und der Kultur negiert, während doch »nirgends ein Bestehendes, nirgends ein Ruhendes, ein Abgeschlossenes vorkommt.«[28]

4. Der Bildungsroman als gesellschaftliche Institution

Das, was durch die Lektüre des Bildungsromans »verinnerlicht« wird, mag man mit Foucault einem vermachteten und vermachtenden »dispositif de savoir«[29] zuschreiben, doch wäre dies missverständlich. F. Kittler benutzt eine ähnliche, aber differenziertere Terminologie: »Sozialisationsspiel zwischen Autor und Leser«.[30] Auch dieser Begriff ist nicht ohne Ambivalenz: Das Subjekt wird danach einem Prozess der Bildung einer »*koine*« unterworfen, in dem sich die Sprachen des Autors und der Leser vermischen und einen Überschuss neuer Möglichkeiten erzeugen. Der Leser kann den Roman nur dadurch verstehen, dass er zum »Leser

24 *Jean Clam*, Was heißt, sich an Differenz statt an Identität orientieren?, Konstanz 2002; allg. *Niklas Luhmann*, Soziale Systeme. Grundriß einer allgemeinen Theorie, Frankfurt a.M. 1984, S. 112.

25 *David E. Wellbery*, Zur Methodologie des kritischen Verstandes. Anmerkung zu Eckart Försters Goethelektüre, in: Johannes Haag/Markus Wild (Hrsg.), Übergänge – diskursiv oder intuitiv? Essays zu Eckart Försters »Die 25 Jahre der Philosophie«, Frankfurt a.M. 2013, S. 259, 265.

26 *Wellbery*, ebd.

27 *Johann Wolfgang v. Goethe*, Sämtliche Werke, Band 24: Schriften zur Morphologie, Berlin 1987, S. 392.

28 *Johann Wolfgang v. Goethe*, Werke, Hamburger Ausgabe, München 1981, Band 13, S. 56.

29 *Michel Foucault*, Surveiller et punir, Paris 1975, S. 65; auch *ders.*, La culture de soi (1983), in : Qu'est-ce que la critique ?, suivi de: La culture de soi, Paris 2015, S. 81, 88.

30 *Gerhard Kaiser/Friedrich A. Kittler*, Einleitung: Dichtung als Sozialisationsspiel, in: dies. (Hrsg.) Dichtung als Sozialisationsspiel. Studien zu Goethe und Gottfried Keller, Göttingen 1978, S. 7, 9.

und Schreiber des eigenen Lebens« wird.[31] Er schreibt nicht *über* sein Leben, sondern er ist der »Schreiber des eigenen Lebens«.[32] Dies könnte man als eine »Technik« der Selbstkonstruktion beschreiben, die auf historische Bedingungen angewiesen war, die es in Deutschland in der ersten Hälfte des 19. Jahrhunderts gegeben hat. Die Überwirkung des literarischen Textes in das reale Leben bezeichnet T. Boes in seinem Buch über den Bildungsroman am Beispiel des englischen Romans »Emma« von Jane Austen als »Ausstrahlen« (»radiate«) einer »outward force«.[33] K. Wetters gebraucht das Bild des »Palimpsests«, um die prozesshafte, performative Seite des Bildungsromans zu charakterisieren,[34] die in England stärker als auf dem Kontinent schon auf die Herstellung eines gesellschaftlichen Konsenses zielt und dazu auch Formen der Darstellung des Rechts einsetzt.[35] Am Bildungsroman sind immer mehrere Leser beteiligt.[36] Über die Leser und deren Beteiligung an nur oberflächlich unterschiedenen Texten und Diskurspraktiken entsteht eine »Textur«[37] der Verschleifungen von Sinn, die als »Einflüsse« nicht erfassbar, weil nicht trennbar sind. Die Beobachtung solcher Verschleifungen beruht anders als die »Ableitung« von Sinn aus systematischen Deduktionen oder Unterscheidungen eher auf »semiologischem Experimentieren«, der Konstruktion von »Ähnlichkeiten«, der Erschließung der »Rhetorizität der Verknüpfungen«[38] (die zur Sprache gebracht wird), der Emergenz von Wissen aus dem Zusammenspiel der Zeichen und Texte. Genau dies macht die »Institution« des Bildungsromans für das Recht so interessant: Er ermöglicht die »extension of life«[39], den »Übergangsritus«[40] *selbst* (nicht seine Beschreibung), er bildet den Leser zu einem anderen heraus, *auch* zu dem Rechtssubjekt, das auf das (Ko-)Operieren mit anderen im Recht angelegt ist und zu dem die Rechtswissenschaft

31 *Friedrich A. Kittler*, Über die Sozialisation Wilhelm Meisters, in: Kaiser/ders., aaO (Dichtung als Sozialisationsspiel), S. 13, 102.

32 *Kittler*, ebd., S. 102.

33 *Tobias Boes*, Formative Fictions. Nationalism, Cosmopolitism, and the Bildungsroman, Ithaca 2012, S. 55.

34 *Kirk Wetters*, Who cares about society? Sorge and reification in Goethe's Wilhelm Meister, Colloquia Germanica 47 (2014), 243, 244.

35 *Kieran Dolin*, Fiction and the Law. Legal Discourse in Victorian and Modernist Literature, Cambridge 1999, S. 18.

36 *Niklas Luhmann*, Die Realität der Massenmedien, 2. Aufl., Opladen 1996, S. 103ff., zur Leistung des Romans.

37 Vgl. zum Begriff nur *Andreas Kilcher*, Die Sprachtheorie der Kabbala als ästhetisches Paradigma. Die Konstruktion einer ästhetischen Kabbala seit der frühen Neuzeit, Berlin/Heidelberg 1998, S. 300.

38 *Kilcher*, ebd., S. 282.

39 *Wetters*, aaO (Who cares about society?), 244.

40 *Boes*, aaO (Formative Fictions), S. 45.

ebenso wie das geschriebene Recht so wenig zu sagen weiß. Das Recht und die Rechtswissenschaft vernachlässigen die impliziten Regeln der Praxis und der Lebensformen. Das bürgerliche Subjekt ist alles andere als ein »souveränes Individuum«: Es wird nicht mehr stabil in tradierte Gemeinschaften integriert, sondern es hat mindestens partiell die »Wahl«, aber eine Wahlentscheidung muss auch getroffen werden. Die »Gruppe« ist nichts anderes als die Kehrseite der Freiheit des Individuums.[41] Sie bietet die kollektiven, selbst auf das distribuierte Verhalten einer Vielzahl von Individuen zurückgehende »Muster«, die der Einzelne für den Erwerb von »agency«, von praktischem Bewusstsein des Möglichen, benötigt. Das »souveräne Individuum« ist ein illiberaler Mythos – ebenso wie die »schrankenlose Vertragsfreiheit«. Dass manche Formulierung so missverstanden werden kann, z.B. bei John Locke, ist nur darauf zurückzuführen, dass der entscheidende »Einschnitt« in das Ganze der Vergangenheit, den ein Begriff vollzieht, einer antithetischen Fixierung bedarf, die einen »Anfang« ermöglicht, dem aber weitere genauere Unterscheidungen folgen müssen. Auch deshalb hat der Bildungsroman für das Recht eine weitreichende Bedeutung, er eröffnet ein Feld, auf dem immer weitere und ganz verschiedene Unterscheidungen angeschlossen werden können.

Das Subjekt hat kein »Wesen«, es ist eher eine »Virtualität«, die sich nicht vollziehen kann, ohne dass gleichzeitig andere »ihre subjektive Dimension« erreichen.[42]

Gerade die performative Seite des Bildungsromans, der sein lesendes Subjekt in mehr als einem Sinne aus etwas anderem (heraus-)*bildet*, erzeugt eine überwirkende Kraft, die nicht auf das »literarische« Subjekt begrenzt ist, sondern eine kollektive Fähigkeit zur Beobachtung der anderen auch im realen Leben, zum Lernen von ihnen sowie einen unpersönlichen Prozess der sozialen Normativität auch jenseits des Bildungsromans im »Zwischenraum« der Rechtssubjekte hervorbringt. In einer dynamisch gewordenen Gesellschaft proliferieren die Fähigkeiten des »gebildeten« Subjekts auch in »bildungsferne« Kooperationsnetzwerke, z.B. des Handels oder der rechtlichen Vertragspraktiken.

41 Vgl. zu der Entdeckung des Individuums im 12. Jahrhundert *Caroline Walker Bynum*, Did the Twelfth Century Discover the Individual?, Journal of Ecclesiastical History 31 (1980), 1, 3; dazu auch *Adam B. Seligman*, Trust, Princeton 1997, S. 127.

42 *François Richard*, L'actuel malaise dans la culture, Paris 2011, S. 219.

5. Die Welt als Möglichkeitsraum und der Roman als sein Medium

Zwar hat der Roman, so V. Kahn,[43] auch die Funktion, einen Beitrag zur Entwicklung des »kohärenten Selbst« zu leisten. Doch die Pluralität der Plots unterläuft die Linearität der »Bildung«. Der Roman führt als Medium des Möglichen nicht nur die Überschreitung der Grenzen verfügbarer Muster des Handelns, sondern auch die Möglichkeit der Überschreitung der Grenzen des literarischen Genres mit sich. Mit Joanna M. Picciotto ließe sich formulieren: Es geht um »literature as part of this larger habitat of practice« und weiter, wie sie am Beispiel von Figuren der Poesie analysiert, aber darüber hinaus evoziert, um einen »transpersonal process of thinking« und »transaction between contexts«.[44]

Die Literatur, insbesondere der Bildungsroman, stellt sich als eine Form der Zuwendung zum *Partikularen* dar, die nicht mehr ohne Weiteres zum Allgemeinen vermittelt werden kann, aber doch eine Bewegung der Defamiliarisierung des Alltäglichen[45] und damit eine Öffnung zur Überschreitung von dessen Grenzen herstellt. Die Literatur wird zu einer gesellschaftlichen Institution, da sie den Blick des einzelnen Lesers für die Beobachtung der anderen öffnet. Sie hält in neuer Form auch an der Verknüpfung von Literatur und Recht fest, die schon in der griechischen und der römischen Kultur von Bedeutung war.[46] Sie leistet jenseits der expliziten poietischen Verknüpfungen von Handlungsmustern einen wichtigen impliziten Beitrag zur Rechtsentwicklung durch die Zufuhr eines breiten Materialitätsstroms von Elementen und Mustern des Wissens und seiner Verarbeitung in die sozialen Regeln, der auch für das Recht »benutzt« werden kann.

»Literatur überführt die Wirklichkeit in die Vielfalt der Möglichkeiten«.[47] Deshalb benötigt das Recht die Literatur als Medium der praktischen Einübung in die »Kunst des Möglichen«, in die pragmatische Weltsicht, um sich von der durch die Fixierung auf den »Volksgeist« entstandenen Unbeweglichkeit des Rechtsdenkens zu lösen. Die Literatur prozessiert für das Recht die Wiederbringung eines produktiven Bestandes von »shared exemplars« (Lorraine Daston), die Anschlüsse an Rechtsfälle und kreatives rechtliches Entscheiden der Subjekte erschließt.

43 *Victoria Kahn,* The Future of Illusion. Political Theology and Early Modern Texts, Chicago 2014, S. 19.

44 *Joanna Picciotto,* Truth Telling, Mass Media, and the Poet's Office, English Literary History 87 (2020), 375, 380.

45 *Toril Moi,* Revolution of the Ordinary, Chicago 2017, S. 211.

46 *Michèle Lowrie,* Roman Law and Latin Literature, in: Paul J. du Plessis et al. (Hrsg.), Oxford Handbook of Roman Law and Society, Oxford 2016, S. 70.

47 *Kablitz,* aaO (Die Kunst des Möglichen), S. 203.

6. Erkennen im Spiegel der anderen

Das Erkennen des eigenen Bildes im Spiegel der anderen und dessen Rückspiegelung in dem Anderen[48] ist nicht Gegenstand einer »Erzählung« oder der Übernahme der Wünsche des Gesetzgebers (so Savigny), sondern wird »product of the society's disciplinary influence«.[49] Man könnte in Anlehnung an Michel Foucault und mit Tobias Boes von der »Verinnerlichung diskursiver Macht« sprechen.[50] Es geht um einen performativen Prozess der Hervorbringung des Subjekts durch eine Praxis der Selbstveränderung durch Handeln, dazu gehört auch das Lesen der Bildungsromane. Es geht nicht um die zeitlose allegorische Repräsentation menschlicher Tugenden, sondern um den Vollzug eines »Übergangsritus« in eine »world in flux«,[51] das Erleben eines gesellschaftlichen Wandels, der sich in vielfältigen Versionen des praktischen Lebens *Einzelner* realisiert.[52] Tatsächlich kommt es für die Individuen darauf an, »to claim a place for themselves in *recognizable* historical settings.«[53] Dies setzt keine stabile Universalität der Regeln mehr voraus, sondern die Anerkennung und Annahme einer *Universalisierung* (»Defamiliarisierung«) als Bewegung einer doppelsinnigen Selbst-aneignung, der Bildung des Eigenen aus dem Prozess des Durchspielens der Lebensvollzüge der anderen, und nicht allgemeiner Werte. Das neue Verhältnis zu den anderen ist bei Schleiermacher damit assoziiert, dass die dem Menschen attestierte neue »Empfänglichkeit für alle andere(n)«[54] eng mit der Bewegung der »Vergleichung mit sich selbst« verknüpft ist.[55] Die »anderen« erzeugen ständig neue »exempla« des Alltags, die in die Selbstwahrnehmung der Einzelnen zur Prüfung übernommen werden – wobei der Prüfungsmaßstab selbst ein seinerseits instabiles plurales Gewebe von »Exemplarietät« ist.[56] Auch dies ist eine Erscheinungsform des denkenden »Selbstvollzugs« der sich für die *Gesellschaft* der anderen öffnenden Subjekte, also einer Praxis der Auseinandersetzung.

48 *Kittler*, aaO (Über die Sozialisation Wilhelm Meisters), S. 102.
49 *Boes*, aaO (Formative Fictions), S. 44.
50 *Boes*, ebd.
51 *Boes*, ebd., S. 45.
52 *Boes*, ebd., S. 44f.
53 *Boes*, ebd., S. 58; Herv. n. i. Orig.
54 *Friedrich Daniel Ernst Schleiermacher*, Vorlesungen zur Hermeneutik und Kritik, Kritische Gesamtausgabe Vorlesungen (1805–1833) Bd. 4, Berlin/Boston 2012, S. 169.
55 *Schleiermacher*, aaO (Vorlesungen zur Hermeneutik und Kritik), S. 170.
56 Vgl. dazu instruktiv die Beiträge in: Michèle Lowrie/Susanne Lüdemann (Hrsg.), Exemplarity and Singularity. Thinking Through Particulars in Philosophy, Literature, and Law, Abingdon 2015.

Auch damit ist die Frage nach dem »*Ganzen*« aufgeworfen, aber nicht als eine vorfindliche (Rechts-)Idee, der sich die Vielzahl der »Anwendungen« des Rechts zu subsumieren hat, sondern als *Frage*, wie aus dem »Zwischenraum« innerhalb einer Vielfalt von Individuen ein »sinnvolles Ganzes« entstehen kann.[57] Tobias Boes ordnet dieses Verständnis mit Recht der »Logik des Historismus« zu, dem neuen Verständnis der Geschichte als Prozess.[58] Die Frage legt zugleich einen Rekurs auf die Bedeutung des »Rechts als Kultur« nahe: Es ist eben die Gemeinsamkeit des Rechts mit der Kultur (und der Literatur) der prozesshaften Universalisierung, des kollektiven Entwurfs von »rules … we live by« (L. Daston), die das epistemologische Problem der praktischen »Erkennbarkeit« der Welt aufwirft.

Hier bietet sich ein Vergleich mit Adam Smiths Vorstellung von der Spiegelung des Eigenen in den Vorstellungen der Anderen zum Zwecke der Selbstkoordination der Bedürfnisse und des Aufbaus des »man within« an.[59] Das Erkennen des Eigenen, genauer: dessen Konstruktion in der Beobachtung der Anderen, erzeugt kein Abbild, sondern ein Vorbild, das einen *performativen*, praktischen Charakter hat.

Die Protagonisten des Bildungsromans unterwerfen sich den »existing laws of life«.[60] Und das tun auch die Leser! Und das gilt auch für die Rechtssubjekte im Alltagsleben der Rechtskommunikation (Vertragsschlüsse etc.), die viel leichter durchlässig sind für kontextuelle Impulse z.B. aus der Literatur, weil sie als implizite, unausgesprochene Praxis nicht in einem mit dem staatlichen Recht vergleichbaren Maße begrifflich abgedichtet ist.

Man könnte in Abwandlung von Ino Augsbergs Ideen zu einem »expositiven Recht«[61] annehmen, dass das Recht im 19. Jahrhundert einmal »sich ausstellt«, nämlich sich einen »Ausweis« als Recht ausstellt, aber zum Zweiten »sich ausstellt« der Beobachtung und Anverwandlung der anderen, die nicht nur durch das Lesen des Textes erfolgen kann, sondern nur durch die »Bildung« des (Rechts-)Subjekts, die sich nicht primär im Lesen des Rechtstexts vollziehen kann, sondern nur in der Praxis ihrer Selbstveränderung.

Man könnte diese Überlegungen dahin zuspitzen, dass der Bildungsroman eine Institution *auch des Rechts* wird, allerdings eine, die für das

57 *Boes*, aaO (Formative Fictions), S. 60.

58 *Boes*, ebd., S. 45.

59 Zu Adam Smith vgl. *James R. Otteson*, Adam Smith's Market Place of Life, Cambridge 2002, S. 214; zu den Unterschieden zwischen Adam Smith und der philosophischen Herangehensweise Hegels *Terry Pinkard,* Hegel's Phenomenology. The Sociality of Reason, Cambridge 1996, S. 194.

60 *Mikhail Bakhtine*, The Bildungsroman and Its Significance in the History of Realism (Toward a Historical Typology of the Novel). Speech Genres and other Late Essays, hg. v. Caryl Emerson/Michael Holquist, Austin 1986, S. 10, 23.

61 *Ino Augsberg*, Elemente einer Theorie des expositiven Rechts, Weilerswist 2021, S. 122.

Recht in eine Rechtspraxis ausdifferenziert und in eigenen Institutionalisierungen proliferieren müsste. Der Bildungsroman des Rechtssubjekts trägt dazu bei, dass ein verzweigtes Feld auch des praktischen kollektiven, transsubjektiven *Rechtswissens* zwischen den Subjekten *institutionalisiert* wird. Er bildet einen »rite de passage«, der die Leser verändert.[62] Er ist eine »Sozialisationstechnik«.[63] Die Lektüre verändert das Subjekt, das sich mit dem Wandel der Lebensformen, der Lockerung ihrer »Prägungseffekte«, einem Abenteuer aussetzt.[64]

7. Der Mangel an gesellschaftlichen Institutionen, die das Recht abstützen

Es bleibt in Deutschland ein Mangel an rechtlichen und Recht unterstützender *Institutionen.* Steht am Ende dieser Entwicklung die »nationhood« als das die Bildungsprozesse überwölbende »Ganze«[65]? Für Deutschland mag dies eine plausible Hypothese sein, doch sind hier Einschränkungen erforderlich: Am Ende des Bildungsromans, das auch in Deutschland, ebenso wie in Frankreich, zu einer Desillusionierung führte, steht eine Fragmentierung der Kultur, die u.a. eine »gelungene« Anpassung von Individuen an die *privaten* Zwänge der neuen Wirtschaftsgesellschaft zur Folge hat, aber andererseits in Hinsicht auf die *öffentliche* Seite der Bildung der Subjekte zum Aufleben mehrerer unterschiedlicher kultureller Bewegungen führt, die sich etwa in einem »Lyrismus« des Verzichts (Wandervogelbewegung) und anderen Formen der aktiven Gemeinschaftsbildung[66] jenseits der Mehrheit der unterschiedlichen Charaktere des Bildungsromans um Einheit des Erlebens in der Ästhetik bemüht – oder später auch zum völkischen Denken und Fühlen einer Gemeinschaft im Mythos.

Hier lässt sich die Überlegung anknüpfen, dass die Subjekte »ihren Glücksanspruch (hier an das Leben als Literatur – KHL) zu ermäßigen« bereit sind. Dieser »Glücksanspruch« hat sich »unter dem Einfluss der Außenwelt zum bescheideneren Realitätsprinzip« umgebildet. Doch ist dies nicht ohne »Rest« möglich: »Gegen die gefährliche Außenwelt kann

62 *Boes*, aaO (Formative Fictions), S. 45.

63 *Kittler*, aaO (Über die Sozialisation Wilhelm Meisters), S. 112.

64 *Sandra Laugier*, L'expérience de la lecture et l'éducation de soi, in: Le sujet dans la cité Nr. 8, 2017, 39; wer diese Lektüre als ein Produkt der »Einbildungskraft« betrachtet, versteht genau richtig! Ohne diese geht es nicht. Dies wird hier nur offen eingeräumt, während die Rechtshistoriker die Brüche in den von ihnen beobachteten Entwicklungen der Kraft der Wirklichkeit zuschreiben, die genau so ist, wie sie sich ihnen darzustellen scheint.

65 *Boes*, aaO (Formative Fictions), S. 60.

66 *Marino Pulliero*, Walter Benjamin: Le désir de l'‹authenticité, Encyclopaedia universalis, Boulogne-Billancourt 2013, S. 927ff.

man sich nicht anders als durch irgendeine Art der Abwendung verteidigen, wenn man diese Aufgabe für sich allein lösen will«.[67] Eine Durcharbeitung dieser Herausforderung wäre nur durch die Referenz auf eine kollektive prozesshafte Ordnung eines politischen Pluralismus möglich. Die nur scheinbar unpolitische (partielle) individuelle »Abwendung« von der wirtschaftlichen Außenwelt und die Zuwendung zur Reinheit der Kunst wird dagegen von starkem Ressentiment eines großen Teils der Bürger gegen die »kunstlose« Wirklichkeit begleitet. Dies ist eine der Erscheinungsformen des von Freud so genial attestierten »Unbehagens in der Kultur«.

Anders als im Bereich der Selbstorganisation des Privaten bedürfte es für den *öffentlichen* Raum der Möglichkeiten einer explizit reflektierten pluralistischen Institution, z.B. ein Vereinswesen, Foren der strukturierten Kontroversen, die der offenen Erprobung der Metastabilität des Öffentlichen einen Bewegungsraum gegeben hätten. Dazu ist es im ganzen 19. Jahrhundert kaum gekommen, weil vor allem dort der Mythos der »Einheit« des Rechts und des Staats den pragmatischen Umgang mit dem Konflikt um die Pluralität der Möglichkeiten blockiert hat. Dies lässt sich in den Figuren der Psychoanalyse als eine gefährliche Tendenz zur Auflösung des »Ichideals« in der Illusion einer Verschmelzung »im Geiste« beschreiben, die die Anstrengung der *Durcharbeitung* von Widersprüchen und Spannungen im Bildungsroman meidet und eine destruktive Form der nihilistischen Exaltierung des Willens zur Zerstörung eben der Institutionen hervorbringt,[68] die der Darstellung und Bearbeitung von Widersprüchen und Spannungen Raum geben – weil diese Darstellung als *Herstellung* der Gegensätze beobachtet wird. Paradoxerweise ließe sich formulieren, dass der Bildungsroman seine produktive Seite vor allem in der Formierung des Rechtssubjekts als »*Gesellschafts*bürger« gehabt hat. Im realistischen Bildungsroman (z.B. Stendhals »le rouge et le noir«) erlebt der Protagonist die »Arbeit der Negativität« (Hegel) in der Einsicht, dass das Denken und Fühlen des Menschen nicht von seinen Ausdrucksformen und -möglichkeiten getrennt werden kann, die erst die Person komplettieren und die infolgedessen nicht nur als »Innerlichkeit« gedacht werden kann. Der soziale Aus-druck ist das Produkt von *Relationen* und muss von der Person als Person durchgearbeitet werden.[69] Dies ist der Anschluss, den die Literatur dem Recht bietet: Die Wendung der Person nach außen führt in den

67 *Sigmund Freud*, Das Unbehagen in der Kultur, in: Studienausgabe Bd. IX: Fragen der Gesellschaft und Ursprünge der Religion, Frankfurt am Main 1974, S. 191, 209.

68 *Robert C. Colin*, La violence nihiliste, Topique 2007 (Nr. 99), 139.

69 *Claude Romano*, La révolution de l'authenticité à l'âge du romantisme, Paris 2023, S. 203.

sozialen Modus der Experimentalität jenseits der Vorstellung der Einheit und Ganzheit des Rechts, die der deutschen Rechtswissenschaft so wichtig gewesen ist. Diese Wissenschaft glaubt noch halbherzig an die Einheit von Bildung, Recht und Staat und unterdrückt ihre Zweifel durch die Überhöhung des letzteren.

In einer Zeit der historischen Beschleunigung eines Wandels, der sich den Subjekten zu entziehen scheint und sie zugleich erfasst, ohne dass sie sich davon einen »Begriff« machen können, entkoppeln sich die Formen der Kultur, die den Wandel verarbeiten könnten, und wenden sich sogar gegeneinander.[70] Dies wird verstärkt durch eine von G. Simmel beobachtete Tendenz der Moderne, dass die Subjekte – auch dies ist eine Form der Reaktion auf die Flut des »Sinns« im Wandel – die Welt sehr stark nach ihren eigenen emotionalen Reaktionen auf den Wandel, im Aufbau und in der Überschätzung der Bedeutung ihrer »Innenwelt«, bewerten.[71] Dies ist eine problematische Weise der Verarbeitung des neuen Vorrangs des »Machens« der Geschichte durch die Menschen: die Verlagerung der »Welt« nach innen. Dies wird kompensiert durch die ihrerseits problematische übersteigerte Erwartung der Herstellung der Einheit der kollektiven Ordnung durch den Staat oder das Recht als seine Emanation. Vom Staat wird auf eine illusorische Weise erwartet, dass er die verloren gegangene »Lesbarkeit« der Welt wiederherstellt. Das wäre der Wunsch nach dem »*Staat* als Kultur«, der den Subjekten das *Durcharbeiten* widersprüchlicher Anforderungen der neuen Gesellschaft abnimmt, ihn also von der Notwendigkeit der Selbstveränderung »vers un moi plus sujet de lui-même« entlastet[72] – der Selbstveränderung in Richtung auf ein »mehr-als-Subjekt«, das immer mit sich uneins bleiben muss, weil es nur noch die paradoxe Einheit des Konflikthaften geben kann. Dazu hätte eine Entwicklung des »*Rechts* als Kultur« beitragen können, während die scheinhafte Einheit der Monarchie im letzten Drittel des 19. Jahrhunderts nur eine Fassade für die Verdrängung der Züge der Selbstdestruktion und Depression der Subjekte errichten konnte.

Sowohl in Frankreich als auch in England ist es in ganz unterschiedlichen Formen möglich gewesen, die Kollision unterschiedlicher Fragmente der Kultur *praktisch* zu erleben und zu überleben, weil eine neue »Einheit« der Kultur nicht mehr realisierbar erscheinen musste. Demgegenüber war in Deutschland möglicherweise die Zeit der Erprobung von *Praktiken* des Überlebens der Kollisionen zu kurz, für die es paradoxerweise keine stabilen gesetzten Regeln geben kann, sondern nur ein labiles »Regime« des »Agencements« von heterogenen Trennungen und

70 *Richard*, aaO (L'actuel malaise dans la culture), S. 223f.

71 *Georg Simmel*, Die Kunst Rodins und das Bewegungsmotiv in der Plastik, Nord und Süd, eine deutsche Monatsschrift, 129. Band, 33. Jg., 1909, 189; *Richard*, ebd., S. 225.

72 *Richard*, ebd., S. 218.

Verhandlungen. Man könnte versucht sein, diesem »Regime« eine Logik zuzuschreiben, die darauf zielt, das Aufschaukeln der vielen Kollisionen zu einer einzigen zu verhindern. In Deutschland ist es zur Herausbildung eines solchen »Regimes« der Vermeidung des Kampfes um Einheit nur in sehr begrenztem Maße gekommen. Der Mythos der wiederherzustellenden Einheit hat eine verhängnisvolle, zerstörerische Dynamik entfalten können, nicht nur, aber auch und gerade im Recht.

So entstand eine riskante Kollision von als Zwang und Entfremdung von der »Ganzheit« erlebter *privater* Arbeit in der neuen dynamischen Gesellschaft, der Suche nach der »Ganzheit« der Seele in einzelnen Fragmenten der Kultur und der unmöglichen Einheit der getrennten Willensverhältnisse in einer öffentlichen souveränen Ordnung. Dies erklärt auf der einen Seite die Bedeutung der Metapher des *Kampfes* bis hin zum Krieg,[73] der die höchste Form »rückhaltloser« Einheit darstellt, und auf der anderen Seite die Feindseligkeit gegenüber den Juden, von denen der Eindruck vorherrschte, dass eigentlich sie es seien, die als »Fremde« mit den neuen, eben defamiliarisierten, »fremd« gewordenen Verhältnissen zwischen den Subjekten besser zurechtkämen als die vom Volksgeist beseelten Deutschen, die sich damit schwertaten. Die Juden machten es sich dieser Sichtweise zufolge einfach und arbeiteten die vielfältigen Prozesse des Wandels der Gesellschaft auf eine vielfältige Weise durch, nicht um eine unmögliche Einheit und Ganzheit der Welt wiederherzustellen, sondern um zu beobachten, »was geht« – auch ohne die Einheit des Rechts –, um praktische Lebensformen zu erproben und für ihren »Lebensunterhalt« zu nutzen.

8. »Rigide Symbolisierung« als Hindernis der praktischen Bildung des Rechtssubjekts

In der deutschen Diskussion wird die Anpassung des Bürgertums an die politischen Bedingungen des Fortbestandes der autoritären Herrschaftsformen als ausschlaggebend für die weitere Entwicklung im letzten Drittel des 19. Jahrhunderts angesehen.[74] Dies erscheint zweifelhaft. Der Vergleich mit England und den USA belegt,[75] dass die freie Entwicklung der Gesellschaft im 19. Jahrhundert eher einem sich modernisierenden

73 Vgl. *Emile Durkheim*, in: Marie Rotkopf/ders., »Deutschland über alles«. Die deutsche Mentalität und der Krieg, Berlin 2023, S. 40f.

74 *Peter von Oertzen*, Die soziale Funktion des staatsrechtlichen Positivismus. Eine wissenssoziologische Studie über die Entstehung des formalistischen Positivismus in der deutschen Staatsrechtswissenschaft, Frankfurt a.M. 1974.

75 *Karl-Heinz Ladeur*, Verfassungsgerichtsbarkeit in der Krise?, Tübingen 2021, S. 289, 294f.

Privatrecht zu verdanken ist als den politischen Grundrechten (die es in England ohnehin nicht gab).

Der Bildungsroman wirkt performativ über sein Ende hinaus und lässt dem lesenden Subjekt den Raum, sich auf das »Grenzenlose« der neuen modernen (Rechts-)Verhältnisse einzustellen. Aber diese praktische Leistung wird von der, so ließe sich im Anschluss an eine psychoanalytische Terminologie sagen, rigiden, überschätzten Symbolisierung[76] des Rechts als »Ganzheit« überlagert, wenn auch nicht aufgehoben. Gegen das Unbestimmte der unberechenbar gewordenen Realität setzt das Symbol der Einheit die normative Allmachtphantasie[77], die sich gegen die Realität abdichtet durch die Hypostasierung einer Normativität, die sich kategorial von der unsicher bleibenden Normalität unterscheidet – während in der Vergangenheit des Rechts, auch des römischen, faktische Gewohnheit und rechtliche Norm nie deutlich unterschieden waren. Diese Form der Symbolisierung des Rechts durch ein leeres Symbol der Einheit verhindert aber die Auseinandersetzung mit dem Unbestimmten, Unsicheren, der Außenwelt, für deren Bewältigung das Recht die Kompetenz in Anspruch nimmt. Sie bleibt an die Vorstellung einer bedrohlichen Realität gebunden,[78] der gegenüber die »Einheit« des Rechts in Anschlag gebracht wird, ein Anspruch, den Robert Cover als »jurispathic« bezeichnet hat.[79] Die Gewohnheiten sollten sich durch ihre Verschleifung mit den Lebensformen der Prüfung an normativen Maßstäben der Richtigkeit entziehen.[80]

Die »Rechtsidee« ist – bezogen auf die Kultur der Gesellschaft – eher ein evokatives Signal als ein Begriff: Es ist darauf angelegt, die Differenz im Prozess der *Bildung* des Recht, der *Suche* nach dem Normativen, zu Lasten der Einheit, der Erhaltung desselben, zu unterdrücken. Das Signal der Einheit tritt für eine »Ganzheit« auf, die der Unbestimmtheit der »Geschehnisse«[81] nicht mit einem »brauchbaren«[82] und d.h. operationsfähigen Begriff entgegentritt, sondern das Gefühl der Bedrohung, wenn auch nur unzulänglich, zu binden und zu erhalten sucht. Es bringt mit der Hypostasierung der Trennung von Sein und Sollen eine Allmachtphantasie zum Ausdruck, die

76 Vgl. *Marion Oliner*, Die Psychoanalyse, ein Zimmer ohne Aussicht?, Psyche 62 (2008), 1122, 1122ff.

77 *Joel Whitebook*, Omnipotence and Radical Evil. On a Possible Rapprochement between Honneth, Arendt, and Psychoanalysis, in: Seyla Benhabib/Nancy Fraser (Hrsg.), Pragmatism, Critique, Judgment, Essays for Richard J. Bernstein, Cambridge, Mass 2004, S. 243.

78 Dazu *Oliner*, aaO (Die Psychoanalyse, ein Zimmer ohne Aussicht?), 1122.

79 *Robert Cover*, Foreword. The Supreme Court Term 1982, Harvard Law Review 97 (1983), 1, 6.

80 *Franck Salaün*, La forme des mœurs. Notes sur *Le Neveu de Rameau*, in: Ibrahim, aaO (Diderot et la question de la forme), S. 159ff.

81 *Oliner*, aaO (Die Psychoanalyse), 1126.

82 *Oliner*, ebd.

an unbewusste Neigungen der Subjekte anknüpft, die äußere Realität von einer guten inneren Realität zu trennen, statt dazu beizutragen, dass ein angemessenes Verhältnis zur äußeren Realität entwickelt wird. »To be modern is to accept the fact that – for good and for ill – all closed, finite forms of sociation and personality have been shattered«.[83]

Die bemerkenswerteste Eigenschaft des deutschen Bürgertums ist seine kulturelle Zerrissenheit. Es bilden sich ganz unterschiedliche und konträre »Bürgertümer« heraus, die einander misstrauisch gegenüberstehen oder sich ignorieren, sich aber weitgehend darin einig sind, dass die zersplitterte Welt wieder vereinigt werden müsste – am besten unter der Führung des Staates als des vielversprechenden Einheitsstifters. Es findet praktisch in der Sphäre des »Privaten« ein durchaus produktiver Prozess der Aneignung der »neuen Welten« statt, aber die vorherrschende Form der Auseinandersetzung ist eher die der wechselseitigen Verachtung.

Hier zeigt sich eine Parallele zur Entwicklung des Staatsmythos in Frankreich: Dort ist der Staat der Stifter einer Einheit, die die Folgen der durch den Wandel der politischen Regime akzentuierten politischen Unterschiede in Grenzen halten soll. Diese Einheit ist aber in der politischen Realität prekär, sie kann nur als gemeinsamer Nenner einer Mehrzahl realer instabiler politischer Kräfte prozessiert werden. In Deutschland ist der Staat mindestens auch die Projektionsfläche für den Wunsch nach einer einheitlichen geteilten Kultur, die in Deutschland tatsächlich von tiefen Rissen durchzogen wird. Die einzelnen Fragmente des Bürgertums hängen auf unterschiedliche, paradoxe Weise der Idee eines »Ganzen« an, die ihnen die Auseinandersetzung mit dem Wandel der gesellschaftlichen *episteme* erspart hätte. Die »Einheit« des Rechts wird letztlich nicht als Identifikation mit einem durch seine institutionelle Ausdifferenzierung doch eine Anmutung von Fremdheit erzeugenden Staat erwartet wie in Frankreich. Angestrebt von einem großen Teil der Bürgertümer wird vielmehr, wie Hannah Arendt es für den Nationalsozialismus genannt hat, »a state of oneness« als Verschmelzung mit der archaischen Mutter.[84]

9. Das jüdische »Studium« des Gesetzes als Form von »law as culture«

Erhellend wirkt hier noch einmal der Vergleich mit der Entwicklung der Juden in Deutschland: Wie Elisa Klapheck überzeugend schreibt, ist »ein theologischer Ausgangspunkt der *hebräischen Bibel* ... die Fähigkeit der Menschen, neue Welten zu erschaffen – und Gottes Fähigkeit, sich immer

83 *Whitebook*, aaO (Omnipotence).

84 *Whitebook*, ebd., S. 19.

wieder neu auf diese einzulassen«[85]. Wichtig ist hier der *Plural*! Es ist die Mehrzahl der Welt*en*, die hier die Ambiguitätstoleranz der Juden indiziert: Die Welt ändert sich nicht nur im Lauf der Zeit, sondern sie kann auch ihre Einheit in der Zeit einbüßen. Dann bestehen mehrere Welten nebeneinander, in einem Verhältnis der Kollision, das nicht aufhebbar ist. Das *Gesetz* verändert dann auch die Bedeutung des Einheitssymbols: Die Einheit wird als permanente Auseinandersetzung mit dem Wandel (auch zwischen den Welten) *prozeduralisiert*, und erhält darin eine Art Gemeinschaft durch den geteilten Bezug auf den Text – den des (symbolisch) gemeinsamen »Studiums« –, aber es kann keine substanzhafte Einheit mehr geben. Das Verhältnis zum Gesetz ist von einer Trennung bestimmt,[86] die vom Einzelnen fordert, sein Wissen vom Gesetz und seiner Befolgung ständig zu transzendieren, weil es wegen der Fremdheit, der Andersheit Gottes als des Gesetzgebers, nie bestimmt werden kann. Es kann mehrere Regeln der gleichen »Sache« nebeneinander geben, die dann die Arbeit an einer »Kollisionsregel« verlangen. Auch unter den Juden gab es ganz unterschiedliche und konträre Lesarten der *neuen Welten*[87], aber verbreitet unter den Juden war eher die Einsicht, dass das Nebeneinander der unterschiedlichen kulturellen »Welten« nicht hintergehbar, und nicht das Zeichen eines Niedergangs, war. Dies mag auch eine Quelle des Antisemitismus gewesen sein: Der illusionäre Wunsch nach »Einheit« erhält in der antithetischen Fixierung auf die Erfolge und die Anpassungsfähigkeit der Juden die Bestätigung, dass die substanzhafte Einheit (auch des Rechts) zum »deutschen Wesen« gehört und die Juden sich opportunistisch an die Zeit und die »neuen Welten« anpassen. Vielleicht ist dies auch ein politisch-theologisches Motiv, das in der christlichen Vorstellung der Einheit Gottes und damit des Gesetzes begründet ist. Das Gesetz in der jüdischen politischen Theologie ist dagegen – jedenfalls in einer verbreiteten modernen Lesart – auch im Hinblick auf Gott Gegenstand der *Auseinandersetzung* um das, was für die Menschen »gemeint« sein könnte (und sollte).[88] Dem mit Gott

85 *Elisa Klapheck*, Zur politischen Theologie des Judentums, Frankfurt a.M. 2022, S. 175.

86 Vgl. dazu *Shmuel Trigano*, Comment se pose la question des attributs divins?, Pardès 2017, Nr. 60, 11.

87 *Klapheck*, aaO (Zur politischen Theologie des Judentums), S. 172.

88 Das kommt paradigmatisch in den zwei Lesarten des *vokallos* geschriebenen Textes des Verses Ex 32, 16 nach dem rabbinischen Kommentar in: »Sprüche der Väter«, 6:2, Stuttgart 2020, zum Ausdruck: »Die Tafeln waren Gottes Werk, und die Schrift war Gottes Schrift, eingraviert in die Tafeln.« Eingraviert heißt »charut«, die Leseempfehlung lautet »cherut«: »Freiheit«, »denn es gibt keinen Freien außer dem, der sich dem Studium der Tora widmet.« Den Hinweis auf die Textstelle verdanke ich Ronen Reichman, Hochschule für jüdische Studien, Heidelberg.

geschlossenen »Bund« entsprechend ist dies nicht im Willen Gottes »eingeschlossen«, sondern wiederum Gegenstand von Verhandlungen...

Die starke Betonung der Ganzheit und Einheit des Rechts in der Rechtswissenschaft des 19. Jahrhunderts ist keine angemessene Form der Bewältigung der Ambivalenz des Neuen. Sie hat eher einen evokativen, zur blinden Unterwerfung auffordernden, und keinen begrifflichen Gehalt, der zur Durcharbeitung der Realität einlädt. Die Realität ist das Feindliche, das auf eine bedrohliche Weise Grenzenlose. Die Kehrseite dieser Akzentuierung ist die Tendenz zur normativen Pluralität, der Suchprozesse, der Differenzierung innerhalb der »Normalität der Normativität« (I. Augsberg), der Übergangsbereiche zwischen Normativität und Normalität, die das Recht immer schon begleitet haben, aber auch immer als Provokation der Einheitsvorstellung betrachtet worden sind. Die Vorstellung der »Einheit« des Rechts basiert auf einer Tautologie: der Einheit der »Vorstellung«.[89] Die »normativité vitale« bringt immer wieder ihre eigenen Normen hervor,[90] doch diese bleibt einfach außerhalb der besonderen Einheit der Vorstellung. Das Recht setzt auch die Einheit seiner Geschichte als Erfordernis seiner Normativität. Die Unvermeidlichkeit nicht nur der Such- und Experimentierprozesse in der Produktion neuer Güter, sondern auch ihres normativen Pendants der Öffnung für eine Pluralität von Rechtsformen jenseits des Gesetzes und der Tradition des römischen Rechts hätte eine »brauchbare« Form des Zugangs zu der neuen Welt der »Grenzenlosigkeit« ermöglichen können.

Die Entwicklung der Praxis der sozialen Normen bildet zugleich den Kern des Verstehens des jüdischen Gesetzes, das das Handeln wie dessen Beobachtung bestimmt. Das ist das, was das »Studium« des Gesetzes nach der jüdischen Tradition ausmacht: Das »Studium« ist selbst ein praktisches Verhältnis zum Handeln unter dem Gesetz. Dies kommt in Ch. Menkes[91] Lesart des Gesetzes zu kurz: Das zum Gesetz gewordene »Gebot« können die Juden danach »allzu gut verstehen und erfüllen«[92]. Das Gesetz zerstört dadurch ein »unauflösliches Moment des Unintelligiblen und Arationalen«[93]. Doch das Verstehen ist ein praktisches Weltverhältnis, das durch die Gestaltung des Lebens immer wieder erneuert wird. Durch das permanente »Studium« des Gesetzes, das nur sinnvoll ist, weil der Kontext dem Wandel unterworfen ist, wird auch

89 Vgl. allgemein zur Tendenz historischer Begriffe, nicht nur der Rechtsgeschichte, das Denken über die Wirklichkeit als die Wirklichkeit selbst zu nehmen, *Michel Meyer*, Questionnement et historicité, Paris 2011.

90 *Georges Canguilhem*, La connaissance de la vie, Paris 2003, S. 195; *Valentine Prouvez*, La mémoire »normative« : synthèse et réécriture du sens de l'expérience, Le Coq-Héron 2021, Nr. 246, 109, 111.

91 *Christoph Menke*, Theorie der Befreiung, Berlin 2022.

92 *Menke*, ebd., S. 442f.

93 *Menke*, ebd., 440.

das göttliche »fremde« Gesetz in Bewegung gesetzt. Deshalb konstituiert das Gesetz nicht nur ein Herrschaftsverhältnis – es macht die Kultur und die Gesellschaft »knowable« und »believable«. In einer Rechtsordnung, die vom Staat aus gesehen wird, wird leicht übersehen, dass das Recht nicht primär über die Kollision von Interessen entscheiden muss, sondern vor allem in einer dynamischen Gesellschaft, in der sich die Praxisfelder ständig verändern, praktische Handlungs- und Zurechnungsregeln als gesellschaftliche *Institutionen* erforderlich werden,[94] die stabile Erwartungen darüber ermöglichen, was eine Bindung bedeutet, was als Zufall gilt und was als Schaden auf ein Handeln zugerechnet wird. Es geht um die Regelhaftigkeit des Handelns in der Gesellschaft, die ein grundlegendes Vertrauen darauf erzeugen kann, dass (im Zweifel) die »anderen« zwar an ihren Vorteil denken, aber doch auch pragmatisch über ihren Vorteil hinaus an die Notwendigkeit und Fruchtbarkeit ihres Beitrags zur Erhaltung von Regeln denken. *Dies* ist für die Demokratie weitaus wichtiger als ein demokratisches Bewusstsein ohne die abstützende Funktion der Vertrauen schaffenden Regeln.[95]

Das jüdische Verständnis des Gesetzes kann so (auch) als eine Lesart von »law as culture« verstanden werden. Auch dies hat möglicherweise zum Erfolg der Juden in der neuen beweglichen Gesellschaft des 19. Jahrhunderts beigetragen.

Dass der neue Zusammenhang des dynamisch werden Rechts und seines beweglichen Intertexts aus selbstorganisierten Regeln des Wirtschaftens und der Technik, »dessen Regeln sich mit jedem gelungenen Zug verschieben«[96], selbst als ein *kultureller Bestand* von »systèmes d'individuation« (G. Simondon) hätte wahrgenommen werden können, war für viele Bürger in Deutschland eher abschreckend. (Dies ist vor allem von Juden, die ein anderes Verständnis des Gesetzes haben, anders gesehen und erlebt worden.[97]) Nicht zuletzt aus diesem Grund ist es in Deutschland nicht zur Herausbildung einer pluralistischen Öffentlichkeit zwischen Staat und privaten Beziehungskreisen gekommen. Insbesondere im Hinblick auf die Technik hat G. Simondon die Frage aufgeworfen, ob sich nicht auch ein Entsprechungsverhältnis zur Freiheit hätte herausbilden können, das beide über eine epistemologische Lesart als Prozess

94 *Thierry Ménissier*, Généalogie, Critique de la responsabilité morale et constitution de la subjectivité selon Nietzsche, Revue des sciences philosophiques et théologiques 94 (2010), 671.

95 Zu diesem Zusammenhang *Martin Wolf*, The Crisis of Democratic Capitalism, New York 2023, S. 178f.

96 *David E. Wellbery*, Nachwort, in: Seiltänzer des Paradoxalen. Aufsätze zur ästhetischen Wissenschaft, München 2006, S. 231, 235.

97 *Elisa Klapheck*, Zur politischen Theologie des Judentums, Frankfurt a.M. 2022, S. 170f.

von Erfindungen[98] und der Modellbildung als einer neuen Technologie des Wissens[99] aufeinander bezogen hätte. Ohne eine solche Vermittlung jedoch blieben die einzelnen Fragmente des Bürgertums unverbunden oder gar feindselig nebeneinander bestehen. Die Formen der kulturellen Öffentlichkeit blieben der Wirtschaft und der Technik gegenüber fremd. Während des viktorianischen Zeitalters hat es demgegenüber in England eine wirkmächtige Tradition der Verbindung von »words« und »works« gegeben (vgl. unten).

98 *Gilbert Simondon*, Imagination et invention: 1965–1966, Paris 2014.
99 *Anne-Françoise Schmid*, L'âge de l'épistémologie, Paris 2019, S. 133

III. Der Bildungsroman und sein Ende in Deutschland

1. Die vielfältige Suche nach der »Ganzheit« in der Vitalität der Zwecke und im ästhetischen Erlebnis der Sekte

Tritt in Frankreich nach dem Ende des Bildungsromans in der Kultur ein Zustand der Melancholie ein[1], so könnte man sagen, dass die politische kollektive Dimension der Desillusionierung nach dem Ende des Bildungsromans in Deutschland insbesondere der blinde gegenstandslose »Kampf« der Gemeinschaft um das Recht ist,[2] der seine Konturen vor allem in der negativen Fixierung auf die Feinde, die Juden, findet. Dieser Mythos hat sicher auch eine weitere Komponente in der Ausblendung und Verwerfung des Weiblichen in der Überhöhung des Kampfes, des Weiblichen, das in Frankreich mit der Melancholie der Beziehung zur Mutter im Roman zur Geltung, aber auch politisch zu einem Ende der Aufmerksamkeit kommt. Der Kampf wird auf dem verlorenen Posten der zur Chimäre gewordenen Einheit der Kultur geführt – und nirgends in Europa so heftig wie in Deutschland. Die Selbsterzeugung der neuen Subjekte wird Bestandteil der »Selbstobjektivierung« der Welt.[3] Dies ist der Schock der Moderne in Deutschland, während in anderen Ländern die Erwartungen an die Erhaltung der Einheit der Kultur aufgrund der neuen literarischen, kulturellen und philosophischen Fragmentierungserscheinungen stark ermäßigt waren.

Die Unmöglichkeit der Erwartung der »Wiedervereinigung« der christlichen Kultur wird durch die Beschwörung der unbestimmt bleibenden »Ganzheit« des Rechts überspielt. Die ganzheitliche »Vielfalt« des Menschen (jenseits des Rechts) zerteilt sich in eine paradoxe Vielfalt der ästhetischen Felder – und entleert sich dadurch. Vor diesem Hintergrund ließe sich auch das Zweckdenken in der Rechtswissenschaft als ein Feld begreifen, innerhalb dessen eine Logik des Ganzen (wieder)hergestellt wird,[4] die aber nur noch eine Schwundstufe der »Vitalität« erreichen und sich allein durch die Abgrenzung von der Leere der Begriffe

1 *Pascale Pynson*, À propos de l'Education Sentimentale de Flaubert. Ecriture et réminiscence, L'Autre 4 (2003), 297.

2 Jherings Buch mit diesem Titel ist symptomatisch.

3 *Michel Bitbol*, Philosophie quantique. Le monde est-il extérieur?, Paris 2023.

4 *David E. Wellbery*, Lessing's Laocoon. Semiotics and Aesthetics in the Age of Reason (1984), Cambridge 2009, S. 42.

ausweisen kann. Dem entsprächen die »Ganzheitserlebnisse« in anderen, explizit ästhetischen Formen der Literatur, der Malerei und der Musik, die die Intuition der »Ganzheit« paradoxerweise nur noch in sektenähnlichen Gruppen und »Kreisen« in der geteilten »Intuition« finden, in denen zugleich die Gemeinsamkeit der Intuition durch das Erlebnis des Verlusts der Einheit der Welt insgesamt aufgehöht wird.[5]

Die Abhängigkeit von den Kontingenzen der praktischen Lebenswelt erscheint teils bedrohlich, teils werden ihre Folgen als »vulgär« empfunden, weil eine Überhöhung in die Welt der Formen und Bilder jenseits der unmittelbaren Bedürfnisse nicht gelingt.

Diese Krise spitzt sich in Deutschland im Allgemeinen und im Privatrechtsverständnis im Besonderen vor allem deshalb zu, weil die Erfahrung der Praxis der Privatautonomie erst spät möglich wird, und dann auch erst, als der Übergang zur »Gesellschaft der Organisationen« und seine rechtlichen Konsequenzen schon sichtbar und erlebbar wurden.

In Deutschland entwickelt sich neben dem in seiner Bedeutung vielfach überschätzten politischen Autoritarismus eine problematische Angst vor den Kontingenzen des *Privaten* – die die Juden häufig als Chance der vielen Möglichkeiten angenommen haben.

2. Recht als Kultur – nach dem Ende des Bildungsromans?

Am Ende des Bildungsromans steht der Einzelne (singulier) nach der Gewinnung einer neuen Vielfalt von praktisch verfügbaren Lebensformen vor dem Verlust der durch die Metaphysik gestifteten Einheit der Welt.[6] Das Subjekt kann nicht mehr als der Träger der »Repräsentation des Seins« vorgestellt werden, sondern als zerstreut in die Vielfalt der »Präsentation eines Selbst, das sich für Zwecke des sozialen Verkehrs festlegt«[7].

Doch das kreative Denken von mehr Möglichkeiten, das schließlich »process over product« gestellt hat[8], hat in einer Vielzahl neuer

5 Vgl. *Thomas Karlauf*, Stefan George. Die Entdeckung des Charismas, 2. Aufl., München 2007.

6 *Reiner Schürmann*, »Que dois-je faire« à la fin de la métaphysique?, Philosophie 2021 (Nr. 148), 8, 17; *Bruce Bégout*, Fin de partie. Philosophie de l'histoire et clôture de la métaphysique chez Reiner Schürmann, Philosophie 2021, Nr. 148, 38, 56.

7 *Niklas Luhmann*, Die Gesellschaft der Gesellschaft, Frankfurt a.M. 1998, S. 907.

8 *Barbara J. Shapiro*, A Culture of Fact. England 1550–1720, Ithaca 2003, S. 138: Damit wird das ältere substanzhafte Denken des Rechts aufgegeben.

Lebensformen neue praktische Wissensbestände hervorgebracht (»mehrfältiges Wissen«, so später M. Heidegger in einem allerdings anderen Sinne). Deren Organisation hätte eine Herausforderung für das »Recht als Kultur« sein können, und zwar in Gestalt der Bereithaltung einer Mehrzahl von nicht von vornherein als kompatibel gedachten gesellschaftlichen Normen, die das praktische Handeln unter den neuen Bedingungen der Ungewissheit organisiert hätten – nicht aber von vornherein auf die Einordnung der Bildung in eine übergreifende Einheit des gesellschaftlichen Wissens angelegt gewesen wären.

Der Bildungsroman als privilegierte symbolische Form der Zeit des Übergangs zur Moderne[9] ist ambivalent. Auf der einen Seite eröffnet er dem Subjekt den Zugang zu der neuen Welt der Möglichkeiten jenseits der einen Wirklichkeit der Vergangenheit, andererseits erzeugt die Herausforderung durch die »Grenzenlosigkeit« das Risiko der Selbstüberhöhung durch Omnipotenzphantasien[10], denen das Reale der Möglichkeiten nicht gerecht werden kann. Gerade die Pluralität der Möglichkeiten kann das Risiko eines Zusammenbruchs der kulturellen und sozialen Ordnung hervorrufen, wenn keine *brauchbare* Form der Einheit entwickelt wird, die zugleich offen für Differenz und Selbstveränderung ist.[11] Hier hätte gerade eine moderne Form des Privatrechts und der Privatrechtsphilosophie einen Beitrag zur Bindung der neuen Ambivalenz der normativen Vielfalt einerseits und der neuen kognitiven Dimension des Wahrscheinlichen (jenseits von Wahrheit und Zufall) andererseits leisten können. Dieser Beitrag hätte in der Anerkennung der Grenzen der Beherrschbarkeit des neuen Realen und des Experiments als Modus der Hervorbringung des Neuen bestehen können. Dann hätte gerade im Anschluss an die Erfahrung des Publikums mit dem kollektiven Lesen des Bildungsromans auch die kollektive Seite des Privaten beobachtet werden können, die hinter der Hypostasierung des – in der Wirtschaft, anders als in der Bildung – als »souverän« und isoliert gesehenen Individuums zum Verschwinden gebracht worden ist. Auch und gerade die neue unternehmerische Kultur impliziert jenseits der stabilen Traditionen, die keine Orientierung vermitteln können: »entrepreneurs need other entrepreneurs for privileged access to information, for testing and validating their interpretative frameworks«. Die neuen »entrepreneurial networks« zwischen den Akteuren bildeten eine kollektive Dimension des Wissens,

9 *Franco Moretti*, The Way of the World: The Bildungsroman in European Culture, Brooklyn NY 2000.

10 *Joel Whitebook*, Omnipotence and Radical Evil. On a Possible Rapprochement between Honneth, Arendt, and Psychoanalysis, in: Seyla Benhabib/ Nancy Fraser (Hrsg.), Pragmatism, Critique, Judgment, Essays for Richard J. Bernstein, Cambridge, Mass 2004,.

11 Dazu vertieft *Marion Oliner,* Die Psychoanalyse: Ein Zimmer ohne Aussicht?, Psyche 62 (2008), 1122; *Whitebook*, ebd.

das erst »entrepreneurial judgment« ermöglicht.[12] Diese neue paradoxe kollektive Dimension des Privaten ist hinter der Fixierung auf »Einheit« und »Ganzheit« verloren gegangen.

Das Ende des Bildungsromans hätte in Frankreich wie in Deutschland die Stunde des »Rechts als Kultur« sein können, eines Rechts, das an die Stelle der Trennung von Recht und Philosophie ein reflexives Verständnis der gesellschaftlichen Bewegungskräfte in Kooperation mit der Philosophie hätte setzen können. Die Unterscheidung von Recht und Philosophie richtet sich nur gegen substanzhafte Begriffe der Philosophie, nicht gegen deren *prozedurale* Leistung. Vor allem die prozedurale Leistung der Philosophie hätte dazu dienen können, die »Eigenphilosophie« des Rechts, die in den »Allgemeinen Teilen« unreflektiert reproduziert worden ist, in Frage zu stellen. Die »Eigenphilosophie« des Rechts nahm für sich das Recht in Anspruch, sich nicht zu reflektieren. Die Beobachtung der Spannungen in der Gesellschaft, die Entwicklungsbedingungen der Rechtssubjektivität, der Technik, der Kultur, hätte Aufgabe eines Rechts sein können, ja, müssen, das (auch) »Recht als Kultur« versteht, ohne dass die »Trennung« von Philosophie und Recht grundsätzlich in Frage zu stellen war. Das Recht hätte den realistisch so verstandenen Verlust eines substantiellen »Ganzen« durch den Übergang zu einem offenen prozeduralen Muster der begrenzten Bindung von Kontingenzen und ihres Gebrauchs auf unterschiedlichen sozialen »Feldern« kompensieren und in umgekehrter Richtung auch der Literatur und den Sozialwissenschaften Anschlussmöglichkeiten für die Suche nach Lebensformen bieten können, die eine Alternative zum Leben mit dem Mythos des »Ganzen« und zur Projektion von Verlustängsten auf randständige Figuren der späten realistischen Literatur geboten hätten. Die Zweckjurisprudenz konnte nichts dazu beitragen, da sie selbst nur ein nach innen gewendeter neuer »Denkstil« des »Denkkollektivs« (Ludwik Fleck) der staatlichen Juristen war, aber keine Formen der Selbstbeschreibung des Rechts bilden konnte, die außerhalb der staatlichen Rechtspraxis orientierungsbildend hätte wirken können.

3. Kunst als wahre Freiheit – jenseits des Bildungsromans

Wie bereits erwähnt, bietet sich in Deutschland unter den beschriebenen Bedingungen des Willens zur Projektion von Einheitsvorstellungen auf den künftigen Staat auch der Weg der Selbstfindung des Subjekts in

12 *Andrew Godley/Mark Casson,* History of Entrepreneurship: Britain, 1900–2000, in: David S. Landes et al. (Hrsg.), The Invention of Enterprise, Entrepreneurship from Ancient Mesopatamia to Modern Times, Princeton 2010, S. 243, 248.

der Kunst an, die über der Wirklichkeit schwebt. Die unterschiedlichen Fragmente der bürgerlichen Kultur bringen keine Formen des zivilisierten Streits in der Gestalt pluralistischer Formen einer öffentlichen Auseinandersetzung hervor. Stattdessen folgen sie einer Logik der Verschärfung der Gegensätze, insbesondere in der Suche nach der verlorenen Einheit, nicht in der Kunst (als Prozess), sondern in singulären Kunstrichtungen oder Kunstwerken. Gaston Bachelard schreibt in der »Poetik des Raums«: »Die Arten zu verstehen müssen sich vervielfältigen.«[13] Bachelard bringt die Kraft der »Imagination«, des »dichterischen Bildes«, nicht als Fluchtpunkt eines Auswegs aus der Realität in Anschlag, sondern als eigenen »*tentativen*« Modus[14] der Erschütterung der »Dualität von Subjekt und Objekt«, der seinerseits die Naturwissenschaften – aber eben auch die Rechtswissenschaft – für eine »neue Perspektive auf eine mögliche Zukunft« öffnen kann[15], aber seinerseits von der neuen Naturwissenschaft der vielfältigen Möglichkeitsräume inspiriert wird. Die Tragik der intellektuellen Entwicklung des 19. Jahrhunderts in Deutschland besteht auch darin, dass die unterschiedlichen Kulturen sich immer stärker voneinander abgegrenzt haben, statt nach der produktiven Vervielfältigung der Formen des Denkens der Moderne zu suchen und die neue Nichthintergehbarkeit der »mehrfaltigen« (M. Heidegger) Möglichkeitsräume als neue »Realität« zu akzeptieren.

Das Kunstwerk selbst enthüllt keine verborgene Wahrheit, sondern ist ein »Operator« der unendlichen Variation des Singulären[16], das sich als Teil eines Prozesses begreifen lässt, der sich gegen den Oberstrom der universalisierenden Rationalität der Gesellschaft wendet und sich seinem Sog zu entziehen sucht. Insbesondere die Poesie bringt die Wahrnehmung der Welt als auf immer gespalten in Anschlag und ermöglicht dadurch auf eine paradoxe Weise die Identifikation mit der einen Seite dieses Prozesses, der Widerständigkeit des Singulären, des Wirklichen.[17] Der Dichter kann auf eine indirekte Weise »das Ganze«, das sich der begrifflichen Wahrnehmung entzieht, zum Vorschein bringen, indem er im eigenen Körper die Singularität zum Resonanzboden werden lässt.[18] Durch das Mitempfinden der Leser wird auch ihnen die Intensität des

13 *Gaston Bachelard*, Die Poetik des Raumes, Frankfurt a.M. 1987, S. 138; diesen Hinweis verdanke ich *Julia Weber*, Imagination, poetisches Bild und Subjekt. Eine Replik zur Debatte um Bachelards Poetik des Raumes, Sub\urban 2015 Bd. 3, Nr. 2 https://zeitschrift-suburban.de/sys/index.php/suburban/article/view/197/327#content.

14 *Sandra Pravica*, Bachelards tentative Wissenschaftsphilosophie, Wien 2015, S. 169.

15 *Weber*, aaO (Imagination).

16 Vgl. allg. *Jean-Luc Nancy*, Être singulier pluriel, Paris 2013.

17 Vgl. allg. *Martin Seel*, Spiele der Sprache, Frankfurt a. M. 2023, S. 64.

18 Dazu auch *Weber*, aaO (Imagination).

Abweichens vom Normalen zum Erlebnis. Das singuläre Werk wendet sich gegen den Prozess der Defamiliarisierung durch die Universalisierung der Kultur. Hier setzt sich der Mythos der Einheit der Kultur auf eine paradoxe Weise innerhalb eines zum Fragment gewordenen Feldes der Kultur fort. Was später von der »französischen Epistemologie« (M. Bitbol) hochgetrieben wird, die Unterstellung der Unmöglichkeit, die »Einheit« der Kultur anders als ein azentrisches Zusammenspiel von differentiellen Formen zu denken, wird in Deutschland durch den Kult unterschiedlicher miteinander konkurrierender Mythen ersetzt.

Vor allem der poetische Akt des Überschreibens der gängigen Sprache, der Sprache des Gängigen, bringt ein geheimes Sein[19] zur Geltung, das seine eigenen Formen der Mit-teilung erzeugt. Darin kommt schon die spätere Wendung zum Rückzug eines Teils des Bildungsbürgertums aus der Politik insgesamt zum Vorschein. Diese Wendung realisiert sich (später) exemplarisch etwa in der Bildung des George Kreises,[20] aber auch in anderen Formen der Verknüpfung von Kunst und Mythos im Erleben der Abwanderung aus der realen Welt, die alle Geheimnisse auf der Begriffsoberfläche geoffenbart zu haben schien. Das Ende des Bildungsromans in der Zerstreuung der Möglichkeiten wird nach der Vorstellung eines großen Teils des fortbestehenden Bildungsbürgertums in der Überhöhung des »großen Menschen« aufgehoben: Friedrich Gundolf, ein Mitglied des George-Kreises, beschwört diesen »großen Menschen«, als den er sich in seiner Zeit nur Stefan George vorstellen konnte: »In bestimmten heroen stellt sich die kultureinheit wieder her: an die Stelle von Gesamtkulturen treten menschen, welche in sich kulturen sind und um sich her kultur schaffen.«[21] Die Entwicklung esoterischer, die Kultur überhöhender Gruppen steht in einem dramatischen Korrespondenzverhältnis zur tatsächlichen Verbreitung der vulgären »Fülle« der als struktur- und ordnungslos, und dadurch als kulturell leer empfundenen Möglichkeiten des Sagens und Handelns. Diese Variante der Esoterik signalisiert die zerstörerische Sehnsucht nach dem nie existenten, aber verloren geglaubten »Ganzen«, die auch das Recht und die Rechtswissenschaft durchzieht. Die Strenge der Dogmatik steht im Widerspruch zu der einen großen Leerstelle, die das »Ganze« einnehmen soll, das nicht wirklich gedacht werden kann und mit allen möglichen Ersatzbildern nur beschworen, aber nicht (wieder-)hergestellt werden kann.

Die tatsächlich vollzogene Abwendung von der Beobachtung der realen Welt in Begriffen und ihres Übergangs zur Welt der »Zwecke« hat auch in der Literatur und Philosophie zu einem problematischen Niedergang des Reflexionspotentials des Romans geführt, insbesondere zu

19 *Olivier Schefer*, Ouverture romantique et infinitisation. Lectures du romantisme allemand, Romantisme 2021 (Nr. 191), 18.

20 Vgl. dazu *Karlauf*, aaO (Stefan George).

21 Zitiert nach *Karlauf*, ebd., S. 255.

einer Flucht der Bildungsbürger u.a. in regressive Formen des literarischen Kults, dessen Einheit die Spaltungen der Gesellschaft überhöht und überwindet oder im wahrsten Sinne des Wortes zum Abwerfen der kulturellen Kleider in der Freikörperkultur führt.[22] Die Wiedergeburt der ganzen Persönlichkeit »erfordert Charisma«, und dessen Gewinnung setzt in der Erziehung die »Isolierung von der gewohnten Umgebung«, also der Gesellschaft der vielen Möglichkeiten, voraus.[23]

Die andere Variante, die des frühen Heidegger, stellt später, dieser Abwendung von der Welt der Regeln folgend, ganz grundsätzlich die *Sprache* selbst als regelkonstituiert, als ihr wahres Wesen verfehlend in Frage: »Die Befreiung der Sprache aus der Grammatik in ein ursprünglicheres Wesensgefüge ist dem Denken und Dichten aufbehalten«.[24] Das »eigentliche Ganzseinkönnen«[25] stellt auch die Kontinuität der Sprache in Frage. Der Suche nach der Wahrheit der Kunst folgt die Suche nach der neuen Sprache oder der Kunst als der neuen Sprache!

4. Keine interkulturelle »Kollisionsordnung« für die wechselseitige Beobachtung der fragmentierten Kulturen

Die Unterentwicklung der gesellschaftlichen Seite des Rechts hat auch verhindert, dass das »Recht als Kultur« seinen Beitrag zu einer institutionalisierten Form der wechselseitigen Beobachtung von Philosophie, Literatur und Technik in einer Art interkulturellen »Kollisionsordnung« leisten konnte. Vor diesem Hintergrund erscheint auch die Unterstellung der Einheit des »unvollendeten Projekts der Moderne«[26] problematisch. Doch auch die Rechtspraktiken hatten sich von den Impulsen der Literatur, insbesondere des Bildungsromans, durch ihre eigenen gewandelten Praktiken emanzipiert. Die »Revolution« der Praktiken des Rechts war beendet; die Praktiken hatten ihre Lektion gelernt. Auch innerhalb des gesellschaftlichen Rechts der alltäglichen Operationen der Rechtssubjekte bildeten sich scharfe Trennungen und Unterscheidungen aus.

22 *Maria Krell*, Die nackte Wahrheit, Spektrum v. 24.1.2021 – https://www.spektrum.de/news/geschichte-der-freikoerperkultur-die-nackte-wahrheit/1844980
23 *Max Weber*, Wirtschaft und Gesellschaft. Grundriss der verstehenden Soziologie, 5. Aufl., Tübingen 1980, S. 677.
24 Brief über den Humanismus, GA 9, Wegmarken Frankfurt a.M. 1976, S. 314.
25 *Martin Heidegger*, Sein und Zeit, 17. Aufl., Tübingen 1993, S. 400.
26 Vgl. etwa *Jürgen Habermas*, Die Moderne – ein unvollendetes Projekt, Leipzig 1994, S. 46f.: Zwischen den einzelnen Teilkulturen wären sehr viel mehr Kommunikationsprozesse vorstellbar, wenn nicht ein verfehltes Paradigma der »Einheit« dies verhindern würde.

Am Ende der Epoche des Bildungsromans zieht sich ein Teil der Bildungsbürger aus der durch den Übergang zum Erleben einer Entfremdung aus der gegenwärtigen, als bloßer Schein erlebten neuen Wirklichkeit zurück, um in einer anderen Form, der der Kunst, deren metaphysische intelligible »Wesenhaftigkeit« hinter dem Schein der Dinge wiederzufinden und dort das »geheime Deutschland« zu entdecken – ein Deutschland, das nicht mehr mit seiner Erscheinung identisch ist. Eine ähnliche Figur ist das »wahre Deutschland«[27], eine Figur, die den Bildungsprozess ganz von den Zwängen der Lebensformen abzukoppeln sucht und die Kunst als die wahre Realität zur Geltung bringt. Ein großer Teil des deutschen Bildungsbürgertums sieht die Notwendigkeit eines Denkens, sich auf das »Ganze« unmittelbar im Erleben einzurichten. Und diese Möglichkeit wird als in der Kunst denkbar und erlebbar wahrgenommen. Dies hängt auch mit der Überforderung der Literatur zusammen, die kein Entsprechungsverhältnis in einem Erleben von »Recht als Kultur« findet, der Möglichkeit des praktischen Verstehens der Regeln der Gesellschaft, zu der das Recht im 19. Jahrhundert, wie beschrieben, nichts beitragen kann – dies ist anders insbesondere in England.

Diese Überlegungen zeigen, dass die verbreitete politische Deutung der Entwicklung des Bürgertums in der zweiten Hälfte des 19. Jahrhunderts undifferenziert ist: Man kann kaum davon sprechen, dass »das« Bürgertum auf politische Mitbestimmung zugunsten wirtschaftlicher Freiheit »verzichtet« habe. Dies ist eine Pauschalierung, die der Entwicklung der Fragmentierung des Bürgertums nicht gerecht werden kann. Von einer strategischen »Entscheidung« oder auch nur intuitiv gewählten Richtung des Bürgertums kann keine Rede sein! Das Bürgertum zerfällt und sucht auf unterschiedlichen Wegen nach einer unpolitisch gestifteten »Einheit« jenseits des Realen.

Letztlich endet der anfängliche Aufbruch zu einem neuen Denken der Möglichkeiten des Erlebens in dem verbreiteten Gefühl der Abhängigkeit von Kontingenzen, die jedenfalls das Selbstverhältnis des Subjekts erschüttern, das gerade durch den Bildungsroman aufgebaut worden war. Das »wahre Ganze« beruht dann für viele Bürger in Deutschland auf der Eigengesetzlichkeit des Kunstwerks. Auch Lacoue-Labarthe/Nancy[28] sehen die Erfüllung des Subjekts in der Arbeit am Begriff letztlich nur im Kunstwerk als möglich an.

Dies ist eine problematische Folgerung, da dies in den anderen Feldern der Kultur einen Abstoßungseffekt verstärkt, der das »eigene« Feld gegen die anderen in Stellung bringt.

27 Vgl. *Heinrich von Treitschke*, Deutsche Geschichte im 19. Jahrhundert, 4. Theil: Bis zum Tode Friedrich Wilhelms III, Leipzig 1889, S. 275.

28 *Philippe Lacoue-Labarthe/Jean-Luc Nancy*, The Literary Absolute: The Theory of Literature in German Romanticism, Albany, NY 1978, S. XV.

5. Das Spannungsverhältnis von Technik, Kultur, Recht in Deutschland

In Deutschland ist das Verhältnis von Technik, Kultur und Recht eher von technikfeindlichem Ressentiment und einem antiliberalen Rechtsverständnis einerseits oder Elementen eines oberflächlichen Nationalismus andererseits geprägt, der die Unterscheidung und Beobachtung der ausdifferenzierten kulturellen, wirtschaftlichen und rechtlichen Praktiken durch einfache Projektionen einer unbestimmt bleibenden Erwartung der »Einheit« überspielt hat. Dadurch ist die Entwicklung einer eigenständigen oder neben der »Kulturphilosophie« ihre Unterschiede artikulierenden *Technikphilosophie* sowie eines Verständnisses des »Rechts als Kultur« blockiert worden.

Für die Technik ging es in Deutschland eher um die Anerkennung als »gleichwertig« mit der literarischen Kultur. Dieser Anspruch wurde durch Referenzen auf die deutsche idealistische Philosophie unterstützt[29] – oder später im Rekurs auf den Kultur und Technik gemeinsamen »Lebenskampf«. Die Entwicklung von »Technik als Kultur«, etwa später im Sinne Simondons, wurde dadurch verhindert. Der Staat konnte seinerseits die Rolle des Organisators gemeinsamer Wissensbestände kaum erfüllen, weil er einerseits zu spät kam, andererseits aber einen gesellschaftlichen Bestand von »cognitive commons« kaum glaubwürdig favorisieren konnte – es blieb dann ein vordergründiges Verständnis vom »Lebenskampf« übrig. Davon wurde auch die Entwicklung des Rechts bestimmt, das sich in der Gestalt der Zweckjurisprudenz zwar stärker für die Beobachtung der gesellschaftlichen Praktiken geöffnet hat, aber zugleich seine begrifflich reflektierte Eigenrationalität gegen einen begriffsblinden Vitalismus der Zwecke eingetauscht hat. Die Anerkennung der Gesellschaftlichkeit des Rechts führt aber nicht zur Entwicklung einer neuen Logik des Privatrechts, sondern wird *quasi-biologisch* auf eine letztlich außergesellschaftliche Faktizität reduziert, die Freiheit zum Rechnungsposten werden lässt, über den letztlich wieder der Staat frei verfügen kann.[30] Dies ist deshalb möglich, weil die kausalen biologischen Regelmäßigkeiten, die sich entwickelt haben, die alten natürlichen Gewohnheiten, die ihre Ursprünge in der Kultur hatten, beseitigen und einen neuen Zusammenhang jenseits der Individuen entstehen lassen.[31] Ob

29 *Adelheid Voskuhl*, Engineering Philosophy, Theories of Technology, German Idealism, and Social Order in High Industrial Germany, Technology and Culture 57 (2016), 721, 742.

30 *Rudolf v. Jhering*, Der Zweck im Recht 1, Leipzig 1872, S. 562; vgl. dazu *Stefan Vesco*, Die Erfindung der ökonomischen Rechtswissenschaft. Eine kritische Konstruktion von Jhering zu Posner, Weilerswist 2021, S. 45.

31 Diese Anerkennung des Rechts und der Freiheit der Individuen hatte Jhering früher noch anerkannt, *Rudolf v. Jhering*, Geist des römischen Rechts auf

man dies als die Frühform einer »ökonomischen Rechtswissenschaft« betrachten kann[32], erscheint zweifelhaft. Vor allem erscheint zweifelhaft, dass es Jhering überhaupt um die Akkumulation ökonomischen Nutzens ging[33] oder dass er *malgré lui* eine Art des »Reflexivwerdens« des Privatrechts befördert hätte, wie es offenbar Marietta Auer vorschwebt.[34] Man muss genauer zwischen der Realität des durchaus individualistisch prozessierenden, eigene Rechtsfiguren selbstorganisierenden bürgerlichen Rechtsverkehrs einerseits und dem dazu insbesondere in der Rechtswissenschaft geführten »Diskurs« unterscheiden, der die Privatautonomie bis zum Beginn des letzten Drittels des 19. Jahrhunderts *ignoriert* und sie dann erst als Gefahr für eine »Einheit« des Rechts jenseits der Praxis des Rechts entdeckt hat. Auf dieser Grundlage konnte in der deutschen Wissenschaft keine Reflexion der Weiterentwicklung des Rechts der »Gesellschaft der Organisationen« erwartet werden. Was insbesondere Jhering formuliert hat, ist nach wie vor von einer Feindseligkeit gegenüber der gesellschaftlichen Selbstorganisation der Privatrechtspraxis bestimmt. Ja, sie ist bestimmt von der Abschaffung der *Darstellung* jeder Autonomie und des Übergangs zu einem Privatrecht, das wegen seiner übermächtigen staatlichen Überformung diesen Namen kaum mehr verdient. Dass die Praxis dadurch nur teilweise behindert worden ist, ist eine andere Frage. Doch befördert hat sie deren Reflexion nicht – sondern auch in dieser späteren Phase der Rechtsentwicklung blockiert und irregeführt und damit wiederum die Möglichkeit der Herausbildung von »Recht als Kultur« verhindert. An deren Stelle ist eher ein Verständnis des »Rechts als Unkultur« getreten, das die liberale Ordnung weiter unterdrückt, aber auch keine produktive Vorstellung von einer neuen sozialen, d.h. auch gesellschaftlichen Wendung des Rechts entwickelt hat.

Zur Entwicklung dieser »cognitive commons« der Gesellschaft, einer lebendigen, offenen Kultur, in der die unterschiedlichen Wissensbestände produktiv aufeinander bezogen werden konnten, hat die Wissenschaft in Deutschland nur wenig beigetragen. Auch hier zeigt sich das Phänomen einer »versäulten« Kultur, deren Zusammenhalt nur partiell und oberflächlich im gemeinsamen, durch den Staat organisierten »Lebenskampf« – und der Abwehr der Feinde der »Einheit« – zum Ausdruck kommen konnte. Auch die Träger und Erzeuger des technischen Wissens neigten dazu, die Reflexion der Technik in der Gesellschaft, die Suche nach einer »Eigenphilosophie« der Technik, den Formen der von der Literatur bestimmten *Bildung* zu unterwerfen. Dieses Ideal bestimmte die

den verschiedenen Stufen seiner Entwicklung, Teil 2, Band 1, Leipzig 1854, S. 27.

32 *Vesco*, aaO (Die Erfindung der ökonomischen Rechtswissenschaft), S. 97.

33 *Vesco*, ebd.

34 *Marietta Auer*, Der privatrechtliche Diskurs der Moderne, Tübingen 2014, S. 7.

Suche nach einer Form der Reflexion des Anteils der Technik an der als Einheit verstandenen Kultur des »Ganzen«[35] – und nicht die Suche nach einer eigenständigen Kultur der Technik.

In Frankreich bleibt der Mythos des Staates ordnungsbildend, der alle Regimewechsel überdauert und den »Lyrismus« der Volkszuneigung[36] durch administrative Versorgung überlagert hat. Man sollte nicht vergessen, dass die Französische Revolution Frankreich 100 Jahre politisches Chaos hinterlassen hat! In Deutschland lag das Problem der blockierten Entwicklung nur vordergründig im Fortbestand des »Autoritarismus« und der angeblichen Untertanenmentalität, die immerhin eine – nach der griechischen Philosophie – welthistorisch einmalige Revolution des philosophischen Denkens, aber auch der Musik, nicht verhindert hat.

Deutschland hat eine politisch-kulturelle Praxis des *Denkens der Gesellschaft als Prozess* gefehlt. Die Grundlegung dazu hat vor allem Hegel geschaffen, aber der Hegel'sche Gedanke hat nicht die Praxis des Rechts und des Staates ergriffen. Hegel hat die Ambivalenz der Moderne (mehr Möglichkeiten und zugleich mehr Konflikte um deren Deutung)[37] erkannt und darauf mit der Anerkennung der Bedeutung des gesellschaftlichen Wissens und der Institutionen seiner Sammlung und Ordnung für die Bewältigung der »Grenzenlosigkeit« des Neuen hervorgehoben. Auch Kervégan spricht mit Recht von »autopoietischen Institutionen«, einer Form, die mit dem Hegel'schen Denken kompatibel sei.[38]

Aus der Sicht des Rechts ist hier aber zu konstatieren, dass die geschaffenen Wissensbestände über ihren praktischen Wert hinaus einee zusätzlichee überschießende Bedeutung darin haben, dass sie die »bestehenden Verhältnisse« in Bewegung versetzt und einen Überschuss an Möglichkeiten erzeugt haben, der für sich genommen die Stellung eines kollektiven Variationspools hat. Ohne diesen Pool der Ideen ist das Rechtssubjekt nichts. Das Problem in Deutschland scheint darin zu bestehen, dass die darüber hinausweisende Institutionalisierung als »Zwischenraum« zwischen Privatem und Öffentlichem schwach geblieben ist und dann die Nation, der Staat, gegenüber den Figuren der gesellschaftlichen Integration eine zu große Dominanz gewinnen konnte. Das »deutsche Problem« ist weniger mit der Referenz auf die »verspätete Nation« (H. Plessner) zu charakterisieren als mit dem Mangel an ausreichenden *Institutionen* zwischen Staat und Gesellschaft zu erklären, in denen und an denen sich das Rechtsubjekt bilden kann. Dabei ist genauer zwischen dem

35 *Voskuhl*, aaO (Engineering Philosophy).

36 *Julien Pasteur*, L'Education Sentimentale du peuple, Flaubert et la naissance du lyrisme démocratique, Le Télémaque 2021 (Nr. 59), 147.

37 Vgl. *Whitebook*, aaO (Omnipotence and Radical Evil).

38 *Jean-François Kervégan,* Die Institutionalität der Sittlichkeit, in: Ino Augsberg et al. (Hrsg.), Rechtsphilosophie nach Hegel. 200 Jahre *Grundlinien der Philosophie des Rechts*, Paderborn 2024, S. 99, 130.

individuellen privaten Subjekt, das seine Möglichkeiten für sich nutzt, und dem instituierten privaten Subjekt zu unterscheiden, das seinen kollektiven Grund in der Gesellschaft (und nicht im Staat) reflektiert und Verantwortung für die kollektive Dimension der gesellschaftlichen Regelbildung übernimmt. Man könnte diesen Zwischenraum auch als privat-öffentlich bezeichnen.

IV. Literatur und Recht in England und Frankreich

1. Literatur und Recht in England

Auch in England entwickelt sich im viktorianischen Zeitalter ein funktionales Äquivalent zum deutschen Bildungsroman. Der englische Roman der Mitte des 19. Jahrhunderts ist aber sehr viel stärker als der deutsche Bildungsroman von der Auseinandersetzung mit dem neuen wissenschaftlichen und technischen Weltbild geprägt, das einer Epistemologie der Selbstentsagung des Individuums zugunsten der Kräfte der Natur und Gesellschaft und ihrer Gesetze zu folgen scheint.[1] Die Komplexität des »ordinary life« wird in gängigen Romanen vielfach ähnlich wie in der wissenschaftlichen Literatur dargestellt.[2] So führt der Realismus des Romans »Daniel Deronda« in die Desillusionerung über die Möglichkeiten des Menschen. Diese Desillusionierung schlägt sich auch in der Verschiebung der Referenz auf ein liberales gesellschaftliches Modell des Wissens, der »generativen Seite der Rationalität«[3], nieder. Die Selbstentwicklung (auch) der Gesellschaft vollzieht sich danach nicht nach der idealen Form eines stabilen Gesetzes, sondern folgt »*exemplarisch*« den Beobachtungen von und dem Leben mit anderen Menschen und deren Lebensvollzug und Selbstverbesserung.[4] Das ermöglicht es einer der Figuren des Romans, sich ganz in einer professionellen Rolle (als Richter) vorzustellen und »a way of looking at things as cases and evidence« anzunehmen.[5] Dies ist eine sehr treffende Formulierung, die auf eine charakteristische Weise von »attention to particulars« (L. Wittgenstein)

1 Vgl. den Roman Daniel Deronda von *George Eliot* (eigentlich Mary Ann Evans); *Bernard Lightman*, Science and Culture, in: Francis O'Gorman (Hrsg.), The Cambridge Companion to Victorian Culture, Cambridge 2010, S. 12, 24, 28; allg. zum Roman als Ausdruck einer neuen städtischen Kultur *Ian Watt*, The Rise of the Novel, Berkeley 1957.

2 So etwa im Roman »Middlemarch« von *George Eliot*.

3 *Elaine Hadley*, Living Liberalism: Practical Citizenship in Mid-Victorian Britain, Chicago 2010, S. 50; *Lauren M. E. Goodlad*, Liberalism and Literature, in: Juliet John (Hrsg.), The Oxford Handbook of Victorian Literary Culture, Oxford 2016, S. 103, 121; *Daniel S. Malachuk*, Perfection, the State, and Victorian Literature, Basingstoke 2005, S. 2; *Andrew H. Miller*, The Burdens of Perfection: On Ethics and Reading in Nineteenth Century British Literature, Ithaca NY 2010, S. 3.

4 *Malachnuk*, ebd.

5 Zit. nach *Simon Petch*, Legal, in: A Companion to Victorian Literature and Culture, hrsg. v. Herbert F. Tucker, Oxford/Malden 1999, S. 155, 168.

bestimmt ist. Damit wird der Bezug auf das »Ganze« über den einzelnen Lebensvollzügen aufgegeben und eine Haltung der »Entsagung« nahegelegt und erprobt, die sich in einer beschränkten Weltsicht einrichtet.[6]

Diese Entwicklung korrespondiert mit dem Wandel der Sozialisation in den literarischen Zirkeln zur Verständigung der Gentlemen mit anderen in der kommerziellen Gesellschaft, die einen neuen Gebrauch der Kultiviertheit erreicht.[7] Die höchste Form der – allerdings nicht unwidersprochen gebliebenen – Lobpreisung des »commerce as the quintessence of civilization« wird in H. Gordon Selfridges »Romance of Commerce« erreicht.[8]

Hinter der englischen Lektüre des Bildungsromans »durch das Recht« steht die Konstruktion des politischen und kulturellen Lebensmodells in der paradoxen Figur des »abstract embodiment«[9] eines partialen Musters von intellektuellen Fähigkeiten, im Gegensatz zur Bindung an den Boden, wie er von den konservativen Honoratioren wahrgenommen zu werden pflegte. Dem entspricht die Bedeutung der »*Meinung*« als einer pragmatischen kulturellen Form der Koordination und Kooperation mit den anderen, die neue »kognitive Praktiken«[10] erforderte und auch hervorbrachte, aber nicht mehr deren Stabilisierung in einer übergreifenden Idee der Einheit suchte. Dies ist die literarische und kulturelle Entsprechung zu A. Smith' Vorstellung der Selbstbildung des Individuums, des »man within« im »Spiegel der anderen«, als Modus der Bildung eines pragmatischen Referenzrahmens für einen funktionierenden Markt, der keine »natürlichen« Fähigkeiten oder Wissensbestände voraussetzen kann.[11]

In England lässt sich zur Einschätzung des mit der deutschen kulturellen Konstellation vergleichbaren »Sozialisationsspiels« der Dichtung die größere Kraft der gesellschaftlichen *Institutionen* konstatieren. Sie zeigt sich darin, dass am Beginn des 19. Jahrhunderts ein weiteres Übergangsritual entsteht, der Anschluss einer *kommerziellen* Kultur des »*Gentleman*«, die mindestens partiell das vorangegangene »Spiel«

6 Die Figur der »Entsagung« spielt auch in der deutschen germanistischen Diskussion über den »Realismus« im ausgehenden 19. Jahrhundert eine Rolle; vgl. die Beiträge in *Moritz Baßler* (Hrsg.), Entsagung und Routines. Aporien des Spätrealismus und Verfahren der frühen Moderne, Berlin/Boston 2013.

7 *Hadley*, aaO (Living Liberalism), S. 50; *John Brewer*, The Pleasures of Imagination. English Culture in the Eighteenth Century, Abingdon/New York 2013; Beispiele in: *Joseph Hillis Miller*, Victorian Subjects, Durham NC 1991.

8 *H. Gordon Selfridge*, The Romance of Commerce (1902), o.O., 2015.

9 *Hadley*, aaO (Living Liberalism), S. 12.

10 *Hadley*, ebd., S. 9.

11 *Thomas Vesting*, Staatstheorie, München 2018, S. 114.

der literarischen Zirkel und die dort betriebene Geschmacksverfeinerung fortsetzt.[12] Der »Gentlemen's Club« ist eine neue *Institution*, die in England dazu beiträgt, dass ein kulturelles Netzwerk von Wissensbeständen, Verhaltensmustern, von Formen kultureller Koordination, von Persönlichkeitsmodellen sich herausbildet, das eine wichtige Grundlage für das Prozessieren auch der rechtlichen Operationen geschaffen hat.[13] Der Club ist eine *Institution* deshalb, weil er zu dem »Zwischenraum« des (hier) Privat-Öffentlichen gehörte, innerhalb dessen sich Umgangsformen entwickelten und stabilisiert wurden, die die Kommunikation in der Gesellschaft abgestützt, die Idiosynkrasien ausgeblendet, funktionale, insbesondere wirtschaftliche Kommunikationen vorbereitet und abgestützt haben. Dies ist eine Form der institutionalisierten Koordination zwischen literarischen, alltäglichen, rechtlichen und wirtschaftlichen Praktiken, die eine Art »*Kollisionsmodell*«, eine Art »agencement« für gesellschaftliche Normen, die »assemblage of parts«[14], ins Werk gesetzt hat[15] – die in Deutschland gefehlt hat. Auch hier ist die Ausschließungswirkung des »Gentlemen's Club« gegenüber Frauen nicht zu übersehen, aber das ändert nichts daran, dass dieser auch eine der Sache nach nicht einfach als frauenfeindlich abzuqualifizierende produktive Seite der Wissensgenerierung entwickelt hat.

In Deutschland gab es auch ein reges Vereinsleben, dem aber diese überschießende öffentliche *gesellschaftliche* Dimension der Vorbereitung externer Kommunikationen weithin fehlte – und soweit es nicht fehlte, waren die »zivilgesellschaftlichen« Vereine eher Kampfbünde gegen die liberale Gesellschaft, die die Ambivalenz der Produktivutät des Neuen und ihrer gleichzeitigen Bedrohlichkeit nicht durch private Formen der praktischen Reflexion in Institutionen abgespannt, sondern in eine destruktive Verschärfung getrieben haben.[16] Hier zeigt sich die Bedeutung von »Recht als Kultur«: Vor den Überlegungen über die kollektive Dimension des Privatrechts, etwa in den Arbeitsbeziehungen, stehen die kulturellen Grenzen der unterschiedlichen Referenzen auf das

12 *Brewer*, aaO (The Pleasures of Imagination).

13 *M. Joseph*, Members Only: The Victorian Gentlemen's Club as a Space for Doing Business, Management and Organizational History 14 (2019), 123ff.

14 *Denise Gigante*, Life. Organic Form and Romanticism, New Haven 2014, S. 39, 147.

15 Vgl. zum Begriff oben *Marcus Twellmann*, Assemblage, Collage, Montage: Für einen neuen Formalismus, Dt. VjS Litwiss. Geistesgesch. 93 (2019), 239, 242; vgl. auch *Thomas Vesting*, Gentleman, Manager, homo digitalis, Weilerswist 2021, S. 102ff.

16 In diesem Zusammenhang ist auch symptomatisch, dass das militärische Denken in die Gestaltung der privaten Arbeitsbeziehungen eingedrungen ist, *Norbert Elias*, Studien über die Deutschen. Machtkämpfe und Habitusentwicklung im 19. und 20. Jahrhundert, Frankfurt a.M. 1992, S. 273.

Denkbare: Z. B. die Referenz auf das militärische Denken auch jenseits der eigentlichen militärischen Logik, das das Denken des preußischen Reserveoffiziers auch im privaten Handeln bestimmen kann und den Raum der Kultur des Rechts verengt. Der Raum des Rechts hat keine scharfen Grenzen.

Die Bedeutung expliziter Regeln der Kommunikation und ihrer Begrenzung wird in Deutschland auch heute noch stark überschätzt. Es kommt auch und gerade darauf an, dass es einen gemeinsamen Vorrat an *impliziten* praktischen Üblichkeiten, Umgangsformen, Themen und Tabuisierungen, Höflichkeitsregeln, Regeln der Konfliktvermeidung, Formen der »Zurückhaltung«, des Aushaltens von praktischen Unvereinbarkeiten gibt, der gesellschaftliche Kommunikation abstützt. Man kann sich nur der »Eloge de l'hypocrisie« Olivier Babeaus[17] anschließen! Sie erzeugt paradoxerweise das *Vertrauen,* das auch für die Ermöglichung von Rechtsverhältnissen erforderlich ist, weil nicht alles explizit gemacht werden kann.[18] Es ist die Bildung der praktischen Gewohnheit, sich auf andere verlassen zu können, die soziales Zusammenleben ermöglicht – dies ist kein Glaube an die »sincerity« der Person, sondern an das Prozessieren von Mustern ihres *Verhaltens.*

2. Recht und Literatur in Frankreich

Um die Mitte des 19. Jahrhunderts bildet sich in Frankreich ein »nationaler Konsens« auf der Grundlage des monarchischen Denkens und der »›vernünftigen‹ Errungenschaften« der Revolution,[19] der kaum dazu angetan war, ein »gouvernement des esprits« zu organisieren – zu viel musste angesichts der ideologischen Konflikte unausgesprochen bleiben. In der Literatur entwickelt sich im zweiten Drittel des 19. Jahrhunderts vor dem Hintergrund der kulturellen Krise eine Bewegung der Abwendung der Literatur von den als »Bourgeois« verachteten Lesern.[20]

17 Paris 2018. Etwas gehobenere Formen der »Hypokrisie« sind Ritualisierungen, die ebenfalls in hohem Maße Kollisionsregeln sind, die für die soziale Kommunikation unumgänglich, aber mit dem deutschen Streben nach »Einheit« und »Ganzheit« kaum vereinbar sind; vgl. auch *Adam B. Seligman et al.*, Ritual and its Consequences. An Essay on the Limits of Sincerity, Oxford 2008.

18 Vgl. *Adam B. Seligman*, The Problem of Trust, Princeton 2000.

19 *Frédéric Audren/Jean-Louis Halpérin*, La culture juridique française – Entre mythes et réalités. XIXeme et XXeme siècles, Paris 2013, S. 45.

20 *Michel Condé*, La genèse social de l'individualisme romantique. Esquisse historique de l'évolution du roman en France du dix-huitième au dix-neuvième siècle, Paris 1986, S. 14.

Das Trauma der Revolution hat einen Verlust des Bezugs zu ihrer Realität ausgelöst und darüber hinaus einen Verlust des Vertrauens in die Aussagefähigkeit der Wörter. In dieser Zeit entsteht auch eine bis in die Gegenwart herrschende Tendenz, das Reale (der Revolution) zugunsten des »Virtuellen«,[21] dessen, was die Revolution hätte sein können, zu verdrängen und deren »gute Seite« zu überhöhen. Dazu gehört auch das Mitleiden mit dem »guten Volk«, das um die Revolution betrogen worden ist. Dies ist vielleicht die Geburtsstunde des »guten Intellektuellen«[22], der seine hehren Ideen auf das Volk projiziert – auch wenn das Volk davon nicht viel wissen will.

Das revolutionäre Denken nahm die Form eines weltlosen Illusionismus an, dem gegenüber das deutsche idealistische Denken vielleicht mehr Realitätstüchtigkeit hervorgebracht hat als die »Revolutionsschwärmerei« in Frankreich. Dem entspricht eine Volkspädagogik, die während der Revolution entstanden ist und auf der Grundlage von Arbeiten des Abbé Sicard für »Taub-Stumme«, die wegen ihrer »Sprachlosigkeit« von diesem als »hommes de la nature« angesehen wurden, eine allgemeine Grammatik für die schulische Erziehung hervorgebracht hat.[23] Die wahre Revolution ist ein Erziehungsprogramm für Kinder! Diese Entwicklung verschärfte sich noch unter Napoléon Bonaparte, unter dessen Herrschaft der Autoritarismus auch dazu diente, die Erinnerung an die Revolution, die inzwischen von den Sozialisten gepflegt wurde, zu unterdrücken.[24]

Die Enttäuschung, die in Deutschland nach dem Ende des Bildungsromans zurückbleibt, steht in Frankreich mit seinen vielen politischen Brüchen im 19. Jahrhundert nach der Revolution schon an seinem Anfang, etwa in Flauberts »Education sentimentale«, und hält bis zu seinem baldigen Ende im Roman »Bouvard et Pécuchet« an und steigert sich in die »Sentimentalität der Volksverehrung«.[25] Ja, man könnte die These wagen, dass die Revolution von vornherein nicht als solitäres Ereignis der Befreiung interpretiert werden kann, sondern eher als eine destruktiv-nihilistische Reaktion auf die Desillusionierung *nach* der Enttäuschung über die

21 *Anouchka Vasak*, 1797. Pour une histoire météore, Paris 2022, S. 196.

22 Vgl. *Theodore Zeldin*, France 1848–1945. Politics and Anger, Oxford 1979, S. 68.

23 *Elisabeth Schwartz*, Idéologie et grammaire générale: le modèle ambigu da la pédagogie des sourds-muets, Vortrag im Rahmen des DFG-Projekts »Diskursformation«: Die Grammaire générale an den Ecoles Centrales, https://www.geisteswissenschaften.fu-berlin.de/v/grammaire_generale/Actes_du_colloque/Textes/Schwartz/index.html.

24 *Audren/Halpérin*, aaO (La culture juridique), S. 49.

25 *Julien Pasteur*, L'Education Sentimentale du peuple, Flaubert et la naissance du lyrisme démocratique, Le Télémaque 2021 (Nr. 59), 147; vgl. auch *Clemens Pornschlegel*, Allegorien des Unendlichen. Hyperchristen II, Wien 2017, S. 22.

durch Ludwig XVI. abgebrochene Reform des französischen politischen Systems zu verstehen ist.[26] Damit wäre die Gewalt nicht als »Entgleisung«, sondern als Kern der Revolution charakterisiert.[27] Die Revolution war im Grunde selbst eine Entgleisung: Das Ancien Régime ist von allen Seiten in Frage gestellt worden,[28] auch und gerade durch den Egoismus der Adeligen und der neuen Schicht der bürgerlichen Notabeln, die alles andere als eine Revolution wollten, sondern nur die Absicherung ihrer Stellung in einer ihren Wohlstand fördernden Gesellschaft erreichen wollten. Dies ist nach Jack Goldstone[29] die beste Voraussetzung für eine Revolution. Das erklärt auch, warum die Folge der Revolution in Frankreich 100 Jahre Chaos waren,[30] eine enorme Verunsicherung von Politik und Kultur.

Jacques de Saint Victor macht darauf aufmerksam, dass *vor* der Revolution in Frankreich eine kulturelle Bewegung entstanden war, die die (französische) Tradition der alten germanischen/gallischen Freiheitsvorstellungen wiederzubeleben versuchte und die – im Lichte der Sichtweise Montesquieus, aber auch der englischen Freiheitsvorstellung – viel politischer war als in Deutschland. Diese, vielleicht auch nur mythische Tradition der gemeinsamen Entscheidung über gemeinsame Angelegenheiten, der lokalen Basis des Rechts, z.T. von »interessierter« adeliger Seite unterstützt, könnte als ein Pendant zu dem entrückten deutschen Volksgeist nach Savigny oder den Versuchen zur Wiederbelebung der deutschen germanischen Rechtstradition angesehen werden. Wie Saint Victor schreibt, ist diese alte Freiheitskonzeption auch in der Revolution vernichtet worden, obwohl sie die Voraussetzung der Einberufung der »Generalstände« war.[31]

Pascale Pynson[32] weist darauf hin, dass der Protagonist der »éducation sentimentale« wahre Liebe eigentlich nur bei einer mütterlichen Frauenfigur finden kann,[33] die für den Entzug des Politischen, der permanenten

26 Man darf im Übrigen nicht vergessen, dass die Bevölkerung Frankreichs unter dem Ancien Régime bis zur Revolution von ca. 21 Millionen auf fast 29 Millionen angewachsen war, ein Zuwachs, der schon für sich genommen die Anpassungsfähigkeit der bestehenden gesellschaftlichen Institutionen überfordert hat.

27 *Robert C. Colin*, La violence nihiliste, Topique 2007 (Nr. 99), 139.

28 *Jean-Pierre Jessenne/Philippe Minard*, La France moderne, Paris 1999, S. 63ff., 126ff.

29 *Jack Goldstone*, Revolutions. A Very Short History, Oxford 2014, S. 3.

30 *Zeldin*, aaO (Politics and Anger), S. 1.

31 *Jacques de Saint Victor*, Les racines de la liberté: Le débat français oublié, Paris 2007.

32 *Pascale Pynson*, À propos de l'Education Sentimentale de Flaubert. Ecriture et réminiscence, L'Autre 4 (2003), 297,.

33 Dieses Motiv findet *Michèle Lowrie* auch bei Victor Hugo (»Quatre-vingt-treize«), Interview : »Vom alten Rom ins moderne Paris«, in: CASAviso

Wiederkehr des Konflikts steht[34]; sie hat von vornherein keine Zukunft. Und dies betrifft Männer wie Frauen! Der Wandel ist der Übergang zur Reminiszenz, der Ersatz der unbefriedigenden Realität durch »schöne Worte«. Die Bildung des Protagonisten wird von der Vorstellung bestimmt, dass die Herausforderung der Existenz die Wiederkehr dessen ist, was schon früher gescheitert ist.[35] Ebendies ist auch die wiederkehrende Figur, die das Spätwerk Flauberts, »Bouvard und Pécuchet«[36], prägt, die von Vergeblichkeit geprägte Mühe zweier alter Männer, die (unfreiwillig) das Wissen der Enzyklopädie durch das Kopieren und Wiederkopieren der Worte parodieren, die an die Stelle der Wirklichkeit treten.[37] Es ist ein weiter Weg von der »Erziehung der Herzen« bei Rousseau (»Emile ou de l'éducation«) bis zur unstrukturierten Sammlung des Wissens der Zeit als lächerliche Altersbeschäftigung.[38] Nach dem Ende des Bildungsromans wendet sich die Literatur desillusioniert den an den Anforderungen der Zeit scheiternden oder sich ihnen widersetzenden Außenseitern zu.[39]

(Zeitschrift des Center for Advanced Studies, LMU) 2013, Heft 8, S. 5; *Michèle Lowrie/Barbara Vinken*, Civil War and the Collapse of the Social Bond, Cambridge 2022, S. 197.

34 *Lowrie/Vinken*, ebd., S. 1.

35 *Pynson*, aaO (À propos de l'Education Sentimentale de Flaubert).

36 *Véronique Samson*, Après la fin. Flaubert et le temps du roman, Paris 2021, S. 7, 105.

37 Vgl. auch *Rainer Maria Kiesow*, L'unité du droit, Paris 2014, S. 61.

38 *Samson*, aaO (Après la fin).

39 *François Hartog*, Croire en l'histoire, Paris 2013, S. 167.

C. Überlegungen zu einer epistemologischen Theorie der Rechtsgeschichte des 19. Jahrhunderts

I. Hegels Begriff

1. Die idealistische Philosophie als Teil der Kultur der Gesellschaft

Der Aufstieg der deutschen idealistischen Philosophie in der ersten Hälfte des 19. Jahrhunderts hat eine ganz singuläre Form der Entwicklung des gesellschaftlichen Denkens und des gesellschaftlichen Wissens und damit eine Art Pfadabhängigkeit des Denkens und der Entwicklung eines Teils der Wissensbestände erzeugt. Diese kulturelle *Form*, insbesondere das Hegel'sche Begriffsdenken, hätte auch innerhalb des Rechts *als Kultur* der Gesellschaft eine Orientierungsleistung erbringen können, zu der das auf seine interne, durch Rechtswissenschaft und die Rechtsprechungspraxis produzierte Einheit fixierte Recht in Deutschland nicht in der Lage war. Diese Überlegung wird noch dadurch abgestützt, dass die kulturelle Dimension des Hegel'schen Denkens bis in die Mitte des 19. Jahrhunderts auch den Staatdienst geprägt hat. Die politische und gesellschaftliche Rolle von Bildung, Wissenschaft und Philosophie hat Hegel mehr als einmal betont: »...Bildung und die Blüte der *Wissenschaften* (sind) eines der wesentlichsten *Momente* selbst im *Staatsleben.*« Im Zentrum steht die Philosophie. Der preußische Staat hat durch »das *geistige* Übergewicht sich zu seinem *Gewicht* in der *Wirklichkeit und im Politischen* emporgehoben...«.[1] Davon ist am Ende innerhalb des Staatsdenkens tatsächlich eher dessen ideologische Banalisierung geblieben, während das *kulturelle* Reflexionspotential der Hegel'schen Philosophie für das Recht verschüttet worden ist.

In Deutschland hat sich eine Fixierung auf den »Staat gegen die Gesellschaft« vor allem im letzten Drittel des 19. Jahrhundert entwickelt, der zu einer Rückbildung der Hegel'schen Begriffsphilosophie zu einer Staatsideologie geführt hat, zu der Hegel selbst beigetragen haben mag. In theoretischer Perspektive beobachtet, scheint es sich eher um eine Rückentwicklung des Hegel'schen Denkens zu einem »Neohegelianismus« zu handeln, der in der Weimarer Zeit und unter dem Nationalsozialismus eine theoretische Lesart des Nationalsozialismus hervorgebracht hat.

1 *Georg Wilhelm Friedrich Hegel*, Konzept der Rede beim Antritt des philosophischen Lehramtes an der Universität Berlin, in Werke in 20 Bänden, Band 10: Enzyklopädie der philosophischen Wissenschaften II, Frankfurt a.M. 1986, S. 399, 400.

2. Hegel, die gesellschaftliche Erfahrung und die rechtliche Beschwörung der Einheit des Rechts in der rechtswissenschaftlichen Literatur

Was für die Erfahrung aus der Sicht der späteren Phänomenologie gesagt werden kann, gilt im Grunde auch für Hegel: Das begriffliche Denken ist bestimmt durch seine Generativität, deren praktische Seite das »self-unfolding through the generation of ›new things‹« bewirkt.[2] Entgegen der verbreiteten Vorstellung Hegels als eines *Staats*philosophen ist er vielmehr ein »*Gesellschafts*philosoph«. Innerhalb dieses Denkens erscheint der Staat als ein Forum der Universalisierung, aber eben als »Staat der *Gesellschaft*« – und nicht umgekehrt als ein Staat, der die Gesellschaft dominiert.[3]

Dies hat auch eine große Bedeutung für das Hegel'sche Begriffsdenken: Es ist oben gezeigt worden, dass die »Begriffsjurisprudenz« vom Staat her denkt und Begriffe, die letztlich den von den gegenwärtigen Bewegungen der Gesellschaft *getrennten* »Volksgeist« konkretisieren, als Blockaden gegen den gesellschaftlichen Wandel aufbaut. Dies ist eine eigene Version des Topos der Trennung von Staat und Gesellschaft. Man könnte geradezu von einem Denken in »*Staatsbegriffen*« sprechen. Daran ließe sich ein erster Schritt zur Konturierung der Leistung des Hegel'schen Begriffs für das Rechtsdenken entwickeln: Auch Begriffe können keine festen Entitäten sein, sie entwickeln sich eher in gesellschaftlichen »Feldern«, die insbesondere in Anlehnung an den Übergang zu Post-Newtonian Theories in modernen naturwissenschaftlichen Konstruktionen der Dynamik das Denken in Substanzbegriffen ablösen.[4] Im Anschluss an Whiteheads Prozessphilosophie lässt sich für unseren Kontext vor allem festhalten, dass allgemeine Begriffe immer nur »versuchsweise Formulierungen« in Anschlag bringen können[5], die notwendigerweise in ein Feld intervenieren, es »abgrenzen, ausblenden« und etwas

2 So *DeRoo* für die spätere Phänomenologie: *Neal DeRoo*, The Political Logic of Experience. Expression in Phenomenology, New York 2022, S. 11.

3 Vgl. die Darstellung bei *Uwe Volkmann*, Rechtsphilosophie, München 2018, Rdnr. 224ff., der die Ambivalenz des Hegel'schen Denkens nicht nach der Seite der Unterwerfung der Gesellschaft unter den Staat auflöst.

4 *Nick Huggett/Carl Hoefer/James Read*, Absolute and Relational Space and Motion: Post-Newtonian Theories, in: Stanford Encyclopedia of Philosophy, Stand 19.7.2021; zur Verwendung dieser Begrifflichkeit für eine (auch) geisteswissenschaftliche Theorie des Prozesses durch Whitehead vgl. *Rainer Wiehl*, Einleitung, in: Helmut Holzhey/Alois Rust/ders., Natur, Subjektiviät, Gott. Zur Prozessphilosophie Alfred N. Whiteheads, Frankfurt a.M. 1990, S. 9, 15.

5 *Alfred North Whitehead*, Prozess und Realität. Entwurf einer Kosmologie, Frankfurt a.M. S. 40.

»festlegen« – und anderes ausschließen. Das Subjekt, das die Begriffe gebraucht, ist nicht mehr der neutrale Beobachter der Gesellschaft, der über einen festen (durch die Religion abgestützten) Referenzpunkt für seine »Vorstellungen« verfügt. Begriffe bilden sich nicht »au-dessus de la mêlée«. Sie explizieren etwas, was von den unbegrifflichen, einer gesellschaftlichen Praxis implizit bleibenden Wissensbeständen nicht getrennt gedacht werden kann. Sie werden im Gebrauch für den Gebrauch gefertigt, und sie können sich nicht von der Beweglichkeit ihrer Verweisungen und der Verknüpfung zwischen ihren Komponenten entfernen.[6] Dies impliziert auch, dass »man nicht alles gleichzeitig und mit dem in der Sache eigentlich angemessenen Gewicht zur Geltung bringen kann«[7]. Mit einem bestimmten Begriffsgebrauch sind z.B. notwendigerweise weitere präjudizielle Folgerungen ausgelöst, die nicht mehr zur Wahl stehen und dem Denken eine Grenze setzen (müssen). »Die Welt ist in ihrer konkreten Vielfalt und Fülle stets über unsere theoretischen Konzepte hinaus. Die Differenz zwischen Begriff und Sache ist unaufhebbar.«[8] Darin ist etwas anerkannt, was man die kritische Dimension des Alltäglichen nennen könnte: Es ist »gegeben« als etwas, »was man in einem bestimmten Sinn nicht ›hat‹«.[9] Allerdings steht diese Lesart sicher in einem Spannungsverhältnis zu Hegels Konzeption des »absoluten Wissens«.[10] Kann man aber »nur von daher verstanden werden, was Hegels Denken eigentlich *will* und zu leisten beansprucht« (Herv. nicht i. Orig.)? Es mag sein, dass der »Phänomenologie des Geistes« eine »propädeutische Aufgabe« zukommt, die nicht nur für die Leser, sondern auch für den Schreiber im Sinne einer Selbstentwicklung, man könnte sogar sagen: im Sinne seines »Bildungsromans« von Bedeutung war. Aber wie der Bildungsroman als Institution an seine Grenzen gestoßen ist, so könnte man sagen, dass jedenfalls für eine theoretische Reflexion des *Rechts* die Entwicklung des Denkens und des Begriffs auf dem Niveau der PhG als Prozess in der Schwebe gehalten und weitergeführt werden kann. Was darüber hinausweist, ist Sache der »Philosophie als Wissenschaft«, nicht der Rechtstheorie, die an *ihrem* »Bildungsroman« festhalten und ihn dann aber auch nach Verarbeitung überwinden kann. Was »Hegels Denken *eigentlich* will« (Herv. nicht i. Orig.) ist dann vielleicht eine legitime Frage,

6 *Bertrand de Saint-Sernin*, La Cosmologie de Whitehead, Arch. de Phil. 76 (2013), 483, 484; allg., im Anschluss an Bachelard, *Sandra Pravica*, Bachelards tentative Wissenschaftsphilosophie, Wien 2015.

7 *Friedrich Rapp*, Das Subjekt in Whiteheads kosmologischer Metaphysik, in: Holzhey et al., aaO (Natur, Subjektiviät, Gott), S. 143, 149, 151.

8 *Rapp*, ebd., S. 149.

9 Vgl. *Jocelyn Benoist*, La normativité de l'ordinaire, in: Pierre Fasula/Sandra Laugier (Hrsg.), Concepts de l'ordinaire, Paris 2021, S. 66.

10 Vgl. dazu etwa *Emerich Coreth*, Das absolute Wissen bei Hegel, Zeitschrift für katholische Theologie 105 (1983), 389.

aber keine, die in Hegels Sinne selbst daran hindert, Hegels Denken als *Prozess* von dieser Frage zu lösen und ihm eine andere Wendung zu geben. Damit wird sicher nicht behauptet – dies wäre selbstwidersprüchlich –, dass Hegel so richtig verstanden oder sogar »vom Kopf auf die Füße gestellt« wird (so Karl Marx), sondern dass Hegel für das Recht eine andere Wendung gegeben wird – auch wenn es ihm nicht gefallen hätte (vgl. auch unten C. I. 9.)

Die bleibende Aufgabe des begrifflichen Denkens in der (Rechts-) Geschichte besteht vielleicht in dem, was der französische Historiker Patrick Boucheron »défamiliariser la fausse évidence des continuités« genannt hat.[11] Im Hegel'schen Sinne ist der Begriff der »Prozess der Selbstnegation«, der die Wissensbestände durch Einschnitte der »Selbstunterscheidung« immer weiter treibt.[12] Der Begriff »beobachtet« ein gesellschaftliches »Feld« und reflektiert dessen Entwicklungslinien, deren Veränderung sich innerhalb seines eigenen Netzwerks von Komponenten niederschlägt – über die dadurch gegebenen Anschlussmöglichkeiten aber auch neue Formen der Überwindung von Kollisionen oder Spannungen hervorbringt. Die Begriffe bilden »Netze der Bedeutung« (»webs of significance«)[13], die Sinn durch Interferenzen zwischen unterschiedlichen Praktiken herausbilden, der sich nie ganz in Begriffen aggregieren kann, weil diese (vor allem) in einer Zeit des »Übergangs« einem Flow von Möglichkeiten ausgesetzt sind, der immer nur »von Fall zu Fall« Rationalität »in action« erzeugt.[14] Zu anderen Zeiten kann der Begriff durchaus Stabilität des Denkens versprechen.

In diesem Sinne hat Boucheron für die Geschichtswissenschaft die Entwicklung zur »art des discontinuités« verlangt.[15] Das bedeutet nicht, dass immer wieder von neuem angefangen werden kann, aber die vorhandenen Begriffe müssen jedenfalls in einer Zeit des dynamischen Wandels als Formen über sich selbst hinausweisen und Unterscheidungen in Hinsicht auf mehr Möglichkeiten konstruieren. Dies wäre eine auf den Begriff bezogene Lesart der Universalisierung, des »Zusammendenkens« von mehr Möglichkeiten, die historisch »anstehen«, und damit eine Fassung des Begriffs als eines *gesellschaftlichen Begriffs*, der sich für die Bewegung in der Gesellschaft öffnet und diese nicht unterdrückt. Hier bietet sich wieder der Rekurs auf das jüdische Verständnis des »Studiums« des Gesetzes an, das ein nicht überwindbares Verhältnis der Spannung

11 Interview, in: Critique 2015, Nr. 823, 1003.

12 *Sebastian Ostritsch*, Hegel. Der Weltphilosoph, 2. Aufl., Berlin 2020, S. 161.

13 *Clifford Geertz*, The Interpretation of Culture, 3. Aufl., New York 2017, S. 5.

14 *Robert B. Pippin*, What is »Conceptual Activity«, in: Joseph Schear (Hrsg.), Mind, Reason, and Being-in-the-World. The McDowell-Dreyfus Debate, Abingdon/New York 2013, S. 91, 93.

15 *Patrick Boucheron*, Ce que peut l'histoire, Paris 2020, S. 10.

zwischen der Form des Gesetzes (und seiner »Interpretation«) und dem Prozess der sich dem Gesetz entziehenden praktischen Normbildung in der Gemeinschaft indiziert, die immer wieder eine neue Herausforderung enthält: Das Gesetz kann nie mit seiner Praxis identisch sein, die das Gesetz immer wieder neu verstehen hilft und Gesichtspunkte aufwirft, die vorher nicht vorhanden waren.

Auch in der Philosophie (des Rechts) muss mit den »Wissensbeständen«, d.h. den Begriffs*beständen* gearbeitet werden, die in der Zeit entstehen. Dann muss mit den Begriffen experimentiert werden – unter den durch die Bedingungen der historischen Kulturen des Wissens gesetzten Bedingungen, d.h. seit dem 19. Jahrhundert: den Bedingungen des Wandels und der Fragmentierung der Wissensbestände. Die Frage ist: Wie können mehr Möglichkeiten zur Bewältigung von Komplexität generiert werden? Dies ist nicht allein oder gar primär eine Frage der richtigen »*Vor*stellung«, sondern im Recht eine Frage des *praktischen* Operierens mit dem verfügbaren Wissen und seinen »Beständen« und der reflexiven Beobachtung der Emergenz neuer Anschlussmöglichkeiten für weitere »Züge« innerhalb des Begriffsfelds. In Zeiten des Übergangs »lockern« sich die Begriffe, ihr Griff auf die Wirklichkeit, der Übergang, schlägt auf sie selbst zurück. Es werden neue »Begriffskonstellationen« gebildet. Die Rechtswissenschaft des 19. Jahrhunderts hat in Deutschland demgegenüber ihre Aufgabe darin gesehen, diese »Lockerung« zu verhindern und hat die Begriffe gegen die »Übergänge« gehärtet. Die einzelnen, Rechtsbegriffen subsumierbaren, realisierten rechtlichen Handlungsmöglichkeiten gelten nicht »als etwas Neues«, sondern sie sind die Realisierung einer »je schon gegebenen idealen Möglichkeit des Rechts«[16]. Gegen dieses statische Denken wendet Canguilhem später sein Konzept der »normativité vitale«,[17] der nicht hintergehbaren normativen Kreativität des »milieu«, in dem die Handelnden ihre Erfahrungen im Verhältnis zu anderen machen – und sich darin selbst hervorbringen.[18] Dadurch verliert das Erkenntnissubjekt seine Einheit als Referenz des Begriffs, während dieser sich umgekehrt aus einem Anfang der Gedankenordnung in eine »nachträgliche Konstruktion«[19] auf den Spuren der Verweisungen und

16 So *Peter von Oertzen*, Die soziale Funktion des staatsrechtlichen Positivismus. Eine wissenssoziologische Studie über die Entstehung des formalistischen Positivismus in der deutschen Staatsrechtswissenschaft, Frankfurt a.M. 1974, S. 214f.

17 *Georges Canguilhem*, La connaissance de la vie, Paris (Neuausgabe) 2003, S. 195.

18 *Canguilhem*, ebd. S. 195; dazu *Valentine Prouvez*, La mémoire »normative« : synthèse et réécriture du sens de l'expérience, Le Coq-Héron 2021, Nr. 246, 109, 110.

19 *Hans-Jörg Rheinberger*, Historische Epistemologie, Hamburg 2005, S. 116; *Pravica*, aaO (Bachelards tentative Wissenschaftsphilosophie), S. 130.

ihrer Netzwerke denken lässt, die ihrerseits keinen einsinnigen Bezug auf *die* Realität nehmen kann.[20] Rheinberger spricht in Hinsicht auf das neue wissenschaftliche Denken nach der Revolutionierung und Relativierung durch die neue Naturwissenschaft, die das Denken insgesamt nicht unberührt lässt, nicht unberührt lassen kann, von der »Krümmung des Denkens«[21], die nicht mehr ungeschehen gemacht werden kann. Wäre es zu kühn, Hegel als den Vor-Denker des »gekrümmten« Möglichkeitsraums zu denken? Jedenfalls hätte eine Hegel'sche »Begriffsjurisprudenz« eine historisch tragfähige Form für ein Selbstverständnis des Rechts auf der Höhe der Zeit bilden können, das die Bruchlinien innerhalb des Rechts sowie zwischen Normativität und Faktizität nicht überspielt, sondern das nichthintergehbare Spiel von Differenz und Identität in seinen Unterscheidungsbereich aufgenommen hätte. Das begriffliche Denken hätte auch nicht vor dem Wandel zur »Gesellschaft der Organisationen« kapitulieren müssen, und aus dem Recht wäre ein *»Recht als Kultur«* geworden...

3. Hegel und das »gouvernement des esprits«

Der Rekurs auf die Bewegung des Begriffs indiziert eine Akzentverschiebung. Es geht nicht mehr um die unmögliche Selbsterziehung des Geistes, das Erkennen der Welt von einem selbstgesetzten Anfang aus, sondern um die »Regierung« der »Geister« (»gouvernement des esprits« – im Plural), letztlich das Verhältnis der Selbst- und Fremdordnung, das immer mit den gerade verfügbaren »losen Enden« des Wissens weiterarbeiten muss, aber auch kann. Die antiaufklärerische Position Savignys besteht in dem Versuch, der Paradoxie der Revolution, dem Wandel auch der Begriffe der Gesellschaft, entgegenzutreten und einen »Grund« der Begriffe diesseits des Erkennens in einen dem Wandel entzogenen Anfang zu verlagern, der *nicht Gegenstand des Erkennens ist.* Dieser Wunsch ist die Grundlage der Annahme, dass es ein »Beharrendes im Wandel« gibt[22], eben den Volksgeist, während es nach der hier vertretenen Position um den *Wandel* des Beharrenden geht. Der Volksgeist ist nach Meinecke in dem »Mitgefühl für die Mannigfaltigkeit der Volksindividualitäten« begründet, das sich aus der »inbrünstigen Versenkung

20 *Pravica,* ebd.

21 *Hans-Jörg Rheinberger*, Historialität, Spur, Dekonstruktion, in: *ders.*, Experiment, Differenz, Schrift. Zur Geschichte epistemischer Dinge, Marburg 1992, S. 48, *Pravica*, aaO (Bachelards tentative Wissenschaftsphilosophie), S. 130.

22 *Friedrich Meinecke*, Die Entstehung des Historismus, 2. Aufl., München 1946, S. 451.

in die Eigenart und Schöpferkraft des eigenen deutschen Volksgeistes« speist.[23] Dies ist ganz richtig gesehen: Es geht Savigny um die Bildung eines einzigen *Volkskörpers*[24] – *gegen die Gesellschaft,* die mit sich selbst uneins ist! Der Volksgeist als der große Aufhalter! »Versenkung« hat einen quasi-religiösen performativen Charakter, dessen Vollzug in Hinsicht auf den »Volksgeist« des Rechts in der nachbildenden Aneignung der »Gedanken des Gesetzgebers« besteht,[25] der seinerseits ein Sensorium für das stille Wirken des Volksgeistes hat, das sich der Beobachtung durch die Gesellschaft und ihre Begriffe entzieht. Das ist etwas anderes als die begriffliche *Durcharbeitung* des Wandels und die Rückwendung des Begriffs auf das Feld seiner Komponenten und deren Verweisungen, der »Rückgriff« auf seine eben in der Durcharbeitung sichtbar werdenden Risse, durch die etwas Neues dringt und in das Begriffsfeld aufgenommen wird. Der Gedanke, dass der »Volksgeist« einen mythischen Anfang des Rechts bildet, schließt die rationale Erkenntnis aus.

Wie Hans Blumenberg anmerkt, gehört die Geschichte in einen »lebendig-gegenwärtigen Erfahrungsraum«[26] – und dies gilt auch für die Begriffe, mit denen das Werden des Rechts verarbeitet wird, das im Modus des »experimentum entis« beweglich geworden ist. Statische Beschwörungsformeln wie der »Volksgeist«, der als eine Art »totalité de fond du réel« existiert, aber als letzte *Einheit* nicht begrifflich zerlegend gedacht werden kann, müssen durch eine transduktive »plus qu'unité«[27] ersetzt werden, eine »Mehr-als-Einheit«, die eine begriffliche »Zergliederung« und das nachträgliche Rearrangement der Komponenten der Begriffe zusammendenkt. Dies ist die Unumgänglichkeit des »Nachträglichen«, das nicht mehr von der Einheit des unzugänglichen Anfangs bestimmt wird. Diesen Übergang blockiert die Figur des »Volksgeistes«, die die Begriffe – das hat die Begriffsjurisprudenz richtig verstanden – unbeweglich hält und den Wandel auf eine mystisch *bleibende* Weise undenkbar und unsichtbar macht – nur der Volksgeist weiß, was er tut. Hegels Begriffsdenken geht demgegenüber davon aus, dass die Idee sich »von unten« *ex post* über die Proliferation von Verknüpfungsmöglichkeiten *zwischen* den gesellschaftlichen Operationen der Subjekte als Netzwerk aufbaut und von den Subjekten erkannt werden kann (im Rahmen eben der

23 *Meinecke*, ebd.

24 Vgl. zur Metapher des Volkskörpers *Albrecht Koschorke et al.*, Der fiktive Staat. Konstruktionen des politischen Körpers in Europa, Frankfurt a.M. 2007.

25 *Friedrich Carl von Savigny*, System des heutigen römischen Rechts, Band 1, Berlin 1840, S. 213.

26 *Hans Blumenberg*, Die ontologische Distanz. Eine Untersuchung zur Krisis der philosophischen Grundlagen der Neuzeit, Berlin 2022, S. 143.

27 So im Anschluss an Gilbert Simondon *Jean-Hugues Barthélémy*, Simondon, Paris 2014, S. 153ff.

durch die Institutionen und Lebensformen geschaffenen Möglichkeiten der Bearbeitung). Das Verhältnis von Wissen und Geschichte, um das es auch bei Savigny geht, bestimmt auch die politische Philosophie Diderots, die das Wissen von den festgefügten Traditionen befreit und es »sich selbst überlassen hat«, nämlich »seiner Positivität und seiner Praxis«.[28]

Diese Überlegung verweist nur auf die durch das *Experiment als Form* bestimmte Notwendigkeit des transsubjektiven Handelns in der Welt, des *Machens* der Welt, das auch die begriffliche Reflexion dieses »Machens« bewegt. Daraus erwächst die Frage nach dem »*gouvernement* des esprits« – in einem Plural, der nicht in der harmonischen »Mannigfaltigkeit« des immer schon als Eins gesetzten Volksgeists aufgeht, sondern sich der Begriffe und ihres Wandels bedient. Die Frage nach dem »gouvernement« setzt immer schon eine dafür vorbereitete Gesellschaft voraus, die über entsprechende Kommunikationsmittel und -prozesse verfügt.

Die »Phänomenologie des Geistes«, ein »Jahrtausendwerk« (Klaus Vieweg), ist (oder lässt sich lesen als) der Bildungsroman des Geistes,[29] nicht (nur) des einzelnen Lesers. Das heißt: In der besonderen (post-)revolutionären Situation des ersten Drittels des 19. Jahrhunderts kann bestimmten Werken der Philosophie (wie der Literatur) eine besondere mobilisierende *Kraft* zugeschrieben werden, die einen performativen, die Kultur verändernden Charakter hat.

In den »25 Jahren der Philosophie«[30], die Eckart Förster zwischen 1781 und 1806 datiert, hat sich in Deutschland eine historisch einmalige Revolution des Denkens vollzogen, die alles andere als ein bloßer Ersatz der politischen Revolution in Frankreich war und (nicht nur) die deutsche Kultur verändert hat. Dazu bedarf es kollektiver Institutionen und geteilter Wissenspraktiken zur Ermöglichung gemeinsamer Erfahrung.[31]

28 *Sylvain Auroux*, Diderot encyclopédiste, Stanford French Review VIII (1984), 185, 186.

29 *Olivier Tinland*, La *Phénoménologie de l'esprit* de Hegel comme Traité de subjectivation, in: Rodolphe Calin/ders. La subjectivation du sujet. Etudes sur les modalités du rapport à soi-même, Paris 2017, S. 75, 79. Es ist nicht ganz verständlich, warum Pirmin Stekeler-Weithofer die Lektüre der *Phänomenologie des Geistes* als »Bildungsroman« abwehrt. Schließlich geht es dabei nicht um die Unterstellung einer narrativen Seite des Werks, sondern vielmehr darum, die den Geist in seiner *praktischen* Orientierung als Normativität prägende »Vollzugsform kooperativ verfassten Lebens« auf den Leser der *Phänomenologie des Geistes* zurückzuwenden; *Pirmin Stekeler-Weithofer*, Hegels Phänomenologie des Geistes. Ein dialogischer Kommentar. Band 1: Gewissheit und Vernunft, Hamburg 2014, S. 38.

30 So der Titel eines wichtigen Buches von 2011, 3. Aufl., Frankfurt a.M. 2018.

31 So ist auch das Studium der Torah zu verstehen: Nicht als individuelles Verstehen oder die Aneignung des Texts, sondern die Gemeinsamkeit des Texts

Diese Revolution besteht in der wirklichen »Umbildung« des Geistes[32] als Teil eines objektiven Prozesses der Hinführung zum Wissen und umgekehrt darin, das Wissen der Gesellschaft ins Werk zu setzen und in bewegliche Begriffe zu »fassen«.[33] Die Begriffe sind keine stabilen Entitäten als geistige Kräfte, die – wie früher Gott – die Welt zusammenhalten. Man könnte im Vorgriff auf die spätere Entwicklung der modernen Naturwissenschaften, die jenseits der herkömmlichen Vor-stellung der Welt und der Natur als *konkreter* Gegenstände in der »*direkten*« Hervorbringung von schwer begreiflichen Abstracta eine neue Perspektive ermöglicht. Damit wird ein Denken des Begriffs vorstellbar, das mit der Entwicklung neuer Phänomene rechnet und diese für Überwirkungen zwischen den begrifflich unterschiedenen Feldern öffnet.[34] Dies legt für die jeweils beteiligten Wissenschaften die Begrenzung des Anspruchs der jeweiligen Eigenlogik nahe, die stattdessen permanent für distribuierte experimentelle Anleihen sensibilisiert werden müssten.

4. Die kollektive epistemische Dimension des Privatrechts, ihre Blockierung durch die historische Rechtsschule und ihre potentielle Öffnung durch das Hegel'sche Begriffsdenken

Das Privatrecht hat über die Eröffnung der Möglichkeiten für das individuelle Handeln hinaus eine kollektive Dimension, nämlich die Funktion der Schaffung eines Varietätspools der Wissens- und Handlungsmöglichkeiten zu eröffnen (dazu tragen die politischen Grundrechte wenig bei). Das stark akzentuierte Symbol der Einheit (auch des Privatrechts) hat die Möglichkeiten blockiert, die darüber hinaus dem Recht eine Stellung als »law as culture« geboten hätte – und darüber die Angst vor der bedrohlichen Unordnung geschürt, die es später nach der Anerkennung der Privatautonomie auch ausdrücklich zur Geltung gebracht hat.

verweist auf die prozesshafte Aktivierung des Verhältnisses zu den anderen, *Rony Klein*, Lettre, corps, communauté, Paris 2018, S. 159.

32 *Otto Pöggeler*, Hegels Bildungskonzeption im geschichtlichen Zusammenhang, Hegel-Studien 15 (1980), S. 241, 250.

33 Deshalb erscheint es zweifelhaft, dass Hegel der »Illusion« verfallen sein könnte, als könne er »die Geschichte mit ihren Entscheidungen philosophisch abschließend durchsichtig machen«, *Pöggeler*, ebd., S. 268.: Das Ziel des Wissens verweist immer über sich hinaus.

34 So *Julia Weber*, Imagination, poetisches Bild und Subjekt. Eine Replik zur Debatte um Bachelards Poetik des Raumes, Sub\urban 2015 Bd. 3, Nr. 2 https://zeitschrift-suburban.de/sys/index.php/suburban/article/view/197/327#content.

Hegel nimmt die Französische Revolution ernst, aber die Revolution ist – anders als z.B. bei Sieyès[35] in der Selbsterziehung der Bürger – in die komplexere Form der *Mittelbarkeit* der Selbstentfaltung des Denkens als Bewegung, als *Prozess*, gefasst worden. Genau dies ist der Grund, warum Hegels Philosophie hier auch als eine Form der *realen* Selbstbewegung der Gesellschaft und des Rechts gesehen wird, die eine praktisch wirksame Reflexionsform in Hegels Denken hätte finden können, weil sie auch tatsächlich das Denken *in der Gesellschaft* in ein Selbstdenken *der* Gesellschaft hätte transformieren können. Dies *war* der deutsche Pfad der Revolution! Dies kann man nur dann als von vornherein unangemessen ansehen, wenn man die Philosophie nur als »Interpretation« der Geschichte betrachtet, die von deren Veränderung getrennt gedacht wird – wie dies bei Marx in der 11. Feuerbachthese geschieht.[36] Jedenfalls war auch bei Hegel das Denken gerade nicht nur als »Interpretation« gedacht, sondern als eine Form der Selbstveränderung der Subjekte in der Gesellschaft und als eine Form des Wandels der »*Gesellschaft der Subjekte*«, die sich dem Verstehen der Geschichte als vom Menschen gemacht verdankt – und das sich zugleich dadurch dem Denken entzieht, weil sich seine Gestalt als »Gestalt des Lebens« nicht anhalten lässt! So ließe sich ein neuer Sinn für Hegels Wort von der Philosophie finden, die »ihr Grau in Grau malt«, wenn »eine Gestalt des Lebens alt geworden« ist[37]: *Das* ist die Philosophie als Wissenschaft, die Philosophie *au-dessus de la mêlée* – und nicht die Philosophie als ihr eigener noch nicht zu Ende gelesener *Bildungs*roman, als eine Form, die ihre eigene Lebensgestalt *noch nicht* kennt und sich mit deren Erscheinungsformen auseinander-setzt! Und wenn sie sie erkannt hat, ist sie in der Dämmerung zu ihrem Ende gekommen und die Auseinander-setzung hat ihren Gegenstand eingebüßt, sie ist dem Stillstand der Logik gewichen und hat die Form der Propädeutik verlassen. Doch die Rechtstheorie kann eben mit dieser Propädeutik arbeiten! Das heißt zugleich, dass sie nicht behaupten kann und nicht behaupten muss, dass dies die »richtige« Hegellektüre ist.

Die Bildung des Einzelnen ist für Hegel nur als Partizipation an einem kollektiven Prozess möglich. Darin ist im Ansatz für das Recht notwendig ein Denken impliziert, das die Praxis der Rechtsakteure nicht als bloße Faktizität betrachtet, sondern interindividuelle und kollektive Momente der Rechtsbildung als miteinander verschleift sieht. Man

35 Vgl. zur Entwicklung des Sieyès'schen Denkens *François Furet*, La Révolution française, Paris 2007, S. 145; auch *Thomas Vesting*, Staatstheorie, München 2018, S. 118.

36 Es ist nur die Frage, ob der Prozess der Transformation nicht doch komplexer gedacht werden muss, als dies bei Marx geschieht.

37 Vorrede zu den Grundlinien der Philosophie des Rechts, (1821), Hamburg 2017.

muss sich auch davor hüten, ein allzu positives Bild der Französischen Revolution mit den »deutschen Zuständen« zu konfrontieren.[38] Dieses Bild entsprach jedenfalls nicht dem Selbstbild der französischen Kultur. Auch der, oberflächlich betrachtet, naive Wille zur Selbsterziehung der Menschen vor oder statt einer Revolution erscheint nicht so sehr naiv, vielmehr als Ausdruck einer tiefen Verunsicherung, die die französische Kultur während des ganzen 19. Jahrhunderts erfasst hat. Die deutsche idealistische Philosophie nimmt auch die während der Französischen Revolution aufgeworfene Frage nach dem »*gouvernement* des esprits« auf.[39] Deren Ziel wird neu gelesen und nicht als pädagogisches Unternehmen der Belehrung des Einzelnen über die neuen Formen der Gesellschaft verstanden.

Hegel geht es um die Selbsttranszendierung des gesamthaft begriffenen menschlichen »*Geistes*«, der Gesellschaft, nicht der Einzelnen.[40] Hegel begreift die Paradoxie der Notwendigkeit der »inscription du collectif dans l'individuel«.[41] Das moderne Phänomen der »Gewohnheit der permanenten Selbstprüfung« der Subjekte[42] – statt des früheren »absichtslosen« Befolgens tradierter Regeln – ist nicht vorstellbar ohne die Vermittlung durch einen Prozess der Spiegelung in einem Anderen, einem Fremden, das das Subjekt herausfordert. Dies ist der Referenzrahmen des Hegel'schen, viel fundamentaler ansetzenden Begriffsdenkens!

5. Wie kommt das neue Subjekt in die Welt?

Wer über die »Wissenschaft nachdenke« (»médite«), erzeuge, so Michelet, selbst das Subjekt.[43] »Connaître et faire, c'est la même chose« – dies habe bisher nur für Gott gelten können. Nun bereite es dem Menschen ein »göttliches Vergnügen«. Dies ist sozusagen die französische

38 Vor allem Pinkard warnt vor dem oberflächlichen Urteil, dass die Deutschen – so Madame de Stael – nur in Gedanken das nachvollzogen hätten, was die anderen Nationen »in Wirklichkeit« getan hätten, allg. *Terry Pinkard*, German Philosophy 1760–1860, Cambridge 2002.

39 *Julien Pasteur*, Les héritiers contrariés. Essai sur le spirituel républicain au XIXe siècle, Paris 2018.

40 Vgl. *Robert B. Pippin*, Hegel's Practical Philosophy. Rational Agency as Ethical Life, Cambridge 2008, S. 272.

41 *Pasteur*, aaO (Les héritiers contrariés), S. 452; vgl. dazu auch differenziert *Volkmann*, aaO (Rechtsphilosophie), Rdnr. 224, 231.

42 *Luke Wilson*, Ben Jonson and the Law of Contract, in: Victoria Kahn/Lorna Hutson (Hrsg.), Rhetoric and Law in Early Modern Europe, New Haven 2001, S. 143, 152.

43 *Jules Michelet*, Cours au Collège de France (1838–1851), Band II, Paris 1995, S. 87.

– wenn auch keineswegs allgemein geteilte, jedenfalls neue – Vorstellung des Menschen, der seine Geschichte, und damit auch die Subjektivität nach dem Ende des religiös basierten Denkens selbst erzeugen muss.

Das neue Ich, das handelnde Ich, »le moi directeur«[44], findet nach Sieyès sein Apriori in der Funktion der (politischen) Repräsentation und in der kreativen Realität der politischen und gesellschaftlichen Veränderung. Humboldt konstatiert, dass für die Franzosen die Notwendigkeit der Gründung der Welt in einem »reinen Selbstbewusstsein« nicht denkbar gewesen sei.[45] Das »metaphysische Bedürfnis der Epoche« (in Deutschland) hat nicht nur einen philosophischen Kontext, es hat auch eine praktische performative Seite, aber auch eine darüber hinausweisende ambivalente Seite, die Entwicklung einer jenseits des Machens sich anscheinend öffnende Perspektive: Eine »unerfüllte Totalität der Unendlichkeit« als Gegenstand des Strebens der Subjekte.[46] Man könnte die These wagen, dass dieses »Streben« die spezifisch deutsche Variante einer Destruktivität des neuen Denkens war, die in Frankreich zur »Unendlichkeit der Gewalt« geführt hat.

Vor allem W. v. Humboldt hat in seinen Gesprächen mit Sieyès einen Eindruck von den französischen Debatten gewinnen können und dabei einen grundlegenden Einwand gegen Sieyès' Überlegungen erhoben (der aber der Ambivalenz des Projekts nicht ganz gerecht wird): Vor allem die an der Konzeption einer bürgerlichen Erziehung der Subjekte orientierten Vorstellungen der Revolutionäre greifen danach zu kurz. Der infinite Regress (wer erzieht die Erzieher? ...) konnte nach Humboldts Überlegungen nur durch den Gang zurück in eine metaphysische Ordnung aufgehalten werden, einen Rekurs, der nicht immer neue Fragen nach dem Anfang vor dem Anfang in den politischen Bedingungen einer Gesellschaft aufwirft. Vor der idealistischen Philosophie war das damit gestellte philosophische Problem nicht darstellbar. W. v. Humboldt sieht bei aller Kritik an Sieyès eine gemeinsame Herausforderung für die französische politische Theorie und die deutsche idealistische Philosophie,

44 Zit. nach *Jacques Guilhaumou*, L'avènement de la ‹métaphysique politique‹. Sieyès et le nominalisme politique, in: ders./Laurence Kaufmann, L'invention de la société. Nominalisme politique et science sociale au 18e siècle, Paris 2003.

45 Zitiert nach *Jacques Guilhaumou*, Sieyès et l'ordre de la langue, Paris 2002, S. 165.

46 *Birgit Sandkaulen*, »Individuum est ineffabile«. Zum Problem der Konzeptualisierung von Individualität im Ausgang von Leibniz, in: Wilhelm Gräb/Lars Charbonnier (Hrsg.), Individualität. Genese und Konzeption einer Leitkategorie humaner Selbstdeutung, Berlin 2012, S. 153, 162; auch *Aldo Schiavone*, La storia spezzata. Roma antica e Occidente moderno, Turin 2020, S. 192.

doch für diese ist die Idee kein Anfang, der in den Dienst einer sekundären gesellschaftlichen Praxis gestellt werden konnte.[47] Sie lässt nach der französischen Auffassung auch das Subjekt als »moi absolu« denken,[48] d.h. losgelöst von den Konflikten der Gesellschaft – das ist jedoch nicht das Hegel'sche Denken. Sieyès hat dies auf das deutsche Subjekt bezogen, während das französische eher als »moi dissous« zu denken sei,[49] d.h. als ein Subjekt, das in seinen Handlungen zerstreut nur noch eine relative Einheit, ausgehend von einem »principe d'activité«, entwickeln kann, das Einheit nur noch als eine *politisch* hergestellte in einem repräsentativen System ausbilden kann. An dessen theoretischen und praktischen Voraussetzungen arbeitet Sieyès.[50]

Im Hinblick auf Deutschland erscheint die Entgegensetzung zu weitgehend. Letztlich geht es in beiden Varianten nicht um die paradoxe »Selbsterziehung« des sich selbst als Anfang setzenden Subjekts, sondern es geht um zwei Lesarten der *Durcharbeitung* der neuen *Komplexität und Differenzierung der Gesellschaft als Form der prozesshaften* Selbständerung, die auch das Subjekt in ihren Mahlstrom einbezieht – und nicht einen gegenstandslosen Akt der »Befreiung« provozieren will. Für Sieyès bilden die Formen der »Repräsentation« das Medium der Selbstentwicklung der Subjekte. Doch auch dazu wird die Rolle des »législateur-philosophe« benötigt, die er für sich selbst vorgesehen hat.[51] Umgekehrt muss der Gesetzgeber auch ein »philosophe-législateur« werden, der nicht nur anordnet, sondern die Gesellschaft beobachtet und ihre normenbildende Kraft stimulieren will. Diese Seite fehlt in den Überlegungen Savignys zum Gesetz: Das Gesetz ordnet an, und es operiert mit Begriffen, die sich gegen die Bewegungskräfte der Gesellschaft abdichten. Die sich vom Geist des römischen Rechts abwendende Verhärtung der Begriffe, wie sie später die Begriffsjurisprudenz ausbildet, ist auch bei Savigny schon angelegt. Die Selbstorganisation des (Rechts-)Denkens durch die Gesellschaft ist, wie die Französische Revolution gelehrt hat, eine Gefahr für die als Staatsleistung verstandenen Begriffe.

47 *Wilhelm v. Humboldt*, Über die Verschiedenheit des menschlichen Sprachbaues. Über die Sprache, Berlin 1836, S. 10: Die Sprache hat eine »dunkle unenthüllte Tiefe«.

48 *Jacques Guilhaumou*, Sieyès et le moi. De la dignité sociale à la duperie mondaine, in: A. Giovannoni (Hrsg.), Les figures de la duperie de soi, Paris 2001, S. 43ff.

49 *Jacques Guilhaumou*, À propos de Sieyès, les idéologues et la grammaire générale – https://www.geisteswissenschaften.fu-berlin.de/v/grammaire_generale/Actes_du_colloque/Textes/Guilhaumou/Jacques_Guilhaumou.pdf.

50 Zu Sieyès *Guilhaumou*, ebd.

51 Vgl. *Laurence Kaufmann*, Aux sources de la sociologie. Science et politique de la »société« au XVIIe siècle, L'année sociologique 67 (2017), 333.

Auch Hegel denkt institutionell und mit Bezug auf praktische Lebensformen, aber eben nicht allein in Bezug auf die explizit politische Form der Repräsentation. Vielmehr geht es Hegel um den gesamthaften Prozess der »Universalisierung« der Beziehungen in der Gesellschaft, ihre praktische Dynamik der gesellschaftlichen Lebensformen.

6. Die Selbstveränderung der Gesellschaft durch Institutionen der »Verallgemeinerung«

Bei der Universalisierung des Wissens durch *praktisches* Handeln, nicht z.B. die apodiktische »Herleitung« von Begriffen aus dem römischen Recht, und die Benutzung verfügbarer Kombinatoriken spielen für Hegel exemplarisch die »Stände« eine große Rolle,[52] die in der Herausbildung »universaler« Denkmuster jenseits der begrenzten Interessen Einzelner von Bedeutung sein werden. Die Eignung der »Stände« für diese Vermittlungsarbeit mag man bezweifeln. Zukunftweisend bleibt aber die geradezu spektakuläre Vorstellung einer Verwirklichung der Allgemeinheit der Begriffe durch die *Praxis* gesellschaftlicher Institutionen und ihre Arbeit an der *Selbsttranszendierung* des Wissens. »Auf allen Stufen der Gesellschaft macht sich das Allgemeine, allerdings noch unzulänglich, geltend«.[53]

Die aus der *Praxis* sich herausbildende Abstraktionsleistung und die Verweisung auf mehr Möglichkeiten wird auch an der Transformation einzelner professioneller Gruppen gezeigt, insbesondere an der Gegenüberstellung einerseits des Einzelkaufmanns, dessen Denk- und Handlungsweise von einem begrenzten Spektrum an Verkaufsobjekten und -mustern bestimmt wird, und andererseits dem »Geschäftsmann«[54], dem der Wechsel der verkauften Waren selbst zur Regel geworden ist. Der »Geschäftsmann« macht Geschäfte, die nicht von vornherein nur ein begrenztes Repertoire von Möglichkeiten, z.B. eine fachliche Spezialisierung, herausbilden. Er muss augenblicklich »von dem wichtigsten zum geringsten Gegenstande übergehen können.« Dieses (Zusammen) Denken ist nicht so weit von einer Annahme über den grundsätzlichen Zusammenhang von Demokratie und Zivilisation entfernt: Es sind *gesellschaftliche* »Komplexität« und »Ausdifferenzierung«, die auch den

52 *Georg Wilhelm Friedrich Hegel*, Gesammelte Werke, Band 26, 3: Vorlesungen über die Philosophie des Rechts. Nachschriften zu den Kollegien der Jahre 1824–1825 und 1831, Hamburg 2015, S. 1455.

53 *Klaus Vieweg*, Hegel. Der Philosoph der Freiheit, München 2019, S. 515.

54 *Georg Wilhelm Friedrich Hegel*, Die Philosophie des Rechts. Die Mitschriften Wannenmann 1817/18 und Homeyer 1818/19, hg. v. Karl-Heinz Ilting, Stuttgart 1983, S. 116.

demokratischen Wandel und damit eine Verbreiterung der prozesshaften Öffentlichkeit erzwingen.[55]

Es ist kein Zufall, dass diese Rolle gerade auch von aufstrebenden Juden übernommen wurde: Das »Schaffen neuer Welten« hat eine eigene politisch-theologische Bedeutung für das jüdische Gesetzesdenken, das die Auseinandersetzung mit der gegenwärtigen Bedeutung des Gesetzes immer wieder aufs Neue verlangt.[56] Dies sind Exempel für die *Arbeit der Begriffe*, die selbst aus Netzwerken von Komponenten bestehen, zwischen denen nach innen wie nach außen – im Verhältnis zu anderen Komponenten – Kollisionen entstehen, die zu neuen provisorischen Abspannungen in neuen Beziehungen führen. Begriffe sind keine »Vorstellungen« jenseits der Wirklichkeit, sondern sie sind »Arbeiter«, die aus einem realen Kontext herausgearbeitet werden und mit diesem Kontext verschleift sind.

Diesem beweglichen Verständnis der Begriffe entspricht bei Hegel auch die Stellung des »Reichtums« in der dynamisch gewordenen Gesellschaft: Der Reichtum hat ein »allgemein notwendiges Wesen« darin, »sich allen Einzelnen mitzuteilen und tausendhändiger Geber« zu sein.[57] Der »Reichtum« emanzipiert sich von den Eigentumsgegenständen und wird zu einer Form der allgemeinen Verknüpfung zwischen den Subjekten sowie zwischen diesen und den Objekten – auch wenn dies »zufällig« nicht alle Subjekte tatsächlich einschließt. Der Reichtum ist begründet in der Wirkungsmacht der wirtschaftlichen Aktivität, einer Bewegung der »De-familiarisierung«, der Unterscheidungen, innerhalb deren Sprache und Arbeit ungetrennt sind[58] – das ist der prozessierende »Geist«, der

55 Vgl. auch *Werner Plumpe*, Der Kapitalismus bedingt Demokratie bedingt Kapitalismus…, Wirtschaftswoche 2023 Nr. 33, S. 40; deshalb ist weder Hegels (vgl. *Volkmann*, aaO (Rechtsphilosophie), Rdnr. 223) noch Goethes Verachtung für die Presse (vgl. viele Zitate in *Johann Wolfgang von Goethe*, Maximen und Reflexionen. Aphorismen und Aufzeichnungen, hrsg. von Max Hecker, Weimar 1907) Indiz einer Feindseligkeit gegenüber der Gedankenfreiheit: Solange noch kein liberales *Verhältnis* zwischen der nach eigenen Regeln ausdifferenzierten Gesellschaft und dem Staat besteht, hat die Gedankenfreiheit keinen Gegenstand außerhalb der Sphären der Selbstbildung des Individuums.

56 *Elisa Klapheck*, Zur politischen Theologie des Judentums, Frankfurt a.M. 2022, S. 170f.; für den deutschen und amerikanischen Protestantismus gilt die ihm von Max Weber zugeschriebene selbstdisziplinierende Wirkung, Die protestantische Ethik und der »Geist« des Kapitalismus, Stuttgart 2021, S. 81ff., vor allem für die sog. Sekten, die nicht als »Staatskirchen«, sondern – insofern ähnlich den Juden – als freie Gemeinschaften verfasst waren.

57 Vgl. *Stekeler-Weithofer*, aaO (Hegels Phänomenologie des Geistes), S. 314.

58 *Myriam Bienenstock*, Politique du jeune Hegel. Iéna 1801–1806, Paris 1992, S. 253.

das Ganze als Zusammenhang durch seine Arbeit versteht.[59] Ob es Hegel selbst im Hinblick auf das Eigentum primär darum ging, »zu klären, was auf dem Lande« im Zusammenhang mit der Agrarreform anstand, kann dahinstehen. Seine Konzeption des Eigentums hat einen darüber hinausweisenden Charakter.[60]

Der »objektive Geist« bringt die Freiheit als Selbstbewegung der Idee zur Geltung.[61] Er ist keine »kollektive Vorstellung«[62], sondern bezieht sich auf das, was schon in den Lebensformen im Zustand einer noch nicht begrifflich reflektierten Praxis instituiert ist, also »gilt« – und zwar nicht nur in einem engen normativen Sinn. Hegels Abschied von der alten Metaphysik des »Anfangs« führt stattdessen zu einer Philosophie der Freiheit,[63] die nur als ein historischer Prozess der Auseinander-setzung des Subjekts mit den impersonalen Lebensformen und ihrem durchzuarbeitenden historischen Verweisungszusammenhang besteht.

7. Goethes Morphologie und das Denken des »Übergangs« zwischen Begriffen

Goethe wirft in seinen Schriften zur Naturwissenschaft ebenfalls die Frage des Übergangs zwischen Begriffen als Problem der Morphologie (insbesondere der Pflanzen) auf und entfaltet Ansätze eines intuitiven Denkens, eine »scientia intuitiva«[64], die eine Brücke zur Literatur herstellen

59 *Myriam Bienenstock*, De l'esprit: Les philosophes allemands et l'»Aufklärung«, Revue Germanique Internationale 1995, 157; zum Begriff als Arbeit *Alexandre Kojève*, Introduction à la lecture de Hegel, Paris 1980, S. 130; das bedeutet selbstverständlich nicht, dass die »Reichtumsverteilung«, die sich herausbildet, so hingenommen werden muss. Sie bildet wiederum ein neues Spannungsverhältnis zwischen den Komponenten der Begriffe heraus, das durch neue »Züge« innerhalb des Spiels dieser Komponenten überwunden werden kann.

60 *Matteo Rategni*, Das Privateigentum im historischen Kontext. Eine Auslegung der Rolle vom Eigentumsrecht in der hegelschen Staatstheorie, in: Ino Augsberg et al. (Hrsg.), Rechtsphilosophie nach Hegel. 200 Jahre *Grundlinien der Philosophie des Rechts*,, Paderborn 2024, S. 145, 147.

61 *Myriam Bienenstock*, Qu'est-ce que l'esprit objectif selon Hegel?, Revue Germanique internationale 2001, 103.

62 *Bienenstock*, ebd.

63 *Birgit Sandkaulen/Jean-Marie Lardic*, La pensée postmétaphysique de Hegel, Archives de Philosophie 75 (2012), 253.

64 *David E. Wellbery*, Zur Methodologie des kritischen Verstandes. Anmerkung zu Eckart Försters Goethelektüre, in: Johannes Haag/Markus Wild (Hrsg.), Übergänge – diskursiv oder intuitiv? Essays zu Eckart Försters »Die 25 Jahre der Philosophie«, Frankfurt a.M. 2013, S. 259, 260, 265.

kann. Diese Überlegung lässt »an der poetisch dargestellten Konzeption« (eines Gedichts) die Möglichkeit aufscheinen, dass »das *Eine* sich *zu vielen hinüberbilden*« könne – »und zwar *immer immer lieber.*« (Herv. i. Orig.)[65] Goethe entwirft ein Konzept der überschießenden Aktivität der Ideen und Begriffe, welches die Projektion des Textes in neue Kontexte nicht als der Idee hinzukommende Zufälligkeit oder Willkür ansieht, »und erst recht nicht als Seinsdefizienz«, sondern als dem Begriff selbst inhärent unterstellt. D. Wellbery verweist hier auf E. Försters Hegelinterpretation, die die Öffnung des Begriffs zur Zukunft hin soweit für möglich hält, als er eine »*Fähigkeit*« zum Ausdruck bringt, »welche zur Idee als solcher gehört.«[66] Förster ist der Ansicht, dass Goethe hier im Grunde bereits über Hegel hinausgehe, ohne die theoretische Herausforderung der Bildung eines Konzepts des »intuitiven Verstandes« jenseits des traditionellen begrifflichen Denkens anzunehmen.[67]

Allerdings wird hier eine Grenze des Begriffswandels indiziert, der für das Recht von erheblicher Bedeutung ist: Das Hegel'sche begriffliche Denken findet sein Ende in einem Denkrahmen, der von der liberalen Gesellschaft der Individuen bestimmt wird. Doch sieht Hegel, dass in einer Gesellschaft, die von Menschen *gemacht* wird, dieses Machen nicht von individuellen Wünschen bestimmt sein kann, deren Zusammentreffen die Bewegung der Gesellschaft blockieren würde. Die Bewegung bedarf einer »Logik«, der Zusammenordnung der Handlungen, die sich von diesen individuellen Wünschen unterscheidet. Aber die Logik ist nichts, was der Geist der Welt aufherrscht, sondern sie entspricht den nicht leicht zu findenden Zwängen, die in der sich wandelnden Gesellschaft als Notwendigkeiten bestimmt und vom Denken verstanden werden müssen. Deshalb lässt sich vielleicht schon nicht mehr Hegel selbst, aber seine Philosophie derart denken, dass sich die *Form* der Logik die *Formen* des Lebens anverwandelt[68] und darin ihre Einheit aufgibt, aber diese an die Konstruktion der »Gliederung« der Formen, an das »Zusammendenken« der Praktiken, die »Passungen« zwischen ihnen, abgibt.

65 *Wellbery*, ebd., S. 265, unter Abwandlung eines Goethe-Zitats (Elegie, 1823).

66 *Wellbery*. ebd., S. 265.

67 *Eckart Förster*, Eine systematische Rekonstruktion?, in: Haag/Wild (Hrsg.), aaO, S. 362f., 364f.; *Wellbery* aaO (Zur Methodologie des kritischen Verstandes) S. 269.

68 *Sandra Laugier*, La forme logique de la vie, Arch. de Phil. 85 (2023), S. 77, 88, 90. Die Verf.in versucht die Bedeutung der Logik an Gemeinsamkeiten zwischen dem ersten Wittgenstein (des Tractatus logico-philosophicus) und dem zweiten Wittgenstein (der Philosophischen Untersuchungen) herauszuarbeiten und entwickelt über diesen Zusammenhang hinaus weiterführende Gedanken zur Bedeutung von Form und Logik für die Sozialphilosophie.

Das wäre das, was Wittgenstein die »*Familienähnlichkeiten*« nennt,[69] die nicht auf eine vorgegebene Form der Logik verweisen, aber doch die Bildung von *Arbeitsbegriffen* erlauben. Dies sind nicht »Meinungen« der Subjekte, sondern sie basieren auf der Arbeit an den Spannungen und Gemeinsamkeiten in den und zwischen den Lebensformen, die die Beobachtung von Gemeinsamkeiten erlauben, die sich »übergreifen« und »kreuzen« (so Wittgenstein). Eine charakteristische Form dieses Wandels der Beobachtung lässt sich in neuerer Zeit an dem Konzept der »epistemischen Dinge« zeigen[70], das in Deutschland vor allem von Hans-Jörg Rheinberger eingeführt und entwickelt worden ist. Der Begriff drückt eine Paradoxie aus: Das experimentelle Design in der Naturwissenschaft geht nicht mehr auf die Suche nach Wissen von einem (vom Subjekt getrennten) »Ding« (Objekt), sondern das »Ding« ist selbst Träger der Aktivität der Wissenserzeugung.[71]

Das sich an Hegel orientierende Denken der (Rechts-)Begriffe stößt mit dem Übergang zur Gesellschaft der Organisationen, die ganz andere Wissensbestände generieren und sich dem Begriff widersetzen, möglicherweise an eine Grenze, auch an eine Grenze der Orientierung an Lebensformen. Das bedeutet aber nicht den totalen Bruch mit dem Begriff, sondern verlangt, dass die Öffnung zur »Gesellschaft der Organisationen« eine *Prozeduralisierung* des begrifflichen Denkens hervorbringt. D.h. das gesellschaftliche Wissen wird stärker von den Handelnden strategisch-reflexiv, und nicht mehr nur durch spontanes individuelles Handeln verändert, z.B. durch lange organisierte Handlungsketten oder ex ante privat gesetzte Normen. Die gesellschaftlichen Prozesse der Wissensgenerierung verändern sich dadurch grundlegend – und versetzen den Begriff in eine neue Bewegung, die jedenfalls *mehr Zusammendenken,* komplexere, experimentelle Relationierungen und eine Öffnung des Begriffs für metaphorische Überschüsse auf das Kommende einerseits und für metonymische »Serialisierung« von »Fällen« andererseits verlangt, für die eine begriffliche Stabilisierung erst gefunden werden muss. Begriffe können selbst nur noch *metastabil* werden, weil mehrere Relationierungsknoten im Netzwerk ihrer Komponenten nebeneinander denkbar werden und in Hinsicht auf die Zukunft nebeneinander operationalisiert werden können – und dennoch eine Fortsetzung des Begriffs als Referenzrahmen für eine »Durcharbeitung« neuer Kollisionen im Begriffsfeld fruchtbar erscheint. Dies gilt insbesondere, wenn die

69 *Ludwig Wittgenstein*, Philosophische Untersuchungen, Frankfurt a.M. 2003, § 67.

70 Vgl. *Hans-Jörg Rheinberger*, Experimentalsysteme und epistemische Dinge, Frankfurt a. M. 2006.

71 Vgl.*Karen Barad*, Meeting the Universe Halfway. Quantum Physics and the Entanglement of Matter and Meaning, Durham N.C. 2007, S. 342, 356.

Alternative in der unbegrifflichen, letztlich *staatlichen* Hinsicht auf das »Leben« und die »Zwecke« besteht. Dies erhebt letztlich die staatliche administrative »*Maßnahme*« zum Vorbild für gerichtliches Entscheiden. Demgegenüber ist das begriffliche Ausdifferenzierung suchende Denken eines, das der *gesellschaftlichen* Selbstorganisation der Ordnungsbildung, ihrer Experimentalität und ihrer Kreativität, einen auch für die Begriffsbildung wichtigen »Vortritt« lässt. Das Regelhafte des Begriffs kann nur kooperativ zwischen öffentlicher und privaten Logiken gefunden und prozessiert werden. Es lässt sich aber auch finden und in unterschiedlichen Versionen erproben.

Die Überlegung zum Wandel des Begriffsdenkens in der ersten Hälfte des 19. Jahrhunderts zeigt auf der einen Seite das Potential der Entwicklung des philosophischen Begriffs in der Hegel'schen Philosophie und lässt auf der anderen Seite in einer rechtshistorischen und rechtswissenschaftlichen Perspektive die Grenzen des begrifflichen Denkens der Begriffsjurisprudenz erkennen, die ebenso wie ihre Kritik dahinter weit zurückbleibt.[72]

8. Hegel: Begriff und Wissenserzeugung

Das Hegel'sche Denken ermöglicht und erlaubt die Generierung neuen Wissens durch die Verknüpfung von Erfahrung und Begriff.[73] Klassische Formen der Konfrontation von Begriff und Wissen sind die Induktion (die begriffliche Einordnung tatsächlichen Wissens) und die Deduktion (die insbesondere für die Deduktion in der Form der Subsumtion von Sachverhaltselementen unter Rechtsbegriffe große Bedeutung hat).[74] Auch dabei entsteht ein begrifflicher Wandel, der allerdings bei der Deduktion invisibilisiert wird, weil das Verfahren die Begriffserhaltung voraussetzt. Die selbstreferentielle *Macht* des Rechts, das auch seine eigenen Methoden zu setzen sucht, kann sich einem dem »mythologischen Denken« verbundenen »Vertrauen auf die Macht der Deduktion als der Ableitung alles Einzelnen aus Ursprüngen, Prinzipien, Axiomen (sämtlich Interpretationen mythischer archai), in der sich deren Mächtigkeiten fortpflanzen und erhalten«, nicht mehr ohne weiteres ausliefern.[75] Doch

72 Allg. *Hans-Peter Haferkamp*, Stichwort: Begriffsjurisprudenz, in: Enzyklopädie der Neuzeit online, 2005 – Stichwort : Begriffsjurisprudenz.

73 *Pirmin Stekeler-Weithofer*, Eine Kritik juridischer Vernunft: Hegels dialektische Stufung von Idee und Begriff des Rechts, Baden-Baden 2014, S. 14

74 *Stekeler-Weithofer*, ebd.

75 *Klaus Heinrich*, Versuch über die Schwierigkeit nein zu sagen, 5. Aufl., Freiburg/Wien 2020, S. 27, im Anschluss an Hegel; dort (bei Heinrich) wird diese Überlegung nicht auf das Recht bezogen.

das Recht *setzt* diese Vermittlung als »›zwingend‹«, weil »die Macht des Allgemeinen (der Ursprünge) durch das Besondere... hindurch bis in das einzelne Exemplar sich fortzeugt«. Klaus Heinrich nennt dies ein »genealogisches System«.[76] Dies gelingt auch bis in die Zeit der Begriffsjurisprudenz hinein.

Bei der Induktion wird umgekehrt ein schon als vorhanden gesetztes begriffliches Potential der Faktizität unterstellt, also die Kreativität der Erfahrung unter Kontrolle gehalten. Doch »das ›Einzelne‹« ist dann zwar nicht an die »Macht der Ursprünge« gebunden, doch kann es dennoch »Träger einer universalen Vermittlung sein«, weil die nicht hintergehbare, immer wieder neu aufscheinende »Macht des Allgemeinen und des Besonderen, in jedem einzelnen von neuem und in jedem einzelnen neu, sich konzentriert oder – mit dem Wort des Cusanus – ›kontrahiert‹«. Auch diese Wirkung verdankt sich im Recht dessen selbstreferentiell gestifteter Erwartung, dass diese »Macht des Allgemeinen« sich konserviert.[77]

Daneben besteht aber auch das weitere Verfahren des *abduktiven* Denkens[78], das jedenfalls auch ein heterarchisches oder »diagonales« Moment der Kreativität, der Generierung neuen begrifflichen Wissens auf der Grundlage von unvollständigem, also wahrscheinlichem Wissen (bei Vollständigkeit geht es um Induktion) durch unsichere Hypothesenbildung für möglich hält[79], die auf prozesshaftes Experimentieren angelegt sind. Dabei wird vorausgesetzt, dass jede Sprache eine produktive Umgebung benötigt.[80]

Auch mit dem Hegel'schen Begriff erscheint ein Denken, das die Kreativität der Praxisformen selbst in Anschlag bringt und ihr ein Potential der Weiterentwicklung der Begriffe in Richtung auf das nicht Erwartbare erlaubt, nicht von vornherein ausgeschlossen. Damit wird ein Moment Selbsttransformation der Begriffe auf der Grundlage des eigenen Prozessierens in den nur beschränkt begrifflich zu artikulierenden Praxis- und Lebensformen denkbar.[81] Der Begriff verliert partiell seine Kontrolle, aber nur, um aus dem Prozess der Reflexion des Wandels neue Kraft zu gewinnen. Umgekehrt wird das Moment des Wandels wieder durch die

76 *Heinrich*, ebd., S. 28f.

77 *Heinrich*, ebd.; vgl. auch *Pravica*, aaO (Bachelards tentative Wissenschaftsphilosophie), S. 97.

78 *Charles S. Peirce*, Phänomen und Logik der Zeichen, Frankfurt a.M. 1983, S. 89ff.

79 *François Ost*, Penser par cas: La littérature comme laboratoire expérimental de la démarche juridique, Revue interdisciplinaire d'études juridiques 73 (2014), 99.

80 *Claudia Bianchi*, Contextualism, in: Marina Sbisà et al., Philosophical Perspectives for Pragmatics, Amsterdam 2011, S. 53, 57.

81 Vgl. *Förster*, aaO (Die 25 Jahre), S. 263, 276.

Grenzen der Institutionen und Praxisformen selbst stabilisiert: Es entsteht kein unbegrenztes Oszillieren zwischen Erfahrung und Begriff. Was dann bliebe, wäre die Notwendigkeit der permanenten *Durcharbeitung* von Begriffen und Erfahrungen, ihren Verknüpfungsregeln, Erfahrungsmustern, Regelmäßigkeiten, die Beobachtung diskontinuierlicher Spannungen und deren Abstimmung in Bewegungen des Experimentierens, deren Grenzen die impliziten Regeln der Praxis- und Wissensformen selbst wären. Grade der Universalität von Begriffen, der Spannung zwischen Begriffen und einzelnen Begriffskomponenten, wären zu beobachten und auf neue Situationen und »Fälle« zu beziehen.[82]

9. Zur Möglichkeit einer Verknüpfung des Hegel'schen Begriffsdenkens mit Deleuze' und Guattaris Denkform des »agencement«

Die »tissage« des Begrifflichen und des Empirischen folgt auch praktischen Regeln und Regelmäßigkeiten, die das etablierte Rechtsverständnis ignoriert und als unstrukturierte Ungewissheit zur Ausfüllung an den Staat, und sei es den Richter, verweist. Dieses begriffliche »*Zusammendenken*« unterscheidet sich vom Denken der »inneren« Einheit, die letztlich durch eine wesenhafte, nicht wandelbare Idee gestiftet wird und ihre Teile harmonisch integriert. Das »Zusammendenken« ist ein Denken von Kollisionen, von »gegenstrebigen Fügungen« (Jakob Taubes), die sich abspannen, aber nicht auflösen lassen.[83]

Das Recht hat es eher mit »empirischen Begriffen« zu tun – dies unterliegt selbst einer Entscheidung durch kognitive Unterscheidung –, die als unvollständig und auf eine Öffnung angelegt erscheinen können.[84] (Auch diese Einordnung ließe sich mit L. Wittgensteins »attention to particulars« erklären: So ist der Begriff des Eigentums nur partiell normativ festgelegt: Eigentumsarten können nicht durch Verträge zwischen Einzelnen geschaffen werden, aber durch eine distribuierte Praxis, die von den Gerichten anerkannt werden müsste.) Hier könnte es sich als fruchtbar erweisen, mit Deleuze und Guattari die Begriffe als »centres de vibrations« zu charakterisieren.[85] In diesem Sinne ist der Begriff nicht nur auf *ein*

82 *Gilles Deleuze/Félix Guattari*, Qu' est-ce que la philosophie?, Paris 2019, S. 25.

83 Zum Kollisionsdenken im Recht *Andreas Fischer-Lescano*, Kritik der praktischen Konkordanz, KJ 2008, 166.

84 *Jean-Philippe Narboux*, Ressemblance de famille, caractères, critères, in : Sandra Laugier (Hrsg.), Wittgenstein: métaphysique et jeux de langage, Paris 2001, S. 69, 72f.

85 *Deleuze/Guattari*, aaO (Qu' est-ce que la philosophie?), S. 24.

Problem bezogen,[86] zu dessen Strukturierung und Ausdifferenzierung ein Verhältnis zu anderen Begriffen entwickelt und abgewandelt werden muss, sondern ein Begriff wäre als ein Knoten von Problemen zu bestimmen, von dem aus immer verschiedene Denkrichtungen möglich sind, die sich durch die »Arbeit« der Begriffe in Erfahrungsfeldern herausbilden. Die Logik des Begriffs ist eine der »Relationen« seiner eigenen Komponenten und zu anderen Begriffen.[87] Dies ließe sich auch mit Whiteheads Denken verknüpfen, für den die Begriffe ein Produkt des Möglichkeitsdenkens sind, das immer wieder eine Seite durch die Abstraktionsarbeit unterscheidet, eine andere ausschließt, aber nicht vernichtet, sondern weiter mitlaufen lässt.[88]

Genau dem entspricht das hier verfolgte Modell, in dem sich Momente der Philosophie Deleuze'/Guattaris und Hegels auf eine überraschende Weise verbinden. Für dieses Prozessieren des Begriffs, das nicht zum Stillstand kommt, haben Deleuze/Guattari[89] den Begriff »*agencement*« (auch »assemblage« im Französischen wie im Englischen) geprägt.[90] Dieses Konzept erlaubt nur die Evokation von Eigenschaften, keine exakte Definition,[91] weil es das Prozesshafte der Spannungsverhältnisse, der Arbeit

86 *Deleuze/Guattari*, ebd.

87 Vgl. dazu *Georges Canguilhem*, La connaissance de la vie, Paris 2003.

88 *Didier Debaise,* Nature et abstraction des formes multiples de l'expérience selon Whitehead, Arch. de Phil. 2023 (86), 33; dies ist auch eine Erklärung für die Grenzen der Reflexion des Rechts über die Gerechtigkeit. Sie bildet ein Grenze des Rechts, über die es unmittelbar nicht hinausgehen kann. Dennoch bleibt die Gerechtigkeit als Frage, als Negativität, eine Provokation, die seine »Selbstgenügsamkeit« ausschließt; vgl. *Gunther Teubner,* Selbstsubversive Gerechtigkeit: Kontingenz- oder Trnszendenzformel des Rechts?, ZfRsoz 29 (2008), 9; *Roberto Esposito*, Institution und Biopolitik, Zürich 2022, S. 88; auch *Ino Augsberg*, Gerechtigkeit als Transzendenzformel, in: Lars Viellechner (Hrsg.), Verfassung ohne Staat. Gunther Teubners Verständnis von Recht und Gesellschaft, Reihe: Staatsverständnisse, Baden-Baden 2019, S. 81.

89 Insbesondere in: Mille Plateaux. Capitalisme et schizophrénie 2, Paris 1998, S. 629f.; zur Beschreibung auch *Thomas Nail*, What is an Assemblage?, SubStance 46 (2017), No. 142, S. 21; allg. (etwas anders) *Manuel DeLanda*, A New Philosophy of Society: Assemblage Theory and Social Complexity, Edinburgh 2006.

90 Es ist bemerkenswert, dass Hegel in der »Wissenschaft der Logik« in der Beschreibung des »Mechanismus« Eigenschaften einer »zusammengesetzten«, allerdings nur »äußerlich« bleibenden Einheit, nennt, die auf eine frappierende Weise der Verwendung des Begriffs »agencement« bei Deleuze/Guattari entspricht; allerdings fehlt der »äußerlich« bleibenden Verknüpfung materieller wie geistiger Komponenten eines »Mechanismus« die »eigentümliche Durchdringung und Gegenwart des Geistes«; *Georg Wilhelm Friedrich Hegel*, GW, Bd 6, Frankfurt a. M. 1986, S. 409.

91 Dies ist nach *Marcus Twellmann*, Assemblage, Collage, Montage: Für einen neuen Formalismus, Dt. VjS Litwiss. Geistesgesch. 93 (2019), 239, ein

des »Zusammendenkens« zwischen und innerhalb von Begriffen, jedoch keine Einheit im klassischen idealistischen Sinne zur Geltung bringen soll, sondern das (Durch-)Arbeiten von Spannungen. »Agencement« ist selbst ein Begriff, der keine genaue Beschreibung des indizierten Phänomens geben kann, weil er eine *prozesshaft* sich selbst verändernde Konstellation, eine Beobachtung des »Konkreten« der Welt bezeichnet [92] – es geht um ein »kollisionsrechtliches« Denken,[93] das auf kollidierende Regeln, Spannungen zwischen unterschiedlichen Begriffen oder einzelnen ihrer begrifflichen Komponenten, das Auftreten irritierender »exempla«, neu auftretender »Familienähnlichkeiten« zwischen »Dingen« etc. einzustellen wäre. Der Begriff ist prozessual als Vollzug seiner Verwirklichung zu verstehen.[94] Das Verstehen trägt auf eine paradoxe Weise selbst erst zur »Intelligibilität« dieses Prozesses bei, der seine eigenen Voraussetzungen hervorbringt und diesen in der Schwebe hält. Der Begriff wird als »Gesetztsein« bestimmt, dem aber kein Subjekt einer »Gesetzgebung« entspricht. Der Begriff ist von Anfang an an den Prozess einer »Zuschreibung« gebunden, der sein »Vermögen, Aktivitäten oder Praktiken« aufwirft/aufruft,[95] der aber keinen Anfang, keine »Ursprünglichkeit des Selbst*bestehens*« (Herv. nicht i. Orig.) unabhängig vom Erkenntnisprozess eines Subjekts, zulässt.[96] Damit ist der Begriff keine »wahre Repräsentation«[97] konkreter Gegenstände oder Versionen von Handlungen, wie dies die Begriffsjurisprudenz unterstellt, sondern er öffnet sich für die Beobachtung von unerwarteten Ereignissen innerhalb seines Begriffsfeldes, das nicht nur in einem Verhältnis der Subsumtion des Konkreten unter das Allgemeine bestehen kann, das selbst vom Wandel nicht tangiert wird, nicht tangiert werden kann, sondern die Grenze des »Gesetztseins« des Begriffs als eine prozesshafte Irritation erfährt, die zu einer anderen Denkweise nötigt. Diese besteht in dem

Vorzug, kein Nachteil des Konzepts, weil dieses einen Prozess der Selbstveränderung von Begriffen bezeichnen soll.

92 *Victor Béguin*, Le caractère fétiche du concept. Marx face au discours hégelien entre héritage et critique, Les Etudes philosophiques 2021, Nr. 139, 105, 119; auch *Gilles Deleuze*, Différence et répétition, Paris 1968, S. 291.

93 *Karl-Heinz Ladeur*, »Begriffs- oder Interessenjurisprudenz – falsche Fronten im IPR und Wirtschaftsverfassungsrecht« – neu gelesen nach dem »practical turn« in der Wissenschaftsgeschichte, KJ 52 (2019), 503.

94 *Robert B. Pippin*, Hegels Begriffslogik als Logik der Freiheit, Hegel-Studien 36 (2001), 97, 102.

95 *Georg Wilhelm Friedrich Hegel*, Die Wissenschaft der Logik, Gesammelte Werke, Band 12, Hamburg 1981, S. 15.

96 Ebd., S. 16.

97 Vgl. *Werner Kogge*, Schrift und das Rätsel des Lebendigen. Die Entstehung des Begriffssystems in der Molekularbiologie zwischen 1880 und 1950, Preprint MPI Wissenschaftsgeschichte Nr. 409 (2010), 5.

ergebnisoffenen Versuch des »Zusammendenkens« von Begriffsfeld und Ereignis in der Form der »Durcharbeitung« der Fiktion/des »als ob« der *Setzung* der neuen Grenze eines komplexer gefassten Möglichkeitsraumes. Der dynamische Wandel, der durch den paradoxen multiplen Effekt der Aktivitäten des Subjekts im »objektiven« Begriffsfeld erzeugt wird, ist Teil der »Selbstobjektivierung« der Welt.[98] Diese Konsequenz wird erst viel später in der Reflexion der Auswirkungen der Quantenphysik auf das philosophische Denken gezogen. Der Begriff ist deshalb im Recht mit dem institutionellen Denken verknüpft, einem Denken, das ein Zwischen in Anschlag bringt oder, wie M. Revault d'Allonnes[99] formuliert: das »Element des Dritten«, das die Unmittelbarkeit unterbricht und eine Distanz einführt, die jenseits des Staates »Dauer und Sinn« ermöglicht.

Im Gegensatz dazu steht heute – wie früher – ein von der Gewinnung eines »Konsenses« zwischen *Subjekten* bestimmtes Denken: Das »Zusammendenken« wird dann explizit oder implizit durch das »Zusammen*meinen*« des »Konsenses« ersetzt.[100] Man könnte sagen, dass der »Konsens« die Bildung eines gemeinsamen Ausgangs*punkts* bei der Beschreibung und Bewertung von Phänomenen sucht – und diese Beobachtung durch die Gemeinsamkeit von *Personen* und die Kontinuität ihres Denkens absichert. Allerdings sieht Hegel hier die Gefahr der – in der Rechtswissenschaft seit dem Aufstieg der Zweckjurisprudenz verbreiteten – Illusion des Empirischen: Man glaubt, die Wirklichkeit, das empirisch mit bloßem »unbewaffneten« Auge Erfassbare, eben sehen zu können, ohne den Rekurs auf das begriffliche »*Zusammendenken*« unterschiedlicher Phänomene.[101] Das »Konkrete« ist aber für Hegel – wie für Marx[102] – die Verdichtung (»Zusammenfassung«) und die Selbstbewegung von *gesellschaftlichen* Relationen (»Bestimmungen«) *als*

98 *Michel Bitbol*, Philosophie quantique. Le monde est-il extérieur?, Paris 2023.

99 L'homme compassionnel, Paris 2008, S. 101; auch *dies.*, Le pouvoir des commencements. Essai sur l'autorité, Paris 2006.

100 Darauf läuft Michael Stolleis' pragmatischer Ansatz zur Frage der Methoden des Rechts hinaus, *Michael Stolleis*, Rechtsgeschichte als Kunstprodukt. Zur Entbehrlichkeit von »Begriff« und »Tatsache«. Würzburger Vorträge zur Rechtsphilosophie, Rechtstheorie und Rechtssoziologie, Nr. 22, Baden-Baden 1997.

101 *Marx* spricht von »Zusammenfassung«, Ökonomische Manuskripte (1857–1858), Einleitung, in: MEGA I, 1.1., S. 36; vgl. dazu *Béguin*, aaO (Le caractère fétiche), S. 119.

102 Grundsätzlich ist auch die Marx'sche Variante der Dialektik eine legitime Fortsetzung der Hegel'schen, weil sie von diesem »Zusammendenken« von Spannungen und Konflikten innerhalb der Wirklichkeit des Denkens bestimmt wird. Marx spricht von der »Einheit des Mannigfaltigen«, ebd.

unpersönliche Phänomene. Abstraktere Begriffe[103] sind Netzwerke von Komponenten und offenen oder versteckten Assoziationen mit Kontexten. Voraussetzung für eine dynamische Veränderung ist die Entwicklung von Spannungen zwischen den Komponenten der eben nicht als kompakt und substanzhaft zu verstehenden Begriffe, die durch reale oder intellektuelle Erfahrungen ausgelöst werden. Begriffe stehen immer in einem Kontext auch mit anderen Begriffen und sind in ihrer Entwicklung miteinander verschleift – dies geht in der Begriffsjurisprudenz verloren: »...concepts are both elaborated from and explicative of the use of other concepts«[104]. Das permanente Oszillieren innerhalb von Begriffen und zwischen diesen führt in der Auseinandersetzung mit neuen Konstellationen zu Umgruppierungen, die auf die Grenzen der »Anwendung« von Begriffen auf Situationen reagieren: Begriffe werden dadurch nicht einfach in ihrer Kontinuität erschüttert, sondern sie reagieren durch das Ausprobieren der (Re-)Kombination zwischen den Komponenten ihres »Feldes«. Der Begriff bringt, wie Blumenberg[105] formuliert hat, immer mehr in Anschlag als das, »was ansteht«. Und dieser Hiatus bringt eine metaphorische Kraft hervor, die von einer permanenten analogischen Suchbewegung[106] nach dem Neuen bestimmt wird. Ein Begriff muss nicht primär im Sinne der Begriffsjurisprudenz der Subsumtion des Singulären unter Kategorien dienen, er muss über sich selbst hinaus gehen.[107]

Das individuelle Subjekt, das an der Bewegung des Begriffs seinen Anteil hat, ist auch in dieser Hinsicht nicht »Herr im eigenen Haus« (S. Freud) ... des Begriffs. Dazu ist das, was den Menschen bewegt, viel zu volatil. Die individuellen Subjekte müssen notwendigerweise mit verfügbaren Richtigkeits- oder Wahrscheinlichkeitsannahmen operieren, weil es keinen »Anfang« des Denkens in der Gesellschaft gibt. Auch ihr Denken ist »nachträglich«, weil es die objektiven Wissensbestände voraussetzen muss. Nur so ist die Paradoxie haltbar, dass »...ein Subjekt gedacht werden kann, das sich in einer eigentümlichen zeitlichen Rekursion allererst zu dem macht, was es ist, und insofern gleichsam aus dem Nichts heraus emergiert«[108] – als Fiktion, die Unterscheidungen ermöglicht, die das Subjekt von sich selbst unterscheiden.

103 *Lorraine Daston*, Rules. A Short History of What We Live By, Princeton 2022, S. 8.

104 *Robert Brandom*, On the Way to a Pragmatist Theory of Concepts, S. 30, https://www.academia.edu/27545959/On_the_Way_to_a_Pragmatist_Theory_of_the_Categories.

105 *Hans Blumenberg*, Theorie der Unbegrifflichkeit, Frankfurt a.M. 2007, S. 12.

106 *Douglas Hofstadter/Emmanuel Sander*, Die Analogie. Das Herz des Denkens, 4. Aufl., Stuttgart 2021.

107 So *Daston* zum Modell, aaO (Rules), S. 8.

108 *Albrecht Koschorke*, Hegel und wir, Berlin 2015, S. 91.

Es muss mit Ino Augsberg et al. die Frage gestellt werden[109]: »Inwiefern ist eine Rechtsphilosophie nach Hegel – im Doppelsinn von *post* und *secundum* – gegenwärtig noch möglich – oder sogar nötig?« Doch gehen die bisher vorgetragenen Überlegungen zum Hegel'schen Begriff und seiner epistemologischen Leistung zu weit? Es könnte sich die Vermutung nahelegen, dass das Hegel'sche Systemdenken einen *grundsätzlichen* gesellschaftlichen Wandel des Begriffsarsenals nur schwer zulassen kann,[110] weil die Perspektive nach Förster nur auf »ein System des Gegenwärtigen und Vergangenen« – also nicht der Zukunft – gerichtet sein kann. Dies sollte aber in einer Bewegung des Denkens mit Hegel über Hegel hinaus nicht die Möglichkeit ausschließen, in der genaueren Reflexion der Gegenwart und Vergangenheit aufgrund der Engführung der Begriffe mit den Praxisformen, ihrem prozesshaften Charakter, auch deren Wandel in Richtung auf die Zukunft denkbar zu machen, soweit diese *Dynamik im Begriffsfeld* selbst vorhanden ist.[111] Der Begriff des Rechts ist auf seine »Realisierung« angelegt[112] und wird dadurch einer nicht vorab durch den Begriff schon festlegten prozessualen Irritation ins Unbestimmte ausgesetzt.

Die Öffnung der Begriffe wird als eine den Praxisformen des Wissens inhärente Notwendigkeit der Entfaltung mitgedacht werden können.[113] Das gilt für die meisten Rechtsbegriffe, insbesondere für das Eigentum. Z.B. kann das Recht neue Fragen der Zurechnung von Vermögenswerten, die durch neue Technologien entstehen (Daten), mit Abwandlung von und Analogiebildungen zu klassischen Regeln des Eigentums bearbeiten, obwohl sie mit der Statik des Sacheigentums nicht ohne weiteres kompatibel sind.[114]

Krijnen sieht die Gefahr der Rückbildung der Hegel'schen Philosophie zu einem bloßen »Steinbruch für eine eigene Philosophie- bzw. Systemvorstellung«[115]. Was aber, wenn die Steine nicht gebrochen und be-

109 *Ino Augsberg et al.*, Einleitung, in: dies., aaO (Rechtsphilosophie nach Hegel), S. XI, XII.

110 *Förster*, aaO (Eine systematische Rekonstruktion?), S. 362f.

111 Dies gibt *Förster*, ebd., zu bedenken.

112 *Christian Krijnen*, Hegels Rechtsphilosophie als spekulativer Idealismus, in: Augsberg et al. (Hrsg.), aaO (Rechtsphilosophie nach Hegel), S. 15, 19.

113 Bedenken gegen eine »Reaktualisierung« der Hegel'schen Rechtsphilosophie bei *Krijnen*, ebd., S. 15f., soweit damit »eine Abwendung von Hegels reifem System« verbunden ist, das in der »Enzyklopädie« von 1830, aber auch der »Logik« gesehen wird, der die Methode »entlehnt« sei (16). Kritisch sieht Krijnen deshalb die auch hier für richtig gehaltenen Anschluss der Rechtsphilosophie an die »Phänomenologie des Geistes«, ebd., S. 19.

114 Vgl. nur *Jürgen Ensthaler/Duygu Üge,* »Wem gehören die Maschinendaten?«, FAZ Nr. 206, v. 8.9.2022, 18, zur Möglichkeit der Anerkennung von Daten als »Eigentum«.

115 *Krijnen*, aaO (Hegels Rechtsphilosophie als spekulativer Idealismus), S. 19.

wegt, sondern im Systemzusamenhang nur noch Ziel einer musealen Bewunderung werden, aber für einen Gebrauch nur noch schwer geeignet erscheinen? Eine produktive Bewegung der Hegel'schen Begriffe in der Darstellung »als ›Werden‹« unternimmt Dan Wielsch,[116] eine Position, die sich durch ihre Erkenntnisleistung selbst legitimiert.

116 *Dan Wielsch*, Rechtsphilosophie als Politik? Zur Darstellung des Rechts in den »Grundlinien«, in: Augsberg et al. (Hrsg.), aaO (Rechtsphilosophie nach Hegel), S. 61, 63.

II. Romantik

1. Romantik und die Singularisierung des Subjekts

Der Exzess der Kunst, die Überschreitung der Grenzen des begrifflichen Denkens, ist der Kern des philosophischen Denkens der Romantik, eines beweglichen Denkens, das gegen die begrifflichen Verhärtungen der Vergangenheit auf eine sich der Zukunft öffnende Kultur gerichtet ist. Die Stelle der »Objektivität des Subjekts«, seine Reflexion der Universalisierung des Denkens als Prozess, insbesondere als Träger der Bewegung des Begriffs des Geistes, nimmt nunmehr die Singularisierung des Subjekts jenseits der substanzhaft begriffenen gesellschaftlichen Bindungen ein. Die Romantik ist jenseits der naturphilosophischen Wendung bestimmt von der Suche nach dem Verständnis des Seins nicht durch die Selbstbewegung des Begriffs wie in der idealistischen Philosophie, sondern in der Selbstaneignung der Subjekte in einer unmittelbaren, d.h. erlebbaren Gemeinschaft.[1] Für eine neue Theorie der deutschen Rechtsgeschichte bedeutsam könnte vor allem eine *epistemologische* Seite der Romantik sein.

Die Romantik hat eine in der wissenschaftlichen Diskussion weniger beachtete Seite, die Entwicklung einer Konzeption des »*enzyklopädischen*« Wissens, die wiederum an die französischen Enzyklopädisten anknüpft. Die Enzyklopädisten haben das tradierte hierarchisch strukturierte geschlossene Begriffsdenken der Kultur des Ancien Régime grundsätzlich und praktisch durch den neuen Aufbau eines nichthierarchischen Wissens in Frage gestellt. Deshalb ist das romantische Denken für eine Theorie der Herausbildung einer neuen *episteme* (auch) des Rechts im 19. Jahrhundert von Interesse. Diese nimmt allerdings die Stellung eines Antipoden des (Hegel'schen) Begriffsdenkens ein. Damit verbindet sich die Frage, ob nicht der praktische Gebrauch theoretischer Modelle durch das Recht und die Rechtswissenschaft überhaupt eine Entscheidung für oder gegen die romantischen Ideen verlangt oder ob nicht für eine Theorie der Rechtsgeschichte »opportunistisch« zwei Modelle nebeneinander »brauchbar« sein können, nämlich die romantisch verstandene Epistemologie des *enzyklopädischen* Denkens, das sich auf die Beobachtung des »gesellschaftlichen Rechts« einstellen kann *und* das Hegel'sche Begriffsdenken, das sich besser für die Beobachtung der staatlichen Seite des Rechts justieren ließe.

Auch in der romantischen Bewegung spielt der Gedanke an die Französische Revolution eine bedeutende Rolle. Und auch in der Romantik

1 *Olivier Schefer*, Ouverture romantique et infinitisation. Lectures du romantisme allemand, Romantisme 2021 (Nr. 191), 18, 18ff.

geht es um die Erneuerung des revolutionären Gedankens und Lebens in einer geistigen Aufhebung ihres äußeren Scheiterns.[2] Die äußeren Konflikte der Welt müssen in ein Scheitern des Denkens verwandelt werden und zwar im Durchgang durch das Subjekt. Damit wird kein einheitliches Prinzip der Ordnung der Welt unterstellt, sondern vielmehr eine Differenz, eine Negativität, eine Stelle des Erlebens, die auf die Vielfalt des kreativen Denkens der Subjekte verweist und zugleich die Vielfalt der objektiven Praxisformen des Wissens als unbefriedigend hinter sich lässt. Das Sein hat nach Auffassung der Romantiker keine einheitliche Verfassung, es kann sein Wesen nur in kreativen konkreten Bestimmungen, insbesondere in der Kunst, zum Ausdruck bringen. Die Kunst ist die wichtigste Form der Bedeutungsgebung, die sich eine eigene, nicht mehr von der Ordnung der Referenzen der praktischen Welt bestimmte Anschauung jenseits des objektiven institutionalisierten Wissens schafft. In der Begegnung der Kreativität der je singulären Subjekte liegt die Magie eines sich immer wiederholenden Anfangs begründet. Nur darin wird das »Ganze« erfahrbar, das in der realen Welt immer wieder neuen Fragmentierungsprozessen ausgesetzt ist. Interessanterweise wird die Kreativität der Sprache, die in der Alltagssprache eher negiert wird, partiell in die »wahre Sprache«[3], die der Kunst, exiliert. Dort werden Bedeutungen autonom hervorgebracht. Das Moment der Kreativität, der Eigenlogik der Sprache, entfaltet sich im Reich der Kunst – aber nicht nur dort.

Der romantische Prozess der Kreativität ist auf eine andere Weise als das idealistische Denken Hegels auf ein Subjekt bezogen, und zwar nicht auf dessen Produktivität in der Durcharbeitung des *Begriffs* und in der Suche nach einem vernünftigen Zusammenhang in der objektiven Welt, sondern auf das schöpferische, nur teilweise bewusste Herausbilden eines zu verkörpernden Werkes, vor allem eben des Kunstwerkes, das das Erleben von Einheit unmittelbar erlaubt, während die Negativität des Begriffs nur provisorische, stets unter mitlaufendem Vorbehalt des Vorrangs der Differenz stehende Formen des Wissens ermöglicht. Damit ist die Frage aufgerufen, was sich daraus für das Recht ergeben könnte. Doch zunächst sind weitere Vorklärungen erforderlich.

2. Musik als Erlebnis des Subjekts

Die reinste Form der Variation des Unendlichen ist das gemeinsame Hören eines Musikkonzerts, das den wort- und begriffslosen Gleichklang einer Gemeinschaft von Seelen hervorruft. Auch dies ist ein Beitrag zur

2 *Schefer*, ebd.

3 *Gérard Bensussan*, Dans la forme du monde: Sur Franz Rosenzweig, Paris 2009, S. 173f.

Verwandlung des einzelnen Individuums in den Teil einer höheren Gemeinschaft.[4] Bender/Wellbery[5] haben auf eine auch für das Recht anregende Weise einen Teil der Lyrik Goethes als »eine Art verbaler Musik« charakterisiert, die bruchlos im Fluss der Melodien Schuberts, Schumanns und Wolfs hätte aufgehen können. Ähnlich sieht es Nietzsche: »Der Ring des Nibelungen ist ein ungeheures Gedankensystem ohne die begriffliche Form des Gedankens«[6]. Die Musik wird in Deutschland zur begriffslosen Kunst par excellence, die sich der verfremdenden Wirkung der Sprache entziehen zu können scheint. T. Pinkard sieht in Wagners Musik einerseits eine revolutionäre »Dezentrierung der Tonalität«, die ein kraftvolles Spiel der Gefühle freisetzt,[7] andererseits erkennt er z.B. in der Figur des »Siegfried« im »Ring des Nibelungen« eine Möglichkeit der Assoziation eines reinen heroischen Akts jenseits des Politischen. Nietzsche liest und hört Richard Wagners Werk, seine Opern, auch als Ausdruck eines Versprechens, der Fülle des »Sprechens des modernen Menschen«, seiner »differenzlosen Einheit«, etwas entgegenzusetzen, die »Stiftung eines *Zusammenhangs* zwischen den Sprechern und ihren Sprachäußerungen«[8]. Die Zweifel an der Möglichkeit, einen »Moment der Zusammensetzung« noch in der Kunst hervorrufen zu können, sind ein Grund für die (anfängliche) Faszination der Möglichkeit der Bildung einer »Wagner-Gemeinde«, wenn schon die »Gesamtheit eines übergreifenden Sinns« nur noch schwer vorstellbar erscheint, da nach der Desillusionierung über die Möglichkeit einer neuen politischen Gesamtordnung die »Einzelnen ... nicht mehr an ein Selbst glauben.«[9] Zugleich hat die Sprache durch die »Überzähligkeit« ihrer Formen die Einheit verloren.[10] Dagegen stemmt sich das Recht mit der Hermetik seines selbst gestifteten Einheitsgedankens, der im letzten Drittel des 19. Jahrhunderts immer mehr durch die Verschärfung der grundlegenden Unterscheidungen abgestützt wird. Rechtsdenken und romantisches Denken scheinen zunächst inkompatibel zu sein.

4 *John E. Toews,* Integrating Music into Intellectual History: Nineteenth Century Music as a Discourse of Agency and Identity, Modern Intellectual History 5 (2008), S. 309.

5 *John Bender/David E. Wellbery*, Rhetoricality. On the Modernist Return of Rhetoric, in: dies. (Hrsg.), The Ends of Rhetoric. History, Theory, Practice, Stanford 1990, S. 3, 21.

6 *Friedrich Nietzsche*, Richard Wagner in Bayreuth, KSA, Band 1, hrsg. von Giorgio Colli/Mazzino Montinari, Berlin/Boston 1988, S. 434.

7 *Terry Pinkard*, German Philosophy 1760–1860, Cambridge 2002, S. 363f.

8 *Oliver Kohns,* Friedrich Nietzsche in Bayreuth. Die Oper als Versprechen einer originalen Sprache, in: Harun Maye et al. (Hrsg.), Original/Ton. Zur Mediengeschichte des O-Tons, Konstanz 2007, S. 217, 220.

9 *Kohns*, ebd., S. 228, 229.

10 *Kohns*, ebd., S. 228.

3. Romantik – enzyklopädisches Wissen – technische Kultur

Näher an der Welt des Wissens liegen die romantischen Überlegungen zu einem »Enzyklopädismus« des Denkens, zu einer Konzeption der Selbstorganisation *avant la lettre*, zur Mobilisierung des Wissens, das nicht mehr systematisch hierarchisch geordnet ist, sondern in eine nicht-hierarchische Bewegung versetzt wird und die azentrische Kommunikation zwischen den Wissensbeständen einschließlich des technischen Wissens provoziert. Dahinter steckt die Idee einer Selbstkorrelation des Symbolischen, der unkontrollierten prozesshaften Übertragung von Sinn zwischen den Teilen des enzyklopädischen Wissens, die unterschiedliche Zugänge und Anschlüsse erlaubt. Das enzyklopädische Wissen schwächt dadurch die Form der Einheit durch Hierarchie. Insbesondere für eine Suche nach dem »zusammenhängenden Gebäude« des Wissens und gegen die Systematik des rationalen Wissens als Modell lässt sich mit A. Kilcher[11] das literarische Denken des »Enzyklopädischen« als Paradigma für eine Literatur der offenen, eben nicht auf Vor-bilder festgelegten Verweisungen zwischen »Dingen« und Begriffen in Stellung bringen.[12] Das enzyklopädische Denken eröffnet durch seinen Bruch mit der tradierten hierarchischen Stiftung des Wissens auch einen neuen Blick auf den Verweisungszusammenhang zwischen den Technologien und damit deren Eigenlogik.[13]

Damit wird die Eigenständigkeit der Sprache jenseits ihres Verständnisses als Medium der Gedankenübertragung unterstellt. Das konventionelle Ideal der Gedankenübertragung, nicht der Gedankenkonstruktion, legt die Vorstellung des ideal formulierten Gedankenprodukts eines Urhebers nahe, das es richtig zu übernehmen gelte – eben unter Zurücksetzung des Eigenen. Dagegen wird von anderen Literatur- und theologischen Strömungen die Rhetorizität der Sprache zur Geltung gebracht, die das Nicht-Instrumentalisierbare einer »kombinatorischen Konstruktion« (A. Kilcher) akzentuiert und ohne Vorrang der Vor-bilder auskommt. Die Annahme und Beachtung einer »immanenten Struktur der Sprache« ohne Zentrum führt nicht, wie befürchtet, zum Zusammenbruch des Denkens, das seines Halts im System beraubt ist, sondern dies legt eher die Suche nach einer Pluralität von »Exemplaren« des Möglichen, dem Experimentieren durch das Laufenlassen der Möglichkeiten nahe, deren Auffindung und Festigung der Kooperation mehrerer Beteiligter bedarf. Diese Suche rastet nicht vorschnell in der Wahl und Verbreitung von Vor-bildern für die Bildung von Anschlüssen ein.

11 *Andreas B. Kilcher*, Mathesis und Poiesis. Die Enzyklopädik der Literatur 1600–2000, Paderborn 2003, S. 12f., 18.

12 *Kilcher*, ebd., S. 105.

13 *Pascal Chabot*, The Philosophy of Simondon, London u.a. 2003, S. 25.

4. Technisches Wissen und Enzyklopädie

Auch das »technische Objekt« hätte als Medium einer »transindividuellen Integration« fungieren können.[14] Im 20. Jahrhundert hat Gilbert Simondon[15] im Grunde auch einen enzyklopädischen Zugang zum gesellschaftlichen Wissen mit Blick auf die Technik und ihre Integration in die Kultur eröffnet: Das technische Wissen hat einen »zusammengesetzten« Charakter, der den Einbau des Subjekts über das Verhältnis der »Erfindung« neuer Korrelationen[16] und deren Rückbindung an das kreative Denken des Subjekts in der Kultur ermöglicht hätte. Dies ist im Rückblick auf das 19. Jahrhundert ein ambivalenter Gedanke: Sowohl für die Rechtssubjekte als Bildungsbürger als auch für den Staat als Einheitsstifter zeichnet sich hier eine Bewegung der Entfremdung ab. Das nicht vom Staat »Zusammengesetzte« wird von einer Eigenrationalität bestimmt, die »das Ganze« des Staates und die Selbstbildung des Bürgers zu bedrohen scheint. Doch ist dies wieder Indiz der mangelnden Integration der literarischen, der juristischen und der technischen Kulturen. Das begrenzte Verständnis der technischen Kultur und der Notwendigkeit der Entwicklung einer »Theorie der Applikation«[17], der komplexen Berechnung statt des bloß handwerklichen Entwickelns der offensichtlichen Möglichkeiten der Technik, hat in Frankreich schon die Académie Royale des Sciences im 18. Jahrhundert beschäftigt. Dies gilt insbesondere für die Möglichkeit des Denkens eines »régime opératoire« jenseits einer durch die Wissenschaft erfolgenden Steuerung.[18] Die in einer Maschine prozessierte unpersönliche Intelligenz war nicht nur für die französische Technikkultur, sondern auch für die deutsche eine Herausforderung, die wiederum die Problematik der Stellung des Subjekts in der Kultur aufwarf. Dies war insbesondere in Deutschland ein Problem für die Rechtswissenschaft, weil sie die Möglichkeit einer eigenständigen *gesellschaftlichen* »operativen Logik« nicht anerkennen wollte.[19] Doch das Recht wird, wie gezeigt, immer von seinem Anderen, der Normativität des Normalen, der Praktiken, begleitet. Schon der positivistische Rechtsbegriff, das Recht als Setzung, verdrängt die Offenheit der Grenze zwischen den beiden Begriffen der Normativität, die immer ein offenes oder

14 *Chabot*, ebd.

15 *Gilbert Simondon*, Imagination et invention: 1965–1966, Paris 2014.

16 *Chabot*, aaO (The Philosophy of Gilbert Simondon), S. 25.

17 *Jacques Guillerme/Jan Sebestik*, Les Commencements de la technologie, Thalès 1966, wieder veröffentlicht in: Documents pour l'histoire des techniques, 2007 (14), S. 49ff.

18 *Bernard Delaunay*, La pensée technique de l'Académie Royale, Diss. Paris I, Sorbonne, 2013, S. 336f.

19 *Delaunay*, aaO (La pensée technique), S. 337 (»pensée opératoire«).

verstecktes »kollisionsrechtliches« Regime verlangen – und nicht einen Kult der Einheit und des »Ganzen« des Rechts.

5. Romantik und die Enzyklopädie als nicht-hierarchisch gestuftes Wissen

Hier kann und soll nicht auf die expliziten »Einflüsse« der Romantik auf die Staats- und Rechtstheorien des 19. Jahrhunderts eingegangen werden.[20] Doch die, wenn auch möglicherweise nicht zentrale Akzentuierung des »enzyklopädischen« Charakters des Wissens, das mit seinen gleichzeitig möglichen pluralen Zugängen einen heterarchischen, azentrierten Charakter hat und die Bedeutung des unbekannten, nur experimentell zu erprobenden Neuen betont, hat trotz der teilweise ins Mystische weisenden Assoziation der »Magie«[21] der Suche nach dem Anderen des Gegenwärtigen, des unmittelbar Sichtbaren, das Potential der Provokation auch des Rechts.

Die französischen Enzyklopädisten haben ein Gespür dafür, wie die Macht sich in das gesellschaftliche Wissen einträgt. Das Bild des »Baums des Wissens« ist als organizistische Metapher ambivalent, aber zunächst wendet es sich gegen die alte hierarchische Wissensordnung, die von kirchlichem Denken bestimmt war.[22] Das ist die eine Seite, die Seite des (auf der Oberfläche) impersonalen gesellschaftlichen Wissens, der in der Bewegung des Umsturzes der traditionellen Ordnung des Denkens zugleich eine – im wahrsten Sinne des Wortes – Heraus-forderung des Subjekts entspricht, die andere Seite der Heraus-bildung eines Subjekts, das eine andere Art des Lesens an und in sich entwickelt und sich darin selbst verändert. Erprobt wird eine heterarchische »Kombinatorik von Dingen, Begriffen und Bildern«[23]. Dieses Motiv findet sich, wie Robert Darnton plausibel entwickelt hat, schon in Rousseaus »anderen Schriften« (neben dem »Gesellschaftsvertrag«) in dem Briefroman »Julie ou la Nouvelle Héloïse«, in »Les Confessions« und in der eindringlichen Selbstbeobachtung in »Les rêveries du promeneur solitaire«. Die bis dahin unerhörte,

20 *Hans-Peter Haferkamp*, Die Funktion des ›Volksgeistes‹ in der Historischen Rechtsschule, in: Antje Arnold/Walter Pape (Hrsg.), Romantik und Recht, Berlin/Boston 2018, S. 3.

21 *Olivier Schefer*, L'»idéalisme magique« de Novalis, Critique 2003 (Nr. 673/674), 514.

22 *Robert Darnton*, The Great Cat Massacre: And Other Episodes in French Cultural History, New York 2009, S. 193, 209.

23 *Andreas Kilcher*, Die Sprachtheorie der Kabbala als ästhetisches Paradigma. Die Konstruktion einer ästhetischen Kabbala seit der frühen Neuzeit, Berlin/Heidelberg 1998, S. 283.

z.T. schmerzhafte Selbstbeobachtung verlangt einen neuen Leser, einen Leser, der sich in einer (vor-)romantischen Aufwallung, in einem »leap of faith« dem Autor anverwandelt, der offenbar in der Lage war, so unmittelbar sein Herz sprechen zu lassen.[24] Dies wäre ein Kontrapunkt zur performativen Seite des Bildungsromans.

6. Politische Theorie der Romantik… als »zweite« Form der historischen Reflexion

Als eine gesellschaftlich bestimmte philosophische Form der Verarbeitung der postrevolutionären Geschichte des frühen 19. Jahrhunderts hätte auch die politische Theorie der Romantik, soweit sie sich mit dem pluralen Charakter der Selbsttransformation des Wissensverhältnisses auseinandersetzt, ein Kandidat für ein Modell der Selbstbeobachtung und Selbstreflexion der (Rechts-)Kultur sein können. Wenn man die idealistische Philosophie als durch das Denken des objektiven Begriffs konstituiert sieht, hätte auch die romantische Philosophie als eine »zweite« gesellschaftliche Form der subjektiven Selbstreflexion des Wissens zur Geltung kommen können: Das Denken zweier einander widersprechender Philosophien als auf einer Metadimension der praktisch gesellschaftlichen Reflexion miteinander kompatibel zu haltender Denkrichtungen wäre nicht so ungewöhnlich, wenn man stärker das praktische Moment des Denkens der gesellschaftlichen Kultur der Möglichkeiten zum Zentrum der Aufmerksamkeit erheben würde und nicht die »Entscheidung« über die Wahrheit zweier einander widersprechender philosophischer Denkmodi. Dann wäre es denkbar gewesen, das, was in der Kultur ohnehin zur Regel geworden ist, die Gleichzeitigkeit von einander widersprechenden Philosophien, die auch zur gleichen Zeit die Subjekte bewegen und prägen, auch auf ihre Möglichkeit der Kooperation innerhalb einzelner gesellschaftlicher Felder der Kultur, hier des Rechts, des *Rechts als Kultur*, zu denken und praktisch zu erproben. Die Romantiker hätten stärker für das Verstehen des gesellschaftlichen Moments des später von Eugen Ehrlich sogenannten »lebenden Rechts«[25] das eher auf dem Ausprobieren des Neuen basiert, in Stellung gebracht werden können.[26]

24 *Darnton*, aaO (The Great Cat Massacre), S. 234.

25 *Eugen Ehrlich*, Grundlegung der Soziologie des Rechts (1913), München/Leipzig, Neudruck 2018, S. 313.

26 *Ralf Seinecke*, Das Recht des Rechtspluralismus, Tübingen 2015, S. 99, meint, dass Ehrlich in seiner Begriffsbildung die »wichtige Grenze zwischen Recht und Nicht-Recht aus den Augen« verliere. Das erscheint problematisch: M.E. stellt Ehrlich mehrfach die scharfe Grenze zwischen beiden in Frage und sieht Recht nicht als einen »Grenzbegriff« an, sondern

So hätte ein Spannungsverhältnis produktiv werden können, das einmal in der Form der Institutionalisierung der Suche nach alternativen Formen des Rechts, etwa in Streitigkeiten in der Arbeitswelt, die neue Momente der Kollektivität jenseits des bisher individualistisch verstandenen Rechts herausgefordert hätte.[27] Zum anderen hätte es darum gehen können und müssen, auch in Anknüpfung an das römische Recht und dessen Offenheit für ungeschriebene »exempla«[28], die Verbindung des staatlichen Rechts mit den *gesellschaftlichen* Normen im Wandel explizit als solche auf den Begriff zu bringen und nicht auf einem staatszentrierten Rechtsverständnis zu insistieren.

Auch diese Überlegung beruht auf der eingangs erläuterten Annahme, dass die deutsche Philosophie der »25 Jahre«[29] eine Antwort auf die – angenommene – *deutsche revolutionäre Situation* mit dem Entwurf einer gesellschaftlichen Ordnung (einstweilen) ohne Staat war, jedenfalls ohne die gegenwärtigen Staaten. Darin war die deutsche Konstellation auf eine frappierende Weise derjenigen Frankreichs nach dem Sturz der Monarchie ähnlich. Auch in Frankreich ging es um die Neugründung eines Staates und *zugleich* um die Rekonstruktion der Gesellschaft jenseits des Ancien Régime.

Dies ist in Deutschland nur auf den ersten Blick anders. Deutschland erscheint zunächst geradezu als ein Musterbeispiel der nichtrevolutionären Beharrung auf gesellschaftlichen bestehenden Verhältnissen. Doch auf den zweiten Blick stellt sich dies anders dar, wenn man nämlich die historisch spektakuläre Bewegung in der deutschen Philosophie des 19.

konstruiert auch den Begriff des Rechts als prozessabhängig, als eine Form mit »Übergängen«; vgl. dazu auch Goethes Überlegungen zur Morphologie, unter C. I. 7.; vgl. auch zum postmodernen Phänomen des »globalen Verwaltungsrechts«, bei dem sich ebenfalls die Frage stellt: »Is it law?«, *Karl-Heinz Ladeur*, Global Administrative Law. A Transnational Perspective, in: Peer Zumbansen (Hrsg.), Oxford Handbook of Transnational Law, Oxford 2021, S. 157. Im Übrigen bietet Seineckes Buch eine willkommene sehr gründliche Darstellung und Analyse von Ehrlichs Ideen; vgl. weiterführend auch die Rezension von *Dan Wielsch*, AcP 220 (2020), 420.

27 *Peter Schöttler*, Die rheinischen Fabrikengerichte im Vormärz und in der Revolution von 1848/9, ZNR 7 (1985), 160.

28 Vgl. *Michèle Lowrie*, Cicero on Caesar or Exemplum and Inability in the *Brutus*, in: Alexander Ahrweiler/Melanie Möller (Hrsg.), Vom Selbstverständnis in Antike und Neuzeit. Notions of the Self in Antiquity and Beyond, Berlin 2008, S. 131, 152: Auch das »exemplum« ist an eine vorfindliche normative Ordnung gebunden: Es verliert seine Bedeutung mit dem Zusammenbruch der staatlichen Ordnung; dazu allg. die Beiträge in Michèle Lowrie/Susanne Lüdemann (Hrsg.), Exemplarity and Singularity. Thinking Through Particulars in Philosophy, Literature, and Law, Abingdon 2015.

29 Vgl. *Förster*, aaO (Die 25 Jahre der Philosophie).

Jahrhunderts betrachtet. Wenn man darüber hinaus den Zusammenhang zwischen den Veränderungen der Philosophie, der realen kulturellen Entwicklung, der Bildung des Bürgertums und die hier besonders betonte Bedeutung der revolutionären Entwicklung der Technik in einen Kontext stellt, ist die Beschreibung ihres gesellschaftlichen Prozesses als *Revolution* naheliegend. Tatsächlich verläuft die Entwicklung in Deutschland, verglichen mit dem unzweifelhaft als revolutionär betrachteten Frankreich, auf eine durchaus fundamentale Weise ebenfalls revolutionär: Gerade die einseitige Projektion revolutionärer Erwartungen oder Befürchtungen auf den (neu zu gründenden) *Staat* erweist sich in Frankreich in vielfacher Hinsicht als sich selbst blockierend. Die politischen Umbrüche und die gegenläufigen Versuche zur Wiederherstellung der alten oder der Herstellung einer neuen Ordnung im 19. Jahrhundert verlaufen in Frankreich so widersprüchlich, dass das Land kaum ein Modell bilden kann, von dem sich die deutsche Entwicklung als Sonderweg abheben würde. Die Entwicklung der Modernisierung ist in Deutschland ohnehin viel radikaler von weniger politischen als gesellschaftlichen, kulturellen wie technischen Innovationen bestimmt worden als in Frankreich. Eine paradoxe Bedingungen dafür hat unfreiwillig gerade die Rückständigkeit des Staates und das Zurückbleiben des Rechts hinter den Anforderungen einer modernen Gesellschaft gespielt.

7. Kunst als wahre Freiheit? Ambivalenzen des bürgerlichen Kunsterlebens

Es ist oben auf das Risiko hingewiesen worden, dass angesichts der Konzentration des neuen Denkens in Deutschland auf Philosophie, Literatur und Kunst sowie des Zurückbleibens insbesondere des Beitrags des »Rechts als Kultur« und der Technik zum Selbstverständnis der neuen gesellschaftlichen Bedingungen das Risiko einer Ab-wendung der Kunst und der Musik von der Gesellschaft bestanden hat. Dies ist aber eine ambivalente Entwicklung, die die Kunst jedenfalls nach dem Verständnis der Romantik keineswegs auf den Rückzug aus der Gesellschaft festgelegt hätte.

Das Kunstwerk selbst lässt sich danach nicht nur als Bewegung der Suche nach einer verborgenen Wahrheit jenseits der Gesellschaft empfinden, sondern es kann auch ein »Operator« der unendlichen Variation des *Singulären* sein, das sich als Teil eines Prozesses begreifen lässt, der sich gegen den Oberstrom der Rationalität der Gesellschaft der Universalisierung wendet und sich seinem Sog zu entziehen sucht. Dieser Prozess setzt sich in der unendlichen Interpretation des gewordenen, aber immer unvollständig bleibenden Kunstwerks fort. Die Vielfalt im Subjekt ist die

Grundlage für die Wahrnehmung der Welt, nicht das als Einheit vorausgesetzte Bewusstsein. Insbesondere die Poesie bringt die Wahrnehmung der Welt als auf immer gespalten in Anschlag. Der Poet kann auf eine indirekte Weise das Ganze, das sich der begrifflichen Wahrnehmung entzieht, zum Vorschein bringen, indem er im eigenen Körper die Singularität zum Resonanzboden werden lässt.[30] Dies gilt insbesondere auch für die Musik, die begriffslose Kunst par excellence, die sich der verfremdenden Wirkung der Sprache entzieht. Doch der poetische Akt lebt von der Referenz auf die scheinbar fixierte Welt, die in Bewegung versetzt werden muss.[31] Die Kunst hätte – jenseits des Bildungsromans, der ohnehin der Welt zugewandt war, wie in Rom die Poesie[32] – eine ungebundene performative Öffnung des Denkens für die Oszillation der Sprache zwischen unterschiedlichen Registern des Ausdrucks hervor-rufen können. Für Novalis ist das Subjekt der Poesie ein magischer Operator der »Combinations- und Variationsfertigkeit«.[33] Dies ist auf den ersten Blick gegen Hegel gerichtet.[34] Das »Magische« steht hier nur für die Fähigkeit zur »unendlichen Transformation der Welt«.[35] Doch die angebliche Schließung des absoluten Wissens[36] bei Hegel ist nur scheinbar mit dem Fließen der Bedeutungen der romantischen Poesie unvereinbar. Die Poesie hat als Poesie selbst an diesem absoluten Wissen teil. Sie ist die Erfahrung des Multiplen und des Wandels. Die Poesie hätte ein Feld der »Übergänge«[37] werden können, das die Eigenständigkeit der Sprache als Medium des Überschusses der Möglichkeiten zur Geltung gebracht hätte – und darin die Kultur insgesamt zur Öffnung für ungewohnte Assoziationen und

30 *Olivier Schefer*, Poésie de l'infini. Novalis et la question esthétique, Brüssel 2001, S. 4.

31 Darin unterscheidet sich der Rekurs auf das »geheime Sein«, dem etwas Neues abgewonnen wird, von der späteren Weise der sektenartigen Abschließung der Gruppen, die sich als die Repräsentanten des »geheimen Deutschland« angesehen haben, die sich im sicheren Besitz der Wahrheit wähnten.

32 *Michèle Lowrie*, Performance, in: Alessandro Barchiesi/Walter Scheidel (Hrsg.), Oxford Handbook of Roman Studies, Oxford 2010, S. 281.

33 *Novalis*, Das allgemeine Brouillon. Materialien zur Enzyklopädistik 1798/1799, Hamburg 1993, S. 37; *Schefer*, aaO (Poésie de l'infini), S. 63.

34 *Schefer*, aaO S. 13.

35 *Schefer*, ebd., S. 15; vgl. auch *Andrea Wulf*, Fabelhafte Rebellen. Die frühen Romantiker und die Erfindung des Ich, München 2022, S. 187.

36 *Schefer*, ebd., S. 12.

37 Vgl. zu Goethes Morphologie *David E. Wellbery*, Zur Methodologie des kritischen Verstandes. Anmerkung zu Eckart Försters Goethelektüre, in: Johannes Haag/Markus Wild (Hrsg.), Übergänge – diskursiv oder intuitiv? Essays zu Eckart Försters »Die 25 Jahre der Philosophie«, Frankfurt a.M. 2013, S. 259, 263; auch *Förster*, aaO (Die 25 Jahre der Philosophie), S. 263.

Kombinationen bewegt hätte – durch die Heraus-forderung des Wissens über das Ungewisse. Der Sinn wird hervor-gerufen, die Interpretationen bringen entgegen einer eng verstandenen Hermeneutik etwas hervor, was nicht schon vorher als bekannt ausgegeben werden kann. Doch eben diese Ungebundenheit des Überschusses enthielt auch das Moment der Enttäuschung, der Selbstblockade, die die Möglichkeit des Erlebens des Überschusses nur im Rückzug aus der Realität zu öffnen schien.[38] Dies ist der (Aus-)Weg, den die spätere Wendung zum Rückzug eines Teils des Bildungsbürgertums aus der Politik insgesamt genommen hat. Diese Wendung realisiert sich später etwa in der Bildung des George Kreises,[39] aber auch in anderen Formen der Verknüpfung von Kunst und Mythos im Erleben der Abwanderung aus der realen Welt, die alle Geheimnisse auf der Begriffsoberfläche geoffenbart zu haben schien.

38 Schon in der griechischen Mythologie ebenso wie später in der Philosophie scheint die schwer auflösbare Spannung zwischen der Kraft der Form einerseits und der Vielfalt der Ereignisse andererseits auf, eine Spannung, die ein Oszillieren zwischen zwei Polen erlaubt, aber keine prozesshaften Übergänge innerhalb der Formen denken lässt; *Carlo Diano,* Forme et événement . Principes pour une interprétation du monde grec, (1952), Combas 1994, S. 52, 59, 75.

39 Vgl. nur *Thomas Karlauf*, Stefan George. Die Entdeckung des Charismas, 2. Aufl., München 2007.

III. Resümee

1. Recht als Kultur und die begriffliche Durcharbeitung des Wandels

In einem Resümee wäre zu konstatieren, dass das Potential der Weiterführung insbesondere der Hegel'schen Begriffsphilosophie zur Orientierung für ein neues »Recht als Kultur« nicht genutzt worden ist. Die Rechtswissenschaft des 19. Jahrhunderts hat sich der Aufgabe der Durcharbeitung der neuen gesellschaftlich produzierten Rechtsverhältnisse und ihrer Dynamik weitgehend entzogen und stattdessen – jenseits der durchaus eindrucksvollen Dogmatik der praktischen Kontinuität des Rechts – nur mit problematischen Ersatzbildungen operiert. Diese waren nicht bestimmt von einem Verständnis der Wissenschaft des *Rechts als Kultur*.

Die deutsche Rechtswissenschaft hat mit ihrem Denken der *Einheit* und *Ganzheit* des *deutschen* Rechts ihren Beitrag zum Untergang der europäischen (Rechts-)Kultur im ersten Weltkrieg geleistet. Savignys »wissenschaftliches Recht« ist im Grunde eine contradictio in adiecto: Es reduziert die Dynamik des Rechts auf die Kette der fachlichen *Urteile* der Juristen und blendet die Bedeutung der praktischen Operationen des Rechts in der Gesellschaft, z.B. die Vertragspraktiken, aus. Die Dynamisierung der Bindungen der Subjekte einerseits und die Steigerung der Fülle der Kombinationsmöglichkeiten innerhalb des Vorrats der Formen und der kognitiven Versatzstücke rechtlicher Operationen andererseits bildet z.B. eine Praxis der »aleatorischen Verträge« aus, die gegenüber Risiken und Ungewissheit neue Vertragsformen konzipiert.[1] Gegen die Wahrscheinlichkeit als neuen Modus eines experimentellen Denkens hat die Rechtswissenschaft, nachdem am Ende des Jahrhunderts ihre alten Denkbollwerke zusammengebrochen waren, schließlich ihre Zuflucht in einem panischen Denken der begriffslosen Kraft der Zwecke gesucht.

Ein am Vorrang der Differenz vor Einheit orientiertes plurales Denken hätte stattdessen die Dynamik des Experimentierens in der Gesellschaft beobachten müssen. Die Normativität des Zeitalters des Machens kann von der Entstehung des (Rechts-)Subjekts nicht getrennt gedacht werden. Die Normativität bleibt abhängig vom Experiment und damit der Auseinander-setzung des Rechtssubjekts auch mit sich selbst: Es muss

1 *Lorraine Daston*, Classical Probability in the Enlightenment, Princeton 1988, S. 19; *Adam B. Seligman*, Role Complexity, Risk, and the Emergence of Trust, Boston University Law Rev. 81 (2001), 619, 633.

ständig ein anderes werden.[2] Es geht nicht primär um die Aufnahme neuen Wissens, sondern um den im Lesen liegenden Vollzug der Selbständerung. Die neue Realität ist davon abhängig, dass das Subjekt selbst »offensiv« wird,[3] die Realität dadurch verändert, korrigiert und auch sich selbst permanent korrigiert.

Das staatliche Recht hat zwei Seiten, eine Seite, die der Gesellschaft zugewandt ist und ihre Beobachtung durch Begriffe ermöglicht, und eine dem Staat nach innen zugewandte Seite, die Recht als Ausdrucksform des Staates als »Entscheider« durch »Einheit« organisiert. Hier gilt das Prinzip der Selbststilisierung des Staates als Zentrum der Gesellschaft. Hier kultiviert der Staat das, was James C. Scott »Seeing like a State« genannt hat: die Vorstellung, dass die Gesellschaft in erster Linie durch staatliche Regeln organisiert wird und der Staat umgekehrt die Beobachtung der gesellschaftlichen Regeln vernachlässigen kann. Der Staat ist der Besserwisser par excellence!

Das sich daneben entwickelnde nicht-staatliche, gesellschaftliche Recht ist aber für die Gesellschaft viel wichtiger und erhält in liberalen Gesellschaften – wie sich an dem Verhältnis der Doktrin zur Vertragsfreiheit ablesen lässt – eher »willy-nilly« Freiräume zur Selbstentfaltung einer eigenen Normativität, die in Begriffen nicht abgebildet und rezipiert wird. Dies ist genau die Lücke, der Hiatus, in dem sich »law as culture« als eine begrifflich basierte »Kollisionsordnung« entfalten müsste. Dies geschieht vor allem in der ersten Hälfte des 19. Jahrhunderts, wie hier geschildert, nur sehr unzulänglich, weil das Recht sozusagen auf den neuen Staat wartet und ein systematisch auf Einheit angelegtes Recht produziert, das für die Beobachtung der Gegenwart wenig Bedeutung gewinnen konnte (und sollte). »Law as culture« blieb in dem neuen Recht »im Wartestand« unentwickelt und konnte – unvorbereitet – auch keine Eigenständigkeit entwickeln, als der neue Staat im letzten Drittel des 19. Jahrhunderts endlich »da« war.

Die Fixierung auf die Einheit des Rechts, die für ein »Ganzes« steht, das in der Gegenwart keine Konturen entwickeln konnte, sondern auf den neuen Staat der Zukunft verwiesen war, blieb eine Ersatzbildung, die aber die Entfaltung der Kehrseite des staatlichen Rechts, das gesellschaftliche Recht, in seiner Entwicklung nicht verhindert hat. Die Hypostasierung der Einheit des Rechts war Ausdruck der begrifflich unbearbeiteten Sorge um die zunehmende Heterogenität der Rechtsbeziehungen in einer

2 Vgl. *Rodolphe Calin,* La subjectivation du sujet par la connaissance scientifique chez Bachelard, in: Olivier Tinland/ders., La subjectivation du sujet. Etudes sur les modalités du rapport à soi-même, Paris 2017, S. 97, 108.

3 *Gaston Bachelard,* L'engagement rationaliste, Paris 1972, S. 213; auch hier geht es darum, ein »Rationalist« zu *werden,* nicht um den bloßen Erwerb von Wissen.

dynamischen Wirtschaftsgesellschaft. So wurde der Staat als Träger eines neuen Verständnisses der Einheit überhöht, während die begriffliche Reflexion der gesellschaftlichen Rechtsbeziehungen vernachlässigt wurde. Man kann diese Beschwörung der »Einheit« des Rechts konfrontieren mit der eher an der Beobachtung der Gesellschaft orientierten Herangehensweise Oliver Wendell Holmes'.

Man könnte sogar so weit gehen, umgekehrt die Literatur als eine produktiv funktionalisierte Ersatzbildung für das gesellschaftliche Recht zu bezeichnen: In einer Art Stellvertretung kann sie, mindestens partiell, zugleich die Rolle von »law as culture« einnehmen.

Savignys Verständnis der Rechtsinterpretation bleibt hinter der philosophisch reflektierten Hermeneutik in der Philosophie zurück. Ihr fehlt ein theoretischer Referenzrahmen, wie er z.B. bei Schlegel und Schleiermacher zu finden ist. An deren Stelle tritt für das »black letter law« eine einfache Kunstlehre, die eben nur ein Handwerkszeug bereitstellt, aber vor dem Abgrund der Heterogenität und der Dynamik des kommenden Rechts zurückschreckt und die eigentlichen Probleme an den neuen Hüter der Einheit, den kommenden Nationalstaat weitergibt.[4]

2. Zur Leistung des Begriffs

Diese wichtige Zwischenwelt der sinnbildenden Institutionen[5] muss auch durch ein Verständnis des »Rechts als Kultur« expliziert werden, das vor allem eine Reflexionsform der Institutionen ist. Die Institution ist das Paradigma der Mittelbarkeit, das sich von einem substanzhaften Verständnis der unmittelbar vorhandenen und zu verteidigenden Einheit (des Staates) unterscheidet. Die Institutionen bilden ein Netzwerk mit jeweils anderen Institutionen und prozessieren ein »ensemble de montage et assemblages, qui *fait tenir*.«[6] Die letzten beiden Worte setzen den entscheidenden Akzent.

Deshalb wäre zu erwägen, ob nicht auch zwei unterschiedliche Philosophien für die Beobachtung des Rechts benötigt werden: eine begriffsorientierte Philosophie für das explizite Wissen und eine davon unterschiedene Philosophie für die Beobachtung von heterarchisch mäanderndem impliziten Wissen, das sich nur unzulänglich »in Worte

4 Insofern ist dem Klappentext in der Ankündigung eines neuen Buches von *Joachim Rückert*, Friedrich Carl von Savigny. Leben und Werk 1779–1861, Köln 2025, im Erscheinen, zuzustimmen: »Savigny war einer der entscheidenden Mitbegründer unserer Moderne.« In diesem Buch wird begründet, warum man darauf nicht stolz sein kann...

5 Vgl. auch *Vincent Descombes*, Les institutions du sens, Paris 1996, S. 295.

6 *Pierre Legendre*, La balafre. À la jeunesse désireuse..., Paris 2007, S. 62f.

fassen« lässt, weil es auf Lebensformen, Fälle, Situationen, Praktiken eingestellt werden muss.[7]

3. Logik und Kultur der Regel

Ebenso wenig wie im römischen Recht hat es in den USA im Grunde eine scharfe Trennung zwischen expliziten Regeln und den ebenso oder stärker als Regeln orientierungsbildenden »exempla« gegeben. Lorraine Daston spricht von »shared exemplars«.[8] Es hat immer eine Zusammenarbeit zwischen der Orientierung an den »exempla« und den expliziten Regeln gegeben. Diese Kooperation ist in Frankreich wie in Deutschland – anders als in England und in den USA – auf unterschiedliche Weise aufgegeben worden. Dies lässt sich im Anschluss an Daston am Beispiel der völlig ausufernden, grenzenlosen Praxis der Regulierung von allem und jedem durch die Pariser Polizei im 18. Jahrhundert zeigen[9]: Diese Flut von Regeln – insbesondere der anschwellenden Verkehrsströme – ist gänzlich unbeachtet geblieben, eine Konstellation, die nur zu noch mehr Regeln geführt hat. Dies war sozusagen das reale Gegenmodell zum »Nachtwächterstaat«. Demgegenüber hatte die Polizei in früheren Jahrhunderten sehr viel weniger Regeln gesetzt, die zugleich sehr viel stärker auf ihre Anschlussfähigkeit an eingeübte Praktiken beobachtet worden sind. Warum hat sich dies so verändert? Daston gibt eine plausible Erklärung: Das Paris der Jahrhundertwende zum 19. Jahrhundert

7 *Eugen Ehrlichs* Überlegungen zum Recht als »Organisationsform« – im Gegensatz zum Recht als »Entscheidungsnorm«, *ders.*, Soziologie und Jurisprudenz, Czernowitz 1906, S. 8, lassen sich als Ansatz zu einer Konzeption von »Recht als Kultur« lesen. Ehrlich geht es auch um die *Prozesse* der Bildung von Recht in unterschiedlichen Varianten, auf deren Beobachtung und Beachtung auch das staatliche gesetzte Recht nicht verzichten kann; zur Bedeutung der Verbände für die Rechtsbildung, *ders.*, Grundlegung der Soziologie des Rechts (1913), München/Leipzig, Neudruck 2018, S. 20ff., 31ff.; *ders.*, Die Gesellschaft, der Staat und ihre Ordnung, ZfRSoz 1992, 3, 5, 15; *Jan Schröder*, Recht als Wissenschaft, Band 1: 1500–1933, 3. Aufl., München 2020, S. 290, 355; *Otto von Gierke*, Deutsches Privatrecht, Bd. 1: Allgemeiner Teil und Personenrecht, Leipzig u.a. 1895, S. 26, stellt dagegen die Individuen als »in sich abgeschlossene Einheiten« den Verbänden als »zusammengesetzte Einheiten« gegenüber, in denen das Gesellschaftliche zwischen den Individuen zum Ausdruck kommt. An den »Lebensinteressen der Gemeinschaft findet die Gestaltungsmacht«, die den Individuen »eingeräumt ist, feste Schranken...«.

8 *Lorraine Daston*, Rules. A Short History of What We Live By, Princeton 2022, S. 172.

9 Vgl. auch *Paolo Napoli*, Naissance de la police moderne, Paris 2003, S. 69ff.

war – nicht nur wegen der politischen Revolution – ein Ort der sich vervielfältigenden gesellschaftlichen Innovationen, der permanenten produktiven wie unproduktiven Unruhe. Dem entsprach im Modus der sich herausbildenden staatlichen Unruhe eine völlig unkontrollierte Vorstellung von der Setzung einer neuen Ordnung durch den Staat. Der Konflikt zwischen gesellschaftlicher Unruhe und staatlichen Ordnungsphantasien, der »rule mania«, hat zu dem Auseinanderfallen von selbst geordneter oder ungeordneter gesellschaftlicher Praxis und leerlaufenden expliziten Regeln geführt.[10] Eine Vermittlung über die Rezeption der neuen »exempla« der Praxis war nicht möglich, weil die Fähigkeit zur Selbstordnung der Gesellschaft (noch) nicht ausreichend entwickelt war, während zugleich der Staat die Gesellschaft als Chaos der »Einzelfälle« angesehen hat, die nun – endlich – durch vernünftige allgemeine Regeln zu kontrollieren waren. Die Widerständigkeit auch der Unordnung ist ignoriert worden. Es lassen sich dann – so wiederum Lorraine Daston – in manchen Bereichen, z.B. der Verkehrsregelung, »islands of uniformity« beobachten,[11] in denen sich ein neues Verhältnis zwischen impliziten gesellschaftlichen und staatlich expliziten Regeln herausbilden kann, das zugleich wiederum auf einer höheren Ebene als Muster, »shared exemplar«, für weitere Konstellationen dienen kann.

Im England des 19. Jahrhunderts war die gesamte Sphäre der Öffentlichkeit, nicht nur »words«, auch »works«, »ein Feld des experimentellen Wissens«, die Gesellschaft insgesamt eine »collaborative construction«, an der auch die produzierenden Arbeiter beteiligt waren.[12] Die sich in anderen Ländern wie den USA und England herausbildende Kooperation von impliziten gesellschaftlichen und expliziten staatlichen Normen ist in Deutschland weitgehend ignoriert worden.

Das gesellschaftliche Recht ist auf ein *aktives kreatives Rechtssubjekt* angewiesen, das Verhaltensmuster, Normen, Praktiken innerhalb von Lebensformen mit anderen generieren kann, die sich nur teilweise nach bewusst erzeugten Regeln entwickeln. Diese bleiben an das Prozessieren von gesellschaftlichen Wissensbeständen gebunden, selbst wenn sie über den Kreis derjenigen hinaus, die sie hervorgebracht haben, wiederum im Experiment proliferiert werden. In dieser Prozessualität wird weder ein unitarisches staatliches Recht erzeugt noch gar ein souveränes Recht, das der Kritik durch die Rechtsprechung enthoben wäre. Tatsächlich lässt sich zeigen, dass dieser Normtypus, aber auch gemischte privat-öffentliche Praktiken, im 19. Jahrhundert eine enorme praktische Bedeutung erhalten haben – auch ohne die Anerkennung der Gerichte oder der

10 *Daston*, aaO (Rules), S. 172.

11 *Daston*, ebd., S. 182, 273.

12 *Joanna Picciotto*, The Public Person and the Play of Facts, Representations 105 (2009), 85, 91.

Rechtswissenschaft. Ja, es ist eher der größere Teil der relevanten sozialen Konflikte und Entwicklungen, der außerhalb der Gerichtspraxis in Arrangements zwischen Unternehmen oder durch Schlichtung und Vereinbarung eine Art Ordnung findet.[13] Allerdings wäre die Anerkennung und Reflexion dieser Praxis in der Gestalt einer begrifflichen Durcharbeitung und Beobachtung ihrer Konsequenzen durch Gerichte wie die Rechtswissenschaft von großer Bedeutung gewesen, weil nur auf diese Weise eine Konzeption von Recht als Kultur tragfähig werden kann. Rogowski sieht die sich entwickelnden »Sonderordnungen« (241) als einen Restbestand des Ancien Régime an.[14] Das erscheint jedoch nicht überzeugend: Eher ist es eine moderne Form der Pluralisierung des Rechts, die aber von der sich an einem unitarischen Rechtsmodell orientierenden Rechtwissenschaft wie andere »Sonderbereiche« der Technik, des Sozialstaats etc. als eher »technisch« bestimmte, für die Begriffs- und Ordnungsbildung irrelevante Randphänomene betrachtet worden sind.

4. Technik und Kultur – Technik als Kultur

Die deutsche Kultur des 19. Jahrhunderts eröffnet eine Vielzahl neuer Denkmöglichkeiten, so viele, dass sie auch eine Zerstreuung der praktischen Möglichkeiten (Recht, Technik) jenseits der etablierten »Denkverfassung« ermöglicht. Die Dynamik des Wandels setzt sich, wie beschrieben, auch über die Grenzen der insbesondere literarischen Formen und Figuren in bestimmten Felder der Literatur durch[15] und prägt dadurch z.B. auch die implizite Entwicklung der Rechtspraxis der sozialen Akteure. Ähnliches gilt für die Technik: Der Ingenieur verkörpert eine »neue Kultur«, die schließlich auch von der literarischen Kultur als eine neue »Gebrauchskultur« anerkannt wird.

Die Formen der Technik stehen in einem Korrespondenzverhältnis zur Literatur der Möglichkeiten: Die Technik ist einerseits Erscheinungsform einer Selbstorganisation der variablen Verknüpfungen zwischen

13 Vgl. nur *Ralf Rogowski*, Individuelle Arbeitskonflikte, in: Peter Collin (Hrsg.), Konfliktlösung im 19. und 20. Jahrhundert, Berlin, Boston 2021, S. 238ff.; *Franz Hederer*, Kap. 21: Konfliktlösung in der Wirtschaft, S. 275ff.; alle in: Peter Collin (Hrsg.), Konfliktlösung im 19. und 20. Jahrhundert, Berlin, Boston 2021; *Peter Collin*, Privat-staatliche Regulierungsstrukturen im frühen Industrie- und Sozialstaat, Berlin, Boston 2016. *Sabine Rudischhauser*, Geschichte des Tarifvertragsrechts in Deutschland und Frankreich 1890–1918/19, Wien 2016.

14 *Rogowski*, ebd., S. 241.

15 *Gilbert Simondon*, Du mode d'existence des objets techniques, Paris 1958, S. 108, 85.

den einzelnen Komponenten[16], die einem beständigen Änderungsdruck unterliegen. Die Technik verändert sich selbst, das technische Objekt ist ein »Werden«. Dies darf man nicht in dem Sinne beim Wort nehmen, dass etwa die Subjekte dabei unbeteiligt blieben – im Gegenteil: Die Technik ist auf die permanente Zufuhr von Erfindungen angewiesen, aber die Technik entwickelt eine Eigenrationalität[17], die die Erfindungen ermöglicht und verlangt. Dies ist die Logik des »Zusammengesetzten«.[18]

Hinter der Technikfeindlichkeit der Kultur (und des Rechts) steht die Sorge, dass die Technik ein Bild des Menschen durchsetzen könnte, das diesen permanent als einem *Werden*, einem Prozess des Wandels unterworfen erscheinen lassen könnte, das von der Kombinatorik der Elemente bestimmt und angetrieben würde, die doch nie eine Einheit oder Ganzheit des Menschen hervorbringen könnte. Das Recht ist permanent damit beschäftigt, seine Einheit zu erhalten und das Subjekt als Teil der Ganzheit des Staates erscheinen zu lassen. Das schließt aber nicht aus, dass sich implizit und gegen das »offizielle« Rechtsverständnis für das Recht »faktisch« im »Verkehr« auch eine neue technische Kultur entwickelt, auf die sich das offizielle Recht aber normativ und systematisch nicht einlässt. Die analytische (»auflösende«), sich auf die Verstärkung der Macht und ihrer Zwecke einstellende Rationalität und Eigenlogik der Technik als Kultur sind eine Bedrohung für das Recht, das ständig seine Einheit verteidigt und die Möglichkeit der Öffnung für eine Pluralität innerhalb der Rechtsproduktion verdrängt.[19] Das prozesshafte analytisch-induktive Denken der Technik und seine auf einer zweiten Stufe erfolgende Zusammensetzung der Komponenten zu einem sich ständig verändernden Werk, die »systèmes d'individuation«[20], stellen die Zirkularität der Selbstkonstitution der Normativität in Frage. Das gelingt auch, weil die Dynamik sich längst am Recht vorbei entwickelt und viele neue Formen und Figuren des Denkens und Entscheidens tatsächlich von der Gesellschaft hervorgebracht worden sind, die nicht im Bereich

16 *Simondon*, ebd., S. 20.

17 Zum enzyklopädischen Charakter des technischen Wissens, *Simondon*, ebd., S. 95; auch die grandes écoles sind vom enzyklopädischen Geist bestimmt, *Simondon*, ebd., S. 97.

18 *Albrecht Koschorke*, Selbststeuerung. David Hartleys Assoziationstheorie, Adam Smiths Sympathielehre und die Dampfmascine von James Watt, in: Inge Baxmann et al. (Hrsg.), Das Laokoon-Paradigma: Zeichenregime im 18. Jahrhundert, Berlin 2000, S. 179.

19 Diese Kritik ignoriert nicht, dass die ausgefeilte Rechtsdogmatik für die Alltagspraxis der *Gerichte* eine große, auch positv zu bewertende Bedeutung gehabt hat. Hier geht es um die Blindheit für die Rolle des »Rechts als Kultur«.

20 So denkt Simondon auch das handelnde Individuum, *Didier Debaise,* Qu'est-ce qu'une pensée relationnelle?, Multitude 2004 Nr. 18, 15.

des Rechts entdeckt worden sind, aber nicht weniger gut *auch* im Recht funktionieren. Die Mobilisierung der Vertragspraktiken, aber auch die Entwicklung des Polizeirechts in und durch Praxis, hat durch Reflexionsleistungen der Rechtswissenschaft oder der Rechtsprechung keine theoretisch relevanten Impulse erhalten. Auch gegenüber der Technik scheitert das Recht an der Bewältigung der Aufgabe, »Recht als Kultur« über die Grenzen der bloßen Steuerung und Ermöglichung technischer Innovationen hinaus zu entfalten und einen Beitrag zum Verstehen der Leistung einer gesellschaftlichen Regelordnung zu leisten. Dies ist umso bemerkenswerter, wenn man bedenkt, welche kulturelle Leistung die Philosophie und die Literatur erbracht haben, die beide dem Recht eine Vielzahl von Anknüpfungsmöglichkeiten geboten haben, wie hier gezeigt worden ist.

Eine Erklärung für diese Auseinanderentwicklung könnte darin bestehen, dass das Recht wegen seiner stärkeren Verknüpfung mit den praktischen Wissensbeständen und ihrer Bindung an das Prozessieren der Rechtsoperationen seine Grenzen auch stärker invisibilisieren muss, weil es unter Zeitdruck auf das Lernen von Fall zu Fall angewiesen ist. Es bleibt aber die Triftigkeit der Beobachtung, dass sowohl die Dogmatik des Polizeirechts, das sich zu einem produktiven Technikrecht hätte entwickeln können, als auch die Dogmatik des Zivilrechts von einer Strategie der Unterdrückung des experimentellen Charakters des Rechts bestimmt waren. Dennoch ist anzuerkennen, welche Leistung das Polizeirecht im 19. Jahrhundert erbracht hat: Nachdem der Staat im 18. Jahrhundert begonnen hatte, ein allgemeines Wissen über die Gesellschaft und ihre Wirtschaft zu sammeln, hat er es verstanden, im 19. Jahrhundert dieses Wissen zu dynamisieren und auf »Fälle«, und damit auf eigenes Wissen und auf Handlungen der wirtschaftlichen Akteure, zu beziehen. Damit konnte er zugleich zu einer spezialisierten Form der »administration des choses« (Saint-Simon), der »Verwaltung der Dinge« übergehen.[21] Die Figur der »Policey« des Ancien Régime war im Grunde keine Begriff[22], sondern eine Metapher, die über ihre Grenzen hinausweist und einen Prozess des Experimentierens mit Fällen in Gang setzt, die zugleich durch die Orientierung am »Singulären« und der horizontalen Verknüpfung zwischen diesen, den konkreten Dingen, ein strukturbildendes Muster vorgibt.

21 *Myriam Revault d'Allonnes*, La faiblesse du vrai. Ce que la post-vérité fait à notre monde commun, 2. Aufl., Paris 2021, S. 93.

22 Vgl. *Andrea Iselli*, »Bonne police«. Früneuzeitliches Verständnis von der guten Ordnung eines Staates in Frankreich, Tübingen 2003, S. 167; auch *Napoli*, aaO (Naissance de la police moderne), S. 20ff., der beschreibt, wie die Polizey sich in Frankreich an der Beobachtung und Selbstbeschreibung konkreter Berufsgruppen orientiert hat.

5. Zur Notwendigkeit einer »Kollisionsphilosophie« des Rechts

Als Prozess gedacht eröffnet der Begriff mit seinen Ausschlusswirkungen und Anschlussmöglichkeiten, die wiederum neue Einschnitte, »Umbesetzungen« (H. Blumenberg), Verknüpfungen erlauben, aber auch die Einsicht, dass etwas offen bleiben muss (ausdrücklich oder implizit), weil eine »Lösung« innerhalb des bestehenden Referenzrahmens des »Erfahrungsfeldes« unmöglich ist. Begriffe der Philosophie bezeichnen nach Deleuze und Guattari keine theoretischen »Objekte«[23], die durch *eine* Philosophie und deren Epistemologie geordnet werden können, vielmehr ziehen sie »Demarkationslinien«, Unterscheidungen, in einem Feld, das keine stabile Ordnung ausweist, sondern nur eine »differentielle Ordnung« zulässt, die von differentiellen Praktiken und der »Pluralität ihrer Verwendungsweisen«[24] prozessiert wird, deren Gesamtheit nicht dem subjektiven Verstehen zugänglich ist, weil dieses selbst von Unterscheidungen ohne substanziellen Anfang durchzogen wird.[25]

Mit Pierre-François Moreau[26] lässt sich – im Anschluss an Spinoza – die These wagen, dass vor allem eine Philosophie des Rechts auch im Anschluss an ein neues »Kollisionsdenken«[27] im Recht selbst produktiv als »Kollisionsrechtsphilosophie« gedacht werden kann, die eine Urteilskraft jenseits der Wahrheitssuche oder der Suche nach der *einen* Rechtsphilosophie hervorzubringen sucht und dazu Spiegelungen der Differenzen zwischen *zwei* unterschiedlichen Rechtsphilosophien benötigt, weil es die *eine* nicht geben kann.

Das Ausprobieren dieser Doppelung des (rechts-)philosophischen Denkens ist hier am Beispiel der möglichen Kooperation von Begriffsdenken und romantisch-enzyklopädisch verfahrendem Denken von Selbstorganisationsprozessen, auch in der gesellschaftlichen Rechtspraxis, vorgeschlagen worden. Dieses duale Denken würde zugleich wieder eine Art »Kollisionsdenken« möglich machen, das die Kooperation der beiden Wissensarten erlauben und selbst eigene Regeln benötigen würde. Die heute verbreitete Abwägung ist eine Methode, die weder nach der einen Seite des impliziten Wissens und seiner Beobachtung noch nach

23 *Pierre-François Moreau*, Problèmes du Spinozisme, Paris 2006, S. 87, 93, 94.

24 *Martin Seel*, Spiele der Sprache, Frankfurt a. M. 2023, S. 69.

25 *Philippe Danino*, Spinoza: La philosophie par la rencontre, Archives de Philosophie 81 (2018), 83ff.

26 *Moreau,* aaO (Problèmes du Spinozisme) S. 94.

27 *Karl-Heinz Ladeur*, »Begriffs- oder Interessenjurisprudenz – falsche Fronten im IPR und Wirtschaftsverfassungsrecht« – neu gelesen nach dem »practical turn« in der Wissenschaftsgeschichte, KJ 52 (2019), 503, 514.

der anderen Seite des expliziten Wissens nach Regeln vorgeht, sondern nach unreflektierten Meinungen. Demgegenüber würde eine duale Theorie zwei unterschiedliche Ausfaltungen der vortheoretischen/unbegrifflichen Irritation innerhalb eines Netzwerks der Möglichkeiten zulassen und dadurch neue Fragen aufwerfen.[28]

Zu Deleuze' und Guattaris Zusammenfügung des Begriffs aus mehreren Komponenten[29] müsste noch die Verknüpfung des ganzen Begriffs sowie die seiner Komponenten mit anderen Begriffen oder deren Komponenten hinzugefügt werden. Dann wird deutlich, dass der Begriff über das von Deleuze/Guattari hinaus Gedachte selbst eher ein Netzwerk von Bedeutungsknoten und -relationen ist, der im Prozess der Auseinandersetzung mit und der Durcharbeitung von empirischem Wissen, das insbesondere durch analogische »Anwendung« des Begriffs generiert worden ist, sich seinerseits verändert. Dies sieht nach Brandom[30] schon Hegel, der die Verschleifung der »Anwendung« von Begriffen und der reflexiven Generierung von Normen für diese Praxis der Anwendung selbst prozesshaft in der Zeit für geboten hält. Die Unterscheidung von Rechtsetzung und Rechtsanwendung ist kein logisches Gebot, sie ergibt sich selbst aus einer Setzung. Die Unterscheidung ist wie die allgemeinere zwischen Normativität und Faktizität/Normalität,[31] Tatsache und Wertung, Folge einer gesellschaftlichen Übung.[32] Normativität und Faktizität sind immer miteinander verschleift. Die Unterscheidung ist selbst eine normative, sie kann nicht von einer Meta-Ebene jenseits des Faktischen oder des Normativen aus gefällt werden.[33] Hegel konzipiert – wie gezeigt – eine Prozessphilosophie, die »...in unsere Begriffe von selbst ein ›Sollen‹ eingeschrieben sieht«.[34] Hegels Begriffsphilosophie ist eine

28 *Michel Bitbol*, De l'intérieur du monde. Pour une philosophie et une science des relations, Paris 2010, S. 214, 682.

29 *Gilles Deleuze/Félix Guattari*, Qu'est-ce que la philosophie?, Paris 2019, S. 24.

30 *Robert A. Brandom*, A Hegelian Model of Legal Concept Determination, 2013, S. 30; https://sites.pitt.edu/~rg/Texts/A_Hegelian_Model_of_Legal_Concept_Determ.pdf, 22.

31 *Ino Augsberg*, Die Normalität der Normativität, JZ 2020, 425.

32 Vgl. *Juliette Courtillé*, Hilary Putnam et la critique de la dichotomie fait-valeur, Le Philosophoire 2022, Nr. 57, S. 85.

33 *Terry Pinkard*, Innen und Außen und Lebensform: Hegel und Wittgenstein, in: Christoph Halbig/Michael Quante/Ludwig Siep (Hrsg.), Hegels Erbe, Frankfurt a.M. 2004, S. 254, 280 im Anschluss an Brandom.

34 *Georg Wilhelm Friedrich Hegel*, Enzyklopädie der philosophischen Wissenschaften im Grundrisse. Die Wissenschaft der Logik, Werke 8, Frankfurt 1970, § 19; dazu *Pinkard*, ebd., S. 278; kritisch zur Vernachlässigung der »Logik« auch *Christian Krijnen*, Hegels Rechtsphilosophie als spekulativer Idealismus, in: Ino Augsberg et al. (Hrsg.), Rechtsphilosophie nach

Philosophie, die keine »Anforderungen« an die Unterwerfung der Wirklichkeit unter ihre »Ideen« erwartet. Sie ist das Gegenteil eines »alles zusammenzwingenden Gedankengebäudes«.[35] Sie ist in den Prozess ihrer eigenen »Verwirklichung« involviert. Das Weiterdenken der Philosophie selbst ist schon mitgedacht. In dieser Hinsicht ist das Marx'sche »Anknüpfen« an Hegels Philosophie nicht inkonsequent, soweit sie davon ausgeht, dass bestimmte historische Lebensformen als eingeübte Praktiken sich »über-lebt« haben und nicht mehr aufrechterhalten werden können. Deshalb kann man mit T. Pinkard von einer »Tendenz der Normen« sprechen, »*sich selbst zu verwirklichen*«.[36] D.h., die Praxis der Lebensformen enthält ein überschießendes Moment darin, dass sie über die Sprachlichkeit hinaus einen Bezug zu den »Dingen«, zu Routinen und Ritualen, zu Entdeckungen, aber auch Nach-Sicht auf die Trägheit des Alltäglichen mit sich führt. Darin ist eine Parallele zu den *exempla* des römischen Rechts zu sehen, die den Wert gelungener praktischer »Lösungen« auf-bewahrt haben.[37] Dies ist zugleich der Grund dafür, dass Begriffe, Ideen, notwendigerweise widerständige, nicht ganz in Begriffen aufgehende Praktiken durcharbeiten und sie dadurch auch berücksichtigen müssen.

Hegel. 200 Jahre Grundlinien der Philosophie des Rechts, Paderborn 2024, S. 15,17f.

35 *Heinrich Mitteis*, Die Geschichte der Rechtswissenschaft im Rahmen der allgemeinen Kulturgeschichte, JZ 1951, S. 673, 677.

36 *Pinkard*, aaO (Innen und Außen und Lebensform), S. 277.

37 Vgl. *Michèle Lowrie*, Cicero on Caesar or Exemplum and Inability in the *Brutus*, in: Alexander Ahrweiler/Melanie Möller (Hrsg.), Vom Selbstverständnis in Antike und Neuzeit. Notions of the Self in Antiquity and Beyond, Berlin 2008, S. 131, 152.

Nachwort

Das vorliegende Buch befasst sich – das muss am Ende noch einmal betont werden – mit *Formen*, im Plural,[1] Formen, in denen und mit denen das gesellschaftliche Wissen in den Lebensformen, insbesondere in den Praktiken des Rechts, erzeugt und gesellschaftliches Handeln ermöglicht wird. Die Emergenz dieser Formen wäre nicht denkbar ohne die grundlegenden Veränderungen, die Dynamisierung dieses gesellschaftliche Wissens im 19. Jahrhundert. In Deutschland wären sie vor allem nicht denkbar ohne das Hegel'sche Begriffsdenken und seine Verschleifung mit der Entwicklung und Beobachtung der Emergenz der neuen gesellschaftlichen Lebensformen und Wissenspraktiken, die in der gesellschaftlichen Erfahrung erzeugt und prozessiert worden sind. Die Beobachtung der Formen des »Rechts als Kultur«, d.h. im Kontext der anderen Formen des Wissens der Literatur, der Kunst, der Musik, der Technik, erlaubt, wie gezeigt, ein Denken des Rechts als Prozess ohne bestimmtes Ziel und vor allem ohne die Zentralstellung des Subjekts als »Anfang«, der Rechtsidee als Subjekt, des Subjekts als Träger der Rechtsidee. Das Rechtssubjekt wird selbst gedacht als Effekt eines distribuierten Prozesses. Die Suche nach den Formen, die den Wandel des Rechts prozessiert haben, scheint die Frage nach den dabei entstehenden Machtverhältnissen in den Hintergrund gedrängt zu haben. Dies ist nur auf den ersten Blick so: Die Realität besteht aus Prozessen, die nur gedacht werden können, wenn Begriffe konstruiert werden (können), die durch Fragen im wahrsten Sinne des Wortes »aufgeworfen« werden, die andere Begriffe hervorrufen oder bestehende durch wechselseitige Anpassung innerhalb einer kollidierenden oder sich überlappenden Mehrzahl der Formen auch über Systemgrenzen hinweg verändern. Z.B. stellte sich die Frage, ob nicht in Deutschland die starke Staatsfixierung des Rechts auch Rückwirkungen auf die Herausbildung und Entwicklung der großen privaten Unternehmen und Konzerne gehabt hat, die den staatlichen Interessen an der Entwicklung eines starken Militärs entsprachen. Hat sich hier nicht ein Entsprechungsverhältnis zwischen staatlichen und privaten Formen herausgebildet? Denkbar wären in der Organisation der Wirtschaft auch weniger zentralisierte Formen der »flexiblen Spezialisierung« gewesen, die eher die Distribution der wirtschaftlichen Organisationsprozesse statt der Hierarchisierung durchgesetzt hätte.[2] Es ließen sich

1 *Caroline Levine*, Forms. Whole, Rhythm, Hierarchy, Network, Princeton 2015, S. 65; vgl. zu Formbegriff auch *Niklas Luhmann,* Die Paradoxie der Form, in: Dirk Baecker (Hrsg.), Probleme der Form, Frankfurt a. M., 1997, S. 197.

2 *Michael C. Piore/Charles F. Sabel,* The Second Industrial Divide: Possibilities for Prosperity, New York 1984; *David J. Evans,* The Political and Social Theory of Flexibility, Ph D. Thesis University of Warwick 1995.

auch Fragen nach der Möglichkeit von mehr gesellschaftlich basierten Rechtsformen der Kooperation zwischen Unternehmen und Arbeitnehmern oder Gewerkschaften aufwerfen.

Caroline Levine hat zur Begründung ihrer eigenen Suche nach Formen auf die Risiken der ubiquitären Beobachtung von Macht durch Foucault und die Vernachlässigung der Differenzierung hingewiesen.[3] Foucaults Arbeiten sind ambivalent: Neben der von Levine kritisierten Tendenz gibt es auch bei Foucault die genaue Analyse der Formen der Macht. Ein Beispiel für eine Untersuchung des Rechts im Kapitalismus, die ganz auf Macht konzentriert ist und die Eigenlogik der Formen (des Rechts) vernachlässigt, ist das Buch »Der Code des Kapitals« von Katharina Pistor.[4] Der Aufstieg des Kapitals lässt sich danach auf eine unter Anleitung von Rechtsanwälten erfolgende Aneignung von Gütern als Kapital zurückführen, deren struktureller Effekt über beinahe 200 Jahre gleichgeblieben ist.[5]

Die technische Seite des Aufstiegs des Kapital, der Wandel des »Rechts als Kultur« in England, bleibt (bewusst)[6] fast ganz unberücksichtigt. Die Fixierung auf eine begrenzte Zahl von Handelnden (die Anwälte) und deren Absichten, nicht aber die impersonale Genealogie und Produktivität der Regeln stehen im Vordergrund des Interesses; die Erzeugung neuer Möglichkeiten, die Herausbildung neuer Lebens- und Praxisformen, bleibt weitgehend unbeobachtet (sie wird nur als »more of the same« gesehen, eben als mehr Macht). Dann drängt sich eine einfache Alternative (der Macht) auf: »La révolution citoyenne reprend (le pouvoir) à l'oligarchie«? Das ist Jean-Luc Mélenchon, der Führer der Linken in Frankreich.[7] Doch im 19. Jahrhundert ist es zu einem beträchtlichen Wachstum

3 *Levine*, aaO (Forms), S. 65; *Katharina Pistor*, Der Code des Kapitals. Wie das Recht Reichtum und Ungleichheit schafft, Berlin 2020, S. 63 ff.; auch *Christoph Menke*, Recht und Gewalt, erweiterte Neuauflage, Berlin 2018, sieht das Recht durch seine souveräne »Einsetzung« festgelegt auf bestimme Formen der Unterdrückung des »natürlichen (!) Wollens und Handelns«, *ders.*, Die Möglichkeit eines anderen Rechts. Zur Auseinandersetzung mit Andreas Fischer-Lescano, DZPh 62 (2014), 136, Replik auf *Andreas Fischer Lescano*, Postmoderne Rechtstheorie als kritische Theorie, DZPhil 61 (2013), 179, der mit Recht den Zusammenhang der »Einsetzung« mit der Faktizität der gesellschaftlichen Verhältnisse betont, aber selbst die Grenzen der »Normativität der Faktizität« unterschätzt, die durch die Lebensformen auch dem Wandel des Lebens gegenüber dem Recht Grenzen setzt.

4 *Pistor*, aaO (Der Code des Kapitals), S. 63.

5 Kritisch *Hans Bernd Schäfer*, Nationalreichtum und Armut durch Zivilrecht. Der Code des Kapitals und seiner Portabilität, RabelsZ 85 (2021), 854.

6 *Pistor*, aaO (Der Code des Kapitals), S. 13.

7 Zitiert nach *Pierre Birnbaum*, Les »gens« contre »l'oligarchie«: Le discours de la France insoumise, Cités 2017, Nr. 72, 163; dort auch ein guter

an »useful knowledge« gekommen, und zwar vor allem in der Industrie. Dies war weitaus wichtiger für die gesellschaftliche Entwicklung als die von Pistor mit Recht kritisierten neuen Formen der Enteignung der Bauern und der Aneignung von Grundeigentum in der neuen bürgerlichen Form durch Adelige und dadurch reich werdende Bürger. Auch die emergente Normativität der dynamischen bürgerlichen Gesellschaft hat sicher zunächst überwiegend den industriellen Kapitalbesitzern genützt.[8] Das lässt sich aber nicht einfach auf »Macht« zurückführen: Die »Wissensbestände« einer Gesellschaft sind, wie mehrfach betont, notwendigerweise begrenzt. Sie erlauben nur ein historisch limitiertes Repertoire von »Lösungen«, die von ahistorischen »unmöglichen« Wünschen zu unterscheiden sind.

Doch haben »Progressives« in England und in den USA wichtige Beiträge dazu geleistet, die neuen *Regeln* und *Normen* der industriellen Gesellschaft zu lesen, zu verstehen und auch für Lösungen im Interesse der Arbeiter »lesbar« zu machen.[9] Auf dieser Grundlage konnten Strategien des Wandels eben der *Normen* und damit ein neues Verständnis von »Law as Culture« entstehen, die das Vertrauen in die Möglichkeit neuer zusätzlicher Normen begründet haben, die die Dynamik der Wirtschaft nicht zerstört haben – und zugleich den Zuwachs des Reichtums nicht nur gerechter gestaltet und verteilt, sondern auch ein anderes Bild von der Gesellschaft als Feld von neuen Handlungsmöglichkeiten hervorgebracht haben – eben mehr Möglichkeiten »knowable« und »believable« gemacht haben. Dazu ist auch Macht erforderlich, aber eine Macht, die Strategien des Wandels in der Form von (nicht nur rechtlichen) Regeln entwickelt. Ansätze, die in diese Richtung gehen, finden sich in Europa auch beie Yan Thomas, der dem Prozessieren der »Operationen des Rechts« und der dadurch vermittelten Beziehungen zwischen Personen und Sachen die Aufgabe zuschreibt, die »Architektur der sozialen Welt wiederzufinden«.[10]

Der Versuch, in Formen zu denken und die Formen der Welt zu beschreiben, geht davon aus, dass die für die Beschreibung der Gesellschaft erforderlichen Begriffe unvollständig sind (sein müssen), weil das Denken an die praktischen und praktikablen Lebensformen gebunden ist. Die Begriffe erlauben als praktische nur die Probleme zu denken, für die die Gesellschaft Lösungspotentiale hat.[11] In Pistors Buch geht es

Kommentar zum linken Populismus, zu dem sich Mélenchon ausdrücklich bekennt – in Übereinstimmung mit Chantal Mouffe.

8 *Daron Acemoglu/Simon Johnson*, Power and Progress. Our Thousand-Year Struggle Over Technology and Prosperity, London 2023, S. 144.

9 *Acemoglu/Johnson*, ebd., S. 388ff.

10 *Yan Thomas*, Les artifices de la vérité en droit commun médiéval, L'Homme 2005, 113, 115; allg. ders. Les opérations du droit, Paris 2011.

11 *Alfred North Whitehead*, Abenteuer der Ideen, 2. Aufl., Berlin 2017, S. 476; die »Diskursformation«, innerhalb dessen heute »das Kapital« kritisiert

im Grunde nicht um einen »Code« des Kapitals – das wäre eine Form –, sondern um die Möglichkeit der direkten Aneignung der Reichtümer einer Gesellschaft, für deren Formlosigkeit der »Code« eine unpassende Metapher ist. Auch das Denken des Wandels der gegenwärtigen digitalen Gesellschaft verlangt das Lesen der expliziten und impliziten *Regeln* der neuen Gesellschaft und Überlegungen zu neuen *Formen* ihrer Umgestaltung im Interesse einer größeren Gleichheit.

Was aber den Kern einer freien und demokratischen Gesellschaft ausmacht, ist ihre gesellschaftliche Regelhaftigkeit, die Vertrauen und produktives Handeln ermöglicht – und auf dieser Grundlage auch die Demokratie abstützt. Doch bei Pistor tritt an die Stelle der Vorstellung insbesondere deutscher Rechtswissenschaftler von der Einheit einer sich selbst verwirklichenden Rechtsidee eine andere Einheit, die nach einer einheitlichen und als solcher zu identifizierenden *Absicht* handelnden Akteure (Rechtsanwälte von Unternehmen[12]), die das Interesse des Kapitals nach ihrem Willen formulieren und durchsetzen. Der unpersönliche *Prozess der Geschichte* des Rechts verschwindet ebenso hinter einer Idee wie in der konventionellen Rechtsgeschichte. Die Idee nimmt eine banale Form an, aber sie entzieht sich der kollektiven Reflexion ebenso wie das Walten des Volksgeists bei Savigny. Die Hüter der Idee bleiben aber paradoxerweise in beiden Lesarten die Juristen! Es gibt nur die Verschiebung von den Staatsjuristen zu den Gesellschaftsjuristen. Die neue Konstruktion der Einheit der Transformation bestätigt sich in nichts anderem als der als Rettung empfohlenen wiederum staatlich gegründeten Maßnahme der Demokratisierung,[13] die die wahre Einheit herstellt, die »substance over form« setzt und sich durch ihr Ergebnis ausweist – die größere Gleichheit der *individuellen* Subjekte. Das ist die Aggregation des Individualinteresses zum staatlichen Kollektivinteresse. Dass dies von den Subjekten als ausreichend angenommen wird, ist ebenso zweifelhaft wie der Weg dorthin.[14] Demokratisierung ist an dieser Stelle

wird, ist nicht primär die der Philosophie oder der Wirtschaft, sondern die der moralischen Verurteilung.

12 *Pistor*, aaO (Der Code des Kapitals); auch die Protagonisten der neuen »Law and Political Economy»-Bewegung *Jedediah Britton-Purdy et al.*, Building a Law-and-Political-Economy-Framework, Yale Law Journal 129 (2020), 1784; auch *ders.*, The Constitutional Flaw That's Killing American Democracy, The Atlantic Aug. 2022 – https://www.theatlantic.com/ideas/archive/2022/08/framers-constitution-democracy/671155/; dort wird als Mittel gegen »undemokratische« Richterentscheidungen (US Supreme Court) die erleichterte Verfassungsänderung empfohlen.

13 *Fischer Lescano,* aaO (Postmoderne Rechtstheorie als kritische Theorie), 179.

14 *Moritz Renner/Torsten Kindt*, Wirtschaftsrecht und Politische Ökonomie JZ 2023, 315.

nichts als die Beschwörung der staatliche Einheit stiftenden Souveränität des Staates.[15] Dies ist die neue Einheitsstiftung! Darin unterscheidet sie sich von der neueren konservativen Kritik der liberalen Rechtsordnung, die einen »common good constitutionalism«[16] in Anschlag bringen will, der nicht staatsfixiert ist, aber auf eine paradoxe Weise tradierte »Werte«, Familie, lokale Gemeinschaft und Religion als Träger eines Kollektivinteresses aktiv – wiederum durch Juristen! – propagiert, dessen gesellschaftliche Selbstreproduktion zweifelhaft geworden ist, also nicht mehr gegeben ist und deshalb letztlich ebenso wie die »Law and Political Economy«-Bewegung auf eine Beschwörungsformel zurückgreifen muss. Wie dies gelingen könnte, wird kaum erklärt; der Akzent wird auch hier bei der Feststellung gesetzt, dass die Haltbarkeit eines Kollektivinteresses von der liberalen Rechtskonzeption jedenfalls nicht plausibel gemacht werden könne. Demgegenüber wird hier auf die Möglichkeit einer Formanalyse, die Vermittlungs- und Reflexionsleistung des Rechts gesetzt, die einen unpersönlichen distribuierten, also nicht-einheitlichen Prozess der selbstorganisierten Wissenserzeugung und des Wandels der gesellschaftlichen »Wissensbestände« (L. Fleck) und deren Formen beobachten hilft, die auch auf den Staat angewiesen ist, aber doch primär auf die Möglichkeit eines Kooperationsverhältnisses setzt.

Gerade die digitale Gesellschaft könnte aufgrund ihrer viel deutlicher als unpersönlicher Prozess hervortretenden informationellen Basierung und ihrer höheren Flexibilität mehr Gleichheit ermöglichen durch »Umverteilung des Wissens«, die mit der digitalen Form der Wissensprozesse eher vereinbar ist als die Vergesellschaftung von Eigentum, die neue Funktionäre an die Stelle alter Eigentümer stellen würde – mit den absehbaren Konsequenzen.[17] Dazu bedarf es einer neuen Kultur der (primär) gesellschaftlichen Regeln, die dann auch staatliche Regulierungen tragen können. Das schließt – wie erwähnt – nicht aus, dass die organisierte oder heute vernetzte Konstruktion der großen Plattformen der digitalen Wirtschaft tiefgreifende staatliche Eingriffe verlangt, die aber auch der Gesellschaft mehr Möglichkeiten eröffnen müssen, nicht Herstellung einer Staatswirtschaft intendieren dürften.

15 Vgl. zur Kritik am Rekurs auf Demokratisierung« *Renner/Kindt*, ebd., 316.

16 *Adrian Vermeule*, Common Good Costitutionalism, New York 2022; und den Rezensionsaufsatz von *Charles King*, The Antiliberal Revolution. Reading the Philosophers of the New Right, Foreign Affairs Juli/Auguat 2023: https://www.foreignaffairs.com/reviews/antiliberal-revolution.

17 *Aldo Schiavone*, Eguaglianza. Una nuova visione sul filo della storia, Turin 2019; *Karl-Heinz Ladeur*, Towards the Integration of Data Protection, Competition Policy, and Technological Innovation into a Regulatory Strategy for Platforms, Vortrag am Wissenschaftskolleg Berlin, 6.6.2022.

Literatur

»Des facultés sur le front du droit«, Les facultés de droit durant la Grande Guerre, 11.7.2018 – https://expo-grande-guerre-biu-cujas.univ-paris1.fr/la-guerre-du-droit-la-neutralite-des-juristes-en-question/

Acemoglu, Daron/Simon Johnson, Power and Progress. Our Thousand-Year Struggle Over Technology and Prosperity, London 2023

Adorno, Theodor W., Theorie der Halbbildung, in: A. Busch (Hrsg.), Soziologie und moderne Gesellschaft, Verhandlungen des 24. Deutschen Soziologentages vom 20. bis 24. Mai 1959, Berlin, Stuttgart 1959, 169.

Agamben, Giorgio, Homo sacer. Die souveräne Macht und das nackte Leben, Frankfurt a.M. 2002.

Ahlskog, Jonas, Michael Oakeshott and Hayden White on the Practical and Historical Past, Rethinking History. The Journal of Theory and Practice 20 (2016), 275.

Arabeyre, Patrick/Olivier Poncet, Conclusions. L'unité, une règle?, in: dies. (Hrsg.), La règle de l'unité? Le juge et le droit dans la France moderne (XVe – XVIIIe siècle), Paris 2019, S. 225.

Aramini, Aurélien, La philosophie de la nation chez Jules Michelet, Archives de Philosophie 80 (2017), 75.

Assmann, Aleida, Funktion als Differenz, Poetica 21 (1989), 239.

Atiyah, P.S., Rise and Fall of Freedom of Contract, Oxford 1979.

Audren, Frédéric/Jean-Louis Halpérin, Science juridique entre politique et sciences sociales: XIXe–XXe siècle, Rev. d'histoire des sciences humaines, No. 4 (2019), 3.

Audren, Frédéric/Jean-Louis Halpérin, La culture juridique française – Entre mythes et réalités. XIXeme et XXeme siècles, Paris 2013.

Audren, Frédéric, Ecrire l'histoire du droit français: Science du politique, histoire et idéographie chez Henri Klimrath (1807–1837), in: Jacques Poumerade (Hrsg.), Histoire de l'histoire du droit, XIXe siecle, Paris 2006, 113 – https://books.openedition.org/putc/11072?lang=de

Auer, Marietta, Der privatrechtliche Diskurs der Moderne, Tübingen 2014.

Auerbach, Erich, »Figura«, in: Hanna Engelmeier/Friedrich Balke (Hrsg.), Mimesis und Figura, mit einer Neuausgabe des »Figura«-Aufsatzes von Erich Auerbach, Paderborn 2016.

Augsberg, Ino, Das Gespinst des Rechts. Zur Relevanz von Netzwerkmodellen im juristischen Diskurs, Rechtstheorie 38 (2007), 479.

Augsberg, Ino, Die Lesbarkeit des Rechts. Texttheoretische Lektionen für eine postmoderne Methodologie des Rechts, Weilerswist 2009 (2. Aufl. 2020).

Augsberg, Ino, Lob der Dogmatik, in: rescriptum (studentische Rechtszeitschrift, LMU) 2014/1 – http://www.rescriptum.org/Aufsätze/2014_1_063_Augsberg.pdf

Augsberg, Ino, Kassiber. Die Aufgabe der juristischen Hermeneutik, Tübingen 2016.

Augsberg, Ino, Über die Grenzen des Rechts, JZ 2017, 109.
Augsberg, Ino, Die Normalität der Normativität, JZ 2020, 425.
Augsberg, Ino, Elemente einer Theorie des expositiven Rechts, Weilerswist 2021.
Augsberg, Ino, Methodisch verfahren, JZ 2024, 157.
Augsberg, Ino/Michael Müller, Verfassungshistoriographie zwischen Geschichtswissenschaft, Philosophie und Rechtsdogmatik. Zur Einführung, in: Ino Augsberg/Michael Müller (Hrsg.), Theorie der Verfassungsgeschichte. Geschichtswissenschaft – Philosophie – Rechtsdogmatik, Tübingen 2023, S. 3.
Augsberg, Ino et al., Einleitung, in: ders. et al., Rechtsphilosophie nach Hegel. 200 Jahre *Grundlinien der Philosophie des Rechts*, Paderborn 2024, S. XI.
Auroux, *Sylvain,* Diderot encyclopédiste, Stanford French Review VIII (1984), 185.
Ayaß, Wolfgang, Regulierte Selbstregulierung in den Berufsgenossenschaften der gesetzlichen Unfallversicherung, in: Peter Collin et al. (Hrsg.), Regulierte Selbstregulierung im frühen Interventions- und Sozialstaat, Frankfurt a.M. 2012, S. 123.
Ba Sene, *Fatou,* Le Libéralisme comme technologie de gouvernementalité, Revue interdisciplinaire d'études juridiques 79 (2017), 117.
Babeau, Olivier, Eloge de l'hypocrisie, Paris 2018.
Bachelard, Gaston, Die Poetik des Raumes, Frankfurt a. M. 1987.
Bachof, Otto, Die Dogmatik des Verwaltungsrechts vor den Gegenwartsaufgaben der Verwaltung, VVDStRL 30 (1972), 193.
Baechler, Christian, La trahison des élites allemandes. 1770–1945, Paris 2021.
Baetens, Jan, Mimesis as Anti-Figura, Cultural Studies Leuven, 25.10.2017 – https://culturalstudiesleuven.net/2017/10/25/mimesis-as-anti-figura/
Bakhtine, Mikhaïl, Esthétique et théorie du roman, Paris 1987.
Bakhtine, Mikhaïl, The Bildungsroman and Its Significance in the History of Realism (Toward a Historical Typology of the Novel). Speech Genres and other Late Essays, hg. v. Caryl Emerson/Michael Holquist, Austin 1986.
Baldwin, Simeon E., The American Judiciary (1905), Charleston S. C. 2015.
Balibar, Renée/Dominique Laporte, Le français national. Politique et pratiques de la langue national sous la Révolution française, Paris 1975.
Ball, Howard L./Phillip Cooper, Fighting Judges, Hugo Black/William O. Douglas and Supreme Court Conflict, American Journal of Legal History 38 (1994), 1ff..
Barad, *Karen,* Meeting the Universe Halfway. Quantum Physics and the Entanglement of Matter and Meaning, Durham N.C. 2007.
Barash, Jeffrey Andrew, Politiques de l'histoire. L'historicisme comme promesse et comme mythe, Paris 2004.
Barthélémy, Jean-Hugues, Simondon, Paris 2014.
Baßler, Moritz (Hrsg.), Entsagung und Routines. Aporien des Spätrealismus und Verfahren der frühen Moderne, Berlin/Boston 2013.
Bauer, Hartmut, Verwaltungsrechtslehre im Umbruch?, Die Verwaltung 25 (1992), 301.

Bauer, Manuel, Die Revision dessen, was wir glaubten verstanden zu haben, https://literaturkritik.de/id/18583#_ftn5.
Baumgarten, Alexander Gottlieb, Ästhetik, Lateinisch-deutsch, Hamburg 2007.
Beaud, Olivier, Savigny et le droit public, in: Jean-François Kervégan/Heinz Mohnhaupt (Hrsg.), Recht zwischen Natur und Geschichte, Frankfurt 1997, S. 169.
Becchi, Paolo, Was ist uns Thibaut?, in: Christian Hattenhauer et al. (Hrsg.), Thibaut (1772–180). Bürger und Gelehrter, Tübingen 2017, S. 401.
Bégout, Bruce, Fin de partie. Philosophie de l'histoire et clôture de la métaphysique chez Reiner Schürmann, Philosophie 2021, Nr. 148, 38.
Béguin, Victor, Le caractère fétiche du concept. Marx face au discours hégelien entre héritage et critique, Les Etudes philosophiques 2021, Nr. 139, 105.
Behrends, Okko, Die Wissenschaftslehre im Zivilrecht des Q. Mucius Scaevola Pontifex, Nachrichten der Akademie der Wissenschaften in Göttingen, Philologisch-Historische Klasse VII, Göttingen 1976.
Behrends, Okko, Les »veteres« et la nouvelle jurisprudenceesr. In: Revue historique de droit français et étranger 55 (1977), 7.
Behrends, Okko, Geschichte, Politik und Jurisprudenz in F.C. v. Savignys System des heutigen römischen Rechts, in: Symposium aus Anlass des 75. Geburtstags von Franz Wieacker, hg. v. dems. u.a., Ebelsbach 1985, S. 257.
Behrends, Okko, (Hrsg.) Rudolf von Jhering, Über die Entstehung des Rechtsgefühls mit einer Vorbemerkung und einem anschließenden Interpretations- und Einordnungsversuch, Neapel 1986, S. 179.
Behrends, Okko, Savignys Geistigkeit und der Geist der justinianischen Kodifikation, in: Stephan Meder/Christoph-Eric Mecke (Hrsg.), Savigny Global. 1814–2014: »Vom Beruf unsrer Zeit« zum transnationalen Recht des 21. Jahrhunderts, Göttingen 2016, S. 25.
Bell, Matthew/Daniele Vecchiato, Legal Cultures in the Age of Goethe. An Introduction, Law and Literature 34 (2022), 165.
Bender, John/David Wellbery, Rhetoricality. On the Modernist Return of Rhetoric in: dies. (Hrsg.), The Ends of Rhetoric. History, Theory, Practice, Stanford 1990, S. 3.
Benoist, Jocelyn, La normativité de l'ordinaire, in: Pierre Fasula/Sandra Laugier (Hrsg.), Concepts de l'ordinaire, Paris 2021, S. 35.
Bensussan, Gérard, Dans la forme du monde: Sur Franz Rosenzweig, Paris 2009.
Bensussan, Gérard, Miroirs dans la nuit – Lumières de Hegel, Paris 2022.
Berman, Harold, Recht und Revolution. Die Bildung der westlichen Rechtstradition, Frankfurt a.M. 1991.
Berman, Sheri, Civil Society and the Collapse of the Weimar Republic, World Politics 49 (1997), 401.
Bernatzik, Edmund, Kritische Studien über den Begriff der juristischen Personen, AöR 5 (1890), 169.
Bernet, Rudolf, Conscience et existence. Perspectives phénoménologiques, Paris 2004.

Bertram, Georg W., Die Sprache und das Ganze. Entwurf einer nicht reduktionistischen Sprachphilosophie, Weilerswist 2006.

Bessière, Jean, Questionner le roman. Quelques voies au-delà des théories du roman, Paris 2012.

Bianchi, Claudia, Contextualism, in: Marina Sbisà et al., Philosophical Perspectives for Pragmatics, Amsterdam 2011, S. 53.

Bienenstock, Myriam, Politique du jeune Hegel. Iéna 1801–1806, Paris 1992.

Bienenstock, Myriam, De l'esprit: Les philosophes allemands et l'»Aufklärung«, Revue Germanique Internationale 1995, 157.

Bienenstock, Myriam, Qu'est-ce que l'esprit objectif selon Hegel?, Revue Germanique internationale 2001, 103.

Binder, Julius, Bemerkungen zum Methodenstreit in der Privatrechtswissenschaft, ZgesHR 100 (1934), 4.

Birnbaum, *Pierre,* Les »gens« contre »l'oligarchie«: Le discours de la France insoumise, Cités 2017, Nr. 72, 163.

Bitbol, *Michel,* De l'intérieur du monde. Pour une philosophie et une science des relations, Paris 2010.

Bitbol, *Michel,* Philosophie quantique. Le monde est-il extérieur?, Paris 2023.

Blanquer, Jean-Michel/Marc Milet, L'invention de l'Etat. Léon Duguit, Maurice Hauriou et la naissance du droit public moderne, Paris 2015.

Blumenberg, Hans, Theorie der Unbegrifflichkeit, Frankfurt a.M. 2007.

Blumenberg, Hans, Geistesgeschichte der Technik, Frankfurt a.M. 2009.

Blumenberg, Hans, Paradigmen zu einer Metaphorologie, Frankfurt a.M. 2013.

Blumenberg, Hans, Schriften zur Technik, Berlin 2015.

Blumenberg, Hans, Die ontologische Distanz. Eine Untersuchung zur Krisis der philosophischen Grundlagen der Neuzeit, Berlin 2022.

Boas, Franz, Limitations of the Comparative Method of Anthropology, New York 1896.

Böckenförde, Ernst-Wolfgang, Die historische Rechtsschule und das Problem der Geschichtlichkeit des Rechts, in: Staat, Gesellschaft Freiheit. Studien zu Rechtsphilosophie, Staatstheorie und Verfassungsgeschichte, Frankfurt a.M. 1991, S. 9.

Boes Tobias, Formative Fictions. Nationalism, Cosmopolitism, and the Bildungsroman, Ithaca 2012.

Böhm, Franz, Das Reichsgericht und die Kartelle, ORDO 1 (1948), 197.

Bontems, Vincent, Encyclopédisme et crise de la culture, Rev. Phil. de la France et de l'Etranger 131 (2006), 311.

Bosvieux-Onyekwelu, *Charles,* Le droit, science et pratique: Etat des lieux de l'épistemologie juridique en France, Zilsel 2018 (Nr. 4), 231.

Bosvieux-Onyekwelu, Charles, Croire en l'Etat. Une genèse de l'idée de service public, Paris 2020.

Boucheron, Patrick, Ce que la littérature comprend de l'histoire, in: Sciences Humaines 2010, Nr. 218, 17.

Boucheron, Patrick, Ce que peut l'histoire, Paris 2020.

Bourdieu, Pierre, La force du droit. Eléments pour une sociologie du champs juridique, Actes de la recherche en sciences sociales No. 64 (1986), 3.

Boureau, Alain, La religion de l'Etat. La construction de la République étatique dans le discours théologique de l'Occident médiéval (1250–1350), Paris 2006.

Bouveresse, Jacques, »Le philosophe et le réel«. Entretiens avec Jean-Jacques Rosat, Paris 1998.

Boym, Svetlana, Another freedom. The Alternative History of an Idea, Chicago 2012.

Brandom, Robert A., A Hegelian Model of Legal Concept Determination, 2013, S. 30; https://sites.pitt.edu/~rg/Texts/A_Hegelian_Model_of_Legal_Concept_Determ.pdf.

Brandom, Robert A., Reason in Philosophy. Animating Ideas, Cambridge, Mass. 2013.

Brandom, Robert A., On the Way to a Pragmatist Theory of Concepts, https://www.academia.edu/27545959/On_the_Way_to_a_Pragmatist_Theory_of_the_Categories

Brandom, Robert A., A Spirit of Trust. A Reading of Hegel's Phenomenology, Cambridge, Mass. 2019.

Braun, Johann, »Schwan und Gans«: Zur Geschichte des Zerwürfnisses zwischen Friedrich Carl von Savigny und Eduard Gans, JZ 1979, 769.

Brewer, John, The Pleasures of Imagination. English Culture in the Eighteenth Century, Abingdon/New York 2013.

Brewer, John/John Styles, Introduction, in: dies. (Hrsg.), An Ungovernable People? The English and Their Law in the Seventeenth and Eighteenth Century, London 1980, S. 11.

Brie, Siegfried, Der Volksgeist bei Hegel und in der Historischen Rechtsschule, Berlin/Leipzig 1909.

Britton-Purdy, Jedediah et al., Building a Law-and-Political-Economy-Framework, Yale Law Journal 129 (2020), 1784.

Britton-Purdy, Jedediah, The Constitutional Flaw That's Killing American Democracy, The Atlantic Aug. 2022 – https://www.theatlantic.com/ideas/archive/2022/08/framers-constitution-democracy/671155/

Brooks, Christopher, A Law Abiding and Litigious Society, in: John Morrill (Hrsg.), The Oxford Illustrated History of Tudor and Stuart Britain, Oxford 1996, S. 139.

Brooks, Christopher, Litigation, Participation, and Agency in Seventeenth and Eighteenth Century England, Woodbridge 2005.

Brudner, Alan, The Unity of the Common Law. Studies in Hegelian Jurisprudence, Berkeley u. a. 1995 – https://publishing.cdlib.org/ucpressebooks/view?docId=ft896nb5j9&brand=ucpress

Bürge, Alfons, Das französische Privatrecht im 19. Jahrhundert zwischen Tradition und Pandektenwissenschaft, Liberalismus und Etatismus, 2. Aufl., Frankfurt a.M. 1995.

Button, Mark E., Contract, Culture, and Civilization. Transformative Liberalism from Locke to Rawls, University Park 2008.

Bynum, Caroline Walker, Did the Twelfth Century Discover the Individual?, Journal of Ecclesiastical History 31 (1980), 1.

Calin, Rodolphe, La subjectivation du sujet par la connaissance scientifique chez Bachelard, in: Olivier Tinland/ders., La subjectivation du sujet. Etudes sur les modalités du rapport à soi-même, Paris 2017, S. 97.

Canguilhem, Georges, La connaissance de la vie, Paris 2003.

Carbasse, Jean-Marie, Histoire du droit, Paris 2021.

Cardozo, Benjamin, The Nature of the Judicial Process (1921), Neudruck: Mineola, N. Y. 2014.

Chabot, Pascal, The Philosophy of Simondon, London u.a. 2003.

Charmont, Joseph, La socialisation du droit (Leçon d'introduction d'un cours de droit civil), Revue de métaphysique et de morale 11 (1903), 380.

Chevalier, Jean-Marie et al. (Hrsg.), L'idée de service public est-elle encore soutenable?, Paris 2000.

Citton, Yves, Lire, interpréter, actualiser. Pourquoi les études littéraires?, Paris 2017.

Clam, Jean, Was heißt, sich an Differenz statt an Identität orientieren?, Konstanz 2002.

Cleary, Mary Kate, »But is it Art?«. Constantin Brancusi v. the United States, Inside/Out v. 24.7.2014, https://www.moma.org/explore/inside_out/2014/07/24/but-is-it-art-constantin-brancusi-vs-the-united-states/

Cochin, Augustin, La crise de l'histoire révolutionnaire: Taine et M. Aulard (1909), Paris (Neudruck) 2007.

Cohen, Irun, Updating Darwin: Information and Entropy Drive Evolution of Life, PMC/PubMedGov 2016 – https://pubmed.ncbi.nlm.nih.gov/28105315/.

Cohen, Julie E., What Privacy Is For, Harvard Law Review 126 (2013), 1904.

Coing, Helmut, Savigny und die deutsche Privatrechtswissenschaft, Ius Commune 10 (1979), 10.

Coing, Helmut, German »Pandektistik« and its Relationship to Ius Commune AJCL 37 (1989), 9.

Colin, Robert C., La violence nihiliste, Topique 2007 (Nr. 99), 139.

Collin, Peter, Privat-staatliche Regulierungsstrukturen im frühen Industrie- und Sozialstaat, Berlin/Boston 2016.

Colman, Daniel H., De la Révolution à la Raison. Les sciences morales et politiques dans la Révolution thermidorienne, in: Laurence Kaufmann/Jacques Guihaumou (Hrsg.), L'invention de la société. Nominalisme et science politique au XVIIIe siècle, Paris 2003, S. 165.

Condé, Michel, La genèse social de l'individualisme romantique. Esquisse historique de l'évolution du roman en France du dix-huitième au dix-neuvième siecle, Paris 1986.

Condorcet, Jean-Antoine-Nicolas Caritat de, Esquisse d'un tableau historique des progrès de l'esprit humain, Paris 1933.

Coreth, Emerich, Das absolute Wissen bei Hegel, Zeitschrift für katholische Theologie 105 (1983), 389.

Corsi, Giancarlo, Sistemi che apprendono. Studio sull'idea della riforma nel sistema dell'educazione, Lecce 1998.
Corwin, E., The Extension of Judicial Review in New York. 1795–1905, Michigan Law Rev. 15 (1917), 281.
Costa, Pietro, Histoire, théorie et histoire de théories, in: Carlos Miguel Herrera (Hrsg.), Comment écrit-on l'histoire constitutionnelle?, Paris 2012, S. 19.
Courtillé, Juliette, Hilary Putnam et la critique de la dichotomie fait-valeur, Le Philosophoire 2022, Nr. 57, 85.
Cover, Robert, Foreword. The Supreme Court Term 1982, Harvard Law Review 97 (1983), 1.
Danino, Philippe, Spinoza: La philosophie par la rencontre, Arch. de Phil. 81 (2018), 83.
Darnton, Robert, Poesie und Polizei: Öffentliche Meinung und Kommunikationsnetzwerke im Paris des 18. Jahrhunderts, Frankfurt a.M. 2002.
Darnton, Robert, The Great Cat Massacre: And Other Episodes in French Cultural History, New York 2009
Daston, Lorraine, Classical Probability in the Enlightenment, Princeton 1988.
Daston, Lorraine, Rules. A Short History of What We Live By, Princeton 2022.
Dawson, Richard, Connecting the Common-Law Mind and Sovereignty Talk, with Shakespeare's Richard II as an Analogical Source, Canterbury Law Rev. 15 (2009), 237.
Dean, Mitchell/Daniel Zamora, The Last Man Takes LSD. Foucault and the End of Revolution, London/New York 2021.
Debaise, Didier, Qu'est-ce qu'une pensée relationnelle?, Multitude 2004 Nr. 18, 15.
Debaise, Didier, Nature et abstraction des formes multiples de l'expérience selon Whitehead, Archives de Philosophie 2023 (86), 33
Delacroix, François/Christian Dosse/Patrick Garcia, Les courants historique en France. 19e et 20e siècle, Paris 2005.
DeLanda, Manuel, A New Philosophy of Society: Assemblage Theory and Social Complexity, Edinburgh 2006.
Delaunay, Bernard, La pensée technique de l'Académie Royale, Diss. Paris I, Sorbonne, 2013.
Deleuze, Gilles, Différence et répétition, Paris 1968.
Deleuze, Gilles/Félix Guattari, Mille Plateaux. Capitalisme et schizophrénie 2, Paris 1998.
Deleuze, Gilles/Félix Guattari, Qu'est-ce que la philosophie?, Paris 2019.
Demandt, Alexander, Ranke unter den Weltweisen, Vortrag Humboldt Universität am 14.12.1995 – https://edoc.hu-berlin.de/bitstream/handle/18452/2262/Demandt.pdf?sequence=4
Dernburg, Heinrich, Lehrbuch der Pandekten, Band 1, 5. Aufl., Berlin 1896.
DeRoo, Neal, The Political Logic of Experience. Expression in Phenomenology, New York 2022.

Descombes, Vincent, Les institutions du sens, Paris 1996.
Descombes, Vincent, Le contrat social de Jürgen Habermas, Le Débat 1999, Nr. 104, 35.
Descombes, Vincent, Le complément de sujet. Enquête sur le fait d'agir de soi-même, Paris 2004.
Dewey, John, Reconstruction in Philosophy, New York 1920.
Diano, Carlo, Forme et événement. Principes pour une interprétation du monde grec, (1952), Combas 1994.
Dicey, Albert Venn, Lectures on the Relation Between Law and Public Opinion during the 19th Century, Ausgabe: o.O. 1918.
Dienst, Karl, Mystik im Protestantismus, Journal of Religious Culture Nr. 37 (2000), 1.
Dolin, Kieran, Fiction and the Law. Legal Discourse in Victorian and Modernist Literature, Cambridge 1999.
Dolin, Kieran, A Critical Introduction to Law and Literature, Cambridge 2011.
Domeratzky, Louis, Cartels and the Business Crisis, Foreign Affairs 1931, Okt., 33.
Douglas, Mary, Wie Institutionen denken, Frankfurt a.M. 1991.
Duby, Georges, Art et société au Moyen Âge, Paris 1997.
Ducos, Michèle, Les Romains et la loi. Recherches sur les rapports de la philosophie grecque et de la tradition romaine à la fin de la république, Paris 1984.
Duguit, Léon, L'Etat, le droit objectif et la loi positive, Paris 1901.
Duguit, Léon, Le droit social, le droit individuel et la transformation de l'Etat, Paris 1908.
Dulckeit, Gerhard, Philosophie der Rechtsgeschichte. Die Grundgestalten des Rechtsbegriffs in seiner historischen Entwicklung, Heidelberg 1950.
Durkheim, Emile, La division du travail social, Paris 1960.
Durkheim, Emile, »Deutschland über alles«, in: Marie Rotkopf/ders., »Deutschland über alles«. Die deutsche Mentalität und der Krieg, Berlin 2023.
Duve, Thomas, Rechtsgeschichte als Geschichte von Normativitätswissen, RG 29 (2021), 29.
Ebel, Friedrich, Savigny officialis, Berlin 1987.
Ehrlich, Eugen, Soziologie und Jurisprudenz, Czernowitz 1906.
Ehrlich, Eugen, Die Gesellschaft, der Staat und ihre Ordnung, ZfRSoz 1992, 3.
Ehrlich, Eugen, Grundlegung der Soziologie des Rechts (1913), München/Leipzig, Neudruck 2018.
Elias, Norbert, Studien über die Deutschen. Machtkämpfe und Habitusentwicklung im 19. und 20. Jahrhundert, Frankfurt a. M. 1992.
Endemann, Friedrich, Lehrbuch des bürgerlichen Rechts, Band 1, 6. Aufl., unveränd. Abdruck der 5. Aufl., Berlin 1899.
Enneccerus, Ludwig, Friedrich Carl v. Savigny und die Richtung der neueren Rechtswissenschaft, Marburg 1879.

Ensthaler, Jürgen/Duygu Üge, »Wem gehören die Maschinendaten?«, FAZ Nr. 206, v. 8.9.2022, 18,

Escudier, Alexandre, De Chladenius à Droysen. Théorie et méthodologie de l'histoire de langue allemande, (1750–1860), Annales 58 (2003), 743.

Escudier, Alexandre, Des sciences de l'Etat à la synthèse culturelle (1760–1922). Histoire universelle, Philosophie de l'histoire et philosophie politique en Allemagne, in: ders./Laurent Martin (Hrsg.), Histoires universelles et philosophies de l'histoire, Paris 2015, S. 79.

Esposito, Roberto, Institution und Biopolitik, Zürich 2022.

Eucken, Walter, Das ordnungspolitische Problem, ordo 1 (1948), 56.

David J. Evans, The Political and Social Theory of Flexibility, Ph D. Thesis University of Warwick 1995.

Fabbro, Olivier del, Philosophieren mit Objekten. Gilbert Simondons prozessuale Individuationsontologie, Frankfurt a.M./New York 2021.

Falk, Ulrich, Ein Gelehrter wie Windscheid. Erkundungen auf den Feldern der sog. Begriffsjurisprudenz, Frankfurt a.M. 1989.

Ulrich Falk, Der Gipfel der Pandektistik. Windscheid, Jhering und die Begriffsjurisprudenz, in: Joachim Lege (Hrsg.), Greifswald – Spiegel der deutschen Rechtswissenschaft 1815–1945, Tübingen 2009, S. 129.

Fasula, Pierre/Sandra Laugier, Présentation, in: dies. (Hrsg.), Concepts de l'ordinaire, Paris 2021, S. 5.

Faure, Alain, L'industriel et le politique. Qui a peur de l'industrie à Paris au XIXe siècle?, Revue d'histoire moderne et contemporaine 2018 (Nr. 65), 29.

Feld, Ina vom, Kontrollierte Staatsentlastung im Technikrecht. Dampfkesselgesetzgebung und -überwachung in Preußen. 1831–1914, Frankfurt a.M. 2007.

Ferrari, Emiliano, Les *essais* du jugement. Remarques sur l'expérience intellectuelle chez Montaigne, in: Isabelle Fellner/Christina Schaefer (Hrsg.), Facetten der experientia. Zum Rekurs auf Erfahrung und Erfahrungswissen in der Romania, Wiesbaden 2022, 39.

Fichte, Johann Gottlieb, Sämtliche Werke, III. Band, Zweite Abteilung, Berlin 1845.

Fischer-Lescano, Andreas, Kritik der praktischen Konkordanz, KJ 2008, 166.

Fischer Lescano, Andreas, Postmoderne Rechtstheorie als kritische Theorie, DZPhil 61 (2013), 179.

Fleck, Ludwik, Entstehung und Entwicklung einer wissenschaftlichen Tatsache. Einführung in die Lehre vom Denkstil und Denkkollektiv (1935), Frankfurt a.M. 1980.

Fögen, Marietheres, Römische Rechtsgeschichten, 2. Aufl., Göttingen 2003.

Förster, Eckart, Eine systematische Rekonstruktion?, in: Johannes Haag/Markus Wild (Hrsg.), Übergänge – diskursiv oder intuitiv? Essays zu Eckart Försters »Die 25 Jahre der Philosophie«, Frankfurt a.M. 2013, 362

Förster, Eckart, Die 25 Jahre der Philosophie, 3. Aufl., Frankfurt a.M. 2018.

Foucault, Michel, La culture de soi (1983), in : Qu'est-ce que la critique?, suivi de: La culture de soi, Paris 2015.
Foucault, Michel, Surveiller et punir. Naissance de la prison, Paris 1975.
Foucault, Michel, Archäologie des Wissens, Frankfurt a.M. 1986.
Foucault, Michel, L'archéologie du savoir (1969), Paris 2008.
Foulkes, Albert S., On the German Free Law School (Freirechtsschule), ARSP 55 (1969), 367.
Frenkel Paul, Ellen, Freedom of Contract and the »political Economy« of Lochner v. New York, Journal of Law and History 1 (2005), 515.
Fressoz, Jean-Baptiste, Payer pour polluer. L'industrie chimique et la compensation des dommages environnementaux, 1800–1850, Histoire et mesure XXVIII (2013), 145.
Freud, Sigmund, Erinnern, Wiederholen und Durcharbeiten (1914), GW X, Frankfurt a.M. 1946, S. 126.
Freud, Sigmund, Das Unbehagen in der Kultur, in: Studienausgabe Bd. IX: Fragen der Gesellschaft und Ursprünge der Religion, Frankfurt am Main 1974, S. 191.
Freyer, Tony, Legal Restraints on Economic Good. Antitrust in Great Britain and America. 1880–1920, in: Naomi R. Lamoreux/Daniel M. G. Raff (Hrsg.), Coordination and Information: Historical Perspectives on the Organization of Enterprise, Chicago 1995, S. 183.
Friedel, Robert, A Culture of Improvement. Technology and the Western Millennium, Cambridge, Mass. 2007.
Friedman, Lawrence M., Civil Wrongs: Personal Injury Law in the Late 19th Century, American Bar Foundation Research Law Journal 12 (1987), 351.
Friedman, Lawrence M., Law in America. A Short History, New York 2002.
Frye, Northrop, Literature and the Law, Law Society of Upper Canada Gazette 4 (1970), 70.
Fuchs, Ernst, Jhering und die Freirechtsbewegung. (Glossen zu Jherings 100. Geburtstag), Arch. f. Rechts- und Wirtschaftsphilosophie 12 (1918), 10.
Furet, François, Penser la Révolution française, Paris 1978.
Furet, François, La Révolution française, Paris 2007.
Gallas, Helga, Das Textbegehren des Michael Kohlhaas. Die Sprache des Unbewussten und der Sinn der Literatur, 2. Aufl., Reinbek 1981.
Gans, Eduard, Über römisches Obligationenrecht, Heidelberg 1819.
Garrigues, Jean/Philippe Lacombrade, La France au XIXe siècle. 1814–1914, 4. Aufl., Paris 2019.
Gassen, Kurt/Michael Landmann, Anfang einer unvollendeten Selbstdarstellung, in: Buch des Dankes an Georg Simmel zu seinem 100. Geburtstag am 1. März 1958, Briefe, Erinnerungen, Bibliographie, hg. v. dens., Berlin 1993, S. 9.
Gearhart, Suzanne, The Open Boundary of History and Fiction: A Critical Approach to the French Enlightenment, Princeton 1984.
Gearhart, Suzanne, Reading *De l'esprit des lois,* Yale French Studies 59 (1980), 175.
Geertz, Clifford, The Interpretation of Culture, 3. Aufl., New York 2017.

Geng, Penelope, Communal Justice in Shakespeare's England. Drama, Law, and Emotion, Toronto 2021.

Gephart, Werner, Recht als Kultur, Frankfurt a.M. 2006.

Gerber, Carl Friedrich Wilhelm v., Grundzüge des deutschen Staatsrechts, 3. Aufl.,Leipzig 1880.

Gerber, Carl Friedrich Wilhelm v., System des deutschen Privatrechts, 17. Auflage, Jena 1895.

Gerber, David J., Idea Systems in Law: Nineteenth Century German Experience, Law and History Rev. 10
(1992), 153.

Geulen, Eva /Claude Haas, Das Ganze als Prozess. Einleitung, in: dies. (Hrsg.), Formen des Ganzen, Göttingen 2022, S. 267.

Geulen, Eva, Serialization in Goethe's Morphology, Compar(a)ison. International Journal of Comparative Literature 2 (2008), 53.

Geuss, Raymond, Who Needs a World View?, Cambridge, Mass. 2020.

Geuss, Raymond, Nicht wie ein Liberaler denken, Berlin 2023.

Geyer, Stefan, Code Civil – Allgemeiner Teil? Zur pandektenwissenschaftlichen Umdeutung des Code Civil in Deutschland, forum historiae iuris – 30.6.2005: https://forhistiur.net/2005-06-geyer/?l=de

Giddens, Anthony, The Consequences of Modernity, Stanford 1990.

Gierke, Otto von, Deutsches Privatrecht, Bd. 1: Allgemeiner Teil und Personenrecht, Leipzig u.a. 1895.

Gigante, Denise, Life. Organic Form and Romanticism, New Haven 2014.

Gispen, Kees, Der gefesselte Prometheus: Die Ingenieure in Großbritannien und in den Vereinigten Staaten. 1750–2945, Wien/München 2006, 128.

Gnaeus Flavius (d.i. Hermann Kantorowicz), Der Kampf um die Rechtswissenschaft (1906), in: Hermann Kantorowicz, Rechtswissenschaft und Soziologie. Ausgewählte Schriften zur Wissenschaftslehre, Heidelberg 1962, S. 13.

Godin, Benoît, Innovation, Diffusion, and Linear Models of Innovation: The Contribution of Anthropology – A Conceptual Framework, Journal of Innovation Economics 2014, 11.

Godley, Andrew/Mark Casson, History of Entrepreneurship: Britain, 1900–2000, in: David S. Landes et al. (Hrsg.), The Invention of Enterprise, Entrepreneurship from Ancient Mesopatamia to Modern Times, Princeton 2010, S. 243.

Goethe, Johann Wolfgang v., Maximen und Reflexionen. Aphorismen und Aufzeichnungen, hg. von Max Hecker, Weimar 1907.

Goethe, Johann Wolfgang v., Werke, Hamburger Ausgabe, München 1981, Band 13.

Goethe, Johann Wolfgang v., Sämtliche Werke, Band 24: Schriften zur Morphologie, Berlin 1987.

Goldstone, Jack, Revolutions. A Very Short History, Oxford 2014.

Goodlad, Lauren M. E., Liberalism and Literature, in: Juliet John (Hrsg.), The Oxford Handbook of Victorian Literary Culture, Oxford 2016, S. 103.

Grimm, Dieter, Verfassung und Privatrecht im 19. Jahrhundert, Tübingen 2017.

Grimm, Jacob, Von der Poesie im Recht, in: Kleinere Schriften, Bd. 6, Berlin 1882, 154.

Grondin, Jean, La solution de Dilthey au problème du relativisme historique, Revue Internationale de Philosophie 2003, Nr. 226, 467.

Guilhaumou, Jacques, Sieyès et la métaphysique allemande, Annales historique de la révolution française 1999 (Nr. 317), 513.

Guilhaumou, Jacques, L'avènement de la ›métaphysique politique‹. Sieyès et le nominalisme politique in: ders./Laurence Kaufmann, L'invention de la société. Nominalisme politique et science sociale au 18e siècle, Paris 2003.

Guilhaumou, Jacques, À propos de Sieyès, les idéologues et la grammaire générale – https://www.geisteswissenschaften.fu-berlin.de/v/grammaire_generale/Actes_du_colloque/Textes/Guilhaumou/Jacques_Guilhaumou.pdf

Guilhaumou, Jacques, Sieyès et le moi. De la dignité sociale à la duperie mondaine, in: A. Giovannoni (Hrsg.), Les figures de la duperie de soi, Paris 2001, S. 43.

Guilhaumou, Jacques, Sieyès et l'ordre de la langue, Paris 2002.

Guillerme, Jacques/Jan Sebestik, Les commencements de la technologie, Thalès 1966, wiederveröffentlicht in: Documents pour l'histoire des techniques, 2007 (14) S. 49.

Güngoren Bulgan, Birden, Die Beziehung zwischen Bildung und Verfassung bei Hegel, Hegel-Jahrbuch 2014, 214.

Habermas, Jürgen, Strukturwandel der Öffentlichkeit. Untersuchungen zu einer Kategorie der bürgerlichen Gesellschaft, 1. Aufl., Neuwied 1962.

Habermas, Jürgen, Die Moderne – ein unvollendetes Projekt, Leipzig 1994.

Hacking, Ian, The Taming of Chance, Cambridge 1990.

Hadley, Elaine, Living Liberalism: Practical Citizenship in Mid-Victorian Britain, Chicago 2010.

Haferkamp, Hans-Peter, Recht als System bei G. F. Puchta, Forum Historiae Iuris v. 19.11.2003.

Haferkamp, Hans-Peter, Georg Friedrich Puchta und die Begriffsjurisprudenz, Frankfurt a.M. 2004.

Haferkamp, Hans-Peter, Stichwort: Begriffsjurisprudenz. Enzyklopädie der Neuzeit online, 2005

Haferkamp, Hans-Peter, Die Bedeutung der Willensfreiheit für die Historische Rechtsschule, in: Ernst-Joachim Lampe/Michael Pauen/Gerhard Roth (Hrsg.), Willensfreiheit und rechtliche Ordnung, Frankfurt a.M. 2008, S. 196.

Haferkamp, Hans-Peter, Die historische Rechtsschule, Frankfurt a.M. 2017.

Haferkamp, Hans-Peter, Die Funktion des ›Volksgeistes‹ in der Historischen Rechtsschule, in: Antje Arnold/Walter Pape (Hrsg.), Romantik und Recht, Berlin/Boston 2018, S. 3.

Haferkamp, Hans-Peter/Tilman Repgen (Hrsg.), Wie pandektistisch war die Pandektistik? Symposium aus Anlass des 80. Geburtstags von Klaus Luig am 11.9.2015, Tübingen 2018.

Haferkamp, Hans-Peter/Tilman Repgen, Wie pandektistisch war die Pandektistik? Einleitung, in: dies. (Hrsg.), Symposium aus Anlass des 80. Geburtstags von Klaus Luig am 11.9.2015, Tübingen 2018, S. 1.

Hakim, Nader, De l'esprit de la méthode des civilistes de la seconde moitié du XIXe siècle. L'exemplariété de Claude Bufnoir, Droits 2008, Nr. 47, 45.

Hale, Dorothy J., The Novel and the New Ethics, Stanford, Cal. 2020.

Halpérin, Jean-Louis, L'impossible Code Civil, Paris 1992.

Halpérin, Jean-Louis, Le droit privé de la Révolution. Héritage législatif et héritage idéologique, Annales historiques de la Révolution française 2002, Nr. 328, 135.

Hamburger, Philip A., The Development of the Nineteenth Century Consensus Theory of Contract, Law and History 7 (1989), 241.

Hampe, Michael, Eine kleine Geschichte des Naturgesetzbegriffs, Frankfurt a.M. 2007.

Hansen, Volkmar, Die Kritik der Modernität bei Thomas Mann, Thomas Mann-Jahrbuch 1991, 145.

Harris Sacks, David, The Promise and the Contract in Early Modern England: Slade's Case in Perspective, in: Victoria Kahn/Lorna Hutson (Hrsg.), Rhetoric and Law in Early Modern Europe, New Haven 2001, S. 28.

Harris, Ron, Industrializing English Law. 1720–1844, Cambridge 2000.

Hart, H. L. A.,The Concept of Law, 3. Aufl., Oxford 2012.

Hartog, François, Régimes d'Historicité. Présence et expérience du temps, Paris 2012.

Hartog, François, Croire en l'histoire, Paris 2013.

Harum, Peter, Von der Entstehung des Rechts, Innsbruck 1863.

Hattam, Victoria C., Labor Visions and State Power. The Origin of Business Unionism in the United States, Princeton 1993.

Hauriou, Maurice, Précis de droit administratif, 4. Aufl. Paris 1900.

Hayek, Friedrich August von, Wahrer und falscher Individualismus, Ordo 1 (1948), 19.

Hazard, Geoffrey C., The Early Evolution of the Common Law Writs. A Sketch, American Journal of Legal History 6 (1962), 114.

Heaton, John M., Wittgenstein and Psychoanalysis, Cambridge 2000.

Heck, Philipp, Rechtsphilosophie und Interessenjurisprudenz, AcP 143 (1937), 129.

Hederer, Franz, Konfliktlösung in der Wirtschaft, in: Peter Collin (Hrsg.), Konfliktlösung im 19. und 20. Jahrhundert, Berlin, Boston 2021, S. 275.

Hegel, Georg Wilhelm Friedrich, Die Philosophie des Rechts. Die Mitschriften Wannenmann 1817/18 und Homeyer 1818/19, hg. v. Karl-Heinz Ilting, Stuttgart 1983.

Hegel, Georg Wilhelm Friedrich, Enzyklopädie der philosophischen Wissenschaften im Grundrisse. Die Wissenschaft der Logik, Werke 8, Frankfurt a.M. 1970.

Hegel, Georg Wilhelm Friedrich, Konzept der Rede beim Antritt des philosophischen Lehramtes an der Universität Berlin, in: Werke in 20 Bänden, Band 10:

Enzyklopädie der philosophischen Wissenschaften II, Frankfurt a.M. 1986, S. 399.

Hegel, Georg Wilhelm Friedrich, Die Wissenschaft der Logik 2, Gesammelte Werke Band 12, Hamburg 1981.

Hegel, Georg Wilhelm Friedrich, Phänomenologie des Geistes, Werke 3, Frankfurt a.M. 1986.

Hegel, Georg Wilhelm Friedrich, Gesammelte Werke, Band 26, 3: Vorlesungen über die Philosophie des Rechts. Nachschriften zu den Kollegien der Jahre 1824–1825 und 1831, Hamburg 2015.

Hegel, Georg Wilhelm Friedrich, Grundlinien der Philosophie des Rechts (1821), Hamburg 2017.

Heidegger, Martin, Brief über den Humanismus, GA 9, Wegmarken Frankfurt a.M.1976, S. 314.

Heidegger, Martin, Sein und Zeit, 17. Aufl., Tübingen 1993.

Heimes, Alexandra, Revisionen des Ganzen, Ernst Cassirer, Gilbert Simondon, in: Eva Axer/Eva Geulen/dies. (Hrsg.), Aus dem Leben der Form. Studien zum Nachleben von Goethes Morphologie in der Theoriebildung des 20. Jahrhunderts, Göttingen 2021, S. 107.

Hein, Jan von, Die Rezeption US-amerikanischen Gesellschaftsrechts, Tübingen 2007.

Heine, Heinrich, Zur Geschichte der Religion und Philosophie in Deutschland (1834/35), Stuttgart 1997.

Heinrich, Klaus, Versuch über die Schwierigkeit nein zu sagen, 5. Aufl., Freiburg/Wien 2020.

Held, Klaus, Husserls These von der Europäisierung der Menschheit, in: Christoph Jamme/Otto Pöggeler, Phänomenologie im Widerstreit, Frankfurt a.M. 1989, S. 13.

Herzog, Tamar, A Short History of European Law. The last Two and a Half Centuries, Cambridge, Mass. 2018.

High, Jeffrey L. et al., Literary and Philosophical Paradigms, Martlesham 2022.

Hofer, Sibylle, Freiheit ohne Grenzen? Privatrechtstheoretische Diskussion im 19. Jahrhundert, Tübingen 2020.

Hofstadter, Douglas/Emmanuel Sander, Die Analogie. Das Herz des Denkens, 4. Aufl., Stuttgart 2021.

Holmes, Oliver Wendell, The Common Law (1881), New York 1991.

Holmes, Oliver Wendell, The Collected Works of Justice Holmes, Band 1, Chicago 1995.

Holmes, Oliver Wendell, in: Louis Menand, The Metaphysical Club. A Story of Ideas in America, New York 2002.

Horak, Franz, Okko Behrends: Die Wissenschaftslehre im Zivilrecht des Q. Mucius Scaevola pontifex. Aldo Schiavone, Nascita della giurisprudenza. Cultura aristocratica e pensiero giuridico nella Roma tardorepubblicana, Zeitschrift der Savigny-Stiftung für Rechtsgeschichte, Romanistische Abteilung 95 (1978), 402.

Horwitz, Morton J.. The Historical Foundations of Modern Contract Law, Harvard Law Rev. 87 (1974), 917.

Horwitz, Morton J., The Transformation of American Law 1780–1860, Cambridge, MA 1977.

Horwitz, Morton, J., Santa Clara Revisited: The Development of Corporate Theory, West Virginia Law Review 88 (1986), 173.

Huggett, Nick/Carl Hoefer/James Read, Absolute and Relational Space and Motion: Post-Newtonian Theories, in: Stanford Encyclopedia of Philosophy, Stand 19.7.2021.

Hughes, Thomas P., L'histoire come systèmes en évolution, Annales 53 (1998), 839.

Hühn, Helmut, Epídosis eis hauto, Zur Morphologischen Geschichtsbetrachtung bei Johann Gustav Droysen, in: Jonas Maatsch (Hrsg.), Morphologie und Moderne. Goethes »anschauliches Denken« in den Geistes- und Kulturwissenschaften seit 1800, Berlin/Boston 2014, S. 111.

Hülser, Karlheinz, Römische Jurisprudenz und stoische Logik: Drei Beispiele stoischer Urtelskraft, Stuttgart 2021

Humboldt, Wilhelm v., Über die Verschiedenheit des menschlichen Sprachbaues. Über die Sprache, Berlin 1836.

Humfress, Caroline, Law and Custom Under Rome, in: Alice Rio (Hrsg.), Custom in the Middle Ages, London 2012, S. 23.

Hunt, E. K., The Importance of Thorstein Veblen for Contemporary Marxism, in: John Cunningham Wood (Hrsg.), Thorstein Veblen: Critical Assessments, Band 1, Abingdon 1993, S. 220.

Hutson, Lorna, Not the King's Two Bodies: Reading the »Body Politic« in Shakespeare's Henry IV, Parts 1 and 2, in: Victoria Kahn/Lorna Hutson (Hrsg.), Rhetoric and Law in Early Modern Europe, New Haven 2001, S. 166.

Ibrahim, Annie, Le matérialisme de Diderot: Formes et forces dans l'ordre des vivants, in: dies. (Hrsg.), Diderot et la question de la forme, Paris 1999, S. 87.

Hutson, Lorna, Introduction, in: dies. (Hrsg.) Oxford Handbook of English Law and Literature. 1500–1700, Oxford 2017, S. 1.

Ildefonse, Frédérique, Le multiple dans l'âme. L'intériorité comme problème, Paris 2022.

Imbert, Claude, Le cadastre des savoirs. Figures de la connaissance et prises de réel, in: Jean-Claude Passeron/ Jacques Revel (Hrsg.), Penser par cas. Raisonner à partir de particularités, Paris 2005, S. 255.

James, William, Pragmatism, A New Name for Some Old Ways of Thinking (1907), Cambridge, Mass. 1975.

Jameson, Fredric, The Vanishing Mediator: Narrative Structure in Max Weber, New German Critique 1 (1973), 52.

Jankélévitch, Vladimir, Henri Bergson, Paris 2015.

Jarrige, François/Thomas Le Roux, La contamination du monde. Une histoire des pollutions à l'âge industrielle, Paris 2017.

Jessenne, Jean-Pierre/Philippe Minard, La France moderne, Paris 1999.

Jhering, Rudolf v., Geist des römischen Rechts auf den verschiedenen Stufen seiner Entwicklung, Teil 1, Leipzig 1852.

Jhering, Rudolf v., Geist des römischen Rechts auf den verschiedenen Stufen seiner Entwicklung, Teil 2/Band 1, Leipzig 1854.

Jhering, Rudolf v., Geist des röm. Rechts auf den verschiedenen Stufen seiner Entwicklung, Teil 3, Bd. 1, Leipzig 1865.

Jhering, Rudolf v., Der Zweck im Recht 1, Leipzig 1872.

Jhering, Rudolf v., Der Kampf ums Recht (1874), Neudruck nach der 18. Aufl., 1913, hg. von Felix Ermacora, Berlin 1992.

Jhering, Rudolf v., Der Kampf ums Recht (1872), Ausgabe Frankfurt a.M. 2003.

Jhering, Rudolf v., Scherz und Ernst in der Jurisprudenz, eine Weihnachtsgabe für das juristische Pubikum, Leipzig 1884.

Joseph, M., Members Only: The Victorian Gentlemen's Club as a Space for Doing Business, Management and Organizational History 14 (2019), 123ff.

Journé, Benoît/Natalie Raulet-Croset, Le concept de situation: Contribution à l'analyse de l'activité managériale en contextes d'ambiguïté et d'incertitude, M@n@gement 11 (2008), 27.

Jung, Stefan, Die Form der Reform. Eine system- und formtheoretische Rekonstruktion der Verwaltungsreform als Beitrag zur Theorie der Reform, Marburg 2008.

Kablitz, Andreas, Metaphern und Metonymie, in: Heinrich Bosse/Ursula Renner (Hrsg.), Literaturwissenschaft. Einführung in ein Sprachspiel, Freiburg 1999, S. 139.

Kablitz, Andreas, Die Kunst des Möglichen. Theorie der Literatur, Freiburg 2012, S. 203.

Kablitz, Andreas, »Es ist nichts im Buche«, FAZ v. 5.4.2023, Nr. 81, Seite N 3.

Kähler, Lorenz, Pluralismus und Monismus in der normativen Rekonstruktion des Privatrechts, in: Michael Grünberger/Nils Jansen (Hrsg.), Privatrechtstheorie heute, Tübingen 2017, S. 118.

Kahn, Victoria, Romance and the Contract of Mimesis, Political Theory 29 (2001), 4.

Kahn, Victoria, The Future of Illusion. Political Theology and Early Modern Texts, Chicago 2014.

Kahn, Victoria, Wayward Contracts. The Crisis of Political Obligation, 1640–1674, Princeton 2016.

Kaiser, Gerhard/Friedrich Kittler, Einleitung: Dichtung als Sozialisationsspiel, in: dies. (Hrsg.) Dichtung als Sozialisationsspiel. Studien zu Goethe und Gottfried Keller, Göttingen 1978, S. 7.

Kanelopoulos, Charles, Travail et techniques chez les grecs. L'approche de J.-P. Vernant, Techniques et culture No 54/55 (2010), 335.

Kant, Immanuel, Über den Gemeinspruch: »Das mag in der Theorie richtig sein, taugt aber nicht für die Praxis«, in: Werke, Akademie-Ausgabe, Band VIII, Berlin 1968, S. 295.

Kantorowicz, Hermann, Some Rationalism About Realism, Yale LJ 43 (1934), 1240.

Kantorowicz, Hermann, Was ist uns Savigny?, Recht und Wirtschaft 1911, 47.
Kaplan, Robert D., The Coming Anarchy. Shattering the Dreams of the Post Cold War, New York 2000.
Karlauf, Thomas, Stefan George. Die Entdeckung des Charismas, 2. Aufl., München 2007.
Karsenti, Bruno, La place de Dieu. Religion et politique chz les modernes, Paris 2023
Kaser, Max, Mos maiorum und Gewohnheitsrecht, Zeitschrift der Savigny-Stiftung für Rechtsgeschichte – Romanistische Abteilung 59 (1939), 52.
Kaser, Max, Forschungen zum römischen Recht. Rechtsquellen und angewandte Juristenmethode, Wien u.a. 1986.
Kaufmann, Laurence, Aux sources de la sociologie. Science et politique de la »société« au XVIIe siècle, L'année sociologique 67 (2017), 333.
Kelley, Donald R., Human Measure: Social Thought in the Western Legal Tradition, Cambridge Mass. 2014
Kenny, David, The Human Pared Away: Hilary Mantel's Thomas Cromwell as an Archetype of Legal Pragmatism, Law and Literature 34 (2022), 109.
Kervégan, Jean-François, »Le droit du monde«, sujets, normes et institutions, in: ders. (Hrsg.), Hegel – penseur du droit, Paris 2004, S. 31.
Kervégan, Jean-François, Die Institutionalität der Sittlichkeit, in: Ino Augsberg et al. (Hrsg.), Rechtsphilosophie nach Hegel. 200 Jahre *Grundlinien der Philosophie des Rechts*, Paderborn 2024, S. 99.
Kiesow, Rainer Maria, L'unité du droit, Paris 2014.
Kilcher, Andreas B., Die Ursprünglichkeit des Sekundären: Gershom Scholems (kabbalistische) Theorie des Kommentars, in: Liliane Weissberg/ders. (Hrsg.), Nachträglich, grundlegend: Der Kommentar als Denkform der jüdischen Moderne von Hermann Cohen bis Jacques Derrida, Göttingen 2018, S. 64.
Kilcher, Andreas B., Die Sprachtheorie der Kabbala als ästhetisches Paradigma. Die Konstruktion einer ästhetischen Kabbala seit der frühen Neuzeit, Berlin/Heidelberg 1998.
Kilcher, Andreas B., Mathesis und Poiesis. Die Enzyklopädik der Literatur 1600–2000, Paderborn 2003
King, Charles, The Antiliberal Revolution. Reading the Philosophers of the New Right, Foreign Affairs Juli/Auguat 2023: https://www.foreignaffairs.com/reviews/antiliberal-revolution
Kinzel, Katharina, Method and Meaning: Ranke and Droysen on the Historian's Disciplinary Ethos, History and Theory (2020), 22.
Kittler, Friedrich A., Über die Sozialisation Wilhelm Meisters, in: Gerhard Kaiser/ders. (Hrsg.), Dichtung als Sozialisationsspiel. Studien zu Goethe und Gottfried Keller, Göttingen 1978, S. 13.
Kittler, Friedrich A., »Autorschaft und Liebe«, in: Austreibung des Geistes aus den Geisteswissenschaften, Programme des Poststrukturalismus, Paderborn 1980, S. 142
Klapheck, Elisa, Zur politischen Theologie des Judentums, Frankfurt 2022.
Klein, Rony, Lettre, corps, communauté, Paris 2018.

Klein, Rony, L'individu occidental face à l'inscription juive dans la famille, Pardès 2020 (Nr. 66), 151.

Klein, Ursula, Technoscience in History. Cambridge, Mass. 2020.

Klimrath, Henri, Etudes sur les coutumes, Paris 1837.

Kobe, Zdravko, Politik des Wissens bei Hegel, in: Ino Augsberg et al. (Hrsg.), Rechtsphilosophie nach Hegel. 200 Jahre Grundlinien der Philosophie des Rechts, Paderborn 2024, S. 83, 89.

König, Wolfgang, Corps und Ecoles. Die Ingenieure im französischen Spätabsolutismus und in der Revolution. 1750–1800, in: Walter Kaiser/ders. (Hrsg.), Geschichte des Ingenieurs. Ein Beruf in sechs Jahrtausenden, München 2006, S. 179.

Koganzon, Rita, Liberal States, Authoritarian Families. Childhood and Education in Early Modern Thought, Oxford 2021.

Kogge, Werner, Schrift und das Rätsel des Lebendigen. Die Entstehung des Begriffssystems in der Molekularbiologie zwischen 1880 und 1950, Preprint MPI Wissenschaftsgeschichte Nr. 409 (2010).

Kohns, Oliver, Friedrich Nietzsche in Bayreuth. Die Oper als Versprechen einer originalen Sprache, in: Harun Maye et al. (Hrsg.), Original/Ton. Zur Mediengeschichte des O-Tons, Konstanz 2007, S. 217.

Kojève, Alexandre, Introduction à la lecture de Hegel, Paris 1980.

Koschorke, Albrecht, Selbststeuerung. David Hartleys Assoziationstheorie, Adam Smiths Sympathielehre und die Dampfmaschine von James Watt, in: Inge Baxmann et al. (Hrsg.), Das Laokoon-Paradigma: Zeichenregime im 18. Jahrhundert, Berlin 2000, S. 179

Koschorke, Albrecht, Hegel und wir, Berlin 2015.

Koschorke, Albrecht et al., Der fiktive Staat. Konstruktionen des politischen Körpers in Europa, Frankfurt a.M. 2007.

Koselleck, Reinhart, Begriffsgeschichte, in: Begriffsgeschichten. Studien zur Semantik und Pragmatik der politischen und sozialen Sprache, Frankfurt a.M. 2010.

Krämer, Sybille, Was also ist eine Spur? Und worin besteht ihre epistemologische Rolle? Eine Bestandsaufnahme, in: dies./Werner Kogge/Gernot Grube (Hrsg.), Spur. Spurenlesen als Orientierungstechnik und Wissenskunst, Frankfurt a.M. 2007, S. 11.

Kraus, Hans-Christof, Begriff und Verständnis des ›Bürgers‹ bei Savigny, Zeitschrift der Savigny-Stiftung, Romanistische Abt. 110 (1993), 552.

Kreissl, Nikolaus, Das Rechtsphänomen bei Wilhelm Dilthey, Basel/Stuttgart 1970.

Krell, Maria, Die nackte Wahrheit, Spektrum v. 24.1.2021 – https://www.spektrum.de/news/geschichte-der-freikoerperkultur-die-nackte-wahrheit/1844980

Kroeber, Alfred L., Anthropology, New York 1923.

Krijnen, Christian, Hegels Rechtsphilosophie als spekulativer Idealismus, in: Ino Augsberg et al. (Hrsg.), Rechtsphilosophie nach Hegel. 200 Jahre *Grundlinien der Philosophie des Rechts*, Paderborn 2024, S. 15.

Krynen, Jacques, Le droit romain »droit commun de la France«, Droits 2003, Nr. 38, 1.

Kuhn, Thomas S., Die Struktur wissenschaftlicher Revolutionen, Frankfurt a.M. 1996.

Kuntze, Johannes Emil, Cursus des römischen Rechts, Band 1: Institutionen und Geschichte des römischen Rechts, Leipzig 1869.

Kuntze, Johannes Emil, Der Wendepunkt der Rechtswissenschaft: Ein Beitrag zur Orientierung über den gegenwärtigen Stand- und Zielpunkt derselben, Leipzig 1856.

Lacoue-Labarthe, Philippe/Jean-Luc Nancy, The Literary Absolute: The Theory of Literature in German Romanticism, Albany, NY 1978.

Ladeur, Karl-Heinz, Rechtssubjekt und Rechtsstruktur. Versuch über die Funktionsweise der Rechtssubjektivität, Gießen 1978.

Ladeur, Karl-Heinz, Risiko und Recht: Von der Rezeption der Erfahrung zum Prozeß der Modellierung, in: Bechmann, Gotthard (Hrsg.), Risiko und Gesellschaft: Grundlagen und Ergebnisse interdisziplinärer Forschung, 2. Aufl., Opladen 1995, S. 209.

Ladeur, Karl-Heinz, Dante and the Possibilities of the Law. The Epistemic Crisis of the Late Medieval, Vortrag im Rahmen des Workshops Dante's Political Modernities, Berlin ICI, 6.7.2019, Ms.

Ladeur, Karl-Heinz, »Begriffs- oder Interessenjurisprudenz – falsche Fronten im IPR und Wirtschaftsverfassungsrecht« – neu gelesen nach dem »practical turn« in der Wissenschaftsgeschichte, KJ 52 (2019), 503.

Ladeur, Karl-Heinz, »Rechte gegen Rechte«. Kann diese Konfrontation dem Prozessieren des Rechts gerecht werden?, in: Ino Augsberg et al. (Hrsg.), Recht auf Nicht-Recht. Rechtliche Reaktionen auf die Juridifizierung der Gesellschaft, Weilerswist 2020, S. 211.

Ladeur, Karl-Heinz, Verfassungsgerichtsbarkeit in der Krise?, Tübingen 2021.

Ladeur, Karl-Heinz, Global Administrative Law. A Transnational Perspective, in: Peer Zumbansen (Hrsg.), Oxford Handbook of Transnational Law, Oxford 2021, S. 157.

Ladeur, Karl-Heinz, Moses Mendelssohn und die Schrift des Gesetzes, in: Ursula Goldenbaum/Stephan Meder/Matthias Armgardt (Hrsg.), Moses Mendelssohns Rechtsphilosophie im Kontext, Hannover 2021, S. 235.

Ladeur, Karl-Heinz, »Legal Knowledge« in der Wissensgesellschaft, in: Ino Augsberg/Gunnar Folke Schuppert (Hrsg.), Wissen und Recht, Baden-Baden 2022, S. 117.

Ladeur, Karl-Heinz, Towards the Integration of Data Protection, Competition Policy, and Technological Innovation into a Regulatory Strategy for Platforms, Vortrag am Wissenschaftskolleg Berlin, 6.6.2022.

Ladeur, Karl-Heinz, What Does »Textuality of Law« Mean under Conditions of Postmodernism? What and How Can Secular Western Law »Learn« from Jewish Legal Thinking?, Trumah 26 (2023), 95.

Ladeur, Karl-Heinz/Thomas Vesting, Geistiges Eigentum im Netzwerk – Anforderungen und Entwicklungslinien, in: Martin Eifert/Wolfgang Hoffmann-Riem (Hrsg.), Innovationsrecht: Geistiges Eigentum und Innovation, Baden-Baden 2008, S. 123.

Lahusen, Benjamin, Alles Recht geht vom Volksgeist aus. Friedrich Carl von Savigny und die moderne Rechtswissenschaft, Berlin 2019.
Lake, Crystal B., How we Think and Write about Found Objects, Baltimore 2020.
Landau, Peter, Hegels Begründung des Vertragsrechts, ARSP 59 (1973), 117
Landmann, Robert von, Die Gewerbeordnung für das Deutsche Reich, 1. Aufl., Nördlingen 1884.
Landsberg, Ernst, Das Recht des Bürgerlichen Gesetzbuches v.18.6.1896, Hälfte 1, Berlin 1904.
Laugier, Sandra, Où se trouvent les règles?, Archives de Philosophie 64 (2001), 505.
Laugier, Sandra, L'expérience de la lecture et l'éducation de soi, in : Le sujet dans la cité Nr. 8, 2017, 39.
Laugier, Sandra, Eloge de l'ordinaire : Interview mit Philip Pettit, Paris 2021, S. 106.
Laugier, Sandra, La forme logique de la vie, Archives de Philosophie 85 (2023), 77.
Le Roux, Thomas/Charlotte de Sédouy, La fabrique de l'impunité industrielle, Revue itinérante d'enquête et de critique sociale, 2020 (Nr. 13), 66.
Legendre, Pierre, Leçons IV, Suite 2, Filiation, Paris 1970.
Legendre, Pierre, L'amour du censeur – Essai sur l'ordre dogmatique, Paris 1974.
Legendre, Pierre, La balafre. À la jeunesse désireuse..., Paris 2007.
Leroux, Pierre, Discours aux philosophes. De la situation actuelle de l'esprit humain (1831), Fassung von 1841: https://obtic.huma-num.fr/obvie//critique/compdoc.jsp?id=leroux_discours-aux-philosophes_001&refid=renan_vie-de-jesus_005.
Levine, Caroline, Forms: Whole, Rhythm. Hierarchy, Network, Princeton 2017.
Lightman, Bernard, Science and Culture, in: Francis O'Gorman (Hrsg.), The Cambridge Companion to Victorian Culture, Cambridge 2010, S. 12.
Livet, Pierre, Les diverses formes de raisonnement, in: Jean-Claude Passeron/Jacques Revel (Hrsg.), Penser par cas. Raisonner à partir de particularités, Paris 2005, S. 255.
Locke, John, An Essay Concerning Human Understanding, Oxford 1925.
Long, Marceau/Jean-Claude Monier, Portalis. L'esprit de justice, Paris 2017.
Lotter, Maria-Sybilla, Whitehead: Kritik der Gefühle, in: Hilge Landweer/Ursula Renz (Hrsg.), Handbuch: Klassische Emotionstheorien. Von Plato bis Wittgenstein, Berlin/New York 2012, S. 569.
Lowrie, Michèle, Sovereignty Before the Law: Agamben and the Roman Republic, Law and Humanities 1 (2007), 31.
Lowrie, Michèle, Cicero on Caesar or Exemplum and Inability in the *Brutus,* in: Alexander Ahrweiler/Melanie Möller (Hrsg.), Vom Selbstverständnis in Antike und Neuzeit. Notions of the Self in Antiquity and Beyond, Berlin 2008, S. 131.
Lowrie, Michèle, Writing, Performance, and Authority in Augustan Rome, Oxford 2009.

Lowrie, Michèle, Rom immer wieder gegründet, in: T. Döring et al. (Hrsg.), Übertragene Anfänge, Imperiale Figurationen, Paderborn 2010, S. 23.
Lowrie, Michèle, Roman Law and Latin Literature, in: Paul J. du Plessis et al. (Hrsg.), Oxford Handbook of Roman Law and Society, Oxford 2016, S. 70.
Lowrie, Michèle, The Force of Law, in: Ioannis Ziogas/Erica Bexley (Hrsg.), Roman Law and Latin Literature, London u.a. 2022, S. 20.
Lowrie, Michèle/Susanne Lüdemann (Hrsg.), Exemplarity and Singularity. Thinking Through Particulars in Philosophy, Literature, and Law, Abingdon 2015.
Lowrie, Michèle/Barbara Vinken, Civil War and the Collapse of the Social Bond, Cambridge 2022.
Lück, Christian, Die Deutschen und das Recht. Zur politischen Idee der Germanistik 1806–1848, Paderborn 2022.
Lüdemann, Susanne/Thomas Vesting (Hrsg.), Was heißt Deutung? Verhandlungen zwischen Recht, Philologie und Psychoanalyse, München 2017.
Ludin, Josef, Sehnsucht. Nostalgie, Libres Cahiers pour la Psychanalyse 2005, 113.
Ludin, Josef, La parole déjouée du langage à la langue, Carnet psy Nr. 145 (2015), 23.
Luhmann, Niklas, Soziale Systeme. Grundriß einer allgemeinen Theorie, Frankfurt a.M. 1984.
Luhmann, Niklas, Das Recht der Gesellschaft, Frankfurt a.M. 1993.
Luhmann, Niklas, Die Realität der Massenmedien, 2. Aufl., Opladen 1996.
Luhmann, Niklas, Die Paradoxie der Form, in: Dirk Baecker (Hrsg.), Probleme der Form, Frankfurt a. M. 1997, S. 197.
Luhmann, Niklas, Die Gesellschaft der Gesellschaft, Frankfurt a.M. 1998.
Lundmark, Thomas, Common law-Vereinbarungen – Wortreiche Verträge, RIW 2001, 187.
Lyotard, Jean-François, À l'insu, Le Genre Humain 1988 (Nr. 18), 37.
Lyotard, Jean-François, La condition postmoderne, Paris 1998.
Maaßen, Jessica M., »What is New?« Reading Kleist's *Michael Kohlhaas* (1810) as a Reflection of the Procedural Nature of Law, Law and Literature 34 (2022), 239.
Macé, Marielle, La lecture, la vie, Paris 2011.
Macherey, Pierre, De Canguilhem à Foucault : La force des normes, Paris 2009.
Madelrieux, Stéphane, Sur le pragmatisme de William James/Henri Bergson, Paris 2011.
Madelrieux, Stéphane, Lire James, relire Bergson, in: Frédéric Worms/Camille Riquier (Hrsg.), Lire Bergson, 2013.
Madelrieux, Stéphane, Philosophie des expériences radicales, Paris 2022.
Makkreel, Rudolf Adam, The Productive Force of History and Diltheys Formation of the historical World, Revue internationale de Philosophie 4 (2003), 495.
Malachuk, Daniel S., Perfection, the State, and Victorian Literature, Basingstoke 2005.

Malherbes, Chrétien-Guillaume de Lamoignon, Mémoires sur la librairie et sur la liberté de la presse (1809), Genf 1969.
Mallard, Grégoire/Jérôme Sgard, Contractual Knowledge: A Hundred Years of Legal Experimentation in Global Markets, Cambridge 2016.
Mann, Gunther, Stichwort »Neovitalismus«, Medizinhistorisches Journal 18 (1983), 376.
Mannheim, Karl, Soziologie der Intellektuellen. Schriften zur Kultursoziologie, Berlin 2022.
Marmasse, Guy, Force et fragilité des normes. Les principes de la philosophie de droit de Hegel, Paris 2019.
Martin, Jean-Clément, Nouvelle histoire de la Révolution française, Paris 2012.
Marty, Eric, Le sexe des modernes, Paris 2021.
Marx, Alexandra/Kai Maaz, Wie lassen sich Bildungsungleichheiten effektiv verringern? Ein Forschungsüberblick zu Schulentwicklung in herausfordernden Lagen, Die Deutsche Schule 115 (2023), 189.
Marx, Karl, Ökonomische Manuskripte (1857–1858), Einleitung, in: MEGA I, 1.1., S. 36.
Massard-Guilbaud, Geneviève, Histoire de la pollution industrielle, 1789–1914, Paris 2010.
Mautner, *Menachem,* Three Approaches to Law and Culture, Cornell Law Rev. 96 (2011), 839.
McLaughlin, Kevin, The Philology of Life. Walter Benjamin's Critical Program, New York 2023.
Meder, Stephan, Schuld, Zufall, Risiko. Untersuchungen struktureller Probleme staatlicher Zurechnung, Frankfurt a.M. 1993.
Meder, Stephan, Mißverstehen und Verstehen. Savignys Grundlegung der juristischen Hermeneutik, Tübingen 2004.
Meinecke, Friedrich, Die Entstehung des Historismus, 2. Aufl., München 1946.
Meisner Rosen, Christine, ›Knowing‹ Industrial Pollution: Nuisance and the Power of Tradition in a Time of Rapid Economic Change. 1840–1864, Environmental History 8 (2003), 556.
Mengue, Philippe, Deleuze ou le système du multiple, Paris 1994.
Ménissier, Thierry, Généalogie, Critique de la responsabilité morale et constitution de la subjectivité selon Nietzsche, Revue des sciences philosophiques et théologiques 94 (2010), 671.
Menke, Christoph, Die Möglichkeit eines anderen Rechts. Zur Auseinandersetzung mit Andreas Fischer-Lescano, DZPh 62 (2014), 136.
Menke, Christoph, Kritik der Rechte, Berlin 2015.
Menke, Christoph, Recht und Gewalt, erweiterte Neuauflage, Berlin 2018.
Menke, Christoph, Theorie der Befreiung, Berlin 2022.
Méthot, Pierre-Olivier, The Genealogy of Concepts and Experimental Practices. Rethinking Georges Canguilhem's Historical Epistemology, in: MPI für Wissenschaftsgeschichte Preprint 434 (2003).
Meuter, Günter, Der Katechon. Zu Carl Schmitts fundamentalistischer Kritik der Zeit, Berlin 1994.

Mey, Paul, Das sächsische Holzstoffkartell, D'Kart v. 2.8.2021 – https://www.d-kart.de/blog/2021/08/02/das-saechsische-holzstoffkartell/.
Meyer, Michel, Questionnement et historicité, Paris 2011.
Michelet, Jules, Cours au Collège de France (1838–1851), Band II, Paris 1995.
Miller, Andrew H., The Burdens of Perfection: On Ethics and Reading in Nineteenth Century British Literature, Ithaca NY 2010.
Miller, J. Hillis, Victorian Subjects, Durham NC 1991.
Miller, J. Hillis, Laying Down the Law in Literature: The Example of Kleist, Abingdon 1993.
Miller, Perry, The Life of Mind of America: From the Revolution to the Civil War, Boston 1965.
Mitteis, Heinrich, Die Geschichte der Rechtswissenschaft im Rahmen der allgemeinen Kulturgeschichte, JZ 1951, 673.
Mitteis, Heinrich, Vom Lebenswert der Rechtsgeschichte, Weimar 1947.
Modéer, Kjell Å., Abandoning the Nationalist Framework – Comparative Legal History, in: Heikki Pihlajamäki/Markus D. Dubber et al. (Hrsg.), Oxford Handbook of European Legal History, Oxford 2018, S. 100.
Moi, Toril, Revolution of the Ordinary, Chicago 2017.
Mokyr, Joel, The Lever of Riches. Technological Creativity and Economic Progress, Oxford 1992.
Mokyr, Joel, The Gifts of Athena. Historical Origins of the Knowledge Economy, Princeton/Oxford 2002.
Möller, Melanie, Rhetorik zur Einführung, Hamburg 2022.
Möllers, Christoph, Die Möglichkeit der Normen, Berlin 2018.
Mommsen, Theodor, Auch ein Wort über unser Judenthum, Berlin 1880.
Monateri, Pier Giuseppe, Early Roman Law and the West: A Reversal of Grounds, in: Heikki Pihlajamäki/Markus D. Dubber et al. (Hrsg.), Oxford Handbook of European Legal History, Oxford 2018, S. 162.
Monod, Jean-Claude, La mise en question du paradigme aristotélien – et ses limites, Arch. de Phil.79 (2007), 535.
Moreau, Pierre-François, Problèmes du Spinozisme, Paris 2006.
Moretti, Franco, The Way of the World: The Bildungsroman in European Culture, Brooklyn NY 2000.
Mosley, Stephen, Environmental History of Air Pollution and Protection, in: Mauro Agnoletti/Simone Neri Serneri (Hrsg.), Basic Environmental History, Cham u. a. 2014, S. 143.
Müller, Adam, Elemente der Staatskunst 1, Berlin 1809.
Müller, Michael W., Zeit in Gesetzen erfasst – G. W. F. Hegels Theorie der Kodifikation, Berlin 2022.
Müller, Stefanie, The Silence of the Soulless Corporation: Corporate Agency in James Fenimore Cooper's *The Bravo,* Corporate Agency, Law and Literature 2022, (34), 23.
Müller-Mall, Sabine, Verfassende Urteile. Eine Rechtstheorie, Berlin 2023.
Müller-Sievers, Helmut, Self-Generation. Biology, Philosophy and Literature around 1800, Stanford 1997, 6. *Müller-Sievers, Helmut,* The Science of

Literature. Essays on an Incalculable Difference, Berlin/München/Boston 2015.

Nancy, Jean-Luc, Être singulier pluriel, Paris 2013.

Nail, Thomas, What is an Assemblage?, SubStance 46 (2017), No. 142, 21.

Napoli, Paolo, Naissance de la police moderne, Paris 2003.

Narboux, Jean-Philippe, Ressemblance de famille, caractères, critères, in: Sandra Laugier (Hrsg.), Wittgenstein : métaphysique et jeux de langage, Paris 2001, S. 69.

Nemo, Philippe, Qu'estce que l' Occident, Paris 2004.

Nietzsche, Friedrich, Richard Wagner in Bayreuth, KSA, Band 1, hrsg. von Giorgio Colli/Mazzino Montinari, Berlin/Boston1988, S. 434.

Nikolakopoulos, Konstantin, Gesammelte orthodoxe theologische Schriften, Göttingen 2015.

Niort, François, Droit, idéologie et politique dans le Code Civil, Revue interdisciplinaire d'études juridiques 29 (1992), 85.

Nitschke, Claudia, Metaphorical Contracts and Games: Goethe's *Götz von Berlichingen* and Schiller's *Fiesco*, Law and Literature 34 (2022), 171.

Nörr, Knut Wolfgang, Die Leiden des Privatrechts, Tübingen 1994.

Novalis, Das allgemeine Brouillon. Materialien zur Enzyklopädistik 1798/1799, Hamburg 1993.

Novick, Sheldon M., Introduction in: Oliver Wendell Holmes, The Common Law (1881), New York 1991, S. IX.

Nyquist, Mary, Tyrannicide, Law and Sacrifice in *Julius Caesar*, English Literary History 89 (2022), 893.

Oakeshott, Michael, On History and Other Essays, Oxford 1983.

Oakeshott, Michael, Rationalism in Politics and other Essays, Indianapolis 1991.

Oertzen, Peter von, Die soziale Funktion des staatsrechtlichen Positivismus. Eine wissenssoziologische Studie über die Entstehung des formalistischen Positivismus in der deutschen Staatsrechtswissenschaft, Frankfurt a.M. 1974.

Ogorek, Regina, Privatautonomie und Justizkontrolle. Zur Rechtsprechung des Reichsoberhandelsgerichts, in:, Aufklärung über Justiz, Frankfurt a.M. 2008.

Oliner, Marion/Ulrike Stopfel, Das Leben ist kein Traum. Die Bedeutung des Realen, Psyche 65 (2011), 385..

Oliner, Marion, Die Psychoanalyse: Ein Zimmer ohne Aussicht?, Psyche 62 (2008), 1122.

Orr, Lucinda, Intimate Images – Subjectivity and History – Staël, Michelet et Tocqueville, in: Frank Ankersmit/Hans Kellner (Hrsg.), A New Philosophy of History, Chicago 1995, S. 89.

Ost, François, Penser par cas: La littérature comme laboratoire expérimental de la démarche juridique, Revue interdisciplinaire d'études juridiques 2014 (73), 99.

Ostritsch, Sebastian, Hegel. Der Weltphilosoph, 2. Aufl., Berlin 2020.

Otteson, James R., Adam Smith's Market Place of Life, Cambridge 2002.

Pasteur, Julien, Les héritiers contrariés. Essai sur le spirituel républicain au XIXe siècle, Paris 2018.

Pasteur, Julien, Michelet pédagogue. La citoyenneté ou la république des esprits, in: ders./Carole Widmaier (Hrsg.), L'éducation de la citoyenneté, Paris 2018, 103. https://books.openedition.org/pufc/11828?lang=de.

Pasteur, Julien, L'Education Sentimentale du peuple, Flaubert et la naissance du lyrisme démocratique, Le Télémaque 2021 (Nr. 59), 147.

Payne, Mark, On Being Vatic: Pindar, Pragmatism, and Historicism, Am. J. of Philology 127 (2006), 159.

Peirce, Charles S., Collected Papers of Charles Sanders Peirce 1931–58, Cambridge/Mass., 8 Bände.

Peirce, Charles S., Phänomen und Logik der Zeichen, Frankfurt a.M. 1983.

Petch, Simon, Legal, in: A Companion to Victorian Literature and Culture, hrsg. v. Herbert F. Tucker, Oxford/Malden 1999, S. 155.

Pettit, Philip, Made with Words: Hobbes on Language, Mind, and Politics, Princeton 2009.

Phillips, D. Z., Introduction, in: ders./Peter Winch (Hrsg.), Wittgenstein. Attention to Particulars, London 1989, S. 1.

Picciotto, Joanna, The Public Person and the Play of Facts, Representations 105 (2009), 85.

Picciotto, Joanne, Labors of Innocence in Early Modern England, Cambridge, Mass. 2010.

Picciotto, Joanna, Truth Telling, Mass Media, and the Poet's Office, English Literary History 87 (2020), 375.

Pilati, Wilma, Kojève, Hyppolite et Bourgeois. Trois voies de l'Hegelianisme, Etudes philosophiques 2022, Nr. 140, 89.

Pinkard, Terry, Hegel's Phenomenology. The Sociality of Reason, Cambridge 1996.

Pinkard, Terry, German Philosophy 1760–1860, Cambridge 2002.

Pinkard, Terry, Innen und Außen und Lebensform: Hegel und Wittgenstein, in: Christoph Halbig/Michael Quante/Ludwig Siep (Hrsg.), Hegels Erbe, Frankfurt a.M. 2004, S. 254.

Pinkard, Terry, Le pragmatisme fut-il le successeur de l'idéalisme ?, Philosophie 2008 (Nr. 99), 21.

Pippin, Robert B., Modernism as a Philosophical Problem. On the Dissatisfactions of European High Culture, 2. Aufl., Malden 1999.

Pippin, Robert B., Hegels Begriffslogik als Logik der Freiheit, Hegel-Studien 36 (2001), 97.

Pippin, Robert B., Hegel's Practical Philosophy. Rational Agency as Ethical Life, Cambridge 2008.

Pippin, Robert B., Nietzsche. Psychology, and First Philosophy, Chicago 2010.

Pippin, Robert B., What is »Conceptual Activity«, in: Joseph Schear (Hrsg.), Mind, Reason, and Being-in-the-World. The McDowell-Dreyfus Debate, Abingdon/New York 2013, S. 91.

Pippin, Robert B., Hegel, Freedom, the Will. The Philosophy of Right, §§ 1–33, in: Ludwig Siep (Hrsg.), G. W. F. Hegel: Grundlinien der Philosophie des Rechts, 4. Aufl., Berlin u.a. 2016, S. 23.

Pippin, Robert B., Die Aktualität des deutschen Idealismus, Berlin 2016.

Planty-Bonjour, Guy, L'esprit général d'une nation selon Montesquieu et le »Volksgeist« hégélien, in: Jacques d'Hondt (Hrsg.), Hegel et le siècle des Lumières, Paris 1974, S. 7.
Pistor, Katharina, Der Code des Kapitals. Wie das Recht Reichtum und Ungleichheit schafft, Berlin 2020
Pöggeler, Otto, Hegels Bildungskonzeption im geschichtlichen Zusammenhang, Hegel-Studien 15 (1980), 241.
Poirmeur, Yves/Alain Bernard, Présentation, in: dies. (Hrsg.), La doctrine juridique, Paris 1993, S. 6.
Polanyi, Michael, Personal Knowledge. Towards a Post-Critical Philosophy, London 1958.
Polanyi, Michael, The Tacit Dimension, New York 1967.
Poovey, Mary, Making a Social Body. British Cultural Formation 1830–1864, Chicago 1995.
Pornschlegel, Clemens, Allegorien des Unendlichen. Hyperchristen II, Wien 2017.
Portalis, Jean-Etienne-Marie, Discours préliminaire sur le Code Civil, 1er pluviôse an IX (20. Januar 1801), https://ledroitcriminel.fr/la_science_criminelle/penalistes/la_loi_penale/generalites/portalis_discours_code_civil.htm
Porter, James I., Disfigurations: Erich Auerbach's Theory of Figura, Critical Inquiry 44 (2017), 80.
Posner, Richard, Law, Pragmatism, and Democracy, Cambridge, Mass. 2005.
Posner, Richard, in: Interview: »I Don't Really Care What People Think«, Above the Law, 14.9.2017 – https://abovethelaw.com/2017/09/judge-posner-uncensored-i-dont-really-care-what-people-think/
Powell, T. R., Administrative Exercise of the Police Power, Harvard Law Review 24 (1911), 268.
Pravica, Sandra, Bachelards tentative Wissenschaftsphilosophie, Wien 2015.
Prouvez, Valentine, La mémoire »normative«: synthèse et réécriture du sens de l'expérience, Le Coq-Héron 2021, Nr. 246, 109.
Puchta, Georg Friedrich, Juristische Beobachtungen, in: Das Inland. Ein Tagblatt für das öffentliche Leben in Deutschland, unter vorzüglicher Rücksicht auf Bayern, I, 1829, 82.
Pulliero, Marino, Walter Benjamin: Le désir de l'authenticité, Encyclopaedia universalis, Boulogne-Billancourt 2013, 927.
Putnam, Hilary, Bowling Alone. The Collapse and Survival of American Community, New York 2000.
Pynson, Pascale, À propos de l'Education Sentimentale de Flaubert. Ecriture et réminiscence, L'Autre 4 (2003), 297.
Quante, Michael, ›Die Vernunft … unvernünftig aufgefaßt‹. Hegels Kritik der beobachtenden Vernunft, in: Johannes Kreuzer (Hrsg.), Hegels Aktualität. Über die Wirklichkeit der Vernunft in postmetaphysischen Zeiten. HegelForum Studien, München 2010, 35.
Quéré, Louis, La structure normative de la confiance, Réseaux 2001/4, Nr. 108, 125.
Rabban, David M., American Responses to German Legal Scholarship: From the Civil War to World War I, Comparative Legal History 1 (2013), 13.

Rabban, David M., American Legal Thought in Transatlantic Context, 1870–1914, Clio Themis Heft 9 (2015) – https://journals.openedition.org/cliothemis/1586

Ranke, Leopold, Geschichte der romanischen und germanischen Völker von 1494 bis 1535, Vorwort zu Teil 1, 1824.

Ranke, Leopold, Tagebuchdiktate Leopold von Rankes aus dem Jahre 1881, Hist. Zeitschrift 151 (1935), 332.

Rapp, Friedrich, Das Subjekt in Whiteheads kosmologischer Metaphysik, in: Helmut Holzhey/Alois Rust/ders., Natur, Subjektiviät, Gott. Zur Prozessphilosophie Alfred N. Whiteheads, Frankfurt a.M. 1990, S. 143.

Rastier, François, Actes et sciences du texte, Paris 2001.

Rategni, Matteo, Das Privateigentum im historischen Kontext. Eine Auslegung der Rolle vom Eigentumsrecht in der hegelschen Staatstheorie, in: Ino Augsberg et al. (Hrsg.), Rechtsphilosophie nach Hegel. 200 Jahre *Grundlinien der Philosophie des Rechts*, Paderborn 2024, S. 145.

Reckendrees, Alfred, Zur Funktion der Aktiengesellschaften in der frühen Industrialisierung, Jahrbuch für Wirtschaftsgeschichte 53 (2012), 137.

Reemtsma, Jan Philipp, Christoph Martin Wieland. Die Erfindung der modernen deutschen Literatur, München 2023.

Ronen Reichman, Abduktives Denken und talmudische Argumentation. Eine rechtstheoretische Annäherung an eine zentrale Interpretationsfigur im babylonischen Talmud, Tübingen 2006.

Reimann, Matthias, Nineteenth Century German Legal Science, Boston College Law Rev. 31 (1990), 837.

Renner, Moritz/Torsten Kindt, Wirtschaftsrecht und Politische Ökonomie JZ 2023, 315.

Repgen, Konrad, Über Rankes Diktum »bloss sagen, wie es eigentlich gewesen« und Thukydides 2.48.3, Historisches Jahrbuch 102 (1982), 439.

Revault d'Allonnes, Myriam, Le pouvoir des commencements. Essai sur l'autorité, Paris 2006.

Revault d'Allonnes, Myriam, L'homme compassionnel, Paris 2008.

Revault d'Allonnes, Myriam, La faiblesse du vrai. Ce que la post-vérité fait à notre monde commun, 2. Aufl., Paris 2021.

Revel, Jacques/Alexandre Escudier, »Être homme d'Etat, c'est être historien dans l'ordre politique«. Action politique et historicité chez J.-G. Droysen, in: Christoph Bouton/Bruce Bégout (Hrsg.), Penser l'histoire. De Karl Marx aux sources des catastrophes, Paris 2011, 53.

Rheinberger, Hans-Jörg, Experimentalsysteme und epistemische Dinge, Frankfurt a. M. 2006.

Rheinberger, Hans-Jörg, Historische Epistemologie. Zur Einführung, Hamburg 2007.

Rheinberger, Hans-Jörg, Historialität, Spur, Dekonstruktion, in: Experiment, Differenz, Schrift. Zur Geschichte epistemischer Dinge, Marburg 1992.

Richard, François, L'actuel malaise dans la culture, Paris 2011.

Ricoeur, Paul, Du texte à l'action, Paris 1986.

Rioux-Beaulne, Mitia, Diderot et la dynamique productive de l'esprit, Arch. de Phil. 71 (2008), 53.
Rödl, Florian, Gerechtigkeit unter freien Gleichen: Eine normative Rekonstruktion von Freiheit, Eigentum und Vertrag, Baden-Baden 2015.
Roe, Shirley A., Rationalism and Embryology. Caspar Friedrich Wolff's Theory of Epigenesis, Journal of the History of Biology, 12 (1979), 1.
Rogowski, Ralf, Individuelle Arbeitskonflikte, in: Peter Collin (Hrsg.), Konfliktlösung im 19. und 20. Jahrhundert, Berlin, Boston 2021, S. 238.
Rölli, Marc, Macht der Wiederholung: Deleuze – Kant – Nietzsche, Wien 2018.
Romano, Claude, L'identité humaine en dialogue, Paris 2022.
Claude Romano, La révolution de l'authenticité à l'âge du romantisme, Paris 2023.
Rosanvallon, Pierre, L'Etat en France: De 1789 à nos jours, Paris 1993.
Rosen, Lawrence, Law as Culture. An Invitation, Princeton 2006.
Rosenberg, Anat, The History of Genres: Reaching for Reality in Law and Literature, Law and Social Inquiry 19 (2014), 1057.
Rosenn, Keith S., Brazil's Legal Culture. The Jeito Revisited, Florida International Law Journal 1 (1984), 1.
Rossi, Pelegrino, De l'étude du droit dans ses rapport avec la civilisation et la science actuelle, Annales de législation et de jurisprudence 1 (1820), 1.
Rückert, Joachim, Idealismus, Jurisprudenz und Politik bei Friedrich Carl von Savigny, Ebelsbach 1984.
Rückert, *Joachim* Handelsrechtsbildung du Modernisierung des Handelsrechts durch Wissenschaft zwischen ca. 1800 und 1900, in: Modernisierung des Handelsrechts im 19. Jahrhundert, hg. v. Karl Otto Scherner, Heidelberg 1993, S. 19.
Rückert, Joachim, Geschichte des Privatrechts als Apologie des Juristen – Franz Wieacker zum Gedächtnis, Quaderni Fiorentini per la Storia del Pensiero Giuridico 24 (1995), 531.
Rückert, Joachim, Natürliche Freiheit – Historische Freiheit – Vertragsfreiheit, in: Jean-Francois Kervégan (Hrsg.), Recht zwischen Natur und Geschichte, Frankfurt a.M. 1997, S. 305.
Rückert, Joachim, Zur Legitimation der Vertragsfreiheit im 19. Jahrhundert, in: Diethelm Klippel (Hrsg.), Naturrecht im 19. Jahrhundert. Kontinuität Inhalt – Funktion – Wirkung, Goldbach 1997, S. 135.
Rückert, Joachim, Die Historische Rechtsschule nach 200 Jahren – Mythos, Legende, Botschaft, JZ 2012, 1.
Rückert, Joachim, The Invention of National Legal History, in: Heikki Pihlajamäki/Markus D. Dubber et al. (Hrsg.), Oxford Handbook of European Legal History, Oxford 2018, S. 22.
Rückert, Joachim, Friedrich Carl von Savigny. Leben und Werk 1779–1861, Köln 2023.
Rudischhauser, Sabine, Geschichte des Tarifvertragsrechts in Deutschland und Frankreich 1890–1918/19, Wien 2016.

Rufino, Annamaria, Diritto e storia. J. J. Bachofen e la cultura giuridica romantica, 2. Aufl., Napoli 2002.
Sabel, Charles F./Jonathan Zeitlin, Historical Alternatives to Mass Production. Politics, Markets, and Technology in 19th Century Industrialization, Past and Present 108 (1985), 133.
Saint Victor, Jacques de, Les racines de la liberté: Le débat français oublié, Paris 2007.
Saint-Sernin, Bertrand de, La Cosmologie de Whitehead, Arch. de Phil., 76 (2013), 483.
Salanskis, Jean-Michel, Herméneutique et philosophie du sens, in: ders. u.a. (Hrsg.), Herméneutique: Textes, sciences, Paris 1997,S. 409.
Salaün, Franck, La forme des mœurs. Notes sur *Le Neveu de Rameau,* in: Annie Ibrahim (Hrsg.), Diderot et la question de la forme, Paris 1999, S. 159.
Samson, Véronique, Après la fin. Flaubert et le temps du roman, Paris 2021.
Sandkaulen, Birgit, »Die Seele ist der existierende Begriff«, Hegel-Studien 45 (2010), 35.
Sandkaulen, Birgit, »Individuum est ineffabile«. Zum Problem der Konzeptualisierung von Individualität im Ausgang von Leibniz, in: Wilhelm Gräb/Lars Charbonnier (Hrsg.), Individualität. Genese und Konzeption einer Leitkategorie humaner Selbstdeutung, Berlin 2012.
Sandkaulen, Birgit/Jean-Marie Lardic, La pensée postmétaphysique de Hegel, Archives de Philosophie 75 (2012), 253.
Santner, Eric L, Untying Things Together. Philosophy, Literature and a Life in Theory, Chicago 2022.
Saussure, Ferdinand de, Cours de linguistique générale, (1. Aufl.), Paris 1916.
Sauvé, Jean-Marc, Le Conseil d'Etat et le développement économique de la France au XIXe siècle, Vortrag v. 27.5.2011 – https://www.conseil-etat.fr/publications-colloques/discours-et-interventions/le-conseil-d-etat-et-le-developpement-economique-de-la-france-au-xixe-siecle.
Savigny, Friedrich Carl v., Vom Beruf unsrer Zeit für Gesetzgebung und Rechtswissenschaft, Heidelberg 1814.
Savigny, Friedrich Carl v., Über den Zweck dieser Zeitschrift, Zeitschrift für geschichtliche Rechtswissenschaft 1 (1815), 1ff.
Savigny, Friedrich Carl v., Stimmen für und wider neue Gesetzbücher, Zeitschrift für geschichtliche Rechtswissenschaft 3 (1817), 1.
Savigny, Friedrich Carl v., System des heutigen römischen Rechts, Band 1, Berlin 1840.
Sbisà, Marina, How to Read Austin, Pragmatics 17 (2007), 461.
Schäfer, Hans Bernd, Nationalreichtum und Armut durch Zivilrecht. Der Code des Kapitals und seiner Portabilität, RabelsZ 85 (2021), 854.
Schapp, Jan, Grundrechte als Wertordnung, AcP 192 (1992), 355.
Schefer, Olivier, Poésie de l'infini. Novalis et la question esthétique, Brüssel 2001.
Schefer, Olivier, L'»idéalisme magique« de Novalis, Critique 2003 (Nr. 673/674), 514.

Schefer, Olivier, Ouverture romantique et infinitisation. Lectures du romantisme allemand, Romantisme 2021 (Nr. 191), 18.
Schiavone, Aldo, Nascita della giurisprudenza. Cultura aristocratica e pensiero giuridico nella Roma tardorepubblicana, Bari 1976.
Schiavone, Aldo, Alle origine del diritto borghese: Hegel contro Savigny, Bari 1984.
Schiavone, Aldo, Ius. L'invenzione del diritto in occidente, Turin 2017.
Schiavone, Aldo, Eguaglianza. Una nuova visione sul filo della storia, Turin 2019.
Schiavone, Aldo, La storia spezzata. Roma antica e Occidente moderno, Turin 2020.
Schild, Wolfgang, Savigny und Hegel. Systematische Überlegungen zur Begründung einer Rechtswissenschaft zwischen Jurisprudenz und Philosophie, Anales de la Cátedra Francisco Suárez, Nr. 18–19 (1978–79), 271.
Schlegel, August Wilhelm, Rezension: Gebrüder Grimm, »Altdeutsche Wälder« (1815), in: Johannes Janota (Hrsg.), Eine Wissenschaft etabliert sich, Berlin/New York 1980, S. 92.
Schleiermacher, Friedrich Daniel Ernst, Vorlesungen zur Hermeneutik und Kritik, Kritische Gesamtausgabe Vorlesungen (1805–1833) Bd. 4, Berlin/Boston 2012.
Schmid, Anne-Françoise, L'âge de l'épistémologie, Paris 2019.
Schmidgen, Henning, The Life of Concepts. Georges Canguilhem and the History of Science, History and Philosophy of Life Sciences 36 (2014), 232.
Schmidlin, Bruno, Römische Rechtsregeln. Versuch einer Typologie, Köln/Wien 1970.
Schmidt, Martin, Institutional Persistence in England's Common Law System, Diss. Univ. of Maryland 2016 – https://drum.lib.umd.edu/bitstream/handle/1903/18163/Schmidt_umd_0117E_16890.pdf?sequence=1.
Schmidt-de Caluwe, Reimund, Der Verwaltungsakt in der Lehre Otto Mayers, Tübingen 1999.
Schmitt, Carl, Über die drei Arten des rechtswissenschaftlichen Denkens, 4. Aufl., Berlin 2023.
Schmitz, Julia, La théorie de l'institution du Doyen Maurice Hauriou, Paris 2013.
Schmoeckel, Mathias, Rechts- und Ideengeschichte der Regulierung im 19. Jahrhundert, in: Peter Collin et al. (Hrsg.), Regulierte Selbstregulierung im frühen Interventions- und Sozialstaat, Frankfurt a.M. 2012, S. 89.
Schmoller, Gustav, Das Verhältnis der Kartelle zum Staate, Schriften des Vereins für Socialpolitik, Band 116 (1906), 237.
Schöttler, Peter, Die rheinischen Fabrikengerichte im Vormärz und in der Revolution von 1848/9, ZNR 7 (1985), 160.
Schröder, Jan, Recht als Wissenschaft, Band 1: 1500–1933, 3. Aufl., München 2020.
Schröder, Rainer, Lessons from the Past: Legal Transformation in Germany of the 19th Century, JITE 156 (2000), 180.

Schulz, Fritz, Prinzipien des römischen Rechts: Vorlesungen, Berlin 2003.

Schulz, Fritz, Geschichte der römischen Rechtswissenschaft, Weimar 1961.

Schuppe, Christian-Georg, Der andere Droysen. Neue Aspekte seiner Theorie der Geschichte, Stuttgart 1998.

Schürmann, Reiner, The Public Realm. Essays in Discursive Types of Political Philosophy, Albany 1989.

Schürmann, Reiner, »Que dois-je faire« à la fin de la métaphysique?, Philosophie 2021 (Nr. 148), 8.

Schwartz, Elisabeth, Idéologie et grammaire générale: le modèle ambigu da la pédagogie des sourds-muets, Vortrag im Rahmen des DFG-Projekts »Diskursformation«: Die Grammaire générale an den Ecoles Centrales – https://www.geisteswissenschaften.fu-berlin.de/v/grammaire_generale/Actes_du_colloque/Textes/Schwartz/index.html.

Schweitzer, Doris, Juridische Soziologien. Recht und Gesellschaft von 1814 bis in die 1920er Jahre, Baden-Baden 2021.

Seel, Martin, Spiele der Sprache, Frankfurt a. M. 2023

Segrestin, Blanche/Armand Hatchuel, Réformer l'entreprise, Paris 2012.

Seinecke, Ralf, Das Recht des Rechtspluralismus, Tübingen 2015.

Selfridge, H. Gordon, The Romance of Commerce (1902), o.O., 2015.

Seligman, Adam B., Individualism as Principle: Its Emergence, Institutionalization, and Contradictions, Indiana Law Journal 72 (1996–97), 503.

Seligman, Adam B., The Problem of Trust, Princeton 2000.

Seligman, Adam B., Role Complexity, Risk, and the Emergence of Trust, Boston University Law Rev. 81 (2001), 619.

Seligman, Adam B. et al., Ritual and its Consequences. An Essay on the Limits of Sincerity, Oxford 2008.

Shapiro, Barbara J., A Culture of Fact. England 1550–1720, Ithaca 2003.

Simmel, Georg, Die Kunst Rodins und das Bewegungsmotiv in der Plastik, Nord und Süd, eine deutsche Monatsschrift, 129. Band, 33. Jg., 1909, 189.

Simmel, Georg, Philosophie des Geldes, in: Philosophische Kultur, Neuausgabe, Leipzig 2018.

Simondon, Gilbert, Du mode d'existence des objets techniques, Paris 1958.

Simondon, Gilbert, Imagination et invention: 1965–1966, Paris 2014.

Simpson, Brian, The Common Law and Legal Theory, in: Oxford Essays on Jurisprudence, Oxford 1973, 94.

Skinner, Quentin, Meaning and Understanding in the History of Ideas, History and Theory 8 (1969), 10.

Smith, Henry E., Property as the Law of Things, Harvard Law Review 125 (2012), 1691.

Sow, Amadou K., Eine Praxistheorie für das Recht: Überlegungen am Beispiel des Freirechts, Rechtsphilosophie 2019, 142.

Spector, Céline, Montesquieu, Liberté, droit et histoire, Paris 2010.

Stein, Peter, Roman Law in European History, Cambridge 1999.

Stein, Peter, Reinhard Zimmermann: The Law of Obligations. Roman Foundations of the Civilian Tradition, Cape Town 1990/Oxford 1996, Am. J. of Legal History 38 (1994), 94.

Stekeler-Weithofer, Pirmin, Philosophie des Selbstbewusstseins. Hegels System als Formanalyse von Wissen und Autonomie, Frankfurt a.M. 2005.

Stekeler-Weithofer, Pirmin, Hegels Phänomenologie des Geistes. Ein dialogischer Kommentar. Band 1: Gewissheit und Vernunft, Hamburg 2014.

Stekeler-Weithofer, Pirmin, Eine Kritik juridischer Vernunft: Hegels dialektische Stufung von Idee und Begriff des Rechts, Baden-Baden 2014.

Stekeler-Weithofer, Pirmin, Hegels Grundlinien der Philosophie des Rechts. Ein dialogischer Kommentar, Hamburg 2021.

Stengers, Isabelle, Penser avec Whitehead, Paris 2002.red N. f

Stöckmann, Ingo, »Überhaupt stammt der Strukturalismus ja aus Deutschland«. Zur theoriegeschichtlichen Bedeutung der formalen Ästhetik, Scientia Poetica 19 (2013), 88.

Stolleis, Michael, Rechtsgeschichte als Kunstprodukt. Zur Entbehrlichkeit von »Begriff« und »Tatsache«. Würzburger Vorträge zur Rechtsphilosophie, Rechtstheorie und Rechtssoziologie, Nr. 22, Baden-Baden 1997.

Strauss, Gerald, Law, Resistance, and the State, Princeton 1986.

Studer, *Basil,* Die patristische Exegese, eine Aktualisierung der Heiligen Schrift (zur hermeneutischen Problematik der frühchristlichen Bibelauslegung), Revue d'Etudes Augustiniennes et Patristiques 42 (1996), 71.

Tarcov, Nathan, Locke's Education for Liberty, Chicago 1984.

ten Hompel, Von der Philosophie zur Rechtsmethodik: Gnaeus Flavius und freie Rechts-Findung, Archiv für Rechts- und Wirtschaftsphilosophie 1 (1907/8), 218.

Teubner, Gunther, Vertragswelten – Das Recht in der Fragmentierung von Private Governance Regimes, RJ 1998, 234.

Teubner, Gunther, Auf Umwegen. Zum Privatrecht als Gesellschaftsverfassung, ZeuP 2022, 648.

Theison, Philipp, Vom »gleichen Recht des Höhern und Niedern«. Goethes »Wahlverwandtschaften« als Roman des Urhebers, in: Andreas Kilcher/Matthias Mahlmann/Daniel Müller-Nielaba (Hrsg.), Recht und Literatur. »Fechtschulen und phantastische Gärten«, Zürich 2013, S. 127.

Thibaut, Anton Friedrich Justus, Über die Nothwendigkeit eines allgemeinen Bürgerlichen Rechts für Deutschland, Heidelberg 1814.

Thireau, Jean-Louis, Fondements romains et fondements coutumiers du code Civil, Droits 2005 (Nr. 42), 3.

Thomas-Fogiel, Isabelle, Fichte: A philosophy of »Saying« (Sagen) as »Doing« (Tun) , Archives de Philosophie 83 (2020), 9.

Thomas-Fogiel, Isabelle, Critique de la représentation. Etude sur Fichte, Paris 2000.

Thomas, *Yan,* L'extrême et l'ordinaire. Remarques sur le cas médiéval de la communauté disparue, in: Jean-Claude Passeron/Jacques Revel (Hrsg.), Penser par cas. Raisonner à partir de particularités, Paris 2005, S. 45.

Thomas, *Yan,* Les artifices de la vérité en droit commun médiéval, L'Homme 2005, S. 113

Thomas, *Yan,* Les opérations du droit, Paris 2011.

Tinland, Olivier, La *Phénoménologie de l'esprit* de Hegel comme Traité de subjectivation, in: Rodolphe Calin/ders., La subjectivation du sujet. Etudes sur les modalités du rapport à soi-même, Paris 2017, S. 75.

Tocqueville, Alexis de, Über die Demokratie in Amerika, Stuttgart 2021.

Toews, John E., Integrating Music into Intellectual History: Nineteenth Century Music as a Discourse of Agency and Identity, Modern Intellectual History 5 (2008), 309.

Tourneux, Odile, L'institution imaginaire de la société chez Thomas Hobbes, Arch. de Phil. 86 (2023), 153.

Treitschke, Heinrich von, Deutsche Geschichte im 19. Jahrhundert, 4. Theil: Bis zum Tode Friedrich Wilhelms III, Leipzig 1889.

Treitschke, Heinrich von, Politik. Vorlesungen gehalten an der Universität zu Berlin, Band I, 2. Aufl., Leipzig 1899.

Trigano, Shmuel, Comment se pose la question des attributs divins?, Pardès 2017, Nr. 60, 11.

Tucker, Irene, A Probable State: The Novel, the Contract, and the Jews, 2. Aufl., Chicago 2000.

Tuori, Kaius, The Myth of Quintus Mucius Scaevola: Founding Father of Legal Science?, Tijdschrift voor Rechtsgeschiedenis 72 (2004), 243.

Tuori, Kaius, Ancient Roman Lawyers and Modern Legal History, Frankfurt a. M. 2007.

Turchin, Peter, Historical Dynamics. Why States Rise and Fail, Princeton 2003.

Twellmann, Marcus, Assemblage, Collage, Montage: Für einen neuen Formalismus, Dt VjS Litwiss. Geistesgesch. 93 (2019), 239.

Uhl, Karsten, Technology in Modern German History. 1800 to the Present, London 2022.

Vasak, Anouchka, 1797. Pour une histoire météore, Pais 2022.

Vec, Miloš, Recht und Normierung in der industriellen Revolution. Neue Strukturen der Normsetzung in Völkerrecht, staatlicher Gesetzgebung und gesellschaftlicher Selbstnormierung, Frankfurt a.M. 2006.

Vermeule, Adrian, Common Good Costitutionalism, New York 2022.

Vernant, Jean-Pierre, Mythe et pensée chez les grecs. Etudes de psychologie historique (1965), Paris 2005.

Vesting, Thomas, Rechtstheorie, 2. Aufl., München 2015.

Vesting, Thomas, Staatstheorie, München 2018.

Vesting, Thomas, Gentleman, Manager, homo digitalis, Weilerswist 2021.

Vieweg, Klaus, Hegel. Der Philosoph der Freiheit, München 2019.

Vismann, Cornelia, Akten: Medientechnik und Recht, Frankfurt a.M. 2000.

Vogenauer, Stefan, An Empire of Light? Learning and Lawmaking in the History of German Law, Cambridge Law Journal 64 (2005), 481.

Volkmann, Uwe, Rechtsphilosophie, München 2018.

Voskuhl, Adelheid, Engineering Philosophy, Theories of Technology, German Idealism, and Social Order in High industrial Germany, Technology and Culture 57 (2016), 721.

Wahsner, Renate, Der Vorzug des Zerreißens, Gesellschaft für dialektische Philosophie 2014 – https://www.dialektische-philosophie.org/aufhebung-2014-4-1/

Walden, Kenneth, Holism about fact and value, Inquiry 65 (2022), 6.
Waldenfels, Bernhard, The Ruled and the Unruly – Functions and Limits of Institutional Regulations, in: ders., Topographie des Fremden. Studien zur Phänomenologie des Fremden 1, Frankfurt a.M. 1997.
Walters, Mark D., A. V. Dicey and the Common Law Constitutional Tradition, Cambridge 2021.
Waszek, Norbert, L'histoire du droit selon Edouard Gans, une critique hegelienne de F. C. von Savigny, in: Kervégan/Heinz Mohnhaupt (Hrsg.), Recht zwischen Natur und Geschichte. Le droit entre nature et histoire, Frankfurt a.M. 1997, S. 257.
Waszek, Norbert, Judaisme et histoire du droit comparée chez Edouard Gans, Etudes Germaniques Internationales 17 (2002), 163.
Watson, Alan, The Evolution of Law, Baltimore 1985.
Watt, Ian, The Rise of the Novel, Berkeley 1957.
Weber, Julia, Imagination, poetisches Bild und Subjekt. Eine Replik zur Debatte um Bachelards Poetik des Raumes, Sub\urban 2015 Bd. 3, Nr. 2 https://zeitschrift-suburban.de/sys/index.php/suburban/article/view/197/327#content.
Weber, Max, Wirtschaft und Gesellschaft. Grundriss der verstehenden Soziologie, 5. Aufl., Tübingen 1980.
Weber, Max, Die protestantische Ethik und der »Geist« des Kapitalismus, Stuttgart 2021.
Wehling, Arno, An Old Empire Gives Birth to a New One. Social Practices and Transformations of the Luso-Brazilian Legal Order, Rg 26 (2018), 302.
Weidenfeld, Katia, Histoire du droit administratif, Paris 2010.
Weinrib, Ernest J., The Idea of Private Law, Oxford 1995.
Weissberg, Liliane/Andreas Kilcher, Einleitung, in: dies. (Hrsg.), Nachträglich, grundlegend: Der Kommentar als Denkform der jüdischen Moderne von Hermann Cohen bis Jacques Derrida, Göttingen 2018, S. 7.
Wellbery, David E., The Specular Moment. Goethe's Early Lyric and the Beginnings of Romanticism, Stanford 1996.
Wellbery, David E., Übertragen: Metaphern und Metonymie, in: Heinrich Bosse/Ursula Renner (Hrsg.), Literaturwissenschaft. Einführung in ein Sprachspiel, Freiburg 1999, S. 139.
Wellbery, David E., Nachwort, in: Seiltänzer des Paradoxalen. Aufsätze zur ästhetischen Wissenschaft, München 2006, S. 231.
Wellbery, David E., Lessing's Laocoon. Semiotics and aesthetics in the Age of Reason (1984), Cambridge 2009.
Wellbery, David E., Zur Methodologie des kritischen Verstandes. Anmerkung zu Eckart Försters Goethelektüre, in: Johannes Haag/Markus Wild (Hrsg.), Übergänge – diskursiv oder intuitiv? Essays zu Eckart Försters »Die 25 Jahre der Philosophie«, Frankfurt a.M. 2013, S. 259.
Wendehorst, Christiane, Methodennormen in kontinentaleuropäischen Kodifikationen, RabelsZ 75 (2011), 730.
Wesel, Uwe, Die Geschichte des Rechts in Europa. Von den Griechen bis zum Vertrag von Lissabon, München 2010.

Wetters, Kirk, The Opinion System. Impasses of the Public Sphere from Hobbes to Habermas, New York 2008.

Wetters, Kirk, Who cares about society? Sorge and reification in Goethe's Wilhelm Meister, Colloquia Germanica 47 (2014), 243.

White, Hayden, Meta-History. Historical Imagination in Nineteenth Century Europe, Evanston IL 1973.

White, Hayden, The Practical Past, Evanston IL 2014.

White, Hayden, Figural Realism: Studies in the Mimesis Effect, Baltimore 2020.

Whitebook, Joel, Omnipotence and Radical Evil. On a Possible Rapprochement between Honneth, Arendt, and Psychoanalysis, in: Seyla Benhabib/Nancy Fraser (Hrsg.), Pragmatism, Critique, Judgment, Essays for Richard J. Bernstein, Cambridge, Mass 2004, S. 243.

Whitehead, Alfred N., Prozess und Realität. Entwurf einer Kosmologie, Frankfurt a.M. 1987.

Whitehead, Alfred N., Abenteuer der Ideen, 2. Aufl., Berlin 2017.

Wieacker, Franz, Privatrechtsgeschichte der Neuzeit, 2. Auflage, Göttingen 1967.

Wieacker, Franz, Über das Verhältnis der römischen Fachjurisprudenz zur griechisch-hellenistischen Theorie, Rivista Internazionale di diritto romano e antico 20 (1969), 464.

Wiehl, Rainer, Einleitung, in: Helmut Holzhey/Alois Rust/ders., Natur, Subjektiviät, Gott. Zur Prozessphilosophie Alfred N. Whiteheads, Frankfurt a.M. 1990, S. 9.

Wielsch, Dan, Rezension »Ralf Seinecke, Das Recht des Rechtspluralismus, Tübingen 2015«, AcP 220 (2020), 420.

Wielsch, Dan, Rechtsphilosophie als Politik? Zur Darstellung des Rechts in den »Grundlinien«, in: Ino Augsberg et al. (Hrsg.), Rechtsphilosophie nach Hegel. 200 Jahre *Grundlinien der Philosophie des Rechts*, Paderborn 2024, S. 61.

Wiethölter, Rudolf, Begriffs- oder Interessenjurisprudenz – falsche Fronten im IPR und im Wirtschaftsverfassungsrecht, in: FS Kegel, Frankfurt a.M. 1977, S. 213.

Wild, Markus, Intuitionen, intuitiver Verstand und Intuition, DZPh 60 (2012), 1011.

Wilhelm, Walter, Zur juristischen Methodenlehre im 19. Jahrhundert, 1. Aufl., Frankfurt a.M. 1958.

Williams, Raymond, The English Novel from Dickens to Lawrence, London 1970.

Williston, Samuel, Freedom of Contract, Cornell Law Quarterly 6 (1921), 365.

Wilson, Luke, Ben Jonson and the Law of Contract, in: Victoria Kahn/Lorna Hutson (Hrsg.), Rhetoric and Law in Early Modern Europe, New Haven 2001, S. 143.

Windscheid, Bernhard, Lehrbuch des Pandektenrechts, Bd. 1, 6. Aufl., Frankfurt a.M. 1887.

Wittgenstein, Ludwig, Bemerkungen über die Psychologie und die Philosophie der Psychologie. Letzte Schriften über die Philosophie der Psychologie, Werkausgabe Bd. 7, Frankfurt a.M. 1984.

Wittgenstein, Ludwig, Philosophische Untersuchungen, Frankfurt a.M. 2003.

Wolf, Rainer, Der Stand der Technik, Wiesbaden 1986.

Wulf, Andrea, Fabelhafte Rebellen. Die frühen Romantiker und die Erfindung des Ich, München 2022.

Zeldin, Theodore, France 1848–1945. Politics and Anger, Oxford 1979.

Zeldin, Theodore, Anxiété et hypocrisie. Histoire des passions françaises, Band 5, Paris 2003.

Zimmermann, Reinhard, Heiliges Recht, römisches Recht und heutigem römisches Recht, in: ders. et al. (Hrsg.) Rechtsgeschichte und Privatrechtsdogmatik, Tübingen 1999, S. 11.

Zimmermann, Reinhard, Savigny's Legacy: Legal History Comparative Law, and the Emergence of a European Legal Science, LGR 112 (1996), 576.

Zimmermann, Reinhard, Roman Law, Contemporary Law, European Law. ›The Civilian Tradition Today‹, Oxford 2004.

Zimmermann, Reinhard, L'héritage de Savigny: Histoire du droit, droit comparé et émergence d'une science juridique européenne, Revue internationale de droit économique XXVII (2013), 95.

Ziolkowski, Theodore, Kleists Werk im Lichte der zeitgenössischen Rechtskontroverse, Kleist-Jahrbuch 1987, 28.

Zuckert, Michael P., Launching Liberalism. On Lockean Political Philosophy, Lawrence, KS 2002.

Zunz, Olivier, Le siècle Américain. Essai sur l'essor d'une grande puissance, Paris 2000.

Sachverzeichnis

Agencement 309
Ancien Régime 9, 24, 28, 34, 47f., 93, 93, 184, 189ff., 316, 323, 332ff. 183,
Anglo-amerikanische Rechtskultur 31, 44, 53, 89, 103f., 198ff.
- Dissenting opinion und Rechtskultur 206
- Kunst und Recht: Fall Brancusi 209
- öffentliche Meinung und Recht 211
- Supreme Court und Lochner-Rechtsprechung 205ff.
- Supreme Court und Abschied von Lochner 206
- Supreme Court und Vertragsfreiheit 204, 209ff.
- und technische Entwicklung 208ff.
- Vertragsdenken 198ff..
antiinstitutionelles Denken 60, 75
Antisemitismus 55, 59f., 218ff., 263
Auslegung, grammatische 54
Begriff 20
-abduktives Denken 308
- Abstraktionsleistung, Hegel 29,1 302, 305
- Arbeit der Begriffe 303
- der Begriff bei Deleuze/Guattari und Hegel 156, 169, 336309 ff.
- Bewegung 294
- und Denken 292, 297
- Hegel 17, 35, 40, 297, 302
- und Institution 302
- und Komponenten 336f.
- Leistung des 329
- Marx 298
- Prozeduralisierung 154, 306
- und Subjekt 313
- Subsumtion 307
- Wandel der Begriffe 3054f., 314
- Wirklichkeit des Begriffs, Hegel 139
- und Wissenserzeugung 307
Begriffsjurisprudenz 127ff., 311
- und ihre Begriffe 131, 138ff.
- und Ordnungsdenken 134ff.
BGB 80
Bildungsroman 57
- nach seinem Ende 264
- als Medium der Institution 258f.
- der Impersonalität 145
- Performativität 254, 262
Code Civil 182
- und Vertragsfreiheit 185
- und Verwaltungsrecht 182
Common Law 170f., 193
- und equity 203
- Evolution als Lernprozess 203ff., 219ff.
Denken, nachträglich 313
Denkkollektiv 156, 271
Deutsche Geschichte
- Krieg und Kultur 197
- als Sonderfall 70ff.
Eigentum 22, 34, 42, 125ff., 153, 158, 198ff., 233, 243, 246, 309
England 37, 43, 49, 53, 60, 68, 73, 104, 119, 122ff., 216, 280,
Epigenesis 15, 22, 24, 29ff. 154
Experimentalität 44, 260
Fabrikengerichte 227
Formen 15
- Levine 15
Frankreich 33, 49, 64, 74, 89, 109, 216, 280ff.
- Code Civil 40f. 92f., 182, 186, 191ff., 216
- Conseil des Prudhommes 98
- Conseil d'Etat 190. 193
- droit social, Duguit 186, 193f.
- Ecole Polytechnique 188
- Gesetz, Positivität 183
- Gewohnheiten 194f., 282
- Grandes Ecoles 187ff.
- Kultur und Technik 188f.
- Literatur und Recht 182

- Nationalismus 218
- organisierte Freiheit 190
- Recht und Institution 189ff.
- Staat und service public 216ff.
- Staat und technisches Wissen 187
- Verwaltungsrecht, Expansion 191
Französische Revolution 16f., 28, 33,37, 41ff., 57ff., 91ff., 182f.
Freirecht 150, 155f.,172f., 167
- Eugen Ehrlich 24f., 28f., 129, 172f., 144, 148ff., 154, 180, 186, 324
- als lebendes Recht 322
Geist
- Hegel 12, 17, 35, 51, 55, 58, 79, 90
- objektiver Geist 304
- als Werk 58
Gemeinschaft 55
Gesellschaft
- der Individuen 24
- der Organisationen 144ff.
- als Prozess 278
- Wandel, Entfremdung 67
Gesellschaftliches Recht 276
Gesellschaftsvertrag
- Voraussetzungen 44
Gewerkschaften, 163f., 339
Gewohnheitsrecht 12, 23, 32, 35, 68f., 81, 88, 172, 212, 216, 220, 250, 299, 321ff.
Handel als Zivilisation 281
Historische Rechtsschule 29, 44ff., 59, 61f., 68, 81, 86, 88, 297
- Auslegung 54, 77
- Literatur 62
Historismus 76, 91, 93, 98f.
- Nationalgeschichte 91ff.
- und Recht 99ff.
- Universalgeschichte 93
Institution, Verallgemeinerung 138, 302
Jüdische Rechtskultur 166, 263, 281f.
Judentum, Ambiguitätstoleranz 264
Kartell 177
Kollisionsdenken 304
Kollisionsphilosophie 335
Kreuzberg-Urteil 225, 247
Kunst
- als Freiheit 271ff.
Lebensform 14, 30, 36, 40, 50, 85ff., 90, 105, 166, 221
- römische 80
Literargeschichte 39
Literatur
- und Bildung des Rechtssubjekts 234ff., 280
- und Bildungsroman 245ff.
- Bildungsroman als Institution 232ff.
- nach dem Ende des Bildungsromans 268ff.
- als Ersatz 258ff.
- und Geschichte 95
-und Kleist 215
- und die Kunst des Möglichen 255
-und das Partikulare 255
- und Recht 95, 214ff., 233ff.
- und Recht in England, 280ff.
- und Recht in Frankreich 283ff.
- und Selbstbeobachtung 256f.
- und Subjekt 202
- und Symbolisierung 263f.
- und wahrscheinliches Wissen 247f.
Luther 93
Maßnahme, Logik der 226
Metapher 23, 111
Methodendiskussion 14
Moderne
- historisches Wissen 43
Moi dissolu 300
Morphologie 17, 26f., 36, 77
- Goethe 15, 304
- Übergang zwischen Begriffen 304
Musik, Erlebnis 317f.
Mythos, Einheit 35
Nationalsozialismus 165f.
- Vertragsfreiheit 167f.
Negligence 193
Normalität
- und Normativität 35, 47, 172, 208ff., 173
Normativität
- Staatlichkeit des Rechts 239
NS-Historiker 74

Öffentliche Meinung 64, 281
Philosophie als Kultur 289ff.
- 19. Jahrhundert 44
- und gesellschaftliche Erfahrung 290ff.
- Denken in Staatsbegriffen 290ff.
- und das gouvernemnet des esprits 294ff.
-als Wissenschaft 291
Polizeirecht 96ff.
- und Technik 225ff.
- und Wahrscheinlichkeit 98
- Wissensordnung 112
Pragmatismus, USA 167 ff.
Privatautonomie 109, 116ff.
- 19. Jahrhundert 118
- Deutschland 205
- Grenzen 119
- Schrankenlosigkeit 116
- transsubjektiv 113
- Wirtschaft 185
Privatheit 30, 259, 246f.
Privatrecht
- und seine epistemische Bedeutung 297ff.
- Defamiliarization 107
Privatrechtsgesellschaft 52, 108
- und Demokratie 108
- politische Kultur 108
- Rechtssubjekt 102f.
Quellen 38ff., 95
Recht und Auslegung 243f.
Recht und Kartelle
- Deutschland 177ff.
- England
- Frankreich
- USA 44, 89, 114, 206, 216
Recht als Kultur 129, 178, 224, 324
- Recht und Begriff 300f.
- Deutschland 240f.
- jüdisches Rechtsdenken 266
- und Kultur der Regel 331
- Rom 87
- USA 200f.
Recht, gesellschaftliches 129ff. 175
- historische Grenzen des Rechtsdenkens 341
- und Kollisionsphilosophie 335
- als Organisationsform 330
- und Revolution 238f.
- und Staatlichkeit 148
- Supreme Court 100, 103, 205
- und Verkehr 333
- Textualität 236
Rechtsgeschichte als Fach 74f.
Rechtsquellen 88
Rechtssubjekt, Bildungsroman 242
- als Spiegel der anderen 257
-und Ichideal 259
- inneres Leben 103
- und man within 104
Rechtswandel, USA 167ff.
Religion 47, 56f.
Revolutionäres Denken, Frankreich
- und Melancholie 268, 284
Rhetorik 245
Romantik 129, 316ff.
- und Enzyklopädisten 316ff., 321ff.
- und Kunsterleben 324
- und Musik 319ff.
- und Poesie 325f.
- und politische Theorie 322ff.
Römischer Bürger 83
Römisches Recht 33, 63, 68ff., 83ff.
- in Deutschland 21
- und exempla 64, 81, 84
- mos maiorum 85
- und Poesie 86
- Pragmatismus 84
- Republik 85
-Tyrannenmord 85
Selbstorganisation 23, 123ff., 162, 164f.
- des Rechts 143ff.
Soziale Epistemologie 146
Sprache 48
- und Gesellschaftsvertrag 51
- Hermeneutik 99
- Hobbes 50, 61f., 108f.
- Kommunikation 46
- als Medium 102
- Savigny 49ff.

Staatsdenken
- Deutschland 123
- Staat als Aufhalter 165
- und Geschichte 45
- Hegel 75, 289
- soziale Epistemologie 115
Staatsfixierung 44, 191
Staatsprivatrecht 212
Subjekt 67, 135ff.
- Arbeit an sich selbst 49
- und Begriff 300ff
- Emergenz 28.
- und Rechtssubjekt 107
- und Prozess242
- Sprache 106
- Unruhe 106
Tausch 41ff., 45, 109ff.
Technik
- und Bürgertum 324
- und Enzyklopädie 320
- Philosophie der 276
- und Kultur 158ff., 276ff., 332ff.
- und Recht 179ff.
technischer Fortschritt 304
Text und Kontext 236
Universalismus
- als Defamiliarisierung 256
Unternehmer
- als Wissensagent 122
USA 201f.
Vereine, zivilgesellschaftliche 282
Vertrag
- epistemische Seite 121ff.
- und Staatsprivatrecht 192
Vertrauen 282
Verwaltung
- Akten 96ff.
- Ermessen 223
Vitalismus 142f., 150, 160ff., 174
Volksgeist 21ff., 29ff. 32, 42ff., 61
- als Aufhalter 295
- Sprache 53
- und Staat 24
Wahrscheinlichkeit 25
Weimar 173
Wissen
- cognitive commons 277
- implizites 57
- Selbsttranszendierung 302f.
Wissensbestände 15, 28, 48, 164, 169f, 222
- Fleck, Ludwik 16, 39, 48
- und rechtliche Begriffsbestände 292f.
- Wandel 164
Wissenschaftliches Recht 72, 89, 91, 156, 327
Wissensgesellschaft 253
Wissensordnung 95
Zivilgesellschaft
- Deutschland 108
- England
Zweckjurisprudenz 141ff.
- Grenzen 149f.
- kultureller Kontext 151f.
- in Weimar 173f.

Karl-Heinz Ladeur

bei Velbrück Wissenschaft

Karl-Heinz Ladeur
Die Textualität des Rechts
Zur poststrukturalistischen Kritik des Rechts
342 Seiten · ISBN 978-3-95832-080-2 · EUR 34,90

Philosophen wie Agamben, Derrida, Menke und Nancy kritisieren das Recht als gerechtfertigte und sich durch seine Anwendung rechtfertigende Gewalt. Dahingegen akzentuiert die vorliegende Arbeit in historischen, philosophischen, literaturwissenschaftlichen und soziologischen Überlegungen die plurale Textualität des Rechts, die sich auf den Wortlaut des Gesetzesbefehls nicht reduzieren lässt. Der Poststrukturalismus kommt mit Blick auf die Vergangenheit über eine Kritik an der permanenten Wiederholung der Gewalt der Gründung des Rechts nicht hinaus und setzt dagegen in unterschiedlichen Versionen die Zukunft einer messianischen Wiedergewinnung der Gerechtigkeit. Das Buch sieht eine Alternative in der Betonung der Gegenwart des Operierens mit praktischen Zwängen und Möglichkeiten, die das Recht unter Bedingungen von Ungewissheit ermöglichen muss. Das Recht kann immer nur fern vom Gleichgewicht »Ordnung aus Unordnung« generieren, indem es mit Fiktionen arbeitet, aber die jeweils andere Seiten der Fiktionen nie dauerhaft ausschließt.

Die systemtheoretische und medientheoretische Position des Buches vermag die permanente Unruhe zu erfassen, innerhalb derer sich der Text des Rechts fortschreiben muss.